Peter Padfield

Der U-Boot-Krieg

PETER PADFIELD

DER U-BOOT-KRIEG

1939–1945

ULLSTEIN

Die Deutsche Bibliothek – CIP-Einheitsaufnahme

Padfield, Peter:
Der U-Boot-Krieg : 1939–1945 / Peter Padfield. [Aus d. Engl. von Klaus-Dieter Schmidt]. – Berlin ; Frankfurt/M : Ullstein, 1996
Einheitssacht.: War beneath the sea <dt.>
ISBN 3-550-07093-4

Titel der englischen Originalausgabe: *War beneath the Sea*
Published by John Murray, London

Aus dem Englischen von Klaus-Dieter Schmidt

Satz: Utesch Satztechnik GmbH, Hamburg
Druck und Verarbeitung: Wiener Verlag, Himberg bei Wien
Printed in Austria 1996
ISBN 3 550 07093 4

Gedruckt auf alterungsbeständigem Papier
mit chlorfrei gebleichtem Zellstoff

INHALT

PROLOG

Die *Athenia*, ein 13 581 BRT großes Atlantik-Linienschiff der Reederei Donaldsen, hatte Glasgow am 1. September 1939 verlassen. Kurz zuvor hatte Hitler seinem erstaunten Volk und der Welt mitgeteilt, daß die deutsche Wehrmacht an der polnischen Grenze »zurückgeschossen« habe. Während sich die britische und die französische Regierung über eine gemeinsame Reaktion zu verständigen suchten, lief die *Athenia* Belfast und Liverpool an, um am 2. September mit 1103 Passagieren an Bord, darunter jüdische Flüchtlinge aus Deutschland und dreihundert amerikanische Staatsbürger, Kurs auf Montreal zu nehmen. In Kanada sollte sie zum Hilfskreuzer umgebaut und mit Kanonen bewaffnet werden. Im Augenblick jedoch dampfte sie, auf Anweisung der britischen Admiralität die normalen Schiffahrtswege meidend, ein gutes Stück nördlich ihres gewohnten Westkurses über den Atlantik.

Um elf Uhr am nächsten Tag, dem 3. September, kam Großbritannien seiner vertraglichen Verpflichtung gegenüber Polen nach und erklärte Deutschland den Krieg. Kurz darauf teilte die Admiralität ihren Schiffen mit zwei Worten mit, daß der Krieg gegen Deutschland begonnen habe: »Total Germany«. Der Funkspruch wurde vom Funkbeobachtungsdienst der deutschen Kriegsmarine, dem B-Dienst, empfangen und lag wenige Minuten später sowohl dem Oberbefehlshaber der Kriegsmarine, Erich Raeder, als auch dem Führer der U-Boote, Karl Dönitz, vor. Beide hielten gerade ihre morgendlichen Lagebesprechungen ab, der eine im Oberkommando der Marine (OKM) in Berlin, der andere in der weit weniger imposanten Holzbaracke der U-Boot-Führung in Sengwarden bei Wilhelmshaven, und beide waren bestürzt. Hitler hatte Raeder versichert, er werde den Krieg auf Polen beschränken; ein Krieg im Westen sei frühestens 1943/44 zu erwarten, wenn es die geplante schlagkräftige Überwasserflotte und eine vergrößerte U-Boot-Flotte mit der Royal Navy aufnehmen könnten. Im Augenblick waren beide noch nicht so weit. »Mein Gott!« rief Dönitz aus, als er den Funkspruch las. »Also wieder Krieg gegen England!«

Doch traf ihn die Nachricht nicht gänzlich unvorbereitet. Insgeheim war seine kleine Flotte hochseetüchtiger U-Boote – alles in allem einundzwanzig Einheiten – bereits seit dem 24. August ausgelaufen. Sie hatte die Nordsee durchquert und Wartestellung sowohl westlich der Britischen Inseln als auch vor der kontinentalen Atlantikküste bis hinunter zur Straße von Gibraltar eingenommen. Für den Kriegsfall hatten die Kommandanten der U-Boote Befehl, unter Einhaltung der Prisenordnung gegen Handelsschiffe vorzugehen, das heißt sie zu stoppen, zu durchsuchen und, sobald sich alle Passagiere und Besatzungsmitglieder in den Rettungsbooten und in sicherer Entfernung befanden, zu versenken. In einem zweiten Funkspruch, den er mittags an die U-Boote schickte, wies Dönitz die Kommandanten noch einmal ausdrücklich an, dem Operationsbefehl gemäß, das heißt nach den Bestimmungen der Prisenordnung, den Handelskrieg zu eröffnen.

Einer der Empfänger dieser Weisung war der Kommandant von U 30, Oberleutnant Fritz-Julius Lemp, ein pausbäckiger Sechsundzwanzigjähriger von offener, ungezwungener Art, der sich die Achtung seiner Männer mehr durch Kompetenz als durch disziplinarische Härte erworben hatte. Manche seiner Offizierskameraden fanden sogar, sein lässiges Auftreten grenze an Trägheit. Routine langweilte ihn, und er neigte dazu, einsame Entschlüsse zu fassen. Für seine Offiziere war er aufgrund seiner Stimmungen schwer einzuschätzen, aber seine Fähigkeiten standen außer Zweifel. Bei den Mannschaftsdienstgraden war er sehr beliebt; die Männer vertrauten ihm, und nach zwei Wochen auf See war er, von der Offiziersmütze mit ihrem ehemals weißen Überzug abgesehen, kaum noch von ihnen zu unterscheiden.

U 30 stand zufälligerweise genau auf dem Ausweichkurs der *Athenia.* Irgendwann am frühen Abend sichtete der Ausguck Rauch am östlichen Horizont. Die genaue Zeit läßt sich nicht mehr feststellen, da Lemp nach der Rückkehr zum Stützpunkt befohlen wurde, die *Athenia*-Passagen aus seinem Kriegstagebuch zu entfernen. Lemp nahm Kurs auf die Rauchfahne und behielt ihn auch dann noch bei, als die Mastspitzen des Dampfers fast genau hintereinander am Horizont standen und ihm signalisierten, daß die *Athenia* direkt auf ihn zuhielt.

»Auf Gefechtsstationen!« rief Lemp und gab Alarm.

Während unten die Warnglocken schrillten, sprangen die Beobachtungsposten ins offene Turmluk, rutschten die Leiter hinunter und durch das nächste Luk in die Zentrale hinab. Lemp stieg als letzter die Leiter hinunter. Über seinem Kopf klappte er den Deckel zu, um das Luk wasserdicht abzuschließen.

In der Zentrale war inzwischen der Leitende Ingenieur (LI), der Tiefensteuerleiter, eingetroffen. Neben ihm hatten zwei Mann von der Brückenwache die Tiefenruder besetzt; andere hasteten noch zu ihren Stationen, während die Lautsprecher bereits Meldungen aus den Maschinenräumen im Heck und dem Bugraum übermittelten: Zu- und Abluftventile der Diesel waren geschlossen und die Treibstoffzufuhr unterbrochen, die Elektromaschinen gestartet und auf die Schraubenwellen geschaltet.

Der LI behielt den sogenannten Weihnachtsbaum im Auge, ein Gewirr aus Lämpchen, Handrädern und Schaltern auf der Backbordseite. Wenn alle Lichter auf Grün umgesprungen waren, wußte er, daß sämtliche Öffnungen im Druckkörper geschlossen waren, und als das letzte grüne Lämpchen aufleuchtete, begann er die üblichen Befehle zu geben, um, von vorn nach achtern, nacheinander die Flutklappen der Tauchzellen zu öffnen. Die Männer an den roten oder graugrünen Hebeln zogen sie unter Einsatz ihres gesamten Körpergewichts zur Seite und nach unten; andere drehten an Handrädern. Meerwasser strömte von unten in die Tauchzellen und drückte die Luft durch die Entlüftungen. Der LI blickte über die Schultern der beiden Tiefenrudergänger auf die Ruderlageanzeiger. Der vordere zeigte auf hart unten, der untere auf unten fünf Grad. Das Boot hatte sich bereits merklich nach vorn geneigt. Der nächste Blick des LI galt der runden Anzeige des Tiefenmessers und dann der Wassersäule des feiner messenden Papenberg-Tiefenanzeigers.

Nach einer halben Minute war der Kommandoturm in den Wellen verschwunden. Das Donnern der aus den Tauchzellen gepreßten Luft hörte auf, und die eintretende Stille wurde nur durch das Summen der Lüfter und das ferne Brummen der E-Motoren gestört. Leise gab der LI die nötigen Anweisungen, um das Boot auf ebenen Kiel zu bringen. Preßluft strömte zischend in die Trimm- und Tauchzellen und drückte das Wasser heraus. Sobald das Boot ausbalanciert war, machte der LI einen Schritt auf das offene Zentralluk zu und meldete nach oben: »Boot ist eingependelt, Herr Oberleutnant!«

»Auf Sehrohrtiefe!« gab Lemp zurück, und während der LI die Tiefenruder umlegen ließ, um dem Boot wieder Auftrieb zu geben, nahm er selbst am Angriffssehrohr neben dem Lukdeckel Platz. Im Gegensatz zu den Periskopen anderer Marinen konnte man das Okular der deutschen unabhängig vom Sehrohr bewegen, so daß der Kommandant, sobald er saß, seine Haltung nicht mehr zu verändern brauchte. Fußpedale erlaubten es ihm, den gesamten Apparat zu drehen, einschließlich seines Sitzes; mit einem Hebel auf der linken Seite konnte er das Sehrohr ein- oder ausfahren, und mit einem Knopf auf der rechten Seite ließ sich der Anstellwinkel des Objektivs einstellen.

Lemp drückte die Stirn gegen die Gummipolsterung des Okulars und ließ das Sehrohr ausfahren. Jeder Handgriff war viele Male geübt worden. Das ölige Geräusch wirkte auf beruhigende Weise vertraut. Doch diesmal war es ernst.

Das Dunkel im Okular wich einem heller werdenden Grün, und dann schaute der Kommandant plötzlich ins Sonnenlicht. Wassertropfen rollten durch sein Blickfeld; eine Welle spülte über das Objektiv hinweg und ließ neue Tropfen zurück. Während sie abflossen, drehte er mit der Rechten am Objektivknopf und trat auf das linke Pedal, bis er das Dampfschiff im Fadenkreuz hatte. Der Rumpf lag noch unter der Wasserlinie, aber der hohe, qualmende Schornstein und die in der tiefstehenden Sonne glitzernde weiße Brücke waren klar zu erkennen. Lemp drehte das Sehrohr herum und suchte den Horizont nach anderen Schiffen ab.

Was dann in Lemps Kopf vorging, wird man nie erfahren. Er hat den Krieg nicht überlebt. Die wenigen Mitglieder seiner Besatzung, die davongekommen sind, berichteten später, daß er einen Truppentransporter vor sich zu haben glaubte und Befehl gegeben habe, die vier Bugtorpedorohre zum Angriff klarzumachen. Die offizielle Erklärung lautete, er habe das Schiff irrtümlicherweise für einen Hilfskreuzer gehalten – die übliche Verlautbarung für derartige »Versehen«. Tatsächlich aber hatte es keinerlei Anzeichen dafür gegeben, daß es sich bei dem Schiff um einen Truppentransporter oder einen Hilfskreuzer gehandelt hat, im Gegenteil: Es fuhr weit draußen auf dem Atlantik, rund zweihundertfünfzig Meilen nordwestlich von Irland, auf gleichbleibend westlichem Kurs. Niemand war an Deck, die meisten Passagiere saßen beim Abendessen. Es gab keinen Grund, in der *Athenia* nicht das Passagierschiff zu sehen, das sie so offensichtlich zu sein schien. Völlig unverständlich ist, wie jemand auf die Idee kommen konnte, daß sie am Tag des Kriegsausbruchs Truppen von England über den Atlantik transportierte. Die einfachste Erklärung für Lemps Fehler ist, daß die *Athenia* ein verlockendes Ziel darstellte. Sie fuhr auf einem Kurs, der wie für einen Angriff geschaffen war.

Lemp rief dem hinter ihm am Vorhaltrechner stehenden Ersten Wachoffizier (IWO) Peilung, Entfernung und geschätzten Winkel zwischen dem Kurs des Ziels und seiner Sichtlinie zu und befahl dem dritten Mann im Kommandoturm, dem Rudergänger, nach Steuerbord abzudrehen. Er mußte etwas Abstand zwischen sich und den Dampfer legen, um dann zu wenden und mit dem ganzen Boot zu zielen, den Kreiselkompaß der selbststeuernden Torpedos auf null Grad eingestellt. Die Geschwindigkeit, mit der sich das Ziel näherte, ließ für langwierige Berechnungen keine Zeit. Lemp entschied sich, zunächst nur zwei Torpedos abzufeuern, und ließ die Rohre eins und zwei klarmachen.

Der Torpedomechaniker im Bugtorpedoraum wiederholte den Befehl und meldete wenig später: »Rohr eins fertig! Rohr zwei fertig!«

Vorsichtig wurde das Sehrohr ausgefahren. Die Brücke des Dampfers schien die glutrot untergehende Sonne zu berühren. Kurz nach 21.40 Uhr deutscher Kriegszeit – auf der *Athenia* war es zwei Stunden früher – gab Lemp aus neunhundert Metern Entfernung die letzten Daten weiter. Der IWO bestätigte den Vorhaltewinkel.

»Rohr eins!« befahl Lemp mit ruhiger Stimme durchs Sprachrohr. »Los!« Gleichzeitig betätigte er den Feuerschalter. Es war 21.42 Uhr.[1]

»Los!« echote der Torpedomechaniker, während er für den Fall, daß die elektrische Anlage versagte, den Messinghebel der Handfeuerung neben Rohr eins umlegte.

Das Boot ruckte leicht zurück, als der Torpedo ausgestoßen wurde. Die Preßluft, die ihn aus dem Rohr gedrückt hatte, wurde ins Boot gesaugt, damit keine verräterischen Blasen an die Oberfläche stiegen. Alle spürten den Druckanstieg in den Ohren. Um den Gewichtsverlust auszugleichen, wies der LI den Mann am Flutventil der vorderen Trimmzelle mit einem knappen Befehl an, Wasser einströmen zu lassen. Aus dem Funkraum gleich vor der Zentrale meldete der Horcher: »Torpedo läuft regulär!«

Der IWO oben im Turm hatte auf seine Stoppuhr gedrückt, als der »Aal« aus dem Rohr schoß, und zählte leise die Sekunden. Bei acht gab Lemp den Feuerbefehl für den zweiten Torpedo. Der Torpedomechaniker zog wiederum den Handfeuerhebel, aber nichts passierte. Er versuchte es erneut, aber der Torpedo rührte sich nicht von der Stelle. Es war ein Rohrstecker.

Auf der *Athenia* hatten weder die Brückenwache noch der vordere Ausguck das Sehrohr des näherkommenden U-Boots gesichtet. Den von Backbord anlaufenden Torpedo konnten sie nicht sehen. Er wurde von einem Elektromotor angetrieben und hinterließ keine Blasenspur. In Höhe des hinteren Teils des Maschinenraums schlug er ein. Die Explosion zerstörte einen Teil des Schotts zwischen diesem und einem dahintergelegenen Kesselraum, breitete sich durch das darüber gelegene Treppenhaus aus und schnitt den Passagieren im Speiseraum der dritten Klasse den Fluchtweg aufs Deck ab.

Kapitän Cook hatte im Salon der ersten Klasse zu Abend gegessen. Sein Schiff hatte bereits Schlagseite nach Backbord, als er auf der Brücke eintraf. Er wies den Funkoffizier an, SOS zu funken. Der Erste Offizier gab den Befehl zum Verlassen des Schiffs. Matrosen lösten die Halteseile der Rettungsboote und wiesen die an Deck strömenden Passagiere zu ihren Booten. Jene, die sich auf der Backbordseite befanden, konnten beobachten, wie in nur siebenhundert Metern Entfernung der unheimliche graugrüne Umriß eines U-Boot-Turms durch die Wasseroberfläche stieß. Grau gekleidete Gestalten erschienen und stiegen an ihm hinunter, als auch der Bug und das langgezogene Oberdeck aus dem weiß schäumenden Wasser auftauchten. Sie versammelten sich am Deckgeschütz, dessen Rohr herumgedreht wurde, bis es auf das Schiff zeigte. Dann war eine Rauchwolke zu sehen, und ein scharfer Knall kündigte die erste Granate an, die jedoch über das Schiff hinwegflog. Beim nächsten Schuß wurde der U-Boot-Turm von dichtem schwarzen Qualm so eingehüllt, daß nur noch ein Teil des Oberdecks und ein kurzes Stück des Hecks zu sehen waren. Die Menschen auf der *Athenia* beobachteten schreckensstarr, wie die Haischnauze des U-Boots in die Wellen stieß und verschwand. Als sich der Rauch lichtete, war das U-Boot verschwunden.

Lemp war sich seines Irrtums bewußt geworden, als er die Frauen und Kinder an Deck des Dampfers gesehen hatte. Seinen Plan, den Funkraum und die Antenne hinter der Brücke wegzuschießen, gab er auf, sobald sein Funker ihm den Notruf des getroffenen Schiffs übermittelte. Welche Gefühle zwischen Triumph und Bestürzung mochten ihn erfüllt haben? Ihm fiel offenbar nichts anderes ein, als sich in Sehrohrtiefe auf die Steuerbordseite des Dampfers zu legen und zuzusehen, wie er sich weiter nach Backbord neigte und langsam sank. Die Geräusche des in den aufgerissenen Rumpf schießenden Wassers und des unter dem Druck berstenden Schiffs wurden durch das Wasser ebenso weitergeleitet wie die Schreie der am Fuß der hinteren Treppe eingeschlossenen Passagiere der dritten Klasse.

Die Rettungsboote konnten bis auf eines, das vom Davit herabstürzte, sicher zu Wasser gelassen werden. Fast alle Evakuierten wurden von den Schiffen, die dem Notruf gefolgt waren, gerettet. Zu diesem Zeitpunkt war Lemp bereits fort. Eine Weile war er in der zunehmenden Dunkelheit um die Rettungsboote herumgefahren. Als der Funker ihm meldete, daß zwei britische Zerstörer und andere Schiffe auf den Unglücksort zuhielten, machte er sich davon. Einen Funkspruch setzte er über die Versenkung nicht ab.

Von den 1418 Menschen, die an Bord der *Athenia* gewesen waren, kamen 118 ums Leben, die meisten von ihnen durch die Torpedoexplosion. Viele wurden am Fuß der hinteren Treppe eingeschlossen. Unter den Opfern waren 69 Frauen und 16 Kinder; 22 von ihnen waren amerikanische Staatsbürger.[2]

Ein Aufschrei der Empörung ging um die Welt. Der Vorfall erinnerte an die Versenkung des Luxusliners *Lusitania,* der im Ersten Weltkrieg gleichfalls ohne Warnung torpediert worden war. Offenbar hatte man einen ähnlich rücksichtslosen U-Boot-Krieg gegen Neutrale und Zivilisten zu erwarten wie damals.

U-BOOTE UND U-BOOT-FAHRER

Das U-Boot war eine subversive Waffe. Seine Fähigkeit, sich in dem von der Kriegsflotte beherrschten Element zu verstecken, bedrohte die großen Überwasserschiffe, die Theorie und Praxis ihres Einsatzes und vor allem die Admirale, die auf ihnen Karriere gemacht hatten. Sie waren es, die in den zwanziger und dreißiger Jahren Macht und Einfluß in den Händen hielten, nicht nur in der Royal Navy, sondern auch in den jüngeren, aufstrebenden Marinen der Vereinigten Staaten, Nazideutschlands und des kaiserlichen Japans. Auch hier hielt man in den Jahren vor dem Zweiten Weltkrieg unerschütterlich an der orthodoxen Doktrin fest.

Sie stammte aus den Jahren nach 1890. Damals hatte der amerikanische Marineoffizier Alfred Thayer Mahan in einer Reihe historischer Studien aus der maritimen Vorherrschaft Großbritanniens Prinzipien der Seemacht abgeleitet, in deren Zentrum die Schlachtflotte stand. Indem sie die gegnerischen Schiffe besiegte oder im Hafen einschloß, so die Theorie, gewann die dominante Flotte die Herrschaft über die Ozeane, konnte den Feind durch eine Seeblockade niederringen und damit seine Wirtschaft strangulieren. Schwächere Seemächte wandten im allgemeinen die gegensätzliche Strategie an, den Kaperkrieg, der nach seinen französischen Exponenten auch *guerre de course* (Korsarenkrieg) genannt wurde. Der Theorie zufolge kann man durch ihn jedoch niemals die Oberhand über eine überlegene Schlachtflotte gewinnen.

Der Verlauf des Ersten Weltkriegs schien diese Doktrin zu bestätigen. Die britische Grand Fleet und die deutsche Hochseeflotte hatten es im Skagerrak vor Augen geführt. Während die Seeblockade der Royal Navy die deutsche Bevölkerung in Hunger, Anarchie und Revolution trieb, hatte der *guerre de course* der deutschen U-Boote keinen Erfolg.

Aber es war eine knappe Angelegenheit gewesen. Im April 1917 hatte die britische Regierung die Niederlage schon vor Augen gehabt. Admiral William Sims, der nach dem Kriegseintritt der USA als Verbindungsoffizier zur britischen Admiralität entsandt worden war, reagierte entsetzt, als man ihm die Verlustzahlen der Handelsschiffahrt vorlegte: Im Februar waren 536 000 Tonnen versenkt worden, im März 603 000, und im April erwartete man den Verlust von 900 000 Tonnen. Ein Gespräch mit dem Ersten Seelord, Sir John Jellicoe, verstärkte seine Bestürzung noch.

»Wenn es bei solchen Verlusten bleibt«, sagte Jellicoe seinem Gesprächspartner, »werden wir den Krieg nicht weiterführen können.«

»Es scheint, als würden die Deutschen den Krieg gewinnen«, erwiderte Sims.

»Sie werden gewinnen, wenn wir diese Verluste nicht stoppen können – und das bald.«

Als Sims nach einer Lösung des Problems fragte, antwortete Jellicoe, er könne gegenwärtig absolut keine sehen.[1]

Seiner Ansicht nach hatte die Regierung den Ernst der Lage nicht begriffen. Ende des Monats ließ Jellicoe seinem zivilen Chef, dem Ersten Lord der Admiralität, eine Denkschrift zukommen, mit der er dem Kriegskabinett »die sehr ernste Natur der Seekriegslage« bewußtmachen wollte. »Wir führen den Krieg«, heißt es dort, »als besäßen wir die absolute Seeherrschaft, während wir weit davon entfernt sind. Es trifft zwar zu, daß wir hinsichtlich der Überwasserschiffe Herr der Lage sind. Aber man muß erkennen, und zwar sofort, daß dies ziemlich nutzlos sein wird, wenn die U-Boote des Feindes unsere Verbindungswege abschneiden, wie sie es gegenwärtig tun.«

Er schlug vor, sich völlig aus den Kämpfen in Makedonien zurückzuziehen und alle verfügbaren Schiffe für die Einfuhr von Lebensmitteln einzusetzen. Außerdem sollte der Import radikal auf jene Dinge reduziert werden, die für das Land lebensnotwendig waren. »Aber selbst dann«, schrieb Jellicoe weiter, »werden wir in arge Bedrängnis kommen, sofern die Vereinigten Staaten uns nicht mit allen Kräften unterstützen«. Ohne eine Entlastung werde die Navy bald nicht mehr in der Lage sein, ihre Verpflichtungen gegenüber dem Land zu erfüllen.[2]

Diese Krise der Seekriegführung war jedoch von der Admiralität selbst herbeigeführt worden, die eine seit langem bewährte und einfache Antwort auf den *guerre de course* außer acht ließ: Handelsschiffe zu geschützten Konvois zusammenzufassen, statt sie allein fahren zu lassen, während man die Kaperschiffe zu jagen versuchte. Mahan selbst hatte geschrieben, die durch das Konvoisystem erzielten Resultate berechtigten zu dem Schluß, »daß es, natürlich bei systematischer und geschickter Handhabung, größere Erfolge erzielt als eine rein defensive Maßregel, wie die Jagd auf vereinzelte Piraten – ein Verfahren, das selbst bei der planmäßigsten Durchführung dem Suchen einer Nadel im Heuhaufen ähnlich sieht«.[3]

Als die Admiralität in ihrer Verzweiflung und auf Drängen einiger weitsichtiger Flottenoffiziere in letzter Minute schließlich Konvois für den Überseehandel einführte, gingen die Verluste fast augenblicklich zurück. Es hätte allen eine

Lehre sein müssen: Auf dem Höhepunkt des U-Boot-Krieges im April 1917 befanden sich im Durchschnitt weniger als 50 der insgesamt 128 einsatzbereiten deutschen U-Boote gleichzeitig auf See.[4] Diese wenigen und vergleichsweise billigen Kriegsmaschinen hatten die größte Marine- und Handelsmacht der Welt an den Rand des Untergangs gebracht, obwohl Großbritannien von seinen Verbündeten Frankreich, Italien, Japan und am Ende auch den USA unterstützt wurde und zusätzlich auch auf Schiffe der neutralen Länder zurückgreifen konnte. Nach der Einführung des Konvoisystems waren es gerade die amerikanischen Werften, die mehr Schiffe nachbauten, als die U-Boote versenken konnten, und die Alliierten in die Lage versetzten, ihre Truppen auf dem Kontinent zu verstärken und mit genügend Nachschub zu versorgen.

Im November 1918, als die Annahme der Waffenstillstandsbedingungen bekannt wurde, befand sich Oberleutnant Karl Dönitz auf einem in Gibraltar liegenden britischen Kreuzer. Der U-Boot-Kommandant war gefangen genommen worden, als er bei einem Angriff auf einen Geleitzug mit seinem beschädigten Boot hatte auftauchen müssen. Mit bitteren Gefühlen beobachtete er die Jubelszenen auf den anderen Schiffen, als der Kapitän des Kreuzers auf ihn zukam. Dönitz wies auf die im Hafen ankernde Armada aus britischen, amerikanischen, französischen und japanischen Schiffen hin und fragte den Briten, ob er sich eines Sieges freuen könne, der nur mit Hilfe der ganzen Welt zustande gekommen sei.

»Tja«, antwortete der Kapitän nachdenklich, »das ist schon merkwürdig.«[5]

Ein U-Boot war ein dickwandiger, sich an beiden Enden verjüngender Stahlzylinder, der so konstruiert war, daß er dem gewaltigen Druck in der Tiefe standhielt. Ballasttanks oder Tauchzellen, längliche Ausbuchtungen auf beiden Seiten des Zylinders, fungierten als Schwimmkörper. Das Ganze war von einer dünnen Außenhaut umschlossen, durch die das Boot seine typische Form erhielt: einen spitzen Bug, ein rundes Heck und ein schmales Oberdeck. Ungefähr in der Mitte erhob sich ein niedriger Aufbau, der eine weitere Druckkammer enthielt: der Kommandoturm. Er war von der Zentrale aus durch ein Luk zugänglich und ermöglichte über ein weiteres, druckfestes Luk den Zugang auf die Brücke.

Beim Tauchen wurden die Dieselmotoren, die ihre Luft durch auf der Brücke endende Zuluftschächte ansaugten, von den Schraubenwellen abgekuppelt. An ihre Stelle traten batteriebetriebene Elektromotoren, die ohne Luft auskamen. Die geöffneten Flutklappen der Tauchzellen steuerten dem Auftrieb entgegen; gleichzeitig wurden die auf beiden Seiten von Bug und Heck angebrachten Tiefenruder gegen die Fahrtströmung des Boots angewinkelt, um den Bug nach unten zu drücken. In der vorgesehenen Tiefe mußte durch Fluten oder Ausblasen der Tanks vorn, hinten und in der Mitte des Boots der Trimm, das heißt die Schwimmlage in der Längsrichtung, »ausgependelt« werden, bis es auf ebenem Kiel lag. Das Trimmen war eine Kunst, für die man viel Erfahrung benötigte und genau wissen mußte, wieviel der an Bord genommenen Vorräte bereits verbraucht waren. Zudem ist Meerwasser kein homogener Stoff; es bildet Schichten unterschiedlicher Temperatur und verschiedenen Salzgehalts und besitzt daher nicht immer dieselbe Dichte, so daß das U-Boot, wenn es in eine andere Schicht fährt, plötzlich mehr oder weniger Auftrieb erhält, rasch abfällt oder nicht aufsteigen will, bis mehr Wasser in die Tanks geströmt oder aus ihnen ausgeblasen wird. In größerer Tiefe ist der zwischen den Spanten auf das Boot einwirkende Druck so groß, daß es weniger Rauminhalt hat und Wasser aus den Tauchzellen ausgeblasen werden muß, um es leichter zu machen. Die größte Wachsamkeit war jedoch in den Extremsituationen nötig: Kam man zu tief, konnte der Punkt überschritten werden, von dem an das Boot dem Außendruck nicht mehr standhielt, in Sehrohrtiefe hingegen konnte es im Blickfeld des Feindes durch die Wasseroberfläche brechen.

Unter Wasser fuhr das U-Boot in der Regel mit Schrittgeschwindigkeit, entweder um die Batterien zu schonen, die erst bei der Überwasserfahrt mit den Dieseln wieder aufgeladen werden konnten, oder, wenn es gejagt wurde, um möglichst wenig Motoren- und Schraubengeräusche zu machen. Waren beide Batteriebänke zugeschaltet, konnte es eine Höchstgeschwindigkeit von acht bis neun Knoten erreichen, dies aber nur für gut zwei Stunden. Dies war der Nachteil der U-Boote: Sie besaßen zwar über Wasser eine große Reichweite und Schnelligkeit, aber sobald sie tauchten, konnten sie nicht einmal mit dem langsamsten Frachter mithalten. Gegen ein Kriegsschiff hatten sie nur dann eine Chance, wenn sie dicht genug an seinem Kurs auf der Lauer lagen. U-Boote galten daher vor allem als stationäre Überraschungswaffe.

Die Tauchzeit wurde durch die Menge der im Druckkörper vorhandenen Luft begrenzt. Angereichert durch das Kohlendioxid der beim Atmen verbrauchten Luft, konnte sie nach etwa vierundzwanzig Stunden gefährliche und bald darauf tödliche Werte erreichen. Kopfschmerzen und Schwindelgefühle waren alltäglich, wurden aber als eine der Unbequemlichkeit des aufreibenden U-Boot-Lebens hingenommen. Über die Geschwindigkeit, mit der das Kohlendioxid die Luft vergiftete, wußte man erstaunlich wenig. Nicht bekannt war, daß schon bei einer Konzentration von vier Prozent das Denken schwerfällt und zunehmend irrationale Entscheidungen getroffen werden; bei zehn Prozent spürt man starke Schmerzen, um bald darauf in Ohnmacht zu fallen, und zwanzig Prozent schließlich sind tödlich.[6] Die deutschen U-Boot-Fahrer hatten zwar Gasmasken, aber die Boote selbst verfügten ebensowenig über Luftfilter wie die der anderen Marinen, da sie normalerweise nachts auftauchen und im Schutz der Dunkelheit frische Luft tanken konnten – zumindest bis zur Einführung des Radars. Dies entsprach dem üblichen Ablauf auf Feindfahrten: Tagsüber wurde in Sehrohrtiefe nach Zielen Ausschau gehalten, und abends tauchte man auf, um die Batterien nachzuladen, das Boot durchzulüften und vielleicht in ein anderes Einsatzgebiet zu wechseln.

Die Hauptwaffe der U-Boote war der Torpedo, seinerseits ein kleines U-Boot mit einem Treibstoffbunker, einem Motor, der die gegenläufig rotierenden Schrauben antrieb, einer Tiefensteuerung mit verstellbaren Tiefenrudern, um in der eingestellten Tiefe zu bleiben, und einem mit dem Seitenruder verbundenen Kreiselkompaß, so daß ein eingestellter Kurs gehalten werden konnte. Der Sprengkopf am vorderen Ende des Torpedos wurde durch einen Zündmechanismus zur Detonation gebracht, der entweder beim Aufprall auf das Ziel oder durch dessen Magnetfeld ausgelöst wurde. Diese selbststeuernden Zylinder, in den englischsprachigen Marinen Fische und von den deutschen U-Boot-Fahrern Aale genannt, wurden aus Rohren abgeschossen, die am Bug und meist auch am Heck aus dem Druckkörper herausragten. Manche U-Boot-Typen besaßen außerdem unter der Außenhülle ein oder zwei äußere Torpedorohre, die jedoch im Gegensatz zu den innen liegenden Rohren während der Fahrt nicht nachgeladen werden konnten.

Trafen die Torpedos die verletzliche Unterseite eines Schiffs oder explodierten sie in dessen Nähe, war ihre Wirkung verheerend. Andererseits aber waren sie, zumal sie nicht direkt auf das Ziel abgeschossen werden konnten, bei weitem nicht so treffsicher wie Artilleriegranaten. Im Idealfall liefen sie im rechten Winkel zum Kurs des Zielobjekts. Dazu mußte das Problem der relativen Bewegung gelöst werden, und das wiederum setzte vor Einführung des Radars eine möglichst genaue Einschätzung von Kurs, Entfernung und Geschwindigkeit des gegnerischen Schiffs voraus. Die gesichertste Angabe war die Peilung des Ziels, die von einer Gradskala am Periskop abgelesen wurde. Die Entfernung ermittelte man, indem man den Winkel zwischen der Wasserlinie und der Mastspitze oder der Brücke des Ziels bestimmte, entweder auf einer simplen Gradskala oder mit einem in die Periskopoptik integrierten Entfernungsmesser. Dabei mußte die Masthöhe in den meisten Fällen geschätzt werden. Die U-Boot-Kommandanten neigten dazu, die Größe ihrer Ziele zu überschätzen, und irrten sich dementsprechend auch bei der Entfernung. Der Winkel zwischen dem Kurs des Ziels und der eigenen Visierlinie, der sogenannte Winkel am Bug, wurde ebenfalls häufig zu hoch taxiert. Auf die Geschwindigkeit schließlich wurde aus einer Zählung der im Horchgerät zu hörenden Schraubenumdrehungen, aus dem Abstand der zweiten Bugwelle vom Steven, aus dem Schiffstyp oder schlicht aus der Erfahrung geschlossen. All diese Daten flossen in einen Plot ein, eine Zielerfassungskarte, auf der sowohl die Bewegungen des Ziels als auch die eigenen wiedergegeben wurden. Durch weitere Beobachtungen ständig aktualisiert, erlaubte der Plot immer genauere Schätzungen, die in eine – je nach Nationalität – mehr oder weniger raffinierte Rechenmaschine eingegeben wurden. Als Feuerlösung gab die britische und japanische Marine den Vorhaltewinkel an, die amerikanische und deutsche die Torpedokurseinstellung. Schließlich wurden im Abstand von einigen Sekunden zwei oder (meistens) mehr Torpedos abgeschossen. Hätte man die Torpedos gleichzeitig abgefeuert, wäre das Boot durch den plötzlichen Gewichtsverlust zu sehr aus der Trimm geraten; außerdem konnten in den Pausen Fehler in den Datenschätzungen oder der Torpedosteuerung korrigiert werden. In der britischen Marine, die davon ausging, daß mindestens drei Treffer nötig waren, um ein modernes Großkampfschiff zu versenken, gab man in der Regel »Reihensalven« ab, das heißt, im Abstand von jeweils fünf Sekunden wurden sämtliche Torpedos – für gewöhnlich sechs – abgeschossen, so daß sie sich über das Ziel und dessen Kurs verteilten. In der amerikanischen und deutschen Marine wurde diese Verteilung erreicht, indem man einen »Fächer« einzelner Torpedos mit geringen Kursabweichungen schoß.

Derart lehrbuchhaft verliefen jedoch nur wenige Angriffe. Das Ziel fuhr für gewöhnlich im Zickzack, und oftmals wurde es durch Geleitschiffe und Flugzeuge geschützt, die das U-Boot zu Ausweichmanövern zwangen. Wenn man nicht Gefahr laufen wollte, von den Beobachtungsposten entdeckt zu werden, durfte man das Sehrohr nur sparsam einsetzen, und dies um so mehr, je ruhiger die See war. Zwischen den Beobachtungen mußte der Kommandant die sich verändernde Situation in seiner Vorstellung nachvollziehen und seine Schätzungen von Zeit, Geschwindigkeit und Entfernung ständig modifizieren, um so das Boot in eine Position zu bringen, die einen Vorhalt zum optimalen Zeitpunkt erlaubte, damit die Torpedos in einem möglichst offenen Winkel zum Kurs des Ziels liefen. Unter Umständen mußte er mit einer einzigen Beobachtung auskommen oder sich, ganz ohne Hilfsmittel, allein auf seine Erfahrung und sein gutes Auge verlassen.

Manche britischen Kommandanten scheinen sich langwierige Berechnungen erspart zu haben: John S. Stevens zum Beispiel, der sehr erfolgreiche Kommandant des im Mittelmeer operierenden U-Boots *Unruffled*, bemerkte: »Ich sage, wenn das Ziel einen Schuß wert ist, gebt ihm eine volle Ladung. Der Vorhaltewinkel ist sowieso immer zehn Grad.«[7] Die Ergebnisse dieser nonchalanten Herangehensweise mit denen der amerikanischen und deutschen Kommandanten zu vergleichen, die ihren Vorhaltrechnern ständig aktualisierte Feuerlösungen entnahmen, ist unmöglich; die drei U-Boot-Flotten operierten unter sehr unterschiedlichen Bedingungen. Die Trefferquote wurde, besonders bei den Amerikanern, von Torpedoversagern gedrückt. Den Zahlen läßt sich nur entnehmen, daß es in jeder Marine Kommandanten gab, die selten einen Treffer erzielten, und ebenso solche, die regelmäßig über dem Durchschnitt lagen. Diese »Asse« zeichneten sich durch Aggressivität, Entschlossenheit und Kaltblütigkeit beim Angriff sowie durch ein besonderes Augenmerk für die Ausbildung ihrer Besatzung aus. Offiziere und Mannschaften von U-Booten waren in noch größerem Ausmaß Verlängerungen des Willens des Kommandanten als jene von Überwasserschiffen. Von einigen amerikanischen U-Booten abgesehen, in denen der Erste Wachoffizier den Platz am Periskop einnahm, sah er bei einem Unterwasserangriff als einziger den Feind. Seine Gelassenheit, Entschlossenheit und Risikobereitschaft und ebenso seine Zögerlichkeit, Erschöpfung und nervöse Überreiztheit waren es, die über die Vorgehensweise entschieden.

Mehr als jedes andere Kriegsschiff entsprach das U-Boot dem, was man heute ein Waffensystem nennt. Außer in der US Navy spielten die Bedürfnisse der Besatzung nirgendwo eine Rolle. Sie war an Bord, um dem System zu dienen, und mußte sich den Platz im Druckkörper mit Torpedos und Vorräten teilen. Geschlafen wurde zumeist schichtweise in »heißen Kojen«, deren Laken von Tag zu Tag schmutziger wurden. Man konnte sich kaum die Hände und das Gesicht waschen, von Baden oder Duschen ganz zu schweigen, und nach der Brückenwache trocken zu werden, war fast unmöglich. Wegen des Außendrucks funktionierte das WC nur bis in eine Tiefe von gut zwanzig Metern. Es bildeten sich davor regelmäßig Schlangen. In größeren Tiefen mußten sich die Männer in Eimer und leere Flaschen erleichtern. Der Geruch vermischte sich mit den stickigen, feuchten Ausdünstungen von Dieselmotoren, ungewaschenen Körpern, Chlor und schalem Bilgenwasser und durchdrang das ganze Boot. Waren die frischen Lebensmittel verbraucht, blieben nur noch Trockengemüse und Dosennahrung. Wenn das Boot für längere Zeit unter Wasser blieb, stellten sich Übelkeit, stechende Kopfschmerzen und Platzangst ein. Es gab kaum eine Möglichkeit, sich zu bewegen. Die Gefahr von Luftangriffen machten Spaziergänge auf dem Oberdeck nahezu unmöglich. Die beängstigenden Bedingungen, das Gefühl der Verwundbarkeit und damit auch der Verantwortung füreinander schufen eine alle Rangunterschiede überwindende Kameradschaft, die wiederum bewirkte, daß die Moral auf U-Booten, unabhängig von ihrer Nationalität, im allgemeinen sehr hoch war, wahrscheinlich höher als auf jedem Überwasserschiff. Entscheidend war, daß der Kommandant, ungeachtet seiner sonstigen Vorzüge oder Fehler, das Vertrauen der Männer genoß.

Der U-Boot-Krieg wurde von jungen Männern gekämpft. Ein Offizier, der die Fünfunddreißig überschritten hatte, galt in der Royal Navy als zu alt für den operativen Einsatz. In der US Navy waren die Kommandanten zu Beginn des Krieges im Durchschnitt über fünfunddreißig, doch viele von ihnen erwiesen sich als übervorsichtig und wurden, obwohl ihr Verhalten vermutlich weniger mit ihrem Alter als vielmehr mit der realitätsfernen Ausbildung in Friedenszeiten zu tun hatte, bald durch jüngere Offiziere ersetzt. Ihre Aggressivität und die neue Radartechnik trugen wesentlich zu dem verheerenden Erfolg der Operationen bei, mit denen Japan von seinen Handelswegen abgeschnitten wurde. Im letzten Kriegsjahr waren die meisten amerikanischen U-Boot-Kommandanten Anfang dreißig, viele sogar erst Ende zwanzig. Die deutsche Kriegsmarine mußte durch die Verluste im Atlantik und den Ausbau der U-Boot-Flotte das Durchschnittsalter der U-Boot-Kommandanten noch drastischer senken. In den späten Kriegsjahren waren viele von ihnen unter fünfundzwanzig; der jüngste, Hans-Georg Hess, war einundzwanzig Jahre alt, als er 1944 Kommandant von U 995 wurde.

Aber wer nahm freiwillig die Gefahren eines derart unnatürlichen Lebens auf sich? Vor dem Krieg meldeten sich in allen Ländern stets genügend Freiwillige. Eingezogen werden mußten in der Regel nur Fachleute. Für manche war der bessere Sold entscheidend, aber es gab auch andere Gründe: Offiziere konnten auf U-Boot-Flotten schneller als auf Überwasserschiffen in verantwortliche Stellungen und auf Kommandoposten gelangen. Und alle wußten die besondere Kameraderie und Zwanglosigkeit an Bord, die andere Art von Disziplin zu schätzen, die mehr auf Kompetenz und Achtung beruhte als auf dem bloßen Dienstgrad. Stärker als auf jedem anderen Schiffstyp war hier jeder einzelne von lebenswichtiger Bedeutung für das Ganze; jeder Fehler, wer immer ihn beging, konnte zur Katastrophe führen. Die Besatzungen wurden durch Gemeinsam überstandene Strapazen und Gefahren und durch die Fähigkeit, sie zu überwinden, zu einer verschworenen Gemeinschaft. Sie bildeten in jeder Marine eine eigene Gruppe mit besonderem Korpsgeist. Selbständig denkende, nonkonformistische junge Männer, die der starren Hierarchie und Servilität der Großkampfschiffe entfliehen wollten, fühlten sich davon angezogen. Die späteren deutschen Asse Prien, Schepke und Kretschmer hatten dieses Weg ebenso genommen wie der amerikanische U-Boot-Kommandant Ignatius Galantin, der über seinen Dienst auf Schlachtschiffen geschrieben hat: »Ich wurde immer gereizter. ... Ich wollte frei sein von dem dumpfen, sich ständig wiederholenden, formalisierten Leben in der Schlachtschiffmarine und einer persönlicheren, moderneren und flexibleren Marinewaffe angehören.«[8]

Das U-Boot besaß die Faszination einer neuen Waffe, die den höchsten Stand der technischen und strategischen Entwicklung repräsentierte. Zudem war es seit dem Ersten Weltkrieg mit einer Aura von Abenteuer und Geheimnis umgeben, an der legendäre Kommandanten entscheidenden Anteil hatten: Martin Dunbar Nasmith war allen Netzen, Minen und Strömungen zum Trotz ins Marmarameer vorgedrungen, um die türkischen Transporte nach Gallipoli anzugreifen; Max Hortons Erfolge in der Ostsee hatten dazu geführt, daß die Deutschen einen Preis auf seinen Kopf aussetzten; auf der anderen Seite hatten sich Kommandanten hervorgetan wie Lothar von Arnauld de la Perière, das »As der Asse«, der bis heute den Rekord für versenkte Schiffe und Tonnage hält, und Dönitz' erster Kommandant, Walter Forstmann, der Arnauld de la Perière nur wenig nachstand.

Ein britischer U-Boot-Fahrer, der heutige Vice Admiral Sir Ian McGeoch, hat die Gründe für seinen freiwilligen Eintritt in die U-Boot-Waffe aufgelistet: »Ich war leidenschaftlicher Segler und Steuermann auf Rennyachten; ich war scharf auf das frühe Kommando, das in der U-Boot-Waffe möglich war; ich war verlobt und stand kurz vor der Heirat, so daß die zusätzlichen sechs Shilling pro Tag einen gewissen Anreiz darstellten; und ich hatte viele Berichte über die Operationen der britischen U-Boote im Ersten Weltkrieg gelesen.«[9]

Sowohl in Deutschland als auch in Japan, wo dem jugendlichen Idealismus eine kriegerische Ethik aufgestülpt wurde, erhob man das Korps der U-Boot-Fahrer zu einer von der Propaganda gefeierten Elitetruppe; in Deutschland zeigten Plakate wagemutige U-Boot-Helden, die unter flatternden Fahnen gegen den Feind fuhren. Dennoch mußten während des Krieges in beiden Ländern immer mehr Männer von der Überwasserflotte zu den U-Booten abkommandiert werden, wobei man die Fiktion einer Freiwilligentruppe aufrechtzuerhalten versuchte. Aber selbst von diesen ausgesuchten Männern hielten bei weitem nicht alle den physischen und psychischen Belastungen des U-Boot-Lebens stand. Benötigt wurden gesunde, ausgeglichene junge Männer; wer charakterlich nicht gefestigt oder nicht bereit war, seinen Teil zu leisten, wurde rasch entlassen oder schied selbst aus.

ZWISCHEN DEN KRIEGEN

Das U-Boot wurde in der Zwischenkriegszeit nicht grundlegend verändert, sondern ausgehend von den Modellen des Ersten Weltkriegs in kleinen Schritten weiterentwickelt. Es gab jedoch gravierende nationale Unterschiede, die in einem von allen Kanonenschiff-Admiralen geteilten Unverständnis hinsichtlich Rolle und strategischen Potentials dieser Waffe begründet lagen. Hinzu kamen Verzerrungen der U-Boot-Entwicklung, die aus den in den zwanziger und dreißiger Jahren geschlossenen Abkommen zur Rüstungsbeschränkung resultierten.

Die Politik der britischen Admiralität kann nur als eine der absichtlichen Blindheit beschrieben werden. Als Wächter eines durch Seewege zusammengehaltenen Empires mit der größten Handelsflotte und dem größten Außenhandel der Welt hatte die Royal Navy die von den U-Booten ausgehende Gefahr früh erkannt und eine Ächtung der neuen Waffe zu erreichen versucht. Gleichzeitig hatte sie aber selbst U-Boote entwickelt, und sei es auch nur, um Abwehrmaßnahmen gegen sie zu finden. Nach der niederschmetternden Erfahrung vom April 1917, als die schlimmsten Befürchtungen der Admirale Wirklichkeit zu werden schienen, wurde diese Politik zur Farce. Auf der Washingtoner Konferenz von 1921/22, die von den Vereinigten Staaten einberufen worden war, um ein maritimes Wettrüsten zu verhindern, setzte sich die britische Delegation wiederum erfolglos für die Ächtung der U-Boote ein. Sie drängte daraufhin die anderen Konferenzteilnehmer, wenigstens eine Erklärung zu unterzeichnen, in der sie sich verpflichteten, U-Boote nicht, wie im Krieg geschehen, für einen uneingeschränkten Handelskrieg einzusetzen – ein Passus, der von Frankreich nie ratifiziert wurde.

Der Washingtoner Vertrag markierte das formelle Ende der britischen Vormachtstellung auf See, das mit dem Aufstieg von Deutschland, Amerika und Japan als industrielle und maritime Großmächte spätestens seit der Jahrhundertwende absehbar gewesen war. Der im Weltkrieg angehäufte Schuldenberg machte es für England vollends unmöglich, weiterhin eine weltweit operierende und für alle Eventualitäten gewappnete Marine zu unterhalten. In seinem geschwächten Zustand hatte es bereits den Schiffbaukapazitäten der USA nichts entgegenzusetzen. So blieb keine Wahl, als den amerikanischen Vorschlägen zur Rüstungsbeschränkung zuzustimmen, die für die Großkampfschiffe der drei nach der Niederlage Deutschlands bedeutendsten Seemächte – der USA, Großbritanniens und Japans – eine Gesamttonnage im Verhältnis von 5:5:3 festlegten. Danach sah sich die Royal Navy mit der Aussicht konfrontiert, daß sie Japan im Fernen Osten unterlegen sein würde, wenn sie es gleichzeitig mit einem Feind im Atlantik oder im Mittelmeer zu tun bekäme. Natürlich hätte sie sich jetzt das Argument der kleineren Seemächte Frankreich und Italien zu eigen machen können, wonach U-Boote nötig seien, um eine überlegene Feindflotte auf eine Größe schrumpfen zu lassen, die es der eigenen Überwasserflotte erlauben würde, den offenen Kampf mit ihr aufzunehmen.

Doch statt sich den neuen Verhältnissen anzupassen, experimentierte die englische Admiralität, da eine Ächtung der U-Boote nicht erreichbar war, mit exzentrischen Ideen, etwa deren Ausrüstung mit schweren Geschützen und Wasserflugzeugen und der Entwicklung riesiger tauchfähiger »Kreuzer«. Gleichzeitig wurden die Überwasserschiffe mit Anti-Torpedo-»Bilgen« versehen und ein Ortungssystem entwickelt, das 1917 vom Allied Submarine Detection Investigation Committee (Alliiertes Forschungskomitee für die Ortung von U-Booten) auf den Weg gebracht wurde. Der Apparat, nach der Abkürzung des Komitees ASDIC genannt, sendete Ultraschallwellen aus, deren kegelförmiger Strahl unter Wasser in jede Richtung gelenkt werden konnte; stieß er auf feste Körper, wurde er reflektiert, und aus der Zeit bis zum Empfang des Echos ließ sich die Entfernung des Objekts errechnen. Auf diese Weise konnten U-Boote im Bereich von anderthalb Seemeilen nicht nur entdeckt, sondern auch ihre Peilung und Entfernung ermittelt werden. Von U-Booten konnte ASDIC benutzt werden, um Überwasserschiffe zu orten und in Sehrohrtiefe anzugreifen; da es außerdem für die Kommunikation unter Wasser entwickelt worden war, wurde es sowohl auf Zerstörern als auch in U-Booten installiert. Daneben verfügten alle U-Boote über Horchgeräte (Hydrophone), mit denen andere Schiffe anhand ihrer Motoren- und Schraubengeräusche entdeckt werden konnten.

Dennoch bemühten sich Admiralität und britische Regierung auf den Londoner Marinekonferenzen von 1932 und 1935 weiterhin um die Ächtung der U-Boote – auch hier ohne Erfolg, zumal Japan zum Zeitpunkt der zweiten Konferenz alle internationalen Vereinbarungen über Rüstungsbeschränkungen aufgekündigt und Deutschland trotz des im Versailler Vertrag festgelegten Verbots begonnen hatte, eine U-Boot-Flotte aufzubauen. Im ersten Londoner Abkommen verpflichteten sich die westlichen Marinen jedoch, weder die Gesamttonnage der britischen U-Boot-Flotte von 52 700 Tonnen zu überschreiten noch einzelne Boote mit mehr als 2000 Tonnen (Standardüberwasser-)Verdrängung zu bauen.

Unterdessen hatte die Admiralität den Bau von zwei neuen U-Boot-Klassen in Auftrag gegeben. Beide belegten ihr Festhalten an der Schlachtschiffdoktrin: Die O-Klasse und deren verbesserte Versionen P und R waren dazu gedacht, im Fall eines Krieges mit Japan – der zu jener Zeit als ziemlich wahrscheinlich galt – die Stellung zu halten, bis die im Mittelmeer oder in Heimatgewässern stationierten Einheiten im Fernen Osten eintrafen. Mit dem anderen Typ, der River-Klasse, wollte man ein Konzept wiederbeleben, in dem U-Boote vorgesehen waren, die mit der Geschwindigkeit der Überwasserflotte mithalten konnten. Der im Ersten Weltkrieg unternommene Versuch, mit der dampfgetriebenen K-Klasse dieses Konzept umzusetzen, war ein totaler Flop gewesen. Die Konstruktion beruhte auf falschen Voraussetzungen: Ein paar Stunden an der Taktiktafel hätten gezeigt, daß die Chancen eines U-Boots, bei Feindkontakt in getauchtem Zustand in eine günstige Angriffsposition zu kommen, verschwindend gering waren. Da man das U-Boot allgemein als stationäre Überraschungswaffe ansah, ist es um so erstaunlicher, daß man dennoch an diesem Konzept festhielt.

Die Klassen O, P und R litten an vielen technischen Problemen, nicht zuletzt an der Neigung zu Lecks in den äußeren Öltanks, was sich im Krieg als tödlich erweisen sollte. In den Jahren vor dem Zweiten Weltkrieg wurde daher ein neuer U-Boot-Typ entwickelt. Die internationalen Beschränkungen waren zwar obsolet geworden, bevor das erste Boot auf Kiel gelegt wurde, aber die Anforderungen an den neuen Bootstyp waren vor der Londoner Marinekonferenz von 1935 aufgestellt worden, als die Admiralität noch hoffte, für die U-Boote wenigstens eine für jedes Land geltende Obergrenze von 45 000 Tonnen Gesamttonnage durchsetzen zu können. Es wurde daher kein Boot geplant, das in Größe und Höchstgeschwindigkeit den Klassen entsprochen hätte, die es ersetzen sollte, auch keines, das an der erlaubten Obergrenze von 2000 Tonnen pro Boot lag; man konstruierte vielmehr einen Typ mit einer Verdrängung von nur rund 1000 Tonnen. Diese Zahl wurde offenbar gewählt, um im Rahmen der erlaubten Gesamttonnage, die man vertraglich festzuschreiben hoffte, eine größere Anzahl von Booten bauen zu können.

Aus diesem Geist wurde die T-Klasse geboren. Ihr Vorteil waren die zehn Bugtorpedorohre. Sechs von ihnen ragten aus dem Bootsinneren hervor, vier befanden sich außerhalb des Druckkörpers, zwei in einer Ausbuchtung der Außenhaut über dem Bug und zwei mittschiffs unter dem angehobenen Deck. Die T-Klasse hatte damit die weltweit größte Torpedobatterie, zumindest der Theorie nach. Ihr Zweck war, genügend Treffer zu erzielen, um auch ein in viele

Schotts unterteiltes modernes Großkampfschiff versenken zu können. Ihr Nachteil war, daß die vier äußeren Torpedorohre auf See nicht nachgeladen werden konnten und die Torpedos selbst nicht »geregelt«, das heißt inspiziert und gewartet werden konnten. Besonders auf langen Feindfahrten funktionierten sie nicht so zuverlässig wie die in den inneren Rohren. Außerdem führte die Ausbuchtung am Bug zu Problemen mit der Trimm und erzeugte in Sehrohrtiefe eine sichtbare Bugwelle. Bei der nach Kriegsbeginn aufgelegten zweiten Serie sollten diese Mängel ausgeglichen werden. Die äußeren Bugtorpedorohre wurden zwei Meter nach hinten versetzt und die Außenhülle über dem Bug abgesenkt. Um dem Boot eine größere Flexibilität beim Angriff zu verleihen, baute man unter der Außenhülle am Heck ein weiteres äußeres Torpedorohr ein und drehte die beiden mittschiffs gelegenen Rohre nach hinten um. Die Bugsalve blieb mit acht Torpedos beeindruckend genug, aber die Nachteile der äußeren Torpedorohre hatte man nicht beheben können. Auch die strömungsungünstige und daher bremsende Form der Außenhülle war nicht verbessert worden.

Anders als bei den Vorgängern hatte man bei der Technik der T-Klasse auf Einfachheit, Verläßlichkeit und leichte Bedienbarkeit geachtet. Der geringen Tonnage hatte die Admiralität jedoch Reichweite, Bewohnbarkeit in tropischen Gewässern, wo es eingesetzt werden sollte, Bewaffnung und Überwassergeschwindigkeit geopfert, die bei einer »stationären« Waffe allerdings als vernachlässigbar betrachtet wurden. Ihre Höchstgeschwindigkeit betrug etwas mehr als fünfzehn Knoten, und der Platz reichte nur für sechs Reservetorpedos. Wie sich herausstellte, hatte diese Politik nicht die unheilvollen Folgen, die man hätte erwarten können. Die U-Boote der T-Klasse wurden hauptsächlich im Mittelmeer eingesetzt. Geringe Größe, kurze Tauchzeit, Robustheit und Handlichkeit entsprachen den dortigen Verhältnissen; mit einer höheren Geschwindigkeit wären sie geradezu ideal gewesen.

Ein weiterer neuer U-Boot-Typ, der kurz vor dem Krieg gebaut wurde, war die U-Klasse, ein 540 Tonnen großes, unbewaffnetes Boot, das für die Ausbildung in der U-Boot-Abwehr und als erstes Kommando für junge Offiziere gedacht war. Als der Kriegsausbruch drohte, wurden die Boote mit vier innen liegenden und zwei äußeren Bugtorpedorohren ausgestattet. Die dafür nötigen Ausbuchtungen der Außenhülle führten zu denselben Problemen wie bei der T-Klasse. Wenn man eine volle Salve abfeuerte, war kaum zu verhindern, daß der Bug durch die Wasseroberfläche brach. Schließlich ließ man die äußeren Rohre weg. Ohne den höheren Bug ließen sie sich ausgezeichnet manövrieren.

Die Boote der U-Klasse waren erstmals mit dem in den USA bereits seit den zwanziger Jahren verwendeten dieselelektrischen Antrieb ausgestattet. Von Dieselmaschinen angetriebene Generatoren lieferten den Strom für die an die

Schraubenwellen angekuppelten Elektromotoren und luden die Batterien auf, deren Energie als Antrieb für die Fahrt unter Wasser benötigt wurde. Dieses System hatte den Vorteil einer gewissen Flexibilität hinsichtlich des Innenausbaus und der Einsatzmöglichkeiten. Die Boote sollten unter Wasser sieben und an der Oberfläche zwölf Knoten schnell sein, tatsächlich erreichten aber nur wenige diese Geschwindigkeiten; sie gehörten im Gegenteil zu den langsamsten U-Booten des Zweiten Weltkriegs. Dafür konnten sie in weniger als zwanzig Sekunden tauchen und waren in dieser Hinsicht schneller als alle anderen U-Boote. Im Krieg zeigte sich, daß sie für die engen Gewässer des Mittelmeers bestens geeignet waren.

Neben diesen beiden gerade rechtzeitig zur Produktionsreife gelangten Klassen erwies sich die ältere S-Klasse, die für den Patrouillendienst in der Nordsee gebaut worden war, als recht erfolgreicher Bootstyp. Die Boote der Anfang der dreißiger Jahre aufgelegten ersten Serie hatten eine Standardüberwasserverdrängung von 670 Tonnen und verfügten über sechs Bugtorpedorohre, die einmal nachgeladen werden konnten. Eine verbesserte Serie, die nach Kriegsausbruch gebaut wurde, verdrängte 769 Tonnen und war mit einem zusätzlichen äußeren Hecktorpedorohr ausgestattet. Mit einer Überwassergeschwindigkeit von 15 Knoten war auch die S-Klasse ziemlich langsam. Bei allen drei Typen war vor dem Kommandoturm ein kleinkalibriges Schnellfeuergeschütz montiert.

Die U-Boot-Übungen in Friedenszeiten waren wenig realistisch. Nachtangriffe wurden nicht geübt, weil bei Schlachtschiffgruppen, den einzigen Zielen, mit denen man rechnete, die Gefahr bestand, daß die U-Boote mit abgedunkelt fahrenden Geleitzerstörern zusammenstießen. Auch bei Schießübungen am Tag wurde selten eine volle Salve abgefeuert; die Zahl der wahrscheinlichen Treffer ermittelte man vielmehr durch die Auswertung der vom Kommandanten während des Angriffs vorgenommenen Schätzungen von Kurs, Geschwindigkeit und Entfernung des Ziels. Eine der Hauptsorgen des Kommandanten bei solchen Übungen bestand darin, sich dem Ziel bis auf eine günstige Schußentfernung von etwa tausend Metern zu nähern, ohne vom ASDIC der Geleitschiffe entdeckt zu werden. Diese Konzentration aufs ASDIC scheint die Aufmerksamkeit von den hochempfindlichen Horchgeräten abgelenkt zu haben, die in Deutschland für die U-Boot-Abwehr entwickelt wurden. Erst die Erfahrungen im Krieg führten zu der Erkenntnis, daß in U-Booten bei Feindkontakt absolute Stille zu herrschen hatte.

Von der Überwasserflotte vorwiegend als bewegliche Zielattrappen für die U-Boot-Jagdausbildung der Zerstörer betrachtet, an die künstlichen Manöverbedingungen in Friedenszeiten gewöhnt und häufig von technischen Problemen geplagt, hatten die U-Boote nur wenig Chancen, ihre operativen Fähigkeiten zu beweisen. Die Anforderungen an Kriegspatrouillen waren so wenig bekannt, daß erst mehrere U-Boote verlorengehen mußten, bevor die Royal Navy hastig die Erfahrungen aus dem Ersten Weltkrieg auswertete und die Ergebnisse als Anleitung für nächtliche Patrouillenfahrten in Umlauf brachte. Im Mittelmeer und im Fernen Osten probten die Flottillen den Einsatz als Patrouillengruppen, die mit Hilfe von Flaggensignalen, Funk und ASDIC kooperierten und häufig in enger Überwasserformation auf kurze Entfernungen Artillerieschießübungen abhielten. Bei einer dieser Übungen wurde die Geschützbedienung, wenn sich das Boot dem Ziel unter Wasser bis auf fünfhundert Meter genähert hatte, mit dem Befehl »Klarmachen zum Artillerieangriff!« in den Kommando- oder den Geschützturm gerufen. Ein ehemaliger Artillerieoffizier beschrieb, was passierte, wenn alle nach oben gestürmt waren: »Das Luk wurde geöffnet, wenn der Kommandoturm noch unter Wasser war, und der Überdruck blies die Geschützbedienung nach draußen. Sie feuerte ihre zehn Granaten, und dann kletterten alle wieder ins Boot. Ich übertreibe nicht, wenn ich sage, daß sie jedesmal mit allen zehn Schüssen ins Ziel traf und binnen einer Minute wieder verschwunden war.«[1]

Diese Prozedur hielt die Männer auf Trab, war aber kaum die richtige Vorbereitung für einen Kampf mit schnellen Flottenverbänden. Engagierte junge Offiziere drängten deshalb auf eine realistischere Ausbildung. Lieutenant Ian McGeoch, der auf der im Mittelmeer stationierten *Clyde* diente, reichte beim Stab seiner Flottille eine Denkschrift ein, in der er sich dafür aussprach, nächtliche Torpedoangriffe zu üben. Dank seiner kleinen Silhouette sei das U-Boot bei Nachtangriffen im Vorteil, argumentierte McGeoch; im übrigen würde man ohne Übungen nie herausfinden, ob die Nachtzielgeräte etwas taugten. Auf der *Clyde* seien sie jedenfalls noch nicht benutzt worden.[2] Die Anregung wurde nicht umgesetzt, und die britischen Nachtzielgeräte blieben, vor allem im Vergleich mit denen der deutschen Marine, primitiv.

Auch die Feuerleitung von Torpedos und Geschützen wurde vernachlässigt. Vor dem Ersten Weltkrieg hatte die Royal Navy bei der Entwicklung von automatischen Feuerleitsystemen die Spitzenposition innegehabt, aber keines davon wurde für Torpedos entwickelt. Den U-Boot-Kommandanten standen als Hilfsmittel zur Bestimmung des Vorhaltewinkels nur der Plot des Navigators und eine »*Is-Was*« genannte Mehrscheibenrechenmaschine zur Verfügung. Diese »*Is-Was*«-Maschine wurde zu einem mechanischen Feuerleitgerät weiterentwickelt, dem »Spielautomaten«, der aber nur die zum Zeitpunkt der jeweiligen Beobachtung gültige Lösung errechnete und kein fortlaufendes Bild des Angriffs lieferte, wie es eine aus dem Feuerleitsystem von Überwasserschiffen abgeleitete Maschine getan hätte und wie es die Rechner der amerikanischen und deutschen U-Boote taten. Der deutsche Vorhaltrechner stellte sogar automatisch den Kreiselkompaß in der Selbststeuerung der Torpedos ein. In Ermangelung solcher Neuerungen blieb den britischen U-Boot-Kommandanten nichts übrig, als wie im Ersten Weltkrieg mit dem gesamten Boot zu zielen. »Um zu feuern«, schrieb Commander William King später, »mußte man mit dem U-Boot wie mit Pfeil und Bogen zielen. Dafür brauchte es einen Virtuosen, und ich mußte bei Übungsangriffen immer wieder erfahren, wie weit ich davon entfernt war, einer zu sein. ... Würde ich zu etwas nütze sein, wenn der Krieg kam? ... Denn das artistische Geschick, das für einen U-Boot-Angriff nötig war, ließ sich nicht durch bloße Übung erlernen.«[3]

Hinzu kam ein weiterer Nachteil der britischen U-Boote: Um den Magnetkompaß im Kommandoturm nicht zu beeinflussen, bestand ihr Sehrohr nicht aus Stahl, sondern aus Bronze. Das bedeutete aber, daß es drei bis fünf Meter kürzer als bei den anderen Marinen war, die offenbar mehr Vertrauen in ihre Kreiselkompasse hatten. Folglich lagen die britischen Boote höher, hatten daher auch stärker mit der Oberflächenströmung zu kämpfen, waren schwerer zu steuern und brachen in kritischen Augenblicken häufiger durch die Oberfläche. Die Sorge um die Funktionstüchtigkeit des Kompasses ging auch auf Kosten der Tauchtiefe, denn das zusätzliche Gewicht des ebenfalls aus Bronze hergestellten Kommandoturms wurde durch eine dünnere Beplattung des Druckkörpers ausgeglichen.

Zweifellos war das Vertrauen in ASDIC ein gewichtiger Grund für die Unterschätzung der U-Boote und ihrer strategischen Bedeutung. 1935, als die neue deutsche U-Boot-Flotte Realität geworden war, wiegte sich die Admiralität in dem Glauben, daß ASDIC »die U-Boot-Gefahr praktisch beseitigt« habe.[4] Und 1937 versicherte der scheidende Erste Lord der Admiralität, Sir Samuel Hoare, vor dem Unterhaus, das U-Boot stelle »keine Gefahr mehr für die Sicherheit des britischen Empire« dar.[5] Selbst bei günstigen Bedingungen hatte ASDIC mit 2900 Metern eine wesentlich geringere Reichweite als Torpedos. Tatsächlich lag sie im Durchschnitt gerade einmal bei 1200 Metern.[6] Darüber hinaus war das Gerät innerhalb der ersten zweihundert Meter blind, so daß entdeckte U-Boote in den entscheidenden letzten Momenten der Anfahrt und auch, während die Wasserbomben achtern abgeworfen wurden, ausweichen konnten. Die Entwicklung von Bombenwerfern, die in Fahrtrichtung werfen konnten, kam aufgrund der Geldknappheit nur schleppend voran.

Abgesehen von diesen technischen Überlegungen gab es keine Schiffe, die mit ASDIC und Wasserbomben ausgestattet werden konnten, um die Konvois von Handelsschiffen zu schützen. Zerstörer, die Hauptfeinde der U-Boote, waren als Geleitschutz von Kampfverbänden entworfen worden; für eine U-Boot-Jagd fehlte es ihnen an Ausdauer. Der frühere Erste Seelord John Jellicoe hatte nach dem Ersten Weltkrieg und noch einmal in einem 1932 veröffentlichten Buch davor gewarnt, daß Geleitschutz nicht improvisiert werden könne. Doch genau dies sollte schließlich geschehen – gezwungenermaßen und viel zu spät. Darüber hinaus waren in der Zwischenkriegszeit keine Manöver abgehalten worden, in denen der Schutz langsamer Handelsschiffskonvois geübt wurde.[7]

Ein weiterer fataler Balken im selbstzufrieden auf ASDIC gerichteten Auge der Admiralität war die Annahme, feindliche U-Boote würden nur unter Wasser angreifen. Ein aufgetauchtes U-Boot konnte vom ASDIC nicht entdeckt werden. 1918 aber war die Hälfte der U-Boot-Angriffe auf Handelsschiffe – im Mittelmeer sogar mehr als die Hälfte – im Schutz der Nacht an der Oberfläche erfolgt.[8] Diese Taktik wurde auch von britischen U-Boot-Fahrern empfohlen. Nachdem er mit seiner ersten Denkschrift nichts erreicht hatte, verfaßte Lieutenant McGeoch einen Artikel – den er nicht veröffentlichen durfte –, in dem er den Offensivwert der modernen U-Boote nachzuweisen versuchte und auf die »wichtige taktische Fähigkeit zum nächtlichen Überwasserangriff« hinwies.[9] In der neuen deutschen U-Boot-Waffe war diese Fähigkeit von Anfang an Bestandteil der Ausbildung, und man hätte ihre Vorteile auch einer Anfang 1939 in Berlin erschienenen Schrift mit dem Titel *Die U-Bootswaffe* entnehmen können. Ihr Autor war der Führer der U-Boote, Kapitän zur See Karl Dönitz.

Der Historiker Corelli Barnett hat die Unterschätzung der gewaltigen operativen und quantitativen Probleme bei der Einführung des Konvoisystems zum Schutz gegen U-Boote als den schwerwiegendsten Fehler bezeichnet, den die Admiralität in der Zwischenkriegszeit begangen hat. Die Schuld daran gab er dem »Fehlen einer organisierten, wissenschaftlich betriebenen operativen Forschung. Eine solche Abteilung wurde erst 1942 von der Admiralität geschaffen.«[10] Noch überraschender ist, daß eine von der Admiralität veröffentlichte Geschichte des Ersten Weltkriegs abbricht, bevor die letzten Kriegsjahre und der beinahe tödlich ausgegangene U-Boot-Krieg behandelt werden. Verantwortlich dafür ist das Schatzamt, das 1925 die weitere Forschung und Publikation unterband. Ob höhere Beamte der Admiralität dem Vorschub leisteten, weil sie, wie D. W. Waters meint, um ihre Position fürchteten, steht hier nicht zur Debatte. Jedenfalls verfügten weder die Beamten der Admiralität noch die Marineoffiziere über Daten und Analysen, auf deren Grundlage eine Strategie für die Verteidigung der Handelsschiffahrt im Zeitalter der U-Boote hätte entwickelt werden können. Die vorhandenen Statistiken waren in entlegenen oder erst wenige Jahre vor dem Krieg veröffentlichten Quellen vergraben.

Angesichts der Tatsache, daß England 1917 nur knapp einer durch U-Boote herbeigeführten Niederlage entgangen war, erscheint es unglaublich, daß nach Kriegsende keine systematische Analyse der U-Boot-Operationen vorgenommen wurde.[11] Dieses Versäumnis hatte viele Ursachen: Möglicherweise mochte im Hochgefühl des Sieges niemand mehr an die Beinahe-Katastrophe denken. Vielleicht spielten auch die spezialisierte Ausbildung und die Indoktrination eine Rolle, der Marineoffiziere von jungen Jahren an ausgesetzt waren. Ganz gewiß aber gehörte die ebenso zögerliche wie planlose Einführung einer modernen Stabsarbeit zu den Gründen: Der Royal Navy »mangelte es an der institutionellen Struktur und am Willen, jene [Kriegsteilnehmer] heranzuziehen, die ihr die Kenntnis und das Verständnis der U-Boot-Abwehr hätten vermitteln können«. Die Zwischenkriegszeit war durch wirtschaftliche Einschränkungen gekennzeichnet, die Stimmung im Land auf Frieden ausgerichtet und weit und breit kein Feind in Sicht. »Die Bedrohung, die von Deutschland im allgemeinen und den U-Booten im besonderen ausging, wurde erst sehr spät wahrnehmbar, keinesfalls vor 1938/39«, und »in den letzten zwei Jahren vor dem Ausbruch des Krieges wäre jeder Versuch, die britischen U-Boot-Abwehrkräfte auszubauen, sowohl für das Land als auch für die Navy finanziell unverantwortlich und strategisch irrelevant gewesen«.[12] Diese Einschätzung läßt die während der gesamten dreißiger Jahre vorhandene Bedrohung des britischen Schiffsverkehrs im Fernen Osten durch Japan ebenso außer acht wie das deutsch-britische Flottenabkommen von 1935, in dem der neuen deutschen U-Boot-Waffe erhebliche Konzessionen gemacht wurden.

Unbestreitbar ist, daß die Admiralität als Organisation die demütigendste Niederlage ihrer Geschichte mit einem Achselzucken abtat und die Lehren der U-Boot-Abwehr von 1917/18 einfach ignorierte. Dieses mangelnde Interesse am Schutz der Handelsschiffahrt lag nicht etwa daran, daß es an Geld oder Feinden fehlte. Es lag auch nicht daran, daß, wie Paul Kennedy vermutet hat,[13] der Admiralität notwendigerweise die Fähigkeit der Prophetie abging – etwas Vorstellungskraft hätte vermutlich genügt. Entscheidend war vielmehr, daß auf Handelsschiffen weder Ruhm noch Beförderung winkten. Und gleiches galt für die U-Boote. In der Marine stieg man durch Ehrgeiz, Fähigkeiten, gesellschaftliche Akzeptanz und Anpassung an die Ziele seiner Waffengattung auf, seltener durch unabhängiges oder unorthodoxes Denken. Tatsächlich war die in der Royal Navy herrschende Aversion gegen Kopfarbeit genauso sprichwörtlich wie ihre Arroganz. Offiziere, die an technischen Neuerungen und historischem oder womöglich kritischem Denken interessiert waren, galten als abgehobene Theoretiker. Am Ende schützen die stolzen Erben Nelsons die Handelsschiffahrt zwar besser als ihre Kollegen in den anderen großen Marinen. Aber die aus menschlichen und institutionellen Gründen vielleicht verständlichen Versäumnisse der Admiralität hatten so ernste und potentiell katastrophale Folgen, daß Vice Admiral Sir Peter Gretton, einer der herausragenden Geleitzugkommandanten des Krieges, ein harsches Urteil fällte: »Es war geradezu kriminell, wie unvorbereitet wir 1939 in die Atlantikschlacht gingen.«[14] Daß die Niederlage verhindert wurde, verdankte das Land der Wissenschaft in Gestalt des Radars, der Torheit seines Hauptfeindes, der Produktivität seines Hauptverbündeten sowie dem Einfallsreichtum und der Entschlossenheit von unorthodoxen Offizieren, die bei Beförderungen übergangen worden waren.

Die US Navy schenkte den Lehren aus den U-Boot-Operationen des Ersten Weltkriegs ebensowenig Beachtung wie die Royal Navy. Auch sie hatte sich auf eine Überwasserschlacht gegen Japan vorbereitet. Als die Vereinigten Staaten Ende 1941 in den Krieg hineingezogen wurden, ignorierten sie die Erkenntnisse, die die Royal Navy seit 1939 aus erneuter bitterer Erfahrung zum zweitenmal gelernt hatte. Bei der U-Boot-Entwicklung fiel das Bild dagegen günstiger aus.

Bereits vor dem Ersten Weltkrieg hatte die US Navy die Entwicklung eines U-Boots vorangetrieben, das schnell genug sein sollte, um zusammen mit der Überwasserflotte operieren zu können. 1914 hatte man einen Prototyp in Auftrag gegeben. Konstruktion und Herstellung verzögerten sich aber so lange, daß er bei seinem Stapellauf 1920 bereits veraltet war. Die im Dienst befindlichen 850-Tonnen-Boote der S-Klasse erwiesen sich als zu klein und zu unzuverlässig, um in der Weite des Pazifiks mit der Überwasserflotte zusammenarbeiten zu können. Deshalb wurde ein neues »Flottenboot« mit einer Verdrängung von 2000 Tonnen auf Kiel gelegt. In die Konstruktion der drei Boote dieser Klasse – *V1* bis *V3* – waren zwar einige Details der U-Boote eingeflossen, die man als Kriegsbeute erhalten hatte, doch als sie 1924/25 in Dienst gestellt wurden, erwiesen sie sich in praktisch jeder Hinsicht als Enttäuschung. Man versuchte sich an noch größeren Booten mit einer Verdrängung von 2700 Tonnen, an einem Minenleger und zwei tauchfähigen »Kreuzern« mit zwei 15,2-Zentimeter-Kanonen. Doch bevor diese Boote vom Stapel gelaufen waren, führte die Unzufriedenheit mit der S-Klasse und den neuen Flottenbooten sowie den nur langsam vorankommenden und offensichtlich fehlgeleiteten Entwicklungsarbeiten zur Gründung der U-Boot-Offizierskonferenz, einem Diskussionsforum, in dem Offiziere und Techniker der Navy zusammenkamen, um genau die Art von Nachdenken und Koordination zu fördern, an der es der Royal Navy fehlte. Die Konferenz zeitigte rasch Erfolge: Das Konzept der Flottenboote wurde ad acta gelegt, der Flirt mit großen Tonnagezahlen beendet und statt dessen ein mittelgroßes Boot für unabhängige Offensivoperationen auf den Weg gebracht, das spätere Patrouillenboot, bei dem besonders auf Manövrierbarkeit, Bewohnbarkeit, technische Zuverlässigkeit und sparsame Serienproduktion Wert gelegt wurde.[15]

Verwirklicht wurde dieses neue Konzept mit dem Bau des 1500-Tonnen-Bootes *V7*, das später *Dolphin* getauft wurde. Es folgte ein kurzzeitiger Rückfall zu kleineren Booten nach dem Vorbild des deutschen U-Kreuzers U 135 aus dem Ersten Weltkrieg, aber rückblickend war die *Dolphin* das erste Boot in der Entwicklungslinie hervorragender U-Boote, die den Krieg im Pazifik ausfochten. Ihren Anfang nahm sie mit dem 1933 von Präsident Franklin D. Roosevelt initiierten Flottenbauprogramm, das zum einen als Antwort auf die japanische Aggression in Ostasien gedacht war und zum anderen der Bekämpfung der Massenarbeitslosigkeit dienen sollte. Die Leitung der Entwicklungsarbeiten lag im wesentlichen bei der U-Boot-Offizierskonferenz, die seit 1939 unter dem Vorsitz des ehemaligen U-Boot-Kommandanten Charles Lockwood stand.

1939 war der neue Bootstyp im wesentlichen fertig. Die in diesem Jahr aufgelegte *Tambor*-Klasse besaß, vom Radar abgesehen, praktisch bereits alle Merkmale des ausgereiften amerikanischen Standardtyps der Kriegsjahre, der geringfügig größeren *Gato/Balao*-Klasse. An der Silhouette dieses 1500-Tonnen-Boots fielen der hohe, spitze Bug, das langgezogene, gerade Oberdeck und der niedrige, ziemlich weit vor der Mitte plazierte Kommandoturm auf. Der dieselelektrische Antrieb bestand aus je vier Diesel- und Elektromotoren, die über Wasser bis zu 20 Knoten erreichten und bei zehn Knoten eine Fahrstrecke von 11 000 Seemeilen erlaubten. Die Bewaffnung bestand aus vierundzwanzig Torpedos für sechs Bug- und vier Hecktorpedorohre sowie einem 7,6-Zentimeter-Geschütz, das später durch eine 10,2- oder 12,7-Zentimeter-Kanone ersetzt wurde.

Die Überlegenheit dieser Boote über die für gleiche Bedingungen konstruierte britische T-Klasse war so eklatant, daß man meinen könnte, sie stammten aus einer anderen Epoche. Ihre Reichweite war um 3000 Seemeilen größer, sie waren fünf Knoten schneller und hatten acht Torpedos mehr an Bord. Der Komfort im Innern – mit einer gut ausgestatteten Kombüse, einer von den Schlafräumen abgetrennten Messe und Duschen im Bug – war auf den kleineren britischen Booten unvorstellbar. Die eingebaute Klimaanlage mochte von älteren Marineoffizieren verächtlich als Hotelbequemlichkeit bezeichnet werden, stellte aber eine wesentliche Verbesserung dar. Ohne sie stieg die Temperatur in einem getauchten U-Boot rasch auf Werte um vierzig Grad, und bei einer Luftfeuchtigkeit von hundert Prozent, bei der ständig Wasser an der kalten Außenwand herabrann, waren besonders die Elektromaschinen störungsanfällig. Noch gefährlicher waren die Auswirkungen auf Gesundheit und Einsatzbereitschaft der Besatzung. Bei langen Fahrten in feindlichen Gewässern mußten die Tage überwiegend im »Keller«, das heißt unter Wasser verbracht werden. Die Klimaanlage absorbierte zwar weder das Kohlendioxid noch reicherte sie die verbrauchte Luft mit Sauerstoff an, aber sie filterte Fett und andere Verunreinigungen aus, die Kopfschmerzen und Übelkeit bewirkten, und verhinderte Erschöpfungszustände infolge der Hitze an Bord.

Außerdem verfügten die amerikanischen Boote über einen fortgeschrittenen Torpedodatenrechner (*torpedo data computer* – TDC), der ständig die relativen Positionen von Ziel und U-Boot sowie die aktuelle Feuerlösung anzeigte und den Kreiselkompaß in der Selbststeuerung der Torpedos fortlaufend mit den neuen Werten fütterte, so daß der U-Boot-Kommandant sie unabhängig vom eigenen Kurs jederzeit abfeuern konnte. Zur Ausstattung gehörte ebenfalls das Sonar, ein dem britischen ASDIC ähnliches Ultraschallortungsgerät.

Dieses große Flottenboot, wie es weiterhin genannt wurde, war ein höchst wirkungsvolles tauchfähiges Kampfschiff. Was die optischen Geräte, die Dieselmotoren und den Druckkörperbau für größere Tauchtiefen betraf, war es den deutschen U-Booten zwar unterlegen, aber in den Weiten des Pazifiks stellte es gegenüber den U-Booten der anderen Mächte einen ähnlichen Fortschritt dar wie einst die Dreadnoughts gegenüber den vor ihnen gebauten Schlachtschiffen. Es war leistungsfähiger und erwies sich – nach anfänglichen Schwierigkeiten mit den Motoren – als technisch zuverlässig und erstaunlich widerstandsfähig gegenüber Wasserbombenangriffen. In bezug auf die Tauchzeit konnten es die amerikanischen Flottenboote fast mit der kleineren britischen T-Klasse aufnehmen: Dank eines auch an der Oberfläche zu flutenden Schnelltauchtanks konnten sie in 35 Sekunden auf Sehrohrtiefe gehen. Unter Wasser waren sie leicht zu handhaben und mit einer Höchstgeschwindigkeit von 8,75 Knoten auch etwas schneller als die T-Klasse.

Hatte die US Navy damit nicht eine kriegsentscheidende Waffe, die, in ausreichender Stückzahl gebaut und massiv gegen Japans Schwachstelle, die Handelsschiffahrt, eingesetzt, die ehrgeizigen Pläne des Inselreichs hätte vereiteln können? Und hätte man dadurch nicht die tragischen Verluste an Mensch und Material vermeiden können, von der Atombombe ganz zu schweigen? Daß dies nicht geschah, hatte strategische, taktische und technische Ursachen.

Der strategische Fehler, den auch die US Navy beging, war die einseitige Konzentration auf Schlachtschiffe. Diese Vorstellung eines alles entscheidenden Kampfes war in der Zeit vor dem Ersten Weltkrieg im »Plan Orange« für den Krieg gegen Japan festgeschrieben worden. Nach der Entscheidungsschlacht sollte die US Navy dann die japanischen Inseln ebenso abriegeln, wie es die Royal Navy in den Jahrhunderten ihrer Vorherrschaft mit ihren Feinden gemacht hatte. Wäre der U-Boot-Krieg, der im Ersten Weltkrieg gegen die britische Handelsschiffahrt geführt worden war, gründlicher analysiert worden, hätte man bemerkt, daß Japan sogar noch mehr von Importen abhing als England: Über die Hälfte des Erdöls, mit dem seine Militärfahrzeuge fuhren, wurde importiert. Seine Handelsflotte war erheblich kleiner als die britische. Vierzig Prozent seines Außenhandels wurde mit ausländischen Schiffen abgewickelt, und es gab keinen denkbaren Verbündeten, der diese Mängel hätte ausgleichen können. Kurz, Japan hätte durch einen uneingeschränkten U-Boot-Krieg schnell und mit vergleichsweise geringem Aufwand in die Knie gezwungen werden können. Aber ein umfassender U-Boot-Einsatz hätte gegen den Washingtoner Vertrag verstoßen, und dieser Gedanke zählte offenbar mehr als die Natur des Krieges und ein Feind, der sich sehr wahrscheinlich durch vertragliche Einschränkungen in keiner Weise würde gebunden fühlen. Im übrigen war der Umstand, daß die Vereinigten Staaten das Abkommen unterzeichnet hatten, ein Hinweis darauf, daß die US Navy das U-Boot eher als Bedrohung in Feindeshand denn als Aktivposten in der eigenen betrachtete. Wie dem auch sei, die Analyse wurde nie durchgeführt; es gab keinen geistigen Sprung vom Atlantik in den Pazifik, und die Möglichkeit eines Handelskrieges mit U-Booten wurde nie erwogen.

Der zweite Fehler lag in der Ausbildung der U-Boot-Kommandanten. Dies war einerseits auf die mangelnde Kampferfahrung und andererseits auf die Schlachtflotten-Doktrin zurückzuführen, nach der nur Schlachtschiffe, Schlachtkreuzer, Flugzeugträger und – in Ausnahmefällen mit Sonderbefehl – Kreuzer ein angemessenes Ziel für U-Boot-Torpedos darstellten. Bei Manövern wurden Angriffe gegen schnelle Ziele geprobt, die im Schutz von Flugzeugen und mit Sonargeräten ausgestatteten Zerstörern fuhren. Kommandanten, die bei der Anfahrt entdeckt wurden, galten als gestellt und versenkt und wurden gemaßregelt. War das Periskop ihres Boots gesichtet worden, mußten sie sogar mit dem Verlust ihres Kommandopostens rechnen. Also wurden sie vorsichtig und griffen lieber blind an, das heißt weit unterhalb der Sehrohrtiefe, wo ihnen nur die vom Sonar gelieferten Daten zur Verfügung standen. Die Trefferwahrscheinlichkeit war entsprechend gering. Weder probte man nächtliche Überwasserangriffe noch Gruppentaktik, und dabei blieb es erstaunlicherweise auch noch nach 1940, als die verheerende Wirkung dieser Methoden im Atlantik bereits demonstriert worden war. Bei der Gruppentaktik spielte sicherlich wiederum die Vorsicht eine Rolle, das heißt die Befürchtung, dem Feind durch den unvermeidlichen Funkverkehr die eigene Position zu verraten. Auch Angriffe auf Handelskonvois oder einzeln fahrende Frachter gehörten nicht zum Repertoire. Hinzu kam, daß wie in den meisten Marinen auch die Kommandanten der US Navy in Friedenszeiten eher die Einhaltung der Vorschriften, korrekte Büroarbeit, gute Disziplin und saubere Schiffe schätzten und nicht so sehr die weniger meßbaren Eigenschaften, die insbesondere auf U-Booten im Krieg gebraucht wurden. Als sie sich der Wirklichkeit des Krieges stellen mußten, fehlte es allzu vielen Kommandanten an Aggressivität und Vertrauen in ihre Waffe. Am Ende des ersten Jahres des Pazifikkrieges war fast ein Drittel der Kommandanten abgelöst worden.[16]

Schließlich wiesen die Torpedos geradezu unglaubliche Mängel auf. Am berüchtigsten war der Magnetzünder, der vom Magnetfeld des Zielschiffs ausgelöst werden sollte, wenn sich der Torpedo dicht unter dessen Kiel befand. Er war eine Antwort auf die Schottaufteilung moderner Kriegsschiffe und sollte zugleich sicherstellen, daß die gesamte Wucht der Explosion das Ziel traf und nicht teilweise neben dem Rumpf verpuffte. Der neue Zünder war unter strengster Geheimhaltung in der Torpedoanstalt des Waffenamts in Newport auf Rhode Island entwickelt und dann mit Sprengkopfattrappen vor Südamerika an einem Kreuzer getestet worden. Der U-Boot-Offizier, der das Projekt leitete, Lieutenant Commander Ralph Christie, versuchte vergeblich, ein altes Schiff zu bekommen, an dem der Zünder mit echten Sprengköpfen ausprobiert werden konnte, und so ging dieser in Produktion, ohne einen einzigen realen Test hinter sich zu haben. Die fertigen Zünder wurden anschließend unter solch strenger Geheimhaltung eingelagert, daß bis zum Ausbruch des Pazifikkrieges nicht einmal die U-Boot-Fahrer von ihrer Existenz wußten. Da auch der konventionelle Aufschlagzünder nicht funktionierte, wenn er in dem vorgeschriebenen stumpfen Winkel auf dem Ziel auftraf, kämpften die amerikanischen U-Boote in den ersten zwölf bis achtzehn Monaten des Krieges mit einem Handicap, das um so bitterer war, als es vom Waffenamt geleugnet wurde.

Dieser mangelhafte Umgang mit Strategie, Ausbildung und Bewaffnung machten am Anfang des Pazifikkrieges die Vorteile der Konstruktion amerikanischer Flotten-U-Boote zunichte, und es dauerte zu lange, bis sie ihr verheerendes Potential entfalteten.

Die Japaner begingen dagegen grundsätzlichere Fehler, die später nicht mehr zu korrigieren waren. Ihr Hauptfehler bestand darin, den Krieg mit den Vereinigten Staaten zu provozieren. Kluge Offiziere wie Admiral Isoroku Yamamoto, der als Oberbefehlshaber der Vereinigten Flotte den Angriff auf Pearl Harbor geplant und geleitet hat, wußten, daß Japan den Krieg nicht gewinnen konnte, und machten vor 1941 auch keinen Hehl aus ihrer Meinung.[17] Andererseits war der Krieg schon lange vorher unvermeidlich geworden, denn die japanische Flotte war nur zu diesem Zweck ausgebaut worden. Im Rahmen der Gesamtstrategie waren ihre Verbände jeweils für eine ganz bestimmte Aufgabe vorgesehen und entsprechend starr organisiert, so daß sie nicht je nach Bedarf die Rollen wechseln konnten. Darin äußerte sich eine völlig unseemännische Geisteshaltung, die eher zum Heer paßte. Die straffe Planung der Kaiserlichen Marine war zum Teil allerdings auch eine Reaktion auf die unmögliche Aufgabe, vor die man sie gestellt hatte: Sollte sie es doch mit den beiden führenden Seemächten der Welt, Großbritannien und den Vereinigten Staaten, gleichzeitig aufnehmen, von denen die eine – die USA – an der Spitze des technischen Fortschritts stand und allein bereits über ein Bruttosozialprodukt verfügte, das zehnmal so groß war wie das Japans. Eine solche Aufgabe hatte notwendigerweise eine Konzentration der Kräfte zur Folge; für Kompromisse oder Alternativen blieb kein Platz. Als sich der Plan jedoch im Kern als fehlerhaft und technologisch überholt herausstellte und der Feind anders als erwartet reagierte, wurde der ganze kunstvolle Bau vom Einsturz bedroht, und die überspezialisierten, auf andere Aufgaben nicht vorbereiteten Verbände gerieten ins Wanken.

Diese Fehlentwicklung machte sich in Konstruktion und Aufgabenstellung der U-Boote besonders bemerkbar. Von einigen mittelgroßen Booten für die Küsten- und Hafenverteidigung abgesehen, war die gesamte japanische U-Boot-Waffe für Operationen gegen Großkampfschiffe entwickelt worden. Sie sollte die feindlichen Verbände zunächst fern von Japan aufspüren, sie dann bei der Anfahrt in japanische Gewässer angreifen und ausschalten, um schließlich zusammen mit der Überwasserflotte gegen die Reste vorzugehen, die bis in das Gebiet vorgedrungen waren, wo die Entscheidungsschlacht geschlagen werden sollte. Es war eine an die großen Entfernungen und die Inselgruppen im Pazifik angepaßte Strategie der Auszehrung, wie sie für schwächere Seemächte typisch ist.

Drei Typen großer U-Boote standen zur Verfügung: ein Aufklärungsboot, das zur Vergrößerung der Reichweite mit einem Seeflugzeug ausgerüstet war; ein Führungsboot, das ebenfalls ein Flugzeug mit sich führte und Räumlichkeiten für einen Flottillenchef sowie zusätzliche Fernmeldeeinrichtungen besaß; und ein Angriffsboot mit acht Bugtorpedorohren in zwei übereinanderliegenden Torpedoräumen und Klampen auf dem Achterdeck, mit denen ein kleines Zwei-Mann-U-Boot befestigt werden konnte, das in der Entscheidungsschlacht zum Einsatz kommen sollte.

Alle drei Bootstypen waren größer und schneller als die amerikanischen Flottenboote. Die Führungsboote (Typ A1) hatten eine Verdrängung von fast 2500 Tonnen – getaucht waren es über 4000 Tonnen –, tausend Tonnen mehr als die Boote der amerikanischen *Tambor*-Klasse; es war knapp 114 Meter lang (*Tam-*

bor-Klasse: 93,5 Meter) und 9,5 Meter breit (*Tambor*-Klasse: 8,5 Meter). Die Aufklärungs- und Angriffsboote (Typen B1 und C1) verdrängten bei einer Länge von 109 Metern 2200 Tonnen. Die Höchstgeschwindigkeit lag bei allen drei Bootstypen aufgetaucht bei über 23 und unter Wasser bei acht Knoten. Bei einer Marschgeschwindigkeit von 16 Knoten betrug die Reichweite 14000 Seemeilen. Schließlich sollten sie die Feindflotte bereits an der amerikanischen Westküste und an der Ausfahrt des Panamakanals entdecken können. Die hohe Überwassergeschwindigkeit war nötig, um sich von der mit normalem Marschtempo fahrenden Feindflotte abzusetzen und sich vor ihr für den Angriff zu konzentrieren.

Diese drei Typen fanden Eingang in den sogenannten Dritten Ergänzungsplan, der 1936, nachdem Japan offiziell jede Beschränkung des Flottenbaus aufgekündigt hatte, verabschiedet und im Eiltempo bis 1940/41 verwirklicht wurde. Er umfaßte auch die Superschlachtschiffe *Yamato* und *Musashi.* Sie sollten die größten amerikanischen Schlachtschiffe an Reichweite und Feuerkraft übertreffen. Die für zwei Mann Besatzung konzipierten Klein-U-Boote vom Typ A, die von Mutterschiffen und großen U-Booten in die Entscheidungsschlacht transportiert werden sollten, sahen mit einer Länge von 23,9 Metern und einem Durchmesser von 1,8 Metern wie zu groß geratene Torpedos aus. Sie besaßen zwei übereinanderliegende Bugtorpedorohre und mittschiffs einen kleinen Kommandoturm mit einem kurzen Periskop. Ein einziger Elektromotor beschleunigte sie aufgetaucht auf bis zu 23 Knoten. Unter Wasser kamen sie dank ihrer Zigarrenform auf erstaunliche 19 Knoten, und dies bis zu 18 Seemeilen weit. Der Einsatz auf diesen Booten war im Grunde ein Himmelfahrtskommando: Es gab keine Möglichkeit, die Batterien wieder aufzuladen, und die Chancen, mitten in einem Seegefecht aufgefischt zu werden, waren ziemlich gering.

Wie alle anderen Einheiten waren auch die Klein-U-Boote nicht einfach nur für eine bestimmte Rolle entworfen worden, sondern für eine ganz bestimmte Taktik. Sie sollten in der Entscheidungsschlacht vor der inzwischen um mindestens ein Drittel geschrumpften Feindflotte in Stellung gehen, während ein schneller Überwasserverband von der Flanke her einen massiven Torpedoangriff vortrug. Drehte der Feind dann ab, um parallel zum Kurs der anlaufenden Torpedos zu liegen, präsentierte er seine Breitseite den auf seinem ursprünglichen Kurs lauernden Klein- und Angriffs-U-Booten. Jetzt würden die Hauptbatterien der *Yamato* und *Musashi,* die bisher mehr als vierzehn Meilen entfernt außerhalb der Reichweite der amerikanischen Geschütze gelegen hatten, zum Einsatz kommen. Das Konzept war bis ins Kleinste ausgefeilt; nur trat nie eine Situation ein, die ihm auch nur entfernt entsprochen hätte.

Außer den neuen, 1940/41 vom Stapel gelaufenen großen I-Klasse- oder Flottenbooten gab es noch deren Vorläufer: Angriffsboote, die nur geringfügig größer waren als die amerikanischen Flottenboote und ähnliche Leistungsmerkmale besaßen; Aufklärungsboote von rund 2000 Tonnen mit großer Reichweite und zwei für ein Seeflugzeug bestimmten zylindrischen Behältern hinter dem Kommandoturm – der eine für die Tragflügel, der andere für den Rumpf und die Schwimmer; und nach deutschem Vorbild gebaute U-Kreuzer mit zwei 14-Zentimeter-Kanonen.

Indem die Japaner ihre U-Boote zu Schachfiguren machten, die nur ganz bestimmte Züge ausführen sollten, versäumten sie es ebenso wie die Amerikaner, sie entsprechend ihrer Einsatzfähigkeit zu entwickeln. Schlagendstes Beispiel waren die Aufklärungsboote. Es lag auf der Hand, daß das kleine, zerlegbare Seeflugzeug, das sie mit sich trugen, weniger effektiv war als die auf Trägern oder an Land stationierten Aufklärungsflugzeuge. Abgesehen davon befand sich das aufgetauchte Boot während des Starts und der Bergung des Flugzeugs – das zusammengesetzt beziehungsweise zerlegt werden mußte – selbst in Gefahr. Da aber die Gesamtstrategie die Auszehrung der Feindflotte weit entfernt von Japan verlangte, mußte über die Reichweite der Trägerflugzeuge hinaus aufgeklärt werden. Das wog schwerer als alle Besorgnisse und rechtfertigte eine geringe Nutzlast und lange Tauchzeit. Die neuesten Aufklärungs- und Führungsboote besaßen sechs Bugtorpedorohre und waren mit sechzehn beziehungsweise siebzehn Torpedos bewaffnet. Einige ältere große Boote hatten sogar nur vierzehn Torpedos an Bord, weniger als die nicht einmal halb so großen Boote der britischen T-Klasse. Die jüngsten Angriffsboote verfügten über acht Bugtorpedorohre für zwanzig Torpedos. Die kleineren und handlicheren amerikanischen Flottenboote konnten dagegen sechs Bug- und vier Hecktorpedorohre vorweisen, waren also beim Angriff flexibler, und führten immerhin vierundzwanzig Torpedos mit sich. Auch den japanischen Klein-U-Booten fehlte es sowohl an Ausdauer als auch an Manövrierfähigkeit.

Neben solchen Fehlentwicklungen hatte die Rückständigkeit insbesondere der japanischen Elektroindustrie zur Folge, daß die U-Boote der Kaiserlichen Marine den amerikanischen in puncto Sonar, Radar, Feuerleitung, Funk und, wenn überhaupt vorhanden, Klimaanlage hoffnungslos unterlegen waren. Rote Friesel und Hitzschlag waren während des Krieges an Bord japanischer U-Boote ebenso alltäglich wie durch Kondenswasser und Konstruktionsfehler verursachte technische Probleme.

Das Feuerleitsystem der Boote der I-Klasse war zwar nicht von der Güte des amerikanischen TDC, aber immerhin besser als das britische Gerät. Es war ein einfacher Winkelrechner, dessen Lösung nur für den Augenblick der Beobachtung galt. Aber es ermöglichte, einen Fächer zu schießen. Bis auf die automatisch in das Gerät eingespeiste Zielpeilung wurden die Schußunterlagen – Torpedogeschwindigkeit, Streuwinkel, Zielgeschwindigkeit, Lagewinkel zum Feindkurs und eigene Geschwindigkeit – manuell eingegeben. Die Feuerlösung in Form eines bis zu 120 Grad nach links oder rechts abweichenden Winkels zum eigenen Kurs wurde elektrisch in den Torpedoraum übertragen, wo sie der Mechaniker von einer Anzeige ablas und am Kreiselkompaß der Torpedosteuerung einstellte.

Offiziere und Mannschaften der U-Boot-Waffe bildeten auch in der japanischen Marine eine Elite Freiwilliger, die für eine einzige Aufgabe ausgebildet wurde: den Angriff auf stark abgeschirmte amerikanische Flottenverbände. Ihre Manöver waren so realistisch gestaltet, daß ihnen mehrere Boote mitsamt Besatzung zum Opfer fielen. Die Erwartungen an die U-Boot-Waffe waren hoch. Immerhin hing nach Ansicht der Planer der Ausgang der Entscheidungsschlacht davon ab, wie weit die Feindflotte vorher durch die U-Boote dezimiert worden war. Die U-Boot-Fahrer glaubten an den Erfolg. Die Moral war hoch; es herrschte »ein Gefühl von fast übernatürlicher Befähigung, so gekonnt trugen unsere U-Boote in der Ausbildung und in Manövern ihre Angriffe vor«.[18] Sie begannen den Pazifikkrieg in dem Glauben, mit ihren Fahrzeugen, ihrer Ausrüstung, ihren Männern und Methoden allen anderen Marinen der Welt überlegen zu sein.[19] Die Amerikaner kamen 1945 zu einem etwas anderen Schluß: »Die japanische U-Boot-Flotte war wie die ganze japanische Marine und das Land insgesamt in allen Bereichen der Kriegführung materiell, wissenschaftlich und personell weit unterlegen und ungeeignet für den Krieg, den sie führte.«[20]

In einer Hinsicht war diese Einschätzung falsch: Die japanischen Torpedos waren in jeder Hinsicht – Geschwindigkeit, Reichweite, Größe der Sprengköpfe und vor allem Zuverlässigkeit – allen anderen Marinen überlegen. Diese Tatsache unterstreicht das Ausmaß des Versagens der japanischen U-Boot-Flotte. Die neuesten japanischen U-Boote waren größer und schneller als die Flottenboote der US Navy, und ihre Hauptwaffe, der Torpedo, war wesentlich leistungsfähiger und zuverlässiger als sein amerikanisches Pendant. Dennoch erzielten sie im Krieg, von einer einzigen glanzvollen Episode bei den Salomon-Inseln im Spätsommer 1942 abgesehen, durchweg enttäuschende Ergebnisse. Dies war zum großen Teil dem amerikanischen Vorsprung in Radartechnik und Funkaufklärung sowie der in Luftmacht übersetzten Wirtschaftskraft der USA zu verdanken. Aber auch die Kaiserliche Marine trug ihren Teil dazu bei: Die starre Konzentration auf eine Entscheidungsschlacht und die daraus folgende Überspezialisierung von Material und Ausbildung hatte bis auf die höchste

Ebene hinauf jede Eigeninitiative ersterben lassen. Im Krieg war sogar die Anzahl der abzufeuernden Torpedos durch Befehle vorgegeben: Eine volle Salve war nur gegen Großeinheiten wie Flugzeugträger und Schlachtschiffe erlaubt; gegen Kreuzer durften drei Torpedos eingesetzt werden; bei Zerstörern und Handelsschiffen mußte ein Torpedo genügen,[21] auch wenn die Wahrscheinlichkeit, mit einem einzigen Torpedo aus einer Entfernung von mehr als 900 Metern einen Treffer zu erzielen, nur gering war. Mit Ausnahme einiger Operationen gegen die Handelsschiffahrt im Indischen Ozean blieb diese Prioritätenliste den ganzen Krieg über gültig. Wertvolle Ziele wie amerikanische Nachschubkonvois wurden nie zum Ziel systematischer Angriffe, weil sie keine Kriegsschiffe waren oder in den Operationsbefehlen nicht genannt wurden. Lehren zog man aus den Geschehnissen nicht – es fehlte die dafür nötige Stabsorganisation.[22] Am Ende schlug die starre Rationalität des Kriegsplans der Marine in pure Irrationalität um.

Damit schloß sich der Kreis: Der Krieg hatte irrational begonnen, als Ausdruck einer Kriegerkaste, die von ihren eigenen Mythen benommen war und von der Eigendynamik territorialer Expansion weitergetrieben wurde. Zunächst waren die seit 1931 gemachten Eroberungen auf dem asiatischen Festland zu halten. Dazu benötigte Japan das Erdöl, den Reis und die Erze aus Niederländisch-Indien und den Gummi aus Malaya. Dann bewilligte der amerikanische Kongreß im Juni 1940 vier Millionen Dollar für eine »Zwei-Ozean-Marine«, durch die sich das Kräfteverhältnis zwischen US Navy und Kaiserlicher Marine von damals 10:7 bis 1944 auf 10:3 verschob. Diese Überlegenheit wäre auch mit dem besten Kriegsplan nicht mehr auszugleichen gewesen. Also galt es loszuschlagen, bevor sie zustande kam und solange England noch alle Hände voll damit zu tun hatte, sich im Atlantik und im Mittelmeer der Deutschen zu erwehren. Weder Armee noch Marine waren sich eines Erfolges sicher, wobei die Marine allerdings wußte, daß sie einen langen Krieg nicht gewinnen konnte.[23] Admiral Yamamoto warnte den Ministerpräsidenten, Fürst Konoe, im September 1941, er werde »sechs Monate oder ein Jahr beachtliche Schläge austeilen können; aber für das zweite und dritte Jahr habe ich nicht die geringste Zuversicht«.[24] Die Entscheidung, nach Süden gegen England und Amerika vorzustoßen, wurden Marine und ziviler Regierung von der Armee aufgenötigt, die sich nach den leichten Eroberungen auf dem asiatischen Festland alles zutraute und dem Irrglauben aller Militärkasten erlag, daß es für den Sieg allein auf den Kampfgeist ankomme. »Siegeszuversicht«, »Treue zum Kaiser«, »Bereitschaft zur Aufopferung für das Vaterland«: All dies würde, wie man glaubte, den rein materiellen Vorteil des Feindes wettmachen.[25]

In den oberen Rängen war die Marine zwar realistischer als die Armee, aber auch sie war von demselben Geist erfüllt. Die übergenaue Planung der dreißiger Jahre war in erster Linie der Ersatz für eine fehlende Strategie: Man war sich im klaren darüber, daß ein langer Krieg gegen die Vereinigten Staaten nicht zu gewinnen war. Durch den Kriegsplan versuchte man sich selbst davon zu überzeugen, daß der amerikanische Kampfeswille durch eine Demonstration der japanischen Kriegskunst gebrochen werden könne.[26] Im Gegensatz zur westlichen Doktrin hatte die Entscheidungsschlacht für Japan nicht den Zweck, die Seeherrschaft zu erlangen; sie sollte vielmehr die Überlegenheit des japanischen Kampfgeists über die Materie demonstrieren und den Feind an den Verhandlungstisch zwingen. Längerfristige Pläne wurden nicht aufgestellt, und obwohl es in dem Krieg angeblich um die Bodenschätze von Niederländisch-Indien ging, die auf dem Seeweg nach Japan geschafft werden mußten, wurde nichts unternommen, um diese lebenswichtigen Transporte zu schützen oder die Nachschublinien des vorrückenden Feindes anzugreifen. Weder gab es einen zusammenhängenden Plan für ein Konvoisystem noch ein Bauprogramm für Geleitschutzschiffe.[27] Vor dem Krieg hatte man angenommen, daß 360 große Geleitschiffe ausreichen würden. Der Bau weiterer Geleitschiffe wurde aufgeschoben, so daß man bei Kriegsbeginn nur über »alte Zerstörer, ein paar Minensucher und dergleichen verfügte, die den Befehlshabern der verschiedenen Flottenverbände und Marinestützpunkte zu diesem Zweck unterstellt waren. Eine einheitliche Konvoiführung gab es nicht, und diese Befehlshaber machten das Beste aus dem, was sie hatten.«[28]

Auch Briten und Amerikaner vernachlässigten den Einsatz gegen Handelsschiffe, wenn auch nicht in dem Ausmaß wie die Japaner. Auch versäumten sie es nicht, sich der Wirklichkeit des Krieges anzupassen. Die Kaiserlich Japanische Marine versagte in allen Belangen, und dies nicht nur wegen fehlender technischer und industrieller Ressourcen. Die Gründe dafür wurzelten vielmehr im Denken und Fühlen eines in neofeudalen Verhältnissen lebenden Volkes, dem der Glaube an die eigene Überlegenheit und heilige Mission in der Welt eingeflößt worden war. In einem Bildungssystem, in dem für freie Entfaltung kein Platz war, zu blindem Gehorsam erzogen, hatte man ihm ein Kriegerethos vermittelt, dessen höchste Erfüllung der Tod in Treue zum Kaiser und aus Liebe zum Vaterland bedeutete.[29]

Der japanische Gelehrte und Zeitzeuge Saburo Ienaga hat das japanische Kaiserreich als einen »kafkaesken, dem Mißbrauch der Menschenrechte gewidmeten Staat« beschrieben. Die Marine war Teil und Stütze dieses Staates, und ihre Offiziere und Mannschaften waren einer Behandlung unterworfen, die nicht weniger rigide war als in der Armee. Bewußt eingesetzte Grausamkeit diente auch dem Zweck, die Männer mit Wut und Haß aufzuladen, damit sie im Kampf gegen den Feind förmlich explodierten.[30] An Kriegsgefangenen und Zivilisten begangene Greuel waren eine unvermeidliche Nebenwirkung, und obwohl die Marine naturgemäß keine derart breite Spur des Schreckens zog wie die Armee in den fünfzehn Jahren ihres Eroberungsfeldzuges, war sie doch wegen ihrer Grausamkeit gegenüber Schiffbrüchigen gefürchtet. Diese Ausschreitungen und der gegen Kriegsende vollzogene Abstieg zur Selbstmordtaktik resultierten ebenso aus dem japanischen Gesellschaftssystem wie die irrationale Strategie und das Versäumnis, sich den Anforderungen des Krieges gegen eine hochentwickelte Industriemacht anzupassen. In der Tat war die Kaiserlich Japanische Marine ungeeignet für den Krieg, den sie führte.

Auch der deutschen Kriegsmarine wurde Irrationalität zum Verhängnis, nämlich die eines pervertierten preußischen Militärgeistes. Die U-Boot-Waffe hatte den höchsten Blutzoll dafür zu zahlen: Von den 40000 Männern, die ihr beitraten, ließen über 30000 ihr Leben, die Lebenserwartung lag gegen Ende des Krieges bei nicht mehr als zwei Feindfahrten. Die Männer wurden nicht brutal behandelt, sondern zwischen den Fahrten eher als wertvolle Elite verhätschelt. Sie kämpften einen unvorstellbar stoischen, tapferen und alles in allem »sauberen« Kampf, in dem Grausamkeiten die Ausnahme blieben und nicht häufiger vorkamen als in der britischen oder amerikanischen Marine.

Die deutschen U-Boote des Ersten Weltkriegs waren vorzügliche Konstruktionen, die von den Siegernationen genauestens untersucht wurden, um Anregungen für ihre eigenen Entwürfe zu gewinnen. Es ist nicht übertrieben zu sagen, daß deutsche U-Boot-Konstrukteure die technologische Grundlage geschaffen haben, auf der die Marinen aller Siegernationen, einschließlich der japanischen, aufbauten. An der Entwicklung der ersten japanischen Aufklärungsboote vom Kreuzertyp waren deutsche Ingenieure sogar beteiligt.[31] Deutschland selbst durfte nach den Bestimmungen des Versailler Vertrages weder U-Boote noch eine Marineluftwaffe besitzen. Insgeheim betrieb ein kleines U-Boot-Referat jedoch Forschungsarbeit, versteckt zunächst unter den Fittichen der Inspektion für Torpedo- und Minenwesen in Kiel und später in einer Abteilung der Marineleitung in Berlin. Es sammelte und wertete U-Boot-Dokumente aus dem Krieg aus und gab Empfehlungen über Typen und Anzahl der Boote ab, die man für eine Mobilmachung gegen die potentiellen Gegner Frankreich und Polen benötigen würde. Hier war der einzige U-Boot-Stab, der Konzepte des Überwasser-Nachtangriffs und der Rudeltaktik bewahrte und damit die Lehren des Krieges beherzigte. Die Analyse der Kriegserfahrungen und prinzipielle Überlegungen führten zu dem Ergebnis, von sehr großen Booten Abstand zu nehmen.

Gleichzeitig war in Holland ein als Ingenieurskontor getarntes deutsches

U-Boot-Entwicklungsbüro gegründet worden, das nicht nur Konstruktionspläne erstellte, sondern auch die Oberleitung über U-Boot-Aufträge für Länder wie Argentinien, Finnland, Spanien und die Türkei innehatte. Auf diese Weise war es deutschen Offizieren und Ingenieuren möglich, im Ausland praktische Erfahrungen zu sammeln. Darüber hinaus wurde sichergestellt, daß die heimischen Hersteller spezialisierten Zubehörs, wie Zeiss (Sehrohre), MAN (Diesel), Anschütz (Kreiselkompasse), Lorenz (Funkgeräte), Askania (Horchgeräte) und viele andere, ihre Entwicklungsarbeiten unter den Augen der alliierten Rüstungskontrolleure fortführen konnten.[32]

Anfang der dreißiger Jahre, als deutsche Politiker die Fesseln des Versailler Vertrages abzuwerfen versuchten, indem sie einen Keil zwischen die Kriegsverbündeten England und Frankreich trieben und Gleichstellung mit den Siegermächten verlangten, arbeitete die Marine ein U-Boot-Bauprogramm aus, das Ende 1932 vom Reichswehrminister abgesegnet wurde. Es sah den Bau eines Flugzeugträgers sowie die Aufstellung von neun Marineluftwaffe-Staffeln und drei U-Boot-Halbflottillen mit zusammen sechzehn Booten vor und sollte bis 1939 abgeschlossen sein. Anfang 1933 wurde die Gründung einer U-Boot-Schule genehmigt, um die Ausbildung kontinuierlich in heimischen Gewässern durchführen zu können. Die zur Tarnung U-Boot-Abwehrschule genannte Einrichtung nahm am 1. Oktober 1933 unter Leitung von Korvettenkapitän Kurt Slevogt ihre Arbeit auf.[33]

Als Hitler im Januar 1933 die Macht übernahm, blieb das Umbauprogramm zwar in Kraft, doch der U-Boot-Bau wurde auf einen politisch günstigeren Zeitpunkt verschoben. Wie seine Vorgänger wollte auch er die Allianz zwischen England und Frankreich sprengen und unterließ deshalb alles, was England hätte provozieren können. Mit erstaunlichem Erfolg, denn im Juni 1935 wurde ein deutsch-britischer Flottenvertrag unterzeichnet. Er gestattete Deutschland, eine Flotte mit einer Gesamttonnage von 35 Prozent derjenigen der Royal Navy und eine U-Boot-Flotte mit 45 Prozent der britischen Gesamttonnage zu bauen. Angesichts der relativ kleinen Anzahl britischer U-Boote stand der deutschen Marine jedoch unter gewissen Bedingungen die Möglichkeit offen, mit der Royal Navy gleichzuziehen. Zu dieser Zeit hatte der wiedererstarkte deutsche Militarismus Frankreich und die Sowjetunion zusammenrücken lassen. Vor diesem Hintergrund war das deutsche Umbauprogramm aktualisiert worden. Die geplante U-Boot-Flotte sollte nun aus zweiundsiebzig Booten bestehen.

Dafür waren zwei Bootstypen vorgesehen: zum einen Typ II, ein kleines 250-Tonnen-Boot für die Sicherung der Ostsee und der lebenswichtigen Erzimporte aus Schweden. Er besaß den Vorteil, daß er für Ausbildungszwecke rasch in großer Stückzahl gebaut werden konnte. Zum anderen Typ IA, ein 750-Tonnen-Boot für den Einsatz im Mittelmeer und Nordatlantik. Beide waren Ableger der insgeheim für Finnland und Spanien gebauten Versionen aus Booten des Ersten Weltkriegs. Die interessanteste Veränderung war eine Verkleinerung des Kommandoturms und damit der Überwassersilhouette des Boots – ein weiteres Indiz dafür, welche Bedeutung man dem Überwasser-Nachtangriff beimaß.[34] Im Licht des mit England abgeschlossenen Vertrages entschied man sich jedoch, anstelle des 750-Tonnen-Boots ein kleineres Hochseeboot von 550 bis 600 Tonnen zu bauen. Dadurch konnten innerhalb der Tonnageobergrenze mehr Boote in Dienst genommen werden. Vorbild war der Entwurf eines Boots, das Ende der zwanziger Jahre an Finnland geliefert worden war.[35] Der Typ VII, wie er genannt wurde, war also wie die britische T-Klasse das Ergebnis politischer Überlegungen. Die vergrößerten Versionen VIIB und VIIC waren – gemessen an der Zahl der gebauten Boote – die erfolgreichsten U-Boote aller Zeiten. Ebenso wie die T-Klasse waren sie nicht für den *guerre de course* bestimmt, sondern für Operationen gegen Kriegsschiffe – in diesem Fall gegen französische Blockadekräfte. Dennoch sollten sie die Hauptrolle in der gegen die Handelsschiffahrt geführten Atlantikschlacht spielen – und gleichzeitig deren strategische Grenzen abstecken.

Hitler hatte den Befehl zum U-Boot-Bau bereits vor Abschluß der Vereinbarung mit England gegeben, und die ersten Boote vom Typ IIA liefen nur vier Tage nach der Vertragsunterzeichnung vom Stapel. Zum Chef der neuen U-Boot-Flottille war bereits Anfang Juni Fregattenkapitän Karl Dönitz ernannt worden. In den überlieferten Dokumenten ist kein Hinweis darauf zu finden, warum gerade er ausgewählt wurde. Er hatte im Ersten Weltkrieg in der U-Boot-Waffe gedient, aber fünfzig andere aktive Offiziere von passendem Dienstrang auch. Es scheint allerdings, als hätte ihn der geheime U-Boot-Stab systematisch an diese Aufgabe herangeführt: Bei zwei seiner Nachkriegskommandos hatte er mit Torpedobooten zu tun gehabt, die eine ähnliche Taktik anwandten wie U-Boote. Sie bestand darin, den Feind tagsüber zu finden, mit ihm am Rand der Sicht Fühlung zu halten und in der Dämmerung zu ihm aufzuschließen, um ihn schließlich im Schutz der Dunkelheit anzugreifen. Das zweite Kommando war der Befehl über eine Torpedoboot-Halbflottille gewesen. Die ausgezeichneten Beurteilungen, die ihm sein Flottillenchef ausstellte, wurden interessanterweise von Konteradmiral Walter Gladisch, einer der wichtigsten Gestalten bei der heimlichen U-Boot-Entwicklung, gegengezeichnet.[36] Wie dem auch gewesen sein mag, Dönitz war, wie aus einer von ihm im September 1935 verfaßten Denkschrift hervorgeht, in vollem Umfang über die gegen Frankreich und die Sowjetunion gerichteten Planungen im Bilde und sah die Funktion der U-Boote genauso wie der Marinestab: »In einem Krieg gegen einen Feind, der nicht lebensnotwendig von der Überseezufuhr abhängig ist, wird die Aufgabe unserer U-Boote im Gegensatz zum Weltkrieg nicht der Handelskrieg sein, zu dem das U-Boot, infolge seiner geringen Geschwindigkeit, an sich wenig geeignet ist. Das U-Boot wird stationär, möglichst dicht vor den feindlichen Häfen, am Brennpunkt des Feindverkehrs, eingesetzt werden. Angriffsziel das feindliche Kriegsschiff und Truppentransporte.«[37]

Dönitz, dessen Name für immer mit dem hartnäckigsten, erbittertsten und weitreichendsten Handelskrieg der Geschichte verknüpft sein wird, trat also seinen Posten als Chef der neuen U-Boot-Waffe mit derselben Haltung an, wie sie die britische Admiralität einnahm: Das U-Boot war auch für ihn eine stationäre Überraschungswaffe, die hauptsächlich gegen Kriegsschiffe eingesetzt werden sollte.

Ende 1935 kam das Marinekommandoamt in einer neuen Einschätzung der seestrategischen Lage zu dem Schluß, daß es den U-Booten vom Typ VII an Reichweite und Bewaffnung mangelte, um ihre Aufgabe im westlichen Mittelmeer erfüllen zu können. Daraufhin wurde eiligst ein neues, an den Typ IA anknüpfendes 750-Tonnen-Boot entwickelt und eine erste Serie in Auftrag gegeben, durch die – zusammen mit einer Serie von VIIB-Booten – das vom deutsch-britischen Flottenvertrag festgelegte Tonnagevolumen ausgeschöpft wurde.[38] Die ersten acht Boote des neuen Typs IX liefen zwischen Mai 1938 und August 1939 vom Stapel.

Die deutsche U-Boot-Waffe ging also mit zwei Hochseebooten in den Krieg, den Typen VII und IX. Die Mehrzahl der Boote, die in der ersten, erfolgreichen Phase der Atlantikschlacht kämpften, waren solche der Typen VIIB und VIIC, die bei einer Verdrängung von gut 750 Tonnen über Wasser eine Höchstgeschwindigkeit von über 17 Knoten (getaucht: 7,5 Knoten) und bei 10 Knoten eine Reichweite von 8500 Seemeilen hatten. Sie besaßen vier Bug- und ein Hecktorpedorohr und führten elf (VII A) bis vierzehn (VII C) Torpedos mit. Der größere Typ IX verdrängte über 1000 Tonnen, erreichte eine Höchstgeschwindigkeit von 18 Knoten und hatte bei 10 Knoten eine Reichweite von 10500 (IXA) bis fast 14000 (IXC40) Seemeilen. Sie verfügten über vier Bug- und zwei Hecktorpedorohre und waren mit 22 Torpedos bewaffnet. Aufgrund des Mangels an Booten setzte Dönitz sie lange Zeit zusammen mit Typ-VII-Booten für Gruppenangriffe auf Geleitzüge im Nordatlantik ein. Aber sie hatten eine längere Tauchzeit, konnten nicht so tief gehen und erwiesen sich als störanfällig, so daß er sie schließlich abzog und, für gewöhnlich einzeln, in weiter entfernten Gewässern operieren ließ.

Beide Typen waren den britischen Booten der Klassen S, T und U in Geschwindigkeit und Reichweite überlegen und durch das Hecktorpedorohr flexibler beim Angriff. Ihnen fehlten nur die potentiell verheerende erste Salve von zehn Bugtorpedos der T-Klasse und die außerordentliche Tauchschnelligkeit der U-Klasse. Keines dieser Boote konnte es in Geschwindigkeit und Reichweite allerdings mit den amerikanischen Flottenbooten oder den noch größeren japanischen U-Booten aufnehmen, vom Komfort der amerikanischen Boote ganz zu schweigen. Wie die japanischen waren auch die deutschen U-Boote funktionelle Konstruktionen. Offiziere und Mannschaften mußten sich mit dem begnügen, was in diesem Rahmen an Raum und Bequemlichkeit möglich war. Gemeinsam war allen Bootstypen, daß sie für Angriffe gegen Großkampfschiffe entworfen worden waren, ihre wahre Rolle aber im *guerre de course* fanden – bis auf die japanischen Boote, die dazu kaum Gelegenheit bekamen.

Ein weiterer Vorteil der deutschen U-Boote waren ihre optischen Geräte und der Feuerleitrechner. Das Doppelglas der Ausgucks war leichter und im allgemeinen wasserdichter als das der anderen Marinen. Das Angriffssehrohr mit dem Klappsitz am Schaft und dem in fester Höhe angebrachten Okular war technisch ausgereifter. Die sogenannte U-Boot-Zieloptik (UZO), ein Doppelglas, das vor dem Angriff auf den Kommandoturm gebracht und dort auf das Torpedozielgerät aufgesetzt wurde, war – bis zur Einführung des Radars – den Überwasserzielgeräten der anderen Marinen weit überlegen. War das Ziel anvisiert, wurde die Peilung automatisch an den Vorhaltrechner im Kommandoturm weitergeleitet, einem elektromechanischen Abweichungsrechner ähnlich dem amerikanischen TDC, der in Form des Vorhaltewinkels eine fortlaufend aktualisierte Feuerlösung errechnete und den Kreiselkompaß-Steuermechanismus der Torpedos entsprechend einstellte. Danach konnten die Torpedos bei jedem Kurs, der nicht mehr als 90 Grad – später 135 Grad – von dem ihren abwich, auf den Weg geschickt werden. Spätere Versionen des Vorhaltrechners waren dem amerikanischen TDC insofern überlegen, als die Daten von bis zu fünf Zielen eingegeben werden konnten, die dann im Abstand von wenigen Sekunden beschossen wurden. Diesem Gerät war es zu verdanken, daß die Überwasser-Nachtangriffe auf alliierte Geleitzüge derart verheerende Auswirkungen hatten.[39] Wurden die Angreifer selbst zum Ziel, konnten sie den Wasserbomben in größere Tiefen entkommen, da auch der Druckkörper der deutschen U-Boote dem der anderen Marinen überlegen war.

Der Schwachpunkt der ansonsten ausgezeichneten deutschen U-Boot-Technik waren die Torpedos. In der Phase der geheimen U-Boot-Entwicklung war von in deutschem Besitz befindlichen schwedischen Firmen ein neuer, batteriebetriebener Typ entwickelt worden. Diese Elektrotorpedos waren den konventionellen, mit Druckluft betriebenen Torpedos zwar in Geschwindigkeit und Reichweite unterlegen, hinterließen aber keine verräterischen Blasen, die

U-Boot-Abwehrkräfte auf die Position des Angreifers aufmerksam machen konnten. Auch ein neuer Zünder, der wahlweise auf Aufschlag- oder magnetische Abstandzündung eingestellt werden konnte, war entwickelt, aber offenbar von der Torpedo-Inspektion nicht ausreichend getestet worden. Die deutschen U-Boot-Kommandanten hatten also in den ersten Kriegsjahren unter den gleichen Problemen zu leiden wie die Amerikaner im Pazifik.

In Ausbildung und Taktik ließ die deutsche U-Boot-Waffe bald alle anderen U-Boot-Flotten hinter sich. Dies war dem U-Boot-Stab zu verdanken, der in seinen Forschungen die Lehren des Ersten Weltkriegs berücksichtigt hatte. Hauptsächlich aber war es das Verdienst Karl Dönitz', der die jungen U-Boot-Besatzungen durch seinen eigenen Einsatz begeisterte und ihnen Vertrauen in ihre Waffe und sich selbst einflößte. Nach seinem ersten Jahr berichtete der Chef der U-Boot-Flottille, Vizeadmiral Richard Foerster, durch Dönitz' »unermüdliche Arbeit und persönliche Anleitung« sei die Flotte bereits nach einem halben Jahr »zu kriegsmäßiger Aufgabe verwendungsbereit« gewesen. Er fügte hinzu, es müsse »darauf geachtet werden, daß er sich in seinem glühenden Eifer für die Sache körperlich nicht zuviel zumutet«.[40] Viele Jahre später erinnerte sich einer der jungen Offiziere, die damals ausgebildet wurden: »Montags bis freitags acht Unterwasserangriffsübungen am Tage und sechs Überwasserangriffsübungen in der Nacht: Damit waren wir an der Obergrenze unserer physischen und nervlichen Kraft angelangt.«[41]

Abgesehen von den Überwasser-Nachtangriffen, wie er sie aus seiner Torpedobootszeit kannte, förderte Dönitz das Konzept des Rudelangriffs. Die gegenseitige Unterstützung von zwei oder drei U-Booten war versuchsweise bereits im Ersten Weltkrieg praktiziert worden. Nach dem Krieg wurden im geheimen U-Boot-Referat mehrere Denkschriften verfaßt, die die Notwendigkeit eines Zusammenwirkens von U-Booten – hauptsächlich, um das Patrouillengebiet zu vergrößern – hervorhoben.[42] Aber erst die enormen Fortschritte der Funktechnik erlaubten die Umsetzung des Konzepts. Jetzt konnten die Boote selbst noch in Sehrohrtiefe über große Entfernungen hinweg Funksprüche empfangen und senden.

Dönitz' Gruppen- oder Rudeltaktik entstand aus Übungen mit Vorpostenstreifen aus mehreren Booten. Wer zuerst den Feind sichtete, teilte es den anderen mit, bevor er zum Angriff überging, damit sie heranfahren und in den Kampf eingreifen konnten. Später wurden Aufklärungs- und Angriffsgruppen unter dem Befehl eines Gruppenführers zusammengefaßt, der seine Anweisungen von der Operationsführung an Land erhielt.[43] Die Vergrößerung des Aktionsradius war nur ein Aspekt. Die Gruppentaktik zielte auch darauf ab, die feindliche Verteidigung zu überrumpeln. Einer Konzentration des Feindes sollte, wie Dönitz selbst es gern ausdrückte, eine Konzentration von U-Booten entgegengestellt werden, zumal in der deutschen U-Boot-Flotte wie in allen anderen Marinen große Furcht vor der Entdeckung durch ASDIC herrschte. Dönitz hielt dessen Wirkung allerdings für nicht erwiesen und ermutigte seine Kommandanten, auf Nahschußentfernung an den Feind heranzufahren, um mit größerer Genauigkeit zielen zu können.[44] Seine Denkschriften lassen keinen Zweifel daran, daß diese Taktik für den Einsatz gegen sowjetische und französische Kriegsschiffe in der Ostsee und im Mittelmeer entwickelt wurde.

Diese Taktik erforderte ganze Gruppen von Aufklärungs- und Angriffsbooten. Daher war für Dönitz die Anzahl der Boote wichtiger als deren Größe. Als man ihn Ende 1936 um seine Ansicht zum künftigen Bauprogramm bat, sprach er sich denn auch für das kleinste für das Mittelmeer geeignete Boot aus. Inzwischen hatten die Admirale der Seekriegsleitung unter dem Eindruck der großen, mit einem Flugzeug ausgestatteten französischen und japanischen U-Boote die Entwicklung eines ähnlichen Typs angeregt, und es kam tatsächlich zum Bauauftrag für vier riesige, mit vier Kanonen in zwei Zwillingstürmen bewaffnete U-Kreuzer vom Typ XI (U 112 bis U 115). Zwei Jahre benötigten die Ingenieure von MAN, um ihre Auftraggeber von der Unmöglichkeit zu überzeugen, Diesel in der Größe zu bauen, die ein solches Fahrzeug auf die geforderte Geschwindigkeit beschleunigen könnten. Da war der Schaden schon eingetreten: Weil die U-Kreuzer die Tonnage blockierten, die gemäß der mit England vereinbarten 45-Prozent-Regel erlaubt war, hatte sich der Bau der kleineren Bootstypen verzögert. Insofern erfüllte der Flottenvertrag den von der britischen Admiralität anvisierten Zweck. Dönitz begann den Krieg mit wesentlich weniger Booten, als er andernfalls vielleicht gehabt hätte.

Im Laufe des Jahres 1937 begriff auch Hitler, was Raeder und der Seekriegsleitung schon immer klar gewesen war: England würde nicht tatenlos zuschauen, wie Deutschland die Vorherrschaft auf dem Kontinent erlangte. Die Folge war, daß er ein Tabu brach und den gegen England gerichteten Ausbau der Marine anordnete. Raeders Stab erkannte als Englands Stärke seine Schlachtflotte, mit der Deutschland nicht gleichziehen könne, und seine geographische Lage, durch die es die deutschen Seewege beherrschte. Seine Schwäche bestand in der Abhängigkeit von Seeverbindungen. Der Seekrieg gegen England werde folglich »der Kampf um die wirtschaftlichen und militärischen Seeverbindungen« sein.[45]

Dieses Konzept wurde in den sogenannten Z-Plan umgemünzt, ein Flottenbauprogramm, nach dem schnelle, gepanzerte Schiffe mit großer Reichweite für den »Kreuzerkrieg« gegen die britischen Seeverbindungen sowie ein schwerer

Schlachtschiffverband mit Flugzeugträgern zur Unterstützung des Ausbruchs durch den Kordon der Royal Navy gebaut werden sollten. U-Booten wurde eine relativ untergeordnete Bedeutung beigemessen. In einem Handelskrieg nach Prisenordnung traute man ihnen nur eine beschränkte Wirksamkeit zu. In der Annahme, daß Frachterkonvois bis weit auf den Atlantik eskortiert würden, fürchtete man außerdem die Entdeckung der U-Boote durch ASDIC. Der Z-Plan sah daher einen schrittweisen Ausbau der U-Boot-Waffe auf nur 229 Einheiten bis 1945 vor: 100 Boote vom Typ VII, 44 vom Typ IX, 60 vom kleinen Küstenschutztyp II sowie einige Minenleger, U-Kreuzer und Flottenboote für gemeinsame Operationen mit Überwasserverbänden.[46]

Dönitz war hingegen der Ansicht, daß nur U-Boote in der Lage waren, die britische Blockade zu unterlaufen. Zudem waren sie billiger und schneller zu bauen als die im Programm vorgesehenen Großkampfschiffe. Aus einem im Frühjahr 1939 durchgeführten Kriegsspiel, in dem U-Boot-Rudel unter den für den Ernstfall angenommenen Bedingungen einen Angriff gegen britische Atlantikkonvois simuliert hatten, zog Dönitz den Schluß, daß ständig neunzig einsatzbereite Boote im Atlantik nötig wären. Die im Hafen liegenden und die auf der Fahrt vom oder zum Einsatzgebiet befindlichen Boote eingerechnet, seien für erfolgreiches Operieren insgesamt dreihundert Einheiten erforderlich.[47] Nach dem Krieg behauptete Dönitz, daß er mit diesen dreihundert Booten England hätte auf die Knie zwingen können. Das Kriegsspiel hatte nichts dergleichen ergeben, die U-Boote hatten im Gegenteil fast völlig versagt. Außerdem wäre die britische Admiralität, wenn die deutsche U-Boot-Flotte auch nur annähernd diese Stärke erreicht hätte, mit Sicherheit beunruhigt genug gewesen, um Gegenmaßnahmen einzuleiten. Die Zahl Dreihundert hatte Dönitz vermutlich gewählt, weil sie größer war als die des Z-Plans, aber nicht groß genug, um sie einfach vom Tisch zu wischen.

Während des Kriegsspiels erschien in Berlin ein kleines Buch mit dem Titel *Die U-Bootswaffe,* das offenbar der Aufmerksamkeit des britischen Nachrichtendienstes entging. Andernfalls hätte man hier vom Chef der deutschen U-Boot-Waffe erfahren können, daß die »Vernichtung des feindlichen Handels, der Angriff auf die feindlichen Seeverbindungen, ... der eigentliche Zweck des Seekrieges« war,[48] und daß er seine Boote für Überwasser-Nachtangriffe ausbildete, bei denen sie, im Vertrauen auf das dank ihrer kleinen Silhouette mögliche Überraschungsmoment, buchstäblich als Torpedoboote operierten. Noch interessanter wären vielleicht der heroische Stil des Buchs und die in ihm ausgedrückten extremen Nazi-Ansichten gewesen, die darauf schließen ließen, daß es die Royal Navy mit einem gefährlichen, um nicht zu sagen fanatischen Gegner zu tun bekäme, wenn dieser Mann die U-Boote in einem Krieg mit

England führen sollte. Aber das Buch gelangte erst 1942 in britische Hände, und zu dieser Zeit waren all diese Dinge bereits bekannt.

Dönitz war ein mitreißender Befehlshaber, doch was ihn dazu machte, sollte sich später, besonders in den letzten Jahren, als Schwäche der Seekriegführung erweisen: Er sah nur die eigenen Ziele und kalkulierte Hindernisse ebenso wenig ein wie die Reaktionen anderer. Dies machte sich bereits vor Kriegsausbruch bemerkbar. Nach den Herbstmanövern von 1938, in denen die U-Boote erfolgreiche Überwasser-Nachtangriffe ausgeführt hatten, wies ein junger Oberleutnant von seinem Führerschiff, dem Kreuzer *Königsberg*, darauf hin, daß es das Radar bald schwierig, wenn nicht unmöglich machen werde, an der Oberfläche unentdeckt zum Angriff anzulaufen. Er wußte, wovon er redete, denn auf der *Königsberg* war der Prototyp eines Feuerleitradars getestet worden, das bereits in der Lage war, Objekte zu entdecken, die nicht größer waren als Hafenbojen. Der Bemerkung folgte eisiges Schweigen, wie der Oberleutnant, Otto Köhler, später berichtete. Dann prasselten Gegenargumente der neben Dönitz stehenden U-Boot-Offiziere so lange auf ihn ein, bis er kapitulierte.[49]

Während der Frühjahrsauslandsreise der Flotte im nächsten Jahr, 1939, führte Dönitz eine Übung durch, bei der sich fünfzehn U-Boote in vier Gruppen quer zum Kurs eines »Geleitzuges« aus zwei Handelsschiffen und einem Geleitfahrzeug auf die Lauer legten. Die Übung verlief ausgesprochen erfolgreich: Die U-Boote, die den Geleitzug gesichtet hatten, hielten geradezu lehrbuchmäßig Fühlung, während sie die anderen Boote über Funk herbeiriefen. Am Ende war der von zahllosen Scheinangriffen heimgesuchte Konvoi von nicht weniger als dreizehn U-Booten eingekesselt. Ungeachtet der realitätsfernen Bedingungen dieser Übung fiel Dönitz' Bilanz eindeutig aus: »Der einfache Grundgedanke, einen Geleitzug von mehreren Dampfern auch durch mehrere U-Boote zu bekämpfen, ist richtig. Das Heranholen von U-Booten ist bei den Verhältnissen der Übung geglückt. Der Geleitzug wäre vernichtet worden.«

Das Argument, der bei solchen Angriffen nötige Funkverkehr würde dem Feind die Einpeilung der eigenen Position ermöglichen, hielt er für nicht stichhaltig. Er bezweifelte die Genauigkeit der Funkpeilgeräte. Außerdem würden die Angriffe außerhalb der Reichweite landgestützter Flugzeuge stattfinden, die zum Schutz der Geleitzüge herbeigerufen werden könnten.

Einige Tage zuvor hatte Konteradmiral Werner Fürbringer, ein U-Boot-Kommandant des Ersten Weltkriegs, der später in der Türkei eine U-Boot-Schule aufgebaut hatte, an der deutsche U-Boot-Fahrer ausgebildet wurden, eine Denkschrift verfaßt, in der er feststellte, daß ein U-Boot-Krieg gegen England vor allem davon abhänge, ob die Boote gegen ASDIC »immunisiert« werden könnten. Solange dies nicht möglich sei, hielt er es für zwecklos, einen

Handelskrieg überhaupt zu beginnen. Es sei nicht zu verantworten, »die wertvollen U-Bootbesatzungen unter solchen Aussichten einzusetzen«. Um die Geleitschutzfahrzeuge auszuschalten, erfordere es darüber hinaus ein enges Zusammenwirken mit der Marineluftwaffe. Die Aufgaben von Marineluftwaffe und Kriegsmarine seien »so verflochten, daß beide schon bei Kriegsausbruch zu einer Einheit zusammengeschweißt sein müssen, wenn es nicht zu schweren Mißerfolgen kommen soll«.[50] Dönitz bezweifelte jedoch die Nützlichkeit der Luftwaffe in den offenen Räumen des Atlantiks. Zwar gab es keine Boote, die gegen ASDIC immun waren, aber er war zuversichtlich, daß sich dies in absehbarer Zeit ändern würde. Er hielt weiterhin an der Überzeugung fest, daß nur U-Boote in der Lage waren, die britische Blockade zu durchbrechen.[51]

Radar, Funkpeilung, Geleitschutzflugzeuge, mit ASDIC ausgerüstete Geleitschutzschiffe – alle Faktoren, an denen der U-Boot-Krieg schließlich scheitern sollte, waren Dönitz also schon vor dem Krieg bekannt. Angesichts seines Charakters und der vorzüglichen taktischen Waffe, die er entwickelt hatte, ist es verständlich, daß er sie nicht ernst nahm. Daß er sie aber weiterhin ignorierte, als ihre Wirksamkeit offensichtlich geworden war, war das Resultat des faschistischen Führersystems und der Atmosphäre aus unbedingtem Gehorsam, Speichelleckerei, Furcht vor Strafe und dem daraus resultierenden Stillschweigen. Unter solchen Bedingungen konnte Zielstrebigkeit leicht zur Besessenheit werden, und es gab niemanden, der es gewagt hätte, Dönitz entgegenzutreten.

Interessanterweise arbeitete man vor dem Krieg sowohl in Deutschland als auch in Japan an der Entwicklung von U-Booten mit hoher Unterwassergeschwindigkeit, die die U-Boot-Kriegführung revolutioniert hätten. Das deutsche Projekt wurde von dem Ingenieur Professor Hellmuth Walter in Gang gesetzt. Er hatte die Idee, für die Unterwasserfahrt eine Gasturbine einzusetzen, die mit in Form von Wasserstoffperoxid mitgeführtem Sauerstoff betrieben werden sollte. Er überzeugte das Marinekonstruktionsamt von seinem Konzept und erhielt 1934 den Auftrag, es weiter auszuarbeiten. 1940 wurde ein Prototyp fertiggestellt, ein kleines, fischförmiges Boot von 80 Tonnen mit der Bezeichnung V 80, das bei Testtauchfahrten in der Danziger Bucht Geschwindigkeiten von über 28 Knoten erreichte. Probleme bei der Vergrößerung zum Frontboot verzögerten die weitere Entwicklung. Die Japaner versuchten dasselbe Ziel zu verwirklichen, indem sie Batteriekapazität und Leistung der Elektromotoren erhöhten und wie Walter eine möglichst strömungsgünstige Außenhülle konstruierten. Im Sommer 1938 lief ein Versuchsboot von 200 Tonnen mit der Tarnbezeichnung N 71 vom Stapel, das bei Testtauchfahrten über 21 Knoten schnell war. Nach intensiven Erprobungen wurde es jedoch verschrottet, und man griff erst wieder auf das Konzept zurück, als es keinen Einfluß mehr auf die Kriegführung hatte.

Die anderen Seemächte – Frankreich, Italien und die Sowjetunion – besaßen bei Kriegsausbruch zwar größere U-Boot-Flotten als die drei bisher behandelten Marinen, spielten aber aus verschiedenen Gründen in den entscheidenden Kämpfen keine bedeutende Rolle.

Frankreich gab zwar vor, U-Boote zu benötigen, um die geringe Schlachtflottentonnage zu kompensieren, die dem Land nach dem Washingtoner Vertrag erlaubt war, baute aber große hochseetüchtige Typen, die unverkennbar für den *guerre de course* bestimmt waren, und plante den Bau von sieben riesigen 3250-Tonnen-Booten, für die ebenfalls kaum eine andere Verwendung vorstellbar war. Nur eins dieser Boote wurde gebaut. Es lief 1931 vom Stapel und wurde nach einem berüchtigten Freibeuter, der im frühen 19. Jahrhundert unter der britischen Schiffahrt wütete, auf den Namen *Surcouf* getauft. Bis zu ihrem Verlust Anfang 1942 war sie das größte U-Boot der Welt, wies aber, von häufigen technischen Problemen abgesehen, einige grundsätzliche Nachteile auf: Der Geschützturm auf dem Vordeck, in dem sich das 20,3-Zentimeter-Zwillingsgeschütz befand, war nicht vollständig wasserdicht. Die Tauchzeit war gefährlich lang, und einmal getaucht, war es schwierig, das Boot zu trimmen. Darüber hinaus konnte das mitgeführte Seeflugzeug nur bei ruhiger See aus seinem Hangar gezogen und zu Wasser gelassen beziehungsweise wieder an Bord geholt werden. Der Entwurf der *Surcouf* war zu ehrgeizig, um praktisch zu sein. Für den Krieg war sie jedenfalls nicht geeignet, und ihre letzte Fahrt, die unter nie ganz geklärten Umständen enden sollte, unternahm sie hauptsächlich als Symbol der Streitkräfte des von General de Gaulle geführten Freien Frankreich.[52] Einige kleinere Boote trugen ebenfalls die Farben des Freien Frankreich und kämpften an der Seite der Alliierten, überwiegend im Mittelmeer, aber auch in der Nordsee. Das erfolgreichste Boot war die *Rubis*, deren in der Biskaya und vor Norwegen verlegte Minen für die Versenkung von fünfzehn Handelsschiffen mit zusammen 26 000 BRT sowie acht kleinen militärischen Wasserfahrzeugen verantwortlich waren.

Die italienische U-Boot-Flotte war für den Kampf gegen die Royal Navy im Mittelmeer gebaut und ausgebildet worden. Im Juni 1939, kurz nach der Unterzeichnung des »Stahlpakts« zwischen Deutschland und Italien, vereinbarten der italienische Marinechef, Admiral Domenico Cavagnari, und Großadmiral Raeder, daß größere Boote auch im Atlantik und im Indischen Ozean eingesetzt werden könnten.[53] Mit ihren großen, weithin sichtbaren Aufbauten, der mangelnden Überwassergeschwindigkeit, den langsamen Tauchzeiten und ihrer

Schwerfälligkeit erwiesen sich die italienischen U-Boote jedoch als ungeeignet für den Atlantik. Sie sollten Dönitz, der die operative Führung über sie hatte, förmlich zur Verzweiflung bringen. Auch wenn sie sich nicht mit den deutschen Erfolgen messen konnten, waren ihre Leistungen besser, als es die abschätzigen Bemerkungen in seinem Kriegstagebuch vermuten lassen. Die meisten Boote blieben im Mittelmeer, wo sie aufgrund schlechter operativer Führung nur wenig erreichten. Lediglich bei Entwicklung und Einsatz »menschlicher Torpedos« vermochten die italienischen Unterwasserstreitkräfte im Krieg eine gewisse Wirkung zu erzielen.

Der Entwurf dieser Klein-U-Boote stammte von den Marineingenieuren Elios Toschi und Teseo Tesei. Angeregt wurden sie vom Erfolg zweier Offiziere aus dem Ersten Weltkrieg, die ein bemanntes torpedoähnliches Unterwasserfahrzeug entwickelt hatten, mit dem sie Ende 1918 in den Hafen von Pola eindrangen und das österreichische Flaggschiff versenkten. Tesei und Toschi schlugen nun für den Kriegsfall einen sofortigen massenhaften Überraschungsangriff auf die britischen Mittelmeerstützpunkte vor. Nur auf diese Weise, so glaubten sie, könne sich Italien mit seiner schmalen industriellen Basis Hoffnungen machen, gegen Großbritannien zu bestehen.[54] Aber die Marineleitung zeigte trotz des erfolgreichen Vorbildes kein Interesse an der Idee. Die beiden Ingenieure ließen sich davon jedoch nicht entmutigen und bauten in ihrer Freizeit selbst einen Prototyp. Als sechs Jahre später, 1935, nach dem italienischen Einmarsch in Abessinien der Krieg mit England drohte, brachten sich Tesei und Toschi wieder ins Gespräch. Im Jahr darauf führten sie das von ihnen gebaute Unterwasserfahrzeug vor. Es ähnelte in Form und Größe einem Torpedo, der von einem Elektromotor angetrieben wurde und maximal drei Knoten schnell war. Die beiden »Piloten« saßen in Tauchausrüstung auf dem Torpedo; im Ernstfall sollten sie Schneidewerkzeuge für die Überwindung von U-Boot-Netzen und einen Sprengkopf mit Zeitzünder bei sich haben, der magnetisch am Rumpf des Feindschiffes angebracht werden sollte. Nach der Vorführung wurde das Projekt der Gruppe H übergeben, einer Abteilung für Spezialoperationen. Doch die Marineleitung schenkte ihm nicht genügend Aufmerksamkeit, und die Vision eines von hundert menschlichen Torpedos unternommenen Simultanangriffs auf die britischen Marinestützpunkte in Gibraltar, Malta und Alexandria erfüllte sich nicht. Später sollten sie auf eindrucksvolle Weise zeigen, was damit hätte erreicht werden können, und das Opfer, die Royal Navy, machte ihnen das Kompliment, die Idee noch einen Schritt weiterzuentwickeln.

Mit technischer Unterstützung der deutschen Reichsmarine hatte die sowjetische Marine Ende der zwanziger Jahre begonnen, nach dem Vorbild früherer russischer und britischer Boote eine neue U-Boot-Flotte aufzubauen. Im Rahmen der eingegangenen geheimen militärischen Kooperation mit Deutschland erwarb die Sowjetunion Entwürfe der deutschen Tarnfirma in Holland und baute schließlich ein modernes 800-Tonnen-Boot mit einer Überwassergeschwindigkeit von über 19 Knoten. Ende der dreißiger Jahre folgte dann die von ihren Leistungsmerkmalen her beachtliche K-Klasse mit einer Verdrängung von 1500 Tonnen, einer Höchstgeschwindigkeit von 22 Knoten und zehn Torpedorohren.

Als Hitler im Sommer 1941 die Sowjetunion angriff, besaß sie zumindest auf dem Papier eine zahlenmäßig starke U-Boot-Waffe, die zum überwiegenden Teil aus kleinen und mittelgroßen Booten für die Küstenverteidigung und den Einsatz in der Ostsee und im Schwarzen Meer bestand. Die Boote waren auf vier separate Flotten aufgeteilt – die Nordmeer-, Ostsee-, Schwarzmeer- und Pazifik-Flotte – und offenbar schlecht gewartet. Darüber hinaus fehlten moderne Kommunikationsmittel, Sonargeräte und Feuerleitsysteme.[55] Vor allem aber litten sie unter der bedrückenden Anwesenheit von politischen Kommissaren und einem völligen Mangel an Führung durch die Befehlsstellen an Land. In der Ostsee, wo die deutschen U-Boote ausgebildet wurden und lebenswichtige Nachschublinien der deutschen Rüstungsindustrie verliefen, hätten sie einen bedeutenden Beitrag zur Kriegsanstrengung leisten können. Minenfelder, mehrfache Netzsperren zwischen Estland und Finnland und U-Boot-Abwehrkräfte behinderten sie jedoch derart, daß sie kaum etwas erreichten.

So kam es, daß die großen Unterwasseroperationen, die das Schicksal von Armeen und den Ausgang des Krieges beeinflußten, von den deutschen, britischen und US-amerikanischen U-Booten im Atlantik, im Mittelmeer und im Pazifik unternommen wurden.

DER KRIEG

In der angespannten politischen Lage vor dem geplanten Überfall auf Polen wurde Dönitz am 15. August 1939 aus dem Urlaub zurückgerufen. Obwohl der Angriff als Reaktion auf eine polnische Aggression dargestellt werden sollte, lagen bei der Marine fertige Pläne für den Fall vor, daß Großbritannien seine vertraglichen Verpflichtungen gegenüber Polen erfüllte. Zwölf U-Boote vom Typ VII sollten im Norden und Südwesten der Britischen Inseln, fünf Boote vom Typ IX vor der Iberischen Halbinsel und der Straße von Gibraltar Stellung beziehen. Zehn weitere Boote sollten folgen, sobald sie bereit waren.[1] Damit würden sich alle verfügbaren Frontboote im Einsatz befinden. Die Entscheidung, keine Reserve zum Ersatz der zurückkehrenden Boote zu behalten, war nicht von Dönitz, sondern von der Seekriegsleitung in Berlin getroffen worden.

Jedes der Boote, die in den nächsten Tagen ausliefen, wurde von Dönitz persönlich verabschiedet. In seinem Kriegstagebuch hob er die zuversichtliche Stimmung der Besatzungen hervor, beklagte aber die unzureichende Zahl der U-Boote: »Hemmend auf alle meine Maßnahmen hat sich die geringe Zahl der zur Verfügung stehenden U-Boote ausgewirkt. ... Bei Zugrundelegung von Mindeststärken müßte ich für die dauernde Besetzung der an sich schon nicht zahlreichen Positionen weitere 43 U-Boote haben und weitere 43 U-Boote, die erfahrungsgemäß während dieser Zeiten in den Werften überholt würden. Die Berechnung ergibt, daß zu einer längeren Kriegsführung – selbst bei so schwacher Besetzung – 130 U-Boote notwendig wären. Hierbei hätte ich noch keine Reserven ... und ebenso ist die Besetzung des Atlantiks nicht nur unzureichend, – es fehlen auch die U-Boote für Verwendung im weiten Seeraum. Die Forderung von 300 Unterseebooten bleibt daher das Mindestmaß, das beim Ausbau zunächst anzustreben ist.«[2]

Hitler wollte den Krieg auf den Polenfeldzug begrenzen. Sollte dies nicht möglich sein, hoffte er auf einen kurzen Krieg im Osten, dem ein baldiger Friedensschluß im Westen folgen würde. Deshalb sollte jede Provokation Englands vermieden werden. Dönitz wies die U-Boot-Kommandanten dementsprechend an, sich strikt an die Prisenordnung zu halten. Damit nahm er den U-Booten zwar den Vorteil des Überraschungsmoments und setzte sie den Gefahren eines Einsatzes an der Wasseroberfläche aus, aber er glaubte genug Zeit zu haben, bis die Royal Navy ihre Verteidigung organisiert und ein Konvoisystem eingeführt hätte. Bis dahin würden die Schiffe weiterhin einzeln fahren. »Diese Dampfer aber gilt es zunächst … zu fassen«, bemerkte er in seinem Kriegstagebuch. Er hatte zwar vor, die Operationen von seiner Führungsstelle aus selbst zu leiten, schickte aber dennoch zwei höhere Offiziere auf See, um das taktische Kommando zu übernehmen, falls er sich entschließen sollte, die U-Boote zusammenzuführen und im Norden und Süden in zwei Gruppen zu konzentrieren.[3]

Am Abend des 31. August schickte Raeder eine Nachricht an alle Boote, wonach am 1. September um 4.45 Uhr die Feindseligkeiten gegen Polen beginnen würden. Er merkte an: »Verhalten Westmächte ungewiß.«[4] Die britische Haltung klärte sich am Morgen des 3. September, und am frühen Abend teilte Raeder den U-Booten im Atlantik mit, daß Frankreich sich seit siebzehn Uhr als im Krieg mit Deutschland befindlich betrachte. Aktionen gegen französische Handelsschiffe seien aber – außer zur Selbstverteidigung – zu unterlassen. »Dieser Befehl bedeutet, daß im Handelskrieg nach Prisenordnung franz. Schiffe und Ladung freigegeben werden müssen.«[5]

Drei Stunden später sichtete Lemp die *Athenia*, und um 21.42 Uhr detonierte an ihrer Backbordseite der Torpedo. Als die Nachricht am nächsten Tag durch die Weltpresse ging, hatte Dönitz die bisher ergangenen Befehle nachgelesen und war zu dem Ergebnis gekommen, daß ein »Irrtum in der Auslegung … an sich nicht denkbar« sei. Dennoch wies er die U-Boot-Kommandanten erneut darauf hin, die Prisenordnung einzuhalten. Weder er noch die Seekriegsleitung wurden dabei von humanitären oder rechtlichen Überlegungen geleitet. Im Falle eines längeren Krieges mit den Westmächten beabsichtigten sie vielmehr, schrittweise zu einem uneingeschränkten Handelskrieg überzugehen, wie ihn die U-Boote im Ersten Weltkrieg geführt hatten. Dies geht eindeutig aus einer auf »Anfang September 1939« datierten Denkschrift hervor, in der es hieß: »Bei der zu erwartenden allgemeinen Bewaffnung der feindlichen Handelsschiffe läßt sich die warnungslose Versenkung aller feindlichen Handelsschiffe auf völkerrechtlich einwandfreie Weise aus der Freigabe der bewaffneten Handelsschiffe als militärische Ziele … entwickeln.«[6]

Rechtliche Überlegungen spielten im Grunde nur hinsichtlich der mächtigsten neutralen Macht, den Vereinigten Staaten, eine Rolle. Deren Neutralitätsgesetz sah, wie in der Denkschrift festgestellt wurde, »gegenüber bewaffneten Handelsschiffen eine evtl. Sonderbehandlung« vor. Doch weder wollte man die USA vor den Kopf stoßen noch sich die Möglichkeit eines eventuellen Friedensschlusses mit England und Frankreich verbauen. Raeder ließ daher seinen

U-Booten nach dem internationalen Aufschrei über die Versenkung der *Athenia* einen weiteren Befehl zukommen: »Auf Anordnung des Führers zunächst keinerlei Feindhandlungen gegen Passagierdampfer, auch wenn im Geleit.«[7]

Wann ein Schiff als Passagierdampfer zu betrachten war, wurde nicht definiert. Das macht deutlich, in welche Verwirrung die Seekriegsleitung durch Lemps Angriff gestürzt worden war. Goebbels hatte inzwischen die Propagandamaschine angeworfen und Churchill beschuldigt, dieser habe die Versenkung der *Athenia* befohlen, um Amerika zum Kriegseintritt zu bewegen.[8] Er war damit so erfolgreich, daß sich manche amerikanische Zeitungen bis nach Kriegsende, als die entsprechenden Beweise ans Tageslicht kamen, über die Umstände ihres Untergangs nicht sicher waren.

Die britische Admiralität trieb mit Hochdruck die Einführung eines Konvoisystems voran. Der erste Küstenkonvoi fuhr am 6. September von der Themse zum Forth. Am nächsten Tag brachen zwei Hochseekonvois von der Themse in Richtung Ärmelkanal und von Liverpool in die Irische See auf. Eine Woche später liefen in Halifax (Kanada), Kingston (Jamaika) und Freetown (Sierra Leone) die ersten Konvois in Richtung England aus. Ende des Monats folgte der erste Geleitzug aus Gibraltar. Die Konvois bestanden aus Schiffen mit einer Höchstgeschwindigkeit von neun bis fünfzehn Knoten. Der Mangel an Eskortschiffen und deren geringe Reichweite erlaubten es jedoch nicht, die Konvois über mehr als 200 Seemeilen vom Hafen wegzugeleiten. Es sollte fast zwei Jahre dauern, bis die Konvois auf der gesamten Passage mit Geleitschutz fuhren. Wer langsamer oder schneller als der Geleitzug war, fuhr weiterhin einzeln auf sogenannten »kontrollierten Routen«. Der einzige Schutz bestand hier in gruppenweise patrouillierenden U-Boot-Abwehrschiffen.[9]

Unterdessen brachten die auf den südwestlichen Seewegen nach England auf der Lauer liegenden U-Boote einzeln fahrende Schiffe auf. Die erste Versenkung nach Prisenordnung ging auf das Konto von U 47 unter Kapitänleutnant Günther Prien. U 47 kreuzte vor der Biskaya, als am frühen Morgen des 5. September ein anlaufender kleiner Frachter gesichtet wurde, die 2400 BRT große *Bosnia* der Reederei Cunard. Prien tauchte und ließ den Frachter passieren, bevor er hinter ihm hochkam und ihm mit dem Deckgeschütz einen Schuß vor den Bug setzte. Die *Bosnia* versuchte zu fliehen und funkte SSS für U-Boot-Angriff. Sechs Granaten, die ihre aus Schwefel bestehende Ladung in Brand setzten, waren nötig, um sie zu stoppen. Prien fuhr heran, während die Besatzung in die Rettungsboote ging. Als er einen Verletzten bemerkte, ließ er ihm ein Glas Weinbrand geben. In diesem Augenblick erschien ein zweites Dampfschiff, ein neutraler Norweger. Prien bat den Kapitän, die Besatzung der *Bosnia* an Bord zu nehmen. Damit waren die Regeln der Prisenordnung erfüllt, und er gab der lichterloh brennenden *Bosnia* den Gnadenstoß. In den nächsten zwei Tagen stoppte und versenkte Prien zwei weitere britische Frachter,[10] bevor er zurückbeordert wurde. Dönitz wollte vermeiden, daß alle Boote zur selben Zeit die Einsatzgebiete verließen, ohne daß er Ersatz für sie hatte.[11]

Lemp achtete nach seinem Irrtum peinlich genau auf die Einhaltung der Prisenordnung. Der *Duchess of Bedford* gestattete er am 4. September die unbeschadete Weiterfahrt. Vor der Versenkung des Frachters *Blair Logie* am 11. September vergewisserte er sich, daß die Besatzung vollzählig in die Rettungsboote gegangen war. Die ganze Nacht über blieb er bei den Schiffbrüchigen und feuerte rote Leuchtpatronen ab, bis in der Morgendämmerung ein amerikanisches Schiff erschien. Zwei Tage später enterte Lemp den Frachter *Fanad Head*. Seine Männer befanden sich noch auf dem Schiff, als Lemp von zwei britischen Skua-Flugzeugen des Flugzeugträgers *Ark Royal* überrascht wurde, die zu einer U-Boot-»Jagdgruppe« gehörten – eine weitere Methode, die sich im Ersten Weltkrieg als unwirksam herausgestellt hatte. Lemp feuerte kurz entschlossen einen Torpedo auf den Frachter ab, bevor er in den Keller ging. Die Skuas flogen zu tief über dem abtauchenden U-Boot an und wurden von der Explosion ihrer eigenen Bombe vom Himmel geholt. Lemp tauchte auf und nahm die Piloten an Bord. U 30 hatte nur geringe Schäden am Bug und an zwei Torpedorohren erlitten, aber einer der Männer aus dem Enterkommando an Bord der *Fanad Head* war schwer verletzt worden. Über Funk erteilte Dönitz ihm die Erlaubnis, sich mit Reykjavik in Verbindung zu setzen, um den Mann an Land zu bringen.[12]

Am selben Tag, dem 14. September, befand sich das Typ-IX-Boot U 39 unter Kapitänleutnant Gerhard Glattes auf der Rückfahrt um Schottland herum westlich der Hebriden, als es durch Zufall auf die Gruppe der *Ark Royal* stieß. Glattes konnte das Boot in Schußposition bringen und feuerte einen Torpedofächer ab. Zwei detonierten kurz vor dem Ziel, ein dritter lief hinter dem Heck vorbei. Die Zerstörer der Gruppe peilten das U-Boot mit ASDIC und zwangen es mit gut plazierten Wasserbomben zum Auftauchen. Kurz bevor das Boot sank, kletterte die Besatzung heraus. Es war der erste U-Boot-Verlust des Krieges und gleichzeitig ein deutlicher Hinweis darauf, was in Gruppen operierende Zerstörer mit Hilfe von ASDIC zu leisten imstande waren. Der Erfolg war allerdings nicht unbedingt als Argument dafür zu verwenden, aus den wenigen U-Boot-Abwehrkräften Jagdgruppen zu bilden, denn das U-Boot hatte die Gruppe gefunden, nicht umgekehrt, und es war nicht entdeckt worden, sondern hatte durch den Angriff selbst auf sich aufmerksam gemacht. Der Flugzeugträger war sehr wahrscheinlich nur davongekommen, weil die Torpedos zu früh explodiert waren.

Am nächsten Tag trafen die ersten vier zurückgerufenen Boote in ihren Heimathäfen ein. Priens U47 hatte als einziges Boot Versenkungen vorzuweisen. An einen Brauch aus dem Ersten Weltkrieg anknüpfend, war es mit drei am ausgefahrenen Sehrohr flatternden weißen Wimpeln eingelaufen, auf denen die Tonnage seiner Opfer zu lesen war. Dönitz fragte sich, ob er die Boote zu früh abgezogen hatte, denn kurz vor ihrer Ankunft hatte er zum ersten Mal die Meldung erhalten, daß ein Geleitzug gesichtet worden war: U31 unter Oberleutnant Hans Habekost hatte vor dem Bristol-Kanal einen westwärts fahrenden Konvoi entdeckt und hielt Fühlung mit ihm. Dönitz beorderte drei Boote zu der angegebenen Position, U29, U34 und U53. Es drängte ihn danach, die Leistungsfähigkeit seiner Boote und die Rudeltaktik im Ernstfall zu beweisen. Eine Woche zuvor hatte er seinem Kriegstagebuch seinen Traum anvertraut, »einen großen Erfolg – z. B. das Auftreiben eines ganzen Geleitzuges – zu erreichen«.[13] Jetzt schrieb er über die auf den Geleitzug angesetzten Boote: »... vielleicht haben sie eine Chance. Solche Chancen nicht loszulassen, habe ich den Kommandanten immer wieder eingehämmert. ... Wenn jetzt mehr Boote draußen wären!«[14]

Am 16. September schloß U31 zu dem Konvoi auf und feuerte zwei Treffer auf den 6000-Tonnen-Frachter *Aviemore* ab. Die *Aviemore* sank und riß 23 Besatzungsmitglieder mit in den Tod. Es war die erste Versenkung aus einem Geleitzug heraus. U26 stieß am selben Tag ebenfalls auf den Geleitzug, aber die drei von Dönitz beorderten Boote konnten ihn nicht finden, so daß der konzentrierte Angriff nicht zustande kam. U29 unter Kapitänleutnant Otto Schuhart sichtete am nächsten Abend jedoch eine aus dem Flugzeugträger *Courageous* und zwei Zerstörern bestehende U-Boot-Jagdgruppe. Zwei weitere Zerstörer waren vorübergehend für eine Rettungsmission abgestellt worden. Schuhart, der bereits zwei Tanker und einen Schlepper versenkt hatte, dachte zuerst, er wäre zu weit vom Kurs der Gruppe entfernt. Doch dann drehte der Flugzeugträger für den Start der Flugzeuge in den Wind und hielt damit auf U29 zu, so daß Schuhart aus rund 2700 Metern Entfernung einen Torpedofächer abschießen konnte. Er hörte zwei Treffer, bevor er in den Keller ging, um dem Gegenangriff der Zerstörer auszuweichen. Die Geräusche des untergehenden Flugzeugträgers wurden bald von Wabo-Explosionen überlagert. Die BBC meldete den Verlust des Flugzeugträgers und den Tod von fünfhundert Besatzungsmitgliedern. »Ein herrlicher Erfolg«, schrieb Dönitz am nächsten Tag in sein Kriegstagebuch, »und eine weitere Bestätigung dafür, daß die engl. Abwehr nicht die Wirksamkeit besitzt, die sie von sich aus behauptet.«[15]

Am gleichen Tag kehrten zwei weitere Boote nach Hause zurück: U 48 hatte keinen Treffer erzielt, U 38 unter den beiden zukünftigen »Assen« Kapitänleutnant Heinrich Liebe (Kommandant) und Oberleutnant Wolfgang Lüth (IWO) hatte zwei große Schiffe versenkt. Das zweite war ein Tanker gewesen, dessen Besatzung Liebe zwischen brennenden Öllachen aus dem Wasser gefischt und zu einem vorbeifahrenden amerikanischen Tanker übergesetzt hatte.

Insgesamt wurden in den ersten beiden Kriegswochen fünfundzwanzig britische Handelsschiffe[16] und ein großes Kriegsschiff versenkt. Dennoch hatte Dönitz nicht mehr erreicht, als die britische Admiralität auf den Ernst des U-Boot-Problems aufmerksam zu machen. Er hatte einfach zu wenig Boote. Am 20. September befanden sich nur vier im Einsatz, und als sich am 22. zwei von ihnen auf den Rückmarsch begaben, blieben ganze zwei Boote im Atlantik zurück. Darüber hinaus beschwerten sich die zurückkehrenden Kommandanten über die vielen Torpedoversager – meistens Frühzünder wie die Aale von U 39 oder Blindgänger, die zwar auf dem Rumpf des Ziels aufschlugen, aber nicht explodierten. In einem Fall war ein Torpedo so früh detoniert, daß der Bug des U-Boots beschädigt worden war. Die Torpedo-Inspektion wußte sich keinen Rat.[17] Außerdem machte sich Dönitz Sorgen wegen der Gefahren, denen die Boote ausgesetzt waren, solange sie nach der Prisenordnung vorgingen. Es schien so, als würden die Notrufe der gestellten Schiffe Flugzeuge anlocken. Er fragte deshalb in Berlin an, ob man Schiffe, die ihr Funkgerät benutzten, nicht als Teil der gegnerischen U-Boot-Abwehr betrachten und als solche augenblicklich versenken könne. Am 24. erteilte ihm die Seekriegsleitung die Erlaubnis, einen entsprechenden Befehl auszugeben.[18] In Berlin dachte man bereits seit einiger Zeit über Schritte in Richtung eines uneingeschränkten U-Boot-Krieges nach. Am 18. September hatte Raeder Dönitz mitgeteilt, er beabsichtige das Gebiet um die Britischen Inseln zur »uneingeschränkten Gefahrenzone« zu erklären, in der jedoch vorläufig nur britische Schiffe angegriffen werden sollten, keine neutralen. Dönitz hatte eingewandt, daß es für getauchte U-Boote schwierig sei, die Nationalität des Angriffsziels rechtzeitig zu erkennen. Außerdem würden die Engländer ihre Schiffe sicher unter fremder Flagge fahren lassen. Der Plan wurde fallengelassen.[19]

Am 27. September kehrte U 30 mit nur einem funktionierenden Motor in den Hafen zurück. Der andere war aufgrund eines Konstruktionsfehlers ausgefallen, der allen Booten des Typs VIIA zu schaffen machte. Dönitz nahm das Boot persönlich in Empfang. Lemp erstattete Meldung und fügte leiser hinzu, er habe die *Athenia* versenkt, die er für einen Truppentransporter gehalten habe. »Da haben Sie sich eine dicke Suppe eingebrockt, Lemp«, erwiderte Dönitz. »Ich werde Sie vor ein Kriegsgericht stellen müssen.« In der Zwischenzeit, fuhr er fort, hätten seine Besatzung und er über die Angelegenheit strengstes Stillschweigen zu bewahren.[20] Raeder entschied sich schließlich gegen eine Kriegsgerichtsverhandlung, weil sie zuviel Aufsehen erregt hätte, und wies Dönitz an, die entsprechenden Seiten aus dem Kriegstagebuch des U-Boots zu entfernen. Dönitz selbst vermerkte in seinem Kriegstagebuch nur die Versenkung der *Blair Logie* und der *Fanad Head* mit zusammen 9699 BRT.[21] Die für jeden Torpedoabschuß übliche Schußmeldung ging allerdings unverändert ans Torpedokommando, und Lemp wurde von vielen Offizieren bald nur noch »Athenia-Lemp« genannt.

Als U 30 in Wilhelmshaven einlief, befand sich kein einziges U-Boot im Atlantik oder in der Nordsee auf Posten. Entweder waren sie bereits in die Häfen zurückgekehrt oder noch auf dem Weg. Zwei Boote waren versenkt worden: Sechs Tage nach U 39, am 20. September, war U 27 einer Armada von mit ASDIC ausgerüsteten Zerstörern zum Opfer gefallen, die man auf die Suche geschickt hatte, nachdem bei der britischen Heimatflotte Meldungen über ein U-Boot eingetroffen waren, das bei den nördlichen Hebriden Fischfangschiffe stoppte und versenkte. Dönitz war mit den bisherigen Ergebnissen dennoch zufrieden: Seine U-Boote hatten einundvierzig Handelsschiffe mit zusammen schätzungsweise 150 000 BRT versenkt. Hinzu kam eine unbekannte Anzahl von Schiffen, die auf von U-Booten ausgebrachten Minen gelaufen waren.[22] Er war überzeugt, eine Waffe in der Hand zu haben, mit der sich, sofern das U-Boot-Bauprogramm nur genügend beschleunigt werden konnte, der Ausgang des Ersten Weltkriegs revidieren ließ. Wie sich einer seiner Adjutanten später erinnerte, konnte er die »Hungerblockade« der Royal Navy nicht vergessen.[23] Er war leidenschaftlich entschlossen, England zu demütigen.

Am 28. September besuchte Hitler im Vollgefühl des Sieges gegen Polen die Führungsstelle des FdU in Sengwarden. Dönitz hielt ihm einen überaus optimistischen Vortrag über die Möglichkeiten der U-Boot-Waffe. Er betonte deren materielle und psychologische Wirkung und wies auf den »ganz großen Fortschritt in der Nachrichtenverbindung« hin, der es ermögliche, »der Konzentration des Handelsverkehrs in Geleitzügen eine Konzentration von U-Booten entgegenzusetzen«. Er sei, erklärte er großspurig, nach »Prüfung aller den U-Bootkrieg berührenden Fragen ... zu der Überzeugung gelangt, daß wir in ihm nach wie vor ein Mittel besitzen, England entscheidend an seiner schwächsten Stelle zu treffen«. Voraussetzung sei jedoch, daß genügend U-Boote zur Verfügung stünden. Wiederum nannte er die magische Zahl von »mindestens 300 Booten«, fügte aber hinzu, daß wesentlich mehr Boote gebaut werden müßten, um die Verluste auszugleichen, die sich nach den Erfahrungen aus dem Ersten Weltkrieg auf fünf bis zehn Prozent belaufen würden. »Unter Zugrundelegung dieser Bootszahl«, versicherte er abschließend, »glaube ich an den durchschlagenden Erfolg der U-Bootswaffe.«[24]

Dann führte er Hitler und dessen Gefolge aus hochrangigen Marine- und Heeresoffizieren zu den gerade von der Feindfahrt zurückgekehrten rostfleckigen U-Booten und anschließend in die Offiziersmesse, wo die jungen U-Boot-Kommandanten und ihre noch jüngeren Wachoffiziere von ihren »Fronterfahrungen« berichteten. Wie Hitlers Marineadjutant später schrieb, nahm dieser »einen vorzüglichen Eindruck von der Führung der U-Boot-Waffe sowie der Frische und dem Geist der Besatzungen nach Berlin mit«.[25]

Dönitz hatte seit Beginn der Feindseligkeiten über einen Schlag gegen den Hauptliegeplatz der britischen Flotte in Scapa Flow auf den Orkney-Inseln nördlich von Schottland nachgedacht. Im Ersten Weltkrieg war ein Angriff zweimal versucht worden und beide Male gescheitert. Beide U-Boote waren verlorengegangen. Als Dönitz von der nachlässigen Unterwassersicherung der Hafenbucht erfuhr, wies er U 16 an, die Zugänge zu erkunden, und forderte bei der Luftwaffe eine fotografische Aufklärung von Scapa Flow an. Die Fotos zeigten zwischen den versenkten Sperrschiffen am Nordende der östlichen Zufahrt eine Lücke von siebzehn Metern, die nachts bei Stauwasser von einem aufgetauchten U-Boot passiert werden konnte. Die Risiken waren nicht zuletzt auf navigatorischem Gebiet enorm, aber wenn die Operation gelang, hätte die U-Boot-Waffe endlich einen spektakulären Erfolg vorzuweisen. Dönitz ließ durch den Ersten Admiralstabsoffizier (A 1), Kapitänleutnant Victor Oehrn, einen genauen Plan ausarbeiten. Am Sonntag, dem 1. Oktober, rief er Günther Prien, dessen Flottillenchef Kapitänleutnant Ernst Sobe und Kapitänleutnant Horst Wellner auf sein Führungsschiff, die *Weichsel*.

Prien, der in der Handelsmarine gedient und das Kapitänspatent erworben hatte, bevor er zur U-Boot-Waffe kam, war mit knapp zweiunddreißig Jahren älter als die meisten Kommandanten. Aber er war draufgängerisch, selbstsicher und überzeugter Nazi. Vor dem Eintritt in die Kriegsmarine hatte er eine Zeitlang der NSDAP angehört. Auch Dönitz vertrat extreme Nazi-Ansichten, und Prien war einer seiner Lieblingskommandanten. Bei der Besprechung erläuterte er ihm seinen Plan, der in der Nacht vom 13. auf den 14. Oktober durchgeführt werden sollte, wenn beide Stauwasser in die Dunkelheit fallen und Neumond sein würde. Dönitz verpflichtete ihn, über das Ziel der Fahrt absolutes Stillschweigen zu bewahren, auch gegenüber seinen Offizieren und der Besatzung.

Am nächsten Sonntag, dem 8. Oktober, verließ U 47 Kiel und fuhr durch den Kaiser-Wilhelm-Kanal in die Nordsee. Die britische Heimatflotte jagte zu dieser

Zeit einen deutschen Überwasserverband, der anscheinend den Durchbruch in den Atlantik versuchte. Tatsächlich sollte er – was Dönitz nicht wußte – die britischen Großkampfschiffe in die südliche Nordsee locken. Nach vergeblicher Jagd zog sich der größte Teil des britischen Verbandes wegen der mangelhaften Sicherungen in Scapa Flow nach Loch Ewe an der schottischen Westküste zurück. Nur wenige Schiffe liefen Scapa Flow an, die meisten von ihnen verließen den Liegeplatz bereits in den nächsten Tagen wieder. Als U 47 am 12. Oktober die im Osten vorgelagerten Inseln erreichte, lagen in Scapa Flow nur noch das alte Schlachtschiff *Royal Oak*, der alte Seeflugzeugträger *Pegasus* und der neue Schwere Kreuzer *Belfast*.

Jetzt endlich eröffnete Prien der Besatzung, wohin die Fahrt ging. Am Abend tauchte er auf, um über Sichtpeilung die Position zu bestimmen, das Boot durchzulüften und die Batterien aufzuladen. Vor Morgengrauen tauchte er wieder und legte das Boot den Tag über auf Grund. In einer der Zeitschriften, mit denen sich die Besatzung die Wartestunden verkürzte, war eine Zeichnung abgedruckt, die einen Stier zeigte, der mit abgesenkten Hörnern und schnaubenden Nüstern auf ein unsichtbares Ziel zustürmt. Dieses Motiv malte die Besatzung bei der Rückfahrt auf den Kommandoturm.[26] Nachdem bei Kriegsausbruch alle U-Boot-Nummern von den Kommandotürmen entfernt und durch Embleme eigener Wahl ersetzt worden waren, wurde der Stier zum Symbol von U 47.

Als U 47 am Abend auftauchte und Prien das Turmluk öffnete, war der Himmel vom Nordlicht erhellt. Das hatte Victor Oehrn bei seinen Planungen nicht bedacht. Prien nahm dennoch Kurs auf die Südspitze der Hauptinsel. An der Einfahrt zur Buch angelangt, wurde das Boot mit erstaunlicher Geschwindigkeit von der Strömung in den schmalen Kanal zwischen Lamb Holm und Hauptinsel gezogen, so daß es sich nur mit schnellen, harten Manövern auf Kurs halten ließ. Fast kam es zu einer Kollision mit einem Sperrschiff. Doch um 0.27 Uhr war U 47 sicher in Scapa Flow.

Das Wasser der Bucht schimmerte hell wie in einer klaren Vollmondnacht. Der eigentliche Flottenliegeplatz war leer. Nur in der Nordostecke waren Masten auszumachen. Prien fuhr unter der nördlich verlaufenden Küste auf sie zu. Als er sich ihnen kurz vor ein Uhr näherte, war das Nordlicht verglüht und stockdunkle Nacht. Prien meinte zwei Schlachtschiffe gesehen zu haben: die *Royal Oak* und dahinter die als *Repulse* verkannte *Pegasus.* Er beschloß, mit einem einzigen Fächer auf beide Schiffe zu zielen. Sein IWO, der damalige Oberleutnant Engelbert Endraß, später selbst ein As unter den Kommandanten, spähte durch das UZO-Doppelglas, und als Prien ihm bei 2700 Metern die Feuererlaubnis gab, schickte er den ersten Aal los. Zwei weitere folgten in kurzen Abständen. Der vierte blieb im Rohr stecken. Kommandant und IWO beobachteten die Sekundenzeiger ihrer Uhren. Alles war still. Auf den beiden großen Schiffen und den dahinter liegenden Zerstörern schien alles zu schlafen.

Dreieinhalb Minuten vergingen, bis sie den Hall einer Explosion vernahmen – einer einzigen. Sie schien von dem hinteren Schiff zu kommen. Prien wendete, um den Hecktorpedo abzufeuern. Im Bugtorpedoraum wurden inzwischen hektisch die beiden leeren Rohre nachgeladen. Auf der *Royal Oak*, deren Besatzung von einem dumpfen Knall vorn an Steuerbord geweckt worden war, versuchten die Offiziere, Ort und Ursache der Explosion herauszufinden. Sie nahmen an, daß der Sprengstoff im vorderen Laderaum durch Selbstentzündung explodiert war.

Prien wendete und hielt auf das Schlachtschiff zu, das er verfehlt zu haben glaubte. Keine zwanzig Minuten nach dem ersten Angriff jagten drei weitere Torpedos auf die *Royal Oak* zu. Wieder zählten die Offiziere auf der Brücke die Sekunden.

Die erste Explosion war nach drei Minuten zu hören. Die anderen beiden Torpedos trafen ebenfalls, aber ihr Donnern ging in einer Serie anschwellender Detonationen unter, mit der die Hauptwaffenkammer des Schlachtschiffs explodierte. Eine gewaltige, von Feuersäulen durchbrochene Wasserwand stieg empor. Dunkle Schatten großer Trümmerteile schossen vor dem grell erleuchteten Himmel in die Höhe und stürzten, neue Fontänen aufwirbelnd, ins Wasser.[27] Als das Feuerwerk nachließ und sich der geborstene Rumpf des Schlachtschiffs auf die Seite legte, rief Prien ins offene Luk: »Der ist erledigt!«

Einen Augenblick herrschte Schweigen, dann drang Triumphgeheul von unten hoch, »ein einziger tierischer Schrei, in dem sich die furchtbare Spannung der letzten vierundzwanzig Stunden entlädt«.[28]

Unterdessen waren die Zerstörer und Wachboote aktiv geworden. Lichtkegel suchten das Wasser ab; die Scheinwerfer eines fahrenden Autos glitten über das Boot. Mit voller Kraft jagte U47 nach Süden und wand sich bei ablaufendem Wasser zwischen den Sperrschiffen hindurch. Es war ein kühnes Unternehmen gewesen, das mit beispielhafter Kaltblütigkeit und Umsicht ausgeführt worden war und nur einen Mangel aufwies: die Abwesenheit der britischen Flotte. Die *Royal Oak* war zu langsam und zu schlecht geschützt, als daß sie es mit modernen Großkampfschiffen hätte aufnehmen können. Dieser Verlust war leicht zu verschmerzen. Aber mit ihr waren 833 gut ausgebildete Männer in die Tiefe gerissen worden. Für Prien war es ein Prestigeerfolg ersten Ranges. Als U47 nach Kiel zurückkehrte, standen Raeder und Dönitz an der Spitze des Begrüßungskomitees. Prien, der »Stier von Scapa Flow«, und seine gesamte Besatzung erhielten das Eiserne Kreuz und wurden, nachdem sie sich gewaschen und rasiert hatten, mit Hitlers Flugzeug nach Berlin gebracht. Im ganzen Land feierte man sie bereits als Helden. Als sie am nächsten Vormittag über den Wilhelmsplatz zum Empfang in Hitlers Reichskanzlei gehen wollten, mußte die Polizei eingreifen, um sie vor der begeisterten Menschenmasse zu schützen, die sich auf den Straßen versammelt hatte. Prien wurde das Ritterkreuz verliehen, und im Anschluß an das Essen ließ man die gesamte Besatzung zu einer Pressekonferenz im Propagandaministerium aufmarschieren. Der amerikanische Korrespondent William Shirer notierte hinterher, Prien sei »sehr bestimmt, eingebildet, ein fanatischer Nazi, doch offenbar ein fähiger Mann«.[29] Dönitz, der am 1. Oktober bereits zum Konteradmiral befördert worden war, stieg jetzt zum Befehlshaber der Unterseeboote auf.

Auf dem Weg zum uneingeschränkten U-Boot-Krieg waren die im Oktober unternommenen Schritte folgenreicher als diese Episode. Zunächst kam die Anweisung, Schiffe, die ihr Funkgerät benutzten, augenblicklich zu versenken. Anfang des Monats waren für die Nordsee und die Zufahrt zur Ostsee die Prisenordnung außer Kraft gesetzt worden. Handelsschiffe durften von nun an ohne Warnung torpediert werden, wenn sie bewaffnet waren oder aber in den Gewässern rund um die Britischen Inseln und bis zu 15° W – dem Endpunkt des Geleitschutzes – abgedunkelt fuhren. Diese Einschränkungen wurden wenig später fallengelassen. Darüber hinaus hob Hitler im Oktober und November nach und nach die für Passagierschiffe unter feindlicher Flagge geltenden Angriffsbeschränkungen auf.

Gleichzeitig ließ Dönitz seinen Kommandanten neue ständige Befehle zukommen, die ihnen verboten, Enterkommandos auf Feindschiffe zu schicken oder Artillerieangriffe durchzuführen. Für die Versenkungen sollten nur noch Torpedos eingesetzt werden. Grund dafür war, daß immer mehr U-Boote vermißt wurden. Dönitz führte dies auf die Verwundbarkeit der Boote über Wasser zurück, wo sie nicht nur Flugzeugen, sondern auch den inzwischen bewaffneten Handelsschiffen selbst ausgeliefert waren, die Befehl hatten, gesichtete U-Boote, wenn möglich, zu rammen. Tatsächlich waren von den sechs Booten, die Dönitz vor den neuen Befehlen als mit Sicherheit, wahrscheinlich oder möglicherweise verloren betrachtete, vier von Zerstörern und zwei durch Minen versenkt worden. Bis zum Ende des Krieges blieb es nahezu unmöglich zu erfahren, auf welche Art und Weise die U-Boote verlorengingen.

Die neuen Direktiven wurden von den U-Boot-Kommandanten großzügig ausgelegt – bestärkt von der deutschen Propaganda, die in dieser Zeit den Eindruck erweckte, daß es für Neutrale geradezu selbstmörderisch sei, mit Großbritannien Handel zu treiben. Am 24. November verkündete die deutsche Regierung offiziell, daß die Sicherheit neutraler Schiffe in den Gewässern rund um die Britischen Inseln nicht mehr gewährleistet sei. Die U-Boot-Abwehrabteilung der britischen Admiralität schrieb dazu in ihrem Monatsbericht: »Zu Beginn des Monats November zeigten die Deutschen durch ihr Verhalten, daß sie allen Anschein der Einhaltung jener Regeln des internationalen Rechts aufgegeben haben, die sich auf die Seekriegführung beziehen. Neutrale Schiffe sind ebenso ohne Warnung torpediert worden wie britische, und Seewege, die von Handelsschiffen benutzt werden, sind mit Minen übersät worden.«[30]

Die Prisenordnung war endgültig ad acta gelegt, wie ein weiterer, Ende November oder Anfang Dezember erlassener Befehl unmißverständlich klarmachte:

»Keine Leute retten und mitnehmen«, wies Dönitz darin die U-Boot-Kommandanten an. »Keine Sorge um Boote des Dampfers. Wetterverhältnisse und Landnähe sind gleichgültig. Nur Sorge um das eigene Boot und das Streben, sobald wie möglich den nächsten Erfolg zu erringen! Wir müssen hart in diesem Kriege sein. Der Gegner hat den Krieg angefangen, um uns zu vernichten, es geht also um nichts anderes.«[31]

Aus Dönitz' Kriegstagebuch geht hervor, daß auch dieser Befehl hauptsächlich in Gedanken an die Gefahren entstand, denen die U-Boote über Wasser ausgesetzt waren. Zu viele Kommandanten stellten seiner Ansicht nach die Sorge um die Schiffbrüchigen über die Verpflichtung gegenüber dem eigenen Boot und seinen Auftrag. Dies wird von britischen Berichten bestätigt: Als U 41 unter Korvettenkapitän Gustav-Adolf Mugler im November vor der Biskaya die *Darino* versenkte, wurden der Erste Offizier des Frachters und elf überlebende Besatzungsmitglieder an Bord des U-Boots geholt. Der Erste Offizier berichtete später: »Als er uns auffischte, sagte der Kapitän, er könne nur zwölf Mann aufnehmen, weil er sonst Probleme mit der Trimm des Bootes bekäme. Wir erfuhren, daß schon einmal sieben Männer von einem Feindschiff an Bord gewesen waren. ... Man brachte uns nach unten, nahm uns die Kleider ab und gab uns Kojen. Einige der Männer von dem U-Boot stiegen für uns aus ihren Kojen.«[32]

Zehn Stunden später stoppte Mugler einen Italiener, der nach England unterwegs war, und übergab ihm die Männer von der *Darino.* Auch nach Dönitz' Befehl gibt es viele Belege dafür, daß Kommandanten ihre Opfer mit der unter Seeleuten üblichen Kameradschaft behandelten – auch wenn nicht alle so weit gingen wie Mugler.[33]

Seit die U-Boote ihre Stärken – die Heimlichkeit und das Überraschungsmoment – voll ausspielen konnten, fehlte es Dönitz nur noch an der ausreichenden

Zahl von Booten. Aber zu seiner Enttäuschung wurden nicht einmal die Verluste ausgeglichen, so daß er jetzt sogar über noch weniger Boote verfügte als zu Kriegsbeginn. Statt die Boote in einem dünnen Kordon aufzureihen, konzentrierte er sie deshalb dort, wo die Seewege zusammentrafen, an der südwestlichen Zufahrt zu den Britischen Inseln und vor der Straße von Gibraltar. Noch immer schwebte ihm der große Erfolg vor, von dem er Anfang Oktober geträumt hatte: »Ziel muß sein, Geleitzüge abzufangen und konzentriert mit den wenigen vorhandenen Booten zu vernichten.« Er schickte weiterhin höhere Offiziere in die Einsatzgebiete, »um bei Operationen gegen Geleitzüge nötigenfalls die Führung zu übernehmen«.[34] Aber wie schon im Ersten Weltkrieg waren Geleitzüge schwer aufzuspüren. Die Mehrzahl der versenkten Schiffe war allein gefahren.

Einem Rudelangriff am nächsten kam man Mitte Oktober, als drei Boote zu einem nach England fahrenden Konvoi dirigiert wurden. U45 unter Kapitänleutnant Alexander Gelhaar versenkte am Vormittag des 14. Oktober in rascher Folge drei Schiffe, ein weiteres ging auf das Konto von U48 unter Kapitänleutnant Herbert Schultze. Drei Tage später stieß Schultze auf einen zweiten Geleitzug. Während er mit ihm Fühlung hielt, holte der höhere Offizier, Kapitänleutnant Werner Hartmann von U37, ein drittes Boot heran (U46 unter Kapitänleutnant Herbert Sohler). Hartmann hielt sich zurück, um den Überblick zu behalten. U46 und U48 versenkten gemeinsam vier Schiffe, bevor sie von landgestützten Flugzeugen unter Wasser gedrückt wurden, so daß der Rest des Geleitzugs entkommen konnte. Trotz der kleinen Zahl beteiligter Boote sah Dönitz in dem Angriff einen Erfolg, der ihm bestätigte, daß die Zusammenarbeit zwischen U-Booten eine praktikable Methode war.

Abgesehen von der geringen Anzahl Boote waren sein größtes Problem zu dieser Zeit die Torpedoversager. Nach den vielen Frühzündern, die ihm von den ersten Feindfahrten gemeldet worden waren, hatte er den neuen Magnetzünder aus dem Verkehr gezogen. Aber jetzt versagte offenbar auch der Aufschlagzünder. Als ihm am 20. Oktober der Chef der Torpedo-Inspektion mitteilte, daß sowohl die konventionellen als auch die elektrischen Torpedos zwei Meter unter der eingestellten Tiefe liefen, schien die Ursache gefunden zu sein. Dönitz gab sofort Anweisung, die Torpedos auf eine geringere Tiefe einzustellen. Da die Mindesttiefe im Atlantik aber bei vier Metern lag, damit die Torpedos nicht durch die Oberfläche brachen, konnten Schiffe mit weniger als sechs Metern Tiefgang nicht mehr angegriffen werden. Zerstörer und andere Geleitschutzschiffe fielen damit als Ziele aus. Eine Besprechung mit den Chefs von Torpedo-Inspektion, Torpedo-Versuchsanstalt und Torpedo-Erprobungs-Kommando drei Tage später verstärkte Dönitz' Enttäuschung: Ihm wurde mitgeteilt, daß

Torpedos offenbar größeren Tiefenschwankungen ausgesetzt seien, als man bisher angenommen hatte, die Ursache der Frühzünder aber immer noch nicht gefunden sei. Nach weiteren Meldungen über Versager auf kurze Entfernungen notierte Dönitz deprimiert in seinem Kriegstagebuch: »Es unterliegt also nunmehr keinem Zweifel mehr, daß die T. I. [Torpedo-Inspektion] selbst die Sachlage nicht übersieht.« Wenigstens 30 % aller Torpedos seien Versager.[35]

Einer Statistik von Anfang Januar zufolge waren 40,9 % der erfolglosen Abschüsse auf Torpedoversager zurückzuführen. Anfang November wurde den Frontbooten eine veränderte Version des Magnetzünders geliefert, aber die Meldungen über Frühzünder und Blindgänger hielten an. In der Torpedo-Inspektion machte man die vermeintlich ungenauen Schußunterlagen der U-Boot-Kommandanten für die Versager verantwortlich. Aber angesichts ihrer großen Zahl war Dönitz skeptisch, und eine Reihe von Versuchen, die man im Januar durchführte, bestätigten seine Zweifel. Am 21. schrieb er in sein Kriegstagebuch: »Die größte Belastung, die der Angriffsgeist der U-Bootswaffe seit Kriegsbeginn gehabt und ihre Erfolge auf das schwerste geschädigt hat, ist die Tatsache, daß die Hauptwaffe, der Torpedo, in starkem Maße nicht frontbrauchbar ist. ... Das Zutrauen der Kommandanten und Besatzungen zum Torpedo ist erheblich erschüttert. ... Der Ausfall an versenkter Tonnage, lediglich durch Torpedoversager, kann gering gerechnet mit insgesamt 300 000 BRT eingesetzt werden.« Er werde jedoch, wie er hinzufügte, weiterhin seinen ganzen Einfluß einsetzen, »um trotz aller Rückschläge den Angriffsgeist der U-Bootswaffe zu erhalten«.[36]

Die Zahl der Versenkungen stieg im Januar und Februar 1940 dennoch an. Die U-Boot-Kommandanten hielten sich, von den hinderlichen Einschränkungen befreit und von dem Wunsch angetrieben, es den frischgebackenen »Assen« wie Prien und Schultze gleichzutun, an einzeln fahrende Schiffe und Nachzügler von Geleitzügen. Dabei griffen sie zunehmend nachts und über Wasser an. Die U-Boot-Abwehrabteilung der britischen Admiralität berichtete, daß von Oktober 1939 bis Februar 1940 der Anteil der Schiffe, die Nachtangriffen zum Opfer gefallen waren, von 33 Prozent auf 58 Prozent gestiegen sei, und merkte an: »Der große Vorteil dieser Methode besteht darin, daß das U-Boot mit großer Geschwindigkeit über Wasser entkommen kann.«[37] Sie hätte hinzufügen können, daß das ASDIC nicht in der Lage war, aufgetauchte U-Boote zu entdecken. Auf der anderen Seite vermochten die U-Boot-Kommandanten häufig nicht zu sagen, welche Schiffe sie versenkt hatten. Als U 44 unter Kapitänleutnant Ludwig Mathes am 9. Februar heimkehrte, flatterten acht Wimpel am Sehrohr, die zusammen 38 266 BRT repräsentierten, mehr, als jemals zuvor auf einer Feindfahrt erzielt worden war. Aber nur drei der Opfer konnten benannt werden. Die anderen wurden als »Dampfer abgeblendet«, »Dampfer aus Geleitzug«, »Dampfer bewaffnet« und »Dampfer ohne Abzeichen« angeführt.[38]

Am 24. Februar kehrte Herbert Schultze mit U 48 von einer Minenlegerfahrt nach Kiel zurück. Seine vier Wimpel signalisierten, daß er eine Gesamttonnage von 34 930 BRT torpediert hatte. Auf vier Feindfahrten hatte er damit insgesamt sechzehn Schiffe mit geschätzten 114 510 BRT versenkt und als erster die Marke von 100 000 BRT übertroffen. Im nächsten Monat erhielt er dafür das Ritterkreuz, das fortan das Kennzeichen aller U-Boot-Kommandanten werden sollte, die diese magische Zahl erreicht hatten.

Allein im Februar versenkten die wenigen verfügbaren Frontboote fünfundvierzig Schiffe. Sie gaben damit zu erkennen, wozu die U-Boot-Waffe möglicherweise in der Lage wäre, wenn die im Bauprogramm versprochene Anzahl von Booten tatsächlich in Dienst gestellt werden sollte. Die britische U-Boot-Abwehr zählte auf das Konvoisystem: »Von 146 Schiffen, die in den ersten sechs Monaten von U-Booten versenkt wurden, befanden sich nur sechs in geschützten Konvois« – ein deutlicher Erfolg, obwohl die meisten Konvois nur zwei Eskortschiffe hatten, viele sogar nur mit einem fuhren. »Das U-Boot scheint eine ausgesprochene Abneigung dagegen zu haben, Konvois anzugreifen, und allein fahrende Neutrale oder Nachzügler vorzuziehen.«[39] Doch resultierte die relative Sicherheit der Geleitzüge vielmehr aus der Schwierigkeit, sie mit den wenigen vorhandenen Booten und der geringen Luftunterstützung aufzuspüren.

Umgekehrt machte es die geringe Reichweite von ASDIC für die britischen Kräfte schwierig, die U-Boote zu entdecken. Die Abwehrabteilung der Admiralität stellte jedoch mit Genugtuung fest, daß man nach den Erfahrungen der ersten sechs Kriegsmonate gute Chancen hatte, ein in der Nähe von Abwehrschiffen entdecktes U-Boot auch zu zerstören.[40] Bis Ende Februar wurden nicht weniger als fünfzehn U-Boote vernichtet – über fünfundzwanzig Prozent der Flotte, die Dönitz bei Kriegsausbruch zur Verfügung gestanden hatte. Zehn von ihnen waren Wabo-Angriffen von Zerstörern oder anderen U-Boot-Abwehrschiffen zum Opfer gefallen. Dies schien das Vertrauen, das man vor dem Krieg in ASDIC gesetzt hatte, weitgehend zu rechtfertigen, doch das Hauptproblem blieb weiterhin der Mangel an Eskortschiffen, die mit ASDIC hätten ausgerüstet werden können. Man hatte Trawler und Motoryachten requiriert, aber die Anzahl war immer noch völlig unzureichend, und keines dieser Fahrzeuge besaß die Reichweite für Hochseekonvois. Im Dezember 1939 liefen im Rahmen eines Dringlichkeitsprogramms drei Geleitzerstörer vom Stapel. Ende Januar 1940 folgte mit der *Gladiolus* das erste Exemplar eines neuen, auf der Basis von Walfängern entwickelten hochseetüchtigen Geleitschifftyps. Es bildete die

Vorhut der Blumen-Klasse, deren Schiffe nach Blumen benannt wurden und ohne die, wie der offizielle britische Marinehistoriker Stephen Roskill anmerkte, England kaum hätte überleben können.[41]

Doch das war noch Zukunftsmusik. Im März wurde es auf den atlantischen Handelswegen erst einmal vergleichsweise ruhig, da Dönitz die meisten U-Boote für die geplante Invasion Norwegens und Dänemarks abziehen mußte.

Die britische U-Boot-Waffe hatte bis zu diesem Zeitpunkt weder materiell noch psychologisch eine ähnliche Wirkung erzielt wie ihr deutsches Pendant. Mit ihren achtzehn Booten, die zu Beginn des Krieges in den Heimatgewässern standen, war sie kleiner, vor allem aber fehlten ihr eine eindeutige Rollenzuweisung und eine entschlossene Führung. Die Vorkriegsausbildung war mangelhaft, und da Großbritannien als von freien Seewegen abhängiges Inselreich nicht daran interessiert sein konnte, Hitler zum Bruch der Prisenordnung zu provozieren, durften die britischen U-Boote nicht ohne Warnung gegen Handelsschiffe vorgehen und sie erst versenken, wenn deren Besatzung in Sicherheit war.[42]

Der größte Teil der britischen U-Boot-Flotte war gegen die japanische Bedrohung in Singapur stationiert. Weitere Boote befanden sich im Mittelmeer und im Atlantik. Der stärkste U-Boot-Verband auf den Britischen Inseln war die 2. Flottille in Dundee an der Ostküste Schottlands, die aus acht S-Klasse-Booten, drei der neuen, größeren T-Klasse sowie zwei alten Flottenbooten der O-Klasse und dem neueren, größeren und schnelleren Flottenboot *Thames* bestand. In Blyth, nördlich von Newcastle, war die 6. Flottille stationiert, zu der drei kleine, neue Boote der U-Klasse und ein sogar noch kleineres Boot der antiquierten H-Klasse gehörten. Im Oktober 1939 wurden beide Flottillen in Rosyth am Forth konzentriert. Im Süden, in Harwich, ist später die 3. Flottille aus vier S-Klasse-Booten und drei aus dem Mittelmeer abgezogenen Minenlegern gebildet worden.

Bei Kriegsausbruch hatte man die Boote auf Patrouillenfahrt vor der deutschen und holländischen Nordseeküste und südwestlich von Norwegen vor der Zufahrt zur Ostsee geschickt. Sie waren Teil der gegen Deutschland verhängten Seeblockade. Ihre Hauptaufgabe bestand zumindest vor Norwegen jedoch in der Aufklärung. Außerdem sollten sie Ausbruchversuche deutscher Flottenverbände oder Kaperschiffe entdecken und melden. Ihr Einsatzbefehl wies sie zwar an, keine günstige Gelegenheit für einen Angriff auf feindliche Kriegsschiffe auszulassen, doch dürfe es ihrem »vorrangigen Zweck«, als Augen der Flotte zu dienen, nicht abträglich sein.[43] Hier zeigte sich einmal mehr die Vorkriegshaltung der Admiralität, sämtliche Einheiten mehr oder weniger zu Anhängseln der Schlachtflotte zu degradieren. Der Gegensatz zu Dönitz' Befehlen konnte nicht größer sein, obwohl sie zugegebenermaßen in einem anderen Kontext standen, nämlich dem des Handelskrieges. Dönitz verlangte den Angriff um jeden Preis: »In erster Linie angreifen, immer wieder angreifen; sich nicht abschütteln lassen; wird das Boot vorübergehend abgedrängt oder unter Wasser gedrückt: wieder in die Generalrichtung des Geleitzuges hinterher, wieder Fühlung suchen, wieder ran! Angreifen!«[44]

Die Boote der 2. Flottille wurden im Abstand von jeweils zwölf Seemeilen vor Norwegen stationiert. Sie überwachten den Teil des Aufklärungsgebiets, den das Küstenkommando der Royal Air Force (RAF) mit seinen Anson-Flugzeugen nicht erreichen konnte. Der für die U-Boot-Navigation bei schlechtem Wetter geringe Abstand zwischen den Booten und ein Versagen von Erkennungssignal und Signallampe führte in der Nacht des 1. September zum ersten U-Boot-Verlust des Krieges: Nach drei Anrufen wurde die *Oxley* von der *Triton* torpediert und versenkt. Nur der Kommandant und einer der Ausgucks überlebten das Unglück. Vier Nächte danach wurde ein ähnlicher Vorfall nur verhindert, weil der abgeschossene Torpedo sein Ziel verfehlte.

Eine Woche später wurden die Ansons des Küstenkommandos durch in Amerika eingekaufte moderne Lockheed Hudsons ersetzt. Mit ihnen war Norwegen problemlos zu erreichen, und die U-Boote wurden weiter nach Süden ins Skagerrak, vor Jütland und in die Deutsche Bucht verlegt. Gleichzeitig gab es eine Änderung des Einsatzbefehls: Hauptaufgabe der Boote war es jetzt, feindliche Kriegsschiffe anzugreifen.[45]

Statt dessen begegneten sie jedoch nur Flugzeugen und Trawlern oder kleinen U-Boot-Abwehrschiffen, die mit Horchgeräten nach verdächtigen Geräuschen suchten. Die deutsche ASDIC-Version, das sogenannte DT-Gerät, war noch zu groß, um auf kleineren Schiffen installiert werden zu können. Häufiger war die Auseinandersetzung mit den Elementen: Die *Snapper,* ein zur 3. Flottille gehörendes S-Klasse-Boot unter Lieutenant William King, geriet während der ersten Patrouillenfahrt in der Nordsee in einen vierzehn Tage anhaltenden Sturm.[46] Um bei einem eventuellen Alarmtauchen nicht kostbare Sekunden zu verlieren, mußten die Wellen mit der Breitseite genommen werden. Die gesamte Besatzung wurde durch das ständige Rollen im Wasser physisch wie psychisch aufgeweicht. Das laute Stampfen und Vibrieren der Motoren und der unvermeidliche Geruch von Dieselöl riefen bei der Besatzung eine Übelkeit wie bei stärkster Seekrankheit hervor.

Auch wenn man tagsüber tauchte, blieb es unruhig. In den flachen Gewässern vor der holländischen Küste konnte man nicht tief genug gehen, um den Wellenbewegungen ganz zu entkommen. Andernfalls hätte man die Beschädigung der unter dem Boot angebrachten ASDIC-Kuppel riskiert. Aber sie war lebenswichtig, denn bei der aufgewühlten See war es unmöglich, in Sehrohrtiefe zu bleiben. King selbst war deshalb so angespannt, daß er nach den langen Nachtwachen auch tagsüber kaum schlafen konnte. Bei den extremen Navigationsbedingungen war seine Sorge durchaus berechtigt. Eine astronomische Navigation war bei diesem Wetter meistens ausgeschlossen, so daß King und sein Navigator ihre Position nur durch Koppeln ermitteln konnten.

Schließlich passierte das Unvermeidliche: Sie schätzten die Gezeitenströmung falsch ein, das Boot stieß im Sog eines auflandigen Windes auf Grund. Jede neue Sturzwelle hob es an, um es kurz darauf wieder auf den Boden krachen zu lassen. King war kurz vorher von einem nicht abgeblendeten Licht an Land aufgeschreckt worden und hatte das Ruder hart herumlegen lassen, um das Boot seewärts zu drehen. Jetzt ließ er die E-Motoren, bei abgeschalteten Dieseln, abwechselnd mit voller Kraft laufen und stoppen, je nachdem, ob das Boot gerade von einer Welle angehoben oder fallen gelassen wurde. Schließlich beruhigte sich die See, und als der Morgen dämmerte, war das Boot frei.

Einige Tage später erhielt die *Snapper*, die ihre Patrouillenfahrt trotz der zerstörten ASDIC-Kuppel fortgesetzt hatte, den Befehl, einige gesichtete Feindschiffe abzufangen. Das bedeutete eine Überwasserfahrt auf hohe See hinaus. Das Wetter war klar und bot ideale Bedingungen für einen Luftangriff aus den Wolken. King blieb auf der Brücke, damit die Wachsamkeit der Ausgucks nicht nachließ. Seine Sorge erwies sich als begründet. »Flugzeug, grün dreißig!« brüllte der Steuermann. »Niedrig und nah!«

»Tauchen! Tauchen! Tauchen!« rief King, bevor er selbst das Flugzeug sichtete. Der Wachoffizier drückte auf den Alarmknopf, und die Ausgucks sprangen ins Luk. Als King die Brücke verließ, sah er noch, wie eine Welle den Bug des Bootes anhob und für einige schreckliche Sekunden in der Luft hielt, als er eigentlich nach unten hätte zeigen müssen. Dann stieg King ins Luk und schloß den Deckel hinter sich. Als der Kommandoturm unter die Wasseroberfläche geglitten war, detonierte direkt über ihm die Bombe des Flugzeugs. Kurz darauf krachte der Bug der *Snapper* mit nicht weniger lautem Getöse auf den Meeresboden. Glücklicherweise hatten beide Erschütterungen nur geringfügige Schäden verursacht.

Als es wieder aufgetaucht war, fing der Funker einen Funkspruch des Küstenkommandos auf, in dem die Vernichtung eines U-Boots an der Position und zu der Zeit des Angriffs auf die *Snapper* gemeldet wurde. Es war bei weitem nicht das einzige Mal, daß britische U-Boote von eigenen Flugzeugen angegriffen wurden. Zum Glück waren die damals vom Küstenkommando verwendeten Bomben wirkungslos.

Dies war ein weiteres Beispiel dafür, wie gründlich sowohl Admiralität als auch Luftministerium die Lehren der U-Boot-Abwehr des Ersten Weltkriegs vergessen und wie wenig Interesse beide Waffengattungen für den Schutz der lebenswichtigen Schiffahrtswege und der zivilen Seeleute übrig hatten. Im Sommer 1937 hatte die Admiralität nach einem ausdauernd geführten Kampf mit dem Luftministerium die volle Befehlsgewalt über die Marineluftwaffe erhalten. Die landgestützten Staffeln für die Aufklärung und den Schutz des Handels in den Gewässern rund um die Britischen Inseln waren davon allerdings ausgenommen und blieben beim Bomber- und Jägerkommando, einem der drei Teile der RAF. Mehr als eine Vereinbarung über die Kooperation des Küstenkommandos bei der Seeaufklärung und dem Schutz des Schiffsverkehrs konnte die Royal Navy nicht erreichen. Es war ein unbefriedigender Kompromiß. Da die Air Marshals vor allem an die Jägerverteidigung des Landes dachten und ansonsten die »strategische Bombardierung« anstrebten wie die Admirale die entscheidende Seeschlacht, verfügte das Küstenkommando von Anfang an über nur unzureichende Mittel. Den wenigen, veralteten Flugzeugen, die es besaß, fehlte die Schlagkraft, und die Besatzungen waren hauptsächlich dafür ausgebildet, Kaperschiffe und Blockadebrecher aufzuspüren. Eine Ausbildung für den Schutz von Handelsschiffen oder für Aktionen gegen U-Boote erhielten sie bis in den Krieg hinein nicht. Die von ihnen eingesetzten Bomben waren 1931 ohne Tests in Dienst gestellt worden und mußten gewissermaßen freihändig, ohne Zielgerät, abgeworfen werden. Die Piloten flogen deshalb häufig zu niedrig an und brachten sich selbst in größere Gefahr als die U-Boote, die sie angriffen. Aber die Bomben waren nicht nur unberechenbar, sondern auch völlig harmlos, wenn sie mehr als zweieinhalb Meter vom Druckkörper des U-Boots entfernt detonierten. Kein Wunder, daß in den ersten acht Monaten des Krieges bei fünfundachtzig Luftangriffen nur ein einziges U-Boot versenkt wurde.[47]

Trotz dieser enttäuschenden Bilanz und des bereits vor dem Krieg gemachten Vorschlages, Wasserbomben für den Abwurf durch Flugzeuge zu modifizieren, wurden weder Admiralität noch Luftministerium tätig. Es blieb vielmehr dem Oberbefehlshaber des Küstenkommandos überlassen, die nötigen Tests durchzuführen und nach ihrem Abschluß im Sommer 1940 in geringem Umfang veränderte Wasserbomben zu verteilen. Ein funktionstüchtiges Modell für den allgemeinen Gebrauch wurde erst im Frühjahr 1941 eingeführt.[48] Bis dahin konnten gesichtete U-Boote von den Flugzeugen zwar zum Alarmtauchen gezwungen, aber selten beschädigt werden.

Die *Snapper* war nicht das einzige U-Boot, das von seiner ungemütlichen Fahrt zurückkehrte, ohne ein Ziel ins Visier bekommen zu haben. Der erste britische U-Boot-Erfolg konnte erst zweieinhalb Monate nach Kriegsbeginn verbucht werden, und das auch nur, weil der Kommandant der *Sturgeon* der in seinem Patrouillengebiet im Skagerrak nach U-Boot-Schrauben horchenden Trawler überdrüssig geworden war und einen von ihnen versenkte, um die andern, wie er erklärte, in Bewegung zu halten und die Effektivität ihrer Horchgeräte zu verringern. Wie sich herausstellen sollte, hatte er einen unglücklichen Präzedenzfall geschaffen.

Bemerkenswerter waren dann jedoch die Erfolge der *Salmon* unter Lieutenant Commander Edward Bickford. Der junge Offizier hatte sich vor dem Krieg für eine realistischere Ausbildung eingesetzt, war damit aber außer beim Chef der im Mittelmeer stationierten 1. U-Boot-Flottille, Captain Philip Ruck-Keene, auf taube Ohren gestoßen. Bickford patrouillierte westlich des Skagerrak, als er am 4. Dezember etwas im Sehrohr hatte, das wie eine auf dem Wasser schwimmende Kiste aussah, sich aber bald als Kommandoturm eines U-Boots entpuppte. Es handelte sich um U 36 unter Kapitänleutnant Wilhelm Fröhlich, das sich auf dem Anmarsch ins Operationsgebiet befand. Bickford war nicht in der Lage, zu dem U-Boot aufzuschließen, feuerte aber trotz der großen Entfernung eine Salve ab. Nach viereinhalb Minuten angespannten Wartens sah er eine sechzig Meter hoch in die Luft schießende Fontäne aus Feuer und Trümmern. Er tauchte auf und fuhr heran, um nach Überlebenden zu suchen, fand aber nur eine Leiche zwischen dem Treibgut. Dennoch gab es erstaunlicherweise vier Überlebende, die später von Fischerbooten gerettet wurden.

Acht Tage später konnte die vor einem Flugzeug weggetauchte *Salmon* über die Hydrophone die Schraubengeräusche eines großen Schiffs hören. Als er in Sehrohrtiefe aufgestiegen war, hatte Bickford den beeindruckenden Anblick der *Bremen* vor sich, eines Ozeanriesen von 40 000 BRT, auf dem er vor dem Krieg als Passagier gefahren war. Es war ein verlockendes Ziel, aber Bickford tauchte auf und signalisierte der *Bremen* zu stoppen. Wenn sie das Signal nicht beachtete, wollte er ihr einen Schuß vor den Bug setzen; sollte sie auch darauf nicht reagieren, war er nach internationalem Recht befugt, das Feuer auf sie zu eröffnen. Er hatte gerade den Befehl gegeben, nach dem fünften Stoppsignal einen Warnschuß abzufeuern, als ein Geleitschutzflugzeug gesichtet wurde und er tauchen mußte. Als er wieder in Sehrohrtiefe aufstieg, war die *Bremen* außer Reichweite.[49] Sie kam aus Murmansk, wo der Kapitän die längeren, dunkleren Nächte abgewartet hatte, bevor er die gefährliche Passage durch die Nordsee wagte.

Am nächsten Morgen war Bickford nicht weniger erstaunt, als er einen Schiffsverband im Sehrohr hatte, in dem er die von Leichten Kreuzern eskortierte Schlachtflotte der deutschen Kriegsmarine zu erkennen glaubte. Der

Hauptverband – in Wirklichkeit ein Zerstörergeschwader, das von einer Minenunternehmung im Fluß Tyne zurückkehrte – war zu weit entfernt, aber auf die näher fahrenden Kreuzer feuerte er eine Salve ab. Er sah noch, daß die *Nürnberg* und die *Leipzig* getroffen waren, bevor er tauchte und das Boot in Erwartung des Wasserbombenangriffs auf Grund legte. Dieser dauerte zwei Stunden; zweimal fuhren die Zerstörer direkt über die *Salmon* hinweg, ohne sie zu entdecken. Keiner der beiden getroffenen Kreuzer sank, aber die *Nürnberg* war für fünf Monate außer Gefecht gesetzt, die *Leipzig* kehrte nie wieder in den operativen Dienst zurück.

Bei seiner Ankunft in Harwich wurde Bickford von seinem Land, das nach guten Nachrichten hungerte, triumphal empfangen und erhielt, neben der Beförderung zum Commander, den Distinguished Service Order (DSO – Kriegsverdienstorden). Sein Flottillenchef bezeichnete die Feindfahrt als »ein Vorbild für U-Boot-Offiziere aller Zeiten«.

Anfang Januar 1940 gingen in der Deutschen Bucht kurz nacheinander drei U-Boote verloren, mindestens zwei von ihnen bei dem Versuch, es der *Sturgeon* nachzutun und ein Horchschiff zu versenken. Statt dessen hatten sie nur ihre Anwesenheit verraten und in den flachen Gewässern den Preis dafür gezahlt. Der gefeierte U-Boot-Kommandant des Ersten Weltkriegs und jetzige Vice Admiral Sir Max Horton, soeben zum Befehlshaber der Unterseeboote (Flag Officer Submarines) ernannt, untersuchte mit seinem Stab tagelang die möglichen Ursachen, ohne zu einem anderen Ergebnis als dem zu kommen, keine U-Boote mehr in die Deutsche Bucht zu schicken.

Horton stand verdientermaßen in dem Ruf, tatkräftig und rücksichtslos zu sein. Er hatte den neuen Posten nur unter der Bedingung angenommen, daß man ihm völlig freie Hand ließ. Umgehend richtete er in einem Northways genannten Wohnblock in Swiss Cottage, Nord-London, ein neues Hauptquartier ein – weit genug von der Admiralität entfernt, um seine Unabhängigkeit zu wahren, und nah genug, um seinem Stab den täglichen Kontakt mit Marinestab und Nachrichtendienst der Navy zu ermöglichen. In Northways wurden Verwaltung der U-Boot-Flotte und operative Führung der in Heimatgewässern und im Atlantik stationierten U-Boote unter dem Oberbefehlshaber der Heimatflotte zusammengeführt. Die im Mittelmeer und im Fernen Osten stehenden Flottillen erhielten ihre eigenen örtlichen Oberbefehlshaber. Horton war sich instinktiv darüber im klaren, welche Bedeutung die Luftwaffe für alle Marineoperationen, ob nun über oder unter Wasser, besaß, und er stellte von Anfang an eine enge Zusammenarbeit mit dem Hauptquartier des Küstenkommandos im nur fünfundzwanzig Kilometer entfernten Northwood sicher. Außerdem pflegte er den persönlichen Kontakt zu den in Heimatgewässern stationierten Flottillen und steckte die Männer bei seinen regelmäßigen Besuchen mit seinem Kampfgeist an. »Seine Persönlichkeit hatte in wenigen Monaten auf sämtliche U-Boot-Flottillen abgefärbt. Ihre Moral war auf einen Höchststand gestiegen, und dabei blieb es den ganzen Krieg über.«[50] Dies galt auch für die polnischen und französischen U-Boot-Fahrer, die unter britischem Befehl dienten, und als General de Gaulle im selben Jahr die Streitkräfte des Freien Frankreichs bildete, hing in den Offiziersmessen ihrer U-Boote neben dem Bild des Generals auch das von Max Horton.

Unterdessen gingen die U-Boot-Patrouillen weiter, und der eisige Winter enthüllte auf grausame Weise ein weiteres Detail, das vor dem Krieg der Aufmerksamkeit entgangen war: die Ausstattung mit passender Kleidung für lange Nachtwachen bei rauhem Wetter. Während die Seeleute auf den aufgebrachten Handelsschiffen filzgefütterte Ledermäntel und Lederhosen, breitkrempige Südwester, Ölzeug, Überhosen aus Gummi und Schuhe mit Korksohlen trugen, mußten sich die Ausgucks auf den britischen U-Booten mit allen verfügbaren Tüchern und von dörflichen Strickzirkeln gespendeten Wollmützen behelfen, die sie unter dem Südwester und dem Ölzeug trugen. Für den peitschenden Regen und die über die offene Brücke eines U-Boots wehende Gischt war diese Kleidung nicht gemacht, und war sie erst einmal naß, wurde sie in der feuchten Luft im Boot nie wieder ganz trocken.

Der Mangel an erlaubten Zielen, der die Patrouillen ebenso eintönig wie zermürbend machte, wurde durch die deutsche Besetzung Norwegens und Dänemarks behoben. Zufälligerweise hatte die britische Admiralität für den gleichen Zeitpunkt, Anfang April 1940, die Verminung der norwegischen Küstengewässer geplant, um die von Narvik durch den Skagerrak in die Ostsee führende Küstenroute zu blockieren, auf der das für die deutsche Rüstungsindustrie lebenswichtige schwedische Eisenerz verschifft wurde. Daneben verfolgte man ein zweites Ziel: Deutschland sollte zum Angriff gegen Norwegen provoziert werden, um einen Vorwand für eine präventive britische Landungsoperation zur Sicherung Narviks und der schwedischen Erzminen zu haben. In Vorwegnahme der deutschen Reaktion schickte Horton alle verfügbaren U-Boote in das Gebiet vor dem Skagerrak und Südnorwegen. Dönitz hatte seine dreißig einsatzbereiten Boote bereits in Stellung gebracht, die eine Hälfte vor Norwegen, um die Landung zu decken, die andere vor Schottland, für den Fall, daß die britische Flotte auslaufen sollte. Damit war auf beiden Seiten die Szene für lehrbuchmäßige U-Boot-Operationen bereitet.

Den ersten Treffer erzielte ein polnisches U-Boot, die *Orzel* unter Korvettenkapitän J. Grudzinski, der zu Beginn des Krieges mit seinem Boot auf abenteuerliche Weise aus der Ostsee geflohen war und jetzt von Rosyth aus auf seiten der Alliierten kämpfte. Er sichtete am 8. April kurz vor zwölf Uhr mittags im Skagerrak vor Kristiansand den 5200 BRT großen deutschen Truppentransporter *Rio de Janeiro*, torpedierte und versenkte ihn. Soldaten, die von einem norwegischen Zerstörer und Fischerbooten gerettet worden waren, erklärten, sie seien auf dem Weg nach Bergen gewesen, »um es vor den Engländern zu schützen«.[51] Der Marinenachrichtendienst hatte schon vorher aus verschiedenen Quellen Informationen erhalten, die darauf hindeuteten, daß Deutschland eine Invasion Skandinaviens vorbereitete, und dieser neue Bericht schien es zu bestätigen. Doch in der Annahme, daß Deutschland die Invasion nur nach einer Provokation riskieren werde, wurde dieser Bericht ebenso abgetan wie Meldungen von im Skagerrak operierenden U-Booten. Die Gelegenheit für eine präventive Landung in Norwegen wurde verpaßt.

Der größte Teil der deutschen Invasionstruppen war bereits in den vorangegangenen zwei Nächten unbemerkt an den britischen U-Booten vorbeigeschleust worden. Völlig überraschend begann am Morgen des 9. April, von der Luftwaffe unterstützt, die Landung in Norwegen. Gleichzeitig rückten deutsche Truppen in Dänemark ein. Am Nachmittag machte sich ein kleiner deutscher Schiffsverband auf die Rückfahrt durch den Skagerrak. Angeführt wurde er von dem Leichten Kreuzer *Karlsruhe*, der Truppen nach Kristiansand gebracht hatte. Er wurde in günstiger Position von dem U-Boot *Truant* gesichtet. Sein Kommandant, Lieutenant Commander C. H. Hutchinson, wartete darauf, einen stumpferen Schußwinkel zu bekommen, als die Schiffe wegzackten und die *Truant* hinter sich ließen. Hutchinson aktualisierte die Zieldaten für einen Fernschuß und feuerte eine volle Salve aus zehn Torpedos ab. Ihre Bahnen wurden zwar gesichtet, und der Kreuzer ging auf Parallelkurs, aber es waren zu viele Torpedos, um allen ausweichen zu können: Einer schlug im Heck der *Karlsruhe* ein, zerstörte Ruder und Schrauben und riß ein Leck in den Rumpf, das nicht mehr geschlossen werden konnte.

Als die Geleitzerstörer kehrtmachten, um den Kurs der Torpedos zurückzuverfolgen, ging die *Truant* in die Tiefe, und alle an Bord warteten schweigend auf das Krachen der Wasserbomben. Die schnelldrehenden Schiffsschrauben waren deutlich zu hören. Hutchinson gab leise einen Ruderbefehl, um weiter auszuweichen, während das Boot mit erschöpften Batterien in Schleichfahrt durchs Wasser glitt; es war seit Morgengrauen unter Wasser. Das Swisch-swisch des Schraubengeräuschs wurde lauter, erreichte über dem Boot einen zischenden Höchstpegel und ebbte wieder ab. Jeder an Bord der *Truant* dachte an die Kanister voller Sprengstoff, die jetzt herabsanken. Dem Klicken des ersten Zünders folgte der gewaltige Donner der Explosion. Das Boot schüttelte sich, als wäre es lebendig. Eine Druckwelle nach der anderen schlug wie ein riesiger Hammer auf die Außenhülle ein und hallte im Innern donnernd wider. Jeder klammerte sich an den nächstbesten Halt und versuchte das Rütteln der Koje oder der Flurplatten unter sich für völlig normal zu halten. In der Zentrale kamen die Schadensmeldungen der Maschinenräume aus den Lautsprechern.

Das Wasser war relativ tief, so daß Hutchinson das Boot auf neunzig Meter bringen konnte, wo es während der folgenden Angriffe ausharrte. Gesprochen wurde, wenn überhaupt, nur flüsternd. Jedes unnötige Geräusch konnte von den Horchgeräten aufgefangen werden und sie verraten. Das Atmen fiel zunehmend schwerer, da das Preßluftsystem zum Ausblasen der Tauchzellen undicht geworden war, so daß der Druck im Boot zunahm und die Auswirkungen der Kohlendioxidanreicherung verstärkte. Nach fast drei Stunden, als es oben ruhig geworden war, ging Hutchinson auf Sehrohrtiefe. Er wurde jedoch von einer weiteren U-Boot-Abwehrgruppe erwartet und zog sich rasch wieder in den Keller zurück. Anderthalb Stunden später war der Feind verschwunden. Die *Truant* tauchte auf, und Hutchinson atmete befreit durch; sie waren neunzehn Stunden unter Wasser gewesen. Die *Karlsruhe* war in einiger Entfernung gesunken.[52]

Das Kriegskabinett in London hatte unterdessen beschlossen, für die Gebiete, durch die der Nachschub für die deutschen Invasionstruppen erfolgen mußte, das heißt vor Jütland, im Kattegat und Skagerrak sowie in einem Zehn-Meilen-Streifen vor der norwegischen Südküste, das Verbot aufzuheben, Handelsschiffe ohne Warnung anzugreifen. Der Zufall wollte es, daß Lieutenant Commander J. E. Slaughter, der Kommandant der *Sunfish,* gerade einen großen, allein fahrenden deutschen Frachter im Sehrohr hatte und zur Übung einen Scheinangriff durchführte, als ihm der Funkspruch hochgerufen wurde. Er ließ die Bugtorpedorohre klarmachen und brachte eine erste Salve auf den Weg. Kurz darauf war das Krachen einer Explosion zu hören.[53]

Es war nicht das erste Handelsschiff, das von einem britischen U-Boot versenkt worden war. Im März hatte die *Ursula* unter Lieutenant Commander G. C. Phillips im Kattegat das 6000 BRT große Erzschiff *Hedesheim* torpediert, nachdem er den Regeln der Prisenordnung gemäß dafür gesorgt hatte, daß die Besatzung sicher in den Rettungsbooten war. Und am 8. April, kurz nach der Versenkung der *Rio de Janeiro* durch die *Orzel,* hatte die *Trident* unter Lieutenant Commander A. G. L. Searle einen 8000-Tonnen-Tanker auf den Grund des Meeres geschickt.

Am Abend nach Slaughters rascher Reaktion auf die Aufhebung der Angriffsbeschränkungen feuerte Lieutenant Commander E. F. Pizey, Kommandant der *Triton,* im Skagerrak eine Salve auf einen Nachschubkonvoi ab und versenkte zwei größere Frachter und ein kleineres Schiff. Danach wurde er von den Geleitschiffen zum Tauchen gezwungen und heftig, wenn auch nicht sehr zielgenau, mit Wasserbomben belegt. Als sich die Angreifer dem Postenstreifen des nächsten U-Boots, der *Spearfish* unter Lieutenant Commander J. H. Forbes, zuwandten, konnte er sich davonschleichen. Forbes entkam nach drei Stunden ebenfalls und tauchte in der Dunkelheit auf, um die dringend benötigte Frischluft ins Boot zu lassen. Wenig später sichteten die Ausgucks die weiße Bugwelle eines schnell fahrenden Schiffs, und kurz darauf wurde die Silhouette eines großen Kriegsschiffs erkennbar – es war das von der Landungsoperation bei Oslo zurückkehrende Panzerschiff *Lützow,* die vormalige *Deutschland.* Forbes feuerte nach Augenmaß eine volle Salve aus sechs Torpedos auf das schnelle Ziel, von denen einer das Heck der *Lützow* traf. Stark beschädigt mußte sie nach Kiel geschleppt werden und konnte erst ein Jahr später wieder in Dienst gestellt werden.

Trotz dieser Erfolge fiel es immer schwerer, die in die Vorkriegszeit zurückreichenden Mängel von strategischem Konzept, Konstruktion und Ausbildung durch bloße Willenskraft zu überwinden. Die Nächte wurden kürzer, und den Booten blieb immer weniger Zeit an der Oberfläche, um die Batterien aufzuladen. Tagsüber waren sie in den klaren norwegischen Gewässern aus der Luft noch in dreißig Metern Tiefe zu sehen.[54] Außerdem war die deutsche Funkaufklärung zu dieser Zeit in der Lage, dreißig bis fünfzig Prozent der aufgefangenen Funksprüche der Royal Navy zu entschlüsseln,[55] U-Boote, die Meldungen abgesetzt hatten oder Positionsanweisungen von Horton erhalten hatten, wurden anschließend häufig aus der Luft oder durch Überwasserschiffe angegriffen. Drei Boote wurden versenkt, und eines – die *Seal,* die im Kattegat Minen gelegt hatte – wurde aufgebracht, nachdem es so schwer beschädigt worden war, daß es nur noch im Kreis fahren konnte. Ein weiteres U-Boot sank nach einem Zusammenstoß mit einem norwegischen Handelsschiff.

Dennoch hatten die U-Boote bis Anfang Mai, als sie wegen des erwarteten deutschen Angriffs auf die Niederlande wieder in ihren alten Patrouillengebieten vor der Deutschen Bucht und der holländischen Küste aufgestellt wurden, achtzehn Handelsschiffe mit insgesamt 60 000 BRT, einen Leichten Kreuzer, ein U-Boot und ein Artillerie-Ausbildungsschiff versenkt und ein Panzerschiff schwer beschädigt. Fünf kleine Handelsschiffe und sieben Minensucher beziehungsweise U-Boot-Abwehrtrawler waren darüber hinaus auf das Konto der von den U-Booten verlegten Minen gegangen.[56]

Drei Schiffe dieser Statistik sind von der *Snapper* versenkt worden: ein kleiner Tanker und zwei Schiffe aus unterschiedlichen Geleitzügen.[57] Der zweite Geleitzug war aus dem Morgennebel aufgetaucht, als King noch damit beschäftigt war, die Batterien aufzuladen. Zum Tauchen blieb ihm keine Zeit, also griff er über Wasser an. Für eine Berechnung des Vorhaltewinkels war es ebenfalls zu spät, so daß nur das primitive Nachtsichtgerät zum Zielen übrigblieb. King erinnerte sich an eine alte Faustregel, wonach der Vorhaltewinkel mit ausgestrecktem Arm bei einem langsamen Ziel eine Handbreit und bei einem schnellen Ziel zwei Handbreit betrage. Dies war ein langsames. Nachdem er sein Boot auf einen Punkt vor dem am nächsten fahrenden Schiff ausgerichtet hatte, stellte er sich an die Reling der Brücke, streckte den Arm zum Bug aus und wartete, bis das Schiff die Seite seiner Faust berührte. Dann gab er den Feuerbefehl. Die verbliebenen drei Torpedos wurden im Abstand von sieben Sekunden aus den Rohren gestoßen. Bevor der erste das Ziel erreichte, hatten die Geleitschiffe das U-Boot gesichtet, und King brüllte: »Tauchen! Tauchen! Tauchen!«

Er wollte gerade ins Luk steigen, als er an der Seite des Zielschiffs eine Wassersäule hochschießen sah. Als er das Luk schloß, war die zweite Detonation zu hören, eine dritte, als er in der Zentrale ankam, und wenige Augenblicke später die vierte. Kurz darauf explodierten die ersten Wasserbomben, glücklicherweise nicht zu nah an dem Kurs, auf dem sich die *Snapper* in vierzig Metern Tiefe davonmachte.[58]

Für die deutschen U-Boote verlief die Norwegen-Operation enttäuschend. Dabei hätten die Umstände für sie nicht besser sein können: Das britische Kriegskabinett, von der deutschen Invasion überrascht, reagierte zu spät und verzettelte sich in weit auseinandergezogenen Landungen von Narvik im hohen Norden bis zu Namsos und Andalsnes beiderseits von Trondheim. Dadurch boten sich den Deutschen zahlreiche kaum geschützte Ziele, einschließlich der dicht heranfahrenden Kreuzer und Schlachtschiffe, die den britischen Landungstruppen Feuerschutz geben sollten. Wären die von Dönitz vor den wichtigsten Häfen postierten U-Boote in der Lage gewesen, diese Situation zu nutzen, hätte die Royal Navy verheerende Verluste erlitten. Aber sie waren es nicht: Die leidigen Torpedoversager vereitelten sogar hundertprozentige Chancen.

Von den ersten Tagen an trafen beim BdU Meldungen über Frühzünder und unerklärliche Fehlschüsse ein. Die zwei Asse Prien (U 47) und Schultze (U 48), die Dönitz in dem seiner Ansicht nach wichtigsten und am stärksten gefährdeten Gebiet vor Narvik eingesetzt hatte, waren mit am schlimmsten davon betroffen: Zwischen dem 10. und 16. April meldeten sie versagende Torpedoschüsse gegen zwei Kreuzer, zwei Zerstörer, das Schlachtschiff *Warspite* und – im Vaagsfjord nördlich von Narvik – gegen eine »Wand« ankernder Truppentransporter, Kreuzer und Zerstörer. Die Torpedos, die Prien auf diese Wand abfeuerte, wurden von der Besatzung nicht einmal bemerkt. Nach Mitternacht, der einzigen Zeit, in der es hier im Norden dunkel war, tauchte Prien auf, um einen fehlerfreien zweiten Fächer zu schießen. Nachdem er zusammen mit seinem IWO alle Einstellungen genauestens geprüft hatte, schickte er vier Torpedos auf den Weg. Der erste explodierte an den Klippen und erweckte den Fjord zum Leben. Prien drehte ab und lief auf Grund. Er konnte von Glück sagen, daß er wieder freikam und dicht an einem Wachschiff vorbei zu fliehen vermochte. Drei Tage später stieß er auf offener See ungefähr in der Höhe von Namsos nördlich von Trondheim auf die *Warspite*. Bis auf neunhundert Meter konnte er an sie herankommen, bevor er seine letzten beiden Torpedos abfeuerte. Aber wieder geschah nichts, außer daß einer der Torpedos am Ende seiner Laufzeit detonierte und die Geleitzerstörer des Schlachtschiffs auf das U-Boot aufmerksam machte.[59]

Die Kommandanten hatten zu diesem Zeitpunkt jedes Vertrauen in ihre Waffe verloren. Viele hatten sich in höchste Gefahr gebracht, vier Boote waren dabei vernichtet worden. Die Verbitterung der Überlebenden kann man sich vorstellen. Prien sagte zu Dönitz, daß man ihm nicht zumuten könne, mit einem Holzgewehr zu kämpfen, und der BdU notierte verärgert in seinem Kriegstagebuch: »Für alle operativen und taktischen Überlegungen ist immer wieder der unerträgliche Versagerzustand der Torpedowaffe maßgebend. In welchen Räumen die U-Boote anzusetzen sind, kann nicht allein von den genannten Bedingungen abhängig gemacht werden, sondern immer muß dabei geprüft werden, tut es hier auch die Torpedowaffe!«[60]

Zwei Tage vorher, am 17. April, waren der Inspekteur des Torpedowesens und seine Mitarbeiter bei Dönitz gewesen, um das Problem zu besprechen. Doch die Begegnung war ebenso entmutigend verlaufen wie die vorherigen. Dönitz erfuhr, daß eine Reihe von U-Booten mit neuen, nicht ausreichend erprobten Zündpistolen mit vier- anstatt fünfflügeligem Propeller ausgerüstet worden seien, die aufgrund eines »Versehens« in etwa zehn Prozent der Fälle den Torpedo nicht scharf machten. Für Abhilfe werde aber gesorgt. Darüber hinaus sei festgestellt worden, daß in den Fjorden mit einer Beeinflussung der Magnetzündung zu rechnen sei, nicht jedoch auf offener See, vorausgesetzt, unter dem Meeresboden befänden sich keine Erzadern. Schließlich seien auch noch keine ausreichenden Tiefenlauftests durchgeführt worden, um ein abschließendes Urteil abgeben zu können. Der Inspekteur des Torpedowesens hatte jedoch so wenig Zutrauen in den Tiefenlauf der Torpedos, daß er sich dagegen aussprach, den Aufschlagzünder zu benutzen, wie es Dönitz den U-Boot-Kommandanten wiederum befohlen hatte, und statt dessen zur magnetischen Zündung zurückkehren wollte. Nach dem Treffen gab Dönitz eine neue

Anweisung heraus, die, wie er im Kriegstagebuch anmerkte, so kompliziert war, »daß ich sie unter anderen Umständen als den heutigen nie einer Front geben würde«.[61]

Die Meldungen über Torpedoversager rissen jedoch nicht ab. Am 19. April notierte Dönitz, daß in den vergangenen Tagen in der »Zone O«, nördlich von 62° 36' N, von 22 Schuß mindestens neun Frühzünder gewesen seien, die darüber hinaus andere Torpedos aus demselben Fächer zu früh detonieren oder ihr Ziel verfehlen ließen. Verzweifelt fügte er hinzu: »Die Kriegsmarine besitzt daher z. Zt. in dem Gebiet etwa nördlich des 62,5 Breitengrades keine verwendbare Torpedowaffe mehr«. Er hatte den bei Narvik eingesetzten Booten bereits befohlen, sich aus den Fjorden zurückzuziehen, und jetzt verlegte er die vor Trondheim stehenden Boote in weiter südlich gelegenes, sichereres Gebiet. Im Kriegstagebuch fuhr er fort: »Daß sich der BdU mit langwierigen Überlegungen und Untersuchungen über Versagerursachen- und -bekämpfung belastet, ist ein Unding. Das ist Sache der Waffeninspektion und Ämter. Solange diese Behörde jedoch mit ihren Maßnahmen hinterherhinkt, bin ich auf diese Selbsthilfe angewiesen.«[62]

Am 22. April fragte die Seekriegsleitung bei Dönitz an, ob die U-Boote nach Narvik zurückkehren und gegen die Transporter vorgehen könnten, die Verstärkungen und Nachschub zu dem von den Engländern behaupteten Brückenkopf brachten. Der BdU verneinte. Ende des Monats berichtete er Raeder in Berlin über die Probleme, vor allem die Torpedoversager, aber auch ASDIC, für das ein Gegenmittel dringend erforderlich sei. Er verlangte, die besten Sonartechniker, Chemiker und Physiker für die Entwicklung eines solchen Geräts heranzuziehen. Hinsichtlich der Torpedos erklärte er, daß die Versager die U-Boote um sichere Erfolge brächten.[63] Damit hatte er zweifellos recht. Wie die Kriegstagebücher der U-Boote belegen, ging ihnen bei zwanzig Angriffen auf britische Großkampfschiffe, vier davon auf die *Warspite* und zehn gegen Transporter, der »fast sichere Erfolg gegen die *Warspite,* sieben Kreuzer, sieben Zerstörer und fünf Transporter« durch die Lappen.[64]

Aus britischer Sicht war das Norwegen-Unternehmen eine strategische und politische Katastrophe. Narvik konnte zwar mit Hilfe französischer und polnischer Truppen schließlich eingenommen werden, aber man war nach der Zerstörung der für den Erztransport benötigten Eisenbahn-, Stromversorgungs- und Hafenanlagen aufgrund des deutschen Geländebesitzes im Süden und der feindlichen Luftüberlegenheit gezwungen, den Rückzug anzutreten. Die zusätzlichen Verluste, die Dönitz' U-Boote hätten anrichten können, hätten sicherlich den Verlauf der Schlacht um Narvik beeinflußt, ob aber auch den des Krieges insgesamt, ist fraglich. Zusammen mit den von der Luftwaffe bewirkten

Verlusten und der Versenkung eines Flugzeugträgers durch die *Scharnhorst* hätten sie allerdings die Aura der Überlegenheit der Royal Navy angekratzt und die deutschen Befehlshaber vielleicht zu kühnerem Vorgehen ermutigt. Die Wirklichkeit sah jedoch so aus, daß die U-Boote während der Operation lediglich ein Versorgungsschiff und ein U-Boot, die *Thistle*, als versenkt melden konnten. Darüber hinaus wurden im gesamten April nur fünf Handelsschiffe in der Nordsee erfolgreich torpediert: das bei weitem schlechteste Monatsergebnis seit Kriegsausbruch.[65]

Raeder ordnete eine Untersuchung des Torpedoskandals an. Am 15. Mai erfuhr Dönitz, zu welchen Ergebnissen Professor Cornelius gelangt war, der in der Zwischenkriegszeit an der Torpedoentwicklung mitgearbeitet hatte. »Die Feststellungen sind schlimmer, als je erwartet werden konnte«, bemerkte er in seinem Kriegstagebuch. »Man hat mir mitgeteilt (Inspekteur T. I.), daß das Funktionieren der AZ [Aufschlagzünder] im Frieden nach nur 2 nicht einmal einwandfreien Schüssen als erwiesen angesehen wurde. Solche Arbeitsweise kann nur noch als verbrecherisch bezeichnet werden.«

Die Hinweise auf mögliche Ursachen seien stets von ihm, Dönitz, gekommen und zunächst abgewiegelt worden, bis am Ende doch ein technischer Fehler entdeckt wurde. Das Resultat sei erschütternd: Nach zwanzigjährigen Entwicklungsarbeiten im Frieden hätte man einen besseren Torpedo als den des Ersten Weltkriegs erwarten dürfen. »Statt dessen sind zwar der schwallose Ausstoß und der blasenfreie Torpedo geschaffen – sonst aber ist nichts an unseren Torpedos in Ordnung. Ich glaube nicht, daß jemals in der Kriegsgeschichte Soldaten mit einer so unbrauchbaren Waffe gegen den Feind geschickt werden mußten.«[66]

Einige der Gründe für die Torpedoversager konnten erkannt und behoben werden. Die Ursache des unzuverlässigen Tiefenlaufs der Torpedos fand man erst im Januar 1942: Luft mit höherem als dem atmosphärischen Druck drang aus dem Inneren der U-Boote in die Preßluftkammern der Torpedos ein. Die Druckerhöhung in U-Booten konnte allerdings mehrere Ursachen haben: die für den Ausstoß der Torpedos benutzte Preßluft, die ins Boot gesaugt wurde, um einen »schwallosen« Abschuß zu gewährleisten; undichte Stellen im Druckluftsystem oder die absichtliche Freisetzung von Sauerstoff, um der Kohlendioxidanreicherung entgegenzuwirken.

Nach den Fehlern des Magnetzünders mußte man länger suchen, und erst Anfang 1943 erbrachten die Tests mit einer verbesserten Zündpistole (Pi 2) zufriedenstellende Ergebnisse.[67] Vorerst, im Mai 1940, gab Dönitz die Magnetzündung auf und verlangte den Nachbau des einfachen, aber funktionstüchtigen britischen Zünders, den man in den Torpedos der *Seal* gefunden hatte, denn der eigene Aufschlagzünder versagte, sobald der Torpedo mit weniger als 45 Grad auf dem Ziel auftraf. Und bis eine funktionierende Aufschlagpistole vorhanden war, wollte Dönitz seine Boote nicht in Operationen auf hoher See in Gefahr bringen.[68]

WOLFSRUDEL

Der deutschen Besetzung von Norwegen und Dänemark folgte im Mai 1940 die Invasion Frankreichs, Belgiens und der Niederlande. Anfang Juni ließ sich Hitlers Achsenpartner, Benito Mussolini, vom scheinbar unaufhaltsamen Vormarsch der deutschen Wehrmacht mitreißen und erklärte den westlichen Alliierten den Krieg. Wenig später waren Holland und Belgien überrannt und Frankreich geschlagen. Im Waffenstillstandsabkommen vom 22. Juni mußte es der Besetzung des nördlichen und westlichen Teils des Landes zustimmen. In weniger als drei Monaten hatte Hitler die gesamte den Britischen Inseln gegenüberliegende Küstenlinie unter seine Herrschaft gebracht, vom Nordkap über Dänemark und die Kanalküste bis nach Ouessant und von dort die Biskaya entlang weiter nach Süden bis zur spanischen Grenze. Damit war Großbritannien an den Rand gedrängt und ein Sprungbrett für die Hochseestrategie gewonnen, die Raeder verlangte. Dönitz richtete in Norwegen und an der Biskaya U-Boot-Stützpunkte ein. Die italienische Marine, die über mehr als hundert operative U-Boote verfügte, bedrohte die drei Stützpunkte Gibraltar, Malta und Alexandria, von denen aus die Royal Navy die Südflanke Europas und den direkten Weg nach Indien und in den Fernen Osten beherrschte.

Wenn nicht ein Wunder geschah, war der Krieg für Großbritannien verloren. Aber nur wenige waren bereit, dies zu akzeptieren, am wenigsten der neue Premierminister Winston Churchill, der durch das Desaster in Norwegen ins Amt gespült worden war. Fest entschlossen, die Vereinigten Staaten in den Krieg zu ziehen, verlieh er dem Land und dem Empire eine ungeahnte Widerstandsfähigkeit. Die akute Gefahr war die Invasion Englands. Während Hurricanes und Spitfires der RAF der deutschen Luftwaffe die Luftherrschaft über dem Ärmelkanal und Südostengland streitig machten, befanden sich die Maschinen des Küstenkommandos auf ständigen Patrouillenflügen, um die Schiffskonzentrationen zu entdecken, durch die sich die bevorstehende Invasion ankündigen würde. Bei klarem Wetter waren sie jedoch eine leichte Beute für deutsche Jagdflugzeuge, und bei bedecktem Himmel konnten sie kaum etwas sehen. Daneben wurden U-Boote als Aufklärer an die vom Feind besetzte Küste geschickt, von Norwegen bis zum Ärmelkanal. Ihr Befehl lautete, gesichtete Invasionskräfte zu melden und dann anzugreifen. Letzteres klang in den Ohren der U-Boot-Kommandanten reichlich optimistisch, denn sobald sie auftauchten, um Meldung zu erstatten, würde man sie ihrerseits sichten. Wenn sie Glück hatten, würden sie den Funkspruch gerade noch vor ihrem Untergang durchgeben können.

Wie aufreibend eine solche Situation sein konnte, erfuhren in diesen angespannten Sommermonaten, in denen sich am Himmel über Südengland das Schicksal des Landes entschied, insbesondere die Boote, die vor Norwegen patrouillierten. Die Mitternachtssonne brachte sie stets in Gefahr, wenn sie auftauchten, um die Batterien aufzuladen und das Boot durchzulüften. Außerdem war das Wasser klar und durchsichtig, und der Himmel schien ständig voller feindlicher Flugzeuge zu sein. Niemand kam darauf, daß der eigene Funkverkehr die U-Boote verriet. Als die Admiralität den Marinecode im August änderte, verringerte sich zwar eine Zeitlang die Erfolgsquote des B-Dienstes, aber die Codebrecher drangen bald wieder in den britischen Schlüssel ein.[1]

Die Boote wurden von einem Flugzeug gesichtet und in der Regel auch angegriffen, häufig mit Wasserbomben, mit denen die deutschen U-Boot-Abwehrflugzeuge jetzt bewaffnet waren. Zusätzlich mußten sie mit dem Angriff der herbeigerufenen Überwasserkräfte rechnen. Wenn sie nach langer Zeit unter Wasser, in der die Besatzung mit schmerzenden Lungen die verbrauchte Luft geatmet hatte, auftauchen mußten, lagen sie im Licht der Mitternachtssonne wie auf einem Präsentierteller. Der Streß war an den Fingernägeln vieler Offiziere und Unteroffiziere und aller Kommandanten abzulesen, auf denen sich halbmondförmige Wülste bildeten, eine für jede Feindfahrt.[2] Selbst im Hafen befanden sich die U-Boot-Besatzungen wegen der erwarteten Invasion in ständiger Alarmbereitschaft. Die Kommandanten wurden von Müdigkeit und Anspannung blockiert. Als den Juli über ein Boot nach dem anderen nicht zurückkehrte, darunter Bickfords *Salmon,* und Anfang August auch Forbes' *Spearfish* auf See blieb, mischte sich in der kleinen, eng verschworenen Gemeinde der U-Boot-Fahrer die Trauer über den Verlust mit demoralisierendem Fatalismus.

Im Mittelmeer sah es nicht anders aus. Als Italien Großbritannien am 10. Juni den Krieg erklärte, waren bereits zehn U-Boote aus dem Fernen Osten zurückbeordert und in zwei Halbflottillen in Alexandria und auf Malta stationiert worden. Es waren überwiegend ältere Flottenboote der Klassen O, P und R mit großen Überwassersilhouetten und einer vergleichsweise langen Tauchzeit von vierzig Sekunden und mehr. Sie waren laut und besaßen die fatale Neigung, Öl zu verlieren. Drei von ihnen gingen in den ersten vierzehn Tagen verloren, zwei weitere im Juli. Dem stand eine einzige Sichtung gegenüber. Alistair Mars, Erster Offizier auf der *Perseus,* die Anfang August zu der in Alexandria stationierten Flottille verlegt wurde, hat für diese Verluste später materielle Faktoren, die Unerfahrenheit und Unvorsichtigkeit der jungen Kommandanten und ihre mangelhafte, phantasielose Ausbildung verantwortlich gemacht. Aber er wies auch darauf hin, daß die Lektionen, die man in den Heimatgewässern seit Kriegsbeginn hatte lernen müssen, nicht zum Nutzen aller verbreitet worden waren.[3]

Rückblickend wird auch deutlich, daß man diese großen, alten Boote falsch eingesetzt hat. Sie wurden in der Nähe italienischer Marinestützpunkte postiert, um in erster Linie Kriegsschiffe zu torpedieren. Dies war, insbesondere im Licht der Doktrin aus der Vorkriegszeit und den Einschränkungen der außerhalb der Nordsee weiterhin geltenden Prisenordnung, eine verständliche Reaktion auf die von der italienischen Flotte ausgehende Bedrohung. Die Folge war aber, daß der Nachschubverkehr für die italienischen Truppen in Nordafrika unbehelligt blieb. Darüber hinaus patrouillierten die U-Boote in engen Gewässern, die ebenso klar waren wie die norwegischen, und unter einem von der italienischen Luftwaffe beherrschten Himmel. Die Verluste berührten angesichts der geringen Größe der U-Boot-Flotte jeden einzelnen U-Boot-Fahrer persönlich. »Sowohl die Offiziere als auch die Mannschaften kannten nicht nur die Gleichaltrigen auf den gesunkenen Booten, sondern waren mit vielen anderen, gleich, welchen Ranges, zumindest bekannt.«[4]

Die italienische U-Boot-Waffe, die mit ihren 116 Booten höchst beeindrukkend wirkte, konnte bereits zwei Tage nach der Kriegserklärung die Versenkung eines Leichten Kreuzers verbuchen. Doch nach diesem anfänglichen Erfolg hatte sie mehr zu leiden als die britische. Hauptsächlich dank der Funkaufklärung war die Royal Navy über die Patrouillengebiete bestens informiert. Bis Ende Juni wurden sechs der fünfzig im Mittelmeer und vier der acht im Roten Meer oder Persischen Golf stationierten Boote versenkt oder aufgebracht. Die 1939 mit Raeder getroffene Vereinbarung, daß die größeren italienischen U-Boote die deutschen Atlantikoperationen unterstützen sollten, war eine Woche vor Kriegseintritt Italiens bekräftigt worden. Die ersten drei Boote hatten im Juni das Spießrutenlaufen durch die Straße von Gibraltar überstanden, anschließend aber keine Versenkungen erzielt.

Für die deutsche U-Boot-Waffe begann dagegen die Phase, die als die erste »glückliche Zeit« bekannt wurde. Nach der Verunsicherung durch die Torpedokrise hatte Dönitz seinen Ersten Admiralstabsoffizier, Kapitänleutnant Victor Oehrn, mit U 37 auf eine Erprobungsfahrt geschickt. Oehrn hatte zunächst vier Versager zu verzeichnen, erzielte dann aber mit dem Aufschlagzünder eine erstaunliche Serie von perfekten Treffern und kehrte am 9. Juni nach Wilhelmshaven zurück. Die zehn aufgezogenen Wimpel zeigten 43 000 BRT an – eine

Schätzung, die nach dem Krieg bemerkenswerterweise auf mehr als 50 000 BRT nach oben korrigiert wurde, obwohl es eines der Opfer, die 9500 BRT große *Dunster Grange,* in den Hafen geschafft hatte.[5] Damit war das Stimmungstief in der U-Boot-Waffe überwunden, und Dönitz schickte fast die Hälfte der noch zur Verfügung stehenden 29 Frontboote in den Kampf. Kaum hatten sie ihre Operationsgebiete vor der Iberischen Halbinsel und den westlichen Zufahrtswegen (Western Approaches) zu den Britischen Inseln erreicht, als der B-Dienst zwei Geleitzüge meldete. Der eine fuhr, aus Australien kommend, an der westafrikanischen Küste entlang nach Norden. Er umfaßte drei große Passagierschiffe, darunter die *Queen Mary* mit 26 000 australischen und neuseeländischen Soldaten an Bord, und wurde von einem Flugzeugträger, mehreren Kreuzern und dem Schlachtkreuzer *Hood* eskortiert. Der andere Geleitzug war ein langsamer Transatlantikkonvoi aus Halifax in Neuschottland, der zum Rendezvous mit seinem Geleitschutz bei 17° W unterwegs war. Dönitz bildete eine Gruppe aus sechs Booten mit Priens U 47 an der Spitze, um »nötigenfalls die Führung zu übernehmen«, und beorderte sie in ein Gebiet, das der Geleitzug am 16. Juni mittags passieren würde, einen Tag, bevor er den Treffpunkt mit seinem Geleitschutz erreicht hätte. Von guten Wetterbedingungen ausgehend, postierte Dönitz fünf dieser Boote so, daß sie ein Gebiet von 90 bis 100 Meilen beiderseits des Geleitzugkurses abdeckten, und das sechste östlich von ihnen auf den Kurs des Konvois. »... so ist zu erwarten«, schrieb er in sein Kriegstagebuch, »daß mit Sicherheit 2 Boote zum Ansatz am 16. Juni kommen, auch wenn der Geleitzug nur die Posten der äußersten Boote passiert. Sollte am 16. Juni keine Fühlung gewonnen werden, haben die Boote Befehl, am 17. 6. 0630 Uhr den Treffpunkt in Angriffsstellung eng zu umstellen.«[6]

Über den Kurs und die Position des aus Australien kommenden schnellen Geleitzuges hatte der B-Dienst keine Angaben machen können, aber Dönitz vermutete, daß er aufgrund der U-Boot-Aktivitäten vor Finisterre nicht auf dem üblichen Kurs bei 12° W, sondern weiter von der Küste entfernt fuhr. Er dirigierte die fünf vor Spanien stehenden Boote deshalb zu weit auseinanderliegenden Positionen westlich des zwölften Meridians. Die operative Führung im Fall der Fühlungnahme sollte Korvettenkapitän Hans Rösing (U 48) übernehmen. Bis es soweit war, war absolute Funkstille geboten.

Die Boote warteten vergeblich. Der Kurs der Truppentransporter war von Anfang an unbekannt gewesen, und der Treffpunkt des aus Halifax kommenden Konvois war aufgrund von Meldungen über U-Boot-Bewegungen in den Western Approaches nach Süden verlegt worden. Dennoch fanden und versenkten die Boote in diesem Monat über vierzig allein fahrende und acht zu schwach geschützten Geleitzügen gehörende Schiffe. Zusammen mit Oehrns Versenkungen ergab sich eine Gesamtzahl von 58 Schiffen mit zusammen 284 113 BRT, bei weitem das beste Monatsergebnis seit Kriegsbeginn. Prien allein meldete ein Rekordergebnis von zehn Versenkungen mit insgesamt 66 587 BRT. Zählt man die durch Überwasserschiffe, Luftwaffe und Minen verursachten Verluste hinzu, erhöhte sich die Zahl der im Juni verlorenen Schiffe auf 140 mit zusammen 585 496 BRT, eine schwindelerregende Bilanz, die fatal an die deutschen U-Boot-Erfolge im Ersten Weltkrieg erinnerte.

Während Prien um Schottland herum nach Kiel zurückkehrte, wurde Lemp, der einen Tag vor der erwarteten Begegnung mit dem Geleitzug aus Halifax zu Priens Gruppe gestoßen war, zur Aufnahme von Munition und Proviant nach Lorient am Golf von Biskaya beordert. Am 7. Juli fuhr U 30 als erstes deutsches U-Boot in den Atlantikhafen ein. Andere folgten, und als am 2. August die ehemals französische Marinewerft wieder in Betrieb genommen wurde, war aus Lorient ein vollgültiger U-Boot-Stützpunkt geworden. Damit standen die U-Boote an der Flanke des Schiffsverkehrs in den Ärmelkanal und hatten durch den Wegfall der langen An- und Abfahrt um Schottland herum fast vierzehn Tage im jeweiligen Operationsgebiet gewonnen. Die britische Admiralität leitete den Schiffsverkehr daraufhin durch den Nordkanal zwischen Nordirland und Schottland, so daß die U-Boote gezwungen waren, ihm in diese Breiten zu folgen. Dennoch blieb ihnen ein geraumer zeitlicher Vorteil.

Am 15. August 1940 wurde der uneingeschränkte U-Boot-Krieg, den Dönitz schon seit Ende des vorangegangenen Jahres führte, offiziell erklärt, indem Hitler die »totale Blockade« Großbritanniens verkündete. Man hielt diese Bezeichnung in bezug auf die Neutralen für weniger provozierend als den Begriff des uneingeschränkten Krieges, obwohl eine »totale Blockade« nach internationalem Recht nur dann bestand, wenn sie effektiv durchgesetzt wurde, und dafür hatte Dönitz zu wenige Boote. Gleichzeitig wurden die neutralen Länder gewarnt, daß jedes in die Kriegszone fahrende Schiff Gefahr laufe, versenkt zu werden. Das war keine Neuigkeit: Allein in den letzten zwei Monaten waren neutrale Schiffe mit zusammen über 100 000 BRT zerstört worden.[7] Daß er die Frontboote erst am 17. August davon in Kenntnis setzte, mag ein Anzeichen dafür gewesen sein, welche Bedeutung Dönitz diesem Schritt beimaß.[8]

Das Propagandaministerium hatte inzwischen einen neuen Helden gefunden, Korvettenkapitän Otto Kretschmer, wenngleich der »stille Otto«, wie er genannt wurde, nicht unbedingt der geeignete Darsteller für diese Rolle war. In seiner dienstlichen Beurteilung wurde ihm ein ungewöhnlich ruhiger und ausgeglichener Charakter bescheinigt. Er sei liebenswürdig und bescheiden und besitze gute Umgangsformen.[9] Der damals achtundzwanzigjährige Sohn eines Grundschullehrers hatte bereits mit siebzehn Jahren das Abitur abgelegt und war, nachdem er ein Jahr an der Universität von Exeter Literatur und Englisch studiert hatte, durch Frankreich und Italien gereist, bis er 1930 alt genug war, um in die Marine aufgenommen zu werden. Sechs Jahre später kam er zu der noch in den Anfängen steckenden U-Boot-Waffe und diente zunächst auf einem der ersten Boote vom Typ VII, das während des spanischen Bürgerkrieges vor der Iberischen Halbinsel stationiert war, bevor er ein eigenes Boot erhielt, U23 vom kleinen Typ IIB. Bei Kriegsausbruch war er immer noch Kommandant von U23. Mit ihm unternahm er im nächsten halben Jahr acht Feindfahrten zur Ostküste der Britischen Inseln, auf denen er sechs Handelsschiffe mit knapp 21 000 BRT und einen Geleitzerstörer aus einem norwegischen Konvoi versenkte. Es wären sicher mehr gewesen, wenn nicht auch er unter Torpedoversagern zu leiden gehabt hätte. Seinen Angaben zufolge hatten etwa die Hälfte der Torpedos versagt, womit er nur wenig über dem nach dem Krieg ermittelten durchschnittlichen Prozentsatz lag.

Im Gegensatz zum eher großspurigen Prien war Kretschmer unter den Offizieren ebenso beliebt wie bei seiner Besatzung.[10] Seine Vorgesetzten beeindruckte er durch seine außerordentlichen Fähigkeiten als Frontkommandant, durch die er sich für die höchsten Posten empfahl. Zunächst erhielt er im April 1940 das Kommando über U99, ein Hochseeboot vom Typ VIIB. Nach Übungsfahrten in der Ostsee, bei denen vom Alarmtauchen über Unterwasserangriffe und Zielübungen über Wasser bis zum Dauertest der Maschinen alle denkbaren Situationen so lange durchgespielt wurden, bis jeder an Bord seine Aufgaben im Schlaf erledigen konnte, ging es im Juni auf die erste Feindfahrt. Es wurde ein kurzer Ausflug, denn U99 mußte, von eigenen Flugzeugen beschädigt, bald umkehren. Bei seiner zweiten Feindfahrt fuhr Kretschmer auf dem üblichen Nordkurs in den Atlantik, wo er sieben Frachter mit fast 23 000 BRT versenkte, bevor er Lorient ansteuerte.

In der letzten Juliwoche brach er zur nächsten Fahrt auf. Das erste Opfer war westlich von Irland das 13 200 BRT große Linienschiff *Auckland Star.* Zwei Tage später erwischte er weiter nördlich zwei Frachtlinienschiffe von 7300 beziehungsweise 5500 BRT und am nächsten Tag ein 6300-Tonnen-Linienschiff aus einem von England kommenden Geleitzug. Von den Geleitschiffen unter Wasser gedrückt, hielt U99 drei Tage lang Fühlung mit dem am Horizont fahrenden Konvoi, bis die Geleitschiffe umkehrten. Dann schloß Kretschmer auf und griff nacheinander drei Tanker an. Er nahm an, daß sie untergegangen waren, aber Tanker waren durch die Unterteilung ihrer Rümpfe schwer zu versenken, insbesondere wenn sie im Ballast fuhren; jedenfalls schafften es alle drei in den Hafen zurück. Zwei Tage darauf schickte Kretschmer einen 7200-Tonnen-Frachter aus einem nach England fahrenden Geleitzug in die Tiefe und erhöhte die auf dieser Feindfahrt versenkte Tonnage einschließlich der drei Tanker auf 65 137 BRT. Damit hatte er insgesamt die magische Grenze von 100 000 BRT übertroffen. Das Ritterkreuz des Eisernen Kreuzes wurde ihm von Großadmiral Raeder persönlich verliehen, als er in Lorient einfuhr. Er war nach Prien, Schultze, Schuhart und Kapitänleutnant Wilhelm Rollmann (U 34) das fünfte U-Boot-As, das diese Auszeichnung erhielt. Lemp und Liebe wurden noch im selben Monat in diesen exklusiven Klub aufgenommen, und im September und Oktober, als es Dönitz endlich gelang, mehrere Boote gleichzeitig zu einem Geleitzug zu dirigieren, sollte er sich weiter vergrößern.

Die große Schwierigkeit hatte immer darin bestanden, die Konvois rechtzeitig genug aufzuspüren, um eine Angriffsgruppe in Stellung zu bringen. Zur Unterstützung der wenigen U-Boote, die er besaß, hatte er bei Göring schon seit langem Aufklärungsflugzeuge mit großer Reichweite angefordert, die in Zusammenarbeit mit der U-Boot-Führung von Westfrankreich aus operieren könnten. Aber wie von Stabsoffizieren schon vor dem Krieg betont worden war, ließen sich weder die Flugzeuge noch die Navigations- und die Fernmeldefähigkeiten, die für das taktische Zusammenwirken von Flugzeugen und U-Booten nötig waren, aus dem Stegreif herbeizaubern. Außerdem war Göring ganz von dem Versuch in Anspruch genommen, vor der Invasion Englands die Royal Air Force zu bezwingen. Dönitz mußte mit einer Handvoll Dornier 17 und 18 des örtlichen Luftwaffenkommandeurs in Brest vorliebnehmen, deren geringe Reichweite und vergleichsweise mangelnde Kampfkraft ihren Einsatz gerade dort ausschlossen, wo sie am dringendsten gebraucht wurden, am Nordkanal.[11] Wie sich herausstellte, waren sie mangels einer entsprechenden Ausbildung für die Seeaufklärung insgesamt nutzlos.

So war es erneut der B-Dienst, der die Informationen für einen Gruppenangriff lieferte, und diesmal sollte er erfolgreich verlaufen. Am 28. August wurde die Position des Treffpunkts entschlüsselt, an dem der aus Sydney in Neuschottland kommende langsame Konvoi SC 2 von seinem Geleitschutz in Empfang genommen werden sollte. Dönitz beorderte vier Boote zu der Position, eines direkt an den Treffpunkt, die anderen »gestaffelt dahinter, so daß eine gewisse Tiefe bei einer Gesamtbreite von 40 sm erzielt wird«.[12] Bis zur Fühlungnahme mit dem Geleitzug mußte Funkstille bewahrt werden, aber im Unterschied zu früheren Gruppenangriffen gab es kein taktisches Führungsboot. Die Operation war ebensogut von der Befehlsstelle an Land zu leiten, denn auch ein Führungsboot mußte sich dem Geschehen fernhalten, wenn es nicht unter Wasser gedrückt werden und dadurch jede Funkverbindung verlieren wollte. Nun sollte jeder U-Boot-Kommandant ohne Rücksprache mit den anderen angreifen, sobald die Fühlung zum Geleitzug hergestellt war.

Der Kontakt mit dem Konvoi kam jedoch erst zustande, als er bereits im Geleitschutz fuhr. U 65 unter Kapitänleutnant Hans-Gerrit von Stockhausen hatte ihn gesichtet, wurde seinerseits aber entdeckt und zum Tauchen gezwungen. Da die Zahl der verfügbaren Eskorten gering war – die leichten Schiffe waren zur Abwehr der erwarteten Invasion im Osten und Süden Englands zusammengezogen worden –, kehrten die Geleitschiffe bald wieder zum Konvoi zurück. U 65 tauchte auf, jagte bei anschwellendem Seegang dem Konvoi hinterher, nahm erneut Fühlung mit ihm auf und meldete die Position. Daraufhin hielt Priens U 47 auf den Geleitzug zu. Am 7. September, kurz vor Morgengrauen, griff er bei schwerer See an und versenkte drei Schiffe, bevor mit dem Tageslicht Flugboote des britischen Küstenkommandos am Himmel erschienen und die beiden U-Boote unter Wasser drückten. Nachdem sie wieder aufgetaucht waren, folgten sie mit voller Kraft der Richtung des Geleitzugs, schlossen erneut zu ihm auf und meldeten dessen Position, Kurs und Geschwindigkeit. Lehrbuchmäßig setzten sie sich am Rand der Sicht neben ihn, um Fühlung zu halten. Der Funkspruch lockte U 28 unter Kapitänleutnant Günter Kuhnke und Kretschmers U 99 an. Der Angriff in der folgenden Nacht wurde von schlechten Wetterbedingungen zwar beeinträchtigt, aber Prien und Kuhnke konnten je einen Treffer erzielen.

Das Ergebnis war nicht so verheerend, wie Dönitz es sich gewünscht hätte – von den fünfunddreißig Schiffen des Geleitzugs waren nur fünf versenkt worden –, aber es bestätigte die Prinzipien des Rudelangriffs: Fühlunghalten, Melden, Hinführen anderer Boote. Ein größerer Erfolg war nur durch das rauhe Wetter verhindert worden.[13] Prien, der bis auf einen alle Torpedos verschossen hatte, bekam den Auftrag, westlich von 23° W als Wetterboot Stellung zu beziehen, das heißt zweimal täglich Wettermeldungen zu funken, die hauptsächlich von den Planern der Luftwaffe benötigt wurden. Es war eine Aufgabe, die von den U-Boot-Fahrern zutiefst verabscheut wurde und Dönitz natürlich verdroß, aber Göring bestand darauf, und Hitler stellte sich hinter ihn.

In der folgenden Woche sichtete Kapitänleutnant Heinrich Bleichrodt, Rösings Nachfolger als Kommandant von U 48, den nächsten langsamen Konvoi aus Neuschottland, SC 3, und lief zu einem einsamen, aber verheerenden Überwasserangriff an. Er versenkte vier Handelsschiffe – eines davon aus nächster Nähe mit dem Deckgeschütz – und eine Geleitschaluppe. Auf seinem Posten als Wetterbeobachter sichtete Prien am 20. September einen aus Kanada kommenden schnellen Konvoi, HX 72. Er setzte die Meldung ab und folgte dem Konvoi, während Dönitz sechs Boote auf ihn ansetzte.

Siebenhundert Seemeilen weiter östlich bekam Oberleutnant Wolfgang Lüth, der mit dem kleinen IID-Boot U 138 in der Nähe des Nordkanals stand, am selben Abend den von England kommenden Konvoi OB 216 ins Sehrohr. Da kein Geleitschiff voranfuhr, konnte sich Lüth mit geschickten Manövern und sparsamem Sehrohreinsatz zwischen die Schiffskolonnen setzen. Dann suchte er sich zwei Ziele aus und feuerte aus fünfhundert Metern Entfernung je einen Torpedo auf sie ab. Das eine Schiff, die *Boka,* explodierte wenig später, während das andere, die *New Seville,* zunächst starke Schlagseite bekam, um schließlich über das Heck zu sinken. Unmittelbar nach der ersten Explosion war die an der Steuerbordflanke fahrende Schaluppe *Scarborough,* Leuchtkugeln abschießend, um neunzig Grad nach Steuerbord geschwenkt. An der Backbordflanke hatten sich die *Arabis,* eine neue Korvette vom Walfängertyp, und der alte Zerstörer *Vanquisher* ebenfalls vom Konvoi abgewandt: Nach gängiger Praxis suchte man U-Boote außerhalb von Konvois, nicht in deren Mitte. Der Konvoi selbst zackte hastig nach Steuerbord, bis auf ein Schiff am Ende, das sich für die Backbordseite entschieden hatte. Lüth bereitete unterdessen den Abschuß des dritten und letzten Bugtorpedorohrs vor, während die anderen beiden Rohre nachgeladen wurden. Die dafür nötigen Bewegungen störten den Trimm des kleinen Boots derartig, daß der LI jeden freien Mann an Bord als beweglichen Ballast einsetzte, um das Boot in Sehrohrtiefe auf ebenem Kiel zu halten. Sechs Minuten nach dem ersten Abschuß verließ der dritte Torpedo das Rohr und bohrte sich mittschiffs in den Rumpf der *Empire Adventure.* Die drei Geleitschiffe suchten in weiter Ferne die leere See ab. Lüth ließ die durcheinandergeratenen Schiffe ziehen, während seine Männer Reservetorpedos hochhievten und in die Rohre schoben. Eine halbe Stunde später tauchte er auf und jagte dem Konvoi mit voller Kraft hinterher. Er holte ihn in den frühen Stunden des 21. September ein und versenkte ein viertes Schiff, die *City of Simla,* bevor er sich zurückzog und, da alle Torpedos verschossen waren, Kurs auf Lorient nahm.[14]

Bleichrodt erreichte am selben Morgen den von Prien gesichteten Konvoi HX 72 und versenkte zwei Schiffe, bevor er die Aufgabe des Fühlunghalters übernahm. Im Verlauf des Tages stießen Kretschmer, Kapitänleutnant Joachim Schepke (U 100) und von Stockhausen zu ihm. Nach Einbruch der Dunkelheit liefen Kretschmer und Schepke zu verheerenden Überwasserangriffen an, bei denen sie sieben Schiffe versenkten und zwei beschädigten. Am nächsten Morgen erreichte der Geleitschutz den Konvoi und zwang die U-Boote zum Rückzug.

Kretschmer ging ein Bild nicht aus dem Kopf, das er am Tag zuvor gesehen hatte: Er fuhr zurück, um einen Mann zu suchen, der nur in Unterwäsche auf einem winzigen Rettungsfloß über das Meer trieb. Tatsächlich fand er ihn, nahm ihn an Bord und gab ihm frische Kleider, eine Decke und etwas Warmes zu trinken. Dann brachte er ihn zu dem Rettungsboot eines anderen versenkten Schiffes, das er mit Lebensmitteln und Trinkwasser versorgte und auf Kurs zur irischen Küste setzte. Dies war keine vereinzelte Geste. Kretschmer hatte schon auf früheren Feindfahrten Schiffbrüchigen Weinbrand und Decken gegeben und ihnen den Kurs genannt, den sie steuern mußten.

Für Dönitz war die Operation gegen HX 72 eine weitere Bestätigung dafür, daß sein Weg der richtige war. »Dieser einlaufende Geleitzug«, schrieb er in sein Kriegstagebuch, »ist auf Grund genauer Fühlunghaltermeldungen von im ganzen 5 Booten, die bis zu 380 sm vom 1. Sichtungspunkt entfernt standen, angegriffen worden.« Ihr Erfolg sei dadurch zu erklären, daß der Konvoi frühzeitig abgefangen wurde, als er noch wenig gesichert war, sowie durch korrektes Fühlunghalten und günstiges Wetter. Kurz: »Die Kampfhandlungen der letzten beiden Tage haben gezeigt, daß die schon im Frieden aufgestellten Grundsätze über den Gebrauch der F. T. [Funktelegraphie] am Feind und die Ausbildung der U-Bootswaffe im Angriff auf Geleitzüge richtig waren.«[15]

Im folgenden Monat sah sich Dönitz noch auf weit dramatischere Weise bestätigt. Nachdem sie in Lorient – einige auch in Brest oder St. Nazaire, die jetzt ebenfalls als Stützpunkte dienten – Munition und Proviant übernommen hatten, war eine ganze Welle von Booten ausgelaufen und hatte westlich der Rockall-Bank einen Vorpostenstreifen gebildet. Hier wurden die aus Kanada kommenden Konvois vom britischen Geleitschutz in Empfang genommen. Sturm und Nebel verhinderten den ersten Angriff auf einen gesichteten Konvoi. Doch dann schlug das Wetter um, und in der mondhellen Nacht des 16. Oktober entdeckten die Ausgucks von Bleichrodts U 48 die Silhouetten des langsamen Konvois SC 7 aus Sydney. Eskortiert wurde er von einer Korvette und zwei Schaluppen, darunter die *Scarborough,* die den Angriff von Wolfgang Lüth miterlebt hatte, ohne zu ahnen, daß er aus dem Konvoi heraus operierte. Wie bei OB 216 fuhren die Geleitschiffe an den Flanken und hinter dem Konvoi. Sie waren zum ersten Mal zusammen eingesetzt, und ihr einziges Kommunikationsmittel waren nicht sehr zuverlässige Funkgeräte.

Bleichrodt behielt mit der äußersten Schiffskolonne Fühlung und meldete Kurs und Geschwindigkeit des Geleitzuges an die U-Boot-Führung, bevor er kurz vor Mitternacht zu ihm aufschloß und einen 9500-Tonnen-Tanker sowie zwei kleinere Frachter torpedierte, von denen einer sank. Der Konvoi schwenkte nach Steuerbord, während die Geleitschiffe im Licht von Leuchtkugeln von ihm abdrehten und vergeblich nach dem Angreifer suchten. Am Morgen des 17. Oktober erschien ein Flugboot des Küstenkommandos. U 48 wurde entdeckt und zum Tauchen gezwungen. Die beiden Schaluppen suchten so lange nach ihm, daß Bleichrodt den Geleitzug ebenso aus den Augen verlor wie die *Scar-*

borough, die die Jagd den ganzen Tag über unermüdlich fortgesetzt hatte. Inzwischen hatte Liebe (U38) den Geleitzug entdeckt und die Rolle des Fühlunghalters übernommen, so daß Dönitz in der Lage war, fünf Boote auf einer Linie quer zum Kurs des Geleitzugs in Stellung zu bringen. Bevor er von den Geleitschiffen vertrieben wurde, unternahm Liebe in dieser Nacht zwei Angriffe, traf aber nur ein Schiff, das von seiner Holzladung über Wasser gehalten wurde. Später konnte er sich wieder an den Konvoi hängen und erneut in die Rolle des Fühlunghalters schlüpfen.

Die von Dönitz herangeführten Boote standen weniger als fünfzig Meilen vor dem Konvoi, als aus Liebes Meldungen hervorging, daß die Schiffe dreißig Meilen nördlich des am weitesten im Norden postierten Bootes vorbeifahren würden. Dönitz löste daher um 15.30 Uhr den Vorpostenstreifen auf und wies die Boote an, sich an die Meldungen von U38 zu halten. Sie hasteten nach Nordosten, und kurz vor 18.00 Uhr sichtete Fritz Frauenheim (U101) ein Geleitschiff und den Rauch der anderen Schiffe. Er setzte einen Funkspruch und teilte Kretschmer, der zwei Meilen südlich von ihm fuhr, die Beobachtung mit Lichtsignalen mit. Kurz darauf sah Kretschmer selbst, wie sich die Masten und Schornsteine über den Horizont schoben. Das Wetter war klar und ruhig, und mit zunehmender Dunkelheit wurde zwischen der leichten Bewölkung der Vollmond sichtbar. Irgendwo in der Nähe brachten sich die anderen Boote in Position, Frauenheims U101, Schepkes U100, Kapitänleutnant Karl-Heinz Moehles U23 und U46 unter Priens ehemaligem IWO, dem jetzigen Kapitänleutnant Engelbert Endraß.

Um 20.15 Uhr schnappte die Falle zu. Der Geleitschutz war verstärkt worden, aber die graue Silhouette der niedrig im Wasser liegenden U-Boote war in der leichten Dünung nicht auszumachen, so daß erst die im Konvoi explodierenden Torpedos ihre Anwesenheit verrieten. Die Geleitschiffe krängten vom Konvoi weg und feuerten Leuchtgeschosse ab, während die U-Boote in die Lücken stießen, sich die klaren Umrisse der Schiffe ins beleuchtete Fadenkreuz der UZO holten und einen Aal nach dem anderen auf den Weg schickten. Neben dunkel aufragenden Schiffen schossen von Flammen erleuchtete Wassersäulen empor. Tief im Wasser liegend, fielen die getroffenen Schiffe hinter den Konvoi zurück, während die Besatzungen hastig die Rettungsboote zu Wasser ließen. Die mit Stahlteilen beladenen Schiffe sanken innerhalb weniger Minuten und nahmen die Besatzungen mit sich in die Tiefe.

Kretschmer hatte sich neben die Steuerbordkolonne des Konvois gesetzt. Sein erster Schuß verfehlte das Ziel. Er wendete das Boot, um mit dem Heckrohr auf einen 700 Meter entfernten Frachter zu feuern. Kurz darauf stieg unmittelbar vor der Mitte des Schiffs eine grell erleuchtete Wassersäule auf. Danach dauerte es keine zwanzig Sekunden, bis das Schiff von der Wasseroberfläche verschwunden war. Der Konvoi hatte inzwischen den Zusammenhalt verloren. Jedes Schiff schien seinen eigenen Zickzackkurs zu steuern. Nach einem weiteren Fehlschuß aus einem Bugrohr beschloß Kretschmer, die automatische Übermittlung des Vorhaltewinkels auszuschalten und über den Bug zu zielen. Doch als er erneut anlief, wurde er entdeckt. Von einem der Schiffe stieg eine Leuchtrakete auf, während es mit großer Fahrt auf Kollisionskurs ging. Kretschmer konnte sich absetzen und kehrte später zurück, um am Ende des Konvois anzugreifen. Dabei traf er statt des anvisierten Ziels ein in fast 1800 Metern Entfernung fahrendes größeres Schiff, das bald darauf über den Bug im Meer verschwand. Bei seinem nächsten Angriff traf er einen Frachter, den er auf 6000 BRT schätzte. Tatsächlich war es die 4800 BRT große *Fiscus,* die unmittelbar nach der Detonation des Torpedos durch eine zweite Explosion in zwei Hälften zerbrochen wurde. In grüne Flammen gehüllt, kenterten sie binnen weniger Minuten und rissen, bis auf einen Überlebenden, die gesamte Besatzung von neununddreißig Mann mit in die Tiefe.

Als er sich für sein nächstes Ziel in Stellung brachte, sah Kretschmer drei nebeneinander fahrende Geleitschiffe auf sich zukommen. Er drehte ab und jagte mit aller Kraft davon, kehrte aber erneut zurück und griff den Konvoi wiederum von der Steuerbordseite an. Hinterher schrieb er in sein Kriegstagebuch: »Es sind dauernd Torpedodetonationen anderer Boote zu hören. Die Zerstörer [tatsächlich waren es Schaluppen und Korvetten] wissen sich nicht zu helfen und schießen dauernd zu ihrer Beruhigung Leuchtgranaten, die aber in der hellen Mondnacht nicht viel ausrichten.«[16]

In den nächsten zweieinhalb Stunden verschoß er die ihm verbliebenen sieben Torpedos, wobei er vier Treffer beobachtete und einen weiteren nach einer Laufzeit von sieben Minuten in der Ferne hörte. Den letzten Torpedo feuerte er am 19. Oktober kurz vor vier Uhr ab. Danach wartete er in der Nähe des Ziels ab, ob es sinken würde oder ob er mit Artilleriefeuer nachhelfen mußte. Er konnte nicht wissen, daß Möhle von der anderen Seite herangefahren war und das Schiff kurzerhand beschoß. Als die Granaten allzu nah bei U 99 ins Wasser schlugen, zog sich Kretschmer, der sich unter feindlichem Beschuß glaubte, zurück und nahm Kurs auf die Biskaya.

Es war fünf Uhr früh. Der Konvoi hatte eine Katastrophe erlebt. Brennende Schiffe, Rettungsboote, Flöße, Menschen in Schwimmwesten, Trümmer und Ölflecken trieben in der Dünung schaukelnd westwärts. Kretschmer meldete der U-Boot-Führung sieben Versenkungen, Frauenheim acht, Moehle fünf, Endraß vier und Schepke drei. Zusammen mit den drei von Bleichrodt vorher erzielten Versenkungen ergab sich eine Bilanz von dreißig Schiffen mit 196 000

BRT.[17] Das war zwar zu hoch gegriffen, denn mehrere der getroffenen Schiffe waren schwimmfähig geblieben, aber von den fünfunddreißig Schiffen, die aus Sydney ausgelaufen waren, erreichten nur fünfzehn ihr Ziel.

Nachdem Kretschmer, Frauenheim und Moehle ihre Torpedos verbraucht hatten, steuerten sie die Biskaya an. Prien stieß auf der Fahrt zum Ort des Gemetzels 250 Meilen von Bloody Foreland, der Nordwestspitze Irlands, auf einen anderen Konvoi, HX 79, der von Halifax nach England unterwegs war. Dönitz dirigierte die restlichen Boote zu diesem neuen Ziel. Sie erreichten es noch am selben Abend, dem 19. Oktober. Die Bedingungen hatten sich kaum verändert: Die Nacht war mondhell und nur wenig bewölkt, die See ruhig, und die Schiffe hoben sich deutlich vom hellen Himmel ab. Der Geleitschutz von HX 79 war mit einem Zerstörer, zwei Schaluppen, zwei Korvetten, vier bewaffneten Trawlern und dem holländischen U-Boot O 14 zwar stärker als der von SC 7, dennoch wiederholten sich die Szenen der vergangenen Nacht. Von 21.15 Uhr bis drei Uhr früh hallte eine Explosion nach der anderen über das Meer, und die Nacht verwandelte sich im Licht der in Brand geschossenen Schiffe und der Leuchtgranaten zum hellen Tag. Prien meldete acht Versenkungen mit 50000 BRT, Endraß drei mit 26000 BRT, Schepke ebenfalls drei mit 19600 BRT, Liebe zwei und Bleichrodt eine – in der Summe also siebzehn Versenkungen mit insgesamt 113000 BRT.[18] Auch diese Zahlen waren zu hoch angesetzt. Es wurden lediglich zwölf Schiffe mit 75069 BRT versenkt.[19] Dennoch ein verheerendes Ergebnis – um so mehr, als seit August kein einziges deutsches U-Boot verlorengegangen war.

Hoch erfreut notierte Dönitz in sein Kriegstagebuch: »Durch gemeinsamen Angriff wurden also in 3 Tagen durch 7 U-Boote mit 300 Mann Besatzung 47 Schiffe mit etwa 310000 BRT versenkt. Ein gewaltiger Erfolg.« Damit habe sich das seit 1935 angewandte Prinzip, »der Konzentration in Geleitzügen eine Konzentration der U-Bootsangriffe entgegenzusetzen«, als richtig erwiesen. Solche Operationen seien jedoch nur mit gut ausgebildeten Kommandanten und Besatzungen durchführbar. Die Erfolgsaussichten seien von den Umständen abhängig, fuhr Dönitz fort, aber letztlich komme es immer auf den Kommandanten an. Der Gedanke, daß sich die andere Seite neue Lösungen für den Schutz von Handelsschiffen gegen Rudelangriffe einfallen lassen könnte, kam Dönitz offenbar nicht. Seine Sorge galt vielmehr der geringen Zahl der verfügbaren Boote: »Die Möglichkeit solcher Operationen wird sich um so häufiger ergeben, je mehr Boote im Op.[erations]-Gebiet stehen und je größer die Wahrscheinlichkeit ist, mit mehr Augen, d.h. mehr Booten, mehr Geleitzüge zu fassen. ... Mehr Boote bedeuten ferner, daß nicht nach solchen Angriffen die Zufuhrwege Englands zunächst frei werden, weil, wie heute, fast alle Boote nach Aufbrauch der Torpedos zurückkehren müssen.«[20]

Inzwischen war in Bordeaux ein Stützpunkt für die italienische Atlantikflottille eingerichtet worden. Den ersten drei Booten von Anfang September 1940 waren mittlerweile zehn weitere gefolgt. Der Durchbruch durch die Straße von Gibraltar gegen starke Strömungen und an der Royal Navy vorbei stellte eine beachtliche Leistung dar, die damals so wenig gewürdigt wurde wie später. Weitere acht Boote waren im Anmarsch, und auch sie sollten die Meerenge unbeschadet passieren. Der Flottillenchef, Konteradmiral Angelo Parona, war für Verwaltung und Disziplin verantwortlich, während die operative Führung beim BdU lag. Dönitz wußte, daß es den italienischen Booten an Kampferfahrung fehlte. Damit sie sich an die Verhältnisse im Atlantik gewöhnen konnten, schickte er sie ins Gebiet der Azoren, wo das Wetter im allgemeinen besser und die U-Boot-Abwehr gering war.[21] Ihre Ausbeute war mager: Bis zum 15. Oktober wurden nur neun Schiffe versenkt.[22] Dennoch beorderte Dönitz sie Ende Oktober zum Nordkanal, um mehr »Augen« zum Sichten der Konvois zu haben. Gleichzeitig forderte er, die Hafenzeit der U-Boote nach der Rückkehr von Feindfahrten so kurz wie möglich zu halten. Am 1. November befanden sich sechs italienische und vier deutsche Boote, einschließlich U 99, im Einsatzgebiet.[23]

Kurz zuvor hatte Dönitz mit Kapitänleutnant Hans Jenisch (U 32) das erste der frischgebackenen U-Boot-Asse verloren. Jenisch hatte am 10. Oktober das Ritterkreuz erhalten. Am 26. hatte er siebzig Meilen vor Bloody Foreland noch das 42 300 BRT große Linienschiff *Empress of Britain* versenkt, das bereits von Flugzeugen bombardiert worden war und deshalb im Schlepp fuhr. Vier Tage darauf wurde U 32 von zwei Zerstörern entdeckt und ausdauernd mit Wasserbomben belegt.

Dieses Erlebnis ist von deutscher Seite oft beschrieben worden: das lauter werdende Schraubengeräusch und das metallische Zirpen der ASDIC-Impulse, die durch das ganze Boot hallten, wenn sie in immer kürzeren Abständen von der Außenhülle zurückgeworfen wurden; das Schweigen an Bord, und wie sich alle irgendwo Halt suchten, wenn das Schraubengeräusch direkt über ihnen die größte Lautstärke erreichte; schließlich das Warten auf die Wabos, mit angehaltenem Atem und wachsender Anspannung, bis die Stahlhaut des Boots zur eigenen geworden zu sein schien und der kleinste Laut schmerzhaft an den bloßliegenden Nerven zerrte.[24] »Einer, der sagt, er hat keine Angst gehabt, der lügt«, stellte ein ehemaliges Besatzungsmitglied von U 123 nach dem Krieg fest. »Der Unterschied war nur der: Man durfte die Angst nicht zeigen.«[25] Wenn dann die Hammerschläge der Wabo-Explosionen auf das Boot einschlugen, schauten alle auf den Kommandanten. Seine Zuversicht, seine gespielte Gelassenheit übertrugen sich auf die Besatzung, während das Boot durchgeschüttelt wurde, das Licht flackerte oder ganz ausfiel, das Glas der Instrumentenanzeigen zersplitterte, die Lichtkegel von Taschenlampen die Dunkelheit durchschnitten und die ersten Schadensmeldungen in der Zentrale eintrafen.

Nach vierzehn Wabos war in U 32 die Stromversorgung zusammengebrochen, die Ventile klemmten, Druckluft strömte ins Boot, und Lecks im Heck störten den Trimm. Das Boot sank mit steil abfallendem Heck. Jenisch beorderte alle Mann nach vorn, um das Boot auszupendeln, und ließ die Tauchzellen ausblasen. Mit tief liegendem Heck stieß U 32 in Sichtweite der Zerstörer durch die Oberfläche. Da die Preßluft, mit der man später wieder hätte auftauchen können, verbraucht war, kam erneutes Tauchen nicht in Frage, und Jenisch kapitulierte. Die noch funktionierenden Ventile wurden geöffnet, und durch den Kommandoturm kletterten alle Mann von Bord.

Die britischen Vernehmungsbeamten waren von dem ersten gefangengenommenen deutschen U-Boot-As nicht sonderlich beeindruckt. Sie schätzten ihn als »entschlossen, vermutlich hartnäckig ..., fraglos mutig und kaltblütig« ein, fanden aber, daß er »persönlich ein uninteressanter und nicht sehr intelligenter Mensch« sei. Vom LI abgesehen, seien alle Offiziere von U 32 bemerkenswert empfindlich gewesen »für alles, was als Kränkung ihrer Offiziersehre ausgelegt werden konnte«. Während sie den britischen Offizieren leidlich höflich begegneten, verhielten sie sich »Unteroffizieren und Mannschaften gegenüber ziemlich arrogant, wenn sie glaubten, dies ungestraft tun zu können«. Sie waren überzeugt, daß Deutschland den Krieg gewinnen würde, und die Serie der militärischen Erfolge schien »Hitler in ihren Augen nicht nur zu einem Gott gemacht zu haben, sondern zum einzigen Gott«.[26] Dies war der Geist, von dem Dönitz' Elitetruppe auf der Höhe ihres Erfolgs durchdrungen war.

Die britische Admiralität war von der neuen Taktik des Gruppenangriffs völlig überrascht worden. Die durch U-Boote verursachten Verluste waren im September auf fast 300 000 BRT gestiegen und hatten im Oktober bereits über 350 000 BRT erreicht. Die vergessenen Lehren des Ersten Weltkrieges über den Nutzen von Flugzeugen und die Wahrscheinlichkeit von Nachtangriffen hatte man inzwischen längst wieder aktiviert. Neu war die Erkenntnis, daß aufgetauchte U-Boote mit ASDIC nicht geortet werden konnten und in der Lage waren, jedem Geleitschiff mit Ausnahme von Zerstörern davonzufahren. Weder Briten noch Deutsche erkannten, daß die andere Seite den eigenen Funkverkehr mitlas. Statt dessen machte man die Meldungen durch Langstreckenflugzeuge oder andere U-Boote und die Sichtung der Rauchwolken dafür verantwortlich, daß die Konvois entdeckt wurden. »Das U-Boot kommt während des Tages mit dem Konvoi in Fühlung ... und beschattet ihn dann aus Sichtweite vorn oder an der Seite. Nach Einbruch der Dunkelheit schließt das tiefliegene U-Boot über Wasser zu dem Konvoi auf. Es beobachtet aufmerksam die Geleitschiffe und versucht, die an der Spitze des Konvois stationierten achtern zu passieren. Der Angriff wird aus möglichst großer Nähe vorgetragen, so nah sich der Kapitän des U-Boots heranwagt; es ist möglich, daß in einigen Fällen ein Schußabstand von 550 Metern erreicht wurde. Haben sie die Schußposition an der Flanke des Konvois eingenommen, beschleunigen die meisten U-Boote auf volle Kraft, feuern eine Salve von vier Torpedos, drehen, immer noch mit voller Kraft fahrend, ab, feuern, wenn vorhanden, aus den Hecktorpedorohren und ziehen sich so schnell wie möglich in die Richtung zurück, die als die sicherste betrachtet wird. ... Bisher ist noch kein Fall bekannt geworden, in dem ein U-Boot im Abstand von weniger als einer Stunde erneut angegriffen hat.«[27]

Dies war die in der Ausbildung gelehrte Taktik, und viele, wenn nicht die meisten, wandten sie auch weiterhin an. Aber Lüth, Kretschmer und vermutlich auch andere feuerten mit Hilfe des Vorhaltrechners auf kurze Entfernung jeweils nur einen Torpedo auf ein Ziel. Die britische U-Boot-Abwehrabteilung empfahl, den Abstand zwischen den Kolonnen der Konvois auf drei bis fünf Kabel (550–900 Meter) zu vergrößern, um die Gefahr zu verringern, daß eine Salve mehrere Schiffe traf. Außerdem müsse die Zahl der Geleitschiffe erhöht werden. Sie sollten in Kiellinie im Abstand von 2700 Metern auf beiden Flanken des Konvois fahren und bei einem Angriff senkrecht zum Kurs des Konvois mit voller Kraft etwa zehn Meilen weit von diesem wegfahren, das Gebiet im Licht von Leuchtgranaten nach U-Booten absuchen und sie, wenn sie geortet werden konnten, unter Wasser drücken.[28]

Bedeutsamer waren zwei andere Empfehlungen zum massiven Einsatz eines ASV (Aircraft to Surface Vessel) genannten Radargeräts auf Geleitschiffen und zur Bildung von Eskortgruppen. Die ersten mit ASV ausgestatteten Schiffe hatten zwar noch mit Problemen zu kämpfen, aber die U-Boot-Abwehr hoffte, sie bald beheben zu können. »Man muß begreifen«, heißt es in ihrem November-Bericht weiter, »daß erfolgreiche Aktionen gegen U-Boote in der Nacht eine rasche Lagebeurteilung durch den kommandierenden Offizier und eine gut funktionierende Zusammenarbeit zwischen den ihm unterstellten Schiffen erfordern. ... Dies läßt sich erreichen, indem man die Schiffe in Gruppen zusammenfaßt, die jeweils einen eigenen Kommandanten erhalten, als Team zusammenarbeiten und gemeinsam ausgebildet werden.« Lufteskorten seien ebenfalls von großem Wert. Ihre Hauptaufgabe sei es, »tagsüber U-Boote unter Wasser zu halten, die möglicherweise außerhalb der Sicht auf der Lauer liegen, und in der Nacht auftauchende U-Boote aufzuspüren. Diese gewaltige Aufgabe verlangt den Einsatz von ASV in Flugzeugen, woran derzeit mit höchster Priorität gearbeitet wird.« Das ASV war damals ein primitives Gerät mit einer Wellenlänge von anderthalb Metern, das ein U-Boot auch unter günstigen Bedingungen nur bis auf zwei oder drei Seemeilen orten konnte. Zusätzlich wurden Geleitschiffe und Lufteskorten so schnell wie möglich mit Sprechfunkgeräten ausgerüstet, um eine ständige Kommunikation zu ermöglichen.[29]

Diese Vorschläge wurden in den wöchentlichen Handelsschutz-Sitzungen der Admiralität vorgelegt und vom Verteidigungskomitee unter Vorsitz Churchills abgesegnet. Damit hatte die Admiralität zwar die Lösungen, aber noch nicht die Mittel, sie umzusetzen. Mit Beginn des Sommers hatte die Invasionsgefahr nachgelassen. Damit standen aus den im Süden und Osten freigesetzten Flottillen zusätzliche Schiffe für den Geleitschutz zur Verfügung, doch Weiterentwicklung und Herstellung der ASV-Geräte nahm viele Monate in Anspruch. Man hatte den Abfangapparaten für Nachtjäger Priorität eingeräumt. Es bestand eine gewisse »Disharmonie zwischen wissenschaftlicher Erfindungskraft und industrieller Rückständigkeit«,[30] sowohl beim ASV als auch bei den vom Küstenkommando dringend benötigten Flugzeugen. Die Spitzen der RAF schöpften die Produktionskapazitäten für ihre eigenen Zwecke aus und waren für die Argumente der Navy ebenso unzugänglich wie Göring für die Mahnungen Raeders und Dönitz'. Die Doktrin des Bomberkommandos beschäftigte Churchills Phantasie so sehr, daß die Bedrohung der maritimen Lebensadern des Landes in den Hintergrund gedrängt wurde. Das Küstenkommando bekam weiterhin nur die Flugzeuge, die nicht für die wichtigere Aufgabe, die deutschen Städte mit Krieg zu überziehen, gebraucht wurden. Dieser unwissenschaftlichen Offensive sollten zahllose Schiffe und Seeleute sinnlos zum Opfer fallen. Denn der Himmel war der Schlüssel zum U-Boot-Problem. War ein U-Boot erst einmal unter Wasser gedrückt, verlor es seine Mobilität: Weder konnte es zum Konvoi Fühlung halten noch zu einem von anderen Booten entdeckten Konvoi fahren, von einem Angriff ganz zu schweigen. Es mußte also nicht unbedingt vernichtet werden. Die U-Boot-Abwehr hatte dies begriffen, aber es dauerte noch zwei Jahre, bis die »Bomber« im Luftministerium gezwungenermaßen einen Teil ihrer strategischen Kompetenzen aus der Hand gaben.

Während die Wissenschaftler mit den Problemen des Seegangsreflexes und der Rückkopplung kämpften, die den ersten ASV-Geräten in Geleitschiffen zu schaffen machten, konnte die Handelsabteilung der Admiralität nur versuchen, die Konvois um die U-Boot-Streifen herumzuleiten. Möglich wurde dies durch die Arbeit des Operational Intelligence Centre (OIC – Operatives Nachrichtenzentrum), einer einzigartigen Einrichtung, die zweifellos zu den positiven Leistungen der Vorkriegszeit gehörte. Das 1937 gegründete OIC sammelte und verknüpfte Informationen, die aus allen möglichen Quellen auf der ganzen Welt kamen, und leitete sie je nach Priorität an die weiter, die sie für ihre Operationen benötigten. Eine seiner Abteilungen befaßte sich mit den feindlichen U-Booten: der Submarine Tracking Room (U-Boot-Verfolgungsraum). Hier gingen Meldungen über U-Boote ein, die von Flugzeugen des Küstenkommandos oder Schiffen gesichtet worden waren. Außerdem wurden SSS-Signale und die Positionsangaben der Funkpeilabteilung registriert. Letztere ermittelte aus den Messungen mehrerer Peilstationen den Standort, an dem ein U-Boot einen Funkspruch gesendet hatte. Es gab von den Shetland-Inseln und Land's End, der Südwestspitze der Britischen Inseln bis nach Gibraltar insgesamt sieben dieser Peil- oder DF-Stationen. Später kamen Stationen auf Island und den Azoren hinzu. Die Genauigkeit der Einpeilung hing von den atmosphärischen Bedingungen und dem Können der Techniker ab, aber wenn von der Mehrzahl der Stationen Peilungen vorlagen, konnte ein U-Boot im allgemeinen bis auf etwa 25 Seemeilen geortet werden.

Die Funksprüche selbst konnten nicht entschlüsselt werden. Die deutsche Chiffriermaschine, der Marine-Funkschlüssel M, von den Briten Enigma genannt, hatte bisher allen Angriffen der Dechiffrierer der Regierungsschule für Codes und Chiffren in Bletchley Park (BP), einem in Buckinghamshire gelegenen Herrenhaus, standgehalten. Einige sich wiederholende Muster waren jedoch erkennbar: Ein bestimmtes Kurzsignal wurde von allen aus den französischen Stützpunkten auslaufenden U-Booten bei 10° W gesendet, um der U-Boot-Führung mitzuteilen, daß die Biskaya unbeschadet passiert worden war. Hinzu kamen Sichtungs-, Beschattungs- und Wettermeldungen sowie die langen Schlußberichte, die darauf hindeuteten, daß sich ein Boot auf dem Rückmarsch befand.[31] Der Funkverkehr in einem geringeren Schlüssel konnte bereits mitgelesen werden. Dieser von BP »Dockyard« genannte Schlüssel wurde für den Funkverkehr mit Werften, Vorpostenschiffen, Minenlegern und anderen Hilfsschiffen benutzt. Die Auswerter des Tracking Room konnten ihm genaue Angaben darüber entnehmen, wann und wo die kleinen Schiffe, die als Geleit in den Stützpunkt oder aus ihm heraus dienten, sich von auslaufenden U-Booten trennten oder einlaufende Boote in Empfang nahmen. Außerdem erfuhr man durch »Dockyard«, wie viele Boote sich zu Ausbildungszwecken in der Ostsee, zur Reparatur oder Wartung in Werften oder auf dem Marsch ins Operationsgebiet beziehungsweise zum Stützpunkt befanden.

In einem Raum neben dem Tracking Room überwachte die Handelsabteilung die zivilen Schiffsbewegungen und dirigierte Konvois je nach den nebenan gewonnenen Ergebnissen um die Gebiete herum, in denen U-Boote vermutet wurden. Die Marinebefehlsstellen und die Hauptquartiere von Jäger-, Bomber-

und Küstenkommando waren durch Telefon- und Fernschreiberstandleitungen mit dem OIC verbunden. Die Flottenkommandeure auf See konnten über feste Funkverbindungen erreicht werden. Damit konnten Luft- und Seepatrouillen jederzeit zu U-Booten geführt werden, für die im Tracking Room eine gesicherte Position ermittelt worden war.

In dieser Phase, im November 1940, bahnte sich eine kleine Revolution der im Tracking Room verwendeten Methoden an. Dessen Chef, Paymaster Captain Ernest Thring, ein Veteran des Room 40, dem Vorläufer des OIC im Ersten Weltkrieg, war in seinen Einschätzungen äußerst vorsichtig und weigerte sich im allgemeinen, Voraussagen über die zukünftigen Bewegungen von U-Booten zu treffen. Sein Assistent, Rodger Winn, ein Rechtsanwalt von Ende dreißig, der im August 1939 in den Tracking Room gekommen war, fand dagegen, daß es einen Versuch wert sei. Die Wahrscheinlichkeit, eine richtige Prognose zu machen, lag bei fünfzig Prozent, und wenn es gelang, diese Zahl auf einundfünfzig anzuheben, hätte man, wie er erklärte, schon etwas erreicht. Nachdem er Ende des Jahres an Thrings Stelle getreten war, setzte er seine Theorie in die Praxis um. Dazu wurden die U-Boote auf einem großen Kartentisch des Atlantiks in Gestalt kleiner Fähnchen markiert – gekennzeichnet jeweils mit einer Kombination aus zwei Buchstaben – und täglich mit der Durchschnittsgeschwindigkeit von U-Booten auf ihrem vermutlichen Kurs weitergerückt. Kam eine Sichtmeldung herein oder wurde ein Angriff oder eine DF-Einpeilung gemeldet, ordnete man sie einem nahegelegenen U-Boot zu und veränderte entsprechend seine Position. »Das konnte naturgemäß nicht mehr sein als eine kluge Schätzung«, schrieb einer von Winns Mitarbeitern, Patrick Beesly, später, »und wir wurden oft genug durch Vorfälle überrascht, die sich Hunderte von Meilen von dem nächstgelegenen U-Boot-Fähnchen auf unserem Lagetisch entfernt abspielten. Trotzdem besaßen die Fähnchen auf dem Lagetisch eine gewisse Beziehung zur Realität, zumindest insoweit, als sie die richtige Zahl der U-Boote in See anzeigten und angaben, ob sie im Einsatzgebiet standen oder sich auf dem Aus- und Rückmarsch befanden.«[32]

Dönitz beschäftigte sich in seiner neuen Befehlsstelle, einem kleinen Château in Kernével an der Mündung des Scorff, der Einfahrt in den Hafen von Lorient, in ähnlicher Weise mit »klugen Schätzungen«. Jeden Morgen um Punkt neun Uhr betrat er sein Lagezimmer, wo sein Stab unter Führung von Kapitän zur See Eberhard Godt an einer großen Wandkarte des Atlantiks auf ihn wartete. In der Karte steckten zahlreiche Fähnchen, blaue, bezifferte für U-Boote und rote für Konvois. Dönitz las zunächst die letzten Funksprüche, bevor die einzelnen Stabsoffiziere über die Lage referierten. Anschließend studierte er zusammen mit Godt die Karte und überlegte die nächsten Züge. Deren

Erfolg blieb allerdings trotz der gleichbleibend guten Arbeit des B-Dienstes immer öfter aus, da die Handelsabteilung der britischen Admiralität die Konvois gemäß den Ergebnissen des Tracking Room häufig kurzfristig umleitete.

Eine weitere Enttäuschung für Dönitz war die Erkenntnis, daß die italienischen U-Boote nie und nimmer auf den deutschen Standard gebracht werden konnten. Neben Mängeln in der Konstruktion – zu große Aufbauten, zu niedrige Überwassergeschwindigkeit, zu lange Tauchzeit – war die fehlende Ausbildung der Offiziere in Techniken wie Fühlunghalten und Nachtangriff dafür verantwortlich. Während die deutschen U-Boote im November dreißig Schiffe versenkten, hatte die italienische Streitmacht nur zwei Treffer zu vermelden. Anfang Dezember 1940 verzweifelte Dönitz endgültig am italienischen Verbündeten: »Ich habe ... wenigstens gehofft, daß sie zu einer besseren Aufklärung des Op.Gebietes beitragen würden. Ich glaubte mit ihrer Unterstützung mehr Augen am Feind zu haben. Tatsächlich habe ich von ihnen während der ganzen Zeit nicht eine einzige Feindmeldung bekommen, auf die hin ich hätte operieren können.« Die Italiener hätten in einer Zeitspanne, in der die deutschen Boote mehr als 260000 BRT versenkten, »bestenfalls 12800 BRT« erreicht. Darüber hinaus sei er sich »durchaus im Zweifel, ob durch ihr Auftreten im Op.Gebiet der deutschen Boote, ihr Sich-sehen-lassen, ihr Funken, ihre ungeschickten Angriffe nicht mehr Schaden als Nutzen für uns entstanden ist«. Sie seien weder fähig, unbemerkt anzugreifen, noch verstünden sie die grundlegenden Methoden des Meldens und Fühlunghaltens, und vom Überwasser-Nachtangriff hätten sie auch »keine Ahnung«. Kurz, sie seien nicht hart und zäh genug für die Art von Kriegführung, die im Atlantik nötig sei. Dönitz' Schluß: »Bei dieser Sachlage bin ich gezwungen, die deutschen Boote ohne Rücksicht auf die Italiener anzusetzen und operieren zu lassen.«[33]

Zudem wandte sich das Wetter gegen ihn. Dabei hatte der November vielversprechend begonnen: Kretschmer hatte zwei zu Hilfskreuzern umgebaute Linienschiffe, einen Frachter und einen Öltanker von 7000 BRT versenkt. Damit gingen nach Schätzung der U-Boot-Führung mehr als 217000 BRT auf sein Konto, und das war die Verleihung des Eichenlaubs zum Ritterkreuz wert. Die Rückkehr von U 99 nach Lorient, mit einer Musikkapelle auf dem Kai und jungen Mädchen, die Blumensträuße verteilten, wurde ebenso auf Film gebannt und überall im Reich in der Wochenschau gezeigt wie Kretschmers Empfang in der Reichskanzlei in Berlin, wo ihm Hitler persönlich die Ehrung überreichte. Er war nach Prien der zweite U-Boot-Kommandant und insgesamt erst der sechste Offizier, der diese Auszeichnung erhielt.

Danach übernahmen die atlantischen Herbststürme das Zepter. Von der niedrigen Brücke der acht Boote, die westlich des Nordkanals kreuzten, war in der aufgewühlten See kaum mehr zu sehen als der nächste Wellenbrecher, und wenn tatsächlich einmal ein Konvoi gesichtet wurde, war es unmöglich, ihn zu verfolgen. Trotzdem mußten der Wachoffizier und die drei (oder vier) Ausgucks – ein Mann für jeden Kompaßquadranten – in der »Badewanne« ausharren, die ihrem Spitznamen alle Ehre machte, wenn wieder eine Welle über der Brücke zusammengeschlagen war und sie bis zur Hüfte im Wasser standen. Keine Kleidung, kein Schuhwerk vermochte diesen Güssen standzuhalten. Die Männer waren naß bis auf die Haut, das Gesicht salzverkrustet und die Finger, mit denen sie das Doppelglas hielten, vor Kälte taub. Daß sie überhaupt noch mit heilen Knochen auf ihrem Posten waren, hatten sie den Anschnallgurten zu verdanken, mit denen sie sich an der Reling angepickt hatten, und der Schnelligkeit, mit der sie sich vor den Brechern wegduckten. »Diesen Anblick kennt kein Dampferkapitän. Wir sehen nicht auf die See hinab, sondern blicken, vom Wasser wie Schwimmer umfangen, aus ihr hoch. Wenn wir gar in ihre Täler hinabgerissen werden, müssen wir die Köpfe nach oben recken: Wir sehen mit den Augen der See.«[34]

Im Innern der feuchten »Angströhre« war es kaum gemütlicher. Ausruhen war in dem schlingernden, stampfenden Boot unmöglich. Der Schmutt konnte nichts kochen. Alles fühlte sich feucht und schmierig an. Das Brot wurde klitschig, frische Lebensmittel verdarben. Wollte man dem Toben der Elemente entkommen, um etwas zu kochen und zu essen oder sich einfach nur auszuruhen, mußte man über fünfzig Meter tief gehen.

Die See erforderte auf beiden Seiten mehr Aufmerksamkeit als der Feind, den man selten auch nur zu Gesicht bekam. Nicholas Monsarrat, der auf einer der neuen Korvetten der Blumen-Klasse diente, auf denen es bei stürmischer See mindestens so ungemütlich war wie auf aufgetauchten U-Booten, hatte über das miserable Wetter des Winters 1940/41 jedoch nicht nur Schlechtes zu sagen: »Es machte es unendlich viel schwerer, am Geleitzug zu bleiben; in der Nacht lief es auf eine Zickzackfahrt aufs Geratewohl hinaus, aber für die U-Boote war es noch schwerer, uns zu folgen, und das wog mehr als alle Härten, die schlechtes Wetter mit sich bringt.« Monsarrat hatte deshalb nicht allzu viel übrig für gutes Wetter und »alles, was die Fahrt leicht und angenehm macht«.[35]

In ihrem November-Bericht vermerkte die britische U-Boot-Abwehr, daß sich die monatliche Versenkungsrate zum ersten Mal seit der Intensivierung des U-Boot-Krieges deutlich verringert habe, und zwar auf den Stand von Oktober 1939. Als Grund dafür gab man die Umleitung der Konvois an.[36] Die Stürme hielten bis in den Januar 1941 an. In den drei Wintermonaten wurden an zweiundfünfzig Tagen Windstärken von sieben oder mehr gemessen. Die Folge war, daß bis Ende Januar kein einziger Konvoi angegriffen wurde. Allein fahrende

Schiffe und Nachzügler sind weiterhin torpediert worden. Die monatliche Versenkungsrate lag im Durchschnitt bei 162 000 BRT, was nicht viel mehr als die Hälfte der im Sommer und Herbst erreichten Werte war.

Wenn die U-Boote nach einem einsamen Rückmarsch mit den Siegeswimpeln am Sehrohr in den Scorff einliefen, war unter Salz und Rost kaum noch etwas vom grüngrauen Anstrich der Boote zu sehen. Die auf der Brücke versammelten Offiziere und die auf dem Oberdeck angetretene Besatzung sahen nicht viel besser aus: bleich, hohlwangig, mit dicken Rändern unter den Augen und struppigen Haaren. Doch nach der Inspektion durch den Flottillenchef würde mit der Begrüßung durch einige Krankenschwestern der gemütliche Teil beginnen mit allem, was die Männer so lange vermißt hatten: Briefe aus der Heimat, ein warmes Bad, gutes bretonisches Essen, Champagner, Bier und der Luxus eines frisch bezogenen Betts. Dönitz tat sein Bestes für sein »Freikorps«: Für die Urlauber stand ein Sonderzug bereit, der sogenannte BdU-Zug, der sie rasch nach Bremen und Hamburg brachte. Für die anderen gab es Pensionen in Quiberon und anderen Urlaubsorten an der Küste. Für die Offiziere waren Landhäuser und Hotels requiriert worden. Möglicherweise unternahmen sie auch einen Abstecher nach Paris, wo sie am Abend vermutlich im Shéhérazade landeten, einem von weißrussischen Emigranten betriebenen Nachtklub am Pigalle, der zum beliebtesten Treffpunkt der U-Boot-Offiziere aus allen französischen Stützpunkten geworden war.[37] Manche überzogen unter dem Einfluß von allzu viel Champagner ihr Urlaubsbudget und schrieben dann Schuldscheine aus, die an Dönitz nach Kernével geschickt werden sollten. »Diese wahrscheinlich nicht eintreibbaren Forderungen wurden prompt bezahlt – und der betreffende Offizier auf sanfte Weise zusammengestaucht, sobald er sich das nächste Mal in der U-Boot-Führung zeigte. Bei solchen Gelegenheiten legte Dönitz eine gewisse Nachsicht und sogar Humor an den Tag.«[38]

Lorient war der »Hafen der Asse«. Junge Kommandanten schauten zu denen auf, die bereits zu Legenden geworden waren: Prien, der »Stier von Scapa Flow«, Kretschmer, der »Tonnagekönig«, und Schepke, der wie ein Filmstar aussah. Sie übten sich in derselben Kaltblütigkeit, um sie auf den kommenden Feindfahrten zu übertreffen. Die Szenen in der Hotelbar in La Baule bei St. Nazaire am Anfang von Lothar-Günther Buchheims Roman *Das Boot*, in denen die Trunkenheit die Grenzen zwischen »alten Säcken« und »jungen Marschierern« verschwimmen läßt, sind zwar von ehemaligen U-Boot-Fahrern als grobe Überzeichnung kritisiert worden, enthalten aber einen realen Kern. Denn diese Offiziere, selbst die »alten Säcke«, waren junge Männer, die unter einer Doppelbelastung litten: Presse, Rundfunk und Wochenschauen glorifizierten sie als moderne Ritter. Gleichzeitig standen sie unter dem Druck, bei aller Verantwortung für die Sicherheit ihres Bootes und der Besatzung Versenkungserfolge vorzuweisen. Kein Wunder, daß der »alte Sack« Thomsen entsetzt aufspringt, als in der Hotelbar ein Telefon klingelt, das er offenbar für die Alarmglocke in seinem Boot gehalten hat. Die Anspannung, die während der kurzen Hafenzeiten nicht abgebaut werden konnte, begann sich bemerkbar zu machen. Als U 31 dasselbe Schicksal wie kurz vorher Hans Jenischs U 32 ereilte, stellten die britischen Vernehmungsoffiziere fest, daß viele Besatzungsmitglieder gereizt und erschöpft waren, und die Offiziere gaben offen zu, daß der U-Boot-Krieg an ihren Nerven zerrte. Besonders die zu kurzen Pausen zwischen den Feindfahrten wurden bemängelt. Die Beamten kamen zu dem Schluß, daß die gesamte Besatzung »in letzter Zeit über ihre Kräfte beansprucht worden ist und die jüngeren Matrosen in einen Zustand dumpfer Apathie verfallen sind«. Sie waren jedoch weiterhin überzeugt, daß Deutschland den Krieg gewinnen werde: »... einige sagten traurig, daß sie als Kriegsgefangene die ersten Tage des Jubels über den Endsieg versäumen würden«.[39]

Prien und Kretschmer liefen Ende Februar 1941 zu einer groß angekündigten »Frühjahrsoffensive« aus. Dönitz hatte den Verdacht, daß die Konvoirouten nach Norden verlegt worden waren und verschob das Operationsgebiet dementsprechend. Am 1. März standen Priens U 47, Kretschmers U 99 und zwei andere Boote südlich von Island zwischen 59° und 62° N. Vier weitere befanden sich im Anmarsch. Eines der Opfer an diesem Tag war der Esso-Tanker *Cadillac.* Der Torpedo entzündete seine Ladung, und das brennende Erdöl ergoß sich aus den aufgerissenen Tanks über das Wasser. Als das einzige Rettungsboot des Schiffs soweit war, daß es ablegen konnte, war es vom Feuer eingeschlossen. Einer der vier Seeleute, die mit schweren Verbrennungen überlebten, berichtete später: »Die meisten Männer im Boot sprangen mit den Rudern ins Wasser. Sie waren fast wahnsinnig vor Hitze und Schmerzen. Einige schrien es heraus, während andere beteten. Sie wußten nicht, was sie taten. Am Boden des Boots stand ungefähr dreißig Zentimeter tiefes Wasser, und ich legte mich auf den Boden, wo das Atmen, wie ich feststellte, etwas leichter fiel. Nach ein paar Minuten hörte ich jemanden sagen: ›Wir kommen raus.‹ ... Wir fanden die Ruder ... und schafften es irgendwie, aus den Flammen herauszurudern.«[40]

Sechs Tage später sichteten Priens Ausgucks die Rauchfahnen eines von England kommenden Konvois. Dönitz beorderte Kretschmer, Korvettenkapitän Joachim Matz von U 70 und Korvettenkapitän Hans Eckermann von UA, einem ursprünglich für die Türkei gebauten Boot, zu dem Konvoi. Die zwei Zerstörer und zwei Korvetten des unter dem Befehl von Captain J. M. Rowland stehenden Geleitschutzes waren eine gut ausgebildete Eskortgruppe, und als Prien und Eckermann in den ersten Stunden des nächsten Tages, dem 7. März, angriffen, wurden beide entdeckt und unter Wasser gedrückt. UA wurde bei dem Wabo-Angriff so stark beschädigt, daß Eckermann nichts übrig blieb, als Kurs auf die Biskaya zu nehmen, die er schließlich auch erreichte. Inzwischen war U70 eingetroffen und griff an. Kurz vor der Morgendämmerung erschien auch Kretschmer auf der Szene, schlüpfte an den Geleitschiffen vorbei und feuerte einen Fächer auf den 20000-Tonnen-Tanker *Terje Viken.* Matz, ein neuer Kommandant, hatte mit seinen drei Torpedos keinen Treffer erzielt und lief gerade für einen weiteren Schuß an, als zwei von Kretschmers Torpedos im Rumpf des Tankers einschlugen und ihn zerrissen. Es folgten im ersten Morgengrauen aus nächster Entfernung erfolgreiche Unterwasserangriffe beider Boote auf zwei weitere Schiffe. Der holländische Tanker *Mijdrecht,* der aus dem Konvoi ausgeschert war, um die Besatzung des Opfers von Matz zu retten, wurde selbst von einem Torpedo getroffen, hatte aber noch Fahrt. Als die Brückenwache die Schaumkrone am Sehrohr von U70 entdeckte, drehte sie auf das U-Boot zu, um es zu rammen. Matz konnte nicht mehr ausweichen. Der Tanker traf sein Boot und rollte es auf die Seite. Matz ließ die Tauchzellen ausblasen, um über Wasser zu fliehen, aber als er auf die Brücke kam, sah er näherkommende Korvetten. Er ging wieder auf Tauchstation, mußte aber nach einem verheerend genauen Wabo-Angriff schließlich an die Oberfläche zurück, wo die Besatzung gerade noch von Bord kam, bevor das Boot sank.[41]

Prien, der weit hinter dem Geleitzug zurückgeblieben war, jagte ihm den Tag über nach und fand ihn mit Hilfe von Horchpeilungen gegen Abend wieder. Er setzte die obligatorische Meldung ab und schloß dann kurz nach Mitternacht im Schutz eines Regenschauers zu dem Geleitzug auf. Beide Zerstörer der Eskortgruppe waren mit einem verbesserten, aber immer noch primitiven Radargerät namens Typ 286 ausgerüstet. Prien wurde offenbar entdeckt, als er versuchte, hinter ihnen in den Konvoi einzudringen, denn einer der Zerstörer, die *Verity,* feuerte Leuchtgranaten ab und zwang ihn zu tauchen. U47 überstand eine fünfstündige ASDIC-Jagd. Warum Prien dann nach oben ging, wird sich nie klären lassen. Er stieß in der Nähe von Rowlands Zerstörer, der *Wolverine,* durch die Oberfläche, der sofort auf ihn zuhielt, um ihn zu rammen. Prien tauchte wieder, und die *Wolverine* schickte ihm in das aufgewühlte Wasser einen Satz von auf geringe Tiefe eingestellten Wabos hinterher, denen zehn weitere von der *Verity* folgten. Rowland wendete gerade, um erneut anzulaufen, als ein Ölfleck auf der Oberfläche zu sehen war und aus dem Horchraum »ein lautes Scheppern wie von zerbrechendem Geschirr« gemeldet wurde. Kurz darauf stieg U47, offenbar außer Kontrolle geraten, für einen Moment aus dem Wasser, um sofort wieder zu verschwinden. Die *Wolverine* fuhr über die Stelle und warf einen weiteren Satz Wabos ab. Die Seeleute, die auf dem Heck des

Zerstörers die im Kielwasser hochgehenden Explosionen beobachtete, sahen unter der Wasseroberfläche ein unheimliches rotorangenes Glühen, das nach einigen Berichten volle zehn Sekunden anhielt. Wrackteile markierten die Stelle, an der das bekannteste deutsche U-Boot-As mit der gesamten Mannschaft sein Ende gefunden hatte, und zwar, wie neueste Untersuchungen vermuten lassen, möglicherweise nicht durch die Wasserbomben, sondern durch einen eigenen, zurückgelaufenen Torpedo, einen sogenannten Kreisläufer. Die Engländer hatten keine Ahnung, wen sie da erwischt hatten. Sie waren aber höchst zufrieden mit der Leistung der Eskortgruppe, die das Wolfsrudel verjagt und zwei U-Boote vernichtet hatte, während aus dem Konvoi nur zwei Schiffe versenkt und zwei beschädigt worden waren.[42]

Lemp war nicht mehr auf dem Atlantik gewesen, seit er im vergangenen Herbst das Kommando über ein neues Boot vom Typ IXB – U 110 – erhalten hatte. Er hatte zwei seiner alten Offiziere und die meisten Unteroffiziere von U 30 mit auf das neue Boot genommen. Die Mehrheit der Mannschaftsdienstgrade aber war neu und unerfahren. So auch sein IWO, Oberleutnant Dietrich Loewe, ein Cousin Lemps.

Am 9. März, einen Tag nach der Versenkung von U 47, lief Lemp aus dem Kieler Hafen aus, schlug, um die Minensperre von Dover zu umgehen, die übliche Nordroute ein und passierte am 13. die Orkney- und die Shetland-Inseln. Am 14. sichtete er mittags einen nach England fahrenden Geleitzug, erstattete Meldung und heftete sich an seine Fersen. Es handelte sich um den aus Halifax kommenden Konvoi HX 112. Er bestand aus fünfzig Schiffen, die im Schutz der ungewöhnlich starken und gut ausgebildeten 5. Eskortgruppe unter Captain Donald Macintyre fuhren. Dönitz dirigierte die in dem Gebiet stehenden U-Boote, darunter auch Kretschmers U 99, zu dem Geleitzug.

Lemp verfolgte den Geleitzug bis zum Abend des nächsten Tages. Dann schloß er zu ihm auf, drang am Geleitschutz vorbei in ihn ein und feuerte aus sechshundert Metern auf Ziele in der ersten Kolonne. Anschließend wendete er und schoß den Torpedo im Heckrohr auf einen Tanker der zweiten Kolonne, der in nur hundert Metern Entfernung vorbeigefahren war. Die Explosion schüttelte das Boot durch, vom Feuerschein wurde es »mitten im Geleitzug wie in Scheinwerferlicht« gehüllt.[43] Als zwei Zerstörer auf ihn zuhielten, ging Lemp in den Keller. Bei der anschließenden ASDIC-Suche blieb er unentdeckt, fiel aber weit zurück und verlor den Geleitzug für eine Weile aus den Augen. Während der Tagesstunden des 16. März erfüllte deshalb Kretschmer, der in der Zwischenzeit am Geleitzug eingetroffen war, die Aufgaben des Fühlunghalters und Melders. Während die Geleitschiffe mit anderen von Dönitz an den Geleitzug herangeführten U-Booten beschäftigt waren, lief er nach Einbruch der

Dunkelheit im Innern des Geleitzugs zum verheerendsten Angriff seiner gesamten Laufbahn an. Als er fertig war, standen vier Tanker in Flammen, und zwei Frachter sanken. Nach eigener Schätzung hatte Lemp damit die Versenkungsrate auf dieser Feindfahrt um 59 000 BRT auf die Rekordmarke von 86 000 BRT hochgeschraubt. Einer der Tanker konnte fünf Tage später eingeschleppt werden; Lemp hatte also »nur« gut 61 000 BRT versenkt, aber auch dies war mehr, als jemals zuvor erreicht worden war.[44]

Das Boot, das die Aufmerksamkeit eines Teils der Geleitschiffe von Lemp abgelenkt hatte, war Schepkes U 100 gewesen. Nach seiner Ankunft am Geleitzug am vorangegangenen Abend war es unter Wasser gedrückt, vom ASDIC auf Macintyres eigenem Zerstörer, der *Walker*, geortet und schließlich mit Wabos belegt worden. Den zweiten Wabo-Angriff fuhr der Zerstörer *Vanoc*. Er wollte gerade auf seinen Posten im Geleitschutz zurückkehren, als der Radarbeobachter einen Kontakt in tausend Metern Entfernung an Steuerbord meldete. Sobald das Ruder herumgelegt war, wurde vor dem Bug der graue Umriß eines den Kurs des Zerstörers kreuzenden U-Boots sichtbar.

Die Schäden, die das Boot bei den Wabo-Angriffen erlitten hatte, hatten Schepke zum Auftauchen gezwungen. Jetzt mußte er feststellen, daß die Diesel nicht ansprangen. Ihnen blieben nur die E-Maschinen für die Flucht. Von den Unterwasserschlägen immer noch benommen und die weiße Bugwelle des schnell näherkommenden Zerstörers vor Augen, war Schepke im ersten Augenblick so durcheinander, daß er die Steuerbord-E-Maschine rückwärts laufen ließ anstatt vorwärts, um das Boot neben den Kurs des anlaufenden Zerstörers zu bringen. Während das Boot in einen stumpferen Winkel zum Kurs des Zerstörers drehte, dachte Schepke für einen Augenblick, er würde achtern an ihm vorbeifahren, doch das war unwahrscheinlich, also gab er Befehl, das Boot zu verlassen. Die Männer schnappten sich ihre Schwimmwesten und hasteten die Leitern hoch. Einige sprangen sogar noch ans Geschütz hinter der Brücke, aber es war zu spät. Der Zerstörer kam mit äußerster Kraft näher, zerschnitt mit dem Bug die Tauchzellen und schob sich über den Druckkörper. Schepke wurde zwischen der Reling der Brücke und dem Sehrohr eingeklemmt und war auf der Stelle tot. Die *Vanoc* setzte zurück und stoppte, während U 100 mit dem Kommandanten und dem Großteil der Besatzung an Bord unterging.[45]

Kretschmer zog sich aus dem Gefecht zurück, nachdem er alle Torpedos verschossen hatte. Doch als er wieder in die Rolle des Fühlunghalters schlüpfen wollte, tat er es ausgerechnet dort, wo die Überlebenden von U 100 an den über die Reling geworfenen Netzen auf die *Vanoc* hochkletterten, während die *Walker* die Szene umkreiste. Kretschmer befand sich unter Deck, als die Brückenwache die *Walker* sichtete; sein stehender Befehl für einen solchen Fall lautete:

Abdrehen und mit kleinster Silhouette davonfahren. Aber das Boot war offenbar durch die Nachlässigkeit eines Ausgucks zu dicht an den Zerstörer herangefahren, so daß der Wachoffizier sofort Alarm auslöste und den Tauchbefehl gab.[46] Kurz darauf meldete der ASDIC-Beobachter der *Walker* einen Kontakt in der Nähe der *Vanoc.* Der Mann war sich absolut sicher, daß es ein U-Boot war, so daß Macintyre die Stelle anlief und am frühen Morgen des 17. März um 3.43 Uhr sechs auf Tiefen zwischen dreißig und fünfundvierzig Metern eingestellte Wasserbomben abwarf. U 99 soll sich, nach den späteren Aussagen der Besatzung, zu diesem Zeitpunkt 120 Meter unter der Oberfläche befunden haben; Tatsache ist jedoch, daß die Explosionen Steuerung und E-Maschinen lahmlegten und Lecks verursachten, die das Boot über das Heck sinken ließen. Als es auf 140 Meter abgesackt war, ließ Kretschmer die Tauchzellen anblasen, um die Flucht über Wasser zu versuchen. Das Boot tauchte tausend Meter hinter der *Vanoc* zwischen ihr und der *Walker* auf, so daß die Zerstörer zunächst nicht schießen konnten, weil sie sich gegenseitig hätten treffen können. Die *Vanoc* strahlte U 99 mit einem Suchscheinwerfer an, und kurz darauf, um 3.54 Uhr, konnten beide Schiffe das Feuer eröffnen.

Zu diesem Zeitpunkt war Kretschmer klar, daß sein Boot untergehen würde; er wies die Besatzung an, es zu verlassen, und befahl dem Funker, folgenden unverschlüsselten Funkspruch abzusetzen: »U 99. Zwei Zerstörer. Wasserbomben. 53 000 BRT versenkt. Gefangenschaft. Heil! Kretschmer.«[47] Aufgrund der Schäden und der Feuchtigkeit an Bord war die Sendeleistung jedoch nicht groß genug, um die Empfangsstellen an Land zu erreichen. Aber U 37 fing den Funkspruch auf und gab ihn später weiter, als die U-Boot-Führung vergeblich versuchte, U 99 anzufunken.

Während die 10-Zentimeter-Granaten und kleineren Leuchtspurgeschosse der Zerstörer rund um das Boot ins Wasser klatschten, signalisierte Kretschmer der *Walker* mit Blinkgerät: »Kapitän an Kapitän. Bitte, retten Sie meine Männer, die in Ihre Richtung treiben. Wir sinken.« Macintyre ließ das Feuer einstellen, und als beide Zerstörer vorsichtig auf das U-Boot zufuhren, befahl er, ein Boot zu Wasser zu lassen, um das U-Boot zu entern.

Kretschmer sah, was auf der *Walker* vorging, und äußerte seine Besorgnis, daß die Engländer an Bord kommen könnten. Daraufhin erklärte sich der LI, Kapitänleutnant (Ing.) Schroeder, bereit, die achteren Tauchzellen zu fluten. Das Heck sackte erneut weg, als das Wasser in die Zellen strömte, und Kretschmer rief nach Schroeder, doch vergeblich: Er kam nicht mehr aus dem Boot. Wenige Augenblicke später überspülte das Wasser die Brücke, und Kretschmer begann in dem eisigen Wasser zu treiben. Er vergewisserte sich, daß sonst niemand von der Besatzung zurückgeblieben war, dann schwamm auch er auf das

Scheinwerferlicht der *Walker* zu, in dem seine Männer an Netzen und Tauen auf den Zerstörer hinaufkletterten. Er war der letzte. Bis auf Schroeder und zwei Matrosen wurde seine gesamte Besatzung gerettet.[48]

Die »Frühjahrsoffensive« hatte Dönitz in etwas mehr als einer Woche drei seiner besten Kommandanten gekostet. Wer ihn besser kannte, bemerkte eine etwas größere Reserviertheit an ihm als üblich. Obwohl die verbliebenen Asse und die »jungen Marschierer« weiterhin um Ruhm und Ehre kämpften, würde es nie wieder dasselbe sein wie vorher. Abgesehen von einer kurzen Phase leichter Erfolge an der US-Küste Anfang des folgenden Jahres, sollte die Schlacht im Atlantik immer grausamer werden und immer mehr Boote und junge Leben kosten. Die Zahl der Versenkungen pro Boot hatte im vorangegangenen Oktober ihren Höchststand erreicht. Sie sollte immer geringer werden, je mehr Boote in Dienst gestellt wurden. Die große Zeit der nächtlichen Soloauftritte der U-Boot-Asse war vorüber. Was jetzt folgte, war ein kostspieliger Abnutzungskrieg.

So zeigt sich das Bild im Rückblick. Dönitz erkannte dies damals nicht. Die U-Boot-Produktion war Anfang 1940 auf zwei bis drei Boote pro Monat gestiegen, und obwohl immer noch weniger Boote im Einsatz waren als im September 1939, befanden sich über achtzig neue in der Ostsee in der Test- und Ausbildungsphase. Dönitz konnte also in den kommenden Monaten mit einer wesentlichen Vergrößerung seiner Streitmacht rechnen und, wenn er die bisherigen Versenkungsraten fortschrieb, mit einem »entscheidenden« Sieg.

Otto Kretschmer dagegen vertraute seinen britischen Vernehmungsoffizieren an, daß er des Krieges schon seit einiger Zeit müde gewesen sei und bei der Versenkung von Schiffen keinerlei Genugtuung mehr empfunden habe. Er machte den Eindruck eines ruhigen, nachdenklichen Mannes, der »eher wie ein Student wirkte und weniger wie ein U-Boot-Kommandant«. Bei den Geleitzugangriffen, erklärte er, habe er sich weniger auf ausgeklügelte Pläne als vielmehr auf die Fähigkeit verlassen, jeweils das zu tun, was der Augenblick erforderte. Er besaß offenbar die ungeteilte Loyalität und sogar Bewunderung der Besatzung, und diese schien »enger zusammengehalten und besser zusammengearbeitet zu haben als andere in den letzten Monaten vernommene U-Boot-Besatzungen«. Unangenehm fanden die britischen Vernehmungsoffiziere das Selbstwertgefühl, das ihnen entgegenschlug: »Die Besatzung von U 99 hatte eine übertriebene Vorstellung von ihrer Wichtigkeit und Würde; diese maßlosen Auffassungen waren ohne Zweifel eine Folge des außerordentlichen Maßes an öffentlicher Bewunderung, an die sie sich gewöhnt hatten.«[49]

Die britischen U-Boot-Abwehrkräfte hatten inzwischen eine beachtliche Stärke erreicht – zumindest auf dem Papier. An der Spitze stand das Komitee für die Schlacht im Atlantik. Seit dem 19. März 1941, zwei Tage nach der Versenkung von U 100 und U 99, trat es zunächst wöchentlich und von Mai an vierzehntägig zusammen. Es bestand aus Kriegskabinett, Vertretern der betroffenen Ministerien, wie denen für Ernährung, Handel, Transport und Schiffahrt, und – von der dritten Sitzung an – dem Ersten Seelord, Admiral Sir Dudley Pound, sowie dem Chef des Küstenkommandos, Air Marshal Sir Frederick Bowhill, und Stabsoffizieren aller drei Waffengattungen; den Vorsitz übernahm Churchill selbst. Die Diskussionen des Atlantik-Komitees drehten sich trotz des Namens fast ausschließlich um Schiffahrt und Import und so gut wie nie um die Atlantikschlacht oder die dafür benötigten Waffen.[50] Eine Zusammenarbeit zwischen dem Komitee und der U-Boot-Abwehr beziehungsweise dem Kommando der Western Approaches, die den Kampf tatsächlich führten, scheint kaum zustande gekommen zu sein. In der Weisung »Die Schlacht um den Atlantik« forderte Churchill, daß England die Offensive ergreifen müsse: »Das U-Boot auf See muß gejagt, das U-Boot in der Werft und im Dock bombardiert werden.«[51] Dies war sicherlich der richtige Ansatz, aber die geforderte Offensive lenkte von dem eigentlichen Problem ab, dem Schutz der Handelsschiffe, insbesondere der Konvois. Die U-Boot-Abwehr wußte, daß der beste Schutz der aus der Luft war. Churchill wußte es nicht, und es ist fraglich, ob er auf Pound gehört hätte, selbst wenn dieser sich mit Nachdruck dafür eingesetzt hätte. Churchill hatte eine Vorliebe für die Offensive, und der Stab der RAF, der trotz der zunehmenden Bedrohung durch die U-Boote weiterhin an die »entscheidende« Wirkung der Bombardierung der deutschen Industrie und ihrer Arbeiter glaubte, besaß seine ganze Aufmerksamkeit: Sie war die einzige Waffengattung, die offensiv werden und den Krieg ins Land des Feindes tragen konnte.[52]

Im selben Monat besuchte Fritz Todt, Minister für Bewaffnung und Munition und Chef der nach ihm benannten Organisation Todt, Dönitz in Kernével, um mit ihm über den Bau von U-Boot-Bunkern in Lorient und den anderen Stützpunkten an der Biskaya zu sprechen. Als kurz darauf begonnen wurde, die Fundamente für die Bunker zu legen, hätte das Bomberkommando sie leicht zerstören können; nach Churchills Weisung hätte dies sogar geschehen *müssen.* Statt dessen aber konnte die Organisation Todt 1941 in Lorient und La Pallice bei La Rochelle und 1942 in St. Nazaire und Brest, wo sie heute noch zu besichtigen sind, ungestört Bunker errichten, deren Betondecke von keiner damals bekannten Bombe gebrochen werden konnte. Nach ihrer Fertigstellung legte das Bomberkommando zwar ihre Umgebung in Schutt und Asche, doch die U-Boote waren bereits sicher geschützt.

Die RAF war nicht bereit, eine maritime Luftstrategie zu unterstützen, die nicht in ihre eigenen Pläne paßte, und verweigerte die für die U-Boot-Abwehr so dringend benötigten modernen Langstreckenflugzeuge. Aber sie konzedierte etwas, was Raeder und Dönitz vergeblich von Göring zu erhalten versuchten: Im Februar wurde das Küstenkommando immerhin der operativen Führung der Admiralität unterstellt. In der Praxis bedeutete dies, daß die Befehlshaber der einzelnen Marinebezirke Anforderungen an die Chefs der jeweiligen Gruppe des Küstenkommandos stellten, die diese, so gut es ging, in Befehle an ihre Flugzeugstaffeln übersetzten. Die wegen ihres Zuständigkeitsgebiets wichtigsten Befehlshaber, der Kommandierende Admiral der Western Approaches und der Kommandierende Vice Air-Marshal der Gruppe Nr. 15 des Küstenkommandos, arbeiteten Tür an Tür im unterirdischen, bombensicheren Hauptquartier unter dem Derby House in Liverpool, der sogenannten Zitadelle. Sie blickten beide durch dieselbe Glaswand auf eine riesige Wandkarte des Atlantiks, auf der sämtliche Konvois, Eskortgruppen, unabhängigen Marineeinheiten, Luftpatrouillen, Rettungsschlepper und gemeldeten U-Boote verzeichnet waren. Die Karte entsprach den beiden Lagekarten der Handelsabteilung und des Tracking Room im OIC in London, das inzwischen in ein ebenfalls Zitadelle genanntes bombensicheres Hauptquartier in der Nähe der Admiralität umgezogen war.[53]

Die Umleitung der Konvois um bekannte oder vermutete U-Boot-Streifen war, zumal angesichts der wenigen Boote, die Dönitz ausschicken konnte, so erfolgreich, daß dieser Spionage vermutete. Er griff zu immer strengeren Vorsichtsmaßnahmen, um zu verhindern, daß irgend jemand außer seinem kleinen Stab die Lagekarte zu Gesicht bekam, und stellte die täglichen Positionsmeldungen ans Marine-Gruppenkommando West und andere Dienststellen von Kriegsmarine und Luftwaffe ein.[54] Die Voraussagen oder »Arbeitshypothesen«, die Rodger Winn anhand seiner Lagekarte aufstellte, waren jedoch nichts weiter als mehr oder weniger wahrscheinliche Annahmen. Wenn man der im Sommer und Herbst zu erwartenden größeren Anzahl von U-Booten begegnen wollte, mußte man deren Funkschlüssel knacken, was sich bisher, von kurzen Phasen nach der Erbeutung von Tagesschlüsseln für die Enigma-Maschine, als unmöglich erwiesen hatte.

Der Funkschlüssel M 3 der deutschen Kriegsmarine benutzte drei Walzen mit Buchstabenringen und sechsundzwanzig Messingkontakten auf deren Rand, die mit Buchstabentasten wie denen von Schreibmaschinen verbunden waren. Die Walzen drehten sich zwischen ähnlichen, aber festen Scheiben mit passenden Kontakten, die mit kleinen, mit Buchstaben beschrifteten Lampen verbunden waren. Tippte man auf der Tastatur einen Buchstaben, leuchtete eins der Lämpchen auf und bezeichnete den Buchstaben, der die Verschlüsselung des eingegebenen war. Dabei drehte sich die erste Walze um einen Kontakt weiter und veränderte so den Verschlüsselungspfad. Nach einer vollen Umdrehung begann sich die zweite Walze zu drehen, anschließend die dritte, so daß sich eine Einstellung erst nach 17576 Buchstaben (26 x 26 x 26) wiederholte. Darüber hinaus ließ sich die Verdrahtung durch Doppelstecker variieren, die in beschriftete Buchsen unter der Tastatur gesteckt wurden.

Der Tagesschlüssel gab die zu benutzenden Walzen (von acht möglichen), deren Reihenfolge und Anfangseinstellung sowie die Position der Doppelstekker an. Beim britischen Marinenachrichtendienst hatte man seit den ersten Kriegstagen darüber nachgedacht, wie man diese Tagesschlüssel in die Hand bekommen könnte. Die Kommandanten der Geleitschiffe waren erst jüngst angewiesen worden, Entergruppen auf U-Boote zu schicken, die man zum Auftauchen gezwungen hatte. Ihre Instruktionen enthielten auf Deutsch wiedergegebene Sätze wie: »Boot hoch halten, sonst wird keiner gerettet!«, oder: »Papiere behalten, sonst schieße ich!«[55] Ein erster Teilerfolg war Anfang März 1941 erzielt worden, als man bei einem Überfall auf die Lofoten auf dem bewaffneten Trawler *Krebs* die deutsche Marinekarte mit der Quadrateinteilung, die statt der Längen- und Breitengrade für die Positionsmeldungen benutzt wurde, und die Enigma-Tagesschlüssel für Februar erbeutete. Während ein hochkarätiges Team von Marinekryptologen in Hut 8 auf dem Gelände von Bletchley Park Methoden und Wissen der Verschlüsselungstechniken erweiterte, indem es den im Februar aufgefangenen deutschen Funkverkehr entzifferte, wurde an dem Plan gearbeitet, eines der einsamen Wetterschiffe zu entern, die die Deutschen im hohen Norden stationierten. Der Vorschlag stammte von einem jungen Analytiker, F. H. Hinsley, dem aufgefallen war, daß die Wettermeldungen mit Enigma verschlüsselt waren. Am 7. März wurde das Wetterschiff *München* aufgebracht, auf dem man den Schlüssel für die kurzen Wettermeldungen und die Tagesschlüssel für den Juni fand.[56] Einen Tag, bevor diese Unterlagen in Hut 8 eintrafen, wurde jedoch wesentlich wertvolleres Material erbeutet – auf U 110.

Lemp war in den frühen Stunden des 16. März zwar unter Wasser gedrückt worden, hatte später aber die Fühlung zum Konvoi HX 112 wieder aufgenommen und Kretschmers Angriffe in der Nacht zum 17. miterlebt.[57] Danach hatte er den Geleitzug wieder aus den Augen verloren und am 29., nach sieben ereignislosen Tagen, Kurs auf Lorient genommen. Am 15. April lief er zur nächsten Feindfahrt aus, mit Helmut Ecke, einem jungen Angehörigen der Propagandakompanie, an Bord, der Eindrücke vom U-Boot-Leben sammeln sollte. Am 27. versenkte Lemp, westlich von Irland, einen allein fahrenden französischen Frachter. Einen Überlebenden fischte er aus dem Wasser und brachte ihn zu einem Rettungsboot. Danach wurde er von Dönitz, der sich in ein Gebiet außerhalb der Reichweite der britischen Luftpatrouillen und jenseits des Umkehrpunkts der Konvoi-Geleitschiffe vortastete, immer weiter nach Norden und Westen beordert. Am 5. Mai erhielten U 110 und andere südlich von Island stehende Boote den Befehl, einen Geleitzug abzufangen, der sich bei den Hebriden sammelte. Zwei Tage später sichtete eines von ihnen den Konvoi OB 318. Die Sichtmeldung an die U-Boot-Führung wurde aufgefangen und ging an den Tracking Room, der sie zwar nicht dechiffrieren konnte, aber den Eskortkommandeur informierte. Dieser ließ den Konvoi daraufhin nach Norden schwenken und schüttelte das U-Boot auf diese Weise ab.

Als der Geleitzug von U 94 unter Kapitänleutnant Herbert Kuppisch gesichtet wurde, fuhr er unter dem starken Schutz zweier Eskortgruppen, der 6. und der 3.; letztere war am Nachmittag aus dem seit April als Nachschubstützpunkt dienenden Reykjavik zu OB 318 gestoßen. Kuppisch erstattete Meldung und setzte sich am frühen Abend vor den Geleitzug, um sich unter Wasser in ihn »hineinsacken« zu lassen, wie es Lüth und viele andere Kommandanten inzwischen taten, weil sie glaubten, daß sie sich in der Hecksee eines Schiffs vor ASDIC verstecken konnten. U 94 wurde kurzzeitig vom ASDIC der an der Steuerbordkolonne fahrenden *Bulldog* erfaßt, dem Zerstörer des Geleitschutzkommandeurs Commander A. J. Baker Cresswell. Er machte kehrt, um den ASDIC-Kontakt wiederzufinden, und fuhr durch den Konvoi zurück. Als er das letzte Schiff erreichte, wurden die hinteren Schiffe der dritten und vierten Kolonne von Torpedos getroffen. Baker Cresswell wendete erneut, um den Angreifer im Konvoi zu jagen, aber U 94 war bereits hinter die Schiffe zurückgefallen. Einige Minuten später sichtete die Schaluppe *Rochester,* die den getroffenen Schiffen zu Hilfe kam, das Sehrohr des U-Boots und drückte es tiefer unter Wasser. Unmittelbar danach wurde es von dem Zerstörer *Amazon,* der von seiner Position an der Spitze des Konvois nach hinten gedampft war, mit ASDIC geortet und angegriffen. Die *Rochester* schloß sich ihm an, und bald darauf folgte auch die *Bulldog.* Baker Cresswell leitete den Angriff über Sprechfunk, und sein Operationsbericht zeigt, wie neu diese Technik noch war: »Die Verbindung zwischen *Bulldog* und *Amazon* war ausgezeichnet und versagte während der vierstündigen Jagd kein einziges Mal. ... Gute Sprechfunkverbindungen bedeuten zweifellos einen großen Vorteil. Nicht nur verlief die Jagd problemlos, da jedes Schiff wußte, was die anderen taten ..., es war auch möglich, gleichzeitig Befehle an die Eskorte des rasch davonfahrenden Konvois durchzugeben.«[58]

Trotz beschädigter Tiefenruder konnte U 94 entkommen. Dönitz dirigierte die anderen Boote über den neuen Kurs des Geleitzugs, und um 18.15 Uhr am nächsten Tag, dem 8. Mai, sichteten Lemps Ausgucks die Rauchwolken der

Schiffe. Lemp fuhr in der Nacht heran, aber der Mond war zu hell und die Geleitschiffe zu zahlreich, um einen Angriff zu wagen. Also hielt er aus 15 Meilen Entfernung Fühlung mit dem Geleitzug, während Dönitz die anderen Boote aufgrund seiner Meldungen umdirigierte. Im Morgengrauen des 9. Mai traf U 201 unter Oberleutnant Adalbert Schnee mit U 110 zusammen, und nach dem Austausch von Erkennungszeichen begannen sich die beiden Kommandanten, von Helmut Ecke gefilmt, mit Hilfe der Blinkgeräte zu beraten. Der Inhalt des stillen Gesprächs ist in zwei Versionen überliefert. Nach dem, was die britischen Vernehmungsoffiziere zu hören bekamen, wollte Schnee sofort angreifen, und Lemp hatte ihm beigepflichtet, obwohl ihn sein erfahrener Obersteuermann darauf hinwies, daß sie sich 32° W näherten; weiter westlich habe noch kein U-Boot einen Konvoi angegriffen, außerdem würden die Geleitschiffe bald abdrehen. Er hatte recht. Baker Cresswell sollte seine Gruppe an diesem Nachmittag nach Reykjavik zurückbringen. Nach der deutschen Version schlug Schnee vor, bis zum Einbruch der Dunkelheit abzuwarten und dann über Wasser anzugreifen. Bis dahin würden die Geleitschiffe wahrscheinlich verschwunden sein. Lemp, dessen Treibstoff zur Neige ging, wollte so bald wie möglich die restlichen Torpedos loswerden und zum Stützpunkt zurückkehren. Er entschied sich deshalb für den sofortigen Angriff. Er würde zuerst zuschlagen, und Schnee sollte ihm eine halbe Stunde später folgen.[59] Diese Version ist plausibler, insbesondere deshalb, weil Lemp der ranghöhere Kommandant war und Unterwasserangriffe am Tage in dieser Phase des Krieges selten waren. Aber wie dem auch gewesen sein mag, es war jedenfalls einer der wenigen Fälle, in denen U-Boot-Kommandanten in der Lage waren, einen Angriff untereinander abzusprechen.

Lemp brachte sich auf der Steuerbordseite des Geleitzugs in Position, dann lief er an. Um 11.37 Uhr tauchte er, um diagonal zwischen dem Geleitschiff vor der Steuerbordkolonne der Handelsschiffe und dem Geleitschiff auf der Steuerbordflanke durchzuschlüpfen. Im Gegensatz zu Kuppisch drang er jedoch nicht in den Konvoi ein, sondern feuerte aus 800 Metern drei Torpedos aus den Bugrohren auf drei verschiedene Ziele ab. Er zählte die Sekunden, bis er im richtigen Abstand das dumpfe Krachen von drei Explosionen hörte.

Baker Cresswell auf der Brücke der in der Mitte vor dem Konvoi fahrenden *Bulldog* hörte die Detonationen und sah, wie am führenden Schiff der Steuerbordkolonne und kurz darauf an dem der dritten Kolonne von Steuerbord eine Wassersäule aufstieg. Auf der Korvette *Aubretia,* die neben dem dritten Schiff der Steuerbordkolonne im Zickzack fuhr, blickte alles gebannt auf die Explosionen, als direkt vor ihrem Bug das nächste Schiff, das zweite in der Steuerbordkolonne, getroffen wurde. Alle drei Torpedos hatten ihr Ziel erreicht. Zur selben Zeit erhielt die Brücke der *Aubretia* die Meldung, daß der Horcher das Geräusch von Torpedopropellern auf der Steuerbordseite ausgemacht habe. Lieutenant Commander Vivian Funge-Smith erhöhte die Geschwindigkeit auf 13 Knoten und schwenkte auf die Peilung. Das Schiff krängte noch, als der Mann am ASDIC einen Kontakt bei 335° meldete, Entfernung 900 Meter. Funge Smith stabilisierte das Schiff bei 340° und stoppte die Maschinen, um den bestmöglichen ASDIC-Empfang zu haben. Eine Minute später, um 12.04 Uhr, wurde bei 20° Steuerbord voraus ein Sehrohr gesichtet, das sich nach Steuerbord bewegte. Funge-Smith klingelte dem Maschinenraum alle Kraft voraus durch und ging auf Kollisionskurs mit dem U-Boot.

Lemp scheint einen Augenblick abgelenkt gewesen zu sein. Er hatte einen vierten Torpedo aus dem Heckrohr abgefeuert, das Ziel aber verfehlt, und sein IWO, der ungeschlachte Loewe, hatte deshalb einen Streit mit dem LI begonnen. Als Lemp das nächste Mal einen Rundblick durchs Sehrohr machte, sah er die Korvette auf sich zulaufen. Er befahl, tiefer zu gehen, und die Männer wurden in den Bug beordert, damit das Boot einen steileren Tauchwinkel bekam. Das Boot sank immer noch, als die auf 30 bis 70 Meter eingestellten Wabos explodierten. Aber außer ein paar zersprungenen Instrumenten und anderen kleineren Schäden bewirkten sie nichts. Als in der Stille nach den Explosionen das Schraubengeräusch der Korvette leiser wurde und dann verstummte, meldete der Horcher zwei weitere anlaufende »Zerstörer«. Es waren die *Broadway*, die vor der Steuerbordkolonne des Konvois stationiert war, und Baker Cresswells *Bulldog*. Die Schraubengeräusche kamen näher, und dann war das scharfe Zirpen der ASDIC-Impulse zu hören. Kurz darauf detonierten in einiger Entfernung die von der *Broadway* abgeworfenen Wabos.

Fünf Minuten später war achteraus das Schraubengeräusch des ersten Angreifers zu hören, und wieder zerrte das ASDIC-Zirpen an den Nerven der Männer. Jeder suchte einen Halt und schaute nach oben, als könnte er durch die Außenhaut des U-Boots sehen, wie die Wabos durch das Wasser trudelten. Dem ersten Klicken eines Tiefenzünders folgte eine gewaltige Explosion, die Helmut Ecke später als »wesentlich lauter und schrecklicher als alles, was er an der Westfront gehört hatte«, beschrieb.[60] Das Boot schüttelte sich unter der Druckwelle wie ein lebendiges Wesen. Das Licht ging aus, Glas zersplitterte, Gegenstände polterten auf die Flurplatten. Als der gesamte Bombenteppich aus zehn Wabos detoniert war, lief die Steuerbord-E-Maschine nicht mehr, Seiten- und Tiefenruder ließen sich nicht bedienen, und irgendwo hinten drang Wasser ein, so daß das Heck absackte. Ein leichter Chlorgeruch ließ darauf schließen, daß Batteriezellen zersprungen sein mußten. Als das Heck noch tiefer sank, hasteten die Männer nach vorn. Helmut Ecke war unter ihnen. Als er die Zentrale erreichte, sah er sich in dem blauen Schimmer der Notbeleuchtung Dietrich Loewe gegenüber, der ihn auf die verschreckten Gesichter der Männer hinwies und ihn anhielt, die Augen offenzuhalten, weil er vielleicht etwas zu sehen bekäme, das er in seinen Propagandaartikeln verwenden könne.[61]

Lemps Befehl zum Anblasen der Tauchzellen konnte nicht ausgeführt werden, da das entsprechende Handrad durch die Verwerfungen der Hülle abgesprengt worden war; man fand es auf dem Boden. Lemp und dem LI muß klar gewesen sein, daß dies das Ende war. Der Meeresboden lag zwei Meilen unter ihnen; und wenn das Boot wider Erwarten nicht sinken sollte, würden sie vom Batteriegas vergiftet werden. Aber Lemp zeigte keinerlei Unruhe. Alle Mitglieder seiner Besatzung sprachen hinterher von seiner unerschütterlichen Ruhe.[62]

Als die Besatzung noch darum kämpfte, das Boot wieder auf ebenen Kiel zu bringen, wurde es angehoben, als würde es in Wellen schaukeln, und kurz vor 12.35 Uhr, elf Minuten nach der letzten Wabo-Explosion, begann es eindeutig zu rollen und zu stampfen. Irgendwie war das Boot von sich aus aufgetaucht. Möglicherweise war die Preßluftleitung eine Winzigkeit geöffnet worden, als das Handrad abgesprengt wurde. Lemp hastete die Leiter hinauf und klappte das Luk auf, ohne den Druckausgleich abzuwarten, so daß Staub und kleine Trümmerteile mit ihm aus dem Boot stoben.

Baker Cresswell sah den Kommandoturm in 700 Metern Entfernung auftauchen und gab seinen Geschützbedienungen Befehl, das Feuer zu eröffnen. Dann ging er auf Kollisionskurs. Die *Broadway,* die U 110 mit ASDIC erfaßt hatte und zu ihrem zweiten Angriff anlief, folgte seinem Beispiel. Die *Aubretia* hatte abgedreht, um Überlebende der torpedierten Schiffe zu retten. Lemp war die Aussichtslosigkeit der Lage klar. Er wies alle an, ihre Schwimmweste zu nehmen und das Boot zu verlassen. Der LI öffnete die Entlüftungen, um das Boot zu fluten, während die anderen die Leitern hinaufkletterten. Sie kamen mitten in ein Sperrfeuer von 12-Zentimeter-, 7,6-Zentimeter- und Pompomgranaten, in das sich die Salven von Maschinengewehren und anderen kleineren Waffen mischten. Die meisten Männer sprangen direkt von der Brücke ins Wasser.

Als Baker Cresswell sah, wie überstürzt die Besatzung das U-Boot verließ, wurde ihm klar, daß er die einmalige Chance hatte, es zu entern und vielleicht sogar die Verschlüsselungsunterlagen und andere Papiere zu erbeuten. Er wies die *Broadway* an, das U-Boot nicht zu rammen, stellte das Feuer ein, stoppte die Maschinen und schickte eine bewaffnete Bootsbesatzung unter der Leitung eines jungen Sub-Lieutenant, David Balme, als Enterkommando hinüber. Die *Broadway* war in ihrem Angriff schon so dicht an U 110 herangefahren, daß sie beim Beidrehen mit einem Tiefenruder des U-Boots kollidierte. Dabei wurde auf der Backbordseite der vordere Treibstoffbunker des Zerstörers aufgerissen. Dieser Zusammenstoß war möglicherweise entscheidend dafür, daß die Enigma-Maschine mitsamt Walzen und Tagesschlüsseln geborgen werden konnte, denn der IIWO und der Funkobermaat, deren Aufgabe es gewesen wäre, die Geheimsachen in beschwerten Säcken zu verstauen und ins Meer zu werfen, waren von den Wabo-Angriffen und dem Artilleriefeuer, von dem sie an der Oberfläche empfangen worden waren, offenbar so betäubt, daß sie nichts taten, und als Lemp immer dringlicher durchs Luk rief: »Raus! Raus! Der Zerstörer will uns rammen!«, dachten auch sie nur noch daran, möglichst schnell aus dem Boot zu kommen.[63]

Lemp und die anderen Offiziere auf der Brücke sprangen vermutlich in die Wellen, als ihnen der Bug des Zerstörers gefährlich nahegekommen war. Nach Aussage mehrerer Besatzungsmitglieder schwamm Lemp zu Loewe und zum LI und erkundigte sich bei ihnen nach dem IIWO. Danach ist er, möglicherweise zusammen mit einem Unteroffizier, zum U-Boot zurückgeschwommen, weil er sah, daß es nicht sinken würde. Baker Cresswell sprach in seinem Operationsbericht von »zwei Männern, die anscheinend das vordere Deckgeschütz des U-Boots besetzen wollten«, nachdem das Enterkommando von der *Bulldog* abgelegt hatte, woraufhin »das Feuer mit dem Lewis-Maschinengewehr wieder eröffnet und zwei oder drei Mann getroffen wurden. Meine Absicht war, die Besatzung abzuschrecken.«[64] Zu diesem Zeitpunkt lag die *Bulldog* hundert Meter von dem U-Boot entfernt, dessen Besatzung nach demselben Bericht einen »benommenen und verwirrten« Eindruck machte. Es ist höchst unwahrscheinlich, daß jemand versucht haben soll, es mit zwei Zerstörern aufzunehmen, zumal die Munition für das Geschütz erst hätte an Deck gebracht werden müssen. Ebenso unwahrscheinlich ist, daß Baker Cresswell aus nur hundert Metern Entfernung nicht sah, was die beiden Männer auf dem Vordeck taten. War es Lemp und einem Unteroffizier gelungen, auf die niedrigen hinteren Tauchzellen zu klettern und sich zum Bugraumluk vorzukämpfen? Das Luk war geöffnet worden, als ein Teil der Besatzung auf diesem Weg das Boot verließ. Gab Baker Cresswell den Feuerbefehl, um zu verhindern, daß sie in das U-Boot stiegen und die möglicherweise noch an Bord befindlichen Geheimsachen zerstörten? Es wäre angesichts der Bedeutung des Materials ein notwendiger und legitimer Kriegsakt gewesen. Sicher ist jedoch nur, daß Lemp, nachdem er zusammen mit Loewe und dem LI im Wasser gesehen worden war, nicht überlebte. Die britischen Berichte schweigen sich über sein Ende aus; und die Besatzungsmitglieder von U 110, die von den Booten der *Aubretia* aufgefischt und auf der Korvette umgehend unter Deck gebracht wurden, so daß sie nicht einmal wußten, daß ihr Boot geentert worden war, hatten keine Gelegenheit zu beobachten, wie ihr Kommandant starb.

Deutsche Historiker vertreten die Ansicht, daß Lemp erschossen wurde, während er zum U-Boot zurückschwamm.[65] In einigen britischen Darstellungen wird dagegen angedeutet, daß er Selbstmord begangen haben könnte, als er sah, daß sein Boot geentert wurde und ihm einfiel, daß die Geheimsachen nicht versenkt worden waren. Die deutsche Version scheint plausibler zu sein, insbesondere wenn man sich vor Augen hält, daß in den Berichten der beteiligten britischen Offiziere weder Informationen noch Vermutungen über die Art von Lemps Tod zu finden sind. Daß die Wahrheit jemals zweifelsfrei festzustellen sein wird, ist heute unwahrscheinlich.

Balme hatte es so eilig, in das U-Boot zu kommen, daß er sich nicht die Zeit nahm, um mit seinem Boot auf die Leeseite zu fahren. Statt dessen lief er von der Windseite an, mit der Folge, daß sein Boot, von einer Welle über die Tauchzellen gehoben, zwischen Kommandoturm und Deckreling eingeklemmt und später zerschmettert wurde. Balme fand sowohl das Turmluk als auch das Zentralluk verschlossen vor, was auf einem hastig verlassenen U-Boot so überraschend war, daß er sich fragte, ob noch Besatzungsmitglieder an Bord waren. Aber die Räume unter den Luken waren leer: »Das U-Boot war offenbar in großer Eile verlassen worden, so wie Bücher und Geräte verstreut waren. Eine Kette wurde gebildet, die alle Bücher, Karten etc. nach oben reichte. Da es aufgrund der Möglichkeit, daß das U-Boot sank (obwohl alles trocken war), schnell gehen mußte, gab ich den Befehl, ALLE Bücher, außer den offensichtlich literarischen, hochzuschicken. ... Der Telegrafist ging inzwischen in den FT-Raum, gleich vor der Zentrale auf der Steuerbordseite. Er befand sich in ausgezeichnetem Zustand; es waren offenbar keinerlei Anstrengungen gemacht worden, die Bücher und Apparate zu zerstören. Hier fanden wir geheime Bücher, Funkkladden, Soldbücher und allgemeine Korrespondenz; wie es aussah, war dieser Raum als Schiffsbüro benutzt worden. Hier fanden wir auch die Schlüsselmaschine, und zwar eingestöpselt, so als wäre sie in Gebrauch gewesen, als das U-Boot aufgegeben wurde.«[66]

Während die Dokumente und die Schlüsselmaschine M 3 auf die *Bulldog* gebracht wurden, belegten der Zerstörer *Amazon* und zwei andere Geleitschiffe über eine Meile weiter südlich U 201 mit Wasserbomben. Schnee hatte fast eine halbe Stunde nach Lemps erstem Schuß angegriffen und einen vierten Frachter torpediert. Dabei war er vom ASDIC entdeckt worden, konnte dem anschließenden Angriff aber gegen 18 Uhr entkommen.

U 110 lag mit abgesacktem Heck im Wasser und hatte eine Schlagseite von 15 Grad nach Backbord. Außerhalb des Druckkörpers war zwar ein leises sprudelndes Geräusch zu hören, aber man hielt das Boot für seetüchtig, und Baker Cresswell entschloß sich, es nach Island zu schleppen. In der Nacht frischte jedoch der Wind auf und sorgte für unruhige See, und am nächsten Vormittag sackte das Heck des U-Boots plötzlich weg, so daß der Bug senkrecht aus dem Wasser ragte. Als auch dieser wegzugleiten begann, wurde die Schlepptrosse gekappt.

Baker Cresswell war enttäuscht, aber daß er seine Prise verlor, war wahrscheinlich ein glücklicher Umstand, denn wenn er das U-Boot eingeschleppt hätte, wäre die Nachricht darüber sicherlich zum Feind durchgesickert. So aber wurde nur die Kaperung der *Primrose* gemeldet, wie U 110 zur Tarnung genannt wurde. Die erbeuteten unschätzbaren Dokumente waren eines der bestgehüteten Geheimnisse des Krieges. Nicht einmal die deutschen Gefangenen wußten, daß ihr Boot geentert worden war; sie äußerten in den Vernehmungen jedenfalls nicht den geringsten Verdacht in dieser Richtung.[67] Hätte es auch nur einer von ihnen gewußt, wäre Dönitz durch harmlos gehaltene Briefe in die Heimat binnen weniger Monate darüber informiert gewesen. Für solche Zwekke gab es den sogenannten Irland-Schlüssel, mit dem Nachrichten über das Morsealphabet in den Anfangsbuchstaben der Textworte versteckt wurden.

Dönitz argwöhnte jedoch nie, daß die Engländer eine funktionierende Enigma-Maschine mit allem Zubehör erbeutet hatten, einschließlich des Tagesschlüssels für April und Juni. Da diese Listen mit wasserlöslicher Tinte gedruckt wurden, war die Aufstellung für den Mai wahrscheinlich beim Transport auf die *Bulldog* versehentlich zerstört worden. Zur Beute gehörten außerdem das Codebuch für Kurzsignale, Listen mit den speziellen Einstellungen für die Offiziersfunksprüche, die Funkkladde, diverse Handbücher, die geheime Quadratkarte des Atlantiks, Karten der minenfreien Zufahrten in die Biskayahäfen und eine reiche Ausbeute anderen Materials. BP konnte den ganzen Juni über den deutschen Funkverkehr ebenso schnell lesen wie Dönitz und die U-Boot-Kommandanten selbst, und nach der Kaperung eines weiteren Wetterschiffs Ende des Monats war dies auch im Juli möglich. Im August ging das Tempo der Dechiffrierung zurück, aber die Erkenntnisse, die sie aus Balmes Prise gewonnen hatten, erlaubten es den Kryptologen, bis zum Ende des Jahres die meisten deutschen U-Boot-Funksprüche zu knacken. Es ist wahrscheinlich die wertvollste Prise des Krieges mit den unmittelbarsten Auswirkungen auf die Atlantikschlacht gewesen. Sie wurde einem Sieg in einer großen Schlacht gleichgestellt. Bei der Verleihung des DSO im Buckingham-Palast sagte König Georg VI. zu Balme, die Aktion, mit der er sich die Auszeichnung verdient habe, sei die bedeutendste einzelne Aktion des Krieges auf See gewesen.[68]

Ihr erstes praktisches Resultat war die Vernichtung des Netzes von Tankern und Versorgungsschiffen, die das Schlachtschiff *Bismarck,* Überwasserkaperschiffe und die Fern-U-Boote, die Dönitz in den Südatlantik geschickt hatte, mit Nachschub versorgten. Infolge dieses vernichtenden Schlages kam Dönitz zu dem Schluß, daß er sich für den Nachschub auf See nicht mehr auf Überwasserschiffe verlassen könne, sondern eigene U-Tanker als Versorgungsboote gebaut werden müßten, die sogenannten Milchkühe.

Fritz-Julius Lemp starb als Held, und um ihn zu ehren, erhielt eines der Erholungslager für U-Boot-Fahrer in der Nähe von Lorient seinen Namen. Wäre sein Fehler bekannt geworden, hätte es sein Andenken beträchtlich getrübt. Das von den Engländern gewonnene Wissen über den deutschen Marineschlüssel und die offenen Zufahrten in die Biskayastützpunkte kostete Hunderte, vielleicht sogar Tausende von Männern das Leben. Dennoch, angesichts der Wasserbombenangriffe, deren Schrecken sie in der Tiefe ausgestanden hatten, des Sperrfeuers, das sie beim Auftauchen empfing, und der Gefahr, gerammt und endgültig in die Tiefe zurückgeschickt zu werden, müssen sich die Männer in einem Schockzustand befunden haben. Für Balme war der Grund für das Versäumnis klar: »Sie dachten offenbar, das U-Boot würde jeden Augenblick sinken.« Außerdem seien Sprengladungen für die Selbstzerstörung an Bord verteilt gewesen.[69] Aber wie auch immer, Lemp kam ums Leben, als er, wahrscheinlich allein, den Fehler wiedergutmachen wollte.

Offiziere, Unteroffiziere und Mannschaften sprachen gegenüber den britischen Vernehmungsoffizieren einhellig von ihrer »ungeheuren Bewunderung« für Lemp. Für Loewe dagegen, der als »beschränkt und unfähig« betrachtet wurde, hatten sie nur Verachtung übrig, und der Zweite Wachoffizier war »so unzuverlässig, daß ihm keine wichtigen Beobachtungen oder Berechnungen anvertraut werden konnten«. Nur der LI wurde von allen geachtet. Die Moral der Männer war trotzdem gut, obwohl die Vernehmungsoffiziere den Eindruck gewannen, daß es den Deutschen schwerfiel, die U-Boote zu bemannen, da viele Besatzungsmitglieder von U 110 nicht freiwillig zur U-Boot-Waffe gekommen waren.[70] Über das Boot selbst schrieb Balme in seinem Bericht an Baker Cresswell: »Es war ein neues, ausgezeichnetes Boot, sowohl hinsichtlich der Stärke des Rumpfs als auch in bezug auf Ausstattung, Instrumente und den Innenausbau insgesamt. Es hatte absolut nichts von Ersatz an sich.«[71]

IM MITTELMEER

Die britischen U-Boote hatten sich seit der norwegischen Operation nicht sehr hervorgetan. Einige waren als Geleitschutz für Atlantikkonvois mißbraucht worden; andere patrouillierten vor Norwegen, waren aber von der deutschen Luftwaffe und U-Boot-Abwehrschiffen so weit aufs Meer hinausgedrängt worden, daß sie, zumal sie wegen der langen Helligkeit nur selten auftauchen konnten, weder die Küstenschiffahrt beeinträchtigen noch die gelegentlich aus den Häfen ausbrechenden Überwasserschiffe der deutschen Kriegsmarine abfangen oder melden konnten. Als die Schlachtkreuzer *Scharnhorst* und *Gneisenau* in Brest eingelaufen waren, wurden alle verfügbaren britischen Boote zusammengezogen, um einen »eisernen Ring« um den Hafen zu legen. Um zu verhindern, daß sie sich gegenseitig versenkten, hatten sie den Befehl, keine U-Boote anzugreifen, und erreichten daher nichts.

Im Mittelmeer hatte ihre falsche Verwendung schwerwiegende Folgen. Die anfängliche Aufstellung gegen die italienische Flotte und die Einschränkungen durch die Prisenordnung waren viel zu lange aufrechterhalten worden, letztere aus politischer Rücksicht auf die neutralen Länder. Der uneingeschränkte Handelskrieg war den Booten nur in einem 30 Meilen breiten Streifen vor der Küste Italiens und des italienisch besetzten Libyens gestattet. Die Folge war, daß sowohl die Tanker, die mit dem lebenswichtigen Erdöl an Bord aus den Häfen am Schwarzen Meer kamen, als auch die Truppentransporter und Versorgungsschiffe für die italienischen Streitkräfte in Nordafrika und – ab Oktober – die Invasionstruppen in Griechenland weitgehend unbehelligt blieben. Bis Ende 1940 hatten die U-Boote im Mittelmeer, bei einem Verlust von neun eigenen Einheiten, nur neun Schiffe und ein italienischen U-Boot versenkt – eine untragbare »Tauschrate«.

Die verlorenen Boote wurden durch neue ersetzt, unter anderem durch einige kleine Boote der U-Klasse, die in Malta stationiert wurden. Hier war der ideale Ausgangspunkt für Schläge gegen den italienischen Nachschubverkehr nach Nordafrika. Anfang Februar 1941 wurde die Zone der uneingeschränkten Kriegführung erheblich vergrößert, um das gesamte Gebiet südlich von Malta einzubeziehen. Jedes Handelsschiff, das dort angetroffen wurde, durfte nun ohne Vorwarnung versenkt werden. Die Resultate waren jedoch enttäuschend. Es gab vereinzelte Erfolge, aber im Verlauf des Februar und März konnte Rommels Afrika-Korps mitsamt einer halben Million Tonnen an Ausrüstung und Vorräten zur Unterstützung des Achsenpartners mit nur geringen Verlusten nach Nordafrika verschifft werden; nur sechs der hundert Transportschiffe wurden versenkt. Daneben blieben von insgesamt 220 000 Tonnen an Nachschubgütern, die in diesen beiden Monaten nach Libyen gingen, nur 20 000 Tonnen auf der Strecke.[1] Dies lag zum einen daran, daß in Malta nur relativ wenige moderne Boote lagen – sechs der U- und drei der T-Klasse; zum anderen fehlten nachrichtendienstliche Informationen über Abfahrtsdaten und Kurse der Konvois. BP hatte zwar bei Kriegsausbruch die Funksprüche der italienischen Marine laufend mitgelesen, aber danach war das Chiffriersystem auf der Grundlage einer schwedischen Schlüsselmaschine geändert worden, die von BP noch nicht geknackt worden war.[2]

Ein weiterer Grund für die ausbleibenden Erfolge waren die extrem niedrige Überwassergeschwindigkeit der Boote der U-Klasse, die anstatt der angegebenen 12 bestenfalls 10,5 Knoten erreichten,[3] und die geringe Zahl der mitgeführten Torpedos. Da in Malta ein akuter Mangel an Torpedos herrschte, beschränkten sich die U-Boot-Kommandanten zudem in den meisten Fällen darauf, Zweiersalven abzuschießen, und das primitive Nachtzielgerät, der fast ebenso primitive Spielautomat zur Berechnung des Vorhaltewinkels sowie die anfängliche Unerfahrenheit der Kommandanten trugen ebenfalls zum enttäuschenden Ergebnis der U-Boote bei. Ein Beispiel war der Kommandant der *Upholder,* Lieutenant Commander David Wanklyn, der auf seinen ersten vier Feindfahrten nur einen Treffer erzielt und den anvisierten Transporter dabei auch nur beschädigt hatte. Bezeichnend ist, daß dieser Treffer bei einem Unterwasserangriff aus einer Entfernung von gut 800 Metern erzielt wurde. Bei Überwasser-Nachtangriffen hatte er wegen der geringen eigenen Geschwindigkeit, und weil er die der Ziele überschätzte, aus wesentlich größeren Entfernungen geschossen, einmal sogar aus 5800 Metern. Dabei hatte der Chef der 1. U-Boot-Flottille in Alexandria, zu der die in Malta stationierten Boote gehörten, Schüsse aus mehr als 2300 Metern untersagt, sofern nicht ein besonders wertvolles Ziel den Versuch rechtfertigte.[4] Wanklyns Chef in Malta, Commander G. W. G. Simpson, unter dem er vor dem Krieg bereits auf einem U-Boot gedient hatte, überlegte, ob »ein derart schlechter Schütze als Kommandant gehalten werden kann« und gab Wanklyn zu verstehen, daß er nur noch eine Fahrt habe, um seine Treffsicherheit zu beweisen.[5]

Wanklyn brach am 21. April zu seiner fünften Feindfahrt auf und stieß am späten Nachmittag des 25. vor der Küste von Tunesien auf das erste Ziel, einen beladenen Frachter. Obwohl es wegen der starken Dünung schwierig war, das Boot in Sehrohrtiefe zu halten, brachte er es bis auf 650 Meter an das Schiff heran, bevor er zwei Torpedos abfeuerte. Die Explosion ließ selbst auf der *Upholder* viele Glühbirnen zersplittern. Als nächstes wurde Wanklyn zu den Untiefen bei den Kerkennah-Inseln beordert, wo ein Zerstörer und ein Versorgungsschiff auf eine Sandbank gelaufen waren. Er brachte die *Upholder* längsseits des Frachters, schickte ein Enterkommando an Bord und steckte ihn anschließend in Brand. Den Zerstörer konnte er weder erreichen noch beschießen, da er höher lag als der Frachter. Gekrönt wurde die Fahrt am Morgen des 1. Mai durch den Angriff auf einen kleinen, von vier Zerstörern geschützten Geleitzug. Wanklyn traf zwei Schiffe; das größere sank sofort, das zweite am selben Abend beim zweiten Anlauf. Der zwischenzeitliche Wasserbombenangriff der Zerstörer war nicht sehr zielgenau gewesen; die Italiener besaßen zu dieser Zeit noch kein Schallortungsgerät wie ASDIC; ihre U-Boot-Abwehr mußte sich daher mit Horchgeräten begnügen.

Das britische Gegenstück zu den deutschen Siegeswimpeln war die schwarze Piratenflagge. Aufgestickte Streifen signalisierten Torpedoerfolge, Sterne standen für Artillerieversenkungen. Eingeführt hatte diesen Brauch niemand anders als der mittlerweile zum Befehlshaber der Unterseeboote aufgestiegene Max Horton, der zu Beginn des Ersten Weltkriegs als erster die schwarze Flagge gehißt hatte, zweifellos in ironischer Anlehnung an die verbreitete Ansicht, daß U-Boote die Piraten der Marine seien. Es knüpften zwar nicht alle Kommandanten an diese Tradition an, aber im Mittelmeer war es allgemein üblich. Als die *Upholder* in den Stützpunkt einlief, war wohl niemand so erleichtert wie Commander Simpson, daß an ihrem Sehrohr neben der Piratenflagge mit jetzt vier Streifen eine deutsche Schiffsflagge flatterte und die Besatzung deutsche Stahlhelme trug, die wie die Flagge von dem geenterten Frachter stammten. Wanklyn schrieb damals an einen seiner Brüder, er sei gerade von einer sehr erfolgreichen Fahrt zurückgekommen und »endlich für eine Auszeichnung vorgeschlagen worden – es besteht also Hoffnung«.[6] In den folgenden Monaten sollte »Wanks«, wie er in der Bruderschaft der U-Boot-Fahrer genannt wurde, die höchste Versenkungsrate aller britischen U-Boot-Kommandanten ansammeln.

David Wanklyn teilte einige Charakterzüge mit dem führenden deutschen U-Boot-As, Otto Kretschmer, vor allem die zielstrebige Entschlossenheit, die Sorgfalt und die strikte Aufrechterhaltung der Disziplin. »Er hat es nie darauf angelegt, beliebt zu sein«, erinnerte sich einer seiner Offiziere später.[7] Wanklyn war wie Kretschmer ein stiller, nachdenklicher Mann, dem Äußerlichkeiten nicht viel bedeuteten, und er genoß wie dieser das unbedingte Vertrauen seiner

Besatzung. Ein merkwürdiger Zufall ist auch, daß die Baunummer des U-Boots, das er von der Werft Vickers Armstrong Barrow übernahm und unter dem Namen *Upholder* berühmt machen sollte, dieselbe war wie die von Kretschmers Boot: 99. Der Vergleich sollte aber nicht zu weit getrieben werden. Wanklyn war deutlich ein Engländer seiner Zeit und Herkunft.

Er war ein ruhiger, schüchterner Junge gewesen. Am Royal Naval College in Dartmouth hatte Wanklyn sich zwar in mehreren Fächern ausgezeichnet, nicht aber in Gemeinschaftssportarten. Die Wirtschaftskrise stürzte seinen Vater in Schulden, und als er 1931 plötzlich starb, ließ er Wanklyns Mutter mittellos zurück. Für gewöhnlich wurden junge Marineoffiziere von ihren Familien unterstützt, doch Wanklyn schaffte es umgekehrt irgendwie, seiner Mutter mit dem schmalen Sold, den er als Sub-Lieutenant erhielt, über das schwierige erste Jahr nach dem Tod seines Vaters zu helfen.[8] Ein Zeitgenosse erinnerte sich an ihn als »auffallend einzelgängerische Natur« und fügte hinzu: »Ich glaube, wir erkannten trotzdem, daß er in seiner stillen Art eine starke Persönlichkeit war.«[9]

Was ihn zur U-Boot-Waffe zog, waren wahrscheinlich nicht so sehr die zusätzlichen sechs Shilling am Tag – obwohl sie angesichts der Situation seiner Familie verlockend gewesen sein müssen –, sondern der Wunsch, dem formalisierten Gemeinschaftsleben auf großen Schiffen zu entkommen. Nach dem U-Boot-Lehrgang, den er im Sommer 1933 in Gosport bei Portsmouth auf der *Dolphin* absolvierte, trat er im September als jüngster, für Navigation und Funksprüche verantwortlicher Offizier den Dienst auf seinem ersten U-Boot an. Bis 1935 war er zum Ersten Wachoffizier – »Jimmy« für die Mannschaft, »Nummer eins« für die Offiziere – aufgestiegen. Er stand in dem Ruf, bei aller Disziplin ein ausgezeichnetes Verhältnis zur Besatzung zu haben. Schwierige Fälle wurden manchmal eigens auf sein Boot versetzt, um sie zur Räson zu bringen. 1938, dem Jahr seiner Hochzeit, kam er als Erster Wachoffizier auf Simpsons *Porpoise*, und der gegenseitige Respekt, der sich in dieser Zeit entwickelte, war ihm in der ersten enttäuschenden Phase des Mittelmeereinsatzes eine Stütze.

Fotografien von 1941 zeigen ihn als groß gewachsenen Mann mit dunklem Patriarchenbart, hohlen Wangen und weit auseinanderstehenden Augen mit direktem, offenem Blick. Sein Biograph Jim Allaway hat seine Erscheinung als im Profil »falkenhaft streng« und »en face merkwürdig verletzlich« beschrieben.[10] Er war nur selten ohne eine Bruyèrepfeife im Mund anzutreffen. Selbst wenn das Boot getaucht war, saugte er an einer kalten Pfeife.

Auf seiner sechsten Feindfahrt, zu der er am 15. Mai ausgelaufen war, brach er seinen eigenen Weitenrekord, indem er aus 6400 Meter feuerte, ohne ein Schiff des anvisierten Konvois zu treffen. Einige Tage später gab er wieder einen

Fernschuß ab, der diesmal jedoch einen Tanker traf, ihn aber nur beschädigte. Am Abend des 24. Mai sichteten die Ausgucks an der Südostspitze von Sizilien vor dem dunkel werdenden Westhimmel die Silhouette eines riesigen Linienschiffs. Es gehörte zu einem ungefähr 20 Knoten schnellen, von Zerstörern geschützten Konvoi, der Truppen nach Nordafrika brachte. Der Seegang erschwerte die Beobachtung mit dem Sehrohr, aber für einen Überwasserangriff war es noch zu hell. Wanklyn verlor die vor seinem Ziel und an dessen Flanke im Zickzack fahrenden Zerstörer bald aus den Augen, und da das Horchgerät nicht funktionierte, konnte er sie auch akustisch nicht ausmachen. Beim letzten Rundblick vor dem Abschuß der Torpedos sah er eine weiße Bugwelle und den dunklen Schatten eines auf sein Boot zufahrenden Zerstörers. Er konnte gerade noch rechtzeitig tiefer gehen. Als er hinter dem ablaufenden Zerstörer wieder auf Sehrohrtiefe aufstieg, aktualisierte er in aller Eile die Winkel und feuerte auf einen der Truppentransporter eine volle Salve aus vier Torpedos ab. Dann ging er, während er die Sekunden zählte, wieder tiefer in den Keller. Zum richtigen Zeitpunkt waren zwei dumpfe Schläge zu hören, und die Männer in der Zentrale sahen, wie sich auf dem bärtigen Gesicht ihres Kommandanten ein zufriedenes Grinsen ausbreitete.

Der Gegenangriff ließ nicht auf sich warten. Wanklyn stand in der Ecke der Zentrale, horchte auf das Schraubengeräusch der Zerstörer und gab, sich den Bart streichend, dem Steuermann leise seine Befehle. Diese »Ruhe und Zuversicht, die von ihm ausging, beeindruckte die Männer mehr als alles andere«.[11] Unter die Detonationen der Wasserbomben mischte sich das unheimliche Krachen, Kreischen und Knirschen des berstenden Transporters. Wanklyn versuchte die Männer zu beruhigen, indem er ihnen erklärte, was sie hörten, aber wie einer von ihnen später eingestand, konnte er nicht verhindern, daß seine Beine unablässig zitterten.[12] Sie zählten 37 Wasserbomben, von denen die letzten vier dem Boot bedrohlich nahekamen.

Zwei Stunden später, nachdem die Zerstörer davongefahren waren, tauchte Wanklyn auf und stieg auf die Brücke. Das erste, was ihm in der frischen Nachtluft auffiel, war der von dem gesunkenen Schiff zurückgebliebene Ölgeruch. Es war die fast 18000 BRT große *Conte Rosso,* die 3000 italienische Soldaten an Bord gehabt hatte, von denen über 1200 ums Leben kamen.

Im Juni gönnte Simpson Wanklyn eine Ruhepause und schickte die *Upholder* unter einem anderen Kommandanten auf Feindfahrt. Commander Simpson gebührt in der Geschichte der britischen U-Boot-Waffe ein Platz neben seinen legendären Protegés. Als die in Malta stationierten Boote im September zur 10. Flottille zusammengefaßt wurden, die allerdings weiterhin der operativen Führung von Alexandria unterstand, wurde er auch formell zum Flottillenchef. Es war eine Anerkennung der absoluten Hingabe, mit der er für seine Kommandanten und Besatzungen einstand, wobei seine steife, häufig schroffe Art durch Humor und Freundlichkeit gemildert wurde.

Simpsons Hauptquartier war das Lazaretto, ein ehemaliges Quarantänekrankenhaus auf einer kleinen Insel nördlich des Großen Hafens von Valletta, hinter dem er bombensichere Tunnel in den Sandstein hatte treiben lassen. Später wurden dort Werkstätten und ein Krankenrevier untergebracht. Büros, Offiziersmesse und andere Einrichtungen, für die in der Royal Navy traditionell ein Depot- oder »Mutterschiff« bereitgestellt wurde, befanden sich im Erdgeschoß des Lazaretto. Die den Verhältnissen im Mittelmeer entsprechend kobaltblau gestrichenen U-Boote waren an der Südseite vertäut, unterhalb einer breiten Terrasse vor den Offiziersunterkünften im ersten Stock.

Bald nach Simpsons Ankunft war Malta von der italienischen Luftwaffe und dem in Sizilien stationierten deutschen Fliegerkorps X unter Dauerbeschuß genommen worden, so daß der Große Hafen als Flottenstützpunkt ausfiel und Malta von allem Nachschub von See abgeschnitten war. Wenn sich einmal, wie Ende März, ein Konvoi nach Malta durchschlug, wurde er nach dem Festmachen angegriffen. Simpson achtete sorgfältig darauf, daß nichts auf den Ort seines Hauptquartiers hinwies, und bis jetzt war noch kein Boot verlorengegangen. Sein winziger Stab improvisierte mit dem, was in den Lagern im Hafen vorhanden war, und baute, wenn nicht gerade wieder Fliegeralarm war und alle Mann im Berg Schutz suchten, Zerstörertorpedos für den Einsatz auf U-Booten um. Unter diesen Umständen und angesichts der Langsamkeit der Boote erscheinen die mäßigen Erfolge weniger bemerkenswert als die Tatsache, daß sie überhaupt auf Feindfahrt gingen. William King legte in diesem Sommer mit einem neuen T-Klasse-Boot, der *Trusty,* auf dem Weg zur 1. Flottille in Alexandria einen Zwischenstopp in Malta ein. Seiner Ansicht nach war die gute Moral im Stützpunkt dem glühenden Eifer und der Zähigkeit Simpsons zu verdanken. »Was für ein Kämpfer!« schrieb er bewundernd über ihn.[13]

Während sich Wanklyn ausruhte, war ein Kommandant mit völlig anderem Temperament dabei, sich einen Namen zu machen: Lieutenant Commander E. P. »Tommo« Tomkinson, der Ende April mit der *Urge* in Malta eingetroffen war, nachdem er auf der Passage in der Biskaya einen Blockadebrecher von 10 500 BRT versenkt hatte. Tomkinson war körperlich und psychisch robust und hatte ein freundliches, offenes Naturell. Vor dem Krieg war er Golfmeister der Navy gewesen. Ian McGeoch, der als Ersatzkommandant mit ihm nach Malta gefahren war, bezeichnete ihn als »einen der besten Offiziere seines Dienstalters«,[14] der Selbstvertrauen genug besaß, um Simpson zu widersprechen, wenn ihm etwas nicht paßte, und sich sogar zu weigern, zu einer Feindfahrt auszulaufen, wenn er der Meinung war, daß er oder sein Boot nicht bereit war.

Auf seiner ersten Feindfahrt griff Tomkinson einen der typischen kleinen Konvois an, mit denen der italienische Nachschub nach Nordafrika gebracht wurde: vier Transporter, die von fünf Zerstörern begleitet wurden, die in unregelmäßigen Abständen Wasserbomben abwarfen, um U-Boote abzuschrecken. Von dem Lärm angezogen, konnte sich Tomkinson dem Konvoi unter Wasser bis auf 450 Meter nähern, bevor er vier Torpedos abfeuerte, die einen 5000-Tonnen-Tanker versenkten und einen Frachter beschädigten. Als daraufhin der hinter dem Konvoi fahrende Zerstörer auf ihn zuhielt, ging Tomkinson auf 85 Meter hinunter, 8,5 Meter tiefer als die theoretische Höchsttiefe. Die nächste Feindfahrt verlief ergebnislos, doch auf der dritten Ende Juni landete er einen Stoßtrupp an der Küste von Sizilien, der bei Taormina einen Eisenbahnzug in die Luft sprengte, und versenkte später noch einen Frachter von 7000 BRT.

Ungefähr seit dieser Zeit wurde die Rivalität zwischen den Kommandanten durch eine Ergebnistafel angestachelt, auf der neben den Bootsnamen kleine Zeichnungen von sinkenden Schiffen mit deren Tonnage zu sehen waren. An der Spitze standen drei Boote: die *Utmost* unter Lieutenant Commander R. D. Cayley, der im Januar zur selben Zeit wie Wanklyn in Malta eingetroffen war, aber eher »gepunktet« hatte, Tomkinsons *Urge* und Wanklyns *Upholder.* Insgesamt lagen in diesem Sommer nur acht U-Klasse-Boote in Malta. Von den zehn aus England gekommenen Booten waren zwei verlorengegangen, vermutlich durch Minen, die von den Italienern reichlich ausgebracht wurden. Von den übrigen konnte jeweils nur ungefähr die Hälfte im Einsatz sein. Sichtungen waren daher trotz der begrenzten Gewässer, durch die der Nachschubverkehr der Achse verlief, und trotz der von der Geographie vorgegebenen Knotenpunkte selten, und Angriffe waren wegen der geringen Geschwindigkeit der Boote noch seltener. Alastair Mars, der später als Kommandant der *Unbroken* im Mittelmeer operierte, hat die Langeweile endloser ereignisloser Tage beschrieben, »eine Langeweile, die durch die rauhen Lebensumstände und eine aufreibende Alltagsroutine, die es kaum einmal erlaubt, zwei Stunden am Stück zu schlafen, noch verschärft wurde«.[15]

Die Räume an Bord der britischen Boote waren genauso ungemütlich wie die der deutschen Typ-VII-Boote. Den Bugraum teilten sich zwanzig Männer mit den vier Reservetorpedos, dem Großteil der Lebensmittel für die dreiwöchige Fahrt, dem Wetterzeug, Schiffsstiefeln und Wollsachen. An einem kleinen Tisch in der Mitte wurde gegessen und Karten gespielt. Kojen gab es nicht, und von den Hängematten tropfte wie überall Kondenswasser herunter. Trotzdem beklagte sich niemand. Funker Gus Britton schrieb an seine Familie, daß er

U-Boote liebe und um nichts in der Welt tauschen würde. Darin drückte sich die besondere Kameradschaft aus. Im Sommer, wenn die Boote etwa achtzehn Stunden unter Wasser bleiben mußten, wurde die Situation fast unerträglich. Am Abend floß der Schweiß in Strömen, und man kämpfte um jeden Atemzug. Gus Britton berichtet in seinem Brief von der Erleichterung, die der Befehl zum Auftauchen auslöste: »Ich stehe am Fuß der Leiter in der abgedunkelten Zentrale und melde die Tiefe, die ich auf der Anzeige ablese – 25 Fuß – 20 – 15 – 10 – 5. Dann öffnet der Kapitän das Luk, und die ganze verbrauchte Luft rauscht wie ein Londoner Nebelschleier nach oben; wenn ich mich nicht festhalte, würde ich von ihr mitgerissen werden. Phantastische, wunderbare Luft ...«[16] Ein Arzt bemerkte nach einer Fahrt auf der *Upright:* »Schlechtes Wetter hat eine merklich depressive Wirkung auf die Besatzung, da es unmöglich wird zu schlafen und selbst die alten Hasen seekrank werden.« Er kam zu dem Schluß, daß zwölf Tage auf See das Maximum seien, wenn man die Leistungsfähigkeit der Männer nicht überfordern wolle.[17]

Der Filmemacher und Kriegskorrespondent Anthony Kimmins beschrieb nach einer Fahrt auf der *Upholder* das Gefühl, »in einer Stahlröhre von der Größe einer Londoner U-Bahn eingesperrt« zu sein, und merkte an, daß man erstaunlich viel schlafe, »hauptsächlich wegen des Sauerstoffmangels, wenn man getaucht ist«. Er fuhr fort: »Es gibt in diesen schrecklich vollgestopften Räumen natürlich keine Möglichkeit, sich zu bewegen. Man macht in vierundzwanzig Stunden nicht mehr als ein paar Schritte und hat trotzdem dauernd Hunger. Aber am Ende der Fahrt hat man, so merkwürdig es ist, wahrscheinlich an Gewicht verloren.«[18]

Bedenkt man dazu die unausgeglichene Ernährung an Bord, ist es kaum überraschend, daß die Gesundheit litt. Die Enge, in der die Männer lebten, und das Fehlen von Duschen führten regelmäßig zu juckenden Hautentzündungen, Krätze und Läusebefall. Simpsons Stab versuchte sicherzustellen, daß jeder Besatzung zwischen den Fahrten eine Ruhepause von mindestens zehn Tagen blieb, und organisierte für sie Erholungslager außerhalb der Hauptstadt und der ständigen Bombardements.

Während Wanklyn, Tomkinson und Cayley ihren legendären Ruf im zentralen Mittelmeer begründeten, machte ein Kommandant von ganz anderem Zuschnitt im östlichen Mittelmeer von sich reden. Lieutenant Commander Anthony Miers, der die *Torbay,* ein Boot der neuen T-Klasse, kommandierte, war laut Alastair Mars »ein stürmischer Freund und ein unerbittlicher Feind«.[19] Andere kannten Miers als ungehobelt, selbstsicher und eigenwillig bis zur Arroganz.[20] Vice Admiral Sir Hugh Mackenzie, der vor dem Krieg als Erster Wachoffizier unter ihm gedient hatte und später ebenfalls Kommandant eines U-Boots der 1. Flottille in Alexandria wurde, sah seinen Ruf in »kühnem, entschlossenem und entscheidendem Handeln und großer Geradlinigkeit, sowohl im Dienst als auch außerhalb«, begründet.[21] Der amerikanische Admiral Ignatius Galantin, der ihn während des Krieges im Pazifik kennenlernte, beschrieb ihn als »liebenswerten Kameraden, der seinen Spaß haben will und nie aus der Zeit in der Kadettenmesse der Royal Navy herausgewachsen ist«.[22] Miers' Sohn hat seinen Vater als »lebhaften, leidenschaftlichen Mann« bezeichnet.[23] Als junger Offizier war er vor ein Kriegsgericht gestellt worden, weil er einen Matrosen geschlagen hatte. Später im Pazifik sollte er amerikanische Offiziere in der Messe zum Ringkampf herausfordern und einen nach dem anderen zu Boden strecken, bis er in Lieutenant Benjamin Jarvis, dem Ersten Wachoffizier der *Sailfish,* seinen Meister fand.[24] »Crap« Miers, wie er genannt wurde, war weder ein einfacher Vorgesetzter noch ein allgemein beliebter Offizier. Er war mutig bis zur Tollkühnheit, aber welcher U-Boot-Kommandant, der sich in die minenverseuchten, gefährlich klaren Gewässer des Mittelmeers hinauswagte, war dies nicht?

Als Miers am 13. Mai mit der *Torbay* in Alexandria eintraf, war Paul Chapman sein Erster Wachoffizier, ein junger Mann, der gerade seinen einundzwanzigsten Geburtstag gefeiert und den zweiten goldenen Streifen bekommen hatte. Er war vor einigen Monaten als Dritter Offizier zu Miers gekommen, nachdem sein Vorgänger gefeuert worden war. Später, während der Probefahrten mit dem neuen Boot, hatte sich Miers auch von seinem Zweiten Offizier getrennt. Während sich die Hälfte der Offiziere und Mannschaften nach dem ersten Einsatz als Geleit eines Nordatlantikkonvois zu Hause in Urlaub befand, wurde die *Torbay* kurzfristig in den »eisernen Ring« um Brest beordert. Chapman sprang als diensthabender Erster Wachoffizier einer hastig zusammengestellten Ersatzmannschaft mit zwei jungen Männern als Zweitem und Drittem Offizier ein. Miers fand sich in seiner Einschätzung der Fähigkeiten seiner jungen Nummer eins bestätigt und behielt ihn auch, als das Boot aus der Biskaya ins Mittelmeer verlegt wurde. Seine Offiziersmesse war zu dieser Zeit vermutlich die jüngste der gesamten Royal Navy. Die in England zurückgebliebene Hälfte der Besatzung traf einige Monate nach der *Torbay* mit einem anderen U-Boot in Alexandria ein. Man stellte ihr frei, auf Miers' Boot zurückzukehren; sie entschied sich ausnahmslos dagegen.[25]

In den Wochen vor der Ankunft der *Torbay* hatte die in Alexandria stationierte Mittelmeerflotte britische und Commonwealth-Truppen zuerst vom griechischen Festland und dann von Kreta evakuiert und dabei durch Luftangriffe herbe Verluste und Beschädigungen erlitten. Die U-Boote der 1. Flottille – fünf neue Boote der T-Klasse, sechs älteren Typs und einige griechische – waren gegen Störaktionen feindlicher Überwassereinheiten und für besondere Kommando-, Rettungs- und Nachschubaufgaben eingesetzt worden. Von den Minenunternehmen der *Rorqual* abgesehen, hatten sie jedoch wenig Erfolg.

Obwohl die Gewässer vor den Dardanellen wegen der starken Strömung und der unterschiedlichen Wasserschichten für U-Boote denkbar ungeeignet waren, wurde Miers in die Ägäis geschickt, um aus dem Schwarzen Meer kommende Schiffe abzufangen. Die *Torbay* lief am 28. Mai aus und stieß am 1. Juni zwischen den Inseln Andros und Euböa auf einen Kajik, eines der für diese Gewässer typischen motorisierten Segelschiffe, die von den Deutschen für den Transport von Truppen und Nachschub benutzt wurden. Die Geschützbedienung wartete darauf, daß Miers ihr nach einem letzten Rundblick durchs Sehrohr Entfernung und Peilung des Ziels zurief und den Befehl zum Auftauchen gab. Der Zentralegast las die erreichte Tiefe ab; bei drei Metern flogen die Luken auf, und Brückenwache und Geschützbedienung stiegen in die Gischt des von den Aufbauten abfließenden Wassers hinaus, während sie sich gegen den Luftzug stemmten, mit dem der Überdruck aus dem Boot entwich, was gleichzeitig verhinderte, daß die See hereinströmte. Sekunden später waren die Zieloptik auf das Geschütz montiert, das Ziel erfaßt und die erste 10,2-Zentimeter-Granate geladen. Chapman flutete unterdessen die Q-Tanks, kleine, mittschiffs gelegene Bunker, die beim Tauchen für gewöhnlich leer waren und an der Oberfläche gefüllt wurden, um die Tauchgeschwindigkeit beim Alarmtauchen zu erhöhen. Diesmal war diese Vorsichtsmaßregel jedoch überflüssig: Der Kajik hatte offenbar Sprengstoff geladen, denn nach dem fünften Schuß ging er mit einer heftigen Detonation in die Luft.

Zwei Tage später versenkte die *Torbay* vor der türkischen Küste, wiederum mit dem Deckgeschütz, einen weiteren, mit Ölfässern beladenen Kajik. Dann bezog sie außerhalb der Hoheitsgewässer der neutralen Türkei vor den Dardanellen Stellung. Was Miers vor der Fahrt über Strömung und dichtere Wasserschichten erfahren hatte, erwies sich als allzu wahr. Wenn das Boot unter Wasser Schleichfahrt machte, mußte der Wachoffizier jede Viertelstunde eine Peilung vornehmen, um sich zu vergewissern, in welche Richtung das Boot abtrieb. Weiter unten stieß man auf eine »Federbettschicht«, in die man nur mit zusätzlichem Ballast eindringen konnte. Umgekehrt mußten die Tanks beim Aufsteigen wieder angeblasen werden, und da dies zehn Minuten in Anspruch nahm, tauchte Miers nur im Notfall in diese Tiefe.

Miers hatte viele neutrale Schiffe passieren lassen müssen, weil die Ägäis nicht in die Zone der uneingeschränkten Versenkungserlaubnis einbezogen worden war. Am 6. Juni kam jedoch ein Tanker aus Vichy-Frankreich in Sicht.

Die *Torbay* lief zum Angriff an, doch der Tanker zackte im letzten Augenblick weg und ließ das U-Boot hinter sich zurück. Miers fuhr direkt hinter den Tanker, wendete und feuerte einen einzelnen Torpedo in dessen Hecksee. Er zerstörte Ruder und Schraube des Tankers, der daraufhin Anker warf, aber nicht sank. Nachdem auch der zweite Torpedo das Schiff nicht versenkt hatte, wartete Miers die Dunkelheit ab und brachte sein Boot längsseits, um ein Enterkommando an Bord zu schicken. Der Tanker war verlassen, doch der Maschinenraum stand unter Wasser, so daß die Flutventile nicht zu erreichen waren. Statt dessen wurde nur die Ankertrosse gekappt. Zwei Tage später sichtete Miers den Tanker erneut, diesmal im Schlepptau. Er feuerte einen weiteren Torpedo ab, der aber nur den Schlepper verscheuchte. Miers selbst mußte vor einem anlaufenden italienischen Zerstörer wegtauchen. Er fand den Tanker noch einmal wieder und feuerte vierzig Granaten in seine Wasserlinie. Aber selbst das reichte nicht, um ihn zu versenken.

Am selben Vormittag, dem 10. Juni, kam ein kleiner, von zwei italienischen Zerstörern eskortierter Konvoi in Sicht. Miers brachte sich zum Angriff auf den ersten Frachter in Position, doch als der Winkel fast perfekt war, bemerkte Miers, daß dicht vor ihm ein Zerstörer stand. Er ließ ihn passieren, ermittelte eine Feuerlösung für den zweiten Frachter, schoß eine Salve aus drei Torpedos ab und ging augenblicklich in den Keller. Wenig später waren zwei Explosionen zu hören, jedoch zu früh, als daß die Torpedos ihr Ziel erreicht haben konnten. Kurz darauf kündigte das Geräusch von schnellen Propellern den Gegenangriff an. Als er überstanden und Miers wieder in Sehrohrtiefe aufgestiegen war, entdeckte er einen aus den Dardanellen kommenden italienischen Tanker, der ihm per Funk angekündigt worden war – wahrscheinlich ein Ergebnis der Funkaufklärung, denn BP war in diesem Monat der Einbruch in den italienischen Schlüssel gelungen. Miers torpedierte das Schiff und erntete einen weiteren Zerstörerangriff, dem sich zwei U-Boot-Abwehrboote anschlossen. Miers verhielt sich bei Angriffen anders als die meisten Kommandanten: Er ging nie tiefer als 25 Meter, weil er glaubte, daß das U-Boot den Druckwellen der Wasserbomben besser standhielt, wenn es nicht zusätzlich dem extremen Wasserdruck in der Tiefe ausgesetzt war. Außerdem konnte er aus 25 Metern schneller in Sehrohrtiefe aufsteigen, um die Lage zu checken. Indem er alle Hilfsmotoren abschaltete und so langsam fuhr, wie es die Aufrechterhaltung des Trimms zuließ, hoffte er, von den italienischen Horchgeräten nicht erfaßt zu werden. Vor den Dardanellen, wo die nach Temperatur und Salzgehalt unterschiedlichen Wasserschichten jedes verräterische Geräusch brachen, bestand diese Hoffnung zu Recht.

Der italienische Tanker sank, und Miers trat den Rückmarsch an. Dabei fielen ihm noch ein Kajik und ein Truppen und Munition transportierender Schoner zum Opfer. Als Miers am Depotschiff, der *Medway*, festmachte, erwartete ihn das Lob seines Chefs, Captain S. M. Raw, der nicht nur durch die Meldungen der *Torbay*, sondern auch durch die Notsignale der feindlichen Schiffe über alles informiert war. Insgesamt waren der *Torbay* auf ihrer ersten Feindfahrt im Mittelmeer ein Zerstörer, zwei Tanker, ein Schoner und drei Versorgungskajiks zum Opfer gefallen. Raws Beifall ist verständlich: »Eine hervorragend durchgeführte Patrouille!«[26]

Die zweite Mittelmeer-Feindfahrt der *Torbay*, die sie wiederum in die Ägäis führte, begann am 28. Juni. Mit an Bord waren zwei Soldaten der Spezialboot-Gruppe aus Alexandria. Das von ihnen mitgeführte Faltboot sollte die Reichweite des U-Boots vergrößern. Miers nahm einen ähnlichen Kurs wie bei der ersten Fahrt und stieß am 2. Juli zwischen der Insel Kea und dem griechischen Festland auf einen Konvoi aus zwei Handelsschiffen und zwei Zerstörern. Er konnte trotz der glatten Wasseroberfläche unentdeckt zum Angriff anlaufen und feuerte drei Torpedos auf das erste Handelsschiff ab. Als das zweite den Schußwinkel erreicht hatte, schickte Miers eine zweite Dreiersalve auf den Weg. Das erste Schiff wurde getroffen und sank, aber das zweite war gewarnt. Es konnte rechtzeitig abdrehen, bevor die Torpedos einschlugen, und entkam, während die Zerstörer zum Gegenangriff übergingen. Zwei Tage später sichtete Miers zwischen Andros und Euböa einen Kajik und einen Schoner. Beide fuhren unter der Hakenkreuzfahne und transportierten deutsche Truppen. Miers lief unter Wasser an, tauchte auf und versenkte beide Schiffe durch Artilleriefeuer. Dann ließ er von der Brücke aus mit zwei Lewis-Maschinengewehren ins Wasser schießen, bis er sicher war, daß kein Soldat überlebt hatte: »Alles und jeder wurden durch die eine oder andere Art von Geschützfeuer vernichtet.«[27]

Am nächsten Abend sichtete Miers weiter südlich dicht unter der Küste von Mykonos die großen Aufbauten eines westwärts fahrenden italienischen U-Boots. Miers lief zum Angriff an, während Chapman darauf achtete, daß der Bug nach unten getrimmt war, damit er nach dem Abschuß der Torpedos nicht die Q-Tanks fluten mußte. Dies wäre die normale Methode gewesen, um den Gewichtsverlust auszugleichen, bis die Torpedorohre und ein kleiner Lufttank im Bootsinnern automatisch geflutet waren. Doch bei gefüllten Q-Tanks wäre das Boot unter Sehrohrtiefe gesunken, und das hätte Miers ganz sicher nicht gefallen. Bei rund 450 Metern feuerte Miers im Abstand von je acht Sekunden sechs Torpedos über den Kurs des Ziels, und nach der korrekten Zeit waren zwei Detonationen zu hören. Dann wurde das italienische U-Boot von einer Explosion zerrissen, die so stark war, daß die Druckwelle die Navigationslampen der *Torbay* zerstörte.

Miers fuhr weiter nach Süden und versenkte zwischen den Inseln Kythera und Antikythera einen weiteren Schoner durch Artilleriefeuer. Dann stieß er in den frühen mondhellen Stunden des 9. Juli auf einen nordwärts fahrenden Konvoi aus vier Kajiks und einem Schoner, die Benzin, Munition und Lebensmittel transportierten. Mit an Bord waren auf Kreta stationierte deutsche Gebirgsjäger, die in Urlaub fuhren. Die *Torbay* tauchte zum Artillerieangriff auf den nächsten Kajik auf, vernichtete ihn mit allen, die an Bord waren, und wandte sich dem nächsten zu. Der Kapitän dieses Schiffs, ein junger Deutscher namens Ehlebracht, war mit einigen Besatzungsmitgliedern und Soldaten vor Angst über Bord gesprungen. Die Männer an Bord hoben die Hände, und jemand rief: »Kapitän ist Grieche. Wir ergeben uns!«

Auf der *Torbay* war inzwischen die Munition knapp geworden. Also brachte Miers das Boot längsseits des Schiffs, um es mit Sprengladungen zu versenken. Als Corporal George Bremner, einer der beiden Männer von der Spezialboot-Gruppe, an der Spitze des Enterkommandos an Bord ging, sah er, daß ein Deutscher eine Handgranate werfen wollte, und schoß ihn nieder. Der Dritte Offizier, Sub-Lieutenant David Verschoyle-Campbell, erschoß einen zweiten Soldaten, der ein Gewehr hob. Während die Sprengladungen verteilt wurden, trieb Bremner sieben Deutsche zusammen, entwaffnete sie und nahm ihnen zur Identifikation Mützen und Rangabzeichen ab, bevor er sie zum U-Boot führte. Doch Miers fuhr ihn wütend an: U-Boote machten niemals Gefangene. Bremner suchte daraufhin nach einem Rettungsfloß für die Männer, und als er an Deck keines fand, ging er nach unten. Was danach geschah, ist nicht ganz klar: Ehlebracht, der im Wasser schwimmende deutsche Kapitän, berichtete später, daß die Männer an Bord des Kajiks, darunter zwei Matrosen und der Maschinist, in ein Schlauchboot stiegen. Im Logbuch der *Torbay* heißt es, daß alle, die noch auf dem Kajik waren, in ein großes Schlauchboot gesprungen seien. Die Soldaten an Bord wurden nicht speziell erwähnt. Als Bremner hinterher fragte, was mit seinen Gefangenen geschehen sei, erhielt er die Antwort, sie seien im Wasser erschossen worden; von einem Schlauchboot war nicht die Rede.

Anscheinend ließ Miers sie ins Wasser stoßen und gab zunächst Corporal Jim Sherwood, dem zweiten Mann von der Spezialboot-Gruppe, und dann Chapman den Befehl, auf sie zu schießen. Als die beiden sich weigerten, befahl er es einem dritten – mit der Drohung, ihn seinerseits zu erschießen, falls er nicht gehorchen sollte. Wenn er in Rage war, scheint Miers häufiger zu solchen Druckmitteln gegriffen zu haben: Auf einer späteren Feindfahrt drohte er Bremner, ihn zu erschießen, nachdem dieser sich geweigert hatte, bei einem Sturm mit seinem Faltboot an die Küste zu paddeln. Aber anders als Bremner hatte der Mann, dem Miers den Schießbefehl erteilt hatte, nicht den Mut, seinem

Kommandanten die Stirn zu bieten. Laut Ehlebracht wurde das Feuer auf das Schlauchboot eröffnet. Zwei Matrosen fanden den Tod, und der Maschinist sowie ein Soldat wurden schwer verwundet. Anschließend kreiste das U-Boot »zweimal um die im Wasser schwimmenden Soldaten und setzte Maschinengewehrfeuer ein, um sie zusammenzudrängen. Ich vereitelte dies, indem ich den Befehl gab, auseinanderzuschwimmen.«[28] Nachdem die *Torbay* davongefahren war, um die anderen Ziele zu jagen, von denen ihr nur eines entkam, klammerten sich Ehlebracht und ein paar andere, die das Gemetzel überlebt hatten, an das noch auf der Oberfläche treibende Wrack des Kajiks. Sie wurden später gerettet.

Miers machte weder in seinem Operationsbericht noch in seinem Logbuch einen Hehl aus dem, was geschehen war. »U-Boot losgemacht«, heißt es im Logbuch, »und mit dem Lewis-Maschinengewehr auf die Soldaten im Schlauchboot geschossen, um zu verhindern, daß sie ihr Schiff halten.« Als er zum Stützpunkt zurückkehrte, nachdem er bei Kea noch einen Tanker versenkt hatte, gratulierten ihm sowohl sein Flottillenchef als auch der Oberbefehlshaber der Mittelmeerflotte, Admiral Sir Andrew Cunningham, zu seinem Erfolg, immerhin hatte er auf dieser Fahrt ein italienisches U-Boot – die *Jantina* –, einen Frachter, einen Tanker, sieben Motorsegler und eine unbekannte Zahl von Soldaten in die Tiefe geschickt. Captain Raw empfahl Miers für eine Auszeichnung, und Admiral Cunningham merkte an: »Eine ausgezeichnet durchgeführte Patrouille. Lieutenant Commander Miers ist ein hervorragender kommandierender Offizier.«[29] Offenbar sah keiner von beiden einen Anlaß, Miers zu rügen oder auch nur darauf hinzuweisen, daß er sowohl die Nelsonsche Tradition der Großzügigkeit im Sieg als auch die in der Haager Konvention festgelegten Regeln über die Behandlung von Gefangenen verletzt hatte. Ein Grund dafür könnte darin gelegen haben, daß nach der verlustreichen Schlacht um Kreta, in deren Verlauf deutsche Sturzbomber britische Schiffbrüchige beschossen hatten, bei Operationen im Mittelmeer ein Vorgehen nach der Devise »Kein Pardon!« inoffiziell ermutigt oder zumindest geduldet wurde.

Das ist Spekulation, doch die Berichte, die im Frühjahr 1941 beim OKM über die Beschießung von deutschen Schiffbrüchigen während der Schlacht um Kreta eintrafen, stützen eine solche Interpretation. In der Zeit vom 20. bis 23. Mai, das heißt zwischen dem Eintreffen der *Torbay* im Mittelmeer und ihrer ersten Feindfahrt, wurden acht Angriffe auf Motorsegler und andere Transporter sowie einer auf einen Geleitzug gemeldet, bei denen britische Überwasserschiffe mit Maschinengewehren auf im Wasser schwimmende Überlebende geschossen haben sollen. Einem anderen Bericht zufolge hatte ein britisches U-Boot am 12. Mai, einen Tag, bevor die *Torbay* in Alexandria eintraf, den Motorsegler *Osia*

Paraskivi angegriffen. Nachdem der griechischen Besatzung erlaubt worden war, ins Rettungsboot zu steigen, hat man »den auf dem sinkenden Schiff verbliebenen deutschen Offizier und drei andere deutsche Soldaten nach ihrem Überbordgehen aus geringer Entfernung mit gezieltem Feuer im Wasser so lange beschossen ..., bis alle vier getroffen und untergegangen waren«.[30]

Die britischen Operationen zwischen dem 20. und 23. Mai zielten darauf ab, eine amphibische deutsche Landung auf Kreta zu verhindern, und richteten sich demgemäß gegen Truppentransporte. Wenn die genannten Berichte korrekt waren, dann wurden schiffbrüchige Soldaten erschossen, damit sie nicht erneut gegen die britischen Truppen eingesetzt werden konnten. In diesem Fall hätte Miers, so cholerisch er war, nur im Geist seiner Offizierskollegen in Alexandria gehandelt. Aber es ist undenkbar, daß Wanklyn oder Tomkinson kaltblütig auf im Wasser schwimmende Männer geschossen hätten, und ebensowenig hätte William King es getan, der später in diesem Sommer, von der dauernden Anspannung der seit Kriegsausbruch unternommenen Feindfahrten »müde bis auf die Knochen«, in Alexandria eintraf. »Ich haßte das Versenken, Verbrennen und Ertränken. ... Ich wünschte sehnlichst, mit der Jagd auf Schiffe aufhören zu können. Und ich wünschte mir, daß die Jagd auf mich aufhörte.«[31]

Als Miers' Bericht Admiral Horton in London erreichte, fürchtete dieser deutsche Vergeltungsmaßnahmen und schrieb an die Admiralität: »Soweit ich weiß, hat der Feind bisher für gewöhnlich nicht auf im Wasser oder auf Rettungsflößen befindliche Personen geschossen, selbst wenn diese den Streitkräften angehörten. Nach den im Bericht der *Torbay* erwähnten Ereignisse könnte er sich dazu berechtigt fühlen.«[32] Die Admiralität teilte Miers daraufhin in einem streng gehaltenen Brief mit, daß er ein Vorgehen wie auf seiner letzten Feindfahrt in Zukunft zu unterlassen habe.

Im Atlantik schien das Pendel zugunsten Deutschlands auszuschlagen. Die U-Boot-Produktion war deutlich gestiegen: Hatte man im vergangenen Sommer nur drei Einheiten im Monat gebaut, so waren es jetzt über fünfzehn, und eine weitere Steigerung auf zwanzig Einheiten war geplant. Damit wurden nicht nur die Verluste ersetzt, sondern eine wirkliche Vergrößerung der U-Boot-Waffe erreicht. Im Juni 1941 gab es 130 Boote, und bis zum Ende des Jahres sollten es laut Bauprogramm fast 250 sein. Ein Drittel war allerdings abgestellt, um die Offiziere und Mannschaften auszubilden, die man für die geplante, erheblich vergrößerte U-Boot-Waffe benötigte. Ein weiteres Drittel durchlief die Testphase in der Ostsee. Dies bedeutete, daß selten mehr als dreißig Boote gleichzeitig auf See waren. Von diesen befanden sich wiederum einige auf dem An- oder Rückmarsch. Andere spürten vor Westafrika Schwachpunkte im Verteidigungssystem der Engländer auf, um sie zu zwingen, Geleitschiffe aus dem Nordatlantik, dem Epizentrum der Schlacht, in den Süden zu verlegen.

Die in Bordeaux stationierte italienische Atlantikflotte bestand Ende Juni aus 26 Booten, da von den 31, die es durch die Straße von Gibraltar geschafft hatten, fünf verlorengegangen waren. Sie blieben jedoch nach deutschen Maßstäben weiterhin wirkungslos, insbesondere gegen Geleitzüge. Dabei waren die Besatzungen mit deutschen Methoden in der Ostsee ausgebildet worden, die Kommandanten hatten Feindfahrten auf deutschen U-Booten mitgemacht, und ihre eigenen Boote waren technisch verbessert worden, vor allem durch die Verkleinerung der riesigen Aufbauten. In den letzten drei Monaten von 1940 hatten die Italiener kein einziges Schiff aus einem Geleitzug zerstört und nur 13 der 38 allein fahrenden Schiffe versenkt, die sie gesichtet hatten; bis Ende Juni 1941 kamen 24 hinzu.[33] Damit hatten sie in einem Dreivierteljahr weniger als das deutsche Monatsmittel erreicht. Dönitz hatte sie inzwischen völlig abgeschrieben: »Trotz der Bemühungen, durch dauernde Einflußnahme ... ihre Leistungen zu erhöhen, sind diese gleichmäßig unzufriedenstellend geblieben. Sie sehen nichts, melden nichts oder zu spät, ihr taktisches Können ist gleich Null.«[34] Das war eine ungeduldige Überzeichnung, die der Weigerung entsprang, die andersartigen Eigenschaften der italienischen U-Boote anzuerkennen. Dönitz wies ihnen jedenfalls ein Operationsgebiet im Südwesten der Zufahrt zum Ärmelkanal zu, wo sie seine eigenen Boote, die jetzt weit im Norden und Westen zwischen Island und Grönland operierten, nicht störten. Davon abgesehen, konnte Dönitz optimistisch in die Zukunft schauen: Bis Ende des Jahres würde sich die Zahl der verfügbaren Boote verdoppeln. Dann könnten mit längeren Vorpostenstreifen mehr Geleitzüge entdeckt und mit stärkeren Wolfsrudeln größere Zerstörungen angerichtet werden.

In England sah man es ebenso. Die vom Marinenachrichtendienst vorgenommenen monatlichen Schätzungen der Kampfstärke der deutschen U-Bootwaffe waren erstaunlich genau.[35] In der ersten Hälfte des Jahres 1941 hatte man durch U-Boote, Überwasserschiffe, Flugzeuge und Minen durchschnittlich über eine halbe Million Tonnen Schiffsraum pro Monat verloren. Im Mai waren 325 000 von insgesamt 511 000 versenkten BRT auf das Konto von U-Booten gegangen.[36] Aus der Extrapolation dieser Zahlen auf die für das nächste halbe Jahr erwartete Vergrößerung der deutschen U-Boot-Waffe zog der britische Vereinte Planungsstab den Schluß, daß die Handelsflotte bis zum Jahresende bei vorsichtigster Schätzung um weitere vier bis fünf Millionen Tonnen dezimiert werden würde. Da die Werften von Großbritannien und des Commonwealth zusammen nur eine Jahreskapazität von einer Million Tonnen hatten und die Vereinigten Staaten, an die man sich um Hilfe wandte, nach eigener Einschätzung mindestens anderthalb Jahre benötigten, bevor ein Schiffsbauprogramm großen Stils umgesetzt werden konnte, erschien die Situation lebensgefährlich. Die Planer rechneten auf der Grundlage der projektierten Verluste damit, daß zum Jahresende sieben Millionen Tonnen Rohstoffe und andere Einfuhrgüter, zwei Millionen Tonnen Lebensmittel und über 300000 Tonnen Erdöl fehlen würden. Diese Defizite würden zwar kurzfristig durch Lagerbestände ausgeglichen werden können, längerfristig aber war »nur durch eine Verringerung der Verlustrate zu gewährleisten, daß eine wirkliche Sicherheitsmarge erreicht werden kann«.[37] Wenn es auch nicht mit den starken Worten ausgedrückt wurde, die Jellicoe im April 1917 benutzt hatte, die Schlußfolgerung war dieselbe: Falls die Zahl der Versenkungen nicht verringert werden konnte, würde Deutschland den Krieg gewinnen.

Für jene, die in der U-Boot-Abwehrabteilung der Admiralität, in Churchills Atlantik-Komitee, im Submarine Tracking Room des OIC und in der Zitadelle unter dem Derby House in Liverpool tagtäglich mit den Konvoioperationen zu tun hatten, sah die Lage weniger hoffnungslos aus. Die Gefahr wurde nicht unterschätzt, aber man wußte, daß Gegenmaßnahmen in die Wege geleitet worden waren. Mit Reykjavik als Hafen mitten im Ozean sowie einer erheblich vergrößerten Royal Canadian Navy und den im Rahmen des Dringlichkeitsprogramms in großer Zahl gebauten Geleitzerstörern und Korvetten war man endlich in der Lage, den Geleitschutz auf die gesamte Atlantikpassage auszudehnen, zunächst nur für die von Kanada nach England, ab Juli auch für die in entgegengesetzter Richtung. Die in St. John's auf Neufundland stationierten kanadischen Eskortgruppen brachten die Konvois bis zum sogenannten mittelozeanischen Treffpunkt (MOMP) bei 35° W. Dort wurden sie von britischen Eskortgruppen aus Island übernommen, die sie bei etwa 18° W schließlich an Geleitschiffe des Kommandos der Western Approaches übergaben. Darüber hinaus waren Flugzeuge des Küstenkommandos in Island stationiert worden, so daß die Grenze der Luftunterstützung weiter nach Westen geschoben werden konnte. Die kanadische Luftwaffe deckte die Zufahrten nach Neufundland.

Trotzdem klaffte auf beiden Seiten des MOMP immer noch eine »Luftlücke« von 300 Meilen, in der Dönitz jetzt seine Rudel konzentrierte. Für dieses Problem gab es zwei Lösungen: Entweder man stattete jeden Konvoi mit eigenen Flugzeugen aus. Dafür mußte man Handelsschiffe zu Hilfsflugzeugträgern umbauen, den Bau kleiner Geleitträger in Gang setzen und/oder amerikanische Liberators kaufen, die als einzige Flugzeuge eine Reichweite besaßen, mit der die Luftlücke von Land aus geschlossen werden konnte. Für die Verteidigung gegen Luftangriffe in den Heimatgewässern und auf dem Schiffsweg nach Gibraltar hatte die Admiralität bereits Handelsschiffe so umgebaut, daß Jagdflugzeuge von ihnen aus operieren konnten. Im Mai erkannte das Atlantikkomitee den Wert solcher Hilfsschiffe für den Geleitschutz gegen U-Boote an und gab bei amerikanischen Werften den Bau von sechs Geleitträgern in Auftrag. Der Dringlichkeit des Problems wurde man damit nicht gerecht, zumal der Wunsch von Admiralität und Küstenkommando nach Langstreckenflugzeugen – insbesondere der VLR-Bomber (mit sehr weiter Reichweite = *very long range)* vom Typ Liberator – weiterhin mit der obsessiven, unwissenschaftlichen, um nicht zu sagen wahnwitzigen Überzeugung des Bomberkommandos kollidierte, den Krieg allein durch die Bombardierung der deutschen Industrie gewinnen zu können, das heißt durch die Terrorisierung der Industriearbeiter und die Zerstörung ihrer Heime. Das Bomberkommando konnte sich durchsetzen, zum Teil aufgrund der intellektuellen Schwäche der Admiralität, aber hauptsächlich, weil Churchill eine Offensive grundsätzlich der Defensive vorzog. Da er sowohl dem Kriegskabinett als auch dem Atlantikkomitee vorsaß, hätte ein Wort von ihm genügt, um die Prioritäten umzukehren, aber es kam erst, als es fast zu spät war. Hätte Hitler im Juni nicht die Sowjetunion angegriffen, wäre es wohl tatsächlich zu spät gekommen.

Dies ist keine nachträgliche Einsicht. Wie erwähnt, hatte man die Lehren des Ersten Weltkriegs durch bittere Erfahrungen mühsam neu lernen müssen, auch die über den Wert, den Flugzeuge für die U-Boot-Abwehr besaßen. Doch die Mahnungen jener, die am engsten mit dem Kampf gegen die U-Boote zu tun hatten, wurden nicht beachtet. Es knirschte offenbar gewaltig in der Stabsmaschinerie. Andernfalls hätte man die vom Planungsstab für das nächste halbe Jahr vorausgesagte verheerende Versenkungsrate zivilen Schiffsraums so ernst genommen, wie sie es angesichts der möglichen Folgen verdiente. Wenn eine wachsende Zahl von U-Booten auf eine zusammenschmelzende Handelsflotte treffen würde, konnte aus der Rohstoffverknappung leicht eine Hungerkrise mit unabsehbaren politischen Konsequenzen werden. Diese Warnung brachte auch Hitlers Stellvertreter Rudolf Heß mit, als er im Mai in England landete. Vor diesem Hintergrund war die Reaktion des Atlantikkomitees von geradezu sträflicher Nachlässigkeit.

Mit deutlichem Vorsprung vor ihren deutschen Gegenspielern hatten britische Wissenschaftler inzwischen verbesserte Radar- und Peilgeräte entwickelt, die sowohl die damaligen U-Boote als auch die Rudeltaktik zu veralteten Konzepten machten. Die Leistungsfähigkeit des Radars war durch die Nutzung kurzer Wellenlängen im Zentimeterbereich, die bei größerer Reichweite eine verbesserte Auflösung besaßen, dramatisch gesteigert worden. Mit der Produktion dieser Geräte waren amerikanische Firmen beauftragt worden, da die britische Elektroindustrie nicht in der Lage war, sie in den geforderten Stückzahlen herzustellen. Dabei hatte wieder einmal das Bomberkommando im Kampf um die Ressourcen den Sieg davongetragen: Oberste Priorität besaß ein Zentimeter-Radar, mit dem die Bomber trotz Wolken und Verdunkelung ihre Ziele finden konnten. Im April wurde allerdings ein von der Funkschule der Admiralität entwickelter Prototyp eines Schiffsradars praktischen Tests auf See unterzogen, das aufgetauchte U-Boote bis in eine Entfernung von etwa vier Kilometern orten konnte. Das Mittel, mit dem aufgetauchte U-Boote wirkungsvoll aufgespürt werden konnten, war also vorhanden. Aufgrund von Produktionsengpässen waren Ende 1941 jedoch erst fünfzig Geleitschiffe mit dem Typ 271 genannten neuen Gerät ausgerüstet.[38] Ähnliches galt für den als Huff-Duff oder HF/DF bekannten Hochfrequenz-Funkpeiler, auf dessen Röhre selbst die kürzesten Funksignale eine Spur hinterließen, aus der die Peilung des funkenden U-Boots ermittelt werden konnte. Er war zwar für den Einsatz auf Geleitschiffen angepaßt worden, stand aber noch nicht in ausreichender Zahl zur Verfügung, um eine nachhaltige Wirkung zu erzielen.

Der folgenreichste Vorteil auf britischer Seite war in diesem Sommer jedoch der Einbruch in den Enigma-Funkschlüssel nach der Kaperung von Lemps U 110. Da man die Position jedes auf See befindlichen deutschen U-Boots kannte und wußte, wo Dönitz seine Vorpostenstreifen legte, konnte die große Mehrzahl der Geleitzüge um sie herumgeleitet werden. Außerdem gelangte man durch einfache Analyse der Fakten zu dem Schluß, daß allein fahrende Schiffe um so gefährdeter waren, je langsamer sie fuhren, und erhöhte daraufhin die Mindestgeschwindigkeit allein fahrender Schiffe von 13 auf 15 Knoten.

Die Frage, ob Dönitz – durch Luftangriffe auf den Schiffsverkehr in den britischen Heimatgewässern und auf englische Häfen unterstützt – Großbritannien im Jahr 1941 hätte in die Knie zwingen können, wird sich nie beantworten lassen. Die an die größere Zahl von U-Booten angepaßte statistische Projektion der Versenkungsrate der ersten sechs Monate auf den Rest des Jahres deutet darauf hin, daß er es hätte schaffen können. Die Autoren der Geschichte der britischen Nachrichtendienste im Zweiten Weltkrieg vertreten die Ansicht, daß die U-Boot-Kampagne 1941 die endgültige Entscheidung nur um Haaresbreite verfehlte.[39] Diese Einschätzung vernachlässigt jedoch sowohl die immer wirksamer werdenden alliierten Verteidigungsmaßnahmen als auch die außerordentliche Kraftanstrengung, mit der man sich gegen die drohende Niederlage gestemmt hätte. Es ist kaum vorstellbar, daß sich das Bomberkommando angesichts der akuten Gefahr einer Hungersnot weiterhin mit seinen Argumenten hätte durchsetzen können. Doch so weit kam es nicht; Hitler fiel am 22. Juni in die Sowjetunion ein und verlagerte damit das Schwergewicht der deutschen

Kriegsanstrengungen, insbesondere der Luftwaffe, nach Osten. Die Schiffsverluste durch Luftangriffe nahmen ebenso merklich ab wie die durch U-Boote. Dies war einerseits der Umleitung der Konvois und der höheren Geschwindigkeit der allein fahrenden Schiffe zu verdanken. Andererseits hatte Hitler ein Dutzend wertvoller Frontboote zur Unterstützung des Feldzugs im Osten in die Ostsee und ins Nordmeer verlegt, wo sie keine Ziele fanden. Der Gesamtverlust sank im Juli und August auf ein Drittel dessen, was im Mai und Juni allein von den U-Booten versenkt worden war.

Der Krieg breitete sich in diesem Sommer nicht nur nach Osten, sondern auch nach Westen aus. Der amerikanische Präsident Franklin D. Roosevelt hatte Großbritannien von Anfang an als Verteidigungsvorposten der Vereinigten Staaten gegen Hitlers »Regime des Zwangs und der Aggression« betrachtet.[40] Da aber die Mehrheit der Amerikaner die Bedrohung nicht wahrnahm und für ein direktes Eingreifen noch nicht bereit war, mußte Roosevelt hinsichtlich der Hilfe für England Vorsicht walten lassen. Im März 1941 war das Leih- und Pachtgesetz in Kraft getreten, und die Royal Navy hatte im Austausch für Stützpunkte auf Neufundland, Bermuda und den Westindischen Inseln fünfzig eingemottete Zerstörer aus dem Ersten Weltkrieg erhalten. Roosevelt befürchtete, der U-Boot-Krieg gegen die britischen Handelsverbindungen könnte England aus dem Krieg drängen, bezweifelte aber, daß der Kongreß der Navy gestatten würde, Geleitschutzaufgaben im Atlantik zu übernehmen. Daher entschloß er sich im April zu einem kühnen Schritt: Er erweiterte die von der US Navy geschützte sogenannte panamerikanische Sicherheitszone so weit wie möglich nach Osten, das heißt in Richtung Großbritannien. »Wir schlugen den Atlas auf«, erzählte sein Kriegsminister Henry L. Stimson, »und als wir eine Linie zwischen der westlichsten Ausbuchtung Afrikas und der östlichsten von Brasilien zogen, fanden wir heraus, daß die Mittellinie zwischen den Kontinenten bei einer Länge von ungefähr 25 Grad lag.«[41]

Die Linie wurde auf 26° W festgelegt, über tausend Meilen östlich der ursprünglichen panamerikanischen Sicherheitszone. Roosevelt ging nicht so weit, Konvois in diesem Gebiet durch Schiffe der amerikanischen Atlantikflotte eskortieren zu lassen; sie sollten nur patrouillieren oder den Konvois folgen und sie vor U-Booten oder feindlichen Überwasserschiffen warnen. Dennoch wurde den deutschen U-Booten ihre Aufgabe durch diese Maßnahme erschwert. Zugleich hatte sich das Risiko eines Zwischenfalls mit einem amerikanischen Kriegsschiff erhöht. Roosevelt hoffte offenbar, daß in diesem Fall die öffentliche Meinung in den USA kriegerischer gestimmt würde. Im Mai richtete die US Navy einen Stützpunkt in Argentia an der Südostküste von Neufundland ein, und im Juli lösten amerikanische Marineinfanteristen die britische

Garnison in Reykjavik ab. Ein Symbol der amerikanischen Entschlossenheit, England in seinem Kampf bis an die Schwelle des eigenen Kriegseintritts mit allen Mitteln zu unterstützen, war das im August in Argentia stattfindende Treffen zwischen Roosevelt und Churchill, bei dem sie eine gemeinsame Absichtserklärung abgaben, die Atlantik-Charta.

Roosevelts Blick war aber auch nach Westen gerichtet. Das kaiserliche Japan war wie Nazi-Deutschland ein straff organisiertes Land mit einem übertriebenen militärischen Ethos und einem hochfahrenden nationalen Überlegenheitsgefühl. Sein grandioser Eroberungs- und Expansionsplan hatte eine kritische Phase erreicht: Jeder weitere Vormarsch bedeutete die Konfrontation mit den USA, Großbritannien und den Niederlanden. Andererseits stand das große Ziel einer verteidigungsfähigen »Großostasiatischen Wohlstandssphäre« auf dem Spiel, wie das anvisierte Imperium von Sklavenvölkern euphemistisch genannt wurde, und der langsame Abstieg zu einer von den USA abhängigen drittrangigen Macht drohte. Die Gründe dafür waren einerseits der japanische Mangel an wichtigen Rohstoffen und andererseits die gewaltige Wirtschaftskraft der USA, die zu dieser Zeit auf maritime Überlegenheit aus war. Im Sommer 1940 war, hauptsächlich als Antwort auf die japanische Expansion, ein sogenanntes Zwei-Ozean-Marinegesetz verabschiedet worden. Es sah vor, die US Navy so auszubauen, daß die 75 Prozent der amerikanischen Kampfstärke umfassende japanische Marine in den nächsten zwei Jahren auf 50 Prozent und bis 1944 auf bloße 30 Prozent schrumpfen würde.[42] Die Zeit arbeitete gegen Japan. Um die Eroberungen auf dem asiatischen Festland und im Westpazifik abzurunden und sich in eine strategisch günstige Verteidigungsposition zu bringen, brauchte Japan die Verfügungsgewalt über das Erdöl und die Rohstoffe von Niederländisch-Indien und Britisch-Malakka. Dafür war jedoch zunächst ein Vorstoß nach Süden erforderlich, um eine sichere Position den Vereinigten Staaten gegenüber zu erlangen. Da es die USA umgekehrt nicht zulassen konnten, daß Japan seine Ziele erreichte, und mit ihren Stützpunkten auf den Philippinen in jedem Fall dem japanischen Vorstoß nach Süden im Weg standen, mußte Japan den Krieg mit Amerika riskieren. Der Sieg der Japaner war zwar kaum vorstellbar, obwohl sie sich seit zehn Jahren auf ihn vorbereitet hatten. Aber jede Verzögerung ließ sie der US Navy gegenüber weiter ins Hintertreffen geraten. Einen rationalen Ansatz für die Lösung dieses Problems gab es nicht, und die Hauptakteure spielten ihre Rolle, als befänden sie sich in einer vom Schicksal bewirkten Trance.

Mitte der dreißiger Jahre hatten die Amerikaner »Red« geknackt, den maschinellen Schlüssel des japanischen Außenministeriums. In der Zwischenzeit war ihnen auch der Einbruch in »Purple« gelungen, dem neuen, nicht mehr auf

Walzen, sondern auf Stufenschaltern basierenden Schlüssel, den die Japaner nach 1939 eingeführt hatten. Diese Leistung war mindestens so bedeutsam wie die Entschleierung des deutschen Enigma-Schlüssels. Der japanische Außenminister Yosuke Matsuoka, der in den USA ausgebildet worden war, wußte davon, behielt es aber aus Gründen, die nur er kannte, für sich.[43] Die Vermutung liegt nahe, daß er zu jener Fraktion gehörte, die den Vorstoß nach Norden gegen die Sowjetunion dem nach Süden gegen Anglo-Amerikaner und Holländer vorzog.

Roosevelt erfuhr Mitte Juli 1941, daß die Japaner die Absicht hatten, Französisch-Indochina zu besetzen. Damit wären Singapur, der wichtigste britische Flottenstützpunkt im Fernen Osten, und Niederländisch-Indien bedroht. Er berief eine Kabinettssitzung ein, auf der drastische Sanktionen beschlossen wurden. Als die Japaner am 25. Juli nach Verhandlungen mit Vichy-Frankreich in Saigon einmarschierten, ließ Roosevelt alle japanischen Vermögenswerte in den USA einfrieren und verkündete ein Erdöl- und Handelsembargo gegen Japan, dem sich auch Großbritannien und Niederländisch-Indien anschlossen. Ohne Erdöl konnte die japanische Kriegsmaschine nicht laufen. Die Japaner leiteten eine Doppelstrategie ein: Verhandlungen mit den Vereinigten Staaten bei gleichzeitiger Kriegsvorbereitung. Über das Ergebnis waren sich beide Seiten im klaren, denn die Verhandlungsposition der Japaner war unannehmbar. Die Frage war nur, wann und wo der unausweichliche Angriff erfolgen würde.

Einer der hartnäckigsten und mutigsten japanischen Gegner des Krieges gegen die Vereinigten Staaten war der Oberbefehlshaber der Vereinigten Flotte, Admiral Isoroku Yamamoto. Er gab seinen Widerstand auch im Verlauf des Sommers nicht auf, vertrat aber die Ansicht, daß es im Kriegsfall unabdingbar sei, gleich zu Beginn die in Pearl Harbor stationierte amerikanische Pazifikflotte auszuschalten. Andernfalls hätte Japan nicht die geringste Siegeschance. Nach einer überzeugenden Demonstration seines Plans am Manövertisch in der zweiten Augustwoche begann er mit den abschließenden Vorbereitungen für den Überraschungsschlag. Neben Trägerflugzeugen sollten auch Langstrekken-U-Boote teilnehmen, sowohl um aufzuklären als auch um für die Entscheidungsschlacht entwickelte Kleinunterseeboote zu transportieren. Letztere sollten in den amerikanischen Flottenstützpunkt eindringen und die dort liegenden Großkampfschiffe zur selben Zeit angreifen wie die Flugzeuge.

Eines der deutschen U-Boote, die im Frühjahr 1941 ziemlich erfolglos den Atlantik nach Geleitzügen absuchten, war Oberleutnant Ottokar Paulssens U 557, ein neues VIIC-Boot, das am 13. Mai von Kiel ausgelaufen war. Paulssen war ein mittelgroßer, stämmiger Mann mit blonden Haaren und blauen Augen und mit seiner geradlinigen, ruhigen Art wohl nicht nur für den jungen Fähnrich Herbert Werner, der zum ersten Mal eine Feindfahrt erlebte, das Idealbild eines U-Boot-Kommandanten.

U 557 versenkte auf dieser Fahrt nur einen einzigen allein fahrenden Frachter, als es nach der Passage durch die Nordsee um die Shetland-Inseln herum in den Atlantik fuhr. Es war dort in einen Vorpostenstreifen dirigiert worden, um die britischen Kräfte abzufangen, die die *Bismarck* jagten, nachdem diese in den Atlantik durchgebrochen und das britische Schlachtschiff *Hood* versenkt hatte. Nachdem die *Bismarck* abgeschossen worden war, sollte U 557 die Überlebenden retten. Aber es traf für beide Aufgaben zu spät am Schauplatz ein. Anfang Juni wurde U 557 wieder auf die nordatlantischen Konvoirouten beordert, konnte jedoch wegen des Nebels östlich von Neufundland kein Schiff sichten. Als der Treibstoff knapp wurde, erhielt Paulssen die Anweisung, sich vor der Südspitze von Grönland mit dem Tanker *Belchen* zu treffen. Gemeinsam mit U 109 und U 93 bunkerte U 557 dort Treibstoff und Lebensmitteldosen. Als es sich wieder auf der Fahrt nach Süden befand, war achtern hinter dem Horizont das Donnern von Geschützen zu hören. Paulssen vermutete, daß der Tanker vom Feind entdeckt worden war, und ein am nächsten Morgen aufgefangener Funkspruch von U 93 bestätigte, daß die *Belchen* von britischen Kriegsschiffen versenkt worden war.[44] Daß der Tanker nur eines der Schiffe der Versorgungsflotte war, die als Folge der Kaperung von U 110 vernichtet wurde, konnten sie nicht wissen.

In den nächsten Wochen wurde U 557 als Teil von Vorpostenstreifen in mehrere Marinequadrate geschickt, ohne etwas zu sichten. Bereits im April, als der Tracking Room des OIC als Grundlage für die Umleitung der Konvois wenig mehr liefern konnte als grobe Peilungen und »Arbeitshypothesen«, hatte Dönitz Sicherheitslecks in der U-Boot-Führung vermutet. Jetzt, im Juni, glaubte er, daß die Konvois aufgrund des Nebels bei den Neufundlandbänken seine Vorpostenstreifen durchbrächen, vielleicht »unter Zuhilfenahme eines weitreichenden Ortungsgerätes«. Die Lösung wäre gewesen, seine Boote nach Westen vor die nordamerikanischen Abfahrthäfen zu verlegen. Aber wegen der heiklen Situation in bezug auf die Vereinigten Staaten durfte er westlich des fünfzigsten Längengrades nicht operieren, um ihnen keinen Vorwand zu bieten, die »neutrale« Feindschaft in offene Kriegsteilnahme umzuwandeln. So beschloß Dönitz, die Gewässer bei Neufundland zu verlassen und die achtzehn Boote, die er im Nordatlantik hatte, in lockerer Verteilung südöstlich von Grönland aufzustellen.[45]

Am selben Tag, dem 20. Juni, sichtete Kapitänleutnant Rolf Mützelburg auf U 203 in den vom OKM zum Blockadegebiet erklärten Gewässern das US-

Schlachtschiff *Texas* und lief zum Angriff an – vergeblich, da sein Sehrohr entdeckt wurde. Als Dönitz davon erfuhr, wies er alle Boote über Funk darauf hin, daß laut Führerbefehl jeder Zwischenfall mit den Vereinigten Staaten zu vermeiden sei. Wohl mit Blick auf die nach dem Leih- und Pachtgesetz an England übergebenen amerikanischen Zerstörer fügte er hinzu: »Darüber hinaus bis auf weiteres Angriffe auf Kriegsschiffe innerhalb und außerhalb Blokkadegebiet nur auf Kreuzer, Schlachtschiffe und Flugzeugträger und nur, wenn diese einwandfrei als feindlich erkannt, freigegeben. Abgeblendet-Fahren gilt bei Kriegsschiffen nicht als Beweis feindlichen Charakters.«[46]

Die Nachricht, daß Wehrmacht und Luftwaffe in die Weiten Rußlands eingefallen waren, schlug auf U 557 wie eine Bombe ein. Am nächsten Tag, dem 23. Juni, wurde es zu einem etwa 200 Seemeilen weiter östlich fahrenden Geleitzug dirigiert. Als es am Abend die angegebene Position erreichte, war weit und breit nichts von einem Geleitzug zu sehen oder zu hören. Mützelburg suchte den ganzen Tag über weiter und wollte die Hoffnung schon aufgeben, als um 21.35 Uhr ein Ruf durchs Turmluk zu ihm herunterschallte: »Kommandant auf die Brücke – Schatten voraus.«[47] Paulssen riß die dunkelrote Brille vom Gesicht, die er zur Abschirmung der Bootsbeleuchtung trug, damit sich seine Augen auf der Brücke schneller der Dunkelheit anpaßten, und kletterte die Leiter hinauf. Ihm war sofort klar, daß sie das Ende des vermißten Geleitzugs vor sich hatten. »Auf Gefechtsstationen!« rief er ins Boot hinunter.

Das erste, was Fähnrich Werner ausmachen konnte, als er auf die Brücke kam, war der unverkennbare, niedrige Schatten eines Geleitschiffes. Paulssen manövrierte es aus und hängte sich, die Geschwindigkeit auf die des Geleitzuges verringernd, ans Ende der Schiffskolonnen. Gleichzeitig wählte der IWO, Oberleutnant Hans Klatt, der inzwischen die UZO auf den Torpedozielapparat aufgesetzt hatte, die Ziele aus und gab die Schußunterlagen durchs Sprachrohr an den Offizier weiter, der ein Deck tiefer im Kommandoturm den Vorhaltrechner bediente. Unten im Boot verschlüsselte der Funker die für die U-Boot-Führung bestimmte Meldung über Position, Kurs und Geschwindigkeit des Geleitzuges. Es handelte sich um den aus Halifax kommenden Konvoi HX 133, der von einer aus vier Korvetten unter der Führung des Zerstörers *Ottawa* bestehenden Eskortgruppe der Royal Canadian Navy geschützt wurde. Es war der erste aufgespürte Geleitzug seit Ende Mai, und Dönitz hatte zehn U-Boote teils schon an ihn herangeführt, teils auf den Weg geschickt. Ihre Sichtmeldungen wurden abgefangen, und nachdem BP sie entziffert hatte, wurden einige Geleitschiffe, die von Island aus einem von England kommenden Konvoi entgegenfuhren, zur Verstärkung der *Ottawa*-Gruppe umgeleitet.

U 557 wurde entdeckt, während es die Zieldaten ermittelte. Paulssen hatte

Klatt gerade die Feuererlaubnis erteilt, als Werner achteraus zuerst einen und dann noch weitere Schatten ausmachte. Er zögerte einen Moment, um Klatt beim Zielen nicht zu stören, dann erstattete er Meldung. Paulssen drehte sich um, sah die auf sein Boot zulaufenden Kriegsschiffe und drängte Klatt, endlich zu feuern. Die Torpedos hatten die Rohre kaum verlassen, als Paulssen die Rohrklappen schließen ließ und für beide Maschinen alle Kraft voraus durchklingelte. Die Diesel röhrten los, während Sternraketen und Leuchtfallschirme am Himmel aufflammten. Noch während Werner auf die Explosionen wartete – die niemals hochgehen sollten –, sah er hinter einem Frachter ein drittes Kriegsschiff hervorkommen. Paulssen saß in der Zange. Alarm schrillte durchs Boot, die Brückenwache purzelte ins Luk, und jeder hastete auf seine Station.

Das Boot war kaum unter der Oberfläche, als es von einer donnernden Explosion am Heck angehoben und herumgeschleudert wurde. Während es haltlos in die Tiefe sank, folgten vier weitere Explosionen in noch größerer Nähe. Als die Notbeleuchtung anging, sah Werner die Nadel des Tiefenmessers bei 152 Metern zittern und dann schnell auf 180 Meter ausschlagen, bevor der LI das Boot abfangen konnte. Während von oben das Schwirren einer Schiffsschraube zu hören war und das nervtötende Zirpen des ASDIC durch das Boot hallte, trafen die Schadensmeldungen in der Zentrale ein. Dann explodierten drei Wabos direkt über dem Turm. Sie warfen das Boot hin und her und drückten es mit ächzender Hülle, polternden Flurplatten und zersplitternden Instrumenten noch weiter in die Tiefe. In der nachfolgenden Stille waren aus der Richtung des entschwundenen Geleitzugs zwei entfernte Explosionen zu hören; die anderen U-Boote waren eingetroffen.

Nach zwei weiteren, weniger genauen Angriffen gaben die Geleitschiffe auf. Der Grund dafür war, daß die gerade erst aufgestellte kanadische Eskortgruppe als Ganzes ebenso unerfahren war wie viele der Männer an Bord der einzelnen Schiffe. Außerdem war sie nicht mit der neuesten Technik ausgerüstet. Die verheerenden ersten beiden Bombenteppiche waren vermutlich von der *Ottawa* gelegt worden. Sie hatte mit ASDIC ein U-Boot geortet, es angegriffen und anschließend die Korvetten angewiesen, die Jagd fortzusetzen, während sie selbst zum Konvoi zurückkehrte. Die Korvetten hatten die Blinksignale jedoch mißverstanden und waren dem Zerstörer gefolgt.[48] Als U 557 zwei Stunden später auftauchte, war die See leer.

Die Schäden waren zu schwer, um auf See repariert werden zu können: Der Steuerborddiesel war aus dem Fundament gerissen, die Steuerbordwelle verbogen und eine der achteren Tauchzellen leck. Paulssen erstattete der U-Boot-Führung Meldung und nahm Kurs auf die Biskaya. Als U 557 am 10. Juli nach einer doppelten Feindfahrt von acht Wochen mit einem einzigen Siegeswimpel für 8000 versenkte BRT in Lorient einlief, wurde es wie üblich zu den Klängen einer Militärkapelle von einer lebhaften Menschenmenge aus Angehörigen der verschiedenen Waffengattungen und Krankenschwestern mit Blumensträußen in der Hand begrüßt. Nachdem das Boot festgemacht hatte, kam der Flottillenchef, Korvettenkapitän Heinz Fischer, an Bord. Er gratulierte Paulssen zur Beförderung zum Kapitänleutnant und schüttelte dann jedem einzelnen der an Deck angetretenen bleichen, hohlwangigen, bärtigen Männer die Hand. Ihm folgten die Krankenschwestern, die den Männern Blumensträuße überreichten. Danach ging es in die ehemalige französische Marinepräfektur. Paulssen rekapitulierte in einer kurzen Ansprache die Erlebnisse der Fahrt, und dann wurde das Essen serviert.

Anfang August lief U 557 zu seiner zweiten Feindfahrt aus. Nach wochenlanger fruchtloser Suche sichteten die Ausgucks am Abend des 27. August die Rauchwolken eines Geleitzuges über dem Horizont. OS 4 war erst der vierte Konvoi aus Freetown in Sierra Leone, der unter ständigem Geleitschutz fuhr. Als Paulssen feststellte, daß die Schiffe auf ihn zuhielten, tauchte er auf Sehrohrtiefe. Die zuerst nur für den Horcher vernehmbaren Schraubengeräusche waren bald überall im Boot zu hören. Dann mischte sich das Zirpen von ASDIC-Impulsen unter die lauter werdenden Schiffsgeräusche. Paulssen mußte tiefergehen und beschloß, nachdem er die Peilung verloren hatte, die Dunkelheit abzuwarten und den Geleitzug von achtern anzugreifen.

Es war eine schwarze, mondlose Nacht mit hohem Seegang, als U 557 kurz vor 23 Uhr auftauchte. Vor dem Boot erhoben sich die Schatten der Schiffe. Paulssen brach unentdeckt in die Kolonnen des Konvois ein. Klatt rief ein ums andere Mal Winkel, Geschwindigkeit und Entfernung ins Sprachrohr, bis Paulssen die Feuererlaubnis gab. Vier Torpedos aus den Bugrohren und der Hecktorpedo liefen auf dem eingestellten Kollisionskurs auf ihre Ziele zu. Der erste detonierte an Steuerbord, die anderen drei nacheinander auf der Backbordseite. Flammen schossen in den Himmel und erleuchteten zusammen mit den Leuchtraketen, die über dem scharf abdrehenden Rest des Geleitzuges aufstiegen, die angespannten Gesichter auf der Brücke. Die bei der Explosion aufgewirbelten Trümmer des nächstgelegenen Opfers prasselten so dicht am Boot ins Wasser, daß die Brückenwache unwillkürlich hinter der Turmverkleidung in Deckung ging. Drei der getroffenen Schiffe sanken binnen weniger Minuten.

U 557 folgte, immer noch unentdeckt, den Schatten der davonfahrenden Schiffe. Der Funker verschlüsselte eine Meldung an die U-Boot-Führung, und die Torpedomannschaft wuchtete schwitzend neue Torpedos in die Rohre. Als alles für einen zweiten Anlauf bereit war, traf ein Funkspruch der U-Boot-Führung ein. Paulssen sollte den Angriff abbrechen, aber mit dem Geleitzug Fühlung halten und Peilzeichen senden. Fluchend ließ er sich in sichere Entfernung zurückfallen, wurde dabei jedoch von einem Geleitschiff entdeckt. Er versuchte zunächst, über Wasser zu entkommen. Dann drückten ihn mehrere anlaufende Kriegsschiffe unter Wasser. Er befahl, auf 170 Meter zu gehen und das Ruder hart herumzulegen. Als oben der erste Zerstörer zu hören war, fuhr U 557 bereits mit steilem Tauchwinkel auf Gegenkurs, und der erste Bombenteppich ließ zwar das Licht ausfallen, bewirkte sonst aber keine ernsten Schäden. Der LI pendelte das Boot bei 185 Metern durch. Alle Hilfsmotoren wurden abgeschaltet, und das Boot glitt mit Schleichfahrt geräuschlos durch die Tiefe. Alle an Bord hielten den Atem an und horchten auf die von oben kommenden Geräusche, auf das Brummen der Schiffsturbinen, das Swisch-swisch der Schrauben und das hohe Zirpen der ASDIC-Impulse, die, wie Werner später schrieb, »durch den Stahl unserer Röhre in das Herz eines jeden Mannes« drangen.[49]

U 557 überstand noch zwei weitere Wabo-Angriffe. Werner schrieb es der hohen See und der großen Tauchtiefe zu, und er lag damit sicher richtig. Gefangene deutsche U-Boot-Fahrer hatten zwar gelegentlich davon gesprochen, daß ihre Boote über 200 Meter tief tauchen konnten, aber der britische Marinenachrichtendienst hatte es nicht glauben wollen.[50] Er sollte eines Besseren belehrt werden. U 570, ein neues VIIC-Boot unter Kapitänleutnant Hans-Joachim Rahmlow, befand sich auf seiner ersten Feindfahrt und war, von Trondheim kommend, seit vier Tagen auf See, als es am 27. August das unwahrscheinliche Pech hatte, direkt unter einem Flugzeug des britischen Küstenkommandos aufzutauchen, das zufällig im blinden Winkel von Rahmlows Sehrohr geflogen war. Der Pilot, Squadron Leader J. H. Thompson, warf Wasserbomben, die auf beiden Seiten des U-Boots detonierten und Rahmlow derart verschreckten, daß er kapitulierte. Als Thompson die weiße Flagge auf dem Turm sah, forderte er Marineunterstützung an, während er weiter über dem U-Boot kreiste. Nach einigen Stunden wurde er von einem Catalina-Flugboot des Küstenkommandos abgelöst. Es übernahm die Wache, bis kurz vor Mitternacht die Schiffe der Royal Navy eintrafen. Lieutenant H. B. Campbell gelang es am nächsten Morgen trotz der schweren See, an Bord des U-Boots zu gehen. Danach wurde es in Schlepptau genommen und – diesmal erfolgreich – nach Island gebracht.

Obwohl die Enigma-Maschine sowie die meisten Schlüsseltabellen und sonstigen Geheimsachen über Bord geworfen worden waren, hielt U 570 bedeutsame Entdeckungen bereit, darunter die Konstruktion der GE-7-Elektrotorpedos und die Erkenntnis, daß die in Gefangenschaft geratenen U-Boot-Fahrer in bezug auf die Tauchtiefe nicht übertrieben hatten. Es dauerte aber noch einige Zeit, bis die Wasserbomben entsprechend eingestellt wurden. U570 wurde schließlich als HMS/M *Graph* von der Royal Navy in Dienst gestellt, während Kapitänleutnant Rahmlow im Kriegsgefangenenlager, von seinen Kameraden geächtet, eine nicht sehr beneidenswerte Zeit durchlebte.

Der Geleitzugangriff von U557 demonstrierte aber nicht nur die größere Tauchfähigkeit der deutschen U-Boote, sondern deren generelle Überlegenheit sowohl über die vergleichbaren Boote der britischen Klassen U und S als auch über die wesentlich größeren T-Klasse-Boote. Wie unterlegen die britischen Boote waren, zeigte sich an den enormen Entfernungen, aus denen Wanklyn und andere Kommandanten von U-Klasse-Booten wegen ihrer geringen Geschwindigkeit schießen mußten, an der Zahl der Torpedos, die sie pro Ziel verbrauchten, und an der langen Zeit, die sie benötigten, um den Vorhaltewinkel für das nächste Ziel zu errechnen.

Als U557 in Lorient einlief, flatterten nur vier Siegeswimpel für 20400 versenkte BRT am Sehrohr, die es sich allesamt bei dem beschriebenen Geleitzugangriff verdient hatte. In dieser Zeit war es dennoch eines der erfolgreichsten Boote. Die Versenkungsrate, die schon im Juli den niedrigsten Stand seit der Torpedokrise im Frühjahr 1940 erreicht hatte, war im August noch einmal um 14000 auf 80000 BRT gesunken. Wolfgang Lüth, inzwischen mit dem Ritterkreuz dekoriert und Kommandant des IXA-Boots U43, mit dem er kurz vor Paulssen von Lorient ausgelaufen war, hatte eine typische Fahrt hinter sich: Nachdem er sechs Wochen vor Grönland gekreuzt war, kehrte er ohne einen einzigen Versenkungserfolg zurück. Die Konvois wurden derart effektiv um die Vorpostenstreifen der U-Boote herumgeleitet, daß Lüth nichts gesichtet hatte als US-amerikanische Kriegsschiffe, und die waren tabu.

Vierzehn Tage vor seiner Rückkehr war U652 unter Oberleutnant Georg-Werner Fraatz zum Angriff auf eines dieser Kriegsschiffe provoziert worden. Ein Flugzeug des Küstenkommandos hatte Fraatz am Morgen des 4. September unter Wasser gedrückt. Anschließend flog das Flugzeug zu dem amerikanischen Zerstörer *Greer,* der mit Post, Nachschub und Verstärkung für die US-Garnison Reykjavik auf dem Weg nach Island war. Mittels Blinkzeichen informierte es ihn von der Anwesenheit eines U-Boots zehn Seemeilen voraus. Der Kapitän des Zerstörers, Lieutenant Commander Laurence Frost, befand sich in einem Dilemma: Seine Befehle besagten, daß er deutsche U-Boote zu verfolgen und zu melden, aber nicht anzugreifen habe. Gemeinsame Operationen mit britischen Flugzeugen waren nicht vorgesehen. Frost steuerte also die Position des U-Boots an und verlangsamte die Fahrt, um den Empfang seines Sonars zu verbessern. Er hatte das U-Boot bald geortet und erhielt den Kontakt aufrecht.

Das Flugzeug kreiste eine gute Stunde über dem Zerstörer und fragte, als der Treibstoff knapp wurde, ob er die Absicht habe, das U-Boot anzugreifen. Als Frost verneinte, setzte sich das Flugzeug vor den Zerstörer und warf vier Wasserbomben ab, bevor es zu seinem Stützpunkt zurückflog. Die Wabos detonierten ein gutes Stück von U 652 entfernt. Fraatz mußte annehmen, daß der Zerstörer sie abgeworfen hatte. Daß es ein US-Schiff war, konnte er nicht wissen. Er hatte es durchs Sehrohr zwar als amerikanischen Zerstörer erkannt, hielt es aber für eines der Schiffe, die nach dem Leih- und Pachtgesetz an England geliefert worden waren. Nachdem er weitere drei Stunden dem unaufhörlichen Zirpen der ASDIC-Impulse gelauscht hatte, entschloß er sich zum Angriff. Seine beiden Aale verfehlten das Ziel, und auch die acht Wasserbomben, mit denen die *Greer* das Feuer erwiderte, bewirkten nur kleinere Schäden. Sie sind erwähnenswert, weil es die ersten von Amerikanern abgegebenen »Schüsse« in diesem Krieg waren. Fraatz konnte sich später am Nachmittag absetzen, und Frost brach die Jagd am frühen Abend ab.[51]

Damit war der Zwischenfall passiert, der vorprogrammiert gewesen war, seit Roosevelt die panamerikanische Sicherheitszone erweitert und amerikanische Soldaten nach Island geschickt hatte. Er nutzte ihn am 11. September in einer Ansprache an die Nation weidlich aus. Darin wertete er den U-Boot-Angriff auf die *Greer* als Piraterie und bezeichnete ihn zusammen mit den deutschen Angriffen gegen amerikanische Handelsschiffe als Beweis für die Absicht der Nazis, »die Freiheit der Meere abzuschaffen und selbst die absolute Kontrolle und Beherrschung der Ozeane zu erlangen«. Die deutschen U-Boote seien die »Klapperschlangen des Atlantiks« und eine »Herausforderung unserer Souveränität«. Amerikanische Kriegsschiffe würden in Zukunft nicht mehr darauf warten, daß U-Boote oder Kaperschiffe der Achse angriffen. Fortan stünden alle in den Gewässern der panamerikanischen Sicherheitszone fahrenden Handelsschiffe, gleich welcher Nationalität, unter dem Schutz der US Navy. Er warnte deutsche und italienische Kriegsschiffe und U-Boote davor, in diese Zone – die jetzt zwei Drittel der Atlantikpassage umfaßte – zu fahren. Wenn sie es doch täten, dann auf eigene Gefahr.[52]

Das kam einer Kriegserklärung gegen die Achsenmächte im Atlantik gleich, insbesondere gegen deren U-Boote. Sowohl Dönitz als auch Raeder versuchten, Hitler zu einer Lockerung des Angriffsverbots gegen amerikanische Kriegsschiffe zu bewegen. Dieser bestand jedoch auf dem Befehl. Er wollte die Vereinigten Staaten aus dem Krieg heraushalten, bis die Lage im Osten geklärt war. Zwischenfälle mit den USA waren da nicht zu gebrauchen. Sie ließen sich allerdings kaum vermeiden. Die US Navy schützte die multinationalen Konvois in Absprache mit der Royal Navy inzwischen bis in isländische Gewässer und erhielt täglich Lageberichte des OIC Tracking Room mit den Positionen der U-Boote im Atlantik. Im folgenden Monat kam es denn auch fast zwangsläufig zu zwei schweren Zwischenfällen: Am 17. Oktober wurde die *Kearney* durch einen Torpedo von U 568 unter Kapitänleutnant Joachim Preuß beschädigt. Sie war einer von vier amerikanischen Zerstörern, die einer kanadischen Eskortgruppe zu Hilfe geeilt waren, um sie bei der Abwehr eines »Wolfsrudels« zu unterstützen. Elf Matrosen kamen dabei ums Leben, vierundzwanzig wurden verwundet. Es waren die ersten amerikanischen Opfer in diesem Krieg. Ende des Monats wurde das erste amerikanische Kriegsschiff versenkt: Ein Torpedo von U 552 unter Kapitänleutnant Erich Topp traf die *Reuben James,* einen von fünf amerikanischen Zerstörern, die einen schnellen Konvoi aus Halifax eskortierten, und entzündete die vordere Munitionskammer. Das Schiff riß alle Offiziere und mehr als hundert Mann der Besatzung mit sich in die Tiefe.

Diese Vorfälle und vor allem der Verlust von Menschenleben halfen Roosevelt, die Öffentlichkeit auf den Kriegseintritt vorzubereiten. Vorerst jedoch verliehen sie einer Änderung des Neutralitätsgesetzes Schubkraft: Amerikanischen Handelsschiffen sollte nun gestattet werden, in die deutsche Kriegszone zu fahren. Damit würde mehr Schiffsraum zur Verfügung stehen, um England mit dem Nachschub zu versorgen, den das Land für die Fortsetzung des Kampfes brauchte. Die Gesetzesänderung, die außerdem die Bewaffnung amerikanischer Handelsschiffe erlaubte, wurde am 13. November verabschiedet.

Der amerikanische Industrielle Henry Kaiser, ein Mann von proteischem Zuschnitt, hatte inzwischen ein neuartiges Verfahren für den schnellen Bau von Schiffen initiiert und realisiert, bei dem die einzelnen Schiffsabschnitte vorgefertigt und auf den Werften nur noch zusammengeschweißt wurden. Die einfachen, auf einem englischen Entwurf von 1879 beruhenden »Liberty«-Schiffe, wie sie ganz im Sinne von Roosevelts Propaganda genannt wurden, waren 10 500-Tonnen-Frachter mit einer Höchstgeschwindigkeit von elf Knoten. Der erste lief im September vom Stapel. Bis Ende 1941 wurden 31 Schiffe fertiggestellt. 1942, als das Bauprogramm richtig in Schwung gekommen war, erhöhte sich die Produktion auf über sechzig Einheiten oder mehr als 600 000 BRT pro Monat, und im darauffolgenden Jahr sollten sogar noch mehr gebaut werden.

Damit war Dönitz' Aufgabe, die atlantischen Nachschublinien zu kappen, unerfüllbar geworden. Er ahnte von diesem industriellen Kraftakt allerdings noch nichts, hätte ihn auch nicht voraussehen können, denn mit herkömmlichen Methoden wäre es unmöglich gewesen, in so kurzer Zeit auch nur annähernd so viele Schiffe zu bauen. Im September und Oktober war die Versenkungsrate wieder gestiegen. Dies war hauptsächlich der größeren Anzahl von Frontbooten zu verdanken. Dem liefen die Führerbefehle zuwider, nach denen ein großer Teil der U-Boote in unergiebige Gebiete geschickt werden mußte, zumeist ins Mittelmeer und nach Norwegen. Seit der britische Handelsverkehr in den Fernen Osten und der Nachschub nach Nordafrika den langen Weg um das Kap der Guten Hoffnung nahm, waren im Mittelmeer nur noch wenige Handelsschiffe anzutreffen, und in den norwegischen Gewässern gab es genauso wenig Beute. Dönitz beklagte sich entsprechend bitter über diese Schwächung, in deren Folge der U-Boot-Krieg Mitte November zum Erliegen kommen werde, und wiederholte, daß ein Erfolg nur mit einer großen Anzahl nach Konvois Ausschau haltender Boote in den Vorpostenstreifen zu erzielen sei. Man müsse die Kräfte konzentrieren.[53]

Er hatte zweifellos recht, aber seine Einwände wurden ignoriert. Ende November wurden auch noch die restlichen Boote ins Mittelmeer oder vor die Straße von Gibraltar beordert. Mit ihnen verschwand die letzte Chance, den Wettlauf gegen die Zeit und den amerikanischen Schiffbau zu gewinnen. Hitler hatte mit seinen hauptsächlich aus Rücksicht auf Italien erteilten Weisungen jede Aussicht auf den Sieg in der Atlantikschlacht zerstört. Dönitz' Wut und Enttäuschung schlug sich in den Namen nieder, die er den Rudeln für die vorläufig letzten Operationen zwischen Island und Grönland gab: »Raubritter«, »Schlagetot«, »Reißwolf«.

Kaum weniger frustrierend war die Tatsache, daß die U-Boote in seinen sorgfältig über die Konvoirouten gelegten Vorpostenstreifen weiterhin keine Sichtungserfolge verbuchen konnten. Theoretisch hätte es umgekehrt sein müssen. Aber wie Dönitz am 19. November in seinem Kriegstagebuch enttäuscht resümierte, waren Geleitzüge, mit einer Ausnahme, nur von einzeln fahrenden Booten entdeckt worden. Der Grund dafür sei nicht klar ersichtlich, aber »Zufall allein kann es nicht sein – der Zufall fällt nicht immer auf die eine Seite, und die Erfahrungen erstrecken sich immerhin über bald 3/4 Jahre. Eine naheliegende Erklärung wäre dies, daß der Engländer aus irgendwelchen Quellen Kenntnis von unsern konzentrierten Aufstellungen erhält und ihnen ausweicht, wobei er dann gelegentlich einzeln marschierenden Booten vor die Rohre läuft.«[54]

Die nötigen Schritte, um zu verhindern, daß der Feind durch Spionage oder Verrat die Positionen der U-Boote erfuhr, waren bereits eingeleitet worden. Die Möglichkeit eines Einbruchs in den Marineschlüssel war von den Fachleuten ein ums andere Mal ausgeschlossen worden. Erst jüngst hatte eine umfangreiche Untersuchung unter Leitung des Nachrichtenexperten Konteradmiral Erhard Märtens zum selben Ergebnis geführt: Mathematisch war der Enigma-Schlüssel nicht zu brechen. Hinzu kamen als zusätzliche Sicherungen die veränderlichen Einstellungen der Schlüsselmaschine.[55] Die Vorstellung, daß der

Feind Listen aller drei Elemente der Schlüsselmaschine – Auswahl und Reihenfolge der Walzen, deren Tageseinstellung sowie die Steckverbindungen – erbeutet haben könnte und in der Lage war, sie den monatlichen Veränderungen anzupassen, wurde als unmöglich erachtet. Kryptologen und Nachrichtendienstoffiziere der Seekriegsleitung unterschätzten oder übersahen dabei eine ganze Reihe von Faktoren, angefangen mit dem Ausmaß der Anstrengungen, die man in England unternahm, um in den Besitz der Schlüssel zu kommen, über Tempo und Raffinesse der Maschinen, die zum Knacken der neuen Einstellungen der Enigma-Maschine entwickelt wurden, bis hin zu der Möglichkeit, über den Vergleich mit einfacher zu entziffernden Schlüsseln und häufig wiederkehrenden Meldungen Zugang zu Enigma zu erhalten. Sie litten zweifellos unter jener Expertenkrankheit, die sich im Glauben an die eigene Unfehlbarkeit äußert. Von ihr waren vorher schon die Torpedofachleute befallen worden, und auch deren amerikanische Kollegen sollten nicht von ihr verschont bleiben. Dönitz und sein eigener kleiner Nachrichtenstab nahmen die Berliner Versicherungen, daß ein Einbruch in den Enigma-Schlüssel unmöglich sei, jedoch mit Mißtrauen auf.[56] Es war zweifellos dieser Skepsis zu verdanken, daß mit der Entwicklung einer vierten Walze begonnen wurde, die schmal genug war, um die Schlüsselmaschinen nachrüsten zu können.

Dönitz spekulierte in seinem Kriegstagebuch aber auch darüber, daß die Engländer die U-Boot-Aufstellungen durch eine Kombination aus eingepeiltem Funkverkehr und Sichtmeldungen hoch fliegender Flugzeuge oder mit Hilfe einer technischen Ortungsmethode wie dem Radar herausfanden. Schlüssige Informationen lagen jedoch nicht vor. Er forderte deshalb vom B-Dienst einen erfahrenen Offizier an, der in der U-Boot-Führung an der Untersuchung dieses Problems mitarbeiten sollte. Vorerst hielt er seine Boote ständig in Bewegung, damit die Vorpostenstreifen nicht mehr so leicht zu umgehen waren.[57] Der Marinehistoriker Jürgen Rohwer ist nach dem Krieg zu dem Schluß gekommen, daß in der zweiten Hälfte des Jahres 1941, also nach dem britischen Einbruch in den deutschen Funkschlüssel, durch die Umleitung der Geleitzüge nicht weniger als dreihundert Schiffe vor der Versenkung bewahrt wurden. Da er in dieser Phase den Wendepunkt sieht, an dem Dönitz das Rennen gegen die Zeit verlor, plaziert er die Ultra-Funksprüche, wie die Entschlüsselungen genannt wurden, an der Spitze der Faktoren, die den Ausgang der Atlantikschlacht bestimmten. Diese Schlußfolgerung ist allerdings zu einseitig, da sie die angloamerikanischen Reaktionen auf die U-Boot-Bedrohung völlig außer acht läßt.[58]

Die Verlegung von U-Booten ins Mittelmeer war eine Reaktion auf die zunehmende Störung der Nachschublinien nach Nordafrika, insbesondere durch die in Malta stationierten britischen U-Boote. Bletchley Park war Ende Juni der Einbruch in den italienischen Marineschlüssel gelungen. Die ersten aktuellen Informationen aus dieser Quelle wurden am 23. an Simpson übermittelt. Sie betrafen einen Konvoi aus vier großen Linienschiffen, die italienische Truppen von Neapel nach Tripolis bringen sollten. Wanklyn war von Simpson kurzfristig mit der *Upholder* hinausgeschickt worden, um den Konvoi abzufangen, hatte ihn aber nicht gefunden. Am 10. Juli konnte BP die Juli-Einstellungen knakken.[59] Von da an floß ein wahrer Strom von Ultra-Informationen ins Mittelmeer, mit deren Hilfe die U-Boote direkt zu ihren Zielen dirigiert werden konnten.

Einem dieser Funksprüche war der größte Schlag gegen die Nachschublinien der Achse zu verdanken. Simpson erfuhr am 17. September, daß drei der großen Truppentransporter, die Wanklyn im Juni verpaßt hatte und die im August nach einer weiteren Ultra-Information ein zweites Mal davongekommen waren, Soldaten des Deutschen Afrika-Korps zur Verstärkung der unter Rommels Oberbefehl zur Panzerarmee Afrika zusammengefaßten deutsch-italienischen Truppen von Taranto nach Tripolis bringen sollten. Er rief umgehend eine Konferenz mit fünf seiner U-Boot-Kommandanten ein: Wanklyn von der *Upholder,* Tomkinson von der *Urge,* der auf seiner letzten Feindfahrt das 23600 BRT große Linienschiff *Duilio* versenkt hatte, Lieutenant Commander E. A. Woodward von der *Unbeaten,* Lieutenant Wraith von der *Upright,* der kurz vorher einen italienischen Zerstörer vernichtet hatte, und Lieutenant Arthur Hezlet, der als Ersatzkommandant die *Ursula* übernommen hatte. Ohne deren Quelle zu offenbaren, gab Simpson die vorhandenen Informationen bekannt und erläuterte dann die Aufstellung der U-Boote, die den Konvoi in der Dunkelheit des nächsten Morgens vor der libyschen Küste abfangen sollten: *Upright, Upholder* und *Unbeaten* sollten im Abstand von jeweils 10 Seemeilen 60 Meilen nordöstlich von Al-Khums in Stellung gehen, wo die italienischen Truppen erfahrungsgemäß an Land gingen. Die *Ursula* und die *Urge* sollten westlich davon dichter unter der Küste einen zweiten Riegel bilden. Wegen der geringen Geschwindigkeit der U-Klasse mußten die Boote innerhalb der nächsten Stunde auslaufen, wenn sie rechtzeitig in Stellung gehen wollten. Wenn sich also jemand zu erschöpft fühle, sagte Simpson, dann sei jetzt der richtige Zeitpunkt, es zu sagen. Tomkinson bat daraufhin darum, ihn auszulassen. Er halte nicht viel von Adhoc-Plänen auf der Grundlage von gerade erst hereingekommenen Funksprüchen. Simpson willigte sofort ein. In seiner Autobiographie schrieb er später, Tomkinson sei offensichtlich müde und überreizt gewesen und hätte den Mut besessen, es zuzugeben.[60] Die anderen vier Kommandanten eilten zu ihren Booten. In den Quartieren und den Bars von Sliema wurden die Besatzungen zusammengetrommelt. Nach dem Bericht eines seiner Matrosen sagte Wanklyn der Besatzung, sie hätten eine »heikle Aufgabe – es geht um einen großen Truppentransport nach Libyen. Ihr wißt, daß unsere Army gerade schwer zu kämpfen hat. Wir müssen ihn also unter allen Umständen stoppen.«[61]

Die Boote trafen gegen Mitternacht an ihren Positionen ein. Drei Stunden später sichtete die *Unbeaten* im Norden die Silhouetten vorbeifahrender Schiffe. Woodward versuchte es Wanklyn als dem dienstältesten Offizier der Gruppe zu melden, indem er ASDIC zur Einseitenbandübertragung, das heißt als eine Art Unterwasserfunkgerät benutzte, konnte aber keinen Kontakt herstellen. Er versuchte es daraufhin mit dem normalen Funkgerät. Nach einer halben Stunde endlich erreichte er die *Upholder.* Wanklyn kletterte umgehend auf die Brücke und entdeckte fast im selben Augenblick die am Horizont auftauchenden Schatten. Er klingelte große Fahrt – 10,5 Knoten – und ging auf einen Konvergenzkurs. Die Geschwindigkeit des Konvois machte es unmöglich, in eine Position vor dem Konvoi oder auch nur dicht hinter ihm zu gelangen. Er hatte keine andere Wahl, als mit Hilfe des primitiven Nachtsichtgeräts auf gut Glück einen Fernschuß zu probieren. Die Transportschiffe fuhren in zwei Kolonnen, und Wanklyn wartete, bis zwei der Silhouetten sich überlappten. Dann feuerte er aus rund 4500 Metern eine nach Augenmaß aufgefächerte Salve ab. Als die Torpedos auf dem Weg waren, begann Crawford, seine Nummer eins, die Brükke zu räumen. Wanklyn sah sich um und fragte verwundert, wo die Männer hin wollten. »Ich dachte, wir würden tauchen, Sir«, erwiderte Crawford. Wanklyn zögerte einen Augenblick, dann stimmte er zu. Crawford hatte den Eindruck, er wäre lieber auf der Brücke geblieben, um das Resultat der Torpedoschüsse zu beobachten.[62]

Der erwartete Gegenangriff blieb aus. Einer der Torpedos zerstörte die Schrauben des 19400 BRT großen Linienschiffs *Oceania,* ein zweiter riß den Rumpf seines Schwesterschiffs *Neptunia* auf, die sich bald darauf auf die Seite legte und sank. Das dritte Schiff, die *Vulcania,* dampfte mit zwei Zerstörern eilig nach Westen davon, während die anderen Zerstörer die Schiffbrüchigen von der *Neptunia* bargen. Die Rohre der *Upholder* wurden nachgeladen, und als der Morgen dämmerte, wandte sich Wanklyn von Osten gegen die ohne Fahrt im Wasser liegende *Oceania,* um ihr den Rest zu geben. Gleichzeitig lief auch Woodward, was Wanklyn nicht wissen konnte, zum Angriff gegen sie an. Das dritte U-Boot der Gruppe, die *Upright,* war nach Süden gefahren, um vor dem Konvoi in Stellung zu gehen, befand sich jetzt aber aufgrund von Wanklyns Treffern und der Kursänderung der *Vulcania* weitab vom Schuß.

Wanklyn wurde von einem Geleitzerstörer unter Wasser gedrückt. Er fuhr unter Wasser hinter die *Oceania,* drehte auf sie zu und ging in Sehrohrtiefe hoch. Östlich von ihm machte Woodward in der *Unbeaten* gerade die letzten Sehrohrbeobachtungen vor dem Torpedoabschuß, als sein Ziel von zwei Explosionen zerrissen wurde. Wanklyn hatte mit zwei Torpedos getroffen. Acht Minuten später war die *Oceania* verschwunden. Weiter westlich hatte Hezlet auf der *Ursula* inzwischen die *Vulcania* gesichtet und eine volle Salve auf sie abgeschossen. Da er die Geschwindigkeit des Ziels unterschätzt hatte, liefen die Torpedos jedoch achtern an ihm vorbei.

Wanklyn schien trotz des herausragenden Erfolges der Operation nicht zufrieden zu sein. Auf die Frage nach dem Grund antwortete er, daß es nur Glück gewesen sei, da er mit bloßem Auge gezielt habe. Der Flottillenchef in Alexandria sprach in seinem Bericht dagegen von »phantastischer Genauigkeit auf 4500 Meter bei wenig Licht und mit stark gierendem Boot«.[63]

Schon vor diesem Angriff, durch den die Panzerarmee Afrika außer den beiden unersetzbaren Linienschiffen 5000 überwiegend deutsche Soldaten verlor, hatten die Verluste auf den Nachschubwegen nach Nordafrika Hitler veranlaßt, seinem italienischen Verbündeten die Verlegung von zwanzig U-Booten ins Mittelmeer anzubieten. Taktisch gesehen besaß dieses Angebot wenig Sinn, da die meisten Verluste durch die in Malta stationierten Flugzeuge und U-Boote verursacht wurden und U-Boote zwar gelegentlich auch ihresgleichen ausschalteten, ihre größte Wirkung aber beim Einsatz gegen die zivile Schiffahrt entfalteten. Raeder hatte Hitler bisher von einem solchen Schritt abhalten können, doch als sich die Lage im Mittelmeer den Sommer über immer weiter verschlechterte, war er gezwungen, die Verlegung der U-Boote anzuordnen.

Das eigentliche Problem der ständigen Verluste bestand darin, daß Italien weder auf größere Mengen von neutralem Schiffsraum zurückgreifen noch genügend Schiffe bauen konnte, um die vernichtete Tonnage zu ersetzen. Wie die Schlacht im Atlantik hing auch die im Mittelmeer – und mit ihr der Ausgang des nordafrikanischen Feldzuges – von der verfügbaren beziehungsweise versenkten Handelsschifftonnage ab. Der Chef des deutschen Marinestabes in Italien wies Raeder am 9. September auf diesen Punkt hin und warnte davor, daß man unmittelbar vor einer ernsten Nachschubkrise stehe. Die gefährlichste britische Waffe im Mittelmeer seien die U-Boote, insbesondere die in Malta stationierten. Raeder reagierte darauf mit der Forderung, Italien U-Boot-Jäger, das inzwischen für kleine Schiffe verfügbare Funkmeßgerät (Radar) sowie Techniker für die Unterweisung in deren Gebrauch und Wartung zu überlassen. Erst im November gab Hitler seine Zustimmung. In der Zwischenzeit ging die Auszehrung weiter: Im September versenkten die britischen U-Boote elf Schiffe mit zusammen über 60000 BRT und im Oktober sechs mit knapp 16000 BRT. Die RAF vernichtete in diesen beiden Monaten 19 Schiffe mit mehr als 50000

BRT. Zusammen mit den Minenfeldern ergab sich eine Versenkungsrate von 145 000 BRT. Das entsprach einem Viertel der Tonnage, die in diesem Zeitraum nach Nordafrika unterwegs gewesen war.

Anfang November wurde die Kampfkraft des Marinestützpunkts von Malta durch ein kleines Geschwader aus zwei Leichten Kreuzern und zwei Zerstörern verstärkt. Die Force K, wie das Geschwader genannt wurde, lief am 8. November aus, um einen vom Nachrichtendienst angekündigten Konvoi abzufangen, der mit sieben Versorgungsschiffen nach Tripolis fuhr. Er wurde in den frühen Stunden des nächsten Tages gesichtet und trotz einer Eskorte aus sechs italienischen Zerstörern, die zudem von zwei Schweren Kreuzern mit vier weiteren Zerstörern aus der Ferne gedeckt wurde, ohne eigene Verluste völlig vernichtet. Zu den Opfern gehörte auch ein Zerstörer. Ebenfalls im November versenkte die Force K einen Konvoi aus zwei Schiffen, die Treibstoff für die in Bengasi stationierten deutschen Flugzeuge geladen hatten. Zusammen mit 15 weiteren Versenkungen durch U-Boote und Flugzeuge trieben diese Feindfahrten die Versenkungsrate für November auf über 75 000 BRT. Dies war zwar weniger als im September, aber es waren auch weniger Schiffe gefahren, und von denen, die gefahren waren, hatte man dreißig Prozent versenkt. Die Folge war, daß nur 30 000 Tonnen an Nachschub in Libyen angelandet werden konnten, nicht einmal die Hälfte des Monatsbedarfs der Panzerarmee Afrika.[64] Da gleichzeitig der britische Vormarsch die Nachschublinien durch die Wüste bedrohte, gab Rommel am 4. Dezember den Befehl zum allgemeinen Rückzug.

Ursache und Wirkung der mediterranen Nachschubschlacht sind jedoch nicht so einfach, wie es auf den ersten Blick erscheint. Die logistischen Probleme der Panzerarmee Afrika waren bereits untragbar geworden, nachdem Rommel im April gegen Hitlers Befehl und allen militärischen Rat von Sirte aus einen Blitzvorstoß durch die Cyrenaika bis nach Sollum, unmittelbar hinter der libysch-ägyptischen Grenze, unternommen und seine Nachschublinien vom Hauptumschlagplatz Tripolis auf 1600 Kilometer verlängert hatte. Das waren über 600 Kilometer mehr, als die Wehrmacht im Osten zu bewältigen hatte, um Moskau zu erreichen. Man hatte zwar Bengasi einnehmen können, Tobruk aber war nur eingeschlossen worden, und da Bengasi durch Angriffe der in Ägypten stationierten britischen Flugzeuge gefährdet war, verschifften die Italiener den größten Teil des Nachschubs weiterhin nach Tripolis.

Von dort mußten Treibstoff, Proviant, Munition und Personen, da es keine Eisenbahnverbindung gab, 1600 Kilometer weit mit Lastkraftwagen transportiert werden, die Rommel nie in ausreichender Zahl zur Verfügung standen und die wahrscheinlich mehr als ein Drittel des Treibstoffnachschubs verbrauchten.[65] Die Engpässe entstanden hier an Land. Es ist bezeichnend, daß seine Klagen über mangelnden Nachschub im Mai einsetzten. Im Juni, als die Rekordmenge von 125 000 Tonnen in Nordafrika gelöscht wurde, war der Nachschub laut OKW »in täglich zunehmendem Umfange gefährdet«.[66] Im Herbst, als die Verluste auf See am größten waren, kamen jeden Monat immer noch durchschnittlich 72 000 Tonnen in Nordafrika an – 2000 Tonnen mehr, als die Panzerarmee Afrika verbrauchte. Nur im November fielen die Lieferungen unter die Bedarfsgrenze, weil es an Treibstoff für die italienischen Geleitschiffe fehlte. Zu dieser Zeit hatte bereits die britische Offensive begonnen, und die Lastwagenkonvois der Achse waren ständigen Angriffen von Flugzeugen und gepanzerten Fahrzeugen ausgesetzt. Rommel mußte schließlich anerkennen, daß seine Lage unhaltbar war.[67]

Das soll nicht heißen, daß die Verluste auf See wirkungslos waren. Die Beunruhigung des deutschen Marinestabes in Italien ist Beleg genug für die Bedrohung, die insbesondere von der 10. Flottille ausging. Aber was Rommels ersten Vorstoß nach Ägypten zum Scheitern verurteilte, waren das Zusammenwirken aller britischen Teilstreitkräfte sowie seine eigenen überdehnten Nachschublinien.

Den Erfolgen der 10. Flottille stand eine Reihe von Verlusten gegenüber. Die Hauptgefahr in dieser Phase, als die Italiener noch nicht über Ortungsgeräte verfügten, waren die in den Zufahrten der Häfen und an Knotenpunkten der Konvoirouten in großer Menge ausgebrachten Minen. Eine der gefährlichsten Barrieren für die Malta-Boote befand sich in der Meerenge zwischen Sizilien und Tunesien. Um sie zu überwinden, folgten die Boote stets exakt dem Kurs, den Cayley Ende Juli mit der *Utmost* erprobt hatte.[68] Bereits vorher, im April und Mai, waren die *Usk* und die *Undaunted* vermutlich durch Minen verlorengegangen. Im Juli fiel die *Union* dem Wasserbombenangriff eines besonders erfolgreichen Torpedoboots der italienischen U-Boot-Abwehr zum Opfer, der *Circe.* Im August kehrten die U-Klasse-Boote P 32 und P 33 nicht zum Stützpunkt zurück. Eines der beiden Boote war mit Sicherheit, das andere wahrscheinlich auf eine Mine gelaufen. Beide hatten nordöstlich beziehungsweise westlich von Tripolis gekreuzt, als Hezlet, jetzt anstelle von Lieutenant A. F. Collett Kommandant der *Unique,* am 18. August zwischen ihnen Stellung bezog und ihnen mit ASDIC seine Anwesenheit mitteilte. Antwort erhielt er nur von Lieutenant D. A. B. Abdy von P 32. Am Nachmittag sichtete Abdy einen auf den freien Kanal im Minenfeld vor dem Hafen von Tripolis zufahrenden Konvoi und ging auf zwanzig Meter Tiefe, um unter den Minen durchzutauchen und den Kanal vor dem Konvoi zu erreichen. Als er auf der anderen Seite des

Minenfeldes in Sehrohrtiefe steigen wollte, wurde das Boot von einer gewaltigen Explosion am Bug angehoben. Das wasserdichte Schott zu den vorderen Räumen krachte zu, das Licht ging aus, und alle Mann wurden zu Boden geworfen. Dann begann das Boot unaufhaltbar zu sinken. Nachdem es in siebzig Metern Tiefe auf dem Meeresboden aufgesetzt hatte, wurde rasch klar, daß das vordere Schott verklemmt und der Bugraum überflutet war. Die Torpedobedienung war entweder ertrunken oder schon durch die Explosion getötet worden; die Klopfzeichen am Schott wurden jedenfalls nicht beantwortet. Als sich das Boot auch nach mehreren Versuchen noch nicht vom Boden löste, gab Abdy den Befehl, das Boot zu verlassen. Die Männer legten den Davis-Tauchretter an, eine Schwimmweste mit Atemgerät, und versammelten sich in dem schmalen Gang zwischen den beiden Dieselmaschinen. Das Fluchtluk befand sich unmittelbar hinter dem Zentraleschott. Es waren fünfundzwanzig Männer, zu viele für ein Luk in dieser Tiefe, wie Abdy fand. Deshalb fragte er, wer ihn beim Ausstieg durchs Turmluk begleiten wolle. Der Steuermann und der Ingenieur schlossen sich ihm an. Er übergab dem Ersten Wachoffizier das Kommando im Dieselraum und ging dann mit den anderen beiden, das Schott hinter sich schließend, in die Zentrale hinüber.

Für den Notausstieg wurde ein Schlauch oder »Rüssel« aus Twill vom Luk bis dicht über die Flurplatten heruntergelassen. Danach wurden die Flutventile geöffnet, so daß das Wasser hereinströmte, bis ein Gleichgewicht erreicht, daß heißt die Luft so weit zusammengepreßt war, daß ihr Druck dem des Wassers außerhalb des U-Boots entsprach. Das Ende des Twillschlauchs befand sich jetzt unter Wasser, und der erste Mann tauchte, um in den Schlauch zu steigen, die Leiter zum Luk hochzuklettern und es zu öffnen, so daß sich der Schlauch vollständig mit Wasser füllte. Anschließend ließ sich ein Besatzungsmitglied nach dem anderen vom Auftrieb der Schwimmweste durch den Schlauch aus dem Boot heben.

Im Kommandoturm war diese Vorgehensweise nicht möglich, da das Turmluk nicht mit einem Schlauch ausgerüstet war. Nachdem die Flutventile geöffnet waren, blieb Abdy und den beiden anderen nichts übrig, als auf der Leiter zu warten, bis der Druckausgleich abgeschlossen war. Dann öffnete der Ingenieur, der ganz oben auf der Leiter stand, das Luk und verschwand durch das hereinstürzende Wasser nach draußen. Die beiden anderen folgten ihm. Als sie die Wasseroberfläche erreichten, mußten sie jedoch feststellen, daß der Ingenieur tot war. Er war möglicherweise mit dem Kopf an das Verbindungsstück zwischen den beiden Sehrohren geschlagen. Oder war er während des schnellen Aufstiegs an dem sich ausdehnenden Stickstoff des Atemgeräts gestorben? Aber wieso hatten Abdy und der Steuermann dann überlebt? Auf jeden Fall warteten sie allein auf die Männer aus dem Dieselraum. Nach einer Weile wurde ihnen klar, daß sie die einzigen Überlebenden waren.

Sie wurden von einem Boot aus Tripolis geborgen. Es war ausgeschickt worden, nachdem ein von der zwanzig Meter hohen Wassersäule der Explosion angelocktes Patrouillenflugzeug zwei Überlebende und zwei Leichen gemeldet hatte. Der Steuermann von P 32 sagte später vor einem Untersuchungsausschuß, ihm sei erst, nachdem er einigermaßen zur Ruhe gekommen war, aufgegangen, warum sich die Männer im Dieselraum nicht hatten retten können: Sie hatten festgesessen. »Die Bergungsklammern«, erklärte er. »Sie waren gerade vor der Fahrt angebracht worden ... und in der Aufregung des Augenblicks scheint keiner an sie gedacht zu haben.«[69] Mit diesen Bergungsklammern konnten die Luks von außen verriegelt werden, um zu verhindern, daß sie aufsprangen, wenn Preßluft in ein gesunkenes Boot gepumpt wurde, um es zu heben. Bei einer normalen Fahrt sollten sie nicht geschlossen sein. Wahrscheinlicher ist deshalb, daß die Männer an einer Kohlendioxidvergiftung gestorben sind, oder, wenn sie das Atemgerät benutzten, an einer Sauerstoffvergiftung. Das U-Boot war den ganzen Vormittag über unter Wasser gewesen, und die Kohlendioxidkonzentration, die sich in ihm angesammelt hatte, muß durch die Druckerhöhung beim Hereinströmen des Wassers vervielfacht worden sein.[70] Aber wie dem auch gewesen sein mag, Abdy und sein Steuermann waren die einzigen U-Boot-Fahrer, die von den dreizehn U-Klasse-Booten, die im Lauf des Krieges im Mittelmeer sanken, überlebten – und das aus einer bis dahin beispiellosen Tiefe.

Zwei Tage später wurde Hezlet auf *Unique,* dem letzten der drei vor Tripolis stationierten Boote, durch das ferne Donnern von Wasserbomben, mit denen die italienischen Geleitzerstörer U-Boote abzuschrecken hofften, auf einen anlaufenden Konvoi aufmerksam. Er legte sich vor dem minenfreien Kanal auf die Lauer und konnte aus nur 550 Metern eine volle Salve auf den ersten Transporter der Steuerbordkolonne abfeuern. *Uniques* Bug wäre danach fast durch die Oberfläche gebrochen, und das zum Ausgleich einströmende Wasser ließ das Boot in zwanzig Meter Tiefe absacken. Aber Hezlet hörte zu seiner Genugtuung drei deutlich zu unterscheidende Detonationen, denen bald darauf die typischen Geräusche eines sinkenden Schiffs folgten. Es war das 11 700 BRT große Linienschiff *Esperia.*

Zum Erfolg in dieser Nachschubschlacht trugen neben der 10. Flottille auch die in Alexandria stationierte 1. und die von Gibraltar aus operierende 8. Flottille bei. Unter den Booten waren, besonders in Gibraltar, viele holländische U-Boote, denen der zu dieser Zeit im Mittelmeer stationierte Alastair Mars bemerkenswertes Können und große Zähigkeit attestierte.[71] Auch einige Boote aus dem Freien Frankreich und Griechenland nahmen an diesem Kampf teil. Andere fuhren mit polnischen Besatzungen. Es war wahrhaft eine alliierte Streitmacht. Leider fehlte es fast ganz an einer Führung durch die drei Stützpunkte unter dem Oberkommando des Oberbefehlshabers der Mittelmeerflotte. Die kleinen U-Klasse-Boote in Malta waren in ihrem Kampf gegen die Hauptnachschublinien der Achse nach Nordafrika lange Zeit völlig auf sich allein gestellt.

Nach der Ankunft der ersten beiden Gruppen deutscher U-Boote frischte der Unterwasserkrieg im Mittelmeer merklich auf. Am 13. November unternahm U 81 unter Kapitänleutnant Friedrich Guggenberger einen Unterwasserangriff auf den britischen Flugzeugträger *Ark Royal,* der nach Gibraltar zurückkehrte, nachdem er Flugzeuge zur Unterstützung von Malta gestartet hatte. Guggenberger traf ihn mit einem Torpedo, der sich als tödlich herausstellte. Und am 25. November brach U 331 unter Kapitänleutnant Hans-Dietrich von Tiesenhausen in die Zerstörersicherung der aus der *Queen Elizabeth,* der *Barham* und der *Valiant* bestehenden 1. Schlachtschiff-Division ein und feuerte drei Torpedos in den Rumpf der *Barham.* Das Schlachtschiff bekam schnell starke Schlagseite und wurde wenig später von Explosionen zerrissen. 861 Mann ihrer Besatzung kamen ums Leben.

Inzwischen hatte eine dritte Gruppe von U-Booten aus der Biskaya den Marschbefehl ins Mittelmeer erhalten, darunter Paulssens U 557. Herbert Werner befand sich nicht an Bord. Er war zum Wachoffizierslehrgang nach Gotenhafen (Gdingen) abkommandiert worden. Es war ein Schlag für ihn gewesen: »Die Kameradschaft der Männer und Offiziere von U 557 war für mich plötzlich eine Sache der Vergangenheit. Ich fühlte mich aus einer Gemeinschaft gestoßen.«[72] Er sollte seine Kameraden nicht wiedersehen. Nachdem es in der Nacht vom 14. auf den 15. Dezember vor Alexandria den bereits beschädigten Kreuzer *Galatea* versenkt hatte, trat U 557 am 16. seine letzte Tauchfahrt an. Es war von dem italienischen Torpedoboot *Orione,* das es irrtümlicherweise für ein Feindboot hielt, gerammt und mit Wasserbomben belegt worden.

Wie im Atlantik, so machten die deutschen U-Boot-Erfolge auch unter den schwierigeren Bedingungen im Mittelmeer deutlich, wie wenig die italienische U-Boot-Waffe erreichte. Am 19. Dezember allerdings konnte die in La Spezia stationierte Unterwasser-Spezialeinheit das Ungleichgewicht etwas verringern. Die Entwicklung des menschlichen Torpedos oder SLC – *Siluro a lente corsa* (langsam laufender Torpedo), auch bekannt als »Schwein« – durch Tesei und Toschi sowie deren Vorschlag für den Masseneinsatz dieser Waffe gegen die britischen Marinestützpunkte wurden bereits erwähnt. Mangels Unterstützung verfügten sie nicht über die für die Verwirklichung ihrer Vision nötige Anzahl von SLC. Mit den wenigen vorhandenen hatten sie jedoch seit Kriegsbeginn mehrere kleinere Operationen durchgeführt. Nach enttäuschenden Versuchen gegen Alexandria und Gibraltar, bei denen die Träger-U-Boote versenkt wurden oder die »Schweine« außer Kontrolle gerieten, hatte Tesei Ende Juli 1941 persönlich an einem Angriff auf den Großen Hafen von Valetta teilgenommen. Er hatte die wichtige Aufgabe, den Baum zu kappen und das U-Boot-Netz zu zerschneiden, damit schnelle Motorboote mit Booten voller Sprengstoff im Schlepptau in den Hafen gelangen konnten. Technische Probleme mit einem der SLC verzögerten die Fahrt zu den Hafensperren. Um die Durchfahrt noch rechtzeitig vor Tagesanbruch zu ermöglichen, beschloß Tesei, selbst eine Sprengladung mit sofortiger Zündung am Baum anzubringen. Um 4.45 Uhr am 26. Juli opferte er sich für seine Idee. Der Stoßverband war jedoch seit langem unter Radarbeobachtung, und die Boote wurden aus den Befestigungen an Land mit Artilleriefeuer vom Wasser geschossen, sobald sie auftauchten. Was übrigblieb, wurde von Hurrican-Jagdflugzeugen zerstört.

Zwei Monate später konnte die von Tesei mit entwickelte Waffe den ersten Erfolg verbuchen. In den frühen Stunden des 20. September starteten drei SLC vor Algeciras von dem U-Boot *Scire* zu einem Angriff auf Gibraltar. Die Besatzungen ragten bis zum Oberkörper aus dem Wasser, während sie auf die Felsenfestung zuhielten. Zwei der SLC tauchten unter in der Bucht ankernde Tanker und brachten Haftminen an ihnen an. Der dritte fuhr weiter auf die Hafeneinfahrt zu. Nachdem er den Baum passierte und sich den Weg durch das U-Boot-Netz gebahnt hatte, tauchte er im Hafen auf. Er steuerte auf einen an der Mole liegenden Tanker zu, tauchte unter den Rumpf und brachte am Kimmkiel seine 300-Kilogramm-Sprengladung an. Dann verließ er den Hafen auf demselben Weg, den er gekommen war. Draußen in der Bucht stiegen die Piloten von ihren Torpedos, schwammen ans Ufer und gingen zu einem vor der Operation eingerichteten sicheren Haus. Zwei Stunden später, um 8.45 Uhr, wurde Gibraltar von drei Explosionen geweckt. Alle drei Schiffe wurden so stark beschädigt, daß sie für mehrere Monate ausfielen.

Diese Leistung wurde von der nächsten SLC-Operation noch um einiges übertroffen. Diesmal war Alexandria das Ziel. Wieder brachte das U-Boot *Scire* drei menschliche Torpedos vor den Stützpunkt, die das Minenfeld unter Wasser überwanden und am späten Abend des 18. Dezember weniger als eine Meile von der Hafeneinfahrt entfernt auftauchten. Sie gingen erneut unter Wasser und folgten zwei britischen Kriegsschiffen, die gerade in den Hafen einliefen, durch die geöffneten Sperren. Dann trennten sich die SLC. Der Führer der Gruppe, Kapitänleutnant Graf Luigi de la Penne, steuerte das Schlachtschiff *Valiant* an, die anderen beiden das Schlachtschiff *Queen Elizabeth* und einen in dessen

Nähe ankernden Tanker. Sie erreichten die Schiffe unentdeckt und brachten ihre Sprengladungen an. De la Penne konnte sie allerdings nur auf den flachen Boden unter den Kiel der *Queen Elizabeth* fallen lassen, da sein Kopilot Probleme mit dem Atemgerät bekommen hatte und vom SLC gestiegen war. Nachdem sich de la Penne des Torpedos entledigt hatte, schwamm er zu der Boje, an die sich sein Kopilot geklammert hatte. Sie wurden entdeckt, gefangengenommen und verhört, verrieten über ihren Auftrag aber kein Wort.

Als Admiral Cunningham auf seinem Flaggschiff, der *Queen Elizabeth,* der Vorfall gemeldet wurde, ließ er die beiden italienischen Froschmänner auf der *Valiant* unterhalb der Wasserlinie einsperren. Als die Zeit der Explosionen näherrückte, ließ ihm de la Penne mitteilen, daß sein Schiff in fünf Minuten in die Luft fliegen werde. Die beiden Italiener wurden an Deck gebracht, und kurz darauf gingen die Sprengladungen hoch, die erste unter dem Tanker, wobei auch ein längsseits liegender Zerstörer stark beschädigt wurde, und dann unter den beiden Schlachtschiffen, die mit aus dem Wasser ragenden Decks auf den Boden des Hafenbeckens sanken. Indem man die Schiffe auf ebenen Kiel brachte und durch rauchende Schornsteine und die üblichen Rituale des Schiffsalltags Normalität vortäuschte, bemühte man sich, den Erfolg der SLC vor den Achsenmächten geheimzuhalten. Aber die britische Mittelmeerflotte war praktisch ausgeschaltet. Abgesehen von der unabhängig operierenden Force H in Gibraltar, die aus einem kleinen alten Flugzeugträger und einem noch älteren Schlachtschiff bestand, verfügte Cunningham nur noch über Leichte Kreuzer, einige Zerstörer und die U-Boote, um sich im Mittelmeer zu behaupten.

Die 10. Flottille in Malta leistete in den letzten Monaten des Jahres 1941 weiterhin ihren Beitrag dazu. Im November hatte Wanklyns *Upholder* einen Zerstörer versenkt. Cayleys *Utmost* hatte den 7800 BRT großen italienischen Kreuzer *Ducca d'Abruzzi* schwer beschädigt. Am 14. Dezember hatte Tomkinsons *Urge* das mit starkem Geleitschutz im Zickzack durch die Straße von Messina fahrende italienische Schlachtschiff *Vittorio Veneto* torpediert und für mehrere Monate aus dem Verkehr gezogen. Tomkinson, der bereits einen DSO mit Spange besaß, wurden dafür auf eigenen Wunsch anstelle einer zweiten Ordensspange zwei Dienstjahre angerechnet. Drei Tage vorher, am 11. Dezember, war Wanklyn das Victoria-Kreuz verliehen worden, die höchste britische Tapferkeitsauszeichnung. Er war erst der siebente Marineangehörige und der erste U-Boot-Fahrer, der es in diesem Krieg erhielt. Simpson berichtet in seinen Memoiren, wie sehr sich Tomkinson, »eine heitere Natur mit freundlichem Wesen, der den Krieg haßte und seine Auszeichnungen verachtete«, für Wanklyn gefreut habe, um dann jedoch hinzuzufügen: »Aber wollen Sie wissen, welcher Orden mich wirklich glücklich machen würde, Sir? Einer, an den noch keiner gedacht hat – die Kriegsend-Medaille.«[73]

Aber das Ende war noch lange nicht in Sicht. Im Gegenteil: Am 7. Dezember 1941 hatte Admiral Yamamoto seinen Überraschungsschlag gegen den amerikanischen Flottenstützpunkt in Pearl Harbor ausgeführt. Der Konflikt hatte sich damit auf den Pazifik ausgeweitet. Vier Tage nach dem japanischen Angriff sorgte Hitler durch seine Kriegserklärung dafür, daß die Vereinigten Staaten die Schwelle des Krieges, vor der sie bisher stehengeblieben waren, überschreiten mußten. Die Atlantikschlacht bekam einen neuen Mitkämpfer.

Im Mittelmeer versammelte Simpson zu Weihnachten alle Boote seiner Flottille im Stützpunkt. Eine Zusammenkunft wie diese sollte es nie wieder geben: Die kleine Gemeinschaft von U-Boot-Kommandanten, die in Valetta das Weihnachtsfest beging, hatte es verstanden, ihre vergleichsweise unscheinbaren Boote wirkungsvoll in Szene zu setzen. Ihretwegen hatte sich das Blatt nicht nur in Nordafrika gewendet, sondern auch im Atlantik: Die Erfolge der ersten ins Mittelmeer verlegten deutschen U-Boote hatten die deutsche Seekriegsleitung dazu verleitet, das Mittelmeer zum Schwerpunkt der U-Boot-Operationen zu machen und Dönitz die Boote zu entziehen, die er für den atlantischen Tonnagekrieg benötigte.[74] Bedenkt man die technische Unterlegenheit der britischen U-Klasse-Boote gegenüber den deutschen U-Booten vom Typ VII, dann war dies eine außerordentliche Leistung, ein Triumph des Geistes und der offensiven Tradition der Royal Navy über die bloße Materie. Aber es war ein riskanter Kampf, und er sollte durch die deutschen U-Boot-Jäger, Funkmeßgeräte und Techniker, die Raeder für den italienischen Verbündeten angefordert hatte, noch gefährlicher werden. Von den U-Boot-Kommandanten, die in Malta zusammen feierten, sollten nur zwei das nächste Weihnachtsfest erleben.[75]

AMERIKA IM KRIEG

Der Einbruch in den Funkschlüssel des japanischen Außenministeriums ermöglichte den US-Streitkräften einen einzigartigen Einblick in die japanische Kriegführung. Die an der Spitze der kaiserlichen Streitkräfte benutzten Schlüssel konnten jedoch nicht regelmäßig dechiffriert werden, so daß die Einzelheiten des erwarteten Angriffs im dunkeln blieben. Insbesondere das Ziel wurde, trotz mehrerer Hinweise auf Pearl Harbor, weder von der Code- und Funkabteilung der US Navy in Washington – die den Decknamen »Negat« trug – noch von deren pazifischen Filialen entdeckt: »Hypo« in Pearl Harbor selbst und »Cast« auf Corregidor, einer Felseninsel in der Bucht von Manila.

Admiral Yamamoto hatte sich, wie erwähnt, mit seiner Ansicht durchgesetzt, daß im Kriegsfall als erstes die amerikanische Pazifikflotte ausgeschaltet werden müsse. Dementsprechend lief Ende November eine Südliche Expeditionsflotte aus, um die Philippinen, Britisch-Malakka und Borneo zu erobern und von dort nach Singapur, dem wichtigsten britischen Flottenstützpunkt im Fernen Osten, und den Erdölvorkommen von Niederländisch-Indien zu greifen. Aber die Hauptkampfgruppe – *Kido Butai* – dampfte mit ihren Flugzeugträgern und einer von zwei Schlachtschiffen und zwei Schweren Kreuzern angeführten Flotte von Begleitschiffen unter Einhaltung absoluter Funkstille mit Kurs auf Hawaii über den leeren Nordpazifik. Ihre Vorhut bildeten drei der neuen 2200-Tonnen-U-Boote vom Typ B1, die in einem Hangar vor dem Kommandoturm ein Seeflugzeug mit sich führten. Es sollte starten, um notfalls die nachfolgende Flotte vor auf ihrem Kurs lauernden Schiffen zu warnen.

Zusätzlich befand sich eine Vorausabteilung von Flotten-U-Booten auf dem Marsch in hawaiische Gewässer. Sie sollten aufklären, vor allem aber den Feind schwächen, bevor er im Westpazifik zur Entscheidungsschlacht gestellt wurde. Yamamotos Stabschef, Vizeadmiral Shigeru Fukutome, erwartete, daß die U-Boote über einen längeren Zeitraum mehr Schaden anrichten würden als die Angriffe der Marineluftwaffe, die naturgemäß von kurzer Dauer sein würden.[1] Wie das gesamte Offizierskorps der japanischen Marine war auch er überzeugt, daß die japanischen U-Boote die besten der Welt waren. Seine Erwartungen waren entsprechend hoch gespannt.[2] Die Boote, die in den Stunden vor dem

Angriff um Oahu – der Insel, auf der Pearl Harbor liegt – in Stellung gehen sollten, gehörten zur 6. (U-Boot-)Flotte unter dem Kommando von Vizeadmiral Mitsumi Shimizu. Sie bestand aus drei Geschwadern mit zusammen dreißig großen Fernbooten der I-Klasse. Im Norden der Insel, der Richtung, aus der die Flugzeuge kommen würden, sollten I 9, eines der riesigen Führungsboote vom Typ A1, auf dem der Kommandeur des 1. U-Boot-Geschwaders fuhr, sowie drei der neusten Aufklärungsboote vom Typ B1 Aufstellung nehmen. Sie hatten die Aufgabe, Schiffe, die von Pearl Harbor nach Norden zu entkommen versuchten, zu vernichten und die *Kido Butai* vor einem Gegenangriff zu schützen. Die restlichen Boote des 1. Geschwaders, fünf Angriffsboote vom Typ C1, waren für diese Operation zu einer sogenannten Sonderangriffsgruppe zusammengefaßt worden, die im Süden vor Pearl Harbor aufmarschieren sollte. Sie transportierten auf dem Achterdeck je eins der schnellen Zwei-Mann-Boote vom Typ A, die kurz vor dem Luftangriff in den Hafen eindringen und ihre zwei Torpedos auf die dort ankernden Großkampfschiffe abfeuern sollten, um die durch den Luftangriff ausgelöste Verwirrung noch zu vergrößern. Nach der Schlacht sollten sie an bestimmten Treffpunkten wieder von den Trägerbooten aufgenommen werden. Dies war eine fadenscheinige Verhüllung der Tatsache, daß die Männer in den Klein-U-Booten auf ein Himmelfahrtskommando geschickt wurden. Die kleineren, langsameren und älteren Boote des 2. und 3. Geschwaders der 6. Flotte sollten einen Ring um die Insel bilden. Zwei von ihnen wurden als Aufklärer zu den Aleuten im Norden und zu den US-amerikanischen Inseln im Südpazifik geschickt.

Als die fünf U-Boote der Sonderangriffsgruppe in der Nacht des 6. Dezember 1941 die Zwei-Mann-Boote bis auf acht Meilen an die Hafenboje heranbrachten, sahen sie den Lichtschein von Pearl Harbor und die Neonlichter von Waikiki Beach deutlich vor sich. Die Piloten, blutjunge Leutnants, hatten ihre wenigen Besitztümer für die Versendung nach Hause geordnet. Sie hatten Abschiedsbriefe geschrieben, an den kleinen Altären auf ihren Trägerbooten gebetet und ihren Geist auf die vor ihnen liegende Mission ausgerichtet. Es gab keine größere Ehre, als sein Leben für sein Vaterland zu opfern. Gegen Mitternacht meldeten sie sich beim U-Boot-Kommandanten auf der Brücke und stiegen zusammen mit einem ebenso jungen Besatzungsmitglied in das winzige Unterseeboot. Sie gaben das Zeichen zum Start. Die Halteklammern wurden gelöst, und die Trägerboote tauchten unter ihnen weg. Dann wandten sich die fünf Klein-U-Boote der Hafeneinfahrt des feindlichen Flottenstützpunkts zu.

Am 7. Dezember um 3.42 Uhr entdeckten die Ausgucks eines amerikanischen Minensuchers zwei Meilen vor der Hafenboje ein Sehrohr. Der kommandierende Offizier meldete es mit Hilfe des Blinkgeräts dem Zerstörer *Ward*, und dieser machte sich auf die erfolglose Suche nach dem U-Boot. Erst zweieinhalb Stunden später sichtete ein Patrouillenflugzeug in der Hecksee einer Barkasse, die von einem Reparaturschiff in den Hafen geschleppt wurde, erneut ein Sehrohr. Das Klein-U-Boot wollte offenbar durch das geöffnete U-Boot-Netz schlüpfen. Das Flugzeug warf eine Rauchpatrone ab, die es der *Ward* ermöglichte, das U-Boot in der Nähe der Abwurfstelle auszumachen und das Feuer zu eröffnen. Die ersten Schüsse des Pazifikkrieges waren gefallen. Die zweite Salve der 10,2-Zentimeter-Granaten traf, das U-Boot verschwand. Die *Ward* fuhr zu der Stelle, um einige Wasserbomben hinterherzuwerfen. Um 6.54 Uhr setzte sie per Funk eine Meldung über den Angriff ab. Es war die erste im Stützpunkt eintreffende Meldung über Feindseligkeiten, und als der diensthabende Offizier zwanzig Minuten später die entschlüsselte Nachricht erhielt, schickte er den Zerstörer *Monaghan* zur Unterstützung hinaus. Er war noch im Hafen unterwegs, als um 7.55 Uhr die erste Welle japanischer Flugzeuge auftauchte und ihre Bomben auf die vor Anker liegenden Großkampfschiffe der Pazifikflotte abwarf. Die Überraschung hätte größer nicht sein können.

Nach ihrer Rückkehr hatte die Minensucherpatrouille das Tor im U-Boot-Netz nachlässigerweise offengelassen. Drei Stunden später war ein anderes Klein-U-Boot hindurchgeschlüpft. Es hatte mit großem Geschick den langen Kanal in den inneren Hafen überwunden und lief zum Angriff auf einen Seeflugzeugtender an. Sein Sehrohr wurde jedoch auf dem Tender gesichtet. Er eröffnete sofort das Feuer und zog ein Flaggensignal auf. Die *Monaghan* änderte daraufhin ihren Kurs und wandte sich gegen den Unterwassereindringling, als dieser gerade seinen ersten Torpedo abschoß. Als der japanische Pilot den anlaufenden Zerstörer bemerkte, drehte er sein Boot herum und feuerte den zweiten Torpedo auf ihn ab. Beide verfehlten ihr Ziel. Wenige Augenblicke später rammte die *Monaghan* das winzige U-Boot, zerquetschte es und fuhr dann, während es sank, über das Wrack hinweg.

Ein weiteres U-Boot lief mit kaputtem Kompaß vor dem Hafen auf ein Riff. Sein Kommandant, Leutnant Kazuo Sakamaki, konnte es zwar wieder befreien, aber Chlordämpfe aus einer aufgebrochenen Batterie machten das Atmen unmöglich. Ihm blieb keine andere Wahl, als das Boot auf den Strand zu setzen. Dabei lief er wieder auf ein Riff. Diesmal gab er das Boot auf. Nachdem er die Sprengladungen für die Selbstzerstörung aktiviert hatte, schwamm er mit seinem Kopiloten auf die Küste zu. Sakamaki erreichte sie allein und erlitt am nächsten Tag die Demütigung, zum ersten Kriegsgefangenen des pazifischen Konflikts zu werden. Er weigerte sich, die Fragen der Vernehmungsoffiziere zu beantworten, und verlangte nur, erschossen zu werden.

Den anderen beiden Klein-U-Booten erging es nicht besser: Das eine wurde wahrscheinlich, das andere mit Sicherheit außerhalb des Hafens bei Wasserbombenangriffen versenkt. Trotz des Muts und der Entschlossenheit der jungen Besatzungen hatte diese Waffe die hohen Erwartungen, die in sie gesetzt worden waren, nicht erfüllt. Die Namen von neun der zehn Besatzungsmitglieder wurden später an einem in der Marineakademie in Etajima errichteten Gedenkaltar für die Fahrer von Klein-U-Booten eingraviert; nur Sakamakis Name wurde weggelassen.[3]

Die rings um Oahu stationierten Flottenboote waren ebenfalls eine Enttäuschung. Sie versenkten in den folgenden Tagen zwar fünf Handelsschiffe und sichteten und verfolgten eine amerikanische Flugzeugträgergruppe, konnten aber keinen Treffer erzielen. Statt dessen fiel eines von ihnen den Flugzeugen des Trägers zum Opfer. Danach wurde das 1. Geschwader an die amerikanische Westküste verlegt, wo es weitere fünf Handelsschiffe versenkte. Das 2. und 3. Geschwader blieben in der Nähe von Pearl Harbor, konnten aber keine weiteren Erfolge verbuchen. Auf dem Rückmarsch beschossen sie amerikanische und britische Inseln, auch hier ohne die geringste Wirkung außer der, daß sie der Nachrichtendienstabteilung in Pearl Harbor, die die Feindschiffe im Auge zu behalten hatte, die Arbeit erleichterten.

Das 4. und 5. U-Boot-Geschwader mit zwölf älteren Flottenbooten der I-Klasse und zwei 900-Tonnen-Booten der RO-Klasse gehörten nicht zur 6. (U-Boot-)Flotte, sondern zur Vereinigten Flotte unter Admiral Yamamoto. Sie waren der Südlichen Expeditionsflotte zugeteilt und hatten die Aufgabe, den britischen Flottenstützpunkt in Singapur zu beobachten und die Landungsgebiete auf den Philippinen und in Malaya zu sichern. Um letztere Aufgabe zu erfüllen, wurden sie in einem Vorpostenstreifen auf halbem Weg zwischen Singapur und den rund 800 Kilometer nördlich am Isthmus von Kra gelegenen Landungsgebieten aufgestellt.

Als am 8. Dezember die Nachricht von der Landung der Japaner eintraf, stach Admiral Sir Tom Phillips, der Befehlshaber des in Singapur liegenden britischen Schlachtschiffgeschwaders, mit dem Schlachtschiff *Prince of Wales* und dem Schlachtkreuzer *Repulse,* den einzigen Großkampfschiffen der Royal Navy im Fernen Osten, in See. Er wollte gegen die Truppentransporter und Versorgungsschiffe der Japaner vorgehen. Am frühen Nachmittag des nächsten Tages erreichte der Verband den japanischen Vorpostenstreifen und wurde von I 65 gesichtet. Auf die Meldung, daß zwei japanische Großkampfschiffe nach Norden unterwegs seien, stiegen Flugzeuge auf, um sie zu suchen. Ein Angriff der 22. Luftflottille auf Singapur wurde verschoben. Das Schlachtschiffgeschwader der Hauptunterstützungsgruppe erhielt den Befehl, den britischen Verband abzufangen. Er wurde später am selben Nachmittag von Flugzeugen der Kreuzer *Kinu*, dem Flaggschiff des 4. U-Boot-Geschwaders, und *Kumano* gesichtet. Als Phillips die Flugzeuge sah, entschloß er sich, seine Operation abzubrechen, da seine wichtigste Waffe, das Überraschungsmoment, nicht mehr gegeben war. Er drehte nach Westen ab, so als wollte er den Landungsplatz bei Singora (heute Songkhla) anlaufen. Nach Einbruch der Dunkelheit, als seine Beschatter verschwunden waren, wandte er sich nach Süden. In der Nacht erhielt er die Meldung über ein weiteres japanisches Landungsunternehmen bei Kuantan, weniger als 150 Seemeilen südwestlich seiner Position. Phillips war überzeugt, daß er den Feind getäuscht und das Überraschungsmoment zurückgewonnen hatte, und nahm Kurs auf den neuen Landungsplatz. Unglücklicherweise lief er um 2.20 Uhr fast über I 58 vom 4. U-Boot-Geschwader hinweg, das fünf Torpedos auf die schnell fahrenden Schiffe abschoß. Sie trafen zwar nicht, aber auf die Meldung, daß der britische Verband jetzt auf Südkurs fuhr, stiegen noch vor Tagesanbruch in Saigon die Maschinen der 22. Luftflottille auf. Da sie nicht erwarteten, die Schiffe dicht unter der Küste zu finden, verfehlten sie den Verband beim Anflug. Doch als sie den Rückflug antreten wollten, stieß ein Aufklärungsflugzeug auf dem letzten Abschnitt seiner Patrouille auf das Schlachtschiffgeschwader. Zehn Minuten später griff die erste Welle von Bombern an. Ihnen folgten 16 Torpedoflugzeuge, die bis auf 30 Meter herabstießen, bevor sie 1500 Meter vom Ziel entfernt ihre Torpedos ausklinkten. Die *Prince of Wales* wurde kampfunfähig geschossen. Zwei Stunden später war sie unter den massiven Schlägen der japanischen Luftangriffe ebenso zusammengebrochen wie die *Repulse*. Es waren die ersten Großkampfschiffe, die durch Luftangriffe auf See versenkt wurden.[4]

In Pearl Harbor waren sechs der acht vor Anker liegenden Schlachtschiffe der amerikanischen Pazifikflotte versenkt oder stark beschädigt worden. Die Elite der japanischen U-Boot-Waffe hatte allerdings nichts zu diesem Erfolg beigetragen. Genausowenig war es ihr gelungen, den Flugzeugträger *Enterprise* zu erledigen, nachdem sie ihn gesichtet und die Jagd auf ihn eröffnet hatte. Statt dessen hatten an Land stationierte Flugzeuge die beiden einzigen britischen Großkampfschiffe auf dem pazifischen Kriegsschauplatz vernichtet. Die beteiligten U-Boote hatten zwar wichtige Aufklärerdienste geleistet, aber das eine Boot, das eine Chance zum Angriff gehabt hatte, war nicht in der Lage gewesen, sie zu nutzen. Die beiden U-Boot-Geschwader, deren Aufgabe der Schutz der Invasionsflotte war, hatten bei der Ausschaltung der Gefahr, die diese am meisten bedrohte, keine Rolle gespielt.

Die amerikanischen U-Boote hatten einen ähnlich schlechten Start. Pazifikflotte und Asiatische Flotte verfügten in Pearl Harbor beziehungsweise Manila über 44 Flotten-U-Boote. Hinzu kamen 18 in Manila, San Diego und Panama stationierte S-Klasse-Boote, die sich in Vorkriegsmanövern als untauglich für den über weite Strecken geführten Ozeankrieg erwiesen hatten. Wie die britischen unterstanden auch die amerikanischen U-Boote Gebietskommandeuren, die ihrerseits dem Oberbefehlshaber der Flotte verantwortlich waren. Einen operativen Oberbefehlshaber der gesamten U-Boot-Flotte gab es nicht. Die in Pearl Harbor stationierten Boote unter dem Commander Submarines Pacific Fleet (COMSUBPAC), Rear Admiral Thomas Withers, operierten daher unabhängig von den in Manila liegenden Booten, die dem Commander Submarines Asiatic Fleet (COMSUBAF), Captain John Wilkes, unterstanden. In Pearl Harbor waren zwölf der neuesten 1500-Tonnen-Boote der *Tambor*-Klasse sowie sechs der V-Klasse, des älteren Prototyps der Flottenboote, und drei 1936/37 in Dienst gestellte Flottenboote stationiert. Der Hauptteil der U-Boot-Flotte – 23 Flottenboote und sechs mittelgroße Boote der S-Klasse – lag jedoch in Manila. Diese U-Boote und die Luftwaffe der US Army waren spiegelbildlich zu den japanischen Plänen die Hauptangriffswaffen, um die Philippinen gegen die erwarteten Invasionskräfte zu verteidigen, bis sich die Pazifikflotte von Pearl Harbor nach Westen durchgekämpft hatte. Ihre Hauptziele waren dieselben wie die der japanischen U-Boote: Großkampfschiffe und Flugzeugträger. Angriff auf langsamere, unter Geleitschutz fahrende Handelsschiffe und Truppentransporter hatten sie ebensowenig geübt wie Überwasser-Nachtangriffe. Außerdem verfügten sie weder über Nachtzielgeräte noch über Radar.

Britische U-Boote gab es in diesem Gebiet nicht. Der Hauptteil der britischen U-Boot-Waffe war zwar einst im Fernen Osten stationiert gewesen und für den Einsatz gegen Japan ausgebildet worden. Aber die chinesische Flottille war nach dem italienischen Kriegseintritt komplett abgezogen und ins Mittelmeer verlegt worden. Der britische Oberbefehlshaber China nahm Anfang Dezember sieben niederländische U-Boote unter sein Kommando. Acht weitere, die entweder veraltet waren oder sich zur Überholung in Werften befanden, lagen in Surabaya auf Java. Dennoch wurde trotz der früheren Stabsgespräche zwischen den USA, Großbritannien, China und den Niederlanden weder eine alliierte Kommandostruktur noch eine effektive Kooperation eingeführt. Der Oberbefehlshaber der Asiatischen Flotte der US Navy, Admiral T. C. Hart, mußte daher bei der Verteidigung der Philippinen mit seinen eigenen Kräften auskommen. Da es seine Überwasserkräfte, einige Kreuzer und Zerstörer, nicht mit einer japanischen Invasionsflotte würden aufnehmen können, brachte er sie im Süden vor Luftangriffen in Sicherheit. Sein U-Boot-Befehlshaber, Wilkes, der bereits alle Flottenboote mit den bis dahin geheimgehaltenen magnetischen Torpedozündern vom Typ Mark VI ausgerüstet hatte, stellte drei Gruppen auf: Sieben

Boote wurden in Patrouillengebiete vor den vorgeschobenen japanischen Stützpunkten von Formosa bis zur Cam-Ranh-Bucht und Cochinchina in Französisch-Indochina geschickt, um aufzuklären und die japanischen Verbindungslinien zu stören. Zwölf Boote, darunter die der S-Klasse, wurden zur Abwehr der erwarteten Invasion rings um die philippinische Hauptinsel Luzon stationiert. Eine Kampfgruppe aus acht Booten schließlich blieb zusammen mit zwei in Reparatur befindlichen Booten in Cavite zurück, um nach Sichtung der Invasionsflotte auszulaufen. Am 9. Dezember, nachdem die Japaner die amerikanische Luftwaffe durch einen Angriff auf den Stützpunkt Clark Field nördlich von Manila ausgeschaltet hatten und die anlaufende Flotte nicht mehr aus der Luft geortet werden konnte, wurde diese Reserve zur Verstärkung der um Luzon patrouillierenden Boote hinausgeschickt.

Nach dem Angriff auf Pearl Harbor war Befehl zum uneingeschränkten Luft- und U-Boot-Krieg gegen Japan gegeben worden. Die U-Boot-Kommandanten wurden dennoch angewiesen, mit äußerster Vorsicht vorzugehen. Wilkes' Operationsoffizier schärfte ihnen vor der Ausfahrt ein, sich nicht zu weit aus dem Fenster zu lehnen: »Die U-Boote sind alles, was wir noch haben. Ihre Besatzungen sind wertvoller als alles andere. Bringen Sie sie zurück!«[5] Das war angesichts der hoffnungslosen Unterlegenheit verständlich, verstärkte aber die durch die Ausbildung eingeschliffene vorsichtige Haltung, zumal niemand wußte, welche Ortungsgeräte die japanischen U-Boote besaßen und wie leistungsfähig sie waren.

Der erste kleinere japanische Verband schlüpfte vor der Nordküste von Luzon durch die lockere Kette der U-Boote hindurch und landete am 10. Dezember in Aparri. Drei Tage später traf Lieutenant Commander Frederick Warder mit dem Flottenboot *Seawolf* dort ein und stieß auf einen Zerstörer, der mit einem Echolot vor der Bucht patrouillierte. Das war eine unangenehme Überraschung, ließ es doch darauf schließen, daß die Japaner in der Entwicklung von Geräten für die Ortung von U-Booten nicht hinter der US Navy hinterherhinkten. Aber wie immer man ihn eingewiesen haben mochte, Vorsicht war nicht Warders Sache. Er war ein Kämpfer, der sich mit seinen Taten den Spitznamen »Fearless Freddie«, der furchtlose Freddie, verdienen sollte. Am nächsten Morgen schlich er sich in die Bucht und schoß aus etwa 3500 Metern eine volle Salve auf einen dort ankernden Seeflugzeugtender. Für ein bewegungsloses Ziel war die Entfernung eigentlich gering genug, dennoch verfehlten die Torpedos ihr Ziel. Warder drehte das Boot herum und feuerte beim Ablaufen aus rund 4000 Metern seine vier Hecktorpedos ab. Diesmal sah er an der Seite des Tenders eine kleine Wassersäule aufsteigen, aber ohne eine Explosion. Monate später, als Hypo in Pearl Harbor ältere japanische Funksprüche durchging, stellte man fest, daß bis auf einen, der den Rumpf traf, die magnetischen Torpedos der *Seawolf* unter dem Tender durchgelaufen waren, ohne zu explodieren.[6]

Für Lieutenant Commander Tyrrell Jacobs, der mit der *Sargo* vor der Cam-Ranh-Bucht lag, verlief der Tag ähnlich frustrierend. Er sichtete einen 4000-Tonnen-Frachter und feuerte aus 900 Metern einen mit dem Mark-VI-Zünder versehenen Torpedo auf ihn ab, der aber schon auf halbem Weg explodierte. Im Gespräch mit seinen Offizieren kam er danach zu dem Schluß, daß die Japaner von dem geheimgehaltenen Zünder erfahren und ein Gerät entwickelt haben mußten, das ihn vorzeitig auslöste. Jacobs hatte an der Marineakademie ein zweijähriges Zusatzstudium der Artillerietechnik absolviert und einen Torpedolehrgang besucht. Er besaß daher das Wissen und das Selbstvertrauen, die Magnetzünder allesamt durch Aufschlagzünder zu ersetzen. Aber damit waren die Schwierigkeiten nicht behoben. Als Jacobs zehn Tage später, am Heiligabend, bei seinem nächsten Angriff aus 900 Metern Entfernung mit drei Torpedos auf zwei in Kiellinie fahrende Frachter schoß, erzielte er wiederum keinen einzigen Treffer – vielleicht weil die Schiffe weggezackt waren, nachdem sie sein Sehrohr entdeckt hatten. Allerdings verfehlten die zwei Torpedos, die er aus den Heckrohren aus 1650 Metern auf das näher fahrende Schiff abfeuerte, ebenso ihr Ziel wie die beiden Torpedos, die er einige Stunden später zwei anderen, in 800 Metern Entfernung fahrenden Frachtern zugedacht hatte.

Jacobs argwöhnte, daß die Kreiselwinkelmessung nicht funktionierte, und lief beim nächsten Angriff, wieder auf eine Zweierkolonne, deshalb in Nullage an. Nachdem er und sein Wachoffizier unabhängig voneinander die Periskopbeobachtungen peinlich genau geprüft und mit den TDC-Angaben verglichen hatten, schoß er aus 1100 Metern zwei Torpedos auf das vordere Ziel ab. Als das zweite in die Visierlinie des Periskops dampfte, schickte er aus 900 Metern zwei weitere Torpedos auf den Weg. Ein Treffer war nicht dabei. Irgend etwas stimmte nicht mit den Torpedos. Jacobs nahm an, daß sie zu tief liefen, und ließ deshalb bei den verbliebenen Torpedos die Tiefeneinstellung ändern. Aber auch das nächste Ziel, ein allein fahrender Tanker, kam ungeschoren davon. Jacobs' Frustration kann man sich vorstellen. Er brach die Funkstille, um Wilkes über die dreizehn Versager zu informieren und seine Vermutung zu äußern, daß die Torpedos tiefer als eingestellt liefen.[7]

Unterdessen waren die Hauptinvasionskräfte der Japaner am 21. Dezember, von Nordwesten kommend, in den Golf von Lingayen eingelaufen, der wegen der leichten Landverbindung nach Manila schon seit langem als wahrscheinlichster Landungsplatz galt. Die vielen Rauchwolken des Verbandes wurden von der vor dem Golf patrouillierenden *Stingray* gesichtet, und der Kommandant nahm Kurs auf den Feind. Als er aber die vielen Geleitschiffe sah und das Geräusch der Sonarimpulse hörte – die ihn ebenso störten wie Warder in der Woche zuvor –, drehte er nach Norden ab, um aus dem Bereich des Ortungsgeräts zu kommen, wie er dem Stützpunkt meldete. Er erhielt den Befehl anzugreifen, hatte an diesem Tag aber keine Gelegenheit mehr dazu. Am nächsten Morgen bemerkte er in der Nähe einen Zerstörer und ging tief in den Keller. Das Meer war leer, als er wieder auftauchte. Die Landung im Golf hatte begonnen.

Nach der Meldung der *Stingray* hatte Wilkes aus den benachbarten Patrouillengebieten vier Flotten- und zwei S-Klasse-Boote mit dem Befehl zum Angriff in den Golf beordert. Am frühen Morgen des 22. Dezember traf als erstes S 38 unter Lieutenant Wreford Chapple ein. Ohne ein feindliches Schiff zu sichten, lief es in den Golf ein und tauchte vor Morgengrauen. Bei Sonnenaufgang entdeckte S 38 eine Kolonne aus vier Truppentransportern, die von zwei voranfahrenden Zerstörern und einer inneren Deckung aus Patrouillenbooten geschützt wurde. Chapple lief mit Schleichfahrt zum Angriff an, damit sein Sehrohr keine verräterische Bugwelle erzeugte. Zu den vielen Dingen, die in den S-Klasse-Booten fehlten, gehörten auch der TDC und ein automatischer Winkelmesser. Das einzige vorhandene Feuerleitgerät war eine »*Is-Was*«-Maschine. Aber in diesem Fall war sie kaum nötig: Der Konvoi machte nur fünf Knoten. Chapple ließ die Torpedos auf eine Tiefe von dreieinhalb Metern einstellen, damit sie unter den flachen Geleitschiffen hindurchliefen. Der Torpedooffizier am »*Is-Was*« bestätigte den Periskopwinkel, und Chapple befahl: »Sehrohr hoch!« Zusammen mit dem Steuermann stellte er am Periskopring den ermittelten Winkel ein, ging in die Knie, um die Handgriffe herauszuklappen, drückte die Stirn auf die Polsterung des Okulars und richtete sich mit dem hochgleitenden Periskop auf. »Rohr eins klarmachen!« rief er, und als der Schornstein des Transporters ins Fadenkreuz wanderte, gab er den Feuerbefehl. Der Steuermann drückte den Feuerknopf und setzte seine Stoppuhr in Gang. Anschließend feuerte Chapple im Abstand von 15 Sekunden auf den zweiten, dritten und vierten Transporter. Als der letzte Torpedo auf dem Weg war, brachte er das Boot auf dreißig Meter hinunter. Die Laufzeit des ersten Torpedos verging, ohne daß etwas zu hören war, dann die des zweiten, des dritten und vierten. Nichts, kein Laut.

Für Enttäuschung war jedoch keine Zeit: Ein Zerstörer lief an und rauschte mit zirpendem Sonar über das Boot hinweg. Aber er entdeckte es nicht und warf keine Wasserbomben ab. Die Explosionen, die aus der Ferne zu hören waren, kamen wahrscheinlich von Wasserbomben, die wahllos um den Konvoi herum verteilt wurden. Chapple vermutete, daß die Transporter besonders flach gebaute Schiffe gewesen sein mußten und seine Torpedos unter ihnen hindurchgelaufen waren. Als die Rohre nachgeladen waren, ließ er die Torpedos auf 2,7 Meter einstellen.

Chapple schlich sich näher an den Landungsplatz heran und ging schließlich auf Sehrohrtiefe hoch. Vor ihm lag eine wahre Armada. Er suchte sich einen von Patrouillenbooten eingekreisten Transporter aus und näherte sich ihm vorsichtig bis auf 450 Meter. Dann schoß er zwei Torpedos ab und beobachtete, wie sie schnurgerade durchs Wasser jagten. Eine halbe Minute später schoß eine weiße Gischtfontäne am Rumpf des Schiffs empor, dann donnerte die Explosion über das Wasser. Während S 38 auf 25 Meter hinunterging, war eine gewaltige zweite Detonation zu hören.

Diesmal gingen zwei Zerstörer mit ihren Sonargeräten auf die Jagd. Chapple schlich sich langsam davon. Tiefer als 25 Meter konnte er in diesen flachen Gewässern nicht tauchen. Es war pures Glück, daß S 38 nicht geortet wurde, zumal es auf einen Schlammhügel lief und aufwärtsrutschte, bis der Tiefenmesser nur noch gut 14 Meter anzeigte. Mit gerade noch vom Wasser überspülten Sehrohr und ausgeschalteten Maschinen blieb Chapple dort für den Rest des Tages liegen. Wenn gesprochen wurde, dann nur flüsternd, und wer unbedingt durchs Boot gehen mußte, der tat es auf Strümpfen. Sonst horchten alle nur auf die Geräusche über sich. Es war wie im schlimmsten ihrer Alpträume.

Nach Einbruch der Dunkelheit verstummten die Sonarimpulse. Chapple löste sich vorsichtig von dem Schlammhügel und schlich zur Westseite des Golfs hinüber, wo er sich sicher genug fühlte, um aufzutauchen. Die Zeit reichte nicht, um die Batterien ganz aufzuladen. Also legte er das Boot am Morgen erneut auf Grund, um in der nächsten Nacht fortzufahren. Im ersten Morgengrauen des dritten Tages, den sich S 38 im Golf aufhielt, tauchte Chapple und hielt aufs offene Meer zu. Bald darauf sichtete er eine anlaufende Kolonne aus sechs Schiffen. Er begann gerade den Angriff vorzubereiten, als das Boot von einer nahen Explosion durchgeschüttelt wurde. In der Annahme, daß ein Flugzeug den Schatten des Boots gesehen und eine Bombe auf ihn abgeworfen hatte, brachte er das Boot auf knapp dreißig Meter hinunter und schlich, während Patrouillenboote in der Nähe Bombenteppiche zu legen begannen, zur Westseite des Golfs zurück, wo er das Boot erneut auf Grund legte.

Nach Einbruch der Dunkelheit tauchte er auf und gab den Befehl, das Boot durchzulüften. Plötzlich kam es an den hinteren Batterien zu einer Wasserstoffexplosion. Drei Mann wurden verletzt, einer von ihnen tödlich. Nach diesem Unfall war es Chapple nicht unwillkommen, daß er von Wilkes zum Stützpunkt zurückgerufen wurde, zumal das Boot nur noch über die Hälfte der Batteriekapazität verfügte. Er nahm also Kurs nach Norden. Wegen des Riffs, das den Westen des Golfs absperrte, fuhr er zunächst an der Oberfläche, mußte dann aber vor patrouillierenden Zerstörern wegtauchen. Als er bald darauf vom Sonar eines anderen Schiffs erfaßt wurde, versuchte er zunächst unter Wasser über das Riff zu entkommen, bekam dabei aber so oft Bodenkontakt, daß er schließlich, nachdem die Verfolger abgehängt waren, über Wasser weiterfuhr. Es war früher Nachmittag, aber das Glück war mit ihm: Nach einer etwas mehr als zweieinhalbstündigen Fahrt mit Höchstkraft, das heißt mit gut 12 Knoten, hatte er das Riff unbemerkt hinter sich gebracht und wandte sich nach Süden in Richtung Manila.[8]

Lieutenant Commander Nicholas Lucker jr., dessen S 40 ebenfalls in den Golf geschickt worden war, stieß an der Einfahrt auf einige Transportschiffe und feuerte eine volle Salve auf sie ab, ohne einen Treffer zu erzielen. Schlimmer aber war, daß der Bug durch die Oberfläche brach und einen der Geleitzerstörer auf das Boot aufmerksam machte. Lucker konnte von Glück sagen, daß er von den dicht über dem Boot explodierenden Wasserbomben nur durchgerüttelt wurde. Als er nach Dunkelwerden auftauchte, stellte er fest, daß der größte Teil der achteren Außenhülle weggesprengt worden war. Wilkes beorderte das Boot daraufhin in den Stützpunkt zurück.

Von den vier Flottenbooten kam keines an den vor der Einfahrt patrouillierenden Schiffen vorbei. Lieutenant Commander Eugene McKinney unternahm mit seinem Boot, der *Salmon,* einen beherzten Versuch, nachts mit großer Fahrt über Wasser in den Golf durchzubrechen. Er wurde entdeckt und verfolgt. Seine beiden aus 2300 Metern abgefeuerten Torpedos verfehlten den Zerstörer. Sein Verfolger setzte ihm von achteraus nach, und McKinney schoß einen Torpedo auf seinen Kurs. Da er kurz darauf eine Explosion sah, glaubte er, den Zerstörer versenkt zu haben. Der anschließende Wasserbombenangriff eines zweiten Zerstörers zwang ihn mehrere Stunden unter Wasser, so daß er nicht weiter in den Golf vorstoßen konnte. Am nächsten Tag wurde er zum Stützpunkt zurückgerufen, wo man ihm die Versenkung eines Zerstörers anrechnete, die allerdings von den japanischen Akten nicht bestätigt wird. McKinneys Torpedo war wahrscheinlich ein Frühzünder.[9]

Die anderen drei Flottenboote liefen getaucht an. Zwei versuchten erfolglos, die patrouillierenden Zerstörer zu torpedieren, wurde aber ebenso wie das dritte Boot vom Sonar der japanischen Schiffe erfaßt und mit Wasserbomben belegt. Das schreckte sie von weiteren Versuchen ab. Wenn man bedenkt, wie es Chapple mit seinem kleineren Boot erging und wie sehr ihm die Torpedoversager zu schaffen machten, spielte es vermutlich keine Rolle, aber die vorliegenden Akten legen den Schluß nahe, daß die Kommandanten der Flottenboote wie ihr Kollege von der *Stingray,* der mit dem japanischen Sonar der Invasionsflotte insgesamt ausgewichen war, das im Krieg erforderliche Maß an Entschlossenheit und Aggressivität vermissen ließen, wie es Chapple und Warder an den Tag legten.

Das ist kaum überraschend. Die von Drill und Disziplin geprägte Atmosphäre, die in Friedenszeiten in den Streitkräften herrschte, war nicht unbedingt geeignet, um Führungspersönlichkeiten für den wirklichen U-Boot-Krieg heranzuziehen, in dem die Kommandanten allein über Rückzug oder Vorstoß zu entscheiden hatten, ohne von Geleitschiffen oder anderen Offizieren mit eigener Periskopsicht der Lage gestoppt werden zu können. Die amerikanischen U-Boot-Fahrer lernten zwar Vorsicht, aber Zähigkeit und Ausdauer, die man brauchte, um längere Feindfahrten durchzustehen, wurden in der Ausbildung vernachlässigt. Einer der aus dem Golf von Lingayen zurückkehrenden Kommandanten erklärte, seine Besatzung sei seit dem 8. Dezember unter anstrengenden Bedingungen auf See gewesen. Deshalb sei »eine Gelegenheit, sich im Sonnenschein auszuruhen und zu entspannen, ... für die Erhaltung von Gesundheit, Moral und Leistungskraft immer dringlicher erforderlich«.[10] Dabei kommandierte er ein Boot mit Klimaanlage, gekühlten Lebensmitteln, separater Messe, Waschgelegenheiten und Zweimannkabinen für Offiziere und Unteroffiziere – alles Dinge, die bei anderen Marinen und den Besatzungen der eigenen S-Klasse-Boote nur Neid erregen konnten. Andererseits läßt sich in Friedenszeiten kaum einschätzen, ob und in welchem Maß jemand die für den U-Boot-Krieg notwendige Mischung aus Aggressivität, kühler Berechnung, Vorstellungskraft und durch moralische Rücksichten gezügelter Entschlossenheit besitzt. Sie zeigt sich erst unter dem Druck des Krieges. Jedenfalls haben die Ausbildungsmethoden und das Beförderungssystem der US Navy, die fehlende Kampferfahrung und vielleicht auch die typisch amerikanische Haltung dem Leben gegenüber dazu geführt, daß es in der US Navy bei Kriegsausbruch einen größeren Anteil von U-Boot-Kommandanten gab, die den Anforderungen nicht genügten, als in den anderen Marinen: Ein Jahr später waren nicht weniger als 40 der 135 U-Boot-Kommandanten der Asiatischen und der Pazifikflotte vorzeitig abgelöst worden, vorwiegend wegen mangelnder Aggressivität.[11] Dabei darf man die Torpedoversager jedoch nicht außer acht lassen: Die ständigen Fehlschüsse drückten auf die Moral. Umgekehrt hätten Erfolgserlebnisse wahrscheinlich die Aggressivität gestärkt.

Nach Lage der Dinge aber blieben aufgrund der Torpedoversager und des teilweise extrem vorsichtigen Vorgehens der Kommandanten die erwarteten Erfolge der U-Boote der Asiatischen Flotte aus. Die japanischen Invasionskräfte wurden kaum behelligt. Ihre einzigen Verluste waren der von Chapple im Golf von Lingayen versenkte 5500-Tonnen-Transporter und ein 856-Tonnen-Frachter, den die *Seal* auf dem Weg in den Golf vernichtet hatte. Anderswo wurden im Verlauf des Dezembers weitere vier Schiffe versenkt. Dabei waren wesentlich mehr Versenkungen gemeldet worden, manche sogar nach einem bloßen Sonarangriff ohne jeden Sichtkontakt. Die Boote der Pazifikflotte setzten sich bei der Verteidigung der Insel Wake und bei Patrouillen vor den japanischen Inselstützpunkten nicht besser in Szene. Bis Ende Dezember versenkten die 44 Flotten- und sechs S-Klasse-Boote der Asiatischen und der Pazifikflotte zusammen nur zehn Schiffe mit 46000 BRT.[12]

Die wenigen den Briten unterstellten niederländischen U-Boote vermochten die Welle des japanischen Vormarschs ebensowenig zu brechen wie die amerikanischen. Obwohl Singora schon vor dem Krieg als wahrscheinlichster Ort für die Invasion der malaiischen Halbinsel galt und die Royal Navy ebenso deutlich Warnungen vor dem bevorstehenden japanischen Schlag erhalten hatte wie die Amerikaner, hatte sie keines der niederländischen U-Boote in Stellung gebracht. Als Commander A. J. Bussemaker am 12. Dezember mit O 16 vor Patani bei Singora eintraf, griff er vier Transporter an, die, wie er glaubte, alle untergingen. In den japanischen Akten sind jedoch nur Beschädigungen an einem Truppentransporter und einem Hilfsschiff verzeichnet. Am selben Tag griff Lieutenant Commander H. C. J. Coumou mit K XIII an dem weiter südlich gelegenen Landungsplatz bei Kota Baharu einen Transporter an und einen Tag später einen 3500-Tonnen-Tanker. Den japanischen Akten zufolge wurde nur der Tanker beschädigt. Als die Japaner später im Dezember in Sarawak landeten, torpedierte Commander van Well Groeneveld mit K XIV einen Konvoi und traf vier Frachter, von denen einer sank. Am 25. Dezember schickte K XVI unter Lieutenant Commander L. J. Jarman einen Zerstörer auf den Grund des Meeres. Bei dem nachfolgenden Gegenangriff wurde K XVI dann selbst versenkt. Es war das erste alliierte U-Boot, das Wasserbomben zum Opfer fiel, nachdem in der Vorwoche O 20 durch Wasserbombenangriffe zum Auftauchen gezwungen und dann mit Artilleriefeuer versenkt worden war. Im Dezember gingen noch zwei weitere niederländische Boote verloren: O 16 lief östlich von Singapur auf eine Mine, und K XVII ist wahrscheinlich im selben Minenfeld gesunken, obwohl das zum 5. japanischen U-Boot-Geschwader gehörende I 66 für dieselbe Zeit die Versenkung eines feindliches U-Boots gemeldet hat.[13] Der Verlust von vier Booten der kleinen niederländischen Flotte war ein hoher Preis für die Nadelstiche, die sie den Japanern zugefügt hatten.

Die Wirkungslosigkeit der alliierten U-Boote resultierte mehr aus den Torpedoversagern und der Unerfahrenheit der Kommandanten als aus Erfolgen der japanischen U-Boot-Abwehr. Gewiß schreckte das Sonar manche Kommandanten ab, und die japanischen Geräte waren in dieser Phase des Krieges genauso gut wie die amerikanischen und britischen. Aber die Japaner hatten es versäumt, das mathematische Problem der Plazierung von Wasserbomben und der Tiefeneinstellung zu lösen. Sie scheinen es nicht einmal als Problem erkannt zu haben. Ihre Angriffe waren selten ausdauernd genug, und sie schlossen schon beim geringsten Anzeichen auf eine Versenkung.[14] Daß Chapple aus den engen, seichten Gewässern des Golfs von Lingayen entkommen konnte, belegt, wie dürftig die Jagdtechnik der Japaner selbst unter idealen Bedingungen war.

Außerdem hatte es die japanische Marine wie die Royal Navy vor dem Krieg versäumt, Geleitschiffe zu bauen, um den Schiffsverkehr auf den mit ihrem Vormarsch immer länger werdenden Verbindungswegen zu schützen. Der für den Schutz der Schiffahrt zuständige Offizier des Marinestabes hatte zwar Jahr für Jahr Pläne zum Bau von Geleitschiffen und eine Schätzung der benötigten Anzahl vorgelegt. Aber die Kampfschiffe für den großen Plan besaßen Vorrang, und die Geleitschiffe wurden nie gebaut. Bei Kriegsausbruch mußten alte Zerstörer, Minensucher und andere Hilfsschiffe für diesen Zweck umgebaut werden, ohne daß man jemals genügend zur Verfügung hatte.[15] Deshalb fuhren viele Schiffe in kleinen ungeschützten Konvois, und zwar interessanterweise nicht deshalb, weil es die Chance erhöhte, von einem sinkenden Schiff gerettet zu werden, sondern weil die Engländer es im Ersten Weltkrieg als erfolgreiche Methode betrachtet hatten.[16]

Darüber hinaus gab es in Japan keine für den Schutz der Schiffahrt insgesamt zuständige Einrichtung und weder Pläne für Nachrichtenverbindungen noch eine Eskortdoktrin. Konvois und deren Schutz waren Sache der für die Schiffe verantwortlichen Ministerien und der örtlichen Marinebefehlshaber. Auch ein übergeordnetes Schiffsbüro für die Zuteilung der vorhandenen Tonnage existierte nicht. Obwohl die japanische Wirtschaft von Importen abhing und das Land angeblich in den Krieg gezogen war, um sich die Rohstoffquellen in Südostasien zu sichern, wurden die Einfuhren ausschließlich von Schiffen transportiert, die den zivilen Ministerien unterstanden. Die Linienschiffe und Frachter der Streitkräfte kehrten leer von ihren Invasions- und Nachschubmissionen zurück.[17] Diese Vernachlässigung der Handelsschiffahrt war ein weiteres Zeichen der extrem kriegerischen Kultur Japans.

Auf alliierter Seite muß man dem Stab der US Navy grobe Nachlässigkeit vorwerfen, weil er nicht versuchte, die langen Seewege zu unterbrechen, auf denen Erdöl und andere lebenswichtige Rohstoffe sowie Nahrungsmittel nach Japan gelangten. Dieses Versäumnis reichte in die Zeit vor dem Ausbruch der Feindseligkeiten im Pazifik zurück, als die Erfolge der deutschen U-Boote zu einer radikalen Überarbeitung des Kriegsplans der Navy hätten führen müssen.

Denn was war der Krieg anderes als die Fortsetzung des über Japan verhängten Erdöl- und Rohstoffembargos mit anderen Mitteln? Der Grund für die fehlende Flexibilität im Denken, die übrigens den Führungsspitzen von amerikanischer, britischer und japanischer Marine gemeinsam war, lag im vorherrschenden orthodoxen Konzept der »Entscheidungsschlacht« und in Mahans Ansicht, daß der *guerre de course* wirkungslos sei. Außerdem war der Schutz von Handelsschiffen eine wenig glanzvolle Aufgabe. Japanische Zerstörerkapitäne verachteten den Geleitschutzdienst. Sie sahen ihre Aufgabe in nächtlichen Torpedoangriffen im Rahmen großer Flottenoperationen. Und für die amerikanischen U-Boot-Fahrer waren Handelsschiffe seit der Washingtoner Erklärung gegen den uneingeschränkten Krieg buchstäblich tabu gewesen. Als nach dem Überfall auf Pearl Harbor der uneingeschränkte Luft- und Seekrieg erklärt wurde, hätte jedoch ein Umdenken einsetzen müssen. In der Phase des akuten Notfalls war dies nicht zu erwarten. Aber daß es auch später ausblieb oder nur sehr rudimentär geschah, ist letztlich dem Oberbefehlshaber und seit März 1942 auch Chef der operativen Führung der US Navy, Admiral Ernest J. King, anzulasten.

King war der Prototyp des tatkräftigen Amerikaners, der seinen Aufstieg ebenso seinen Fähigkeiten wie rücksichtsloser charakterlicher Härte, arrogantem Selbstvertrauen und Ehrgeiz zu verdanken hatte. In Lorain (Ohio) am Eriesee geboren, bewies er schon in der Schule nicht nur Intelligenz und ein gutes Gedächtnis, sondern auch natürliche Führungsqualitäten. Sein Interesse für die Marine wurde durch einen Zeitschriftenartikel geweckt. 1897 trat er in die Marineakademie ein, die er vier Jahre später als Viertbester seines Jahrgangs und, was wichtiger war, als höchstrangiger Kadettenoffizier der Akademie verließ. Die Fähigkeiten des gutaussehenden, selbstsicheren jungen Offiziers wurden trotz seines Hangs zu Alkohol, Affären und gelegentlicher Insubordination bald erkannt. Als die USA in den Ersten Weltkrieg eintraten, gehörte er zum Stab des Oberbefehlshabers der Atlantikflotte, so daß er dienstlich an vielen Besprechungen mit hochrangigen britischen Flaggoffizieren und Ministern teilnahm und auf Schiffen der Royal Navy fuhr. Seine ausgeprägte Anglophobie scheint in diese Zeit zurückzureichen, als die US Navy im Verhältnis zur Royal Navy die untergeordnete Rolle spielte, was King wahrscheinlich ebenso gegen den Strich ging wie das in seinen Augen herablassende Verhalten der britischen Offiziere.

Kings militärische Laufbahn begann, als die US Navy sowohl an Größe als auch an nationalem Gewicht gewann. Ihr Material wurde von einer technischen Revolution erfaßt, die mit neuen U-Booten, Torpedos und Flugzeugen die Vormachtstellung der Kanonenschiffe in Frage stellte. Bewußt auf die absolute Spitzenposition abzielend, machte sich King mit den neuen Waffengattungen vertraut: Zunächst trat er als einundvierzigjähriger Captain in die U-Boot-Schule in New London ein und kommandierte anschließend, obwohl er keine Abschlußprüfung abgelegt hatte, eine U-Boot-Gruppe mit vier S-Klasse-Booten, schließlich sogar den ganzen U-Boot-Stützpunkt. Später, als er auf die Fünfzig zuging, lernte er Fliegen und erhielt, nachdem er eine Zeitlang Kommandant des Luftwaffenstützpunkts Norfolk (Virginia) gewesen war, das Kommando über den grandiosen neuen Flugzeugträger *Lexington.* In diesen Zusammenhang gehört auch der zeitweise Dienst als stellvertretender Chef der Marinetechnischen Versuchsstation. Ergänzend zu diesen Erfahrungen bei der Vorhut der neuen Marine beschäftigte sich King eingehend mit Militärgeschichte, las biographische Werke und verfaßte selbst Artikel für die *Naval Institute Proceedings.* In einem von ihnen rief er die Marineoffiziere auf, nicht zuzulassen, daß ihr Geist stagnierte: »Geht ans Naval War College. Lest. Denkt. Schreibt.«[18]

Kings Laufbahn, seine hohe Intelligenz und sein Ruf, weder sich selbst noch seine Untergebenen zu schonen, um den höchsten Maßstäben zu genügen, schienen ihn für den Posten an der Spitze zu prädestinieren. Er paßte ins Bild; »groß, hager und straff, mit stechenden braunen Augen, einer mächtigen römischen Nase und tief eingekerbtem Kinn«, so beschrieb ihn der amerikanische Marinehistoriker Samuel Eliot Morison und fügte hinzu, daß er »mehr gefürchtet als geliebt« wurde.[19] Aber in Friedenszeiten waren die Fähigkeiten eines Admirals genauso schwer einzuschätzen wie die von U-Boot-Kommandanten. King, der als Oberbefehlshaber der drei amerikanischen Flotten – Atlantik-, Pazifik- und Asiatische Flotte – und Chef der operativen Führung zum mächtigsten Admiral der Welt werden sollte, war eine schlechte Wahl. Niemand sah, daß es ihm in seiner gesamten Laufbahn widerstrebt hatte, Aufgaben zu delegieren und sich beraten zu lassen. Das seit seiner Schulzeit erkennbare Verlangen, alles selbst unter Kontrolle zu behalten, war dank seiner Intelligenz, seines erstaunlichen Gedächtnisses und seiner machtvollen Persönlichkeit ungebremst gewachsen.[20] Und er war trotz seiner eingehenden Beschäftigung mit der Marinegeschichte – die im übrigen so gut wie nichts über grundlegende Veränderungen zu sagen wußte, wie sie sich in seiner eigenen Zeit in der Marinetechnik und infolgedessen in Strategie und Taktik vollzogen – nicht auf der Suche nach der Wahrheit, sondern nach der Bestätigung der Wahrheit, wie er sie verstand. In dieser Hinsicht verhielt er sich um nichts vernünftiger als seine japanischen Gegenspieler.

Colonel Sir Ian Jacob, Militärsekretär von Churchills Kriegskabinett, empfand King als undurchsichtig. Nach einer Begegnung mit ihm vertraute er seinem Tagebuch an, der Admiral scheine »eine Schutzhülle aus Horn zu tragen« und mache den Eindruck, »überaus engstirnig und immer auf der Hut vor Kränkungen zu sein. Er ist verschlossen und behandelt seinen Stab ... streng und gelegentlich tyrannisch.«[21] Damit hatte Jacob den Finger auf Kings Schwäche und damit auch auf den wahrscheinlichen Grund für die Fehler und Versäumnisse der amerikanischen Marinepolitik gelegt: King hatte auf seinen Kommandoposten gezeigt, daß er unfähig war, in einem Stab etwas anderes zu sehen als das Ausführungsorgan seiner eigenen Vorstellungen. Er setzte Untergebene unter Druck und war für Argumente praktisch unzugänglich.[22]

Die ersten Maßnahmen, die King als Oberbefehlshaber der US Navy (COMINCH) im Pazifik traf, waren sicherlich richtig, galten sie doch dem Schutz der Seewege nach Hawaii und Australien. Der amerikanische Schiffsverkehr wurde zu Konvois zusammengefaßt. Sie fuhren von Anfang an auf Ausweichrouten, um nicht japanischen U-Booten in die Fänge zu laufen. Von dort war es nur ein kleiner Schritt bis zum Umkehrschluß auf die extreme Verwundbarkeit des strategisch wichtigen Nachschubs der Japaner. Er wurde auch bald vollzogen, doch weder Organisation noch Aufgabenstellung der U-Boote wurden dieser Erkenntnis angepaßt. Die Einheiten blieben bestimmten Gebieten zugeordnet und unterstanden deren Befehlshabern.

Die U-Boote der Asiatischen Flotte wurden Ende Dezember 1941 aus Cavite abgezogen und in den niederländischen Marinestützpunkt Surabaya auf Java verlegt. Von dort liefen sie im Januar 1942 aus, um vor den Aufmarschgebieten für den nächsten japanischen Vorstoß nach Süden Stellung zu beziehen. Sie trafen jedoch zu spät ein, um die Invasionsflotte abzufangen, und versenkten nur einen kleinen Frachter. Im Unterschied dazu konnte die japanische U-Boot-Abwehr das erste Opfer melden, das Flottenboot *Shark*. Bereits im Dezember war beim ersten japanischen Luftangriff auf Cavite ein Flottenboot versenkt worden, das dort zur Reparatur lag. Nach dem Fall von Singapur am 15. Februar zogen sich die verbliebenen niederländischen U-Boote sowie zwei aus dem Mittelmeer abgezogene britische T-Klasse-Boote von Surabaya nach Trincomalee auf Ceylon zurück. Die amerikanischen Flottenboote hatten sich beim japanischen Vormarsch nach Java, Bali und Timor im Februar nicht besser gehalten und wurden in den Exmouth-Golf und nach Fremantle in Westaustralien verlegt. Statt alliierter Kooperation im Osten wurde die Verantwortlichkeit jetzt aufgeteilt: Die Royal Navy war künftig für den Indischen Ozean, Malaya und Sumatra zuständig, das Operationsgebiet der US Navy umfaßte den gesamten Pazifik, einschließlich Australiens und Neuseelands.

Wilkes, der im März in sein neues Hauptquartier in Perth umzog, erhielt die

Aufgabe, die japanischen Nachschublinien nach Ostindien und im Südchinesischen Meer zu stören; seine S-Klasse-Boote sollte er an Brisbane abgeben. Dort wurde unter dem Kommando von Captain Ralph Christie, jenem Offizier, unter dessen Leitung der neue magnetische Torpedozünder entwickelt worden war, ein weiterer U-Boot-Stützpunkt eingerichtet. Christie erhielt außerdem eine Gruppe von S-Klasse-Booten aus dem Atlantik, so daß er über elf Einheiten verfügte, die zur Abwehr der befürchteten Invasion Australiens vor Darwin patrouillieren sollten. Die in Pearl Harbor stationierten Boote kreuzten weiterhin vor Japan und den bedeutenden japanischen Flottenstützpunkten auf den Karolinen und den Marshall-Inseln.

Die Aufteilung der amerikanischen Flottenboote unter zwei unabhängige Kommandos in getrennten Gebieten hatte zur Folge, daß vor den feindlichen Flottenstützpunkten nur wenige Boote aufgestellt werden konnten. Statt gemeinsam mit der höchstmöglichen Zahl von Boote gegen die Schwachpunkte des Feindes vorzugehen – wie es Dönitz seit zwei Jahren im Atlantik vorexerzierte –, wurden die amerikanischen U-Boot-Kräfte in wahlloser Aufstellung zersplittert. Für gewöhnlich wurden sie in die am meisten bewachten Gewässer geschickt und auf Kampfschiffe angesetzt, deren Bewegungen durch Peilung oder aus entschlüsselten Funksprüchen – der wichtigste japanische Marineschlüssel war inzwischen geknackt worden – bekannt waren. Zudem verlief die Grenzlinie zwischen den beiden Kommandos mitten auf dem für den japanischen Nachschub wichtigsten Seeweg, der Straße von Luzon zwischen den Philippinen und Formosa. Damit schied dieses fette Jagdgebiet fern von den feindlichen Patrouillen für U-Boot-Operationen praktisch aus. Wilkes jedenfalls schickte seine Boote nie dorthin, weil er fürchtete, daß sie von den Booten des anderen Kommandos angegriffen werden könnten. Die U-Boote der Asiatischen Flotte wurden darüber hinaus für den Nachschub und für Evakuierungsaufgaben im Dienst der Armee von General MacArthur herangezogen, und als King die Marineeinheiten im Südwestpazifik Ende März 1942 MacArthur unterstellte, bedeutete dies für die U-Boote eine weitere Zersplitterung der Kräfte. Kein Wunder, daß sie so wenige Versenkungen vorzuweisen hatten.

In bezug auf Nimitz' Überwasserkräfte beging King einen ähnlichen Fehler, indem er die der *Kido Butai* bereits unterlegenen Flugzeugträgerkräfte für überflüssige kleinere Vorstöße abzweigte. Zur selben Zeit mußte er an der Ostküste eine Niederlage hinnehmen, der weit größere Bedeutung zukam als Pearl Harbor.

Die japanischen Schläge gegen die anglo-amerikanischen Positionen im Fernen Osten und im Pazifik waren in Hitlers Hauptquartier und in den Oberkommandos der Teilstreitkräfte, nicht zuletzt dem der Kriegsmarine, emphatisch begrüßt worden. Noch vor der Kriegserklärung gegen die USA bekam Raeder von Hitler die Erlaubnis, alle Einschränkungen des U-Boot-Krieges in der panamerikanischen Sicherheitszone aufzuheben. Dönitz stand plötzlich die gesamte amerikanische Ostküste als Angriffsziel offen, »ein Gebiet, in dem sich, in Einzelverkehr, die Sammlung der Schiffe in den wenigen Abgangspunkten der Atlantikgeleitzüge abspielt. Es ist also hier Gelegenheit, den feindl. Handel in einem solchen Stadium anzupacken, wie er im übrigen längst fast vollkommen aufgehört hat. Dazu kommt, daß im amerik. Küstengebiet von einer eingespielten Überwachung ... kaum die Rede sein kann. Es muß versucht werden, diese in absehbarer Zeit verschwindenden Vorteile so schnell wie möglich auszunutzen und zu einem ›Paukenschlag‹ an der amerikanischen Küste auszuholen.«[23]

Diese Eintragung im Kriegstagebuch des BdU vom 9. Dezember 1941 weist indirekt auf die Schwierigkeiten hin, die den U-Booten von den verstärkten und erfahrener gewordenen britischen und kanadischen Eskortgruppen im Nordatlantik bereitet wurden. Hatte Dönitz zwei Jahre vorher noch geschrieben, das Ziel sei, »Geleitzüge abzufangen und konzentriert mit den wenigen vorhandenen Booten zu vernichten«,[24] so sorgte er sich jetzt nur noch darum, zum Zuge zu kommen, bevor die allein fahrenden Schiffe zu Konvois zusammengefaßt wurden.

Von Lorient bis zum Schiffssammelpunkt vor Halifax waren es 2400 Seemeilen, nach New York über 3000. Die deutschen Tankschiffe im Nordatlantik waren allesamt versenkt worden, also kamen nur die Fernboote vom Typ IX für den Einsatz an der amerikanischen Ostküste in Frage. Dönitz forderte zwölf Boote an, doch die Seekriegsleitung weigerte sich, sechs vor der Straße von Gibraltar postierte Boote abzuziehen,[25] sei es nun aus der Überzeugung, daß das Mittelmeer der entscheidende Kriegsschauplatz sei, oder aus Eifersucht auf den »Krieg der Kapitänleutnants«. Dönitz mußte jedenfalls mit sechs Booten auskommen, von denen zunächst nur fünf ausliefen, da eines nicht rechtzeitig klargemacht werden konnte.

Während die Boote in den gigantischen Betonbunkern von Lorient gewartet wurden, rief Dönitz seine Kommandanten zu sich, um sie selbst einzuweisen. Sie sollten sich auf eine lange Fahrt vorbereiten, erklärte er ihnen, ohne das Ziel zu nennen. Sie würden vom Flottillenchef vor dem Auslaufen einen versiegelten Umschlag mit dem Einsatzbefehl erhalten, den sie erst bei 20° W öffnen dürften. Weitere Informationen würden ihnen während des Anmarschs über Funk mitgeteilt. Sie würden einzeln operieren, nicht als Gruppe, sollten um der Überraschung willen aber alle am selben Tag losschlagen; das Datum werde ihnen per Funk übermittelt. Um ihre Position nicht zu verraten, wurde während des Anmarschs absolute Funkstille angeordnet. Schiffe durften nur angegriffen werden, wenn sie größer als 10 000 BRT waren. Am Schluß nannte er ihnen den Namen der Mission: Operation Paukenschlag.[26]

Als erstes Boot lief am 18. Dezember U 125 unter Kapitänleutnant Ulrich Folkers aus. Ihm folgte am 23. Dezember U 123 unter Kapitänleutnant Reinhard Hardegen. Dem Datum angemessen wurde es mit einem Weihnachtslied verabschiedet. Am Heiligabend, während U 66 unter Korvettenkapitän Richard Zapp von Lorient auslief, teilte Hardegen der U-Boot-Führung bei 10° W mit dem üblichen Kurzsignal mit, daß er die Biskaya hinter sich hatte. Es wurde vom britischen Funkbeobachtungsdienst (Y-Dienst) abgefangen, gelangte über BP, wo es entschlüsselt wurde, in den Tracking Room in der unterirdischen Zitadelle in London und endete als mit zwei Buchstaben gekennzeichnetes Fähnchen bei 10° W auf dem Lagetisch. Weiter westlich steckte das Fähnchen für Folkers' Boot in der Karte. In den folgenden Tagen kamen die Fähnchen für Zapps U 66 und die beiden letzten Paukenschlag-Boote hinzu: U 109 unter Kapitänleutnant Heinrich »Ajax« Bleichrodt und U 130 unter Korvettenkapitän Ernst Kals. Sie alle wanderten Stück für Stück nach Westen.

Am 27. Dezember, dem Tag, an dem die letzten beiden Boote ausliefen, öffnete Hardegen bei 20° W seinen Einsatzbefehl. Er erfuhr, daß er an einem noch festzulegenden Tag vor New York in Aktion treten und anschließend in den Gewässern bis hinunter nach Kap Hatteras (North Carolina) operieren sollte. Genaue Karten und andere Navigationshilfen hatte die U-Boot-Führung nicht zur Verfügung stellen können. Alles, was Hardegen in dem Umschlag fand, waren eine in winzigem Maßstab gedruckte Karte der nordamerikanischen Küste und zwei Reiseführer von New York. Auf der Karte waren mit dicken römischen Zahlen die Einsatzgebiete der Boote verzeichnet: Danach sollte Folkers vor New Jersey operieren, Zapp vor Kap Hatteras, Bleichrodt bei Halifax und Kals in der Cabot-Straße, der Zufahrt zum Sankt-Lorenz-Golf.

Zwei Tage später fing der B-Dienst einen Hilferuf des griechischen Dampfschiffs *Dimitrios Inglessis* auf, das mit beschädigtem Ruder östlich von Neufundland lag. In der U-Boot-Führung stellte man fest, daß U 123 eine Position in der Nähe erreicht haben müßte. Dönitz schickte Hardegen in den frühen Stunden des 2. Januar 1942 einen Funkspruch, in dem er die Position des Dampfers nannte und die Angriffserlaubnis erteilte, falls U 123 nicht weiter als 150 Seemeilen entfernt sei. Während Hardegen Kurs auf die *Dimitrios Inglessis* nahm, gab die Seekriegsleitung in Berlin vier neue U-Boote vom Typ IX, die ursprünglich vor der Straße von Gibraltar eingesetzt werden sollten, für Operationen vor der amerikanischen Küste frei. Dönitz schickte sie noch in derselben Woche zusammen mit dem sechsten Boot der ersten Gruppe als zweite Welle gegen Amerika.

Der Funkspruch an U 123 war vom Y-Dienst aufgefangen worden und traf in der nächsten Nacht entschlüsselt im Tracking Room ein. Am Vormittag des 3. Januar teilte Patrick Beesly, Rodger Winns Assistent, der kanadischen Marine in Ottawa die Anwesenheit von U 123 mit. Dönitz verschleierte die Marinequadrate neuerdings durch einen zusätzlichen Schlüssel, den BP noch nicht geknackt hatte. Deshalb bat Beesly um die exakte Position der *Dimitrios Inglessis*. Als sie eintraf, stellte sich heraus, daß sie ein gutes Stück südlich der hypothetischen Lagetischposition von U 123 lag.

Hardegen befand sich zu diesem Zeitpunkt sogar noch weiter südlich. Er hatte den Dampfer in der Nacht erreicht, sich aber wieder zurückgezogen, da ihm zwei Zerstörer zu Hilfe geeilt waren, und war an der Küste von Neuschottland und Neuengland entlang nach Südwesten gefahren. Am 9. Januar, als er 600 Seemeilen östlich von Massachusetts durch stürmische See schlingerte, fing sein Funker einen an alle Paukenschlag-Boote gerichteten Offiziersfunkspruch auf, der den Kommandanten die oben genannten Einsatzgebiete und das Angriffsdatum mitteilte: den 13. Januar. Am Schluß wurden die Boote zur »Gruppe Paukenschlag« erklärt. Patrick Beesly hatte den entschlüsselten Text am nächsten Morgen in der Hand. Auf dem Lagetisch war neben den ersten fünf Typ-IX-Booten, die bereits kanadische Gewässer erreicht hatten oder kurz davor standen, und der zweiten, über den Atlantik anmarschierenden Fünfergruppe von Typ-IX-Booten eine Gruppe von Typ-VII-Booten zu sehen, die bei Neufundland in Stellung gingen. Winn las den entschlüsselten Funkspruch durch. Es war das erste Mal, daß Dönitz zur Bezeichnung von Einsatzgebieten römische Zahlen verwendete. Möglicherweise repräsentierten sie etwas Besonderes, vielleicht Küstenregionen, dachte Winn. Und da drei der Boote, darunter Hardegens U 123, am 13., also in drei Tagen, in ihren Angriffsräumen eintreffen sollten, mußten sie in Gewässer unterwegs sein, die ein gutes Stück südlich ihrer derzeitigen Positionen vor Kanada beziehungsweise Neuengland lagen. Winn schätzte, daß Hardegen in drei Tagen bis zur Delaware Bay gelangen konnte. Damit stand seine »Arbeitshypothese« für den weiteren Vormarsch der drei ersten Paukenschlag-Boote fest.

Am folgenden Nachmittag sichtete U 123 einen Dampfer der Blue Funnel Line, den Hardegen mit Hilfe eines Handbuchs der Handelsflotte auf 10 000 BRT schätzte. Tatsächlich waren es 9067 BRT. Hardegen behielt bis zum Einbruch der Dunkelheit am Rand der Sicht Fühlung und schloß dann auf Parallelkurs auf. Er fuhr abgeblendet im Zickzack, und es dauerte etwas, bis der IWO, Oberleutnant Rudolf Hoffmann, seinen Kurs ermittelt hatte. Nachdem

Hardegen die Feuererlaubnis gegeben hatte, rief Hoffmann die endgültigen Schußunterlagen ins Sprachrohr und schloß mit der Frage: »Folgen?« Die gleichlautende Antwort des IIWO unten im Turm bestätigte, daß die von Hoffmann durchgegebenen Werte am Vorhaltrechner eingestellt waren, und ein zweites »Folgen!« aus dem Bugtorpedoraum besagte, daß die Feuerlösung zur Selbststeuerung der Torpedos übertragen worden war. »Los!« rief Hoffmann, betätigte den Feuerschalter und begann die Sekunden der geschätzten Laufzeit bis zum Ziel zu zählen.

Es war die *Cyclops*, die aus dem Panamakanal kam und sich in Halifax einem nach England fahrenden Konvoi anschließen wollte. Sie hatte im Fernen Osten Fracht und – zusätzlich zur eigenen Besatzung – hundert chinesische Matrosen an Bord genommen, die auf britischen Schiffen arbeiten sollten. Der Torpedo von U 123 riß die beiden achteren Laderäume auf. Während der Funker SOS sendete, gab der Kapitän Befehl, das Schiff zu verlassen. Der Notruf wurde von U 123 aufgefangen, und Hardegen, der die Geschützbedienung nach oben gerufen und ihr befohlen hatte, den Funkraum des Linienschiffs zu beschießen, ließ das Feuer einstellen. Er fuhr am Bug seines Opfers vorbei auf die andere Seite, um ihm aus kurzer Entfernung einen zweiten Torpedo in den Rumpf zu jagen. Die Rettungsboote hatten inzwischen abgelegt. Nur der Kapitän und die Offiziere befanden sich noch an Bord, um sich zu vergewissern, daß niemand auf dem Schiff zurückgeblieben war. Als das Schiff unter ihnen zerbrach, sprangen sie ins Meer und schwammen zu einem Rettungsfloß. Am nächsten Tag wurden von den 179 Menschen an Bord 60 gerettet.[27]

Der vom Y-Dienst aufgefangene Notruf der *Cyclops* bestätigte Winns Hypothese. Er stellte in seinem wöchentlichen Bericht zur U-Boot-Lage dementsprechend »eine starke Konzentration vor der amerikanischen Küste zwischen New York und Kap Race [Neufundland]« fest. Eine Gruppe sei bereits zwischen Kap Race und St. John's in Stellung gegangen; eine zweite laufe »offenbar die amerikanische Küste zwischen New York und Portland an. Es ist bekannt, daß sie ihre Angriffsgebiete am 13. Januar erreichen werden.« Dazu kämen fünf Boote, die sich auf der Fahrt in eines dieser Gebiete befänden, und fünf weitere, die ebenfalls auf westlichem Kurs unterwegs seien, so daß insgesamt 21 U-Boote im Anmarsch seien.[28]

Eine Kurzfassung dieses Berichts wurde, an King in seiner Eigenschaft als COMINCH adressiert, der Main Navy in Washington geschickt, dem Hauptquartier der US Navy. Eine Kopie ging an den Marinenachrichtendienst, das Office of Naval Intelligence (ONI), wo Rear Admiral Frank T. Leighton eine Lagekarte betreute, die der im Tracking Room des OIC ähnelte. Leighton aktualisierte sie und schickte den Hauptquartieren des Atlantikkommandos, des

Westatlantischen Eskortkommandos und der atlantischen Küstenfronten (Coastal Frontiers Commands) eine Mitteilung über die U-Boot-Konzentration vor Kanada und an der nördlichen Ostküste der USA: Drei oder vier Boote befänden sich nahe 40° N 65° W – 500 Seemeilen östlich von New Jersey. Bei 41° 51' N, 63° 48' W, fügte er hinzu, sei ein Handelsschiff – die *Cyclops* – torpediert worden – 500 Seemeilen östlich von Kap Cod.[29]

Dies war das Gebiet der North Atlantic Coastal Frontier, das sich von Maine an der kanadischen Grenze bis hinunter nach North Carolina erstreckte. Frontbefehlshaber war Rear Admiral Adolphus »Dolly« Andrews, mit Hauptquartier in New York. Wie alle bedeutenden Marinen der Welt hatte es auch die US Navy vor dem Krieg versäumt, Geleitschiffe zu bauen. Die vorhandenen Zerstörer wurden entweder von der Flotte benötigt, oder sie waren im Rahmen des Leih- und Pachtgesetzes an England geliefert, in den Pazifik verlegt oder für den atlantischen Konvoidienst abgestellt worden. Kein einziger stand Andrews für die Verteidigung der langen Küstenlinie seiner Front zur Verfügung. Alles, was er aufbieten konnte, war eine buntscheckige Flotte aus sieben Küstenwachkuttern, drei 1919 in Dienst gestellten Patrouillenbooten, vier U-Boot-Jägern mit Holzrumpf, zwei Kanonenbooten aus dem Jahr 1905 und vier umgebauten Yachten. Die Überwassergeschwindigkeit der deutschen U-Boote erreichte keines dieser Fahrzeuge, und die meisten von ihnen waren technisch derart unzuverlässig, daß sie nahezu nutzlos waren, zumal in dem stürmischen Wetter, das Anfang Januar 1942 herrschte.[30] Die verfügbaren Flugzeuge waren ebensowenig für die U-Boot-Abwehr geeignet: In den Luftwaffenstützpunkten der Navy an der Küste waren zwar rund hundert Maschinen stationiert, aber es waren überwiegend Schulflugzeuge oder Aufklärer, mit denen nur kurze, küstennahe Flüge unternommen werden konnten. Für Langstreckenaufklärung und Angriffe auf See mußte Andrews auf die Bomber der Army zurückgreifen, deren Besatzungen für diese Aufgaben jedoch nicht ausgebildet waren.

Da ihm die angemessenen Mittel für den Schutz der Handelsschiffahrt fehlten, hatte Andrews einen voreiligen Schluß gezogen: Er hielt es für falsch, Konvois zu organisieren, denn wenn diese erst einmal entdeckt seien, böten sie angreifenden U-Booten eine Vielzahl von Zielen. Allein fahrende Schiffe könnten dagegen auch nur einzeln versenkt werden. Zu dieser Ansicht konnte nur kommen, wer die britischen Erfahrungen aus dem Ersten Weltkrieg und die Statistik der Verluste in der aktuellen Schlacht im Atlantik ignorierte: Beide zeigten, daß Konvois – insbesondere, wenn sie auf Ausweichkursen fuhren – wesentlich seltener entdeckt wurden als allein fahrende Schiffe, die auf den bekannten Seewegen einen nicht abreißenden Strom von Zielen bildeten. Bis zum 12. Januar, dem Tag, an dem er Leightons Warnung erhielt, hatte Andrews jedenfalls keinen Finger gerührt, um eine der Maßnahmen zum Schutz des Schiffsverkehrs zu ergreifen, die nach den britischen Erfahrungen aus zwei Weltkriegen nötig gewesen wären. Mit der Warnung in der Hand ließ er es sogar an der einfachsten Vorsicht fehlen: Die Schiffe fuhren weiterhin wie im Frieden die Küste entlang – einzeln, auf den üblichen, von blinkenden Bojen und Leuchttürmen markierten Routen und nachts mit aufgeblendeten Lichtern. Andrews tat nichts, um dies zu ändern.

Durch den Angriff auf die *Cyclops* und das stürmische Wetter hatte sich Hardegens Anmarsch verzögert. Er erreichte sein Einsatzgebiet nicht mehr am 13. Januar. Folkers und Zapp waren ebenfalls durch Stürme aufgehalten worden, so daß Kals mit U 130 der einzige war, der am vorgesehenen Tag auf die Pauke schlug, indem er in der Cabot-Straße zwei kleine Frachter torpedierte. Hardegen sah später in der Nacht den Lichtstrahl des Leuchtturms von Montauk Point an der Ostspitze von Long Island, und bald nach Mitternacht Ortszeit, also am 14. Januar, sichteten seine Ausgucks die Lichter eines entgegenkommenden Schiffs. Es war sich der Gefahr offenbar nicht bewußt. Hardegen drehte ab, um das Boot rechtwinklig zum Kurs des Ziels zu stellen, während Hoffmann das UZO-Doppelglas auf die Brücke brachte und die Zieldaten durchgab. Bei etwa 750 Metern schickte Hoffmann zwei Torpedos auf den Weg, von denen einer traf. Wie aus dem Notruf des Schiffs hervorging, handelte es sich um den 9500 BRT großen norwegischen Tanker *Norness.* Während die Besatzung von Bord ging, fuhr Hardegen am Bug des Schiffs vorbei auf die andere Seite, um aus dem Heckrohr einen weiteren Torpedo abzuschießen. Doch es brauchte noch zwei Torpedos, von denen nur einer traf, bevor der Tanker nach achtern absackte und sich mit dem Heck in den flachen Meeresboden rammte, so daß der Bug steil aus dem Wasser ragte.

Das Wrack sowie ein Rettungsboot und ein Floß wurden am nächsten Morgen von einem Patrouillenflugzeug der Navy gesichtet. Ein Zerstörer des Atlantischen Konvoieskortkommandos rettete am frühen Nachmittag die Überlebenden. Der Notruf der *Norness,* in dem es hieß, sie sei auf eine Mine gelaufen, war an Land nicht empfangen worden. Die Navy erfuhr erst jetzt davon, daß dicht unter der Küste ein deutsches U-Boot sein Unwesen trieb. Zwischen Maine, Boston, Newport, New York und Norfolk lagen 25 Zerstörer des Atlantischen Konvoieskortkommandos, sieben davon in New York als Geleit eines geplanten Truppentransports über den Atlantik. Aber weder Andrews noch der Kommandeur der Eskortflotte kamen auf den Gedanken, sie auf die Jagd nach dem vor Long Island operierenden U-Boot und den anderen Booten zu schikken, vor denen Leighton sie gewarnt hatte. Noch fuhr der COMINCH, King, mit eiserner Faust dazwischen.

Hardegen legte das Boot den Tag über auf Grund. Nach Einbruch der Dunkelheit tauchte er auf und hielt auf ein Licht zu, von dem er nicht sagen konnte, was es war; das Ambrose-Feuerschiff konnte es noch nicht sein. Kurz darauf mußte er mit äußerster Kraft zurücksetzen: Vor ihm glitzerte die Gischt brechender Wellen, und vor einem dunklen Waldstreifen waren der Strand und ein erleuchtetes Hotel zu sehen. Hardegen fuhr weiter die Küste entlang, auf die Lichter von Rockaway Beach zu. Dahinter lag Coney Island. Backbord voraus zeichnete sich die dunkle, flache Landspitze von Sandy Hook ab. Die Lichter von Brooklyn und Manhattan erhellten den Himmel. Hardegen, der als Kadett auf einer Fahrt um die Welt in New York gewesen war, konnte sich die Skyline vorstellen, auch wenn er sie nicht sah. Es war unglaublich: »Als erste standen wir hier, und zum erstenmal in diesem Krieg sah ein deutscher Soldat die Küste der USA.«[31]

Weil sich vor Sandy Hook kein Schiff zeigte, wandte sich Hardegen wieder auf die offene See hinaus. Doch dann meldete ein Ausguck ein von achtern anlaufendes Schiff, wiederum ein Tanker, dessen Silhouette sich deutlich vom hellen Hintergrund des städtischen Lichtscheins abhob. Hardegen drehte ab, um auf den Tanker zu warten. Als er auf 750 Meter herangekommen war, feuerte Hoffmann einen Torpedo auf ihn ab, der unter der Brücke einschlug. Während das brennende Schiff an Fahrt verlor, brachte sich Hardegen für einen zweiten Schuß in Position. Diesmal wurde der Tanker mittschiffs aufgebrochen und bohrte sich wenig später wie die *Norness* mit steil aus dem Wasser ragenden Bug in den Meeresboden. Es war der 6700 BRT britische Tanker *Coimbra.* Von den 36 Mann Besatzung überlebten nur sechs die Explosionen und das anschließende Inferno.[32]

Als die von Bewohnern von Long Island alarmierte Küstenwache zur Rettung der Schiffbrüchigen auslief, fuhr Hardegen bereits an der Küste von New Jersey entlang nach Süden. Zu diesem Zeitpunkt, in den frühen Stunden des 15. Januar, waren weitere sechs Zerstörer als Geleit des Truppentransports in New York eingetroffen. Aber noch immer fiel es keinem der verantwortlichen Admirale ein, Jagd auf das U-Boot zu machen, das vor ihrer Tür seine flammenden Visitenkarten zurückgelassen hatte. Man hielt es nicht einmal für nötig, die Abfahrt des Truppentransports zu verschieben.

Hardegen verbrachte den Tag wiederum unter Wasser. Als er abends auftauchte, bemerkte ein Ausguck im Westen hoch am Himmel einen dunklen Schatten. »Alarm!« brüllte Hardegen und drückte auf den Alarmknopf. Das Flugzeug steuerte bereits auf das U-Boot zu. In der Zentrale schickte der LI alle Mann in den Bug, damit sich das Boot schneller nach vorn neigte. Der Zeiger des Tiefenmessers hatte gerade die 10-Meter-Marke überschritten, als ein Stück entfernt an Steuerbord vier Explosionen zu hören waren. Einige Zeit später stieg Hardegen in Sehrohrtiefe auf. Ein sorgfältiger Rundblick zeigte, daß der Himmel leer war. Zwei Nächte später versenkte Hardegen einen kleinen Frachter, die 1900 BRT große *San Jose*. Dann fuhr er weiter in Richtung Süden zu seinem neuen Einsatzgebiet vor Kap Hatteras.

Diese Gewässer waren eigentlich Zapps Jagdgründe. U 66 war nach einer stürmischen Anfahrt gerade erst eingetroffen und versenkte in der Nacht des 18. Januar 75 Seemeilen außerhalb des Kaps sein erstes Opfer, den nach New York fahrenden beladenen 6600-Tonnen-Tanker *Allan Jackson*. Hardegen, der gerade die Küste von North Carolina entlangfuhr, sah die grellen Blitze der Explosionen vor sich über dem Horizont und hörte kurz darauf das Donnern zweier Detonationen. Von den 35 Mann Besatzung überlebten nur 13 das Feuer, das an der Stelle weiterbrannte, an der das Schiff gesunken war.

Hardegen hielt sich weiterhin dicht unter der Küste, wo die Fahrrinne immer noch von Leuchtbojen markiert wurde, auf und versenkte in der folgenden Nacht einen 4500-Tonnen-Frachter. Anschließend setzte er die Fahrt in Richtung Kap Hatteras fort. Um Mitternacht sichtete er die Lichter eines vor ihm fahrenden Schiffs und befahl äußerste Kraft voraus, um es zu überholen. Zur gleichen Zeit torpedierte Zapp 70 Meilen weiter auf See die *Lady Hawkins*, ein 8000 BRT großes Fracht- und Fahrgastschiff der Canadian National Line. Sie ging so schnell unter, daß nur drei Rettungsboote zu Wasser gelassen werden konnten, von denen später nur eines gefunden wurde. Die 71 Schiffbrüchigen, die sich in ihm drängten, waren die einzigen Überlebenden der 321 Passagiere und Besatzungsmitglieder. Während draußen auf See die *Lady Hawkins* unterging, feuerte Hardegen aus nur 250 Metern den ersten Torpedo auf das Ziel, das er verfolgt hatte. Die Schußunterlagen waren unproblematisch gewesen: Das Schiff, der 5269 BRT große Frachter *City of Atlanta*, fuhr zwar abgedunkelt, war aber vor der erleuchteten Küste deutlich zu sehen. Es bekam so schnell Schlagseite, daß kein einziges Rettungsboot zu Wasser gelassen werden konnte, und kenterte wenig später ganz. Von den 47 Mann der Besatzung wurden nur drei gerettet.

Hardegen blieb an der Schiffahrtsstraße nördlich von Kap Hatteras und entdeckte drei Stunden vor Tagesanbruch eine mit Südkurs auf ihn zufahrende Schiffskolonne mit gesetzten Laternen. Deutlich hob sie sich vor dem hellen Hintergrund der Küste ab. Er hatte nur noch zwei Torpedos. Also beschloß er, sich hinter das erste Schiff zu setzen, es mit dem Deckgeschütz auszuschalten und dann die nachfolgenden Schiffe mit den letzten beiden Torpedos anzugreifen. Er riskierte zwar, selbst unter Beschuß zu geraten, vertraute aber auf das Überraschungsmoment. Als er sich dem Heck des ersten Schiffs bis auf 200 Meter genähert hatte, gab er den Feuerbefehl. Die Granaten trafen die Brücke und entfachten überall an Deck Brände. Der Tanker verlor an Fahrt, und Hardegen drehte nach Norden ab, um die anderen Schiffe aufs Korn zu nehmen, mußte aber feststellen, daß sie die Laternen ausgeschaltet hatten und flohen. Nur eines steuerte weiterhin nach Süden, und als es in 450 Metern Entfernung vorbeifuhr, jagte ihm Hoffmann den vorletzten Torpedo in die Seite. Während die Besatzung des Frachters ins Rettungsboot stieg, machte Hardegen kehrt und fuhr zu dem angeschlagenen Tanker zurück. Der Funker hatte den Notruf aufgefangen: Es war die 8200 BRT große, aus Philadelphia kommende *Malay*. Obwohl durch die Bullaugen immer noch Flammen zu sehen waren, hatte der Tanker kehrt gemacht und wieder Fahrt aufgenommen. Hoffmann feuerte aus 400 Metern den letzten Torpedo ab. Diesmal schoß keine spektakuläre Feuersäule empor: Der Tanker fuhr im Ballast; die leeren Tanks hielten ihn über Wasser, und er schaffte es aus eigener Kraft in den Hafen von Hampton Roads.

Der letzte Torpedo war verschossen, und Hardegen nahm Kurs auf die Heimat. Drei Tage später kam ein kleiner Frachter in Sicht, den er mit den Deckgeschützen angriff. Der Frachter war mit einer Kanone auf dem Achterdeck und einem Maschinengewehr auf der Brücke bewaffnet und leistete hinhaltenden Widerstand, bis die Granaten von U 123 beide Waffen zerstörten und das Schiff in Brand setzten. Jetzt erst verließen die überlebenden Besatzungsmitglieder in nur einem Rettungsboot das Schiff. Hardegen fuhr dicht an das Boot heran und erfuhr, daß es sich um das 3000 BRT große britische Postschiff *Culebra* handelte. Das Rettungsboot stand voller Wasser, und die Männer hatten nur einen löchrigen Eimer. Also ließ er Eimer, Lebensmittel sowie ein Messer, um die Konserven zu öffnen, für sie holen. Er bewunderte die Unerschrockenheit dieser Männer: Es sei für die Geschützbedienung des Frachters »bestimmt kein rosiges Gefühl« gewesen, »als laufend unter seiner Kanone unsere Treffer einschlugen. Ich muß hier dem Feind Achtung zollen, daß er trotzdem aushielt und nicht seine Gefechtsstation verließ.«[33] Das Rettungsboot geriet am nächsten Tag in einen Sturm, dem es nicht gewachsen war, und niemand von den 45 Mann der Besatzung der *Culebra* überlebte.[34]

Auf dem Rückmarsch versenkte Hardegen noch ein weiteres Schiff durch einen Artillerieangriff, einen 9000 BRT großen norwegischen Tanker, der sich ebenfalls mit Maschinengewehren wehrte. Anschließend stoppte er ein in der Nähe fahrendes neutrales Schiff und lotste es zu den Schiffbrüchigen. Mit diesem letzten Opfer hatte Hardegen auf dieser Feindfahrt, soweit er wußte, zehn Schiffe mit zusammen 66 000 BRT versenkt. Da es die *Malay* in den Hafen geschafft hatte, waren es tatsächlich nur neun Schiffe mit zusammen gut 53 000

BRT. Aber das Ritterkreuz wäre ihm vermutlich auch mit dieser Versenkungsrate sicher gewesen.

Während Hardegen zum Stützpunkt zurückkehrte, setzten die anderen Paukenschlag-Boote den Angriff fort: Zapps U 66 versenkte zwischen dem 22. und 24. Januar vor Kap Hatteras vier Schiffe. Kals nutzte Dönitz' Erlaubnis, die Stellung zu wechseln, verließ mit U 130 die winterliche Cabot-Straße und versenkte zwischen dem 21. und 27. Januar vor der US-Küste zwischen Nantucket und Hatteras fünf Schiffe. Bleichrodt auf U 109 hatte vor Neuschottland bereits einen Frachter in die Tiefe geschickt, bevor er sich ebenfalls nach Süden wandte und zwischen der US-Küste und den Bermudas vier weitere Schiffe versenkte, darunter einen 11 000-Tonnen-Tanker. Inzwischen hatte das erste Boot der zweiten Welle am 30. Januar vor Kap Charles (Virginia) sein Versenkungskonto eröffnet. Lediglich der Paukenschlag von Folkers auf U 125 fiel enttäuschend aus. Er hatte zuerst wie Hardegen vor der Küste von New Jersey und den Zufahrten nach New York operiert, aber eine Reihe von Fehlschüssen oder Torpedoversagern einstecken müssen, bevor er am 27. Januar vor Virginia, 70 Meilen weiter südlich, den ersten Erfolg verbuchen konnte. Von zwei beschädigten Schiffen abgesehen, blieb es der einzige, und die Begrüßung, die ihm Ende Februar bei seiner Rückkehr nach Lorient zuteil wurde, fiel entsprechend kühl aus. Es war eine der wenigen Gelegenheiten, bei denen sich Dönitz in seinem Kriegstagebuch kritisch über einen Kommandanten äußerte. Die Kluft zwischen Folkers und Hardegen war in der Tat erstaunlich. Hier zeigte sich wieder einmal, wie viel bei U-Boot-Operationen vom Kommandanten abhing. Es sei jedoch hinzugefügt, daß Folkers seinen Fehlstart später wettmachte und ebenfalls mit dem Ritterkreuz dekoriert wurde.

Dönitz hatte allen Grund, mit dem Ergebnis des ersten Vorstoßes in amerikanische Gewässer zufrieden zu sein: Die fünf Paukenschlag-Boote hatten ohne eigenen Verlust und mit nur geringen Beschädigungen insgesamt 28 Schiffe mit zusammen fast 200 000 BRT versenkt – tatsächlich waren es 27 Schiffe mit 165 267 BRT.[35] Statt mit positiven Maßnahmen auf die Beunruhigung der US-amerikanischen Öffentlichkeit zu reagieren, hatten Rear Admiral Andrews und die Main Navy zu Verheimlichung und Lügen Zuflucht genommen: Sprecher der Navy erklärten vollmundig, daß einige »der kürzlich in unseren Territorialgewässern aufgetauchten Besucher niemals in den Genuß der Heimreise kommen werden«. Die Bevölkerung wurde aufgefordert, Geheimhaltung als ihre »persönliche Anti-U-Boot-Waffe« einzusetzen: Jeder, der gesehen habe, wie ein U-Boot aufgebracht oder zerstört wurde, solle seine Beobachtung für sich behalten.[36]

U 123 lief am 7. Februar mit zehn Siegeswimpeln am Sehrohr in Lorient ein.

Auf dem Kommandoturm prangten jetzt zwei Ritterkreuze – das von Moehle, der es sich in der ersten »glücklichen Zeit« verdient hatte, und das von Hardegen – sowie eine Pauke mit Schlegeln als Symbol für den »Paukenschlag« und die Zahl 224 805, die Gesamttonnage, die U 123 unter seinen beiden Kommandanten nach eigener Schätzung versenkt hatte. Während U 123 anlegte, spielte eine Militärkapelle das Englandlied. Dönitz, der an der Spitze der jubelnden Menge das Boot erwartet hatte, kam an Bord, um Hardegen das Ritterkreuz zu überreichen. Am übernächsten Tag hörte er sich Hardegens Bericht an und notierte anschließend in seinem Kriegstagebuch, die Erwartung, »starken Einzelverkehr, ungeschicktes Verhalten der Schiffe, geringe und ungeübte See- und Luftüberwachung und -abwehr anzutreffen«, habe sich in einem Maß erfüllt, daß die Verhältnisse nur als friedensmäßig bezeichnet werden könnten: »Der Kommandant hat ... eine solche Fülle von Angriffsgelegenheiten gehabt, daß er sie bei weitem nicht hat ausnützen können: es waren zeitweise bis zu 10 Schiffe in Sicht, die mit gesetzten Lichtern Friedenskurse steuerten.«[37]

Die zweite Welle von fünf Typ-IX-Booten war bereits dabei, diesen Vorteil zu nutzen, und weitere fünf Typ-IX-Boote befanden sich auf dem Anmarsch zu den Erdölhäfen der niederländischen Antilleninseln Aruba und Curaçao sowie nach Trinidad, dem Brennpunkt des Schiffsverkehrs von und nach Südamerika. Zwei weitere Boote hatten Kurs auf Florida genommen. Die Begeisterung in der U-Boot-Führung und unter den Kommandanten selbst war so groß, daß es sogar Typ-VII-Booten gestattet wurde, aus kanadischen Gewässern nach Süden vorzustoßen. Wieder andere wurden, bis zum Rand mit Lebensmitteln und Ersatzteilen vollgestopft und mit zusätzlichem Treibstoff in Reserve- und Trinkwassertanks, aus den Stützpunkten an der Biskaya direkt an die US-Küste geschickt. Bei kleiner Fahrt mit nur einem Diesel konnten sie ihre normale Reichweite erheblich vergrößern und zwei oder sogar drei Wochen länger auf See bleiben. Als eines der ersten war am 31. Januar U 96 unter Kapitänleutnant Heinrich Lehmann-Willenbrock von St. Nazaire ausgelaufen. Es sollte nach einer für solch ein beengtes, überfülltes und lautes Boot unglaublich langen Feindfahrt erst am 23. März mit fünf Siegeswimpeln für 25 000 versenkte BRT zurückkehren.

Weder Rodger Winn in London noch Rear Admiral Leighton in Washington, dessen Arbeit King ignorierte und verachtete, hatten auch nur die geringste Ahnung, wohin all diese Boote fuhren, denn am 1. Februar hatte die U-Boot-Führung einen neuen Schlüssel unter Benutzung der für die Enigma-Maschine entwickelten dünnen vierten Walze eingeführt. Die Kryptologen in Bletchley Park waren von einem Tag auf den anderen ausmanövriert. Winn mußte wieder auf das Ratespiel seiner »Arbeitshypothesen« zurückgreifen, und daran sollte sich bis zum Ende des Jahres nichts ändern. Es spielte allerdings kaum eine Rolle, denn wo immer die U-Boote zuschlugen, ob nun an der US-Küste, im Golf von Mexiko oder in der Karibik, nirgends stießen sie auf Widerstand.

Trotz der langen Anlaufzeit der U-Boote und des Konvoidienstes der US Navy im Westatlantik und trotz des Schocks vom Januar war eine effektive Abwehr nicht organisiert worden. Admiral Andrews, dessen Zuständigkeitsbereich inzwischen als Eastern Sea Frontier (ESF) bis nach Charlestown in South Carolina reichte, verfügte noch immer nicht über die dafür nötigen Kräfte. Die Schiffe und Flugzeuge, die er und die Befehlshaber der Gulf, Caribbean und Panama Sea Frontier brauchten, unterstanden weiterhin dem Oberbefehlshaber der Atlantikflotte (CINCLANT). Dessen Flaggschiff war meistens auf See, und er erhielt kein nachrichtendienstliches Gesamtbild, wie es Leighton hätte liefern können, wenn dessen Abteilung einbezogen worden wäre. Winns Wochenbericht zur U-Boot-Lage, den Leighton an alle Atlantikkommandos versandt hatte, war offenbar aufgrund der in der Navy-Spitze verbreiteten Geringschätzung für den Nachrichtendienst nicht beachtet worden.

Vor allem »Dolly« Andrews, dem dünkelhaften »Kanonenklub«-Admiral, der verschiedene hohe politische Verbindungsposten innegehabt hatte, fehlte es völlig an Verständnis für den Handelskrieg. Dabei hatten die Engländer ihre Erfahrungen und Erkenntnisse in vollem Umfang mit dem ONI geteilt, und der britische Erste Seelord, Admiral Pound, war unmittelbar nach Hitlers Kriegserklärung an die USA zu Gesprächen mit den amerikanischen Admiralen nach Washington gereist, wo er sich bis zum 17. Januar, einige Tage nach dem Beginn des Paukenschlags, aufhielt.[38] Es ist kaum vorstellbar, daß er die grundlegende Bedeutung zu erwähnen vergaß, die dem Konvoidienst bei der Verteidigung gegen die U-Boote zukam, die bald vor der amerikanischen Küste auftauchen würden – es sei denn, er hätte diese Lehre aus den britischen Kriegserfahrungen für so offensichtlich gehalten, daß sie sich von selbst verstand. Dennoch waren bisher keine Konvois organisiert worden, und ohne sie konnte Andrews die atlantischen Geleitzerstörer, die jeweils für kurze Zeit in ESF-Gewässer abgestellt wurden, nur auf den Schiffahrtswegen patrouillieren lassen. Nach den britischen Erfahrungen war dies aber die am wenigsten erfolgversprechende Methode, U-Boote zu finden, abzuschrecken, zu behindern oder zu zerstören. Noch erstaunlicher war, daß keine Anstalten unternommen wurden, die Küste zu verdunkeln. Vor ihrem Lichtschein hoben sich die Schiffe wie Schattenrisse ab. Leuchttürme und -bojen waren zwar zum Teil abgeblendet worden, leiteten den Feind aber immer noch zu den Fahrrinnen.

Churchill hatte inzwischen in seiner Sorge über die Schiffsverluste eine Form der U-Boot-Abwehr aufgegriffen und Roosevelt nahegebracht, die eher zur Kavallerie paßte, der er einst angehört hatte, als zum Unterwasserkrieg im Atlantik: die sogenannten Q-Ships. Die Royal Navy hatte diese U-Boot-Fallen bereits im Ersten Weltkrieg mit mäßigem Erfolg eingesetzt, und sie hatten seither unverdient viel Publizität erhalten. King und der Chef der operativen Führung der US Navy – damals noch eine eigene Dienststelle – sprangen sofort auf die Idee an und ließen zwei alte 3000-Tonnen-Frachter und einen Trawler umbauen und bewaffnen. Die britischen Erfahrungen des gegenwärtigen Krieges hätten ihnen eine Warnung sein sollen. Die Royal Navy hatte in den ersten Monaten des Krieges acht Q-Ships auf den atlantischen Schiffahrtsrouten und den Zufahrten zum Ärmelkanal postiert. Kein einziges von ihnen hatte ein U-Boot auch nur gesichtet. Dafür waren zwei von ihnen versenkt worden. Nachdem in einer Untersuchung im Dezember 1940 ihre völlige Nutzlosigkeit festgestellt worden war, hatte man ihre Verwendung aufgegeben. Daß die US Navy auf diese Idee zurückkam, ist ein Anzeichen für die mangelnde Kommunikation zwischen King, der die Royal Navy verachtete, und Pound, der intellektuell nicht der Mann war, um eine Brücke über die kulturelle und erfahrungsmäßige Kluft zwischen England und Amerika zu schlagen, obwohl er zu den wenigen britischen Offizieren gehörte, denen King vertraute.

Die Fehler in der Kommandostruktur, der Mangel an Verständnis und Vorstellungskraft und die Mißachtung der britischen Erfahrungen hatten zur Folge, daß sich das Gemetzel unter den Schiffen und Matrosen der Handelsflotte vor der US-Küste bis in den Frühsommer hinein fortsetzte. Am 19. Februar brach die dritte Welle von Typ-IX-Booten über die Karibik herein, wo es ebenso friedensmäßig zuging wie an der amerikanischen Küste. Bis zum Ende des Monats hatten sie 33 Schiffe mit zusammen 107 000 BRT versenkt, fast die Hälfte davon Tanker. Vor der US-Küste wurden 31 Schiffe mit fast 200 000 BRT zerstört.[39] Die italienische Atlantikflottille trug mit der höchsten jemals von ihr erzielten Ausbeute zu diesen Erfolgen bei: Sie versenkte von Februar bis Anfang April in den Gewässern bei Bermuda und weiter südlich bis nach Brasilien hinunter 21 Schiffe mit 125 534 BRT und egalisierte damit für kurze Zeit die durchschnittliche tägliche Versenkungsrate der deutschen U-Boote.[40] Allein fünf Versenkungen gingen auf das Konto der *Calvi* unter Korvettenkapitän Emilio Olivieri. Sprecher der US Navy wandten sich unterdessen aus Furcht vor den demoralisierenden Auswirkungen auf die Bevölkerung und der Beeinträchtigung der Kriegsanstrengungen dagegen, in Presse und Rundfunk über die Verluste zu berichten. Es war bereits zu beobachten, daß Matrosen nicht mehr zur See fahren wollten oder in den Häfen von ihren Schiffen verschwanden.

Ein glücklicher Umstand für die Alliierten war es allerdings, daß die Einführung der vierten Enigma-Walze mit der »zweiten glücklichen« oder »goldenen

Zeit« der U-Boote zusammenfiel. Denn hätte Dönitz sein Augenmerk weiterhin auf die Atlantikkonvois konzentriert, hätte ihm auffallen müssen, daß sie plötzlich nicht mehr in der Lage waren, seinen Vorpostenstreifen auszuweichen. Daraus hätte er sicherlich den naheliegenden Schluß gezogen, daß die Engländer vorher seine »Post« mitgelesen hatten. So aber blieb ihm diese Tatsache aufgrund der reichen Beute, die seine Fernboote unter den allein fahrenden Schiffen in amerikanischen Gewässern machten, weiterhin verborgen. Es könnte sein, daß die maritime Katastrophe vor der amerikanischen Küste das kostbare Ultra-Geheimnis vor der Aufdeckung bewahrt hat.[41]

Hardegen lief am 2. März zu seiner zweiten Amerikafahrt aus. Diesmal ging es in die Gewässer zwischen der Chesapeake Bay und seinen alten Jagdgründen vor Kap Hatteras. Schon beim Anmarsch versenkte er zwei allein fahrende Tanker, einen Amerikaner und einen Engländer. In beiden Fällen gab es keine Überlebenden. Am 26. März, zwei Tage nach der Versenkung des britischen Tankers, sichteten Hardegens Ausgucks einen einzelnen kleinen Frachter, der im Zickzack nach Südwesten dampfte. Nach Einbruch der Dunkelheit lief Hardegen zum Angriff an und feuerte aus 600 Metern einen Torpedo auf ihn ab, der unter der Brücke einschlug. Das Schiff verlor an Fahrt und funkte, sich selbst als *Carolyn* identifizierend, SSS, während die Rettungsboote herabgelassen wurden. Hardegen rief die Geschützbedienung an Deck und fuhr auf die andere Seite des Schiffs, als dieses plötzlich wieder Fahrt aufnahm und abdrehte. Er befahl für beide Maschinen äußerste Kraft voraus. Kurz darauf fielen auf dem Dampfer Klappen und Persennige. Am Mast wurden die *Stars and Stripes* aufgezogen, und er eröffnete mit einer 10,2-Zentimeter-Kanone und Maschinengewehren das Feuer auf U 123. Hardegen setzte sich hastig ab, doch eine der Granaten durchstieß das Brückenkleid und riß den Oberschenkel eines jungen Fähnrichs auf. Die Besatzung, einschließlich Hardegens, schäumte vor Wut über die Falle.

Nach Hardegens Bericht im Kriegstagebuch von U 123 griff er das Q-Ship anschließend unter Wasser an. Es hatte gestoppt, um die Panikmannschaft in den Rettungsbooten wieder an Bord zu nehmen. Diesmal traf er den Maschinenraum. Der Dampfer legte sich auf die Seite und sackte mit dem Bug ins Wasser. Knapp anderthalb Stunden später konnte Hardegen aus der Ferne sehen, wie die U-Boot-Falle von heftigen Explosionen zerrissen wurde. Offenbar hatte das Feuer an Bord das Munitionslager erfaßt. Erst jetzt hatte er Zeit, sich nach dem Fähnrich zu erkundigen: Er war tot. Hardegen ließ ihn in eine Persenning wickeln und übergab ihn, nach einer kurzen Begräbnisfeier auf dem Vordeck, seinem feuchten Grab.

Von der USS *Atik,* alias SS *Carolyn,* liegen keine Aussagen vor, aber angesichts der Wut, die Hardegen und seine Besatzung empfanden, läßt der offizielle Bericht ähnliche Zweifel aufkommen wie der britische Bericht über den Tod von Fritz-Julius Lemp ein Jahr zuvor. Der Notruf der *Atik* war in New York empfangen worden, aber die Geheimhaltung um deren Mission war so groß, daß erst am nächsten Morgen mit der ergebnislos verlaufenden Suche nach Überlebenden begonnen wurde. Das Schwesterschiff der *Atik*, das rund 260 Seemeilen weiter westlich im Norden von Bermuda kreuzte, hatte den Notruf ebenfalls empfangen und sich sofort auf den Weg zu der angegebenen Position gemacht. Als es dort eintraf, war ein Sturm aufgezogen, und sein Kapitän kam nach vergeblicher Suche zu dem Schluß: »Angesichts der Wind- und Seeverhältnisse sind alle Mann mit der ATIK umgekommen.«[42]

Nach dem Krieg stellte ein amerikanischer Admiral Spekulationen über einen anderen Verlauf der Geschichte an: Danach sei U 123, nachdem es die U-Boot-Falle zum zweitenmal torpediert hatte, aufgetaucht und habe »alle Überlebenden liquidiert ..., um dem merkwürdigen Gerechtigkeitssinn der Deutschen Genüge zu tun«.[43] Es gibt nicht den geringsten Beweis für diese Version. Aber es bleiben Fragen, die von der Darstellung in Hardegens Kriegstagebuch aufgeworfen werden. Was die anderen beiden Q-Ships betrifft, so war ihnen – und drei weiteren U-Boot-Fallen – ebensowenig Erfolg beschieden wie ihren britischen Vorgängern.

Als Hardegen am 30. März in seinem Einsatzgebiet vor Kap Hatteras eintraf, mußte er feststellen, daß wesentlich mehr Flugzeuge und Schiffe in dem Gebiet patrouillierten als beim letzten Mal. Sein erster Angriff schlug fehl, weil der Torpedo vom Kurs abkam. In der nächsten Nacht hatte er erneut einen Fehlschuß zu verzeichnen, konnte das Ziel, einen Tanker, dann aber mit der Kanone in Brand schießen. Ein anlaufendes Patrouillenboot drückte ihn anschließend unter Wasser und belegte ihn mit einer einzelnen Wasserbombe. Nachdem die U-Boot-Führung sein Einsatzgebiet bis nach Key West ausgedehnt hatte, wandte sich Hardegen weiter nach Süden. Am 8. April versenkte er vor der Küste von Georgia zwei beladene amerikanische Tanker und einen kleinen Frachter. Anschließend fuhr er an den hell erleuchteten Stränden und Vergnügungsparks von Nordflorida vorbei bis nach St. Augustine, wo er am 10. April einen weiteren beladenen Tanker torpedierte. Die gewaltige Explosion und die in den Himmel schießende Feuersäule zogen eine Menschenmenge an den Strand. Hardegen agierte wie auf einer Bühne, als er den Tanker mit der Deckkanone auf Grund setzte. Bald darauf erschienen Flugzeuge vom nahegelegenen Luftstützpunkt in Jacksonville auf der Szene und warfen Leuchtgranaten ab, um das U-Boot aufzuspüren. In ihrem Licht wurden 29 Mann der Tankerbesatzung gerettet.

Der Zerstörer *Dahlgren,* der mit allgemeinem Nordkurs die Küste von Florida entlangfuhr, hatte am Nachmittag des 10. April Befehl erhalten, das Gebiet von St. Augustine nach einem feindlichen U-Boot abzusuchen. Als er am Ort des Geschehens eintraf, war der Tanker bereits gesunken, die Suche aus der Luft aber noch im Gange. Hardegen lief gerade zu einem Überwasserangriff auf einen südwärts fahrenden Dampfer an, als er einen verdächtig niedrigen Schatten bemerkte. Wenig später wurde U 123 ins gleißende Licht einer Leuchtgranate getaucht und ging in den Keller, stieß aber schon bei 20 Metern auf Grund. Es folgten keine Bomben, aber als Hardegen nach Südosten in tieferes Wasser ablief, waren die Schraubengeräusche eines näherkommenden und dann direkt über das Boot hinweglaufenden Zerstörers zu hören. Die Explosion von sechs Wasserbomben schüttelte das Boot durch, warf die Männer durcheinander und schaltete sowohl die Maschinen als auch das Licht aus. Als der Zerstörer zurückkam, hielt Hardegen das Schicksal des Boots für besiegelt. Aber er warf keine weiteren Bomben und lief kurz darauf ab.

Die *Dahlgren* hatte kein Sonar. Sie war sich des Ziels nicht sicher gewesen und hatte auch kein Patrouillenboot oder Flugzeug herbeigerufen. Hardegen konnte bald darauf auftauchen und die entstandenen Schäden reparieren lassen. Zwei Tage später, in der Nacht vom 12. auf den 13. April, versenkte er in Sichtweite des Leuchtturms von Kap Canaveral mit seinem letzten Torpedo einen nordwärts fahrenden Frachter. Anschließend beorderte er die Geschützbedienung auf Gefechtsstation und nahm einen »nordgehenden Tanker von etwa 8000 BRT« unter Beschuß, bis auch der im Wasser verschwand. Tatsächlich war es ein 5300 BRT großer Frachter mit einer Phosphatladung an Bord. Bis auf wenige Ausnahmen konnten sich die Besatzungen in beiden Fällen retten.

Hardegen machte sich auf den Rückmarsch und meldete dem BdU im Hochgefühl seines Erfolgs in gebundener Sprache die Versenkung von sieben Tankern, einer U-Boot-Falle und zwei Frachtern, denen »schlug die letzte Stund' ... Versenkt vom Paukenschläger!«[44] Drei der Tanker konnten allerdings wieder flottgemacht werden, und einer war gar kein Tanker gewesen. Hardegen hatte also in Wirklichkeit drei Tanker, drei Frachter und ein Q-Ship mit zusammen knapp 38 000 BRT versenkt und drei Tanker mit 24 000 BRT zwar auf Grund gesetzt beziehungsweise beschädigt, aber nicht zerstört. Diese Erfolge wurden erzielt, obwohl Andrews am 1. April ein partielles Konvoisystem eingeführt hatte. Jeweils mehrere Schiffe fuhren tagsüber mit einer Eskorte aus bunt zusammengewürfelten Patrouillenbooten, Kuttern der Küstenwache und umgebauten, mit Freiwilligen bemannten Yachten von einem geschützten Nachtliegeplatz zum nächsten.

Gleichfalls am 1. April behauptete der amerikanische Marineminister, in US-Gewässern seien 28 U-Boote »versenkt oder mutmaßlich versenkt« worden. Tatsächlich konnte erst in der Nacht des 14. April, zwei Tage, nachdem Hardegen Kurs auf die Heimat genommen hatte, das erste U-Boot versenkt werden. Der Zerstörer *Roper* ortete vor North Carolina mit einem primitiven Radargerät aus etwa anderthalb Seemeilen das Typ-VII-Boot U 85, drückte es unter Wasser und warf Wasserbomben in das vom tauchenden U-Boot aufgewühlte Wasser. Einen knappen Monat später wurde, ebenfalls vor North Carolina, U 352 von einem Küstenwachkutter mittels Horchgerät aufgespürt und durch einen Wasserbombenteppich zerstört. Dies waren die einzigen U-Boot-Versenkungen, bevor Mitte Mai – fünf Monate nach dem ersten Paukenschlag – ein umfassendes Konvoisystem eingeführt wurde.

Zu dieser Zeit hatte Dönitz den Schwerpunkt der Angriffe bereits nach Süden in die Gewässer der Gulf, Caribbean und Panama Sea Frontier verlegt. Er residierte inzwischen wieder in Paris, denn ein britisches Kommandounternehmen gegen St. Nazaire hatte Ende März offenbart, wie gefährdet die U-Boot-Führung dort war. Zu dieser Zeit befanden sich als neue Versorgungsschiffe die ersten U-Tanker im Einsatz. Diese Boote vom neuen Typ XIV, die schnell den Spitznamen Milchkühe bekamen, waren etwas größer als der Typ IX, jedoch kürzer und bauchiger und besaßen eine geringere Motorkraft. Sie konnten neben Lebensmittelkonserven und vier extern verstauten Torpedos 430 Tonnen Treibstoff transportieren. Auf dem Atlantik außerhalb der Reichweite von Flugzeugen oder zwischen den Bermudas und den Westindischen Inseln postiert, ermöglichten sie es den Typ-VII-Booten, ohne die bisherigen Behelfsmittel in den fernen amerikanischen Gewässern zu operieren. Und da Bletchley Park durch die vierte Schlüsselwalze vom deutschen Funkverkehr ausgeschlossen war, wußten die Alliierten nichts über den Verbleib der Milchkühe, konnten sie also auch nicht vernichten.

Eines der ersten Typ-VII-Boote, das von einer Milchkuh Treibstoff übernahm, war U 333 unter Kapitänleutnant Peter Erich »Ali« Cremer. Er traf am 4. Mai an der Küste von Florida ein. Erfreut stellte er fest, daß ihm die friedensmäßig aufgeblendeten Bojen den Weg zu den Schiffahrtsstraßen wiesen. Als er nach Einbruch der Dunkelheit auftauchte, hatte er einen erstaunlichen Ausblick: Dies schien eine andere Welt zu sein als das verdunkelte Europa. Die Bojen blinkten, der Lichtstrahl des Leuchtturms am Jupiter Inlet kreiste weit über die See. An Land huschten Autoscheinwerfer durch die Nacht. Die Gebäude waren hell erleuchtet, Neonreklamen funkelten, und durchs Doppelglas waren sogar die Namen der Hotels zu entziffern. Weiter im Süden erhellte der Lichtschein von Miami die Unterseite der Wolken: »Und vor diesem Lichtermeer, gegen diesen Rampenschein einer sorglosen Neuen Welt, zogen die Silhouetten der Schiffe vorüber, in allen Einzelheiten erkennbar und scharf wie die Schattenrisse in einem Musterkatalog.«[45]

Zwei Monate vorher, am 4. März, hatten Vertreter der amerikanischen Erdölindustrie, die wegen des rapide zunehmenden Verlusts an Tankertonnage besorgt war, bei einem Treffen mit Repräsentanten von Navy und Kriegsministerium die Verdunkelung der Küste empfohlen. Fünf Tage später hatte King Admiral Andrews eine entsprechende Bitte zukommen lassen. Andrews ordnete erst über einen Monat später die Abschaltung der Küstenbeleuchtung und Neonlichter an, und der Gouverneur von Florida tat es ihm nach Hardegens zweiter pyrotechnischer Erfolgsserie vor seiner Küste gleich. Dadurch änderte sich allerdings wenig. Wie Cremer nach dem Krieg anmerkte, hatte die Touristensaison begonnen. Viel Geld stand auf dem Spiel, und der Tourismus gewann die Oberhand über das nationale strategische Interesse und das Leben der Matrosen. Außerdem dampften trotz des von Andrews eingeführten partiellen Konvoisystems weiterhin Nachzügler und allein fahrende Schiffe munter an der Küste entlang wie Ziele in einem Schießstand. Ihr Kommen wurde durch den ständigen Funkverkehr zusätzlich angekündigt. So leicht hatte es sich auf deutscher Seite niemand vorgestellt, weder Cremer noch Kapitänleutnant Reinhard Suhren (U 564), Korvettenkapitän Harro Schacht (U 507) oder »Ajax« Bleichrodt (U 109), die drei anderen U-Boot-Kommandanten, die zu dieser Zeit vor Florida operierten.[46]

Aber diese Leichtigkeit täuschte. Wie Hardegen aufgefallen war, hatte sich die Zahl der Patrouillenboote deutlich vergrößert, und als Cremer in der Nacht des 6. Mai in Sehrohrtiefe auf der Lauer lag, sah er einen Küstenwachkutter auf sich zukommen. Der Horcher hatte schon vorher das Ping-ping von Sonarimpulsen und ein hohes Schraubengeräusch gemeldet. Cremer ging auf 20 Meter, doch die erste gut gezielte Wasserbombe explodierte, noch bevor das Boot diese Tiefe erreicht hatte. Die Tiefenruder fielen aus, das Heck wurde nach unten gedrückt, und der Bug drohte durch die Oberfläche zu brechen. Das konnte durch Fluten des vorderen Trimmtanks verhindert werden, und das Boot sank rasch auf den hier nur 30 Meter tiefen Meeresboden. Es folgte ein Wabo-Teppich nach dem anderen. In den Pausen, wenn die Schraubengeräusche erst leiser wurden und dann wieder anschwollen, war das Ping-ping des auf die Außenhülle treffenden Sonars zu hören, »das beim Näherkommen in ein kurzes Prasseln überging, wie Regentropfen auf einem Blechdach«.[47] Der Kutter bekam bald Unterstützung: erst durch ein zweites Patrouillenboot, dann durch einen Zerstörer. Der geballte Angriff der drei Schiffe zeigte Wirkung: Die Ölbunker rissen auf, Ventile wurden undicht, Wasser lief ins Boot, Instrumente zersprangen und lösten sich von ihren Befestigungen. Das Boot mußte in tieferes Wasser. Cremer versuchte, über den Boden zu rutschen, und allmählich schaffte er es bis in 60 Meter Tiefe.

Nach 15 Stunden Dauerkanonade liefen die Jäger ab. Sie wurden von einem anderen Zerstörer und einem Flugzeug abgelöst, das die Ölspur des U-Boots mit einer Rauchbombe markierte. Die »Faustschläge in die Magengrube« gingen weiter. In der Stahlröhre des U-Boots wurde es immer stickiger. Temperatur und Feuchtigkeit stiegen ins Unerträgliche, das Zeitgefühl ging verloren. Am nächsten Abend war klar, daß man nicht länger unter Wasser bleiben konnte. Um 22 Uhr wagte Cremer den Aufstieg so weit, daß der Turm gerade aus dem Wasser ragte. Der Zerstörer lag nur eine Seemeile entfernt. Cremer drehte das Boot herum, bis es dem Zerstörer die schmalste Silhouette zeigte, und setzte sich, mit den E-Maschinen fahrend, ab. Er war noch einmal um Haaresbreite davongekommen. Die Schäden am Boot ließen ihm keine andere Wahl, als den Rückmarsch anzutreten. Dennoch konnte er unterwegs noch einen allein fahrenden Dampfer versenken. Ende des Monats lief er in La Pallice ein. Wenige Tage später wurde ihm das Ritterkreuz verliehen.

Die Erfolge, die Cremer und seine Kameraden vor Florida erzielten, konnten Dönitz nicht darüber hinwegtäuschen, daß der Vorteil an der US-Küste dahinschwand. Er hatte immer gewußt, daß es nur eine Frage der Zeit war, bis die Verteidigung straffer werden würde. Aus den Meldungen, die er jetzt von den vor der Küste lauernden Booten erhielt, ging hervor, daß der Schiffsverkehr zeitweise völlig aussetzte. Dies war die logische Folge des von Andrews veranlaßten Konvoisystems. Wenn der Schiffsverkehr zusammengefaßt wurde, war die See zwischen den Konvois natürlich leergefegt. Die meisten Versenkungen waren daher, wie Dönitz am 17. Mai in seinem Kriegstagebuch notierte, in der Karibik zu verzeichnen. Dabei blieb es auch, denn das Konvoisystem reichte nur bis zu den Keys, den Inseln vor der Spitze von Florida. Bis zum Ende des Monats wurden in der Karibik 48 allein fahrende Schiffe mit zusammen über 200 000 BRT versenkt. Weitere 26 mit über 150 000 BRT traf es im Golf von Mexiko. Größtenteils waren es wiederum Tanker.[48]

Seit Beginn der Operationen in amerikanischen Gewässern hatte Dönitz darunter zu leiden, daß seine Boote von der Seekriegsleitung in weniger ertragreiche Gebiete abgezogen wurden. Zuerst hatte man dadurch der strategischen Bedeutung des Mittelmeers Rechnung tragen wollen. Dann befürchtete Hitler eine alliierte Invasion in Norwegen und wollte diese »Schicksalszone« von allen Marinekräften verteidigt sehen, mit der Folge, daß 20 U-Boote in norwegische Gewässer verlegt wurden. Tausende von Tonnen leichter Ziele in amerikanischen Gewässern waren Dönitz dadurch entgangen. Darüber hinaus brachte die Seekriegsleitung immer wieder das Argument auf, die U-Boote sollten besser für strategische Ziele eingesetzt werden, also gegen den Nachschub für die Britischen Inseln und die britischen Truppen in Nordafrika. Dönitz erwiderte darauf am 15. April mit der klarsten Formulierung seiner Zielstellung: »Die Schiffahrt der Feindmächte bildet ein großes Ganzes. Es ist also in dieser Beziehung gleichgültig, wo ein Schiff versenkt wird, es muß doch letzten Endes durch einen Neubau ersetzt werden. ... Ich bin daher der Ansicht, ... daß die Tonnage da genommen werden muß, wo sie am rationellsten – bzgl. der Ausnutzung der U-Boote – und am ›billigsten‹ – bzgl. der Verluste – vernichtet werden kann, denn es ist ungleich wichtiger, daß überhaupt versenkt wird, als daß unter Verkleinerung der Versenkungsergebnisse in einer bestimmten Gegend versenkt wird.«[49]

Am 14. Mai reiste Dönitz gemeinsam mit Raeder zum Führervortrag ins ostpreußische Rastenburg, in dessen Nähe Hitlers Wolfsschanze lag. Die U-Boote, erklärte er Hitler, hätten zwischen dem 15. Januar und dem 10. Mai ohne eigene Verluste 303 Schiffe mit 2015252 BRT versenkt. Die Operationen in amerikanischen Gewässern seien unter dem Gesichtspunkt richtig, »daß die Versenkungen des U-Bootkriegs das Wettrennen mit dem Handelsschiffsneubau sind. Der Amerikaner ist der größte feindliche Handelsschiffbauer. Die Schiffsbauindustrie von ihm liegt in den ostamerikanischen Staaten. Der Schiffbau und die damit zusammenhängende Industrie ist wesentlich auf Ölfeuerung eingestellt. Die amerikanischen Hauptölgebiete liegen am Golf von Mexiko. Infolgedessen ist der größte Teil der amerikanischen Tankertonnage in der Küstenschiffahrt von dem Ölgebiet nach dem Industriegebiet eingesetzt. An Tankertonnage sind in dem genannten Zeitraum 112 Tanker mit 927000 BRT abgeschossen worden, von der $^{2}/_{3}$ etwa auf diese amerikanische Zubringertonnage entfällt. Mit jedem abgeschossenen Tanker verliert der Amerikaner daher nicht nur das Schiff für den Öltransport, sondern er erfährt auch mittelbar eine Schädigung des Schiffsneubaus.« Diese Versenkungen seien daher besonders wertvoll.

An dieser Stelle drängt sich die Frage auf, warum es in der amerikanischen U-Boot-Waffe oder in der Main Navy keinen Mann wie Dönitz gab, der sich ähnlich nachdrücklich für die Unterbrechung des japanischen Tankerverkehrs einsetzte. Die Antwort liegt wahrscheinlich in der mangelnden Kriegserfahrung der Amerikaner und in der rigiden Kommandostruktur, in der es allein aufs Dienstalter ankam.

Dönitz fuhr in seinem Vortrag fort, daß zum Ausgleich des amerikanischen Neubaus eine monatliche Versenkungsrate von 700000 BRT nötig sei. Sie werde bereits erreicht, wenn man alle Versenkungen berücksichtige, die von

Deutschland, Italien und Japan mit U-Booten, Flugzeugen, Überseeschiffen und Minen erzielt würden. Darüber hinaus hielten seine Fachleute die amerikanischen Planzahlen für unerreichbar. Die Feindmächte könnten 1942 maximal fünf Millionen BRT bauen, so daß »lediglich die Versenkung von 4–500 000 Tonnen im Monat erforderlich« sei, um auf Null zu kommen. Alles andere zehre bereits von der Tonnage.

Die Lage im amerikanischen Raum werde sich eines Tages ändern, prophezeite Dönitz. Schon jetzt gebe es Anzeichen dafür, daß die Amerikaner alles unternähmen, um der großen Verluste Herr zu werden. Ihre Abwehrkräfte seien jedoch noch unerfahren und stellten keine ernsthafte Bedrohung dar: Die amerikanischen Flugzeuge sähen nichts, die Zerstörer und Patrouillenboote liefen zu hohe Fahrt, um U-Boote erfassen zu können, und seien bei Angriffen nicht hartnäckig genug. Das U-Boot-Potential – die pro Boot und Tag im Durchschnitt versenkte Tonnage – sei von Januar bis April von 209 auf 412 gestiegen. Wenn die Ausbeute in amerikanischen Gewässern nachlasse, werde er mit einem großen Teil der Boote zur Geleitzugbekämpfung im Nordatlantik zurückkehren. Diese werde aufgrund der größeren Anzahl der Boote (oder »Augen«) erfolgreicher sein als bisher, denn: »Die schwierigste Seite in dieser Bekämpfung war bisher immer das Finden.«[50]

Mehr Boote – das hatte er von Anfang an gefordert. Jetzt bekam er sie. Die Monatsproduktion war auf über zwanzig Boote gestiegen. Anfang Mai waren 292 Boote im Dienst, und im Juni sollten es über 300 werden. Von denen waren allerdings nur 128 einsatzbereite Frontboote.[51] Damit war seine alte Forderung nach 300 Frontbooten zwar nicht erfüllt, aber aus seinen Ausführungen in der Wolfsschanze und den Eintragungen in seinem Kriegstagebuch geht zweifelsfrei hervor, daß er jetzt überzeugt war, die U-Boot-Waffe könne den Krieg gegen die Westmächte praktisch im Alleingang herumreißen, so daß die Wehrmacht nur noch die Eroberung Osteuropas abzuschließen brauchte. Er brannte jedenfalls darauf, es zu beweisen.

Die besorgten Manager der amerikanischen Erdölindustrie hätten seiner Ansicht über die Tankerverluste sicherlich zugestimmt, und die alliierten Regierungen und Militärs ebenso. Im Juni schrieb der Stabschef der US Army, General George C. Marshall, in einem Brief an King, die durch U-Boote bewirkten Verluste an der Ostküste bedrohten die gesamten Kriegsanstrengungen der Vereinigten Staaten. Wenn es so weitergehe, werde man bald nicht mehr in der Lage sein, US-Truppen auf die Kriegsschauplätze zu bringen. King erwiderte, die Lage sei keineswegs hoffnungslos: »Wenn der gesamte Schiffsverkehr mit Eskorten und Luftsicherung versehen werden kann, werden unsere Verluste auf eine akzeptable Größenordnung zurückgehen.« Er fügte hinzu, Eskorten –

sprich: Konvois – seien das einzige Mittel, um mit der U-Boot-Gefahr fertig zu werden. »Die sogenannten Streifen- und Jagdoperationen haben sich ein ums andere Mal als fruchtlos erwiesen.«[52]

Dieser Sinneswandel war nicht der einzige Fortschritt. King hatte sich außerdem davon überzeugen lassen, ebenfalls einen Submarine Tracking Room einzurichten. Katalysator dieser Entwicklung war Rodger Winn. In der britischen Admiralität war man entsetzt darüber, daß Schiffe, die sicher über den Atlantik geleitet worden waren, in amerikanischen Gewässern zur leichten Beute der U-Boote wurden. Winn war nach Washington geschickt worden, um die US Navy endlich dazu zu bewegen, jene Maßnahmen zu ergreifen, die man ihr schon so lange nahezubringen versuchte. Nachdem er tagelang vergeblich an alle möglichen Türen geklopft hatte, gelang es Winn schließlich, zu Kings Stabschef vorzudringen, Rear Admiral Richard Edwards, ein U-Boot-Fahrer. Winn ließ sein juristisches Geschick spielen und scheute auch nicht vor dem kompromittierenden Hinweis zurück, daß vor der US-Küste nicht nur amerikanische, sondern auch britische Schiffe versenkt würden. Edwards ließ sich von der Bedeutung des Konvoidienstes und der Verteilung der Eskortkräfte nach den nachrichtendienstlichen Voraussagen der U-Boot-Bewegungen überzeugen und arrangierte noch am selben Nachmittag ein Treffen mit King. Winn wiederholte seine Argumente, und der mächtige Navy-Chef, der solche Direktheit nicht gewohnt war, schon gar nicht von einem britischen Zivilisten in Uniform, konnte ebenfalls gewonnen werden.[53] Bald darauf wurde Lieutenant Commander Kenneth A. Knowles, der 1936 pensioniert, nach Pearl Harbor aber wieder reaktiviert worden war, nach London geschickt, um Winns Methoden zu studieren. Nach seiner Rückkehr richtete er in der Main Navy einen parallel zum Londoner Vorbild geführten Tracking Room ein. Durch den ständigen Informationsaustausch zwischen beiden Nachrichtenzentren hatten die Befehlshaber auf beiden Seiten des Atlantiks stets dasselbe Lagebild vor Augen. Nachdem in Ottawa eine weitere Kopie von Winns Tracking Room entstanden war, hatte auch die kanadische Marine Zugang zu den Informationen. Knowles' Arbeit erwies sich als überaus erfolgreich, und er gewann im Lauf der Zeit sogar das Vertrauen des COMINCH.[54]

Die gewaltigen Schiffsraumverluste in nord- und mittelamerikanischen Gewässern, die mit dem Paukenschlag begonnen hatten und unvermindert weitergingen, bis im Juli und August ein bis in die Karibik und den Golf von Mexiko reichendes ineinandergreifendes Konvoisystem etabliert wurde, stellten ohne Frage eine Katastrophe von weit größeren Ausmaßen dar als der auf den ersten Blick dramatischere Verlust der langsamen, alten Schlachtschiffe in Pearl Harbor. Es kann daher mit einigem Recht von der »schlimmsten Niederlage, die

die Vereinigten Staaten auf See erlitten haben«, gesprochen werden.[55] Die Zahl der Todesopfer wurde auf mindestens 5000 geschätzt. Weit über 400 Schiffe mit mehr als 2 Millionen BRT gingen verloren. Die Folgen der Rohstoffverluste für die Rüstungsindustrie waren unschätzbar. Jahrelang hatte sich die US Navy auf einen anderen Schauplatz, den Pazifik, und eine obsolete Strategie, das Konzept der Entscheidungsschlacht, konzentriert. Dies war nun das Ergebnis. Die japanische Bedrohung hatte die Planungsstellen und operativen Stäbe für die Verwundbarkeit des Schiffsverkehrs im Westatlantik blind gemacht. Man hatte die Zerstörungen, die bereits im Ersten Weltkrieg von wenigen deutschen U-Booten angerichtet worden waren, vergessen. Die britischen Erfahrungen im gegenwärtigen Krieg waren nicht angenommen worden, und als die Gefahr durch die Paukenschlag-Boote Wirklichkeit wurde, hatte man ebenso träge wie nachlässig reagiert. Als Entschuldigung wurde damals und später auf den Mangel an Eskortschiffen hingewiesen. Doch als Hardegen vor Sandy Hook eintraf, lagen sieben Geleitzerstörer in New York, am nächsten Tag sogar dreizehn. Die wahren Gründe waren mangelnde Vorstellungskraft und Voraussicht, die Starrheit eines in Friedenszeiten verfestigten Beförderungssystems nach dem Dienstalter, das Durcheinander, das hastig eingezogene Zivilisten in den militärischen Dienststellen verursachten, und die sture Weigerung, auf die britischen Warnungen zu hören.

Kings Rolle dabei bleibt umstritten. Bevor er an die Spitze der US Navy trat, war er als Oberbefehlshaber der Atlantikflotte für den Konvoidienst zwischen Nordamerika und Island verantwortlich gewesen. Er kannte die Bedrohung und war mit den Problemen der zu geringen Anzahl von Eskortschiffen und der geteilten Kommandostruktur vertraut. Nach seinem Aufstieg zum COMINCH hatte er das Schwergewicht jedoch umgehend in den Pazifik verlegt und frisch vom Stapel gelaufene Zerstörer von dem Typ, der für den Konvoidienst im Westatlantik so dringend gebraucht wurde, für Eskortaufgaben in den Pazifik abgestellt. Das war eine verständliche Reaktion auf die japanische Bedrohung gewesen, öffnete aber die Flanke an der Ostküste. King legte zwar ein Bauprogramm für 250 Zerstörer auf und räumte ihm, was Material und Bemannung betraf, höchste Priorität ein, aber er zentralisierte weder Kommandostruktur noch Schiffsverteidigung im Atlantik. Er ignorierte die britischen Erfahrungen und griff zu verfehlten Methoden: Überwachung der Schiffswege, Suchmissionen und Q-Ships (diese zugegebenermaßen auf Anregung Churchills). Die voneinander unabhängigen Befehlshaber der Eskortkräfte und der Küstenkommandos (Frontiers) überließ er sich selbst beziehungsweise ermutigte sie, wie er es ausgedrückt hätte, sich in der »Eigeninitiative des Untergebenen« zu üben. Amateurpiloten und Freizeitkapitäne, die als Freiwillige mit ihren Flugzeugen und Yachten die Lücke im Patrouillendienst der Streitkräfte füllten, konnten mit offiziellem Segen und auf Kosten der Steuerzahler Chaos stiften. Einfachste Schutzmaßnahmen, wie Funkstille und Verdunkelung der Küste, waren nicht ergriffen worden. Auf berechtigte Kritik und die Forderung, endlich etwas zu tun, war mit der Ermahnung zur Verschwiegenheit und krassen Lügen reagiert worden.

Es dauert immer einige Zeit, bis Institutionen und Gewohnheiten den Schock des echten Krieges verkraftet und sich den neuen Bedingungen angepaßt haben. Aber die US Navy hatte sich lange genug darauf vorbereiten können. Sie hatte ausreichend Gelegenheit gehabt, das U-Boot-Problem zu studieren und sich an den von Engländern und Kanadiern ergriffenen Gegenmaßnahmen zu beteiligen. Sie war mehr als einmal vor dem bevorstehenden Paukenschlag gewarnt worden. King war vor dem Debakel COMINCH geworden und seit März auch Chef der operativen Führung. Der Schwarze Peter lag eindeutig bei ihm.[56]

Die Royal Navy sah sich im Mittelmeer einem ebenso drückenden Ansturm gegenüber. Die Erfolge der in Malta stationierten U-Boote, Flugzeuge und Überwasserschiffe gegen die Nachschublinien der Achse nach Nordafrika hatten Hitler veranlaßt, ein Fliegerkorps aus Rußland nach Sizilien zu verlegen. Es sollte die Inselfestung ausschalten, und seit Januar 1942 wurde Malta praktisch rund um die Uhr bombardiert. Im Februar fielen Fallschirmminen auf den Stützpunkt der 10. Flottille auf Manoel und zerstörten unter anderem das Lazaretto. Simpson mußte in ein improvisiertes Quartier umziehen. Im März nahmen die Angriffe an Intensität zu. Nach direkten Treffern auf vertäute U-Boote ließ Simpson sie tagsüber auf Grund legen, was die ohnedies schon komplizierte Wartung und Proviantaufnahme noch weiter erschwerte. Die Besatzungen verbrachten einen großen Teil ihrer Zeit an Land in Schutzräumen. Sogar beim Schwimmen in den Erholungseinrichtungen an der Küste wurden sie mit Maschinengewehren beschossen, so daß sie sich zwischen den Feindfahrten nicht wirklich entspannen konnten.

Im April waren Überwasserschiffe und Luftstreitkräfte auf Malta außer Gefecht gesetzt. Es war fraglich, ob die U-Boote überhaupt noch einsatzfähig waren. Die Marinewerft und große Teile der umliegenden Stadt lagen in Trümmern. Die Zivilbevölkerung stand kurz vor dem Verhungern, weil die Versorgungskonvois die Luftblockade nicht durchbrechen konnten. Vier U-Boote waren im Hafen versenkt worden, andere hatten Schäden davongetragen, obwohl sie auf Grund gelegen hatten. Die in den Zufahrten angelegten neuen Minenfelder konnten nicht geräumt werden, weil die meisten Minensucher zerstört worden waren, und die wenigen noch vorhandenen lagen unter dem Dauerbeschuß der Messerschmitts. Auch draußen an den feindlichen Küsten und auf den Konvoirouten war es gefährlicher geworden, denn die Italiener waren inzwischen mit den von Raeder versprochenen Ortungsgeräten ausgerüstet.

Wanklyn ist wahrscheinlich dieser neuen, leistungsfähigeren U-Boot-Abwehr zum Opfer gefallen. Er lief am 6. April zur letzten Feindfahrt vor der Rückkehr nach England aus. Seit seiner Ankunft vor fünfzehn Monaten hatte er 23 Feindfahrten hinter sich gebracht, die letzte zum Adriahafen Brindisi, wo er das italienische U-Boot *Tricheo* versenkte. Er hatte darum gebeten, wieder nach Brindisi geschickt zu werden, aber Simpson hatte bemerkt, wie erschöpft seine Besatzung war. Er befürchtete außerdem, daß Wanklyn in dem stark geschützten Gebiet allzu kühn vorgehen könnte. Daher gab er ihm einen Spezialauftrag an der ruhigeren tunesischen Küste. Wanklyn sollte dort einige arabische Agenten an Land setzen. Anschließend traf er sich mit der *Unbeaten.* Sie kehrte nach England zurück und sollte den Führer des Spezialkommandos, Captain Wilson, mitnehmen. Wanklyn gab ihm einen Brief an seine Frau mit, den er am Abend zuvor, dem 10. April, geschrieben hatte. Darin zählte er seiner Frau vor, wie viele Tage sie noch auf seine Rückkehr warten müsse: »Es sind gar nicht mehr so viele. Nur noch 59.«[57]

Am nächsten Tag erfuhr Simpson von einem von Taranto auslaufenden Nachschubkonvoi und wies Wanklyn an, sich zusammen mit Tomkinsons *Urge* und der *Thrasher* von der 1. Flottille in Alexandria unter Lieutenant Hugh Mackenzie nördlich von Tripolis auf die Lauer zu legen. Die *Urge* und die *Thrasher* trafen am 13. April bei ihren Positionen ein, konnten aber keinen Kontakt zur *Upholder* herstellen. Am nächsten Nachmittag sichtete ein italienisches Flugzeug, das ein gutes Stück nordöstlich des britischen Vorpostenstreifens einen Geleitzug eskortierte, ein U-Boot und markierte die Stelle mit einer Rauchbombe. Das große Torpedoboot *Pegaso,* dessen Besatzung erst zwei Tage vorher einen Funkmeßlehrgang absolviert hatte, spürte das getauchte U-Boot auf und belegte es mit einem einzigen Bombenteppich. Als das Echo verschwunden war, kehrte es zu dem Konvoi zurück.[58]

Das letzte, was man von der *Upholder* weiß, ist das Rendezvous mit der *Unbeaten.* Danach hat niemand mehr etwas von ihr gesehen oder gehört. Obwohl die beiden anderen U-Boote am Tag zuvor keinen Funkkontakt mit ihr hatten herstellen können und der Angriff der *Pegaso* hundert Seemeilen von der Position entfernt stattfand, die Wanklyn laut Befehl hätte einnehmen sollen, ist dieser Angriff vom 14. April die wahrscheinlichste Ursache für den Verlust der *Upholder.* Es ist allerdings auch möglich, daß sie auf eine Mine lief. Genau wird man es nie wissen. Sie ist wie so viele andere U-Boote einfach nicht zurückgekehrt.[59]

Der Verlust des berühmten U-Boots und seines Kommandanten war für die britischen U-Boot-Fahrer ein Schock vergleichbar dem, den man in der deutschen U-Boot-Waffe verspürt hatte, als Prien im vergangenen Jahr auf See geblieben war. Wie in Priens Fall wurde auch Wanklyns Verlust erst Wochen später bekanntgegeben. Seine Kameraden waren zutiefst aufgewühlt. Wanklyns Name hatte in der verschworenen Gemeinschaft der U-Boot-Fahrer legendären Klang angenommen. Er schien unverwundbar zu sein. Fast ein halbes Jahrhundert später sagte Arthur Hezlet noch, daß ihn Wanklyns Tod stärker getroffen habe als alles andere im Krieg.[60] Simpson schrieb Wanklyns Frau, daß er einen Freund und Ratgeber verloren habe, den er besser kannte als seinen Bruder.[61] Und der von der Admiralität schließlich herausgegebene Nachruf kam einer Lobeshymne gleich.[62] Wanklyn blieb der erfolgreichste britische U-Boot-Kommandant des Zweiten Weltkrieges. Auf sein Konto kamen 15 versenkte und vier beschädigte Transporter und Versorgungsschiffe mit zusammen 119 000 BRT, zwei versenkte und ein beschädigtes U-Boot, zwei versenkte Zerstörer, ein versenkter Trawler und ein beschädigter Kreuzer.[63] Die Tonnagezahl war im Vergleich mit den Ergebnissen der deutschen U-Boot-Asse niedrig, stellte aber angesichts der Unterlegenheit seiner Waffe eine herausragende Leistung dar.

Am 15. April gab der Gouverneur von Malta bekannt, daß der Inselfestung vom König das Georgs-Kreuz verliehen worden sei, der höchste zivile Tapferkeitsorden Großbritanniens. Es war eine passende Auszeichnung. Den massiven Luftangriffen waren über 1000 Zivilisten zum Opfer gefallen. 10 000 Häuser lagen in Trümmern, weitere 20 000 waren beschädigt und 100 Kirchen zerstört. Die Menschen litten unter Unterernährung und Krankheiten. Viele lebten ständig in Schutzräumen oder in den Katakomben. Aber sie ertrugen es, ohne zu klagen, wie Simpson nach dem Krieg schrieb: »Die Selbstdisziplin, die die Menschen unter diesen Umständen an den Tag legten, wird für mich immer das Wunder von Malta bleiben.«[64]

Churchill hatte sich Anfang April an Roosevelt gewandt, um ihn beim Schutz der Insel um Hilfe zu bitten. Am 20. April, zwei Tage, nachdem die *Upholder* als vermißt und wahrscheinlich verloren gemeldet worden war, starteten vom US-Flugzeugträger *Wasp* 47 Spitfire-Jäger nach Malta. Kaum gelandet, wurden sie zum Ziel von Luftangriffen. In den nächsten drei Tagen fielen die meisten von ihnen aus, viele noch am Boden. Simpson entschloß sich, Hortons bereits vorliegender Anweisung zu folgen und seine Flottille zu evakuieren. Sie war inzwischen auf fünf Boote geschrumpft, die Ende April und Anfang Mai in Richtung Alexandria ausliefen.

Tomkinsons *Urge* sollte ihr Ziel nicht erreichen. Wie sie verlorenging, läßt sich nicht mit Sicherheit sagen: Sie wurde entweder am 29. April während eines Artillerieangriffs auf ein Versorgungsschiff von einem italienischen Flugzeug versenkt, oder sie ist im Umkreis von Malta auf eine Mine gelaufen. Dieser Verlust war ein weiterer schwerer Schlag für Simpson und die britische U-Boot-Waffe. »Tommo« hatte in seiner Flottille nur Wanklyn den Vortritt lassen müssen. Seine Versenkungen von Versorgungsschiffen beliefen sich auf 52600 BRT. Er hatte außerdem einen Kreuzer versenkt, einen weiteren beschädigt und das Schlachtschiff *Vittorio Veneto* für zwei kritische Monate außer Gefecht gesetzt. Ian McGeoch, der im vorangegangenen Jahr mit der *Urge* nach Malta gefahren war, sah Tomkinson wie Wanklyn als »edlen Ritter«, der das Victoria-Kreuz verdient hätte.[65]

Als die vier übriggebliebenen Boote der 10. Flottille im östlichen Mittelmeer eintrafen, verließ das erfolgreichste Boot der 1. Flottille, Miers' *Torbay,* den Stützpunkt in Alexandria in Richtung Heimat. Miers war zuletzt Anfang März auf seiner neunten Feindfahrt einem nordwärts den Sund zwischen Korfu und dem griechischen Festland entlangfahrenden Konvoi aus vier großen Truppentransportern gefolgt und in die Reede eingelaufen, wo die Transporter, wie er vermutete, die Nacht über ankern würden. Aber die Schiffe waren trotz der mondhellen Nacht nirgends zu sehen gewesen. Als der Tag anbrach, war Miers klargeworden, daß der Konvoi ohne Halt durchgefahren war. Dafür ankerten zwei von ihm auf 5000 und 8000 BRT geschätzte Versorgungsschiffe sowie ein Zerstörer auf der Reede. Miers lief unter Wasser zum Angriff an und feuerte auf jedes der Schiffe zwei Torpedos ab. Die Frachtschiffe wurden getroffen und sanken. Die für den Zerstörer bestimmten Torpedos waren wahrscheinlich unter dem Kiel durchgelaufen. Miers hatte den Rückzug für den schwierigsten Teil gehalten, aber der Zerstörer suchte zusammen mit einigen Patrouillenbooten die einfachere nördliche Zufahrt ab, während die *Torbay* die längere südliche Route nahm, auf der sie auch eingelaufen war. Dieser »kalkulierte Akt von herausragendster Tapferkeit«[66] brachte Miers das Victoria-Kreuz ein.

Als die *Torbay* vom Versorgungsschiff ablegte und die Fahrt nach England antrat, bereiteten ihr die Männer der Mittelmeerflotte an Deck der Überwasserschiffe und der U-Boote der 1. und des Rests der 10. Flottille einen stürmischen Abschied. Sie erreichte einen Monat später, Anfang Juni, den Ärmelkanal und legte den letzten Abschnitt gemeinsam mit der *Unbeaten* zurück. Als sie die Hafeneinfahrt von Portsmouth erreichten, zog Miers über den erbeuteten deutschen und italienischen Flaggen die Totenkopffahne auf. Sie zeigte zwölf Streifen für Handelsschiffe, je einen für einen Zerstörer, ein U-Boot und einen Minensucher, gekreuzte Kanonen mit neunzehn Sternen für mittels Artillerie versenkte Schoner und Kajiks und mehrere Dolche für Sonderaufträge.

Die Lage im Mittelmeer sah düster aus. Die deutschen Luftangriffe auf Malta hatten ihr Ziel, den britischen Stützpunkt auszuschalten, erreicht, so daß die Geleitzüge von Italien nach Nordafrika praktisch unbehelligt blieben. Im Verlauf des April kam nur ein Prozent der Truppenverstärkungen und des Nachschubs nicht in Nordafrika an. Darüber hinaus konnte ein großer Teil in Bengasi angelandet werden, das Rommel Ende Januar zurückerobert hatte. Derart verstärkt, griff Rommel Ende Mai zum zweiten Mal nach Alexandria und dem Suezkanal. Einen Monat später hatte er Tobruk erobert und stieß nach Ägypten vor. Er überrannte die vorgeschobenen britischen Flugplätze und machte es der britischen Flotte unmöglich, aus dem Osten Nachschubkonvois nach Malta durchzubringen. Während sich die Briten in El Alamein, nur 100 Kilometer westlich von Alexandria, eingruben, wurden die Schiffe der Mittelmeerflotte nach Port Said und in den Suezkanal sowie nach Norden an die levantinische Küste verlegt. Die U-Boote, die zuletzt den vergeblichen Versuch unternommen hatten, einen für Malta bestimmten Konvoi vor der italienischen Flotte zu schützen, wurden nach Haifa geschickt. Auf der Fahrt dorthin wurde das mit Reservetorpedos und Ausrüstungsgegenständen beladene Versorgungsschiff, die *Medway,* von U 372 unter Kapitänleutnant Heinz Neumann versenkt. Die britische Lage schien verzweifelt zu sein, doch Rommel stand gleichfalls auf der Kippe. Er hatte wiederum die Nachschublinien überdehnt.

Der Flottenstützpunkt von Alexandria war evakuiert worden, und die britischen Truppen bei El Alamein wurden über Land versorgt. Die Jagdgründe der deutschen U-Boote im östlichen Mittelmeer waren versiegt. Sie wurden nach Westen verlegt, um jeden Versuch zu vereiteln, einen Nachschubkonvoi durch die Straße von Gibraltar nach Malta durchzubringen. Im vergangenen halben Jahr hatten diese Boote zwei Kreuzer und zwölf Handelsschiffe versenkt. Gleichzeitig waren jedoch fünf Boote verlorengegangen, zuzüglich zweier Boote, die im westlichen Mittelmeer vernichtet worden waren. Die Italiener hatten im selben Zeitraum sieben Boote verloren – zwei durch Flugzeuge im Westen, fünf vor Sizilien und in der Adria. Vier von ihnen sind bemerkenswerterweise durch U-Boote der 10. Flottille und eines durch ein T-Klasse-Boot der 1. Flottille zerstört worden.

Im Pazifik waren die Japaner unterdessen bis nach Neuguinea und zum Bismarck-Archipel vorgestoßen, wo sie die bedeutenden Stützpunkte von Rabaul und Kavieng eroberten. Dann konnte ihre Offensive zum Stehen gebracht werden. Dies war zum großen Teil den Kryptologen der US Navy zu verdanken, deren Erfolge die zahlenmäßige Unterlegenheit der Flotte ausglichen. Der erste Einbruch in den wichtigsten japanischen Marineschlüssel war Cast auf Corregidor gelungen. Nach dem Rückzug von den Philippinen im Februar 1942 hatten Negat in Washington und Hypo in Pearl Harbor die Arbeit fortgeführt. Das Team in Hawaii stand unter der Leitung des gewieftesten Codebrechers der Navy, Lieutenant Commander Joseph Rochefort. Das Ziel der Dechiffrierer war kein Maschinenschlüssel, sondern ein Code aus Gruppen von jeweils fünf Zahlen, die ihrerseits durch die Subtraktion anderer fünfstelliger Zahlengruppen verschlüsselt waren. Diese wiederum wurden in fortlaufender Reihenfolge einer Liste mit 100 000 fünfstelligen Gruppen von Zufallszahlen entnommen. Die Adressaten kehrten diesen Vorgang anhand identischer Zahlenlisten um. Im April 1942 las Hypo 85 Prozent der japanischen Funksprüche mit, und obwohl der Schlüssel für das geographische Gitternetz der Japaner nicht geknackt werden konnte, war Rochefort aufgrund der Kombination von Verkehrsanalyse, Entschlüsselungen und Einpeilungen in der Lage, dem Oberbefehlshaber der Pazifikflotte, Admiral Chester W. Nimitz, ein erstaunlich genaues Bild der japanischen Bewegungen und Absichten zu geben.

Diese Informationen hatten es Nimitz Anfang Mai ermöglicht, die nach Port Moresby auf Neuguinea und zur Salomon-Insel Tulagi fahrenden Invasionskräfte zu überraschen und den erfolgsgewohnten Japanern in der Schlacht in der Korallensee den ersten Dämpfer zu verpassen. Zudem konnten U-Boote aufgrund von Ultra, wie man auch hier die entschlüsselten Texte nannte, zu lohnenden Zielen dirigiert werden. Der inoffizielle Verbindungsoffizier zwischen Hypo und dem U-Boot-Kommando in Pearl Harbor, Commander W. J. Holmes, ein ehemaliger U-Boot-Fahrer aus Rocheforts Team, war sich im klaren darüber, welche Verantwortung Rochefort auf sich nahm, indem er die Ultra-Informationen weitergab: Es konnte zur Folge haben, daß die Japaner argwöhnisch wurden und ihren Schlüssel änderten, um die ungebetenen Eindringlinge hinauszuwerfen.[67] Für die U-Boote war Ultra allerdings ein zweischneidiges Schwert. Die lohnendsten Ziele waren Flugzeugträger und Schlachtschiffe, von denen die Japaner wesentlich mehr besaßen als Nimitz' Pazifikflotte. Aufgrund ihrer Geschwindigkeit konnten sie von U-Booten aber nur schwer erlegt werden. So wurde zum Beispiel nach der Schlacht in der Korallensee ein Vorpostenstreifen über den Heimatkurs des beschädigten Flugzeugträgers *Shokaku* gelegt, ohne daß ein einziger Treffer erzielt werden konnte. Aber trotz solcher Zersplitterung der Kräfte und vieler Torpedoversager hatten die amerikanischen U-Boote im Mai gezeigt, wozu sie fähig waren: Sie versenkten 21 Handelsschiffe mit zusammen über 100 000 BRT, einen 9000 BRT großen Seeflugzeugträger – das größte Kriegsschiff, das die Japaner bis zu diesem Zeitpunkt verloren hatten –, zwei U-Boote der I-Klasse, ein Reparaturschiff und einen Minenleger.

Der bedeutendste Einzelbeitrag zum Krieg auf See gelang den Kryptologen, als sie Ende Mai Plan und Schlachtordnung für den nächsten großen japanischen Vorstoß aufdeckten: Eine weiträumige Zangenoperation gegen die Aleuten im Norden und Midway im Zentralpazifik sollte die Amerikaner in die Entscheidungsschlacht locken. Der Plan war von der Vereinigten Flotte gegen die Absicht des Marinestabes des Kaiserlichen Hauptquartiers durchgesetzt worden. Dieser hatte die über den Verbindungswegen zwischen den USA und Australien liegende Kette von Inseln okkupieren wollen, um eine Verteidigungsstellung zu schaffen, hinter der man die bisherigen Eroberungen ausbeuten konnte. Der Plan von Yamamotos Stab war wieder einmal allzu ausgeklügelt. Bedeutsamer aber war, daß er die nördlichen Ablenkungskräfte von der *Kido Butai* und den anderen Angriffsgruppen, die das Landungsunternehmen gegen Midway ausführen sollten, trennte und damit jede Möglichkeit der gegenseitigen Unterstützung ausschloß. Zudem waren zwei der modernsten japanischen Flottenträger nicht einsatzbereit: die *Shokaku* aufgrund der in der Korallensee erlittenen Schäden und die *Zuikaku*, weil sie in derselben Schlacht den größten Teil ihrer Flugzeugbesatzungen verloren hatte. Insofern äußerte sich in dem Plan eine gewisse Hybris.[68] Nimitz, der von Rochefort über alle Einzelheiten des japanischen Plans ins Bild gesetzt worden war, konnte die drei ihm verbliebenen Flugzeugträger gegen die *Kido Butai* konzentrieren, die jetzt nur noch über vier Flottenträger unter dem Kommando von Vizeadmiral Chuichi Nagumo verfügte. Und er nutzte das Überraschungsmoment, das die japanischen Strategen für ihre eigenen Kräfte vorgesehen hatten.

U-Boote spielten auf beiden Seiten eine wichtige Rolle. Die japanische 6. (U-Boot-)Flotte war unter einem neuen Befehlshaber, Vizeadmiral Teruhisa Komatsu, reorganisiert worden. Komatsu hatte auf Drängen der Deutschen zehn moderne I-Klasse-Boote gegen die Handelsschiffahrt im Indischen Ozean und vor Ostaustralien eingesetzt. Angesichts der Tatsache, daß sie dafür nicht ausgebildet waren, erzielten sie beachtliche Ergebnisse. Das 1. Geschwader von Komatsus Flotte, zu dem nach der Umorganisation nur noch fünf Einheiten gehörten, wurde mit Aufklärungs- und Patrouillenaufgaben dem Aleutenverband zugeteilt. Vier ältere Flottenboote seines 3. Geschwaders wurden zusammen mit sieben Flottenbooten des 5. U-Boot-Geschwaders der Vereinigten Flotte zum Midwayverband beordert. Sie sollten 200–400 Seemeilen nördlich des French-Frigate-Riffs, etwa auf halbem Weg zwischen Midway und Hawaii, einen Vorpostenstreifen bilden, um aus dem Flottenstützpunkt anlaufende amerikanische Verteidigungskräfte zu melden und anzugreifen. Außerdem sollten drei 1400 Tonnen große U-Boot-Minenleger der 6. Flotte am French-Frigate-Riff in Stellung gehen. Zwei von ihnen würden jeweils 40 Tonnen Flugbenzin und 12 Tonnen Öl an Bord haben, um Flugboote aufzutanken, die vor dem Schlag gegen Midway einen Aufklärungsflug nach Pearl Harbor unternehmen sollten. Und schließlich transportierte ein mit der Invasionsflotte anlaufender umgebauter Seeflugzeugträger acht Klein-U-Boote vom Typ A in die Schlacht.

Der Zeitdruck, der zum einen von den japanischen Planern kam, hauptsächlich aber von den Schritten erzeugt wurde, die Nimitz infolge der Ultra-Erkenntnisse unternahm, machte diese Arrangements zunichte. Yamamotos Einsatzbefehl war am 20. Mai herausgegangen; am 25. übergab Rochefort persönlich Nimitz eine zu neunzig Prozent entschlüsselte Fassung des Befehls, und als die japanischen Versorgungs-U-Boote am 26. am French-Frigate-Riff eintrafen, fanden sie dort amerikanische Seeflugzeugtender vor. Infolgedessen konnten die japanischen Flugboote nicht auftanken und daher auch nicht nach Pearl Harbor fliegen, um festzustellen, wo sich die US-Flugzeugträger befanden. Die U-Boote des 3. und 5. Geschwaders sollten das French-Frigate-Riff laut Plan am 1. Juni erreichen, kamen aber erst zwei Tage später dort an. Zu diesem Zeitpunkt hatte Nimitz seine beiden Flugzeugträgergruppen – Task Force 16 mit der *Enterprise* und der *Hornet* unter Rear Admiral Raymond A. Spruance und Task Force 17 mit der *Yorktown* unter dem Befehlshaber der Flugzeugträger Rear Admiral Frank J. Fletcher – bereits 300 Seemeilen nordöstlich von Midway in Stellung gebracht, weit hinter dem japanischen Vorpostenstreifen.

Die in Pearl Harbor liegenden U-Boote standen inzwischen unter dem Kommando von Rear Admiral R. H. English. Er hatte Withers am 14. Mai routinemäßig abgelöst. Die Aufstellung seiner Boote, die für diese Operation die Bezeichnung Task Force 7 erhalten hatten, warf angesichts der Vielzahl der nach dem komplexen japanischen Plan anmarschierenden Invasions-, Flugzeugträger- und Sicherungsgruppen einige Probleme auf. Darüber hinaus wurden die Positionsangaben in den japanischen Funksprüchen offenbar nicht ernst genommen. Wahrscheinlich auf Anweisung von Nimitz stellte English den größten Teil als Task Force 7.1 in einem Bogen 50–200 Seemeilen westlich von Midway auf. Drei Boote gingen als Task Force 7.2 420 Seemeilen östlich von Midway und 200 Seemeilen nördlich des French-Frigate-Riffs in Stellung, unmittelbar im Anschluß an den japanischen Vorpostenstreifen. Ihre Aufgabe war es, Task Force 7.1 oder die Flugzeugträger zu unterstützen, falls diese zum Rückzug gezwungen waren. Weitere vier Boote gingen als Task Force 7.3 300 Seemeilen nördlich von Pearl Harbor in Stellung, für den Fall, daß die Japaner einen Ablenkungsangriff auf den Flottenstützpunkt versuchen sollten.

Mehr als diese 18 Flottenboote waren von den 29 Einheiten, die unter Englishs Kommando standen, nicht verfügbar: Zwei lagen in der Werft, die anderen befanden sich auf Fernfahrten. Die Mehrzahl der Boote erhielt den Befehl, beim Rückmarsch, falls genügend Treibstoff und Torpedos vorhanden, einen Umweg über Midway zu machen. Die *Cuttlefish* wurde zu einer Position 700 Seemeilen westlich der Insel beordert, wo Rochefort zutreffenderweise Feindaktivitäten erwartete. Die Aufstellung der Task Force 7.1 ist später kritisiert worden, weil die meisten Boote innerhalb der Angriffsreichweite der *Kido Butai* lagen, diese also nicht schon beim Anmarsch abfangen konnten.[69]

Der auf die Aleuten zufahrenden japanischen Nordgruppe sollten zehn S-Klasse-Boote aus Dutch Harbor entgegentreten. Sie gingen vor dem Ostende der Inselkette in Stellung, zu dicht an ihrem Stützpunkt, wie sich herausstellte. Ohne auf Widerstand zu stoßen, landeten die Japaner am 3. Juni auf den wesentlich weiter westlich gelegenen Inseln Attu und Kiska. Der Hauptschlag gegen Midway begann am Morgen des 4. Juni. Die *Kido Butai* hatte sich der Insel von Nordwesten bis auf etwa 150 Seemeilen genähert, als Nagumo um 4.45 Uhr die Flugzeuge starten ließ. Innerhalb der nächsten Stunde wurden zuerst die Flugzeuge und dann auch der Schiffsverband selbst von amerikanischen Patrouillenflugzeugen gesichtet. Auf diese erste Positionsmeldung hin ließ Fletcher die Task Force 16 mit der *Enterprise* und der *Hornet* auf den im Südwesten stehenden Feind zufahren. Er selbst folgte mit der *Yorktown,* sobald seine Aufklärungsflugzeuge gelandet waren. Eine Stunde später, kurz nach 7 Uhr, startete Spruance seine Torpedoflugzeuge und Sturzbomber. Diese Entscheidung gilt als »eine der glänzendsten operativen Lagebeurteilungen des Pazifikkrieges«,[70] denn Spruance traf exakt den Zeitpunkt, an dem die gegnerischen Flugzeugträger am verwundbarsten waren: als die erste Angriffswelle von Midway zurückgekehrt war und aufgetankt und neu munitioniert wurde. Eine Viertelstunde später teilte English den U-Booten der Task Force 7.1 die Position des Feindes mit. Den Angriffsbefehl gab er jedoch erst zwei Stunden später. Ausführen konnten ihn nur die drei Boote, die auf dem 150 Seemeilen von der Insel entfernten Bogen lagen, und nur die *Nautilus* unter Lieutenant Commander W. H. Brockman schaffte es, zum Angriff anzulaufen.

Noch bevor er Englishs Funksprüche erhielt, hatte sich Brockman anhand der aufgefangenen Meldungen der Aufklärungsflugzeuge aus eigenem Entschluß auf den Weg gemacht. Um 7.10 Uhr, als weit im Osten die Flugzeuge der *Enterprise* und der *Hornet* aufstiegen, sah er Rauchwolken und dunkle Flecken von detonierenden Flak-Granaten im Sehrohr. Die erste Welle der auf Midway stationierten Torpedoflugzeuge hatte den japanischen Verband erreicht. Eine Dreiviertelstunde später sichtete Brockman Masten und kurz darauf den Umriß eines der beiden Schlachtschiffe von Nagumos Trägerflotte mit einer Eskorte aus einem Kreuzer und zwei Zerstörern. Aber sein Sehrohr war entdeckt worden. Der Zerstörer drehte mit zirpendem Sonar auf ihn zu, drückte ihn unter Wasser und belegte ihn mit Wasserbomben.

Die *Nautilus* war ein altes, 1927 als U-Kreuzer auf Kiel gelegtes Boot mit zwei 15,2-Zentimeter-Kanonen. Es war 1000 Tonnen größer als die späteren Flottenboote. Man hatte sie 1941 modernisiert und mit neuen Maschinen, einem Feuerleitsystem und vier zusätzlichen, äußeren Torpedorohren ausgestattet. Die Druckwellen der Wasserbomben setzten nun den Motor des Torpedos in einem dieser zusätzlichen Rohre in Gang, so daß Schaum und Abgase an die Oberfläche blubberten. Der Zerstörer vermochte seine Wasserbomben trotz dieser verräterischen Zeichen nicht akkurat abzuwerfen – vielleicht waren sie auch nicht auf die richtige Tiefe eingestellt; Brockman konnte jedenfalls um 8.25 Uhr wieder auf Sehrohrtiefe hochgehen. Der Anblick, der sich ihm bot, war atemberaubend. Er war von Kriegsschiffen umgeben. Sie manövrierten hektisch, um der inzwischen fünften Welle von Flugzeugen aus Midway auszuweichen. Das Schlachtschiff *Kirishima,* das Backbord voraus in 4100 Metern Entfernung fuhr, feuerte in Brockmans Richtung, offenbar auf sein Sehrohr, und drehte dann ab. Brockman antwortete mit zwei Torpedos. Der eine blieb im Rohr stecken, dem anderen konnte die *Kirishima* ausweichen. Brockman selbst mußte erneut vor einem Zerstörer in den Keller flüchten.

Um 8.25 Uhr war Nagumo gerade gemeldet worden, daß der feindliche Verband, von dem er schon seit einer Stunde wußte, offenbar von einem Flugzeugträger begleitet wurde. Er stand vor einer schweren Entscheidung: Sollte er die in wenigen Minuten von Midway zurückkehrenden Flugzeuge aufnehmen oder sie in der Luft lassen und mit den genau für solch einen Fall bereitstehenden Maschinen einen Angriff gegen den feindlichen Überwasserverband starten. Eine richtige Lösung gab es wahrscheinlich nicht. Nagumo war von seiner Aufklärung, seinen Befehlen und seinem Stab irregeleitet worden: Der Angriff auf Midway wurde mit Staffeln von allen vier Flugzeugträgern geflogen, anstatt zwei von ihnen für einen möglichen Angriff auf einen feindlichen Flottenverband zu reservieren. Yamamoto hatte ihm, indem er die Funkstille einhielt, ebenfalls keinen Gefallen getan: Die Erkenntnisse der Funküberwachung, nach denen ein amerikanisches U-Boot die Invasionsflotte gesichtet hatte und ein feindlicher Trägerverband in der Nähe von Midway operierte, waren ihm nicht übermittelt worden. So entschied sich Nagumo gegen den nachdrücklichen Rat seines Stellvertreters dafür, die zurückkehrenden Flugzeuge aufzunehmen. Einige von ihnen waren beschädigt, und alle waren knapp an Treibstoff. Viele wären verlorengegangen, wenn er sie hätte warten lassen, bis die Maschinen für den Angriff gegen den amerikanischen Flugzeugträger gestartet waren. Außerdem hätten sie ohne Deckung auskommen müssen, denn seinen Jagdflugzeugen ging ebenfalls der Treibstoff aus, nachdem sie fünf Angriffswellen abgewehrt und verhindert hatten, daß auch nur ein einziger Treffer auf seinen Schiffen erzielt worden war.

Als Brockman wieder in Sehrohrtiefe aufstieg, sah er in acht Seemeilen Entfernung einen auf Annäherungskurs fahrenden japanischen Flugzeugträger. Es war der erste, den er zu Gesicht bekam. Aber ihm blieb keine Zeit, einen Angriff vorzubereiten, da ein Zerstörer direkt auf ihn zuhielt. Er schickte ihm einen Torpedo entgegen, der ihn zum Ausweichen zwang, aber nicht davon abhielt, erneut anzulaufen. Brockman mußte vor den Wasserbomben in den Keller flüchten. Gleichzeitig nahmen die japanischen Flugzeugträger die zurückkehrenden Maschinen auf, um dann mit großer Fahrt nach Nordosten gegen den feindlichen Verband abzudrehen, während die Flugzeuge für einen Schlag gegen den amerikanischen Flugzeugträger aufgetankt und munitioniert wurden. Der Zerstörer folgte ihnen nach einer Weile und nahm wieder seinen Platz im Geleit ein. Als Brockman um 10 Uhr auftauchte, war die See leer.

Durch den Kurswechsel hatten die Sturzbomber und Jäger der *Hornet* Nagumos Verband verpaßt, aber die Torpedoflugzeuge hatten seine Rauchwolken gesichtet und griffen ihn kurz vor 9.30 Uhr an. Ohne Jägerdeckung war es allerdings ein reines Selbstmordunternehmen. Von den fünfzehn anfliegenden Maschinen wurden vierzehn abgeschossen, noch bevor sie die Abwurfposition erreicht hatten. Auch die nachfolgenden Torpedoflugzeuge der *Enterprise* und schließlich der *Yorktown* konnten keinen Treffer erzielen. Von insgesamt 41 gestarteten Maschinen kehrten nur sechs zurück. Die japanischen Träger manövrierten immer noch, um den letzten Torpedos auszuweichen – die genauso unzuverlässig waren wie die der U-Boote –, als um 10.20 Uhr 32 Sturzbomber der *Enterprise* und zehn Minuten später 17 weitere von der *Yorktown* über ihnen eintrafen. Durch den Angriff der Torpedoflugzeuge waren die japanischen Jäger praktisch auf Meereshöhe hinuntergezogen worden. Die Ausgucks auf den Schiffen hatten nur Augen für den Nahkampf über den Wellen, und Radar gab es nicht. So kam der Angriff der Bomber buchstäblich aus heiterem Himmel. Die Flugdecks der Träger standen voller aufgetankter und munitionierter Maschinen. In den Aufzügen und auf den Decks darunter lagen Bomben, Torpedos und Benzinschläuche herum. Die Schiffe waren gigantische Brandsätze mit tickenden Zeitzündern, und deren Zeit war wenige Minuten nach dem furchtbaren Heulen der senkrecht auf ihre Beute herabstürzenden amerikanischen Bomber abgelaufen: Die *Kaga,* das Flaggschiff *Akagi* und die *Soryu* verwandelten sich in krachende, flammende Brennöfen. Nur der vierte Flugzeugträger, die *Hiryu,* entkam, weil er sich bei seinen Manövern ein Stück von den anderen drei entfernt hatte. Die *Kido Butai,* die fünf Minuten vorher noch den Pazifik beherrscht hatte, gab es nicht mehr. Ein schreckensstarrer Admiral Nagumo mußte fast unter Zwangsanwendung von der rauchverhangenen Brücke der *Akagi* geführt werden.

Dieser erdbebenartige Wendepunkt des Pazifikkrieges kann als Wunder bezeichnet werden. Zumindest aber war es ein erstaunlicher Glücksfall, daß sich die Sturzbomber der beiden amerikanischen Flugzeugträger über Nagumos Verband trafen. Die Maschinen der *Enterprise* waren einige Zeit vor denen der *Yorktown* aufgestiegen und über drei Stunden auf der Suche nach dem Feind herumgeirrt. Sie hatten mehr als die Hälfte ihres Treibstoffs verbraucht und nicht mehr damit rechnen können, es zum Träger zurück zu schaffen. Ihr Ziel hatten sie nur gefunden, weil sie einem einsamen Zerstörer gefolgt waren, von dem der Staffelführer, Lieutenant Commander C. Wade McClusky, annahm, daß er den feindlichen Schiffsverband ansteuerte. Es war der Zerstörer gewesen, der die *Nautilus* gejagt hatte und tatsächlich auf dem Weg an seinen angestammten Platz war. Hätte Brockman an diesem Morgen nicht eigenmächtig die Initiative ergriffen. Hätte er nicht weitergemacht, wo zwei seiner Kameraden aufgegeben hatten, hätten die Flugzeuge der *Enterprise* die Suche nicht über den Punkt hinaus fortgesetzt, an dem ihre Rückkehr noch sicher war, und wäre McClusky nicht seiner Eingebung gefolgt, dann wären die 17 Bomber der *Yorktown* allein über dem japanischen Verband gewesen. Es ist zu bezweifeln, daß sie alle drei Flugzeugträger vernichtet hätten. Wenn aber außer der *Hiryu* ein oder zwei weitere Träger vorhanden gewesen wären, von denen ein Gegenangriff gestartet werden konnte, hätte die Schlacht bei Midway leicht mit einer Katastrophe für die Vereinigten Staaten enden können. Es macht nachdenklich, daß ein historischer Augenblick wie dieser von einer Kette mehr oder weniger großer Zufälle abhing.

Brockman war zu weit entfernt, um den Schlag beobachten zu können, zu dem er unwissentlich beigetragen hatte. Um 10.29 Uhr sah er jedoch im Sehrohr Rauchwolken über dem Horizont und hielt auf sie zu. Er ahnte nicht, daß sie von brennenden Flugzeugträgern kamen. Ein gutes Stück hinter den Rauchwolken startete der übriggebliebene japanische Träger seine Sturzbomber und sechs Jäger für einen Angriff auf die *Yorktown,* die immer noch der einzige US-Träger war, von dem die Japaner wußten. Trotz feindlicher Jägerabwehr erreichten sie um 12 Uhr ihr Ziel. Mit drei Bomben setzten sie die *Yorktown* in Brand.

Brockman hatte zu dieser Zeit unter der nächstgelegenen Rauchwolke einen brennenden Flugzeugträger gesichtet und lief zum Angriff an. Er brauchte fast zwei Stunden, um sich ihm bis auf 2500 Meter zu nähern. Dann feuerte er vier sorgfältig gezielte Torpedos auf das stationäre Ziel ab, bevor er erneut vor Zerstörern abtauchen mußte. Er war überzeugt, die *Soryu,* als die er den Flugzeugträger identifiziert hatte, versenkt zu haben, und erhielt für seinen Mut und seine Hartnäckigkeit das Navy-Kreuz. Nach dem Krieg stellte sich heraus, daß er tatsächlich die *Kaga* angegriffen hatte. Der Lauf dreier Torpedos war von Überlebenden beobachtet worden: Zwei hatten ihr Ziel verfehlt, der dritte war zwar mittschiffs aufgeschlagen, aber statt des Ziels war nur der Sprengkopf zertrümmert worden und abgefallen. Der Torpedozylinder war danach von einigen Schiffbrüchigen als Schwimmkörper benutzt worden.

Die unbeschädigte *Hiryu* hatte inzwischen Torpedoflugzeuge für einen zweiten Schlag gegen die *Yorktown* gestartet, die nach Eindämmung der Schäden wieder Fahrt aufgenommen hatte. Um 14.42 Uhr gelang es einer japanischen Staffel, bis auf 450 Meter anzufliegen und den Träger mit zwei Torpedotreffern erneut zu stoppen. Als er kurz darauf starke Schlagseite bekam, ging die Besatzung von Bord – zu früh, wie sich zeigen sollte. Fast im gleichen Augenblick wurde die *Hiryu* von amerikanischen Suchflugzeugen entdeckt, und eine Dreiviertelstunde später startete Spruance mit Sturzbombern von allen drei Trägern, einschließlich der *Yorktown,* einen massiven Gegenangriff. Er ließ die *Hiryu* kurz nach 17 Uhr wie die anderen japanischen Träger als brennende Fackel zurück. Bis zum nächsten Abend waren alle vier Träger untergegangen, und Yamamoto befand sich, nachdem er die Invasion von Midway am frühen Morgen abgebrochen hatte, auf dem Rückzug.

Trotz Brockmans hartnäckigem Nachsetzen hatten die U-Boote nichts zu dieser verheerendsten und vollständigsten Schicksalswende in der Marinegeschichte beigetragen. Der Anstoß war von Rochefort gekommen, Spruance hatte die ausschlaggebende Entscheidung getroffen, und Yamamoto und Nagumo hatten die Fehler begangen. Vor allem aber hatten die Flugzeuge demonstriert, daß sie U-Booten sowohl als Aufklärer als auch als Angriffswaffe überlegen waren. Damit wurden die Lehren des Krieges in Europa bestätigt und das Verhältnis dieser beiden neuen Marinewaffen in diesem Stadium ihrer Entwicklung deutlich gemacht. Hätte der amerikanische Navy-Stab begriffen, was nach dem Versagen von Englishs Task Force 7.1 offensichtlich war, wären die U-Boote vermutlich unter einem Kommando zusammengefaßt und wie Dönitz' Streitmacht im *guerre de course* eingesetzt worden. Denn dafür eigneten sie sich hervorragend. Zudem war Japan, trotz einer im Frühjahr 1942 hastig aufgestellten »Eskortflotte«, in diesem Punkt besonders verwundbar. Aber diese Strategie wurde nie angewandt.

Die japanischen U-Boote haben den Ausgang der Schlacht bei Midway ebensowenig beeinflußt wie die amerikanischen. Eines von ihnen, I 168 unter Korvettenkapitän Yahachi Tanabe, sorgte allerdings für ein dramatisches Finale. I 168 war ein 1934 in Dienst gestelltes Flottenboot mit einer Standardüberwasserverdrängung von 1400 Tonnen und einer Höchstgeschwindigkeit von 23 Knoten, das jetzt zum 3. U-Boot-Geschwader der 6. Flotte gehörte. Tanabe hatte im Vorpostenstreifen nördlich des French-Frigate-Riffs aufgeklärt und über die starken, den ganzen Tag über anhaltenden amerikanischen Flugbewegungen von Midway aus berichtet.[71] Nachdem man durch die U-Boot-Versorger bereits von den amerikanischen Aktivitäten am French-Frigate-Riff erfahren hatte und von der Funkaufklärung wußte, daß ein amerikanisches U-Boot die Invasionsflotte gesichtet hatte und ein US-Flugzeugträger nördlich von Midway stand, hätten nach Tanabes Meldungen beim japanischen Nachrichtendienst sämtliche Alarmglocken läuten müssen. Daß sie es nicht taten, lag an der Zersplitterung der Kommandostruktur und der Nachrichtendienststellen, aber auch an der Hybris des Siegers. Dieses Versagen des Nachrichtendienstes spielte für den Sieg, den die US Navy gegen eine materielle Übermacht erzielte, zweifellos eine ebenso große Rolle wie auf der anderen Seite der Erfolg des Cast-Teams in Pearl Harbor.

Unmittelbar nach dem Verlust der vier Flugzeugträger erhielten I 168 und vier Schwere Kreuzer von Yamamoto den Befehl, Midway zu beschießen. Für das U-Boot mit seiner einsamen 9,9-Zentimeter-Kanone und ohne einen zuverlässigen Entfernungsmesser war dies ein aussichtsloses Unterfangen. Kaum hatte es um 1.30 Uhr am frühen Morgen des 5. Juni die ersten Schüsse abgegeben, erwachten die Suchscheinwerfer und Kanonen der Küstenbatterien zum Leben und zwangen es unter Wasser. Anschließend wurde Tanabe auf die Suche nach dem nördlich von Midway beschädigten Flugzeugträger geschickt.

Die U-Boote der Task Force 7.1 waren inzwischen in die Nähe der Insel zurückgerufen worden, um sie gegen die erwartete Invasionsflotte zu verteidigen. Die *Tambor* befand sich noch 90 Seemeilen weit auf See, als sie die zum Bombardement der Insel anlaufenden Schweren Kreuzer sichtete. In der Dunkelheit waren sie nicht zu erkennen, und die *Tambor* sprach in ihrer Meldung daher nur von »nicht identifizierten Schiffen«, die sie verfolge. Vierzig Minuten später, um 2.55 Uhr, brach Yamamoto die Operation gegen Midway ab, und die Kreuzer zogen sich nach Westen zurück. Um 3.42 Uhr sichtete ein Ausguck den Umriß des U-Boots, und das Flaggschiff gab mit dem Blinkgerät die Anweisung zum Abdrehen. Das letzte Schiff der Kolonne, die *Mogami,* übersah die Meldung und krachte dem vor ihm fahrenden Kreuzer, der *Mikuma,* in die Seite. Feuer brach aus, und beide Schiffe wurden so stark beschädigt, daß sich ihre Geschwindigkeit auf 12 Knoten verringerte.

Im ersten Tageslicht erkannte die *Tambor,* daß sie es mit Feindschiffen zu tun hatte, mußte aber tauchen und konnte sich nicht in Angriffsposition bringen. Ihre um sechs Uhr gefunkte Sichtmeldung lockte Sturzbomber von Midway und von Spruances Trägern zu den beiden Kreuzern. Sie versenkten die *Mikuma* und verwandelten die *Mogami* in ein brennendes Inferno. Sie blieb jedoch seetüchtig und schaffte es irgendwie zu dem japanischen Stützpunkt auf der Karolinen-Insel Truk.

I 168 befand sich an diesem Tag auf dem Weg zu dem beschädigten US-Flugzeugträger, ebenso wie Zerstörer der *Yorktown*-Gruppe, die einen Teil der Besatzung wieder an Bord bringen sollten. Die Männer waren bereits dabei, alles Nötige vorzubereiten, damit der Träger nach Pearl Harbor geschleppt werden konnte, als Tanabe am nächsten Tag, dem 6. Juni, um 5.30 Uhr 11 Seemeilen östlich die Mastspitzen der Schiffe ausmachte. Er blieb an der Oberfläche, bis er befürchten mußte, entdeckt zu werden. Dann setzte er die Anfahrt unter Wasser fort. Nach dem, was er im Sehrohr sah, hatte man den Träger bereits ins Schlepptau genommen. In Wirklichkeit war vom Zerstörer *Hammann* ein Elektrokabel auf die *Yorktown* gelegt worden, um die überfluteten Abschnitte auspumpen und Bunkeröl zum Ausgleich der Schlagseite umlagern zu können. Fünf weitere Zerstörer schirmten den Träger in einem Radius von etwa einer Seemeile ab, und die ganze Gruppe bewegte sich mit drei Knoten nach Südosten.

Um einen sicheren Schuß abgeben zu können, lief Tanabe bis auf etwa 1500 Meter an. Es war ein nervenaufreibendes Unterfangen, das sich den ganzen Vormittag über hinzog, immer von den Sonarimpulsen der Zerstörer begleitet. Als sich I 168 gegen zwölf Uhr mittags dem Schutzschirm näherte und dann unter ihm hinwegfuhr, waren die Impulse plötzlich nicht mehr zu hören. Sie wurden wahrscheinlich von einem Wärmegradienten abgelenkt. Tanabe ließ sich seine Verwirrung nicht anmerken und erklärte leichthin, die Amerikaner hätten den Krieg wohl unterbrochen, um zu Mittag zu essen; das sei genau die richtige Zeit, um es ihnen zu geben.[72] Aber erst um 13.30 Uhr feuerte er den ersten von vier Torpedos ab. Er hatte auf die Mitte des Flugzeugträgers gezielt, unter die Seitenpanzerung, und den Fächer, um die Wirkung zu vergrößern, mit einer Abweichung von jeweils nur zwei Grad geschossen. Zwei Torpedos detonierten gegenüber den von den Torpedoflugzeugen der *Hiryu* gerissenen Wunden und zerstörten die Reste des mittleren Rumpfabschnitts. Ein Torpedo lief zu tief und traf die *Hammann* mit einer tödlichen Explosion. Der vierte Torpedo irrte vom Kurs ab und verfehlte sein Ziel.

Tanabe hatte sich nach dem Angriff im Keller verstecken wollen, aber die Zerstörer verfolgten die Torpedobahnen zurück und entdeckten ihn, bevor er tief genug weggetaucht war. Zwei Zerstörer blieben zurück, um die Überlebenden der inzwischen gesunkenen *Hammann* aufzunehmen. Die restlichen drei Zerstörer begannen mit der Jagd und belegten I 168 mit gut plazierten Bombenteppichen. In Tanabes Boot fiel das Licht aus, innere und äußere Klappe eines Torpedorohrs wurden undicht, und Chlorgas aus zerbrochenen Batterien breitete sich aus. Ohne Strom konnten weder Motoren noch Pumpen benutzt werden, und das Boot sank mit tiefer liegendem Heck über seine Testtiefe von 75 Meter hinaus. Tanabe versuchte es mit Hilfe von Druckluft zu halten und den Trimm auszubalancieren, während fieberhaft an der Stromversorgung gearbeitet wurde.

Zwei Stunden später waren die wichtigsten Kreisläufe repariert und die Maschinen gestartet, so daß sich Tanabe davonschleichen und die Schraubengeräusche hinter sich lassen konnte. Die noch intakten Batterien waren nach dem langen Unterwasseranlauf am Vormittag fast leer, und die Druckluft war ebenfalls knapp. Das ins Boot sickernde Wasser konnte nicht abgepumpt werden, wenn man die Jäger nicht auf sich aufmerksam machen wollte, und die verbrauchte Luft war von Chlordämpfen vergiftet. Obwohl es noch hell war, blieb ihm keine andere Wahl, als aufzutauchen. Um 16.45 Uhr brach Tanabe durch die Oberfläche, fünf Seemeilen von den Zerstörern entfernt. Die Amerikaner hielten sein Boot zuerst für einen eigenen Zerstörer. Das gab Tanabe die lebenswichtigen Minuten, die er benötigte, um die Batterien aufzuladen und Luft ins Boot zu lassen. Als die Amerikaner ihren Irrtum bemerkten, ging die Jagd weiter. Tanabe ließ Rauchwolken ausstoßen, um sich dahinter zu verstecken, aber als die Granaten das Boot einzugabeln begannen, tauchte er wieder und ging auf Gegenkurs, um unter seinen Verfolgern hinwegzufahren. Er hoffte zu Recht, daß sie bei ihrem Tempo keine genauen Sonarechos erhalten würden. In der Annahme, das U-Boot sei infolge der Wasserbombenschäden gesunken, dampften die Zerstörer nach Einbruch der Dunkelheit davon.

Tanabe tauchte um 20.45 Uhr auf und nahm Kurs auf die Heimat. Auf der *Yorktown* stieg das Wasser unaufhaltsam an, brach durch Schotts, überflutete immer größere Teile des Rumpfs und zog das Schiff unter der Rettungsmannschaft weg in die Tiefe. Die *Yorktown* mußte ein zweites Mal aufgegeben werden. In den frühen Stunden des nächsten Tages rollte sie auf die Backbordseite. In dieser Lage verharrte sie einige Minuten, so als wollte sie die Wunden vorzeigen, die ihr I 168 mit seinen Torpedos beigebracht hatte. Dann verschwand sie für immer im Meer.

Wie die Großkampfschiffe waren auch die japanischen Klein-U-Boote nicht nah genug an den Feind herangekommen, um ihn angreifen zu können. Der Typ A hatte allerdings wenige Tage zuvor den ersten Erfolg verbuchen können.

Schauplatz war der Hafen von Diégo Suarez an der Nordspitze von Madagaskar. Das Hauptopfer war das britische Schlachtschiff *Ramillies,* das Flaggschiff des britischen Flottenverbandes, der Anfang Mai auf der zu Vichy-Frankreich gehörenden Insel gelandet war, um zu verhindern, daß sie Japan in die Hände fiel. Madagaskar lag strategisch beherrschend auf der um das Kap der Guten Hoffnung führenden Nachschubroute in den Nahen Osten.

Das Seeflugzeug von I 10, dem Führungsboot (Typ A1) der im Indischen Ozean stationierten Gruppe des 8. U-Boot-Geschwaders, hatte am Abend des 29. Mai im Hafen ein ankerndes Schlachtschiff gesichtet. In der folgenden Nacht versammelte sich die Gruppe zehn Seemeilen außerhalb der Bucht von Diégo Suarez, und irgendwann nach Mitternacht machten sich die Klein-U-Boote von I 16 und I 20 auf einen Weg ohne Wiederkehr. Das Schicksal des Boots von I 16 ist nicht bekannt. Aber das mit Oberleutnant Saburo Akeida und Bootsmann Masamai Takemoto bemannte zweite Boot gelangte sicher in die Bucht, wo es sich den Tag über versteckte, um am Abend des 30. Mai in den Hafen selbst vorzudringen. Um 20.25 Uhr bohrte sich der erste von Akeidas zwei Torpedos vor dem ersten Schornstein in den Rumpf der *Ramillies* und riß trotz einer schützenden »Torpedoausbuchtung« sowohl das vordere Munitionsmagazin als auch den vorderen Granatenraum auf. Wenige Minuten später versenkte Akeida mit seinem zweiten und letzten Torpedo einen in der Nähe liegenden 7000-Tonnen-Tanker. Die *Ramillies* wurde in den nächsten drei Tagen so weit wieder zusammengeflickt, daß sie nach Durban fahren konnte. Von dort brach sie nach weiteren Reparaturen zur Generalüberholung nach England auf. Insgesamt fiel sie fast ein Jahr lang aus.

Die Batterien von Akeidas Fahrzeug waren nahezu leer. Er hatte keine Möglichkeit, sie aufzuladen. Also blieb ihm nichts anderes übrig, als an Land zu gehen. Dort wurde er zusammen mit Takemoto aufgespürt und umzingelt, aber anstatt sich zu ergeben, erschossen sich die beiden jungen Männer. Eine Leistung wie diese sollte sich nicht oft wiederholen, und da Ausbildung, Geschick und Mut von solchen Graden selbst in kriegerischen Gesellschaften wie der japanischen nicht unbegrenzt vorhanden sind, war es letztlich unsinnig, diese jungen Männer in den sicheren Tod oder die Gefangenschaft zu schicken. Entschuldbar war es allenfalls im Rahmen der japanischen Kriegerethik und des verzweifelten Gefühls eigener wirtschaftlicher Unterlegenheit, das dem Konzept zugrunde lag, die feindliche Schlachtflotte vor der erwarteten Entscheidungsschlacht auszuzehren.

Die zweite Gruppe des 8. U-Boot-Geschwaders, die vor Australien operierte, unternahm am Abend des folgenden Tages, dem 31. Mai, einen ähnlichen Angriff auf den Hafen von Sydney. Das Seeflugzeug des Führungsboots I 21 hatte ein

Schlachtschiff – tatsächlich handelte es sich um den amerikanischen Schweren Kreuzer *Chicago* – und mehrere andere Kriegsschiffe gemeldet. Am späten Nachmittag wurden sieben Seemeilen vor Sydney Heads drei Klein-U-Boote gestartet. Zwei von ihnen konnten durch einen offenen Hafenbaum schlüpfen. Das dritte verfing sich in den Netzen, und als es dem Piloten nicht gelang, sich zu befreien, machte er die Selbstzerstörungsladung scharf und sprengte das Boot – mit sich und dem zweiten Mann an Bord. Eins der beiden anderen Boote wurde im Hafen gesichtet und von der *Chicago* unter Beschuß genommen. Es tauchte und feuerte später seine beiden Torpedos auf einen Kreuzer ab. Der eine bohrte sich, ohne zu detonieren, in den Hafenboden, und der andere lief unter einem niederländischen U-Boot hindurch, das an einer alten, jetzt als Versorgungsschiff dienenden Hafenfähre festgemacht hatte. Die Fähre wurde versenkt, und achtzehn Menschen starben. Das U-Boot ging auf der Rückfahrt verloren. Das dritte Boot wurde bei Kollisionen mit Hindernissen so stark beschädigt, daß die Torpedos in den Rohren steckenblieben. Als es im Hafen mit Wasserbomben belegt wurde, versenkte es sich selbst; der Pilot und der zweite Mann erschossen sich, nachdem sie die Flutklappen geöffnet hatten.[73]

Nach diesen Unternehmungen verstärkten beide U-Boot-Gruppen in mehr oder weniger konventionellen Operationen gegen Handelsschiffe den grausamen Ruf, in dem die japanischen U-Boote seit den ersten Versenkungen zu Beginn des Jahres standen, als auf im Wasser treibende Schiffbrüchige geschossen und Rettungsboote absichtlich mit großer Geschwindigkeit gerammt worden waren.[74] Aber nicht alle japanischen Kommandanten verhielten sich so. Auch sie versorgten Schiffbrüchige gelegentlich mit Lebensmitteln, Wasser und navigatorischem Rat.[75] Doch die Brutalität gegenüber Schiffbrüchigen war verbreitet genug, um die japanischen U-Boote bei Seeleuten aller Nationalitäten besonders gefürchtet und verhaßt zu machen. Dieses Verhalten war eine natürliche Folge der erwähnten grausamen Ausbildungsmethoden in der japanischen Marine: Der in den Männern aufgestaute Haß entlud sich eben nicht nur im Kampf, sondern auch gegenüber hilflosen Gefangenen, Zivilisten und Schiffbrüchigen. »Menschen, deren eigene Würde und Menschlichkeit [in der Ausbildung] auf so grausame Weise verletzt worden ist«, schreibt Saburo Ienaga, »werden kaum davor zurückschrecken, Menschen, die sich in ihrer Hand befinden und sich nicht verteidigen können, das gleiche anzutun.«[76] Dies war die Kehrseite der übermenschlichen Hingabe und Selbstaufopferung, die insbesondere die jungen Besatzungen der Klein-U-Boote bewiesen.

In Pearl Harbor rollten nach den unbefriedigenden Leistungen bei Midway die Köpfe. Viele U-Boot-Kommandanten mußten jüngeren Offizieren Platz machen. English drängte außerdem darauf, einen U-Boot-Stützpunkt auf Midway einzurichten, um den Anmarschweg seiner Boote zu verringern. Die Wartungs- und Nachschubeinrichtung, die ihm schließlich zugestanden wurde, verkürzte die Rundreise in japanische Gewässer um über 2000 Seemeilen.

Die Ergebnisse des Krieges gegen den japanischen Nachschub waren im Juni genauso mäßig wie die U-Boot-Leistungen bei Midway: Im gesamten Pazifik wurde nicht mehr als ein halbes Dutzend Schiffe versenkt, weniger als manche deutsche U-Boote im Golf von Mexiko und in der Karibik für sich allein verbuchen konnten. Die Kommandanten gaben Torpedoversagern und nicht funktionierenden Zündern die Schuld an dem schlechten Ergebnis. Damit hatten sie zweifellos recht. Aber Englishs Stab zog es vor, die Ursache im Verhalten der Kommandanten zu suchen. In den Randbemerkungen zu den Operationsberichten der Kommandanten spiegelte sich die merkwürdige Auffassung des Torpedooffiziers des Stabes wider, als »Verteidiger der Torpedos« auftreten zu müssen, dessen Pflicht es war, die Mängel wegzuerklären, statt sie zu untersuchen.[77]

Im südwestpazifischen U-Boot-Kommando, wo Rear Admiral Charles Lockwood Ende Mai an die Stelle von Wilkes getreten war, nahm man die Sache ernster. Bei seiner Ankunft in Perth hatte Lockwood, der als Vorsitzender der U-Boot-Offizierskonferenz bedeutenden Einfluß auf die Entwicklung der Flottenboote genommen hatte, eine düstere, niedergeschlagene Stimmung vorgefunden. Als Optimist konnte er es nicht dabei belassen, und als »großes Beispiel für die ›Loyalität nach unten‹«, die ihm die »rückhaltlose Unterstützung und Bewunderung« seiner Offiziere einbrachte,[78] nahm er die Klagen der Kommandanten ernst. Er führte eine informelle Untersuchung über die enttäuschenden Resultate bei der Verteidigung der Philippinen und in der Zeit danach durch. Dabei kam er zu dem Schluß, daß die Ursachen in fehlerhafter taktischer Aufstellung, in »Fehlfunktionen der Torpedos, die offenbar viel zu tief liefen und häufig zu früh zündeten«, und in »mangelndem Angriffsgeist« zu suchen seien, wie er in einem Brief an Kings Stabschef, den U-Boot-Kollegen Richard Edwards, erklärte.[79] Außerdem stellte er bei mehreren Testschüssen auf ein senkrecht aufgespanntes Fischernetz fest, daß der Standardtorpedo vom Typ Mark IV durchschnittlich 11 Fuß (3,35 Meter) zu tief lief. Er gab daraufhin die Anweisung, die Torpedosteuerung bei zukünftigen Angriffen 11 Fuß weniger als tatsächlich gewünscht einzustellen.

In Washington ließ Edwards unterdessen eine Analyse der bisherigen Torpedoangriffe durchführen, mit dem Ergebnis, daß doppelt so viele Treffer hätten erzielt werden können. King wies das Waffenamt daraufhin an, die Angelegenheit zu prüfen. Nach einer Reihe von Tests in Newport mußte es im Juli zugeben, daß die Mark-IV-Torpedos 10 Fuß (3,05 Meter) zu tief liefen. Bisher hatten Waffenamt und Englishs Stab jede Kritik an den Torpedos mit dem Hinweis zurückgewiesen, die Kommandanten würden nur schlecht zielen. Lockwood und English hielten das Problem endlich für gelöst. Man mußte nur die Tiefeneinstellung korrigieren, und die Torpedos würden fehlerfrei funktionieren. Aber sie irrten sich.

Lockwood hatte wesentlichen Anteil daran, daß der lange Prozeß in Gang kam, an dessen Ende die Lösung des Torpedoproblems stand. Aber weder er noch English – und Christie in Brisbane genauso wenig – hatten etwas am strategischen und taktischen Konzept ihrer Vorgänger geändert. Für die Abstellung von Booten für Flottenoperationen und Sonderaufgaben waren sie nicht verantwortlich. Das geschah auf Anweisung ihrer beiden Oberbefehlshaber. Aber sie trugen die Verantwortung dafür, daß die Boote weiterhin in den stark geschützten Gewässern vor Flottenstützpunkten oder aufgrund von Ultra-Informationen gegen schnelle, mit einer starken Eskorte fahrende Großkampfschiffe eingesetzt wurden. Lockwood und English versäumten es, eine gemeinsame Strategie für die Unterbrechung der japanischen Seewege zu entwickeln, um den Nachschub an Erdöl und anderen kriegswichtigen Rohstoffen entweder an der Quelle im ehemaligen Niederländisch-Indien oder an den Verkehrsknotenpunkten in der Straße von Luzon oder im Ostchinesischen Meer zu unterbinden. Es war jedoch nicht ihre Aufgabe, eine Gesamtstrategie zu formulieren, noch konnten sie die geteilte Kommandostruktur ändern, die zur Folge hatte, daß jeder Gebietsbefehlshaber seinen eigenen Krieg führte. Der Schwarze Peter lag wiederum bei King und seinem Stellvertreter und U-Boot-Fahrer Edwards.

Strategisch gesehen, war der amerikanische U-Boot-Krieg im Pazifik undurchdacht, zusammenhanglos und im wesentlichen unwissenschaftlich. Das zeigte sich in den dürftigen Ergebnissen dieses Sommers: Die Mehrzahl der Feindfahrten verlief ohne Versenkung, und die durchschnittliche Versenkungsrate lag bei einem halben Schiff pro Feindfahrt.

Die Schlacht bei Midway. Vereinfachte Kurse der japanischen U-Boote zwischen 26. Mai und 7. Juni 1942 und Aufstellung der amerikanischen U-Boote am 4. Juni 1942.

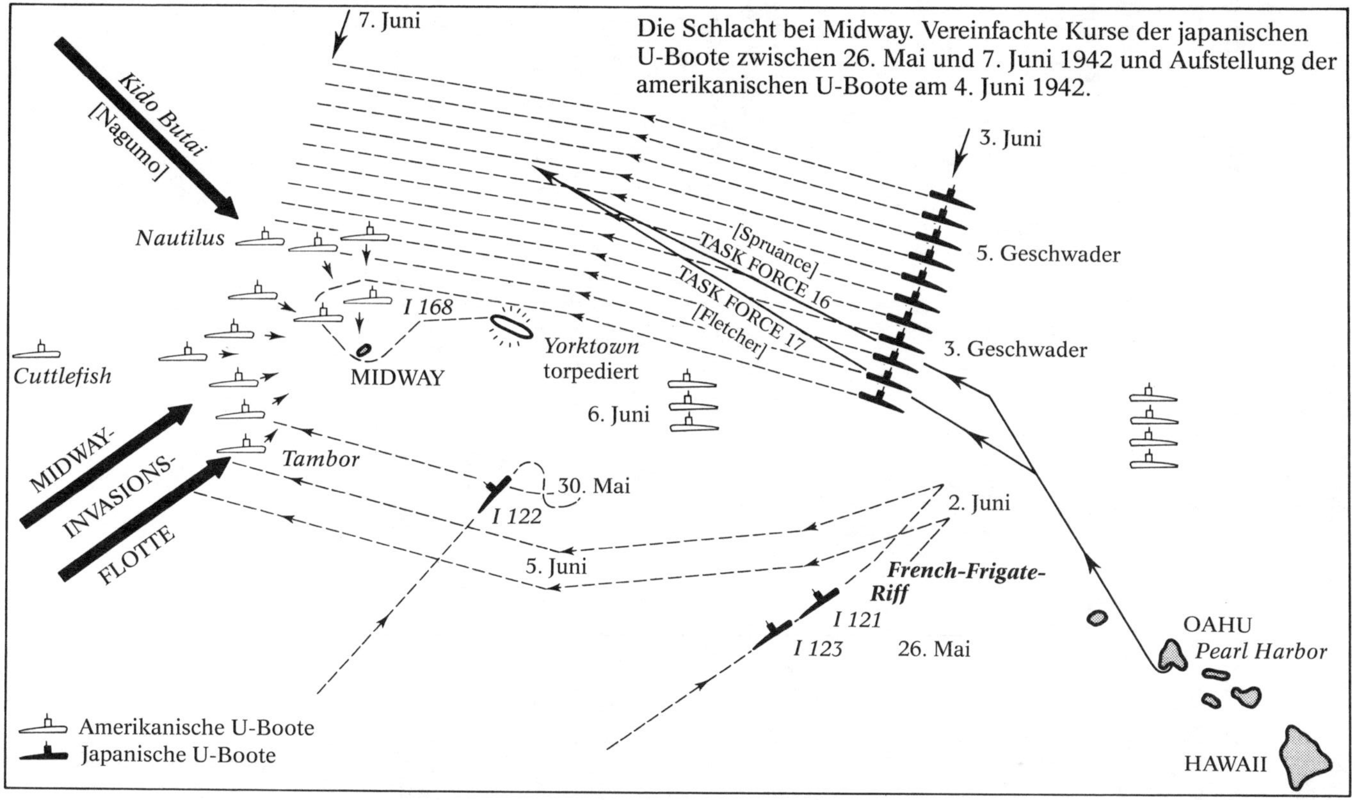

Die Schlacht bei Midway

DIE WENDE

Nach Midway war sich die japanische Führungsspitze im klaren darüber, daß der Krieg verloren war. Angesichts der gewaltigen wirtschaftlichen Überlegenheit der USA, die nicht zuletzt an deren Flottenbauprogramm abzulesen war, hatte Japans einzige Hoffnung darin bestanden, so bald wie möglich die amerikanische Pazifikflotte auszuschalten. Die Angriffe auf Pearl Harbor und Midway hatten diesem Ziel gedient. Doch die amerikanischen Flugzeugträger waren entkommen, und das amerikanische Schiffbauprogramm lief auf Hochtouren. Die Japaner hingegen hatten die Hälfte der Flugzeugträger der *Kido Butai* und einen wesentlich größeren Prozentsatz ihrer Flugzeuge und ausgebildeten Piloten verloren. Es war ein Glücksspiel gewesen, und man war gescheitert. Kaiser Hirohito mag es nicht zugegeben haben, aber im Grunde waren er und seine engsten Berater sich im klaren darüber. Yamamoto hatte es vorausgesagt und konnte nur noch darauf warten, daß sich auch der Rest seiner Voraussage erfüllte. Dem japanischen Volk und den Streitkräften wurde es nicht gesagt. Am 10. Juni verkündete der Tokioter Rundfunk vielmehr einen großen Sieg der Marine, bei dem zwei Flugzeugträger und 120 Flugzeuge des Feindes zerstört worden seien, während man selbst nur einen Träger und 35 Flugzeuge verloren habe. Die Marine gab den Befehl, die Verwundeten von Midway unter strengster Geheimhaltung und ohne jeden Kontakt nach außen im Marinekrankenhaus von Yokosuka zu versorgen.[1]

Bevor sie die unvermeidlichen Friedensfühler ausstreckten, wollten Hirohito und seine Berater aber noch ihre Verhandlungsposition stärken, indem sie die japanischen Positionen auf Neuguinea und den Inseln östlich von Australien festigten und ausdehnten. Der Plan des Kaiserlichen Hauptquartiers, die Kette von den Salomon-Inseln bis nach Fidschi zu besetzen, um die Verbindungswege zwischen den USA und Australien zu kappen und Außenposten für die Verteidigung des nach Süden erweiterten neuen Imperiums zu gewinnen, wurde bereits erwähnt. Jetzt landete ein Truppenkontingent an der Nordküste von Neuguinea, um über Land auf Port Moresby vorzustoßen, den Schlüssel zum nördlichen Australien. Außerdem wurde auf der Salomon-Insel Guadalcanal mit dem Bau eines Flugplatzes begonnen.

Den Amerikanern war die strategische Bedeutung der Salomon-Inseln nicht entgangen, und am 7. August 1942 landeten, von einer Trägergruppe gesichert, 11000 Mann der 1. Marineinfanteriedivision auf Guadalcanal und Tulagi. Der halb fertige Flugplatz auf Guadalcanal war verlassen, aber auf Tulagi stießen die Amerikaner zum ersten Mal auf fanatische Verteidiger, die ihre Stellungen bis zum letzten Mann hielten. Die Japaner hatten aus den vormaligen Midway-Landungstruppen und den Garnisonen der besetzten Inseln eine Armee gebildet, die die Amerikaner von den Salomon-Inseln fegen sollte. Damit begann ein langanhaltendes, zähes Ringen, und eine bis dahin nahezu unbekannte Pazifikinsel wurde zum blutigen Symbol der Grausamkeit und Sinnlosigkeit des Krieges.

In der Nacht nach der amerikanischen Landung verfrachtete Admiral Gunichi Mikawa, Befehlshaber eines Kreuzerverbandes mit dem irreführenden Namen 8. Trägerdivision, in Rabaul auf Neu-Britannien, 550 Seemeilen nordwestlich von Guadalcanal, sämtliche Soldaten und Matrosen, deren er habhaft werden konnte, auf sechs Transporter und schickte sie mit einer Zerstörereskorte als Verstärkung nach Guadalcanal. Bald nachdem sie den Hafen verlassen hatten, wurden die Schiffe durch das vor dem Südende der Meerenge zwischen Neu-Britannien und Neu-Irland patrouillierende amerikanische U-Boot S 35 gesichtet. Es lief unter dem Geleitzerstörer hindurch zum Unterwasserangriff gegen den größten Frachter an und feuerte zwei Torpedos ab, die beide trafen. Es war vermutlich das einzige Mal, daß die US-Boote mit einem Sonarangriff, wie sie ihn vor dem Krieg geübt und in den ersten Kriegsmonaten so oft erfolglos versucht hatten, einen vollständigen Erfolg erzielten. Der Frachter sank und riß 300 Mann mit sich in die Tiefe, und da er die Schlüsselkräfte der Streitmacht an Bord gehabt hatte, kehrte der Verband nach Rabaul zurück.

In der nächsten Nacht führte Mikawa seine Kreuzer in den Kampf gegen die amerikanische Invasionsflotte, die immer noch Material entlud. Aus einem Regenschauer heraus überraschte er in den frühen Stunden des 9. August in der Nähe der Insel Savo vor der Nordwestspitze von Guadalcanal zwei getrennte Gruppen der Sicherungskräfte mit einem australischen und vier amerikanischen Kreuzern. Bis auf einen ließ er alle als zerbrochene, brennende Wracks zurück. Aber statt nach diesem überwältigenden Sieg nachzusetzen und sein eigentliches Ziel, die kaum verteidigungsfähigen Transporter, an ihrem keine 20 Seemeilen entfernten Ankerplatz zu vernichten, zog sich Mikawa zurück. Als vier der Kreuzer am nächsten Morgen zum Stützpunkt zurückkehrten, fuhren sie vor Neu-Irland praktisch über Lieutenant Commander John R. Moores S 44 hinweg. Moore brachte das Boot in 650 Metern Entfernung in Angriffsposition und feuerte, mangels eines TDC mit dem Boot zielend, vier Torpedos auf das zweite Schiff der Steuerbordkolonne ab. Sie alle trafen, und Moore hörte die Detonationen, während er sich in die Tiefe absetzte. Das Rumpeln und Zischen, mit dem das Opfer, der fast 9000 BRT große Schwere Kreuzer *Kako*, sank, erschreckte die U-Boot-Besatzung stärker als die nachfolgenden Wasserbomben: »Es klang, als würden große Ketten über den Rumpf gezogen.«[2] Die *Kako* war das erste Großkampfschiff, das von einem amerikanischen U-Boot versenkt wurde.

Diese U-Boot-Erfolge, die zum richtigen Zeitpunkt am richtigen Ort waren, bildeten jedoch die Ausnahme. In der Regel bewiesen die in Brisbane stationierten S-Klasse-Boote nur, wie ungeeignet sie für tropische Gewässer waren. Ihnen fehlte eine Klimaanlage – bis auf Moores S 44, das über eine von der Besatzung gekaufte und installierte Anlage verfügte –, so daß zu der Anspannung der Patrouillenfahrten in den stark verteidigten Gewässern bei Rabaul die Folgen von Hitze und Feuchtigkeit kamen: Kopfschmerzen, Übelkeit und Erschöpfung bei der Besatzung, ausfallende Maschinen und zusammenbrechende Elektrik bei der Technik. Um so bemerkenswerter ist, daß Moore seinen Erfolg erzielte, obwohl er von den 180 Tagen, die seit seiner Ankunft in Brisbane vergangen waren, 127 auf See verbracht hatte.[3]

Die japanischen U-Boot-Fahrer, die ebenfalls keine Klimaanlage hatten, litten unter denselben Qualen. Sie waren allerdings kaum schlimmer, als sie es in ihrer Ausbildung erlebt hatten, und entsprachen vermutlich dem, was sie vom Dienst bei einer Elitewaffe erwartet hatten. Die Amerikaner hatten jedoch eine Alternative: Sie konnten, wie es Ende August auch geschah, die S-Klasse-Boote aus Brisbane in Gebiete verlegen, für die sie besser geeignet waren, und durch leistungsfähigere und bequemere moderne Flottenboote aus Lockwoods Stützpunkt in Fremantle ersetzen. Dadurch wurde jedoch die Zahl der Boote verringert, die gegen die japanischen Nachschublinien aus den eroberten britischen und niederländischen Kolonien eingesetzt werden konnten. Als English von Nimitz angewiesen wurde, U-Boote vor der Karolinen-Insel Truk, der Ausgangsbasis der japanischen Operationen gegen die Salomon-Inseln, patrouillieren zu lassen, wurden zusätzlich aus den japanischen Heimatgewässern Boote abgezogen. Diese Schwächung des »Tonnagekrieges« wurde keineswegs durch Erfolge bei den Salomon-Inseln aufgewogen. Dort wurden zwar am 28. August vor Truk ein Flugzeugträger und ein Schlachtschiff beschädigt, die japanischen Flottenbewegungen und die Anlandung von Truppen und Material gingen ansonsten aber ungestört vonstatten.

Die japanischen U-Boote wurden ebenfalls in den Sog der Ereignisse um die Salomon-Inseln hineingezogen. In den ersten Tagen hatte Admiral Mikawa fünf Boote als 8. (U-Boot-)Flotte unter seinem eigenen Kommando zusammengefaßt und gegen die Liegeplätze der amerikanischen Landungsflotte bei Guadalcanal und Tulagi eingesetzt. Drei von ihnen waren von dem Minenleger- und Versorgertyp wie die Boote, die vor dem Angriff auf Midway zum French-Frigate-Riff geschickt worden waren. Die beiden anderen waren der amerikanischen S-Klasse nicht unähnliche 700-Tonnen-Boote der RO-Klasse. Von Flugzeugen und U-Boot-Jägern unter Wasser gedrückt, hatten die U-Boote keinerlei Einfluß auf die Verstärkungs- und Nachschubschlacht. Diese wurde von Flugzeugen und Überwasserschiffen entschieden. Sie lief nach einem sich wiederholenden Muster ab: Nachdem die Amerikaner den Flugplatz auf Guadalcanal, den sie Henderson Field nannten, fertiggestellt hatten, beherrschten die dort stationierten Flugzeuge tagsüber den Himmel und sicherten die Landung von Truppen und Nachschub. Waren sie nach Einbruch der Dunkelheit zum Flugplatz zurückgekehrt, stieß ein japanischer Geleitzug, der von den Amerikanern »Tokio-Expreß« getauft wurde, in den Sund zwischen Guadalcanal und Tulagi vor, den sogenannten Schlitz. Wenn er gegen Mitternacht die Küste von Guadalcanal erreichte, nahmen die Geleitschiffe den Flugplatz unter Beschuß oder lieferten sich mit amerikanischen Einheiten mörderische Nahkämpfe. Dann drehten sie ab, um auf der von den Japanern gehaltenen Westseite der Insel Truppen abzusetzen. Im ersten Tageslicht stiegen die amerikanischen Flugzeuge wieder auf, aber die Japaner hatten sich zu diesem Zeitpunkt längst zurückgezogen. U-Boote spielten in diesen hektischen, von tödlichen Bränden beleuchteten Nachtgefechten keine Rolle. Eines von Mikawas RO-Klasse-Booten konnte zwar einen amerikanischen Transporter versenken, wurde aber noch im selben Monat ebenso wie eines der Minenlegerboote durch die Wasserbomben eines Zerstörers vernichtet.

Inzwischen waren sechs Aufklärungsboote vom Typ B1 des 1. Geschwaders der 6. (U-Boot-)Flotte zusammen mit ihrem Führungsboot von einer Operation gegen die Handelsschiffahrt im Indischen Ozean abgezogen und in die Gewässer südöstlich der Salomon-Inseln auf den Kurs der Transporter beordert worden, die von den Neuen Hebriden kamen. Die Amerikaner hatten dort auf Espiritu Santo in Vorbereitung auf den Kampf um die Salomon-Inseln einen Stützpunkt eingerichtet. Verstärkt wurden sie durch weitere Aufklärungsboote des in australischen Gewässern operierenden 3. Geschwaders, bis schließlich sechzehn Boote zwei Riegel über den amerikanischen Nachschublinien bildeten: einen inneren unmittelbar südlich der Salomon-Inseln und einen äußeren 200 Seemeilen weiter auf See. Sie erhielten zwar einen gemeinsamen Befehlshaber im U-Boot-Hauptquartier, waren aber weder in der Gruppentaktik ausgebildet noch wurde erwartet, daß sie sie anwandten. Tatsächlich griffen die U-Boote, wenn sie ein Ziel aufgespürt hatten, entweder an, ohne die Fühlungnahme zu melden, oder sie meldeten es eher dem Flottenbefehlshaber als ihrem Geschwaderkommandeur.[4]

Der erste Angriff dieser Boote erfolgte am 31. August, als I 26 den Flugzeugträger *Saratoga* sichtete und eine volle Salve aus sechs Torpedos auf ihn abschoß. Ein anlaufender Zerstörer hatte die Torpedobahnen zurückverfolgt, und I 26 versuchte zu tauchen. Aber der Zerstörer war schon sehr nah, so daß es keine Chance hatte. Die *Saratoga,* die erst kurz zuvor nach der Reparatur von Schäden, die ihr südlich von Pearl Harbor durch I 16 beigebracht worden waren, zur Flotte zurückgekehrt war, wurde von einem Torpedo getroffen und mußte für weitere drei Monate ins Reparaturdock.

Zwei Wochen später, am 15. September, feuerte Fregattenkapitän Taikachi Kinashi (I 19) »die wahrscheinlich wirkungsvollste Torpedosalve der U-Boot-Geschichte« ab.[5] Zwei amerikanische Trägergruppen hatten einen Transporterkonvoi gesichert, der das 7. Marineinfanterieregiment und dessen Vorräte nach Guadalcanal bringen sollte, und kreuzten den Vorpostenstreifen von I 19. Das U-Boot lag auf dem Kurs der *Wasp*-Gruppe, und nachdem Kinashi in den Schutzschirm der Zerstörer eingedrungen war, schoß er aus weniger als 450 Metern eine volle Salve von sechs Torpedos auf den Flugzeugträger. Drei trafen ins Ziel und entfachten furchtbare Brände, die nicht unter Kontrolle gebracht werden konnten. Die *Wasp* mußte aufgegeben werden. Das ausgebrannte Schiff wurde später von einem ihrer eigenen Geleitzerstörer versenkt. Die drei anderen Torpedos verfehlten den Träger. Aber die japanischen Sauerstoff-Paraffin-Torpedos hatten eine derartige Reichweite, daß sie über Kinashis Horizont – wenn er noch in Sehrohrtiefe gewesen wäre – hinausliefen und in über fünf Seemeilen Entfernung in der *Hornet*-Gruppe zwei Treffer erzielten: auf dem neuen Schlachtschiff *North Carolina* und dem Zerstörer *O'Brien.* Das Schlachtschiff brachte die Operation noch zu Ende, bevor es sich zur Reparatur nach Pearl Harbor zurückzog. Der Zerstörer *O'Brien* wurde vor Ort so weit wieder hergestellt, daß er aus eigener Kraft nach Amerika fahren konnte, um von Grund auf überholt zu werden. Von mindestens gleicher Bedeutung war jedoch, daß der Konvoi sicher durch die Vorpostenstreifen kam und das 7. Marineinfanterieregiment und der lebenswichtige Nachschub Guadalcanal erreichten.

Diese Erfolge der 6. Flotte gegen Großkampfschiffe machten die Enttäuschungen der Vergangenheit – denen bisher nur Tanabes Vernichtung der angeschlagenen *Yorktown* gegenübergestanden hatte – zumindest teilweise wett. Sie zeigten, daß die U-Boote durchaus in der Lage waren, die vor dem Krieg in sie gesetzten Hoffnungen zu erfüllen. Weitere Boote der 6. Flotte wurden in das Gebiet südlich der Salomon-Inseln geschickt, darunter mit Klein-U-Booten ausgerüstete Angriffsboote vom Typ C1. Aber die Erfolge von Ende August und Anfang September konnten nicht wiederholt werden. Tanabe, inzwischen Kommandant von I 176, beschädigte im Oktober den Schweren Kreuzer *Chester,* der daraufhin zur Reparatur in die USA zurückkehren mußte. Im November traf I 26 den Kreuzer *Juneau,* als dieser sich beschädigt aus einem Nachtgefecht vor Guadalcanal zurückzog. Er explodierte und sank fast augenblicklich. Rund 200 Überlebende wurden von den anderen, ebenfalls beschädigten Schiffen des Verbandes im Wasser treibend zurückgelassen. In den nächsten Tagen fiel die Mehrzahl von ihnen den Haien zum Opfer. Von den 600 Mann der Besatzung wurden nur zehn gerettet.[6]

Die vereinzelten Erfolge gegen Kriegsschiffe waren jedoch von weit geringerer Bedeutung für den Kampf um die Salomon-Inseln als das Unvermögen der japanischen U-Boote, die amerikanischen Transporter und Nachschubkonvois zu stören. Bei zwei Operationen mit Klein-U-Booten gegen den amerikanischen Ankerplatz an der Küste von Guadalcanal im November wurde je ein Versorgungsschiff versenkt – um den Preis von acht Klein-U-Booten und ihrer tapferen jungen Besatzungen –, aber der Nachschub der Amerikaner wurde nie ernsthaft gefährdet.

Die amerikanischen U-Boote waren umgekehrt ebensowenig in der Lage, die japanischen Nachschublinien zu unterbrechen. Dies war weniger Torpedoversagern anzulasten als vielmehr der Strategie. Die numerische Unterlegenheit der US Navy hatte auch Midway nicht ausgleichen können. Daher blieben Großkampfschiffe das Hauptziel der U-Boote. Und sowohl English in Pearl Harbor als auch Christie in Brisbane beorderten ihre Boote weiterhin in die stark bewachten Gebiete vor den japanischen Stützpunkten Palau und Truk östlich der Philippinen und Rabaul und Kavieng an der Ostspitze von Neuguinea. Darüber hinaus gaben die Ultra-Informationen von Hypo – das inzwischen als FRUPAC (Fleet Radio Unit Pacific – Flottenfunkeinheit Pazifik) firmierte – reichlich Grund für Einsätze gegen schnelle Kriegsschiffe. Neben den von Rabaul aus operierenden Verbänden Mikawas befanden sich in diesem Seegebiet die sechs verbliebenen japanischen Flugzeugträger, die mit zwei Schlachtschiffen und vier Schweren Kreuzern zur 3. Trägerdivision zusammengefaßt worden waren und den Amerikanern die Luftherrschaft streitig machten. Die zu ihnen dirigierten amerikanischen U-Boote bekamen regelmäßig Sichtkontakt und unternahmen auch mehrere Angriffe, erzielten aber nach den beiden Erfolgen vom 28. August keine weiteren Treffer.

Im Oktober und November wurden auf Nimitz' Befehl weitere moderne Flottenboote aus Pearl Harbor nach Brisbane verlegt. Damit kamen Englishs bereits geschwächte Unternehmungen gegen die Handelsschiffahrt in japanischen Gewässern restlos zum Erliegen, und Christie stieg zum Kommandeur des stärksten amerikanischen U-Boot-Verbandes im Pazifik auf. Die Kämpfe um die Salomon-Inseln wurden davon nicht berührt. Die auf dem Henderson Field stationierten Wildcat-Jäger und Sturzbomber blieben der beherrschende Faktor. Er beschränkte den japanischen Nachschub auf das, was bei den nächtlichen Vorstößen des Tokio-Expreß angelandet werden konnte, und das reichte für die über 30 000 japanischen Soldaten auf Guadalcanal bei weitem nicht aus. Ende Oktober, nachdem eine Großoffensive fehlgeschlagen war, mit der die amerikanischen Marineinfanteristen aus ihren Gräben gejagt werden sollten, machten sich bei den Japanern die Folgen des Hungers bemerkbar.

In der ersten Novemberwoche wurden zwei frische Bataillone der 38. Division aus Niederländisch-Indien durch die leichten Kräfte unter Konteradmiral Raizo Tanaka – dem »zähen Tanaka vom Tokio-Expreß« – auf die Insel gebracht. Die restlichen 17 000 Mann der Division und ihre Ausrüstung sollten zusammen mit weiterem Nachschub in der nächsten Woche folgen. Dafür machten sich elf von einer starken Abteilung der 3. Trägerdivision geschützte Transporter auf den Weg. An der Spitze fuhren die beiden Schlachtschiffe der Division, die in einem Nachtbombardement das Henderson Field und die dort abgestellten Flugzeuge zerstören sollten, um dann am Tag die Landung der Transporter zu sichern.

Der Konvoi traf in den frühen Stunden des 13. November vor Guadalcanal auf einen amerikanischen Kreuzerverband. In der anschließenden Schlacht erlitt der Verband verheerende Verluste – darunter die *Juneau,* die am folgenden Morgen zum Opfer von I 26 werden sollte. Aber auch eins der japanischen Schlachtschiffe wurde vernichtet, und der Angriff auf den Flugplatz konnte verhindert werden. Die Folge war, daß die Flugzeuge am Morgen starten und in den folgenden Tagen alle elf Transporter versenken konnten. Ein kleiner Teil der überlebenden Soldaten wurde an Land gebracht. Der Rest kehrte auf Zerstörern nach Rabaul zurück. Der lebenswichtige Proviant war verlorengegangen. Inzwischen waren die schweren Einheiten beider Seiten in einem weiteren Nachtgefecht in dem engen Sund zwischen Guadalcanal und Tulagi aufeinandergeprallt, und das zweite Schlachtschiff der 3. Trägerdivision hatte sich zu den vielen durchlöcherten, ausgebrannten und zerbrochenen Schiffen gesellt, die bereits auf dem Boden dessen lagen, was fortan der Eisenbodensund genannt werden sollte.

U-Boote hatten in diesen kritischen Auseinandersetzungen wiederum keine Rolle gespielt. Vor der Gefechtsserie bei Guadalcanal hatten sieben US-Transporter mit frischen Truppen und Nachschub unbehelligt die japanischen U-Boot-Streifen passiert. Und es waren die Flugzeuge vom Henderson Field, nicht die U-Boote, die die japanischen Transporter zerstört hatten und schließlich die Nachschubschlacht gewannen. Darüber hinaus hatten die Luftgefechte während dieser Kämpfe die endgültige Niederlage Japans besiegelt: Angesichts der gewaltigen amerikanischen Flugzeugproduktion war Japan nach den Verlusten an Trägerflugzeugen und ausgebildeten Piloten, die Nagumo über den Salomon-Inseln hatte hinnehmen müssen, in der Luft auf Dauer unterlegen.

Als die Nachricht über den jüngsten Fehlschlag am 16. November in Tokio eintraf, ordnete der Kaiser an, die U-Boote von Komatsus 6. Flotte für den Transport von Nachschub vorzubereiten.[7] Die Offiziere dieser Elitetruppe waren empört darüber, daß sie die Packesel der Armee spielen sollten, und Komatsu fühlte zweifellos mit ihnen, hielt ihnen aber entgegen, daß der Kaiser befohlen habe, die Truppen auf Guadalcanal um jeden Preis mit Nachschub zu versorgen. Danach »war kein weiterer Widerspruch mehr zu hören«.[8]

Im Flottenstützpunkt Yokosuka waren bereits entsprechende Experimente im Gang: Man probierte zunächst, Reissäcke aus Torpedorohren auszustoßen, doch sie platzten auf. Dann versuchte man es mit Keksdosen und mit zylindrischen Holzbehältern, aber sie zerbrachen. Schließlich wurde der Reis in Gummisäcken auf dem Oberdeck verstaut und am Zielort in Boote umgeladen. Als sich herausstellte, daß das Meerwasser durch das Gummi sickerte, traten Stahltrommeln an seine Stelle. Sie wurden so auf dem Deck befestigt, daß sie von innen freigegeben werden konnten, um sie an Land treiben zu lassen, falls es zum Auftauchen zu gefährlich war. Später wurde ein sogenanntes »Frachtrohr« entwickelt. Es ähnelte einem flachen Landungsfahrzeug, und auf seinem Deck konnten bis zu zwei Tonnen Nachschub vertäut werden. Von zwei Torpedos angetrieben, hatten die von einem einzigen Mann gesteuerten Frachtrohre bei einer Geschwindigkeit von drei Knoten eine Reichweite von zwei Seemeilen. Auch sie konnten aus dem Innern des getauchten U-Boots gestartet werden.[9]

Den ersten Nachschubtransport von Buin auf Bougainville, der nördlichsten Salomon-Insel, führte Yahachi Tanabe durch. Im Dezember nahm die Zahl der Fahrten stetig zu, und Anfang 1943 waren 20 Boote unterwegs. Jeden zweiten Tag lief eines abwechselnd mit Tanakas mit Nachschub vollgepackten Zerstörern in Richtung Guadalcanal aus. Auf diese Weise wurden die japanischen Truppen auf der Insel gerade so am Leben erhalten, bis der unermüdliche Tanaka Anfang Februar im Schutz eines brillanten Täuschungsmanövers der japanischen Flotte über ein Drittel der Soldaten evakuierte. Die Amerikaner fanden später mehr als 21 000 ausgemergelte Leichen. Viele tausend andere wurden nie gefunden.[10]

Yamamotos Vorkriegsprophezeiung erfüllte sich genauer, als er es sich hatte vorstellen können. Er hatte tatsächlich sechs Monate oder ein Jahr Schläge austeilen können – bis zur Schlacht bei Midway beziehungsweise zur Evakuierung von Guadalcanal –, und jetzt hatte er allen Grund, »für das zweite und dritte Jahr … nicht die geringste Zuversicht« zu haben. Kurz nach der Evakuierung schrieb er einem Freund: »Ich weiß nicht, was ich tun soll, und ich trete nur ungern vor meine Offiziere und Soldaten, die so hart gefochten haben, ohne den Tod zu fürchten.«[11]

Im Grunde bedeutete Guadalcanal das Ende der japanischen U-Boot-Waffe als Mittel für die Offensive und den Handelskrieg. Die Umwandlung der Boote der 6. Flotte in Nachschubfrachter ließ offenbar die bis dahin hohe Moral der Besatzungen sinken,[12] und die Fahrten in die seichten, von Patrouillentorpedobooten (PT-Booten) kontrollierten Küstengewässer mit ihren Riffen und Felsen kosteten von November 1942 bis Januar 1943 monatlich zwei U-Boote. Das letzte Opfer war das 2000-Tonnen-Boot I 1. Es wurde von zwei umgebauten 600-Tonnen-Trawlern der Royal New Zealand Navy – der *Kiwi* und der *Moa* – entdeckt, als es im Morgengrauen des 29. Januar vor dem Landungsplatz bei Guadalcanal auftauchte. Der Kommandant versuchte das Boot tiefer zu bringen. Aber die Wasserbomben hatten ihm solche Schäden zugefügt, daß er wenig später auftauchen und den Kampf mit der Artillerie ausfechten mußte. Die beiden Trawler schossen die Geschützbedienung und die Brückenwache vom Boot, während sie auf Kollisionskurs gingen. Von den Scheinwerfern der Trawler geblendet, setzte die zweite Geschützbedienung den Kampf fort, bis das zur Küste treibende Boot auf Grund lief und starke Schlagseite bekam. Durch den durchlöcherten Kommandoturm hereinströmendes Wasser schloß einen Teil der Besatzung im Boot ein, so daß der Erste Wachoffizier später an Land nur fünfzig Mann der Besatzung wiederfand. Sie vergrößerten die Zahl derer, die dort verzweifelt auf Nachschub warteten.[13]

Obwohl die verantwortlichen Unteroffiziere daran gedacht hatten, die aktuellen Codebücher zu vernichten, fanden amerikanische Taucher später Geheimmaterial von unschätzbarem Wert in dem Wrack, darunter Codeerweiterungen, die demnächst in Kraft treten sollten. Die Kryptologen der FRUPAC hatten den Sommer und Herbst über auf dem Trockenen gesessen, weil die Japaner ihren fünfstelligen Zahlenschlüssel zweimal – im Juni und im August – geändert hatten. Aber sie waren dabei, wieder in den Schlüssel einzudringen, und das erbeutete Material von I 1 beschleunigte diesen Prozeß. Bei den Salomon-Inseln war außerdem ein Teil einer japanischen Karte gefunden worden. Indem man die geheime Quadratkarte für die Codierung der Positionsangaben darüberlegte, deren Schlüssel immer noch nicht geknackt worden war, ergab sich der fehlende Ausgangspunkt, von dem aus das Gitternetz für den gesamten

Pazifik nachvollzogen werden konnte. Damit beherrschte die FRUPAC den japanischen Funkverkehr besser als jemals zuvor.[14]

Alle großen Marinen setzten für die Versorgung belagerter Garnisonen, für die Evakuierung von Truppen oder den Transport von Agenten und Saboteuren beziehungsweise deren Versorgung gelegentlich U-Boote ein. Aber für die Japaner wurde der Transport von Nachschub und Verstärkungen zu den eingeschlossenen Garnisonen zu einer ebenso alltäglichen Aufgabe wie deren anschließende Evakuierung während des langen Rückzugs, der nach dem verlorenen Kampf um Guadalcanal begann.[15] Dies war der Hauptgrund dafür, daß die U-Boote kaum noch Angriffserfolge zu verbuchen hatten, weder im Kampf gegen Kriegsschiffe – für den sie gedacht waren – noch im Handelskrieg – in den sie Komatsu hatte führen wollen, als er das Kommando der 6. Flotte übernahm. Alles gleichzeitig konnte man nicht tun. Zudem mußten sich die japanischen U-Boote der amerikanischen Technologie geschlagen geben, hauptsächlich dem Radar und der Kryptoanalyse, die jede ihrer Bewegungen aufdeckte. Kein Wunder, daß die Moral nachließ.

Im Mittelmeer tobte die Nachschubschlacht 1942 mindestens so heftig wie im Pazifik, und auch hier war die Luftwaffe der entscheidende Faktor. Nach dem katastrophalen Verlust der Spitfires, die im April 1942 von der *Wasp* nach Malta geflogen waren, hatten die *Wasp* und die *Eagle* im Mai erneut Verstärkung ins Mittelmeer gebracht – diesmal erfolgreich. Die neuen Spitfires hatten am 10. Mai massive Luftangriffe abgewehrt. Über 20 Feindflugzeuge waren abgeschossen und die doppelte Anzahl beschädigt und wahrscheinlich ebenfalls zerstört worden. Sie selbst hatten nur drei Maschinen verloren.[16]

Im Juni, nach der Einnahme Tobruks, hatte Hitler die bereits geplante Invasion Maltas zugunsten des Vorstoßes nach Ägypten fallengelassen. Hintergrund dieser Entscheidung scheint nicht nur die Tatsache gewesen zu sein, daß es der Luftwaffe nicht gelang, die Luftherrschaft über der Inselfestung zu gewinnen, sondern auch der Glaube, daß Ägypten kurz vor der Revolution stand. Stärker noch wog das Mißtrauen gegenüber dem Achsenpartner Italien, insbesondere dessen Marine, der man zutraute, daß sie die Invasionstruppen nach der Eroberung der Insel im Stich lassen könnte. Die Italiener andererseits hatten den Invasionsplan ausdrücklich vorangetrieben, um Rommels Vorstoß nach Ägypten zu verhindern. Sie stellten sieben von zehn Divisionen der Panzerarmee Afrika, und ihr Generalstab sah angesichts der überdehnten Nachschublinien eine Katastrophe voraus – die dann auch eintrat.

Für Malta war Hitlers Entscheidung der Wendepunkt. Das Versäumnis, die Insel zu besetzen, wird allgemein als krasser Fehler betrachtet. Man kann dem entgegenhalten, daß Malta zu dieser Zeit weniger ein strategisch bedeutsamer Besitz war als vielmehr eine Geisel des Feindes, die man aus Stolz und Prestigegründen unter enormen Kosten halten mußte.[17] Das Prestige aber war beachtlich und die strategische Bedeutung sowie der Aderlaß durch Einheiten des Stützpunkts groß genug, daß Hitler seine Ausschaltung durch massive Luftangriffe befahl. Wären die anderen U-Boot-Flottillen im Mittelmeer verstärkt worden und mit der 10. Flottille zusammen für einen konzentrierten Angriff gegen die Nachschublinien der Achse nach Nordafrika eingesetzt worden, wäre die strategische Bedeutung des Besitzes von Malta sogar noch deutlicher zutage getreten. Einem jungen U-Boot-Kommandanten zumindest war dies klar: Die hervorstechende strategische Fähigkeit des U-Boots, schrieb er im Juli in einem anonymen Leserbrief an die *Times*, bestehe darin, »ohne Unterstützung in großer Entfernung von seinem Stützpunkt und in vom Feind beherrschten Gewässern zu agieren; taktisch gesehen, ist es ein Mittel, mit einer überaus wirkungsvollen Waffe, dem Torpedo, das Überraschungsmoment zu nutzen. Einzeln oder im Rudel operierend, von Flugzeugen unterstützt oder diese unterstützend, könnten U-Boote die Nachschublinien der Achse nach Libyen zerschneiden. Haben wir Bunker für unsere U-Boote in Malta gebaut, wie es die Deutschen in St. Nazaire getan haben?«[18]

Wie immer diese Meinungsäußerung von der Admiralität oder vom Kriegskabinett aufgenommen worden sein mag, die U-Boot-Flottillen im Mittelmeer wurden nicht unter einem Kommando zusammengefaßt, um einen konzentrierten Angriff gegen Rommels Nachschub auszuführen. Der Druck der Achse ließ Ende Juli jedoch so weit nach, daß Simpson nach Malta zurückkehrte. Ihm folgten die vier noch vorhandenen Boote der 10. Flottille, die bald darauf durch einige neue U-Klasse-Boote verstärkt wurde. Ihre Aufgaben waren zunächst überwiegend defensiver Natur. Die Insel stand durch die See- und Luftblockade kurz vor dem Verhungern, und die Treibstoffvorräte waren gefährlich knapp. Einige der großen alten Boote der Klassen O, P und R sowie das River-Klasse-Boot *Clyde* wurden deshalb, nachdem man die Hälfte der Batterien entfernt hatte, als Tanker und Frachter eingesetzt. Als »Fliegender Teppich« fuhren sie zwischen Alexandria und Malta hin und her, mit Ölbunkern und sogar Ballasttanks voller Flugbenzin und bis unters Oberdeck mit Munition und Lebensmitteln vollgestopft. Den gesamten Bedarf der Insel konnten sie allerdings nicht decken. Anfang August lief daher ein für Malta bestimmter Konvoi aus 14 Handelsschiffen aus dem Clyde aus. Geschützt wurde er von einer außerordentlich starken Eskorte aus drei Flugzeugträgern, zwei Schlachtschiffen und sieben Kreuzern sowie Geleitzerstörern. Deckname der Nachschuboperation war »Pedestal« (Sockel). Sechs der acht U-Boote der 10. Flottille wurden südlich der zwischen Sizilien und Tunesien gelegenen Insel Pantelleria in einem von Osten nach Westen verlaufenden Vorpostenstreifen aufgestellt. Wenn die schweren Schiffe umgekehrt waren und den Rückmarsch angetreten hatten, sollten sie den Konvoi auf der letzten Wegstrecke vor feindlichen Überwasserschiffen abschirmen. Ein weiteres Boot patrouillierte westlich des Flottenstützpunkts von Palermo vor der Nordküste Siziliens und das achte Boot schließlich – P 42, ein Neuling in der Flottille, unter Lieutenant Alastair Mars – am Kap von Milazzo am Nordende der Straße von Messina.

Ergänzt um den Flugzeugträger *Furious,* der 38 Spitfires nach Malta einfliegen sollte, passierte der Geleitzug in den frühen Stunden des 10. August die Straße von Gibraltar. Am nächsten Morgen wurde er von einem feindlichen Aufklärungsflugzeug entdeckt, und kurz nach 12 Uhr, als die ersten Spitfires für Malta von der *Furious* aufstiegen, sichtete U 73 unter Oberleutnant Helmut Rosenbaum die Schiffe. Rosenbaum drang hinter den Schutzschirm der Zerstörer vor, ließ die Kolonnen der Handelsschiffe vorbeifahren und feuerte aus nächster Nähe vier Torpedos auf den Flugzeugträger *Eagle* ab, die ein riesiges Leck in dessen Rumpf rissen. Der Träger sank innerhalb von acht Minuten. Am Abend, als sich die *Furious* nach Beendigung ihrer Mission wieder auf dem Weg zur Straße von Gibraltar befand, griffen deutsche Bomber und Torpedoflugzeuge erfolglos den Konvoi an. Sie wiederholten den Angriff am nächsten Morgen, dem 12. August. Die schwersten Luftangriffe von Flugplätzen in Südsardinien aus fanden am frühen Nachmittag und Abend statt. Bei dem Angriff am Morgen wurde ein Handelsschiff beschädigt. Die erste Welle der Abendangriffe setzte mit drei Treffern auf dem Flugdeck den Träger *Indomitable* außer Gefecht und beschädigte außerdem einen Zerstörer so stark, daß er versenkt werden mußte. Dann drehten die schweren Schiffe wie geplant ab und überließen den Konvoi für den Rest der Fahrt den vier Kreuzern und den Zerstörern.

Vor den verminten Untiefen der Skerki-Bank nördlich von Tunis lagen zwei Gruppen italienischer U-Boote mit zusammen 13 Einheiten auf dem Kurs des Konvois. Als sich um 20 Uhr die bisherigen vier Handelsschiffskolonnen auflösten und in zwei Kolonnen hinter den minensuchenden Zerstörern einreihten, wurden das Flaggschiff der Eskorte, ein weiterer Kreuzer und der Tanker *Ohio* von Torpedos getroffen. Alle drei stammten von der *Axum* unter Kapitänleutnant Renato Ferrini. Es war – von dem Vorstoß der Klein-U-Boote in den Hafen von Alexandria abgesehen – der verheerendste Schlag, den ein italienisches U-Boot im Zweiten Weltkrieg ausgeführt hat. Hinzu kam, daß das Flaggschiff, das nach Gibraltar umkehrte, und der Kreuzer, der versenkt werden mußte, die einzigen Schiffe der Eskorte waren, die über ein Funkleitsystem für die in Malta stationierten Jagdflugzeuge verfügten.

Offiziersmesse eines S-Klasse-U-Boots. **Durch das Kugelschott sind die Kombüse und der Raum von LI und Unteroffizieren zu sehen. Gemälde von Stephen Bone.**

Die frühen deutschen Asse: Kapitänleutnant Günther Prien *(oben Mitte)* im Juli 1940 nach einer Rekordfahrt, auf der er drei Flugzeugbesatzungen rettete, die hier mit ihm zusammen zu sehen sind. Kapitänleutnant Joachim Schepke *(unten links)* nach einer Feindfahrt im September 1940 und in Berlin nach der Verleihung des Ritterkreuzes *(unten rechts)*.

Oben: Kapitänleutnant Otto Kretschmer nimmt im August 1940 aus der Hand von Großadmiral Erich Raeder das Ritterkreuz entgegen. Die Männer tragen Felduniformen aus in Frankreich zurückgelassenen Beständen der britischen Expeditionstruppen.

Unten: Konteradmiral Karl Dönitz *(zweiter von links)* überreicht Kapitänleutnant Wilhelm Schulz im April 1941 für die Versenkung von 100 000 BRT das Ritterkreuz.

Oben: Lieutenant Commander M. D. Wanklyn *(Mitte)* mit einem Teil der Besatzung der *Upholder* 1942 in Malta, nachdem er das Victoria-Kreuz erhalten hat.

Links: Captain G. W. G. Simpson, der Chef der Malta-Flottille.

Unten: Rudergänger in der Zentrale eines U-Klasse-Boots.

Oben: Lieutenant Commander B. D. Cayley von der *Utmost* und Lieutenant Commander E. P. Tomkinson von der *Urge (rechts),* die neben Wanklyn erfolgreichsten Kommandanten der ersten Phase des Mittelmeerkrieges.

Unten: Das Lazaretto, das Hauptquartier der Malta-Flottille, mit der am Kai Vorräte aufnehmenden *Upholder.*

Links: Das IXB-Boot U 107 unter Kapitänleutnant Günther Hessler im Juni 1941 bei der Rückkehr nach Lorient mit 13 Siegeswimpeln für die Versenkung einer Rekordtonnage von 86 699 BRT.

Unten: Hessler nach der Verleihung des Ritterkreuzes.

iese Fotografien des am 9. Mai 1941 aufgebrachten IXB-Boots U110 unter Kapitänleutnant
ılius Lemp sind erst kürzlich dem Imperial War Museum gestiftet worden.
ben: Das Enterboot des Zerstörers HMS *Bulldog* auf der Fahrt zu U110.
nten: Eine Nahaufnahme des U-Boots nach Bergung der Enigma-Schlüsselmaschine und der
:hlüsseltabellen.

Oben: Kapitänleutnant Reinhard Hardegen am 8. Juni 1941 bei Antritt der ersten Feindfahrt als Kommandant des IXB-Boots U123. Am Turm ist das Verwundetenabzeichen des vorigen Kommandanten zu sehen. Hinter U123 läuft das VIIC-Boot U201 aus.

Unten links: Hardegen im Februar 1942 nach seiner Rückkehr von der Operation Paukenschlag bei der Verleihung des Ritterkreuzes.

Unten rechts: Kapitänleutnant Wolfgang Lüth im Dezember 1941 bei seiner Rückkehr nach Lorient.

Die Geschützbedienung auf dem aufgetauchten U25.

Oben: Lieutenant Richard O'Kane *(links)* und Lieutenant Dudley Morton auf der Brücke der *Wahoo* nach Mortons erster Feindfahrt als Kommandant im Januar 1943.

Unten links: Commander Samuel Dealey, der »Zerstörer-Killer«.

Unten rechts: Captain John Cromwell, der es vorzog, mit dem Führungsboot seiner Gruppe unterzugehen, um das Ultra-Geheimnis nicht zu verraten.

wei von Mortons Opfern, wie er sie durch sein Sehrohr sah. *Oben:* Ein japanischer Zerstörer ei Wewak. *Unten:* Der Truppentransporter *Buyo Maru,* dessen Überlebende anschließend im asser massakriert wurden.

Oben: O'Kanes *Tang* im April 1943 vor Truk bei der Bergung einer abgeschossenen Flugzeugbesatzung.

Unten: Ein britisches X-Craft von dem Typ, der im September 1943 die *Tirpitz* beschädigte.

en: I 68 in voller Fahrt. Das Boot erhielt später die Nummer I 168 und versenkte unter dem
mmando von Fregattenkapitän Yahachi Tanabe am 6. Juni 1942 den US-Flugzeugträger *Yorktown.*

ten: Ein nach dem Angriff eines trägergestützten US-Flugzeuges sinkendes deutsches U-Boot.

Oben: Der Lageraum im Derby House in Liverpool, dem Hauptquartier des Kommandos der Western Approaches, im Juli 1941.

Mitte: Die Besatzung der *Turbulent* mit der Totenkopfflagge des Boots im Februar 1943.

Rechts: Eine Wasserbombenexplosion hinter HMS *Starling* während der Operation im Januar und Februar 1944, bei der die Gruppe sechs U-Boote vernichtete.

)ben: Ein Nordatlantikkonvoi aus der Perspektive eines Piloten vom britischen Küstenkommando.

'nten: Ein von den Wasserbomben eines Flugzeugs tödlich getroffenes deutsches U-Boot. Zwei esatzungsmitglieder suchen am Kommandoturm Deckung.

Oben: Der Bugtorpedoraum von I 58, das im Juli 1945 den amerikanischen Schweren Kreuzer *Indianapolis* versenkte.

Unten: Japanische Klein-U-Boote vom Typ Koryu im Marinestützpunkt von Kure im August 1945.

Der Konvoi kurvte nach Süden, um der Gefahr auszuweichen – ohne zu wissen, ob es sich um Minen oder U-Boote handelte. Eine weitere Welle deutscher Bomber und Torpedoflugzeuge fand die Schiffe in ungeordneter Formation und ohne Jägerschutz vor. Zwei Handelsschiffe wurden versenkt, ein drittes beschädigt. Der Konvoi hatte sich kaum wieder formiert, als er der zweiten Gruppe italienischer U-Boote vor die Rohre lief. Die *Alagi* unter Kapitänleutnant Sergio Puccini traf einen dritten Kreuzer, dessen Schaden jedoch so schnell behoben wurde, daß er bei dem Konvoi bleiben konnte. Sie torpedierte außerdem ein Handelsschiff. Ein weiteres, von den Flugzeugen bereits beschädigtes Handelsschiff wurde von der *Bronzo* unter Oberleutnant Cesare Buldrini versenkt.

Die übriggebliebenen Schiffe fuhren um Mitternacht um Kap Bon herum und in südlicher Richtung an der tunesischen Küste entlang. Plötzlich wurden sie von deutschen und italienischen Torpedobooten angegriffen, die einen vierten Kreuzer außer Gefecht setzten, weitere vier Handelsschiffe versenkten und eines beschädigten. Der Kreuzer versenkte sich am nächsten Morgen selbst, während der restliche Konvoi, jetzt unter dem Schutz von Beaufighter-Patrouillen aus Malta, südlich des Vorpostenstreifens der 10. Flottille von einer weiteren Welle deutscher Bomber heimgesucht wurde. Trotz der Jägersicherung zerstörten sie ein Handelsschiff und fügten dem Tanker *Ohio* weitere Schäden zu. Eine zweite, kleinere Bomberwelle setzte drei Stunden später erneut ein Handelsschiff in Brand und ließ die *Ohio* und ein weiteres Handelsschiff fahruntüchtig zurück.

Spitfires aus Malta nahmen die verbliebenen Schiffe unter ihre Flügel und eskortierten sie sicher nach Valetta. Von den ursprünglich 14 Handelsschiffen des Konvois waren drei übriggeblieben. Ein viertes schob sich am nächsten Morgen, mit einem großen Loch im Bug, rückwärts in den Hafen. Die *Ohio* wurde einen Tag lang von den Jägern aus Malta verteidigt und konnte am Morgen des 15. August schließlich eingeschleppt werden. Damit war der lebenswichtige Treibstoff für die Insel gerettet. Um diese fünf Schiffe durch die Gefahrenzone in Reichweite der sizilianischen Flugplätze zu bringen, waren die Beaufighters und Spitfires aus Malta 407 Einsätze geflogen.[19] Sie hatten Verluste in Kauf genommen, die eher einer ausgewachsenen Seeschlacht angemessen gewesen wären: Ein Flugzeugträger, zwei Kreuzer und ein Zerstörer waren versenkt und zwei weitere Kreuzer schwer beschädigt worden. Auf Feindseite waren zwei italienische U-Boote – eines durch einen Geleitzerstörer der *Furious* – und eine erhebliche Zahl von deutschen und italienischen Flugzeugen verlorengegangen.

Von den U-Booten der 10. Flottille hatte nur ein einziges ein feindliches

Schiff zu Gesicht bekommen, Alastair Mars' P 42, das später den Namen *Unbroken* erhielt. Mars sollte tagsüber zwei und nachts vier Seemeilen vor dem Kap von Milazzo kreuzen. Bei der Einsatzbesprechung hatte er darauf hingewiesen, daß man ihn an diesem offensichtlichen Verkehrsknotenpunkt, noch dazu in solcher Nähe zu einem Leuchtturm, sehr schnell entdecken werde. Simpson hatte erwidert, die Position sei von der Admiralität angeordnet worden und könne nicht geändert werden.[20] Tatsächlich wurde Mars schon am ersten Tag, dem 10. April, gesichtet. Nicht weniger als 70 Wasserbomben prasselten auf ihn ein. Glücklicherweise waren sie nicht sehr gut plaziert, und er konnte sich aus den Küstengewässern davonschleichen. Aber er befand sich in einer Zwickmühle: Auf seinen Posten zurückzukehren, war sinnlos. Der Feind war vorgewarnt und würde die Gegend um das Kap meiden. Andererseits hatte er einen eindeutigen Befehl, der von seinem Flottillenchef noch einmal bestätigt worden war. Vor der Abfahrt hatte er sämtliche Berichte über Fahrten in dieses Gebiet gelesen und dabei festgestellt, daß in der Nähe von Stromboli, 30 Seemeilen nördlich seines Standorts, Tomkinson und Cayley zwei Kreuzer versenkt hatten und ein weiterer Kreuzer von der *Triumph* unter Commander Wilfred Woods beschädigt worden war. Daher wies er sich jetzt in Nelsonscher Mißachtung seines Befehls ein Einsatzgebiet 12 Seemeilen südwestlich von Stromboli zu, an einem Punkt, an dem sich drei Routen durch die Liparischen Inseln kreuzten.

Zwei Tage wartete er vergeblich. Dann wurde er am Morgen des 13. August durch das lauter werdende Geräusch zahlreicher Schiffsschrauben belohnt. Bald darauf sah er vier in Kiellinie fahrende Kreuzer mit Zerstörer- und Flugzeugeskorte auf sich zukommen. Er setzte sich südwärts von ihrem Kurs ab und torpedierte aus einer Entfernung von 2700 Metern den Schweren Kreuzer *Bolzano* und den Leichten Kreuzer *Muzio Attendolo.* Beide trugen derart schwere Schäden davon, daß sie für den Rest des Krieges ausfielen. Damit hatte Mars seine Torpedos verschossen und kehrte zum Stützpunkt zurück. Man gratulierte ihm überschwenglich dazu, die schweren Verluste der Royal Navy wenigstens teilweise wettgemacht zu haben; daß er seine Befehle mißachtet hatte, ging dabei völlig unter.[21]

»Pedestal« hatte den auf Malta herrschenden Versorgungsengpaß nicht behoben, ihn aber so weit gelindert, daß die Insel wieder zu einer Angriffsbasis werden konnte. Die 10. U-Boot-Flottille wurde durch weitere U- und S-Klasse-Boote verstärkt. Zusammen mit den auf der Insel stationierten Beaufort-Bombern nahmen sie die Angriffe gegen die Nachschublinien der Achse nach Nordafrika wieder auf. Im Gegenzug verschärften sich die deutschen Luftangriffe. Als das nach Malta beorderte S-Klasse-Boot P 247, die spätere *Saracen,* im

September in der Nähe der Insel eintraf, wurde ihm der Weg durch das Feuerwerk eines nächtlichen Luftangriffs gewiesen. Am nächsten Morgen lotsten zwei Minensucher das Boot durch einen von Minen freigeräumten Kanal. Der Große Hafen mit dem Blick auf jahrhundertealte Festungsmauern und die teilweise zerstörten Häuser, Türme und Kuppeln dahinter, die Festung St. Elmo, der Marsamxett-Hafen und schließlich die Lazaretto-Bucht, wo vor dem versehrten alten Lazaretto die blau gestrichenen U-Boote an schwimmenden Laufplanken vertäut waren: Dies alles fügte sich, trotz Lebensmittelknappheit und ständiger Luftangriffe, zu einem einmaligen Eindruck zusammen. Die U-Boot-Fahrer wurden durch eine Handglocke vor den Bombern gewarnt, »dem Signal, den Rauchschleier auszubringen. Nicht nur an Land, sondern auch auf jedem Boot stand auf dem Vor- und Achterdeck je ein Rauchkanister bereit, und in wenigen Minuten waren die Bucht und der U-Boot-Stützpunkt von dichtem weißem Nebel eingehüllt.«[22]

William King, der zuletzt als Kommandant der *Trusty* in Malta gewesen war, kehrte einen Monat nach P 247 auf die Insel zurück. Die *Trusty* war das erste britische U-Boot gewesen, das nach dem japanischen Angriff auf Malaya in den Fernen Osten verlegt worden war. Sie war kurz vor Aufgabe der Stadt in Singapur eingetroffen und wurde bald darauf zusammen mit dem einzigen anderen britischen U-Boot im Pazifik zuerst nach Surabaya, dann nach Ceylon verlegt. Die Fahrten in einem tropisch heißen Boot ohne Klimaanlage zerstörten, was King von seiner Gesundheit geblieben war: »Nach drei Jahren in einem U-Boot hatte ich vergessen, wie es ist, wenn man sich gut fühlt.« Er wurde zur Erholung nach England geschickt und dann als Stabsoffizier nach Malta versetzt. Was er dort trotz Hunger und Elend vorfand, war das genaue Gegenteil der Auflösung, die er in Singapur miterlebt hatte: Bei Maltesern und Briten herrschte eine Stimmung eiserner Entschlossenheit und gegenseitiger Hochachtung. King schrieb dieses Wunder Commander Simpson zu, der so lange improvisiert und mit außergewöhnlichem Gespür sowohl den geschwächten Seeleuten als auch den hungrigen Maltesern Mut gemacht habe.[23]

Die U-Boote erreichten in dieser Phase so wenig wie seit den ersten Monaten des Jahres 1941 nicht mehr – zum einen, weil die neuen Kommandanten wie ihre Vorgänger erst Erfahrungen sammeln mußten, und zum anderen, weil die mit deutschen Ortungsgeräten ausgerüstete italienische U-Boot-Abwehr effektiver geworden war und ein Teil des Nachschubs jetzt zum weiter östlich gelegenen Tobruk transportiert wurde. Eine Ausnahme bildete eine Operation im Oktober. Simpson legte aufgrund einer Ultra-Information fünf Boote südlich von Pantelleria auf die Lauer, um einen für Tripolis bestimmten Konvoi aus vier Frachtern und einem Tanker abzufangen. Im Unterschied zu Dönitz' Rudeln, die im wesentlichen Aufklärungsstreifen bildeten, um Konvois aufzuspüren, und daher so aufgestellt wurden, daß sie ein möglichst großes Gebiet abdeckten, stellte Simpson seine Gruppen, wenn durch Ultra eine Positionsangabe vorhanden war, längs des voraussichtlichen Konvoikurses auf, um ihn in der Tiefe anzugreifen. In diesem Fall fügte er seinem Einsatzbefehl den Hinweis hinzu, daß die Zerstörung des Konvois von ausschlaggebender Bedeutung für den nordafrikanischen Feldzug sein könnte.[24]

Das nördlichste Boot, die *Safari* unter Commander »Ben« Bryant, war zu weit vom tatsächlichen Kurs der am 19. Oktober im Zickzack nach Süden dampfenden Schiffe entfernt, um sie zu sichten. Zehn Meilen weiter südlich lag die *Utmost,* Cayleys ehemaliges Boot, das jetzt unter dem Kommando von Lieutenant John Coombe stand. Er bemerkte den Konvoi und gab aus viel zu großer Entfernung einen erfolglosen Verzweiflungsschuß ab. Dann tauchte er trotz der Gefahr, von den Seeflugzeugen des Konvois entdeckt zu werden, auf, um eine Sichtmeldung abzusetzen. Das ermöglichte es der zehn Meilen weiter südlich stehenden *Unbending* unter Lieutenant Edward Stanley, aus nur 900 Metern auf den Konvoi zu schießen und ein Handelsschiff und einen Zerstörer zu versenken. Mars auf P 42, dem nächsten Boot in der Reihe, hatte die Meldung ebenfalls empfangen. Als er den Konvoi sichtete, hetzten die Geleitschiffe in alle Richtungen durcheinander, und am Himmel kreisten U-Boot-Abwehrflugzeuge. Mars lief zum Angriff an, aber bei der rauhen See ragte das Sehrohr von P 42 zeitweise bedenklich weit aus dem Wasser. Er wurde entdeckt, und ein Zerstörer und ein Seeflugzeug stürzten sich auf ihn, so daß er gezwungen war, aus großer Entfernung zu feuern. Das letzte, was er vor dem Tauchen im Sehrohr sah, waren ein Seeflugzeug in steiler Schräglage und ein herabschwebendes Markierungsfeuer.[25] Während der Zerstörer über das Boot hinwegfuhr, hörte Mars nach der korrekten Laufzeit und im richtigen Abstand zwei ferne Detonationen. Der Tanker, vermutete er. Die nächsten Explosionen stammten von genau plazierten Wasserbomben. Über die Hälfte der Batteriezellen platzten, und Mars hatte Glück, daß er am Abend auftauchen und zum Stützpunkt zurückkehren konnte.

Der getroffene Tanker war nicht gesunken, trug aber am Abend bei einem Luftangriff weitere Schäden davon. Später wurde er von der *United* unter Lieutenant Thomas Barlow torpediert, der aus der Nähe von Tripolis zu dem Konvoi beordert worden war. Obwohl völlig durchlöchert, erreichte der Tanker wie die beiden übriggebliebenen Frachter im Verlauf des Tages den Hafen. Kurz vor Tagesanbruch schließlich versenkte Bryant, der nach Süden geeilt war, als ihm klar wurde, daß er den Konvoi verpaßt hatte, einen 5000-Tonnen-Frachter.

Zusammen mit der immer noch von Beirut aus operierenden 1. Flottille und den Flugzeugen der Stützpunkte auf Malta und in Ägypten versenkte die 10. Flottille in dieser Zeit ein Viertel des Nachschubs der Achse.[26] Strategisch gesehen wichtiger war jedoch, daß die Flugzeuge aus Ägypten und der eigene Treibstoffmangel die Italiener gegen Rommels Protest zwangen, Konvois nach Bengasi und Tripolis zu dirigieren, 1300 beziehungsweise 2000 Kilometer hinter der Front. Selbst Tobruk, dessen Hafen zu klein war, um mehr als ein Viertel des monatlichen Bedarfs umschlagen zu können, war noch 500 Kilometer entfernt. Außerdem litten der Hafen und die Schlangen von Lastkraftwagen ebenso unter den Flugzeugen aus Ägypten wie der Große Hafen von Valetta unter den Bomberstaffeln aus Sizilien.

Die in Ägypten stehenden Truppen hatten inzwischen mit General Bernard Montgomery nicht nur einen mitreißenden neuen Oberbefehlshaber erhalten, sondern waren auf der Route um das Kap der Guten Hoffnung auch in großem Umfang personell und materiell verstärkt worden. Als Rommels Vormarsch Ende August in Alam Halfa, südlich von El Alamein, zum Stehen gebracht worden war, hatte der »Wüstenfuchs« einsehen müssen, daß sein Plan gescheitert war. Grund dafür war nicht so sehr fehlender Nachschub als vielmehr der Umstand, daß nicht genug davon aus den rückwärtigen Lagern herangeschafft werden konnte.[27] Darüber hinaus las Montgomery den Funkverkehr mit dem deutschen Heereskommando in Rom in Form täglicher Ultra-Berichte mit. Er wußte also über Rommels Truppenstärke, seine Aufstellung und seine vielen Anforderungen genauso gut Bescheid wie der deutsche Stab selbst. Am 23. Oktober schlug er zu, und am 2. November durchstießen seine Truppen die Stellungen der Achse bei El Akkakir. Danach blieb den Resten der Panzerarmee Afrika nur noch der überstürzte Rückzug auf dem Weg, den sie gekommen waren. In der Nacht vom 7. auf den 8. November begann am anderen Ende Nordafrikas, an der Küste von Marokko und Algerien, die Operation »Torch«, die Landung großer alliierter Truppenverbände unter dem Oberbefehl des US-Generals Dwight D. Eisenhower.

Die britischen Mittelmeer-U-Boote waren vor der Invasion verstärkt worden. Vier Boote der in Gibraltar liegenden 8. Flottille gingen vor Toulon in Stellung. Sie sollten beobachten, ob die französische Flotte auslief, um die Landung in Kolonien Vichy-Frankreichs zu unterbinden. Dies geschah nicht, und die Boote wurden vor italienische Stützpunkte verlegt. Andere fungierten als Navigationsbake und Aufklärer vor den Landungsplätzen. Die Boote der 1. Flottille im östlichen Mittelmeer sollten verhindern, daß die Achse Kräfte aus der Ägäis heranführte. Mehrere Boote wurden an die 10. Flottille ausgeliehen, die nördlich und südlich der Straße von Messina und vor Kap San Vito an der Nordwestspitze von Sizilien in Stellung ging, um die italienische Flotte von den

Landungsplätzen fernzuhalten. Am Kap San Vito lief am Tag nach der Landung das an der Oberfläche nach Westen fahrende italienische U-Boot *Granito* fast über Lieutenant Michael Lumbys P 247 *(Saracen)* hinweg. Lumby feuerte aus gut 700 Metern eine volle Salve ab. Die *Granito* wurde von drei Torpedos förmlich zerfetzt. Als P 247 heranfuhr, um nach Überlebenden zu suchen, fand man nur drei in einem Ölfleck schwimmende Spinde.[28] Ebenfalls am Kap San Vito versenkte P 46 (später: *Unruffled)* unter Lieutenant J. S. Stevens am nächsten Morgen trotz Zerstörer- und Seeflugzeugsicherung einen Kreuzer. Da die italienische Schlachtflotte knapp an Treibstoff war, lief sie nicht aus, um die schweren Verbände anzugreifen, die die alliierten Landungsplätze in Nordafrika schützten. Eine Kampfgruppe fuhr von Taranto die Straße von Messina hinauf nach Neapel, wurde aber von den aus großer Entfernung abgefeuerten Torpedos des einzigen U-Boots, das nah genug an dem schnellen Verband war, verfehlt.

»Torch« hatte die Achse überrascht, doch nach den ersten Meldungen über das Landungsunternehmen wurden italienische und deutsche U-Boote auf beiden Seiten der Straße von Gibraltar aufgestellt, um den alliierten Nachschubverkehr zu stören. Am 11. November torpedierte U 407 unter Oberleutnant Ernst-Ulrich Brüller östlich der Meerenge vor Kap de Gata den 19600 BRT großen Truppentransporter *Viceroy of India.* Das ehemalige Linienschiff befand sich auf der Rückfahrt vom Landungsplatz, so daß sein Untergang nur wenige Todesopfer forderte. Am selben Tag versenkte U 380 unter Kapitänleutnant Joseph Röther das 11 000 BRT große niederländische Linienschiff *Nieuw Zeeland.* U 173 unter Kapitänleutnant Hans Adolf Schweichel schickte einen 9300-Tonnen-Transporter und einen Zerstörer in die Tiefe und beschädigte einen weiteren großen Transporter. Am nächsten Tag versenkte das Paukenschlag-Boot U 130 unter Ernst Kals drei amerikanische Transporter mit zusammen 34400 BRT – nachdem die Truppen an Land gegangen waren –, und Kapitänleutnant Werner Henkes U 515 vernichtete ein Versorgungsschiff und einen Zerstörer. Die schwersten Verluste außerhalb der Straße von Gibraltar waren das 20 100 BRT große Linienschiff *Warwick Castle,* das am 14. während der Rückkehr vom Landungsplatz von U 413 unter Kapitänleutnant Gustav Poel torpediert wurde, und der 13 800 BRT große Geleitträger *Avenger,* der zum Opfer von U 155 unter Kapitänleutnant Adolf Piening wurde, der am selben Tag, dem 15. November, außerdem einen 11 200-Tonnen-Transporter versenkte. Die meiste Zeit über wurden die U-Boote allerdings unter Wasser gedrückt und neutralisiert oder versenkt. Zwischen dem 7. und 19. November traf es im westlichen Mittelmeer fünf deutsche und drei italienische Boote, darunter die *Granito.* Hinzu kamen zwei deutsche Boote, die außerhalb der Straße von

Gibraltar versenkt wurden, und vier weitere italienische Boote, die im Dezember verlorengingen.[29] Nur einen Tag nach der Landung traf Kapitänleutnant Heinrich »Heinz« Hirsacker mit U 572 vor der Küste von Marokko ein. Er erreichte nichts und wurde seines Postens enthoben. Ein Kriegsgericht befand ihn der Feigheit vor dem Feind für schuldig. Dönitz wollte ein Exempel statuieren und lehnte das Gnadengesuch ab. Hirsacker wurde hingerichtet.[30] Die Verluste der Alliierten mögen im Einzelfall bedeutend gewesen sein – wie das 23 700 BRT große Linienschiff *Strathallan*, das am 21. Dezember von U 562 unter Kapitänleutnant Horst Hamm versenkt wurde. Aufs Ganze gesehen fielen sie im Vergleich zum Ausmaß der Landungs- und Nachschuboperation und angesichts der Anzahl vernichteter U-Boote nicht ins Gewicht.

Im zentralen Mittelmeer hatten die auf Malta stationierten Spitfires in der Woche vor Beginn der Schlacht von El Alamein massive Luftangriffe zurückgeschlagen. 131 Flugzeuge wurden dabei abgeschossen. Nur 34 eigene Maschinen mußten dafür geopfert werden, wobei 21 der abgeschossenen Piloten überlebten.[31] Nach diesen verheerenden Verlusten gab die Achse den Versuch auf, Malta aus der Luft zu bezwingen. Die Versorgungslage blieb jedoch verzweifelt. Der »Fliegende Teppich« konnte weder genügend Lebensmittel für die hungernde Bevölkerung noch ausreichend Munition und Treibstoff für die Streitkräfte heranschaffen. Während sich der Kampf um Nordafrika nach Westen verschob, wurden daher vier Frachter, die auf der Kaproute nach Alexandria gekommen waren, für eine Entsatzoperation mit dem Decknamen »Stoneage« zusammengestellt. Sie liefen am 17. November mit einer starken Kreuzer- und Zerstörereskorte aus. Die Luftsicherung übernahmen zunächst die Flugzeuge aus Ägypten, später die Beaufighters und Spitfires aus Malta. Einer der Kreuzer wurde bei einem Luftangriff stark beschädigt, aber die Handelsschiffe dampften am 20. November unter Marschklängen und dem Jubel der Bevölkerung in den Großen Hafen von Valetta. Für William King war es der bewegendste Augenblick des Krieges: »Tränen rannen über die Wangen von hartgesottenen Marineoffizieren.«[32]

Es war tatsächlich die Rettung für Malta, das allein durch seinen Stolz, durch standhafte Führung, »absolute Tapferkeit ... und stoischen Gleichmut«[33] schwerere und länger anhaltende Bombardements und unendlich viel größere Entbehrungen erlitten hatte als London durch den »Blitz« der deutschen Bomber. Bedeutsamer war jedoch, daß sich die Gewichtsverlagerung des Krieges in diesem Monat grundlegend veränderte: El Alamein und »Torch« markierten das Ende der Offensive der Achse in Nordafrika. Im Pazifik besiegelte die Niederlage in der erbitterten Nachschubschlacht um Guadalcanal das Ende der japanischen Expansion. Und an der europäischen Ostfront bahnte sich die

Tragödie von Stalingrad an. Es war das Ende des Glücksspiels, auf das sich Hitler, Mussolini und Hirohito eingelassen hatten. Sie hatten auf einen kurzen Krieg gesetzt und sich verschätzt. Aber während die Führer dies in ihren lichten Momenten zweifellos begriffen und Hitler sich die Entschuldigung zurechtlegte, er sei vom deutschen Volk im Stich gelassen worden, wurde es den Betroffenen, sofern sie überlebten, erst im nachhinein klar.

Vorerst verschärften sich die Kämpfe im Mittelmeer. Von Mitte November an waren die alliierten U-Boote an neuen Positionen vor Tunis und Biserta aufgestellt worden. Die Achsenmächte landeten hier zwischen den beiderseits ihrer Fahrrinne angelegten Minenfeldern mit Zerstörern und stark geschützten Konvois Nachschub und Truppenverstärkungen an. Außerdem war das Depotschiff der 8. Flottille, die *Maidstone,* von Gibraltar nach Algier verlegt worden, um näher an diesem Zentrum der Nachschubschlacht zu sein. Am 21. November wurden endlich die letzten Beschränkungen des Handelskrieges im Mittelmeer aufgehoben. Außer in türkischen Gewässern und in einem Korridor zwischen Spanien und Algerien konnte jedes Schiff versenkt werden.

Eines der in die Straße von Sizilien beorderten Boote aus Malta war das S-Klasse-Boot P 228 (später: *Splendid)* unter Lieutenant Ian McGeoch. Man wird sich erinnern, daß McGeoch vor dem Krieg einen Artikel verfaßt hatte, in dem er den Offensivwert der U-Boote herausstrich. Er war auch jener junge Offizier gewesen, der in dem oben zitierten Leserbrief an die *Times* erklärt hatte, die U-Boote könnten die Nachschublinien der Achse nach Libyen zerschneiden.[34] Nach seiner Ankunft in Malta im Oktober hatte ihn seine erste Feindfahrt zuerst nach Toulon und dann an die italienische Küste geführt, wo er nach mehreren Fehlschüssen mit dem letzten Torpedo einen Zerstörer beschädigte und mit Artilleriebeschuß einen Frachter und einen Schoner versenkte. Am 8. Dezember wurde er aufgrund einer Ultra-Information in den Golf von Tunis geschickt, um einen Konvoi abzufangen. Er bestand aus zwei in Kiellinie fahrenden Handelsschiffen, die von zwei Zerstörern und einem Flugzeug gesichert wurden. McGeoch setzte sich zwischen die beiden Handelsschiffe, um das eine mit den Bugrohren und das andere mit dem Heckrohr zu torpedieren. Trotz der unermüdlich zirpenden Schallimpulse der Ortungsgeräte blieb das Boot unentdeckt. Eine viertel Schiffslänge vor den Bug zielend, feuerte McGeoch den ersten Torpedo ab, unterbrach dann aber den geplanten Dreierfächer, weil er befürchtete, die Zielgeschwindigkeit falsch eingeschätzt zu haben. Er drehte das Boot nach Steuerbord und schoß die nächsten beiden Torpedos und anschließend noch einen vierten einzeln ab, bevor er das Sehrohr herumdrehte, um mit dem Heckrohr auf das zweite Handelsschiff zu zielen. Fünfzig Sekunden nachdem der letzte Bugtorpedo das Rohr verlassen hatte, war das Krachen eines Treffers zu hören. In Erwartung des nie stattfindenden Gegenangriffs schlich sich McGeoch davon. Zehn Minuten später wurde das Boot von einer Druckwelle durchgeschüttelt, der mehrere kleinere folgten. McGeoch war überzeugt, einen Munitionstransporter getroffen zu haben und dementsprechend verwirrt, als er, wieder in Sehrohrtiefe, in der Ferne zwei Handelsschiffe ablaufen sah. Erst nach dem Krieg erfuhr er, daß drei Handelsschiffe in dem Konvoi gefahren waren und er tatsächlich einen 5000 BRT großen Munitionstransporter abgeschossen hatte. Die beiden anderen Handelsschiffe wurden von Stevens' P 46 *(Unruffled)* und Lieutenant John Bromages P 212 (später: *Sahib)* versenkt.[35]

Am Abend wurde P 228 in einen anderen Vorpostenstreifen auf dem Kurs eines von Neapel nach Biserta fahrenden Konvois beordert. Er bestand aus einem einzigen Versorgungsschiff, das von zwei Zerstörern und vier Flugzeugen eskortiert wurde. McGeoch brachte das Boot auf 2300 Meter an die Schiffe heran und feuerte, als die Silhouetten des Handelsschiffs und eines Zerstörers zu einem Ziel verschmolzen, eine Salve aus sechs Torpedos ab. Nach der angenommenen Laufzeit waren zwei dumpfe Schläge zu hören, dann zwei weitere, und schließlich waren die Schraubengeräusche sowohl des Zerstörers als auch des Handelsschiffs verstummt. McGeoch glaubte, beide getroffen zu haben. Das mit Tiger-Panzern beladene Versorgungsschiff hatte die Torpedobahnen jedoch bemerkt und war ihnen ausgewichen. Der Zerstörer aber war getroffen worden und sank.[36]

Zehn Seemeilen weiter südlich bot sich Lieutenant Edward Young, Erster Wachoffizier von P 247 *(Saracen)*, beim Sehrohrrundblick der verblüffende Anblick einer über dem Horizont aufsteigenden Feuersäule. Das mußte McGeochs Werk sein, vermuteten Young und Lumby, sein Kommandant. Einige Zeit später tauchten zuerst die Mastspitzen und dann Aufbauten und Rümpfe des Versorgungsschiffs und seines Geleits auf. Lumby feuerte vier Torpedos ab, ohne zu treffen. Nachdem McGeoch ihm Bericht erstattet hatte, meinte Simpson: »Schlage vor, Sie zielen das nächste Mal auf den Zerstörer.«[37]

McGeoch hatte sich, wie erwähnt, vor dem Krieg dafür eingesetzt, Überwasser-Nachtangriffe zu üben. Er hatte darüber hinaus ein Nachtsichtgerät entworfen und in der Werkstatt des Depotschiffs einen Prototyp gebaut. Als bei seiner nächsten Patrouille vor Ischia zwei eskortierte Versorgungsschiffe auf ihn zufuhren, sah er sich mit der Wirklichkeit konfrontiert. Der Mond war hinter dicken Wolken verborgen. McGeoch hielt mit tief getrimmtem Boot und kleinster Silhouette auf den nächsten Geleitzerstörer zu. Er fuhr rund 800 Meter vor dem Bug von P 228 vorbei, dicht genug, um die Geschützbedienung und eine zum Heck gehende Person zu erkennen. Der Wachoffizier war vor Anspannung wie betäubt: Man würde sie entdecken. Aber er irrte sich, und als der Zerstörer vorbeigefahren war, ging McGeoch auf Angriffskurs. Er schlüpfte vor einem zweiten Zerstörer durch den Schutzschirm und feuerte aus 1400 Metern eine Salve aus fünf Torpedos auf das nächste Versorgungsschiff ab. Während er in den Keller ging, hörte er zum richtigen Zeitpunkt eine Explosion. In seinem Einsatzbericht stellte er fest: »Das Modell des 12040-Nachtsichtgeräts wurde zum ersten Mal im Kampf eingesetzt und hat völlig zufriedenstellend funktioniert.«[38] Im Vergleich mit dem deutschen Feuerleitsystem aus UZO-Doppelglas mit leuchtendem Fadenkreuz, Vorhaltrechner und Torpedoschußempfänger (der die Zieldaten in das Leitsystem der Torpedos eingab) war das britische System allerdings äußerst primitiv und verschwenderisch im Torpedoverbrauch.

Das von McGeoch torpedierte Schiff blieb schwimmfähig, und er lief zu einem neuen Angriff an. Versenken konnte er es jedoch erst nach Tagesanbruch. In dieser Phase der heftigen Kämpfe nach El Alamein und »Torch«, in der die Achse einen wahren Strom von Verstärkungen und Nachschub nach Tunesien schaffte, zerstörte er insgesamt sieben Handelsschiffe mit zusammen 30000 BRT und einen Zerstörer; er beschädigte einen Zerstörer und versenkte einen Schoner mit Artilleriefeuer. Damit war McGeoch der erfolgreichste britische U-Boot-Kommandant dieser Phase. Da er aber weder den »Klub-Charakter« der U-Boot-Waffe herausstreichen noch mit Erfolgen glänzen wollte, die sich später vielleicht als falsch herausstellten, gehörte er zu den wenigen, die ohne aufgezogene Totenkopfflagge in den Stützpunkt einliefen.

Trotz der Erholungsphasen zwischen den Patrouillen verspürte McGeoch bereits auf seiner vorletzten Fahrt, bevor er auf der letzten über einen deutschen U-Boot-Jäger stolperte, der ihn mit genau plazierten Wasserbomben zum Auftauchen zwang, eine zunehmende Erschöpfung – »wie eine Stahlfeder, die im Lauf der Zeit, wenn man sie ganz zusammendrückt und sich entspannen läßt, ihre ursprüngliche Form verliert«.[39] Die Willenskraft ist laut Lord Moran, der ihre Abnutzung als Arzt in den Schützengräben des Ersten Weltkrieges beobachtet hatte, ein Kapital, das im Kampf ausgegeben wird, bis es aufgezehrt ist.[40] Nach drei Jahren als U-Boot-Kommandant im Einsatz hatte William King diesen Punkt vermutlich in Ceylon erreicht gehabt, und jetzt mußte er von Land aus mitansehen, wie die Kommandanten der 10. Flottille ihr Kapital aufbrauchten. Wenn er mit ihnen sprach, spürte er, daß sie am Ende waren. Aber es gab keinen Ersatz. Er mußte sie immer wieder hinausschicken, auch zur letzten Fahrt vor der Rückkehr nach Hause, die nicht nur Wanklyn zum Verhängnis geworden war.[41]

Einige von denen, die auf See blieben, waren schon zum zweitenmal im Mittelmeer gewesen, darunter Lieutenant Commander R. D. Cayley, letzter

Überlebender des Spitzentrios der 10. Flottille von 1941/42. Sein neues Kommando, das T-Klasse-Boot P 311, war für den Transport menschlicher Torpedos ausgerüstet, der sogenannten »Chariots« (Kampfwagen). Sie waren entwickelt worden, nachdem de la Pennes Erfolg in Alexandria gezeigt hatte, wozu diese Waffe fähig war. Man hatte abgelehnte Vorkriegsentwürfe entstaubt und eines der nach dem mißlungenen italienischen Angriff auf Gibraltar erbeuteten »Schweine« als Modell benutzt. Die Chariots hatten Größe und Form eines Torpedos. Der Pilot saß in Tauchanzug und mit Sauerstoffgerät rittlings hinter einer Verkleidung, in der sich der Steuerknüppel sowie die Schalter für den Elektromotor und ein Druckluftpumpsystem fürs Tauchen und Auftauchen befanden. Hinter dem Piloten befand sich der kistenförmige Ballasttank und hinter diesem der Platz des Kopiloten. Dessen Aufgabe bestand darin, bei der Überwindung von Hafenbäumen und U-Boot-Netzen und bei der Befestigung des mitgeführten abnehmbaren Gefechtskopfs zu helfen. In einer weiteren Verkleidung hinter dem Kopiloten schließlich war ein Behälter für Drahtscheren, Magnete und andere Ausrüstungsgegenstände untergebracht.

Als Ziele der Chariots waren das in Trondheim liegende neue deutsche Schlachtschiff *Tirpitz* und die italienische Flotte in Taranto vorgesehen. Der Angriff auf die *Tirpitz* scheiterte, weil sich die Chariots nur zehn Seemeilen vom Ziel entfernt in einem Sturm von ihren Trägerbooten lösten. Der Angriff auf Taranto war abgeblasen worden, nachdem das T-Klasse-Boot *Traveller*, das den Stützpunkt vor der Operation beobachten sollte, nicht zurückgekehrt war; vermutlich war es auf eine Mine gelaufen. Man suchte sich andere Ziele: Ende Dezember brachten die *Trooper* und die *Thunderbolt* in geschlossenen Zylindern auf dem Vor- und Achterdeck fünf Chariots nach Palermo, wo einer einen 3300 BRT großen Leichten Kreuzer versenkte und ein zweiter einen großen Truppentransporter schwer beschädigte.[42] Cayley war zur selben Zeit mit drei Chariots zum Flottenstützpunkt Maddalena im Norden von Sardinien unterwegs. Er kam nie dort an. Wahrscheinlich ist er ebenfalls ein Opfer der Minenfelder geworden.

Dies war innerhalb von vier Wochen der vierte Verlust: Ende November hatte es die *Utmost* getroffen, mit der Cayley einst die Route durch die Minenfelder in der Straße von Sizilien erkundet hatte. Als nächstes Boot war die *Traveller* nicht zurückgekehrt. Am 12. Dezember hatte ein italienisches Torpedoboot in der Bucht von Neapel vor Capri das S-Klasse-Boot P 222 unter Lieutenant Commander A. J. Mackenzie, dem früheren Kommandanten der *Ursula*, versenkt. Und jetzt hatte es Cayley erwischt. Simpson war zwei Jahre lang Mentor, Freund und Vertrauter der jungen Offiziere gewesen, die er in den Kampf schickte. Er hatte ihre Erfolge und Mißerfolge mit ihnen durchlebt und über die

Eskapaden an Land hinweggesehen. Er hatte beobachtet, wie sie sich abnutzten, und versucht, ihren psychischen Zustand einzuschätzen. Und er hatte ungeduldig auf die Rückkehr jedes einzelnen Bootes gewartet, wobei er allzu oft notieren mußte: »eine Woche überfällig, vermutlich verloren«. Jetzt war er ebenso ausgelaugt wie sie. Ende Januar 1943 wurde er von Captain George Phillips abgelöst. Im Rückblick gab Simpson selbst zu, daß es an der Zeit gewesen war zu gehen.

Er ging auf dem Höhepunkt der Kämpfe, als er das Gefühl hatte, von den Kommandanten Unmögliches zu verlangen, wenn er sie durch die Minenfelder hinausschickte, um in engen Gewässern gegen größer gewordene und mit modernen Ortungsgeräten ausgerüstete Eskorten anzutreten. Die Versenkungsrate stieg dennoch an: Im Februar, dem besten Monat der britischen U-Boote, wurden im Durchschnitt von jedem ausgelaufenen Boot drei Schiffe versenkt – insgesamt über 40 000 BRT. Bis zum April war die alliierte Luft- und Seeherrschaft im Gebiet der Nachschublinien der Achse sowohl über als auch unter Wasser so groß, daß nur etwas mehr als 20 Prozent der verschifften Tonnage ihr Ziel erreichten und Dönitz U-Boote als Nachschubtransporter anbot. Zu dieser Zeit waren die Truppen der Achse auf einen Brückenkopf um Tunis zurückgedrängt worden. Anfang Mai brachen die Alliierten hinter einem wandernden Bombenteppich auch durch diese Verteidigungslinien durch, und es kam zur Massenkapitulation. Der Krieg in Nordafrika war zu Ende.

Wie im Feldzug an Land war auch der Sieg in der Nachschubschlacht durch die Luftwaffe ermöglicht worden. 48 Prozent der Nachschubtonnage, die der Achse seit Beginn des Jahres verlorengegangen war, gingen auf das Konto von Flugzeugen, 29 Prozent auf das der U-Boote. Die Flugzeuge hatten ihre Opfer allerdings zur Hälfte im Hafen vernichtet, während die U-Boote mehr Schiffe auf hoher See versenkt hatten. Die Überwasserschiffe, die mittlerweile wieder von Malta aus operierten, hatten bei weitem nicht so großen Erfolg.[43]

Doch es führt zu nichts, den Beitrag der Waffengattungen gegeneinander aufzurechnen, denn der Ausgang des Kampfes hing von ihrer Kooperation ab. Man muß aber die Frage stellen, um wieviel wirkungsvoller die U-Boot-Waffe gewesen wäre, wenn die an den Hauptnachschublinien der Achse operierenden kleinen U-Klasse-Boote der 10. Flottille, die durchschnittlich 30 Torpedorohre einsetzen konnte, früher um die leistungsfähigeren S-Klasse-Boote der 1. Flottille, die über mehr als 80 Torpedorohre verfügte, verstärkt worden wären. Denn »in der Ägäis Kajiks zu versenken, war kein sehr ökonomischer Einsatz der Kräfte«, wenn gleichzeitig Truppen- und Nachschubkonvois Tripolis erreichten, ohne von U-Booten behelligt worden zu sein.[44] Mit dem aus den Ultra-Informationen gewonnenen Wissen um den Konvoifahrplan der Achse hätten die

Boote der 1. Flottille deren Hauptnachschublinien erheblich stören können. Die Verantwortung dafür, daß sie dort nur selten eingesetzt wurden, lag letztlich bei den Stabschefs, insbesondere beim Marinestab und Ersten Seelord. Die operative Führung hatte jedoch der Oberbefehlshaber der Mittelmeerflotte, Admiral Cunningham, und hier dürfte der Hauptgrund für dieses Versäumnis zu finden sein. Cunningham war eine beherrschende Persönlichkeit mit ausgesprochen konservativen Ansichten. Wie Admiral King in Washington verlangte er von seinen Untergebenen Perfektion. Bekam er sie nicht, wurden sie gemaßregelt oder entlassen. Ansonsten hatte er kein Verständnis für Stabsarbeit. Außerdem mochte er U-Boot-Fahrer nicht, obwohl dies mehr mit ihrem Freibeuterimage und ihrer Mißachtung der Kleiderordnung zu tun hatte als mit ihren Leistungen.[45] Auf jeden Fall unterschätzte er wie die meisten seiner Zeitgenossen das Potential der U-Boot-Waffe, die er eher als einen Ableger der Überwasserflotte betrachtete und weniger als eigenständige Waffengattung. Aber aus welchen Gründen auch immer, Tatsache bleibt, daß die Operationen der britischen U-Boote im Mittelmeer wie die der amerikanischen im Pazifik lange Zeit unzusammenhängend und unwissenschaftlich waren und daß sie ihre Möglichkeiten bei weitem nicht ausschöpften.

Anfang 1943 gingen in den letzten Monaten der Kämpfe im Mittelmeer sechs weitere Boote verloren, darunter im Februar und März drei der jetzt in Algier stationierten 8. Flottille. Eines von ihnen war die *Turbulent* unter Commander J. W. Linton, der bei zwei Einsätzen im Mittelmeer Handelsschiffe mit mehr als 90 000 BRT und einen Zerstörer versenkt hatte. Der Zerstörer war eine ungewollte Zugabe gewesen: Bei einem Unterwasserangriff auf einen Konvoi aus zwei Versorgungsschiffen im vergangenen Juni war Linton von einem der Geleitschiffe entdeckt worden, das mit voller Fahrt auf ihn zuhielt, um ihn zu rammen. Linton wartete ab, bis die Frachter in seine Feuerlinie dampften. Als er die Torpedos endlich abschoß, nahm »der häßliche Anblick [des Zerstörers] ... die ganze Optik ein«. Er konnte gerade noch rechtzeitig tauchen, bevor das Schiff über ihn hinwegfuhr. Die beiden Versorgungsschiffe wurden getroffen, doch der letzte Torpedo war ein Kreisläufer. Mit schrecklichem Getöse steuerte er auf das Boot zu, brach dann aber aus und traf einen der Geleitzerstörer.[46] Auf der neunten und letzten Patrouille vor der Heimfahrt griff die *Turbulent* vor Bastia (Korsika) ein im Geleit fahrendes Handelsschiff an. Bei dem anschließenden Gegenangriff wurde das Boot mit der gesamten Besatzung versenkt. Zwei Monate später erhielt Linton postum das Victoria-Kreuz.

Im April gingen ein Boot der 1. Flottille und zwei weitere der 8. verloren: McGeochs *Splendid* und Bromages *Sahib*, die beide durch Wasserbombenangriffe zum Auftauchen gezwungen waren und sich selbst versenkten.

Die entscheidende U-Boot-Schlacht fand weiterhin im Atlantik statt. Nachdem an der amerikanischen Ostküste ein ineinandergreifendes Konvoisystem eingerichtet worden war, hatte Dönitz einen Teil seiner Boote im August 1942 wieder an den Hauptkonvoirouten über den Atlantik postiert. Überall sonst hatte sich das Blatt gegen die Achse gewandt. Die atlantischen Nachschublinien nach Großbritannien schienen das einzige Kampfgebiet zu sein, auf dem die Alliierten noch verwundbar waren. Die Schlacht näherte sich ihrem Höhepunkt.

Beide Seiten hatten ihre Kräfte erheblich verstärkt. Bisher konnte aber weder die eine noch die andere ein entscheidendes Übergewicht erlangen. Im August 1942, zu Beginn dieser Phase, stieg die deutsche U-Boot-Produktion auf monatlich 21 Einheiten. Insgesamt standen 342 Boote im Dienst, von denen aber nur 152 frontklar waren. Aus Furcht vor einer Invasion in Norwegen hatte Hitler 23 Boote dort festgebunden. Weitere 16 waren zur Unterstützung der Italiener ins Mittelmeer verlegt worden. Damit standen Dönitz nur 113 Boote für den Atlantik zur Verfügung, von denen in der Regel ein gutes Drittel zur Wartung in den Stützpunkten lag und sich ein weiterer Teil auf dem Marsch zum oder vom Einsatzgebiet befand.[47] Anfang August standen 49 Boote – darunter sechs italienische – in den verschiedenen Einsatzgebieten. Im Durchschnitt waren es in diesem Monat jedoch nur 31.[48] Das war zu wenig, um die riesigen Weiten des Nordatlantiks durchzukämmen, zumal Dönitz ständig Gruppen auf Fernfahrten schickte, um Schwachpunkte anzugreifen und die gegnerische Verteidigung aufzusplittern. Wäre Bletchley Park durch die Einführung der vierten Schlüsselwalze nicht von seinem Funkverkehr ausgeschlossen gewesen und hätte er nicht auf die exzellente Arbeit des B-Dienstes bauen können, hätte er wohl kaum so viele Konvois gefunden.

Auf alliierter Seite standen der Royal Navy und der Royal Canadian Navy für den Konvoidienst 150 Zerstörer, knapp 200 »Walfänger«-Korvetten, 30 größere, schnellere »Schaluppen« und die ersten Exemplare eines noch größeren, 20 Knoten schnellen Schiffstyps zur Verfügung, der als Fregatte bezeichnet wurde. Allerdings hatte sich auch die Zahl der zu schützenden Konvoirouten erhöht. Von der japanischen Bedrohung des Schiffsverkehrs im Pazifik und Indischen Ozean abgesehen, hatte sich die Reichweite der deutschen U-Boote durch den Einsatz der Milchkühe vergrößert. Sie operierten jetzt in der Karibik, wo sie im August 41 Schiffe mit über 200000 BRT versenkten, und vor Südamerika, wo sie bei einem Präventivschlag gegen das nach deutscher Ansicht kurz vor dem Kriegseintritt stehende Brasilien fünf Handelsschiffe versenkten und damit tatsächlich die brasilianische Kriegserklärung provozierten. Drittes Einsatzgebiet waren die südafrikanischen Gewässer. Außerdem wurden jetzt Nachschubkonvois für die Sowjetunion um das Nordkap herum nach Murmansk und Archangelsk geleitet, die aufgrund der deutschen Stützpunkte in Norwegen einen besonders starken Zerstörerschutzschirm benötigten. Außerdem mußte eine große Anzahl von Zerstörern bei der britischen Heimatflotte bleiben, die sich in ständiger Bereitschaft befand, falls die *Tirpitz* oder andere schwere Einheiten der deutschen Kriegsmarine einen Ausbruch in den Atlantik versuchen sollten. Die amerikanischen Flugzeugträgerverbände im Pazifik schließlich banden ebenfalls starke Zerstörerkräfte. Die Folge war, daß die Konvois immer noch schwach geschützt waren, für gewöhnlich von höchstens sechs Eskortschiffen, überwiegend Korvetten, die nicht schnell genug waren, um nachts an der Oberfläche fliehende U-Boote zu verfolgen. Hinzu kam, daß es angesichts der geringen Eskortkräfte nicht üblich war, die Konvois für längere Zeit zu verlassen, um die feindlichen U-Boote zu jagen.

Eine theoretische und historische Analyse hätte jedoch gezeigt, daß auch mit den vorhandenen Kräften ein besserer Schutz hätte gewährleistet werden können. Anfang 1942 war in der britischen Admiralität eine Gruppe »Operative Analyse« gebildet worden, die von Professor P. M. S. Blackett geleitet wurde. Bereits 1940 hatte er für das Flugabwehrkommando und später für das Küstenkommando operative Probleme untersucht. Nach dem Krieg gestand er ein, daß es ein ernstes Versäumnis seiner Gruppe gewesen sei, »die lebenswichtige Bedeutung, die der Ausarbeitung einer Theorie über die beste Größe von Konvois zukam«, nicht sofort nach ihrer Bildung erkannt zu haben.[49] Wie die Dinge lagen, wandte sich die Gruppe diesem Punkt erst Ende 1942 zu, als sie sich mit der Frage beschäftigte, wie die Schiffbauressourcen zwischen Eskort- und Handelsschiffen aufgeteilt werden sollten. Dabei wurde deutlich, daß in den vorangegangenen zwei Jahren Konvois mit neun Geleitschiffen 25 Prozent weniger Verluste erlitten hatten als Konvois mit sechs Geleitschiffen. Die weitere Analyse ergab, daß jedes zusätzliche Geleitschiff pro Jahr mehr als zwei Handelsschiffe vor dem Untergang bewahrte. Die Schlußfolgerung lag auf der Hand: Wenn man annahm, daß der Krieg länger als ein Jahr dauerte, war dem Bau von Eskorten Vorrang vor dem Bau von Handelsschiffen einzuräumen.

Im Verlauf der Untersuchung stellte sich außerdem heraus, daß große Konvois weit weniger Verluste zu verzeichnen hatten als kleine. Diese Erkenntnis widersprach der unhistorischen Stammtischweisheit der Admiralität, daß große Konvois notwendigerweise gefährdet seien. Wegen der Knappheit an Eskortschiffen betrachtete sie 40 Schiffe als optimale Konvoigröße und 60 als absolutes Maximum. Blackett und seine Gruppe wußten, daß es nicht leicht sein würde, die Admiralität von ihrem Irrtum zu überzeugen. Also suchten sie nach einer Erklärung für ihre Ergebnisse. Was sie herausfanden, hätte man von Anfang an wissen können, wenn es eine statistisch untermauerte Stabsgeschichte der U-Boot-Kriegführung des Ersten Weltkrieges gegeben hätte: Die Wahrscheinlichkeit der Entdeckung eines Konvois hing nicht von dessen Größe ab. Ein U-Boot drang um so eher in einen Schutzschirm ein, je weniger Eskortschiffe es antraf. Und die Zahl der versenkten Handelsschiffe blieb für jedes eingedrungene U-Boot gleich, egal, wie groß der Konvoi war, »einfach weil es immer mehr als genug Ziele gab«.[50]

Hätte man diese Lehren beherzigt, wäre es nach dem ersten Schock über die Überwasser-Nachtangriffe von Dönitz' Wolfsrudeln wohl kaum zu einer U-Boot-Krise gekommen. Dies ist nicht bloß eine nachträgliche Einsicht: Die Erfahrung, daß Geleitschiffe eine bessere Investition darstellen als Handelsschiffe und große Konvois sicherer sind als kleine, hatte man schon im Ersten Weltkrieg gemacht. Man hätte sie auch theoretisch ableiten können, wenn man eine statistische Untersuchung der Seekriege der vergangenen dreihundert Jahre durchgeführt hätte. Doch die Intellektuellen der Royal Navy hatten diesen weniger glanzvollen Aspekt ihrer ruhmreichen Geschichte ebenso vernachlässigt wie die »Kanonenklub«-Admirale.

Eine Hauptschwäche im Nordatlantik blieb die Lücke in der Luftüberwachung im Süden und Südosten von Grönland. Obwohl man die Bedeutung von Flugzeugen als Mittel, um beobachtende U-Boote unter Wasser zu drükken, schon seit langem kannte, war erstaunlich wenig geschehen, um die Luftlücke zu schließen. Die ersten vier der 1941 bei amerikanischen Werften in Auftrag gegebenen Geleitflugzeugträger waren inzwischen vom Stapel gelaufen. Einer war bereits in Dienst gestellt. Die anderen sollten im Herbst 1942 einsatzbereit sein, wurden dann jedoch zur Sicherung der »Torch«-Konvois ins Mittelmeer abgestellt. Für die Hauptkonvoirouten über den Atlantik standen sie erst im Frühjahr 1943 zur Verfügung – das heißt die restlichen zwei, denn inzwischen war die *Avenger* von U 155 versenkt worden, und ein zweiter Geleitträger war explodiert. Die mit Hilfe eines Katapults startenden Jagdflugzeuge, mit denen einige Handelsschiffe ausgerüstet wurden, um einen gewissen Schutz gegen landgestützte Flugzeuge zu haben, waren für Aufklärungsflüge über Konvois kaum von Nutzen: Ein einzelner Jäger, der nur einmal starten und nicht wieder auf dem Schiff landen konnte, vermochte nicht viel auszurichten. Ein zu einem Hilfsgeleitträger umgebautes erbeutetes deutsches Handelsschiff, die *Audacity* (vormals *Hannover)*, war von einem U-Boot torpediert worden, als es getrennt von seinem Konvoi über den Ozean dampfte. Warum nicht mehr Handelsschiffe zu MACs *(merchant aircraft carrier* = Handelsflugzeugträger) umgebaut wurden, um die Luftlücke zu schließen, bis die Geleitträger zur Verfügung standen, ist ein Rätsel. Im August 1942 wurden sechs MACs bestellt, aber Produktionsengpässe, Mismanagement, veraltete

Technik und die restriktiven gewerkschaftlichen Regelungen für die britischen Werftarbeiter hatten zur Folge, daß der erste von ihnen erst im nächsten Frühjahr in Dienst gestellt werden konnte.[51]

Die britischen Werftarbeiter scheuten trotz der heiklen Lage des Landes nicht vor einem Streik zurück. Dieses Verhalten und die Kluft zwischen ihren Löhnen und dem, was die im Kampf stehenden Seeleute beziehungsweise ihre Hinterbliebenen erhielten, sorgten für böses Blut: »Für Seeleute, die unter unmenschlichen Bedingungen für vier Shillinge am Tag arbeiten, stellen Streiks in Kriegszeiten eine Mischung aus Erpressung und Hochverrat dar.«[52] Viele U-Boot-Fahrer hatten zudem bei der Fertigstellung ihrer Boote in den Werften »aus erster Hand erlebt, daß selbst ungelernte Arbeiter fünfmal soviel verdienten wie sie«. Dennoch streikten sie regelmäßig für mehr Geld[53] und verzögerten dadurch in einigen Fällen die Fertigstellung der Boote.[54]

In der US Navy herrschte eine ähnliche Verbitterung. Auf dem Höhepunkt des Pazifikkrieges, während sein Boot in der Bethlehem-Steel-Werft in San Francisco gewartet wurde, klagte Lieutenant Commander Galantin in einem Brief: »Die Macht, die Selbstsucht, die Gleichgültigkeit und der Mangel an Patriotismus, die die Gewerkschaften jetzt an den Tag legen, sind abscheulich. Es ist entmutigend mitanzusehen, welch verachtenswerte Selbstsucht wir verteidigen.«[55]

In Deutschland lagen die Probleme anders. Nach dem Überfall auf die Sowjetunion schossen im besetzten Frankreich die Widerstandsgruppen wie Pilze aus dem Boden. Die Werftarbeiter in den Biskayahäfen, deren Produktivität früher um mehr als 20 Prozent über derjenigen ihrer deutschen Kollegen gelegen hatte,[56] mußten streng überwacht werden, um Sabotage zu verhindern. Als Cremer im Sommer 1942 mit U 333 von La Pallice auslief, kam es beim ersten Alarmtauchen wegen einer deplazierten Schraube zu einem Wassereinbruch, und eine angesägte Abzugsklappe riß ab – ersteres vermutlich, letzteres mit Sicherheit ein Sabotageakt.[57]

Schwerer wog jedoch der Mangel an Arbeitskräften und Rohstoffen, insbesondere Stahl und Kupfer. Hitler hatte dem Nachschub für die Ostfront im Januar 1942 oberste Priorität eingeräumt. Folglich sank die Stahlzuteilung für die Kriegsmarine, obwohl die Gesamtproduktion bis zum September stetig anstieg, bis zum Sommer von 180 000 auf 120 000 Tonnen pro Monat.[58] Dafür hatte sich die Seekriegsleitung endlich auf Dönitz' Seite geschlagen und eingesehen, daß die U-Boote den entscheidenden Kriegsbeitrag der Marine leisteten und es notwendig sei, die U-Boot-Waffe mit allen Mitteln zu stärken, bevor der amerikanische Schiffsneubau deren Wirkung beeinträchtigen konnte.[59] Auch der Ansicht, daß »nur eine Vielzahl von U-Booten den Erfolg sichern« könne und 300 Einsatzboote als »Mindestzahl für eine wirksame Führung des U-Bootskrieges« anzusehen seien, hatte man sich jetzt in Berlin angeschlossen.[60] Die Planzahl für den U-Boot-Bau wurde auf 25 Boote pro Monat erhöht, und da ein Boot vom Typ IX doppelt soviel kostete wie eines vom Typ VII, wurde gleichzeitig der Anteil von Typ-IX-Booten verringert. In einer Denkschrift der Seekriegsleitung heißt es zur Begründung: »Da aber das Hauptproblem des U-Bootskrieges heute im wesentlichen im Finden des Gegners liegt, sind zwei Boote im Atlantik unabhängig von ihrer Größe doppelt so viel wert als ein U-Boot.«[61] Obwohl die Arbeiten an Überwasserschiffen völlig eingestellt wurden, konnte der Plan jedoch infolge der Stahl- und Arbeitskräfteknappheit nicht erfüllt werden. Hinzu kam, daß im Spätsommer und Herbst 1942 jeden Monat mehr als zehn Boote verlorengingen. Und es wurde zunehmend schwieriger, Besatzungen für die neuen Boote zu finden und ausreichend auszubilden.

Auf alliierter Seite fehlten nicht nur Geleitträger oder mit einem Flugdeck versehene Handelsschiffe für den Konvoidienst, sondern auch Langstreckenflugzeuge, um die nordatlantische Luftlücke zu schließen. Das britische Küstenkommando verfügte nur über eine Staffel von Langstreckenflugzeugen *(longe range)* und eine weitere von VLR-Liberators *(very long range)* mit zusammen 28 Maschinen. Dies lag nicht an der allgemeinen Knappheit, sondern daran, daß das Bomberkommando weiterhin jede Kontroverse zu seinen Gunsten entschied. Als Admiralität und Küstenkommando 1942 ihre dringende Bitte um Bereitstellung von Langstreckenflugzeugen wiederholten, wies das Bomberkommando auf die schleppende Auslieferung des neuen Zentimeter-Radars hin und erklärte, Bomber ohne Radar für Aufklärungsflüge abzustellen, bedeute »eine Zersplitterung unserer Bomberkräfte«. Es sei die »wohlerwogene Ansicht« des Kommandos, daß es einen wesentlich größeren Beitrag zum Sieg über die U-Boote leisten könne, indem es die Bombardierung der Industriegebiete der deutschen Städte fortsetze.[62] Die Admiralität ließ diese Aussage, die sich auf Berichte aus neutralen Hauptstädten stützte, durch Professor Blaketts Gruppe prüfen. Die Operative Forschungsabteilung, wie sie inzwischen hieß, kam auf Grundlage der gesicherten Ergebnisse der deutschen Bombardierung britischer Städte zu dem Schluß, daß die Bomberoffensive die deutsche Industrieproduktion wahrscheinlich nicht einmal um ein Prozent reduzieren könne.[63]

Der Luftstab bewegte sich auf dünnem Eis: Der Versuch, bestimmte industrielle Ziele mit exakten Bombenabwürfen zu zerstören, war schon vor langer Zeit aufgegeben worden. Es hatte sich herausgestellt, daß mit den Navigations- und Bombenzielgeräten der RAF nicht einmal bei gezielten Flächenbombardements die erwarteten Resultate zu erreichen waren.[64] Der Luftstab schlug nun einen anderen Kurs ein: Statt Fabriken zu zerstören und Fabrikarbeiter zu töten – wie Blackett nachgewiesen hatte, kamen in Deutschland doppelt so viele Menschen bei Verkehrsunfällen ums Leben wie bei Luftangriffen –, setzte er sich jetzt das Ziel, die Moral der Arbeiter zu zerstören, indem er ihre Wohnhäuser in Trümmer legte. Die Denkschrift, die Professor Blackett hierüber im April vorgelegt wurde, benutzte zwar seine Methoden, übertrieb die Auswirkungen der Bomberoffensive aber, wie er feststellte, um den Faktor fünf. Seine Analyse blieb unbeachtet. In der Nacht des 30. Mai starteten tausend Bomber zum Angriff auf Köln, und drei Tage später war Essen das Ziel. Die Unverantwortlichkeit dieser Strategie wurde nach dem Krieg in vollem Umfang sichtbar: Der Faktor, um den sich der Luftstab bei seinen Voraussagen geirrt hatte, war nicht fünf, sondern zehn.[65] Die deutsche Industrieproduktion war fast bis zum Kriegsende kontinuierlich gestiegen.

In Wirklichkeit hatte diese Strategie keine vernünftige Grundlage. Sie entsprang vielmehr dem kämpferischen Geist und der Voreingenommenheit Churchills, seiner Berater, des früheren RAF-Chefs Lord Trenchard und des den Luftstab beherrschenden »Bomberflügels«. Dessen beschränkte Sichtweise wurde am deutlichsten vom neuen Chef des Bomberkommandos ausgedrückt, Air Marshal Sir Arthur »Bomber« Harris. Andererseits verwässerte die Admiralität selbst ihr Anliegen, indem sie die Bereitstellung von Langstreckenflugzeugen für das Küstenkommando mit nebensächlichen Kompetenzfragen vermischte. Vor allem aber versäumte sie es, auf die idiotische und ignorante Behauptung der »Bomber« hinzuweisen, Städte zu bombardieren sei »offensiv«, Konvois zu schützen dagegen »defensiv«. Hitler mußte zwischen Panzern, Kanonen und Flugzeugen für die Ostfront und U-Booten für den Westen wählen. Eine derart schwierige Entscheidung zwischen Optionen von gleichermaßen herausragender Bedeutung hatte Churchill nicht zu fällen. Sein Fehler lag vielmehr im Instinkt und in der Höherbewertung der Offensive gegenüber der Defensive begründet. Dabei hätten vierzig Langstreckenflugzeuge, auch wenn sie nicht über Zentimeter-Radar verfügten, ausgereicht, um die Luftlücke südlich von Grönland zu schließen und den U-Booten die Erfüllung ihrer Aufgabe auf den Hauptkonvoirouten praktisch unmöglich zu machen.[66] Statt dessen wurden sie in ebenso stümperhafte wie kostspielige Massenangriffe gegen Städte geschickt. Im Vergleich damit erscheinen Admiral Kings Versagen an der amerikanischen Ostküste und die Weigerung des US-Waffenamts, die Fehler der Torpedokonstruktion einzusehen, fast wie läßliche Versehen.

Vom Mangel an Langstreckenflugzeugen abgesehen, besaßen die Alliierten Mitte 1942 alle technischen Mittel, um die U-Boot-Angriffe auf Konvois, wenn nicht unmöglich, so doch derart verlustreich zu gestalten, daß sie sich von selbst verboten. Noch waren allerdings infolge der Produktionsengpässe nicht alle Schiffe und Flugzeuge mit diesen Geräten ausgerüstet. Huff-Duff war inzwischen nicht nur auf vielen Zerstörern der Royal Navy vorhanden, sondern auch auf einer ganzen Reihe der jetzt mit den Konvois fahrenden Rettungsschiffe *(rescue ships)*, die die Geleitschutzschiffe von der Rettung der Schiffbrüchigen entlasten sollten. Mit Huff-Duff konnten beschattende U-Boote entdeckt werden. Ihre Entfernung ließ sich jedoch – außer mit mehreren Einpeilungen von verschiedenen Schiffen – nicht feststellen. Bis mehr Schiffe mit Huff-Duff ausgestattet waren, konnte daher auch nicht mit Sicherheit gesagt werden, welchen Konvoi ein entdecktes U-Boot verfolgte. Erfahrenes Bedienungspersonal konnte allerdings aus Helligkeit und Klarheit des Signals auf der Bildröhre recht genau auf die Entfernung schließen.

Außerdem verfügten mittlerweile die meisten britischen Eskorten über Typ 271, die Marineversion des Zentimeter-Radars. Die größere Reichweite und Auflösung dieses Geräts gab den U-Boot-Jägern »ein stetig wachsendes Zutrauen in ihre Fähigkeit, die U-Boote in der Nacht an der Oberfläche besiegen zu können«.[67] Die Aufklärerversion für Flugzeuge, ASV III, stand noch nicht zur Verfügung, zum einen, weil die Navigationsversion für das Bomberkommando Vorrang genoß, und zum anderen, weil die komplizierteren Bauteile in Amerika geordert werden mußten, weil die britische Elektroindustrie sie nicht herstellen konnte. Aber schon das im Meterbereich arbeitende Radargerät ASV II machte aus Flugzeugen wahre U-Boot-Killer.

Erheblichen Anteil am Erfolg der Flugzeuge hatte Professor E. J. Williams, der sich 1941 in Blacketts Forschungsabteilung beim Küstenkommando mit der Analyse von Wasserbombenangriffen beschäftigt hatte. Ein Flugzeug wurde im Durchschnitt zwei Minuten, bevor es seine Angriffsposition erreichte, gesichtet. In dieser Zeitspanne konnte ein U-Boot 30 Meter tauchen. Also hatte man die Wasserbomben bis dahin auf eine Tiefe von 30 Metern eingestellt. Williams bemerkte nun den Irrtum in dieser Annahme: Wenn das Flugzeug zwei Minuten, bevor es seine Wasserbomben abwerfen konnte, entdeckt wurde, war das U-Boot umgekehrt für das Flugzeug so spät sichtbar geworden, daß der Angriff mit großer Wahrscheinlichkeit ungenau ausfiel. Wenn es dagegen gelang, das U-Boot zu überraschen und aus Wolken, Nebel oder Dunkelheit heraus anzugreifen, während es sich noch über Wasser befand oder gerade dabei war zu tauchen, konnten die Wasserbomben zwar präzise plaziert werden, detonierten aber weit unter dem U-Boot, ohne größere Schäden anzurichten. Indem die Tiefeneinstellung auf siebeneinhalb Meter festgelegt und damit an dieses Angriffsmuster angepaßt wurde, bekam das Küstenkommando mit einem Schlag ein wesentlich schlagkräftigeres Waffensystem.[68]

Eine andere von Blackett und Williams angeregte einfache Verbesserung bestand darin, die Flugzeuge weiß anzustreichen, um sie vor dem Himmel sowohl bei Tag als auch bei Nacht besser zu tarnen. Hochrechnungen hatten ergeben, daß weiße Flugzeuge dreißig Prozent mehr U-Boote an der Oberfläche erwischten als schwarze. Der praktische Beweis konnte nach der Farbänderung nicht erbracht werden, da eine Reihe anderer Verbesserungen die Analyse erschwerten. Aber das Team der Operativen Forschungsabteilung war überzeugt davon, daß die neue Farbe dazu beigetragen hatte, die Zahl der U-Boot-Versenkungen durch Flugzeuge im zweiten Halbjahr 1942 zu erhöhen.[69]

Eine bedeutsame Neuerung war ein nach seinem Erfinder, Squadron Leader Humphrey Leigh, benannter starker Suchscheinwerfer, der an der Flugzeugnase befestigt wurde, um das U-Boot in der letzten Phase des nächtlichen Radaranflugs anzustrahlen. Die erste mit dem Leigh Light ausgerüstete Staffel war im Juni 1942 für Patrouillen über den Routen durch die Biskaya eingesetzt worden. Für die Brückenwachen der angegriffenen U-Boote war es ein gewaltiger Schock, plötzlich von einem Flugzeug, dessen Anflug sie wegen der stampfenden Diesel nicht gehört hatten, aus großer Nähe in gleißendes Licht getaucht zu werden. Bisher waren die U-Boote nachts über Wasser gefahren, während sie am Tag, wenn die Biskaya zum »Tummelplatz der engl. Luftwaffe« wurde,[70] tauchten. Jetzt befahl Dönitz allen Booten, die Passage durch die Biskaya bei Tag und Nacht unter Wasser zurückzulegen. Das verlängerte den Anmarsch ins Operationsgebiet um bis zu fünf Tage.

Daneben forderte er zum wiederholten Mal Flugzeuge an, um die Bucht gegen die britischen Eindringlinge verteidigen zu können. Die Luftwaffe unterstellte daraufhin dem Flugführer Atlantik weitere 24 Langstreckenjäger des Typs Junkers 88 C.[71] Das langte bei weitem nicht. Außerdem waren sie weder in der Lage, die Nachtangriffe abzufangen, noch dazu, sich tagsüber gegen die Beaufighters zu behaupten. Dönitz' Verzweiflung zeigte sich in seinem Eintrag ins Kriegstagebuch vom 21. August: »Die zahlenmäßige Verstärkung der feindlichen Luft, das Auftreten weitreichender Flugzeugtypen, die Ausrüstung der Flugzeuge mit einem vorzüglichen Ortungsgerät gegen U-Boote haben die U-Bootskriegführung im Ost-Atlantik sehr erschwert.« Wenn man verhindern wolle, daß sie entdeckt und die Geleitzüge umgeleitet wurden, müßten die U-Boote sehr weit im Atlantik aufgestellt werden. Außerdem würden die Geleitzüge bereits annähernd 800 Seemeilen von den Stützpunkten beziehungsweise vom britischen Festland entfernt von Langstreckenflugzeugen gesichert, was den weiteren Einsatz der U-Boote kaum noch lohne. »Diese Erschwerung der Kriegführung muß bei entsprechender Weiter-Entwicklung zu hohen, nicht tragbaren Verlusten, zu einer Verminderung der Erfolge, damit zu einer Minderung der Erfolgsaussichten des U-Bootskrieges überhaupt führen.« Er müsse deshalb noch einmal den Einsatz der He 177 fordern, dem einzigen Flugzeug, das es in Reichweite und Kampfkraft mit den feindlichen Maschinen aufnehmen könne.[72]

Dies war ebenso ein Luftschloß wie die Hoffnung auf eine wirkungsvolle Kooperation mit der Luftwaffe, deren Kapazitäten – ebenso wie die der Flugzeugindustrie – durch den Krieg im Osten, im Mittelmeer und die Verteidigung der deutschen Städte erschöpft waren. Darüber hinaus erfüllte die viermotorige He 177 hinsichtlich Reichweite und Geschwindigkeit nie die an sie gestellten Erwartungen. Zudem erwies sie sich als derart störanfällig, daß sie in der Luftwaffe bald den Spitznamen »Reichsfeuerzeug« weg hatte.

Dönitz schloß seinen Kriegstagebucheintrag vom 21. August mit trotziger Selbstbehauptung: Geleitzugoperationen im Atlantik seien immer noch möglich. Kommandanten und Besatzungen der U-Boote machten alle denselben Einruck: »Trotz schwerster Waboverfolgungen und geringer Erfolge entschlossene und zuversichtliche Stimmung, ungebrochene, durch nichts zu erschütternde Siegeszuversicht.« Die Vernehmungsoffiziere der gefangengenommenen deutschen U-Boot-Fahrer erhielten einen anderen Eindruck. Einige der Überlebenden von U 131, U 434 und U 574, die im Dezember 1941 beim Angriff auf einen aus Gibraltar kommenden Geleitzug durch Wasserbomben zum Auftauchen gezwungen worden waren, drückten Zweifel an der Siegeschance der U-Boot-Waffe aus. Dem Bericht der britischen U-Boot-Abwehr zufolge äußerten sie sich »mit Abscheu über den Dienst auf U-Booten, der sich sehr von den durch die Propaganda geweckten Erwartungen unterscheide. Einige meinten, sie wären der U-Bootwaffe niemals beigetreten, wenn sie gewußt hätten, wie der Dienst in Wirklichkeit aussehe.«[73] Peter Hansen, der als junger Leutnant auf U-Booten gedient hat, schrieb lange nach dem Krieg: »Ich kann mich, zumindest aus der Zeit nach 1942, an keinen U-Boot-Mann erinnern, der Gefallen am Krieg gehabt oder Begeisterung für ihn gezeigt hätte.... Die Stimmung unter den Besatzungen der Frontboote läßt sich nur als fatalistisch bezeichnen. Es ging ganz sicher nicht mehr darum, siegreich zu sein oder zu werden, sondern nur noch darum, irgendwie zu überleben.«[74]

Es gab natürlich Ausnahmen, insbesondere unter den jüngeren Offizieren, die noch nicht auf dem Atlantik gewesen waren und an das Propagandagerede vom Endsieg glaubten.[75] Aber »alte Säcke« wie der in Buchheims *Boot* porträtierte Kommandant, dessen Vorbild Heinrich Lehmann-Willenbrock war, der Kommandant von U 96, auf dem Buchheim Ende 1941 eine Feindfahrt mitgemacht hatte, nahmen die Propaganda skeptisch auf und blickten aus der Distanz der »zweifelnden Zyniker« auf »die weltanschaulich Durchgeformten, die mit dem Glauben an den Führer im Blick, die Kinnmuskelspanner, ... die vor dem Spiegel den dräuenden Bella-Donna-Blick üben«.[76] Dönitz hatte in seiner Kriegstagebucheintragung wohl eher von sich selbst gesprochen. Er hatte seine Ziele stets mit fanatischer Hingabe und Entschlossenheit verfolgt, gegenteilige Ansichten abgeschmettert und die Hindernisse auf dem Weg zum jeweiligen Ziel ignoriert. Dies machte zum guten Teil seine Stärke als Führer aus. Aber das Nazisystem verstärkte die auch anderswo anzutreffende Tendenz, Fakten und Meinungen auf dem Dienstweg nach oben zunehmend zu glätten, und Dönitz bekam nur das zu hören, was er wollte, zumal er »Menschen nur schwer nach ihren Fähigkeiten einzuschätzen vermochte«. Er war von »Ja-Sagern und Arschkriechern« leicht zu täuschen und lehnte freimütige Männer instinktiv ab.[77] Und von denen gab es wenig genug.

Die Moral der U-Boot-Männer blieb jedoch hoch, auch wenn es ihnen an Siegeszuversicht fehlen mochte. Eine nicht geringe Rolle spielte dabei sicherlich das vom guten Leben in den Ruhepausen zwischen den Feindfahrten gestärkte Bewußtsein, einer Elitetruppe anzugehören. Noch bedeutsamer aber waren wie überall die gemeinsam durchlebten Prüfungen und das Vertrauen in Kommandant und Offiziere. »Für die meisten Besatzungen zählte nicht, welche Orden ihr Kommandant hatte, sondern ob er eine glückliche Hand hatte und sich um seine Leute kümmerte. Dann nahmen sie mit Freuden alle Härten und Schwierigkeiten auf sich.«[78]

Die Gefahr, in der sich die U-Boote während der Passage durch die Biskaya befanden, wurde für einige Zeit wenigstens verringert – nicht durch die Luftwaffe, sondern durch einen primitiven Radarempfänger. Das erste, mit einem simplen Holzkreuz als Antennenhalterung ausgestattete Modell, das Funkmeßbeobachtungsgerät (FuMB) 2 »Honduras«, konnte auf eine Entfernung von 30 Kilometern Radarimpulse mit einer Wellenlänge zwischen 1,4 und 1,8 Metern empfangen und machte mit einem Warnton darauf aufmerksam. Es war ein französisches Gerät, das Dönitz vom Premierminister von Vichy-Frankreich, Admiral François Darlan, erhalten hatte. Darlan haßte die Engländer, und das um so mehr, als die Royal Navy nach dem Waffenstillstand von 1940 gegen französische Schiffe vorgegangen war.[79] Die Antenne, nach ihrem Einsatzort »Biskaya-Kreuz« genannt, wurde in einer Halterung auf der Brücke befestigt und anschließend von Hand gedreht. Vor dem Tauchen mußte sie abgenommen, teilweise demontiert und durchs Luk hinuntergereicht werden, was einen Teil des durch das FuMB gewonnenen Zeitvorteils wieder aufbrauchte – wenn es funktionierte.[80]

Das Biskaya-Kreuz wurde im Herbst 1942 mit der Einführung eines neuen, nach seinem Hauptthersteller Metox 600 genannten FuMB durch eine Dipolantenne ersetzt, die zwar nicht weniger unhandlich war, Radarimpulse aber bis auf 100 Kilometer Entfernung empfangen konnte.[81] Theoretisch war es danach ausgeschlossen, daß ein U-Boot alarmtauchen mußte, und man konnte sich in der Nacht wieder sicher fühlen. Die Boote durchquerten die Biskaya wieder an der Oberfläche und damit so schnell wie früher.[82]

Hatten sie einen Geleitzug aufgespürt, wurden sie möglicherweise mit einer neuen Gefahr konfrontiert, einem nach seinem Aussehen »Hedgehog« (Igel) genannten Bombenwerfer. Er konnte Wasserbomben 210 Meter nach vorn werfen. Zu diesem Zeitpunkt wurde das U-Boot noch vom ASDIC erfaßt, so daß es nicht mehr wie bisher in der »blinden« ASDIC-Phase ausweichen konnte. Die Wasserbomben waren mit einem durch den Wasserdruck scharf gemachten Kontaktzünder ohne Tiefeneinstellung ausgestattet: Entweder sie trafen tödlich, oder sie verschwanden, ohne irgendeinen Schaden zu verursachen, in der Tiefe. Die ersten Zerstörer waren im Januar 1942 mit dem Hedgehog-Werfer ausgerüstet worden, doch dann traten technische Probleme und Produktionsschwierigkeiten auf, so daß es noch einige Monate dauerte, bis die erste Versenkung erzielt wurde.[83]

Eine unmittelbarere Auswirkung auf die Konvoischlachten hatte die Einrichtung einer neuen Ausbildungsstätte für Eskortkommandeure. Bis Anfang 1942 waren Kommandanten, Offiziere und ASDIC-Bedienungen in sogenannten »Angriffslehrerhäusern« für die Jagd auf einzelne U-Boote ausgebildet worden. Die Schiffsbesatzungen durchliefen einen vierwöchigen Kurs in Tobermory auf den Inneren Hebriden, dem Reich von Vice Admiral Gilbert Stephenson, der sich seinen Spitznamen – »Schrecken von Tobermory« – redlich verdiente. Anschließend bildeten die Schiffe eine Eskortgruppe mit gemeinsamem Kommandeur. Es gab allerdings weder taktische Gruppenübungen noch eine aus den bisherigen Erfahrungen und dem Studium von Konvoischlachten abgeleitete taktische Doktrin. Die Kommandeure reagierten daher nur auf die jeweils aktuelle Bedrohung.

Den ersten Anstoß zur Herausbildung einer Gruppentaktik gab Ende 1941 Commander F. J. Walker. Vor dem Krieg hatte er eine U-Boot-Abwehrschule geleitet und erst im September 1941 nach mehreren vergeblichen Gesuchen ein Kommando auf See erhalten: Als Kommandant der Schaluppe *Stork* war er zugleich befehlshabender Offizier der 36. Eskortgruppe. In dem Einsatzbefehl, den er seiner aus einer weiteren Schaluppe und sieben Korvetten bestehenden Gruppe mit auf den Weg gab, betonte er, daß es, um ihre Konvois sicher ans Ziel zu geleiten, am besten sei, jedes angreifende U-Boot nicht nur unter Wasser zu drücken, sondern es zu versenken. Die Offiziere sollten nach der Entdekkung eines U-Boots sofort handeln, ohne auf Befehle zu warten. Und für den

Fall eines erfolgreichen nächtlichen U-Boot-Angriffs legte er ein Muster fest, das auf das Codewort »Buttercup« hin von allen Eskortschiffen ausgeführt werden sollte. Walker formalisierte damit eine Taktik, die sich bald nach den ersten überraschenden Nachtangriffen herausgebildet hatte. Sie bestand darin, daß sämtliche Eskortschiffe mit Höchstfahrt nach außen abdrehten und Leuchtkugeln abschossen, um den oder die Angreifer unter Wasser zu drücken. Denn war es erst einmal getaucht, war »die Zerstörung des U-Boots erheblich erleichtert«.[84]

Den ersten »Buttercup«-Befehl gab Walker in den frühen Stunden des 19. Dezember 1941, nachdem der von Gibraltar kommende Konvoi, den seine Gruppe geleitete, auf die auf der Lauer liegenden deutschen U-Boote gestoßen war. Walkers durch drei Zerstörer und den Hilfsflugzeugträger *Audacity* verstärkte Gruppe hatte bereits U 127, U 131 und U 434 ausgeschaltet, als einer der Zerstörer ein weiteres aufgetauchtes U-Boot sichtete, das von achtern in den Konvoi vorstieß. In der Aufregung meldete der Zerstörer nur den Sichtkontakt, ohne seine Position anzugeben, und begann zum Angriff anzulaufen. Walker, der den Zerstörer nicht sehen konnte, befahl ihm, seine Position durch eine Leuchtpatrone kenntlich zu machen. Doch bevor er ausgeführt werden konnte, wurde das Schiff von einem Torpedo getroffen und explodierte. Walker drehte auf das brennende Wrack zu und gab den »Buttercup«-Befehl.

U 574 unter Kapitänleutnant Dietrich Gengelbach, das die tödlichen Torpedos abgeschossen hatte, tauchte zwar weg, wurde aber bald von Walkers ASDIC aufgespürt und mit einem akkurat gesetzten Bombenteppich an die Oberfläche zurückgeholt. Während der anschließenden Jagd drehte sich U 574 dreimal innerhalb des Wendekreises der *Stork* um seine Achse. Dann hatte Walker es vor dem Bug, lief darüber hinweg und vollendete das Zerstörungswerk mit auf geringste Tiefe eingestellten Wasserbomben.[85] Die wenigen Überlebenden, die wie durch ein Wunder gerettet wurden, gesellten sich wenig später zu den Gefangenen von U 131 und U 434.

Die U-Boot-Angriffe hörten damit jedoch nicht auf. In der Nacht des 21. Dezember hieß es wieder: »Buttercup!« Dies war der Angriff, bei dem die *Audacity* torpediert wurde und sank. Ihr kommandierender Offizier stand im Rang über Walker, und sie war außerhalb des Konvois im Zickzack gefahren. Bald darauf wurde an der Backbordkolonne des Konvois ein aufgetauchtes U-Boot gesichtet. Es wurde zum Tauchen gezwungen und eine Stunde lang gejagt, bevor jede Spur von ihm von den ASDIC-Röhren verschwunden war und man es zu Recht für gesunken hielt. Es war U 567 gewesen, das unter dem Kommando von Kapitänleutnant Engelbert Endraß stand, Priens ehemaligem IWO. Zu diesem Zeitpunkt, nach zwei Jahren Krieg ohne ausreichende Erholungspausen, war er nur noch ein Nervenbündel gewesen. Die alten Recken der U-Boot-Waffe fanden, daß er nicht mehr hätte auslaufen dürfen und einen Posten an Land hätte bekommen müssen. Aber Dönitz, so glaubten sie, wollte Versenkungszahlen, und die wurden nun einmal von den alten Assen geliefert.[86]

Am nächsten Tag erschien eine Liberator des britischen Küstenkommandos über dem Konvoi und geleitete ihn ohne weitere Verluste nach England. Die Eskorte hatte insgesamt fünf U-Boote versenkt, während sie selbst den MAC *Audacity*, einen Zerstörer und zwei Handelsschiffe verloren hatte. Für Dönitz war dies eine unannehmbare Relation,[87] für die Engländer der Beweis, daß eine zahlreiche, gut ausgebildete und von Flugzeugen unterstützte Eskorte in der Lage war, U-Boote fernzuhalten und zu vernichten. Ob damit auch der Wert der »Operation Buttercup« bewiesen war, ist allerdings zweifelhaft: Beide Male, als Walker das Manöver anordnete, waren die Eskortschiffe in der Mehrzahl in der falschen Richtung davongedampft, und Endraß' U 567 war nicht das U-Boot, das den Alarm ausgelöst hatte. Walker war jedoch überzeugt von dem Erfolg von »Buttercup« und erstattete dem Oberbefehlshaber der Western Approaches und dem Direktor der U-Boot-Abwehrabteilung der Admiralität in diesem Sinne Bericht. Sein Manöver wurde Anfang 1942 in die Anweisungen sämtlicher Eskorten des Kommandos der Western Approaches aufgenommen.

Unterdessen war ein Offizier ausgewählt worden, der die Taktik der U-Boot-Abwehr weiterentwickeln und die Kommandeure der Eskortgruppen ausbilden sollte: Captain Gilbert Roberts, ein Artillerieoffizier mit analytischem Verstand, der zwei Jahre zum Lehrkörper der Taktikschule in Portsmouth gehört hatte, bevor er aus Gesundheitsgründen in den Ruhestand treten mußte. Seine Dienstzeit hatte 1935 begonnen, dem Jahr, in dem Hitler den Aufbau der U-Boot-Waffe bekanntgab. An der Schule beschäftigte man sich dennoch weiterhin mit Szenarien à la Skagerrak für Schlachten zwischen britischen und japanischen Überwasserflotten. Die U-Boot-Waffe wurde kaum erwähnt, der Schutz von Konvois nie. Als in seinem zweiten Jahr ein neuer Direktor an die Schule kam, verlagerte sich das Schwergewicht, und man spielte häufiger Probleme der modernen Seekriegführung durch: Flugzeugträgeroperationen, Nachtkämpfe, Beschattung und Gefechte zwischen unterschiedlich zusammengesetzten Verbänden. Roberts hatte das alles mit offensichtlichem Talent für seine Arbeit genossen. Er war der richtige Mann, um die Taktik der U-Boot-Abwehr zu studieren. Die Frage war nur, warum es so lange gedauert hatte, bis der Posten geschaffen wurde. Die Anregung dazu stammte von Admiral Usborne, einem Marineberater Churchills. Bevor Roberts seinen Posten antrat, wurde er von Usborne eingewiesen und dem Premierminister vorgestellt. Churchill sagte ihm, er solle herausfinden, was im Atlantik vor sich gehe, und fügte hinzu:

»Finden Sie Mittel und Wege, um die Konvois durchzubringen und die U-Boote zu versenken!«[88] Dies war unmittelbar vor Pearl Harbor und dem Wechsel der deutschen U-Boote von den atlantischen Konvoirouten an die amerikanische Küste.

Nach der Ankunft im Derby House in Liverpool Anfang Januar 1942 befragte Roberts möglichst viele Eskortkommandeure persönlich und analysierte die Berichte über Konvoischlachten, einschließlich derjenigen über Walkers jüngste Aktionen. Er brauchte nicht lange, um festzustellen, daß eine bevorzugte U-Boot-Taktik bei Nacht – der bevorzugten Zeit für Rudelangriffe – darin bestand, von achtern über Wasser in den Konvoi einzudringen, zu feuern und sich auf demselben Weg wieder zurückzuziehen. Roberts entwickelte nun mit Hilfe hölzerner Schiffsmodelle ein Manöver, mit dem dieser Angriffsform begegnet werden konnte: Die Eskortschiffe sollten wenden, hinter dem Konvoi einen Kordon bilden und, während sie ihm folgten, mit ASDIC nach dem (oder den) sich zurückziehenden U-Boot(en) »fischen«, wie Roberts es nannte. Er demonstrierte es dem Oberbefehlshaber der Western Approaches, Admiral Sir Percy Noble, der ihn einige Wochen zuvor mit unverhohlener Skepsis begrüßt hatte. Noble zeigte sich beeindruckt und fragte Roberts, wie er das Manöver nennen wolle. »Raspberry, Sir!« antwortete dieser und erklärte, daß eine Sekretärin den Plan *»a raspberry to Hitler«* genannt habe.*[89] So wurde die »Operation Raspberry« geboren, die ebenso wie ihr Vorgänger »Buttercup« in die Handbücher der Eskortgruppen Eingang fand.

Seit März gab Roberts Kurse für Eskortkommandeure, deren Stellvertreter und Steuermänner, bei denen in Manöverspielen mit seinen Modellen die verschiedenen Situationen durchgespielt wurden. Diese Kurse besaßen nicht nur einen bedeutsamen Ausbildungseffekt, sie erwiesen sich auch als Katalysatoren für neue, aus den neuesten Erfahrungen abgeleitete Manöver. Auf die »Operation Raspberry« folgten andere: zum Beispiel »Pineapple« – für den Fall, daß ein U-Boot vor dem Konvoi entdeckt wurde –, »Beta Search« und »Step-aside« – für den Fall, daß ein U-Boot vor einem anlaufenden Eskortschiff wegtauchte. Auch Offiziere des Küstenkommandos nahmen an den Kursen teil, was zum gegenseitigen Verständnis der Waffengattungen beitrug und fast automatisch zu engerer taktischer Kooperation führte.

Damit hatte die Royal Navy im Sommer und Herbst 1942, am Ende des dritten Kriegsjahres, dem Kampf gegen die U-Boote endlich ebensoviel Auf-

* *Raspberry* bedeutet eigentlich Himbeere. Gemeint ist aber die Redewendung *give a raspberry,* was soviel heißt wie »verächtlich schnauben«, oder hier vielleicht eher »jemandem etwas husten«.

merksamkeit geschenkt wie bislang nur der Schlachtflotte. Die notwendigen Ortungsgeräte, Waffen, operativen Analysen und Ausbildungseinrichtungen waren vorhanden. Jetzt brauchten nur noch die einheimische Industrie das Zentimeter-Radar und die der USA Geleitflugzeugträger und weitere Langstreckenflugzeuge zu liefern. Dann wäre für Dönitz' U-Boot-Waffe, die seit Kriegsbeginn im wesentlichen unverändert geblieben war – von der einzigen (aufgezwungenen) Innovation, dem Radarempfänger Metox 600, abgesehen – das Spiel aus.

Die ehemals winzige Royal Canadian Navy war mittlerweile in erheblichem Umfang ausgebaut worden, um westlich des 26. Meridians, dem jetzt »CHOP-Line« (Change of Operational Control = Wechsel der operativen Führung) genannten Übergabegebiet, für die Sicherheit der Konvois sorgen zu können. Ihre Offiziere wurden nun nach britischem Vorbild ebenfalls in der Taktik der Nachtkämpfe ausgebildet. Und die US Navy, die im März eine Operative Analysegruppe gebildet hatte, gab im Juli ein Handbuch für das Verhalten von Eskortgruppen heraus, dem im August umfassendere Instruktionen für Konvoiverteidigung, U-Boot-Suche und Angriffstaktiken folgten.

Dönitz sah nach der Rückkehr auf die atlantischen Konvoirouten im August 1942 die größte Bedrohung in den alliierten Flugzeugen. Hätte der britische Luftstab sein Kriegstagebuch und seine Berichte an die Seekriegsleitung in Berlin mitlesen können, hätte er vielleicht seine bisherige Haltung überdacht. Am 3. September schrieb Dönitz, daß die Luftsicherung eines von seinen Booten beschatteten Geleitzugs am 1. September »durch systematisches Unterwasserdrücken der Boote zum Fühlungsverlust in der Abenddämmerung und damit zum Scheitern der besten Angriffsaussichten« geführt habe. Die Geleitoperation habe schließlich abgebrochen werden müssen, »da wegen der starken zu erwartenden Feindluft ein Vorsetzen am Tage nicht mehr möglich erschien, andererseits wegen unsichtigem Wetter eine zu große Gefährdung durch Flugzeuge mit Funkortung bestand«. Drei Boote seien bereits mit Bomben beworfen worden. Angesichts der Schwierigkeit, Geleitzüge zu finden, sah Dönitz »bei Beobachtung der bisherigen Luft-Entwicklung mit äußerster Besorgnis den Tag kommen, von dem an in fast allen Gebieten des Nord-Atlantiks – als dem Hauptkampfplatz der U-Boote – die gleiche ungünstige Luftlage an den Geleitzügen ist. Dies würde ohne entsprechende Gegenmaßnahmen eine nicht tragbare Minderung der Erfolgsaussichten der U-Boote bedeuten.«[90]

Sechs Tage später richtete er erneut einen inständigen Appell an die Seekriegsleitung, die neuen He 177, von denen er glaubte, sie ständen kurz vor der Indienststellung, am Atlantik zu stationieren. Er listete fünf Fälle auf, bei denen U-Boot-Gruppen ihren Angriff wegen feindlicher Flugzeuge abbrechen mußten. Die He 177 hätten dies verhindern und darüber hinaus die U-Boote führen und selbst Versenkungen erzielen können. Das klang vernünftig, verriet aber Unkenntnis oder Mißachtung der technischen Mängel, mit denen diese Flugzeuge behaftet waren.[91]

Angesichts der entscheidenden Rolle des U-Boote-Krieges, schrieb Dönitz weiter, sei es notwendig, sie »in ihrem schweren, verlustreichen Kampf« mit allen Mitteln zu unterstützen. Tatsächlich waren nach eigener Zählung bis Ende August 1942 105 der 304 U-Boote, die seit Kriegsbeginn in Dienst gestellt worden waren, verlorengegangen, 2600 Offiziere und Mannschaften getötet worden und weitere 1148 Mann in Gefangenschaft geraten.[92] Dies war im Vergleich zu den Verlusten der anderen U-Boot-Flotten jetzt schon erheblich, stellte aber nur einen Bruchteil dessen dar, was der Krieg in den folgenden Jahren an Opfern fordern sollte. Aus Dönitz' Sicht war es, wie er in der zitierten Denkschrift fortfuhr, »unbedingt notwendig, daß der einzige für diesen Zweck geeignete Flugzeugtyp He 177 so schnell als möglich ... für den gemeinsamen Einsatz in der Geleitzugbekämpfung zur Verfügung steht«.

In einem zweiten Schreiben vom selben Tag, in dem er anregte, die in Peenemünde in der Entwicklung befindliche Rakete für den Einsatz auf U-Booten zu modifizieren, machte er erneut seiner Erbitterung über die Probleme des U-Boot-Krieges und die mangelnde Unterstützung seitens der anderen Waffengattungen Luft: »Die U-Bootwaffe ... ist im Wechsel des Kriegsgeschehens immer die Hauptwaffe der deutschen Seekriegsführung geblieben, in erster Linie weil sie aufgrund ihrer Kampfeigenschaft nicht nur den Gegner erfolgreich treffen, sondern auch einer zahlen- und kräftemäßig gewaltigen Übermacht gegenüber bestehen konnte. Wenn nicht alle Kräfte in erster Linie eingesetzt werden, um die Kampfkraft des U-Bootes auf höchstmöglichem Stand zu halten, besteht die Gefahr, daß das U-Boot eines Tages von der Abwehr erdrückt und ausgeschaltet wird.« Damit, prophezeite er düster, werde der deutschen Seekriegsführung »die einzige Waffe, die sie wirksam gegen die großen Seemächte einsetzen kann, aus der Hand geschlagen«.[93]

Die meisten Sorgen bereitete ihm vermutlich das Ausmaß seiner Aufgabe: Unter Berücksichtigung der zu erwartenden amerikanischen Neubauten war 1943 eine monatliche Versenkungsrate von einer Million BRT nötig, nur um mit dem alliierten Schiffbau Schritt zu halten. Wollte man den Schiffsraum entscheidend verringern, mußten mindestens 1,3 Millionen BRT vernichtet werden. Im Mai hatte Dönitz, wie erwähnt, Hitler gegenüber noch von maximal erforderlichen 700 000 BRT gesprochen und einschränkend hinzugefügt, daß angesichts der übertriebenen US-Planungen 400 000 bis 500 000 BRT im Monat vermutlich ausreichen würden, um dieses Ziel zu erreichen. Da die Versenkungsrate von Januar bis August, in der »goldenen Zeit« vor der amerikanischen Ostküste, aber nur bei durchschnittlich 400 000 BRT pro Monat lag, hielt es die Seekriegsleitung in Berlin inzwischen für fraglich, ob eine Versenkungsrate von über einer Million BRT verwirklicht werden konnte.

Es stellte sich die Frage: »Kann im Handelskrieg ein kriegsentscheidender Einfluß gewonnen werden durch Schiffsversenkungen allein, einerlei wo und ob beladen oder unbeladen, oder muß zur Erreichung dieses Zieles bestimmter Schiffsraum in bestimmten Gebieten versenkt werden?« Gemeint war der Übergang »vom reinen Tonnagekrieg zum Zufuhr- und Ladungskrieg mit Schwerpunkt Südatlantik, Nordmeer und einkommender englischer Verkehr« durch die Western Approaches.[94] Die Entscheidung darüber hing davon ab, wie man die Erfolgsaussichten der U-Boot-Waffe einschätzte. Angesichts der vorliegenden Zahlen und der von ihm selbst vorausgesagten Verstärkung der feindlichen Abwehr konnte Dönitz kaum annehmen, daß seine Boote in der Lage waren, über 1,3 Millionen BRT zu versenken. Andererseits konnte er sie natürlich auch nicht in den »Zufuhrkrieg« in der Nordsee oder den Western Approaches schicken, wo die alliierten Luftpatrouillen ihnen untragbare Verluste zugefügt hätten. Aber als unverbesserlicher Optimist, der keine unüberwindlichen Hindernisse kannte, hoffte er auf eine erhebliche Vergrößerung der Flotte von Frontbooten, auf die Unterstützung der Luftwaffe und auf neue Waffen, mit denen er der alliierten U-Boot-Abwehr ein Schnippchen schlagen könnte.

Der Wettlauf gegen die Zeit und den feindlichen Schiffbau war unwiderruflich verloren. Da traf es sich nicht sehr gut, daß Dönitz und Raeder nicht mehr miteinander sprachen. Der Oberbefehlshaber der Kriegsmarine war ein reservierter, konservativer und sensibler Mann mit einem riesigen Zuständigkeitsbereich, der sich vom Nordkap über die Nord- und Westküste Europas bis ins Mittelmeer und Schwarze Meer erstreckte. Dönitz' außerordentlich eingeschränkter Blick, sein Mangel an Taktgefühl und die ständige Einmischung in Dinge, die nicht in seine Verantwortung fielen, hatten zum Bruch zwischen ihm und seinem Vorgesetzten geführt. Dennoch sah sich Raeder außerstande, den BdU zu entlassen: Das Ansehen der U-Boot-Fahrer und ihres dynamischen Chefs war von der Propaganda derart aufgebläht worden, daß Dönitz' Ablösung die Moral innerhalb und außerhalb der U-Boot-Waffe gedrückt hätte und dem Führer gegenüber schwer zu rechtfertigen gewesen wäre. Hitler und seine Umgebung verstanden zwar nicht viel von der Seekriegführung, aber die U-Boote waren die einzige Offensivwaffe gegen die westlichen Alliierten.

Wegen dieses Bruchs unterhielt man sich zwischen Berlin und Paris meist nur über Fernschreiber. War ein persönliches Gespräch unumgänglich, wurde es von den beiden Stabschefs geführt. Es war eine unhaltbare Situation, die Raeder dennoch akzeptieren mußte, wollte er sein oberstes Ziel erreichen: »die Marine vor jeder negativen Publizität zu schützen und ihre Unabhängigkeit sowie den geringen Einfluß, den sie besaß, zu verteidigen«.[95] Dönitz war niemand, der Gelegenheiten umgehend beim Schopf zu ergreifen pflegte. Aber als ihm die Stärke seiner Position klar wurde, begann er sie systematisch auszubauen.

Im Sinne seiner Auflockerungsstrategie, die den Feind verwirren und seine Verteidigung auseinanderziehen sollte, hatte Dönitz im August 1942 eine Gruppe von vier Typ-IX-Booten sowie einen U-Tanker in südafrikanische Gewässer geschickt. Um das Überraschungsmoment nutzen zu können, waren die Boote dieser »Gruppe Eisbär« angewiesen worden, südlich von 5° S keine Ziele mehr anzugreifen, bis sie das Einsatzgebiet vor Kapstadt, dem Brennpunkt des Schiffsverkehrs zum und vom Nahen und Fernen Osten, erreicht hatte. Eines der Boote, U 156 unter Korvettenkapitän Werner Hartenstein, sichtete am Abend des 12. September unmittelbar vor dieser Grenzlinie das 19 700 BRT große Cunard-Linienschiff *Laconia.* Es griff nach Sonnenuntergang an. Der erste Torpedo schlug mittschiffs auf der Steuerbordseite der *Laconia* ein und zerstörte den Maschinenraum. Das Schiff bekam Schlagseite und begann zu sinken. Als Hartenstein auf die Rettungsboote zufuhr, hörte er zu seiner Überraschung italienische Hilferufe und erfuhr von einigen Schiffbrüchigen, die er an Deck nahm, daß die *Laconia* Hunderte von italienischen Kriegsgefangenen aus Nordafrika transportiert hatte. Tatsächlich hatte sie in Suez nicht nur fast 1800 Italiener und deren Wachen an Bord genommen, sondern auch Soldaten der auf alliierter Seite kämpfenden polnischen Anders-Armee, Personal der RAF sowie britische Beamte aus dem Nahen Osten mit ihren Familien. Einschließlich der Besatzung waren 3250 Menschen auf der *Laconia* gewesen.

Hartenstein wollte so viele verbündete Soldaten nicht dem Tod durch Ertrinken überlassen. Er begann mit ihrer Rettung und bat die U-Boot-Führung um weitere Anweisungen. Dönitz diskutierte die ungewöhnliche Situation mit seinem Stab; dann beorderte er die anderen Boote der Gruppe Eisbär zu Hartenstein, um bei der Rettungsaktion zu helfen. Raeder stimmte der von Dönitz getroffenen Entscheidung zu und nahm Verhandlungen mit Vichy-Frankreich auf. Die Franzosen sollten aus Dakar Schiffe schicken, um die Schiffbrüchigen von den U-Booten zu übernehmen.

Hartenstein hatte inzwischen über 200 zusätzliche Passagiere, darunter 21 Briten, an Bord. Er setzte einen Funkspruch in englischem Klartext ab, in dem er seine Position angab und jedem zur Rettung herbeikommenden Schiff versprach, nicht anzugreifen, wenn es nicht selbst zum Angriff überging. Peter Hansen, der Hartenstein kannte und später mit ihm über den Vorfall sprach, bemerkte dazu, solche Erwartungen seien damals bereits anachronistisch und unrealistisch gewesen.[96] Der Funkspruch wurde von zwei in der Nähe befindlichen englischen Dampfern empfangen und an die britischen Marinebehörden in Freetown in Sierra Leone weitergeleitet. Sie befürchteten jedoch eine Falle und unternahmen nichts.

Den 13. September über war Hartenstein damit beschäftigt, Schiffbrüchigen in Rettungsboote und auf Flöße zu helfen. Zwischendurch nahm er immer wieder Verwundete sowie Frauen und Kinder an Bord, um sie medizinisch zu behandeln und ihnen etwas zu essen und zu trinken zu geben. Nachdem sie sich mit den Franzosen geeinigt hatte, informierte die Seekriegsleitung Hitlers Marineadjutanten im Führerhauptquartier in der Ukraine, Jesko von Puttkamer, über den Vorfall. Als Hitler am Nachmittag davon erfuhr, wies er Puttkamer an, Dönitz so bald wie möglich zum Lagebericht zu bestellen. Bis dahin dürfe die Operation vor Kapstadt nicht beeinträchtigt und die U-Boot-Gruppe nicht in Gefahr gebracht werden.

Zwei Tage später gesellten sich Kapitänleutnant Erich Würdemann mit U 506 und Korvettenkapitän Harro Schacht mit U 507 zu Hartenstein. Sie teilten die schiffbrüchigen Italiener, Polen und Briten unter sich auf und nahmen Kurs auf den mit den Franzosen vereinbarten Treffpunkt. Am nächsten Morgen war Hartenstein mit vier Rettungsbooten im Schlepptau und weiteren Schiffbrüchigen auf dem Oberdeck allein auf weiter Flur, als er ein amerikanisches Flugzeug sichtete. Er ließ eine zwei mal zwei Meter große Rotkreuzfahne ausbreiten und versuchte, mit dem Blinkgerät Kontakt zum Piloten aufzunehmen. Aber der Pilot hatte die Situation bereits erfaßt. Er kurvte davon und bat die Flugleitung des neuen amerikanischen Luftwaffenstützpunkts auf der Insel Ascension um Anweisungen. Die Anfrage wurde bis hinauf zum Kommandeur des Stützpunkts, Colonel James A. Ronin, weitergeleitet, der seinerseits vergeblich versuchte, Washington anzurufen, und die Entscheidung schließlich selbst fällen mußte. Militärisch gesehen konnte sie nur so lauten, wie sie dem Piloten, Lieutenant James Harden, übermittelt wurde: »U-Boot versenken!«

Harden kehrte zu dem U-Boot zurück, um den Befehl auszuführen. Bei den ersten drei Anflügen wurde jedoch nur eins der Rettungsboote umgeworfen. Mehrere italienische Soldaten fanden dabei den Tod. Beim nächsten Anflug warf er zwei Wasserbomben ab, von denen eine direkt unterhalb der Zentrale von U 156 detoniert zu sein scheint. Eine Wassersäule stieg neben dem Kommandoturm empor, das Boot leckte, und beide Sehrohre waren beschädigt. Hartenstein ließ die Schiffbrüchigen in der Nähe der Rettungsboote von Deck springen und tauchte. Harden sah beim nächsten Anflug das umgekippte Rettungsboot, glaubte, er hätte das U-Boot versenkt, und kehrte nach Ascension zurück.

Nachdem Hartensteins Bericht über den Angriff bei der U-Boot-Führung eingetroffen war, kam es zwischen Dönitz und seinem Stab zu einer »temperamentvollen Besprechung«, wie er selbst schrieb. Sein Stab hielt die Rettungsaktion offenbar für unverantwortlich. Aber Dönitz war entschlossen, sie zu Ende zu führen: »Ich kann die Leute jetzt nicht ins Wasser setzen, ich mache weiter.«[97] Mit den »Leuten« meinte er die Italiener, denn nur sie sollten die Eisbär-Boote an Bord behalten und zum vereinbarten Treffpunkt mit den französischen Schiffen bringen. Im Kriegstagebuch merkte er an, daß er Hartensteins Annahme, Rotkreuzfahne und Rettungsmaßnahmen würden den Feind vom Angriff abhalten, nicht nachvollziehen könne; vermutlich hätte ihn der Anblick der zu Hunderten im Wasser um ihr Leben kämpfenden Schiffbrüchigen zu dieser Ansicht verleitet.[98] Von den 3250 Menschen auf der *Laconia* erreichten rund 800 Briten, 450 Italiener und 120 Polen Dakar.

Nachdem auch U506, wiederum durch Harden, angegriffen worden war, erließ Dönitz am folgenden Abend, dem 17. September, folgenden Befehl: »Jeglicher Rettungsversuch von Angehörigen versenkter Schiffe, also auch Auffischen von schwimmenden und Anbordgabe auf Rettungsboote, Aufrichten gekenterter Rettungsboote, Abgabe von Nahrungsmitteln und Wasser, haben zu unterbleiben. Rettung widerspricht den primitivsten Forderungen der Kriegführung nach Vernichtung feindlicher Schiffe und Besatzungen. ... Hart sein. Daran denken, daß der Feind bei seinen Bombenangriffen auf deutsche Städte auf Frauen und Kinder keine Rücksicht nimmt.«[99] Diesem sogenannten *Laconia*-Befehl – offiziell hieß er »Triton Null« – folgte im selben oder im nächsten Monat ein weiterer, nicht im Kriegstagebuch registrierter Befehl an alle Kommandanten, in dem das »sogenannte rescue ship«, das in den meisten Konvois mitfuhr, »im Hinblick auf die erwünschte Vernichtung der Dampferbesatzungen« als wertvolles Ziel definiert wurde.[100]

Mit diesen beiden Befehlen sowie einigen Zeugenaussagen sollte im Nürnberger Prozeß die gegen Dönitz gerichtete Anklage begründet werden, er habe befohlen, Schiffbrüchige von torpedierten Schiffen zu töten. Es konnte jedoch nur ein konkreter Fall angeführt werden, in dem ein U-Boot-Kommandant absichtlich auf Schiffbrüchige geschossen hatte. Auf der anderen Seite gab es zahlreiche Fälle, in denen deutsche U-Boot-Kommandanten große Menschlichkeit bewiesen, nicht zuletzt Werner Hartenstein, dem unfreiwilligen Ausgangspunkt des *Laconia*-Befehls.

Aus den deutschen Akten geht hervor, daß die Behandlung von Schiffbrüchigen zu dieser Zeit auch in der Seekriegsleitung diskutiert wurde, ausgelöst vermutlich von Hitlers Anweisung, Schiffbrüchige »zusammenzuschießen«. Anfang Januar hatte er dem japanischen Botschafter Hiroshi Oshima erklärt, die Amerikaner könnten zwar viele Schiffe bauen, hätten aber Schwierigkeiten, sie zu bemannen. Aus diesem Grund müsse er auch den Befehl geben, »daß, falls die fremden Seeleute nicht zu Gefangenen gemacht werden könnten, was auf offener See meist nicht möglich wäre, die Uboote nach Torpedierung auftauchten und die Rettungsboote zusammenschössen«. Oshima hatte dem zugestimmt und erwidert, »daß auch die Japaner gezwungen seien, diese Methoden zu befolgen« – und sie taten es wirklich.[101]

Wann Raeder zum ersten Mal von Hitler auf diese »Methoden« hingewiesen wurde, ist unbekannt. Aber das Thema war bereits im Mai zur Sprache gekommen, als er mit Dönitz zur Lagebesprechung im Führerhauptquartier gewesen war. Es wurden neue U-Boot-Waffen vorgestellt, und Dönitz hatte als großen Vorteil der Abstandspistole, des neuen Torpedozünders, hervorgehoben, »daß sich infolge sehr schnellen Sinkens des torpedierten Schiffes die Besatzung nicht mehr wird retten können. ... Dieser größere Verlust an Schiffsbesatzungen wird zweifelsohne die Besetzung des großen amerikanischen Bauprogramms mit Mannschaften erschweren.«[102]

Als Anfang September berichtet wurde, daß britische Zerstörer die Schiffbrüchigen des Minenlegers *Ulm*, den sie 150 Seemeilen östlich der Insel Bjørn auf der arktischen Konvoiroute in die Sowjetunion versenkt hatten, mit Maschinengewehren beschossen hatten, ging Hitler in die Luft: »Wir müssen dem Engländer Gleiches mit Gleichem vergelten. Wir müssen erklären: Von nun ab wird auf alle Fallschirme geschossen! U-Boote haben den Befehl, Leute, die sich retten wollen, abzuschießen ohne Rücksicht darauf, ob es sich um Soldaten oder um Zivilpersonen, Frauen und Kinder handelt!«[103] Raeder ließ diesen und ähnliche Vorfälle untersuchen. Ein vorläufiger Bericht lag am 14. September vor, zwei Tage, bevor Hartenstein bombardiert wurde. Darin wurden 12 Fälle aufgezählt, in denen deutsche Schiffbrüchige anscheinend absichtlich beschossen worden waren: die ersten drei 1940 während der Norwegen-Operation, die anderen 1941 in der Schlacht um Kreta.[104] Das von Miers im Juli 1941 im östlichen Mittelmeer angerichtete Blutbad wurde nicht erwähnt.

Dönitz erschien zusammen mit Raeder und anderen Admiralen, darunter dem Chef der U-Boot-Abteilung der Seekriegsleitung, am 28. September zum Lagevortrag bei Hitler in der Reichskanzlei. Hitler lobte eingangs die Leistungen der U-Boot-Waffe und erklärte dann, er halte das Schiffbauprogramm der Amerikaner für propagandistisch übertrieben; selbst wenn sie es verwirklichen könnten, würde es ihnen an Maschinen und anderen Ausrüstungsgegenständen, vor allem aber an Besatzungen fehlen. Er wies darauf hin, »wie nachteilig es ist, wenn große Besatzungsteile von versenkten Schiffen immer wieder in der Lage sind, auf Neubauten weiterzufahren«. Dann umriß Dönitz den Stand der Atlantikschlacht, drängte erneut auf die Bereitstellung der He 177 und erläuterte notwendige technische Verbesserungen der U-Boote, an erster Stelle die Erhöhung der Unterwassergeschwindigkeit, die durch die von Professor Walter entwickelten neuen Bootstypen erfüllt werde. Auch die Abstandspistole und die durch schnellere Versenkungen zu erwartenden höhere Zahl von Todesopfern wurden erwähnt, diesmal jedoch von Raeder.[105]

Es wurde wahrscheinlich mehr zu diesem Thema gesagt, als im Protokoll steht. All diese Diskussionen, Denkschriften und Befehle weisen jedoch auf Hitler zurück. Er muß zu einem früheren Zeitpunkt die Tötung überlebender Schiffsbesatzungen verlangt haben, um das Reservoir zu verkleinern, aus dem die neuen amerikanischen Schiffe bemannt werden sollten, und die Seeleute abzuschrecken, auf ihnen anzuheuern. Raeder und Dönitz hatten sich dem aus praktischen Erwägungen widersetzt. Sie befürchteten, daß ein solcher Befehl die Moral untergraben würde: Zum einen würden sich Offiziere und Mannschaften der U-Boote vermutlich weigern, auf wehrlose Menschen zu schießen, zum anderen könnte sich eine solche Praxis als Bumerang erweisen.[106] Diese Argumente wurden wahrscheinlich auch bei der Lagebesprechung am 28. September ausgetauscht. Möglicherweise ließ sich Hitler durch Dönitz davon überzeugen, daß er bei der Formulierung der Befehle zur Vernichtung von Schiffen und Besatzungen bereits so weit gegangen sei, wie es schriftliche Instruktionen, die immerhin dem Feind in die Hände fallen könnten, erlaubten. Nichts deutet darauf hin, daß Hitler selbst oder Raeder und Dönitz jemals wieder auf dieses Thema zu sprechen kamen.

In moralischer Hinsicht und vor dem Hintergrund des internationalen Rechts fiele es schwer, einen Unterschied zwischen diesen Diskussionen über die Tötung von Schiffbrüchigen und der erwähnten Debatte zwischen Churchill, dessen Beratern und dem Luftstab über die Flächenbombardierung zu finden – es sei denn den, daß die Bomberoffensive Frauen und Kinder wesentlich direkter in Mitleidenschaft zog und daß sie tatsächlich stattfand.

Für Dönitz wie für die gesamte Führungsspitze des Dritten Reichs bestand diese Verbindung jedenfalls, wie der letzte Absatz des *Laconia*-Befehls mit dem Hinweis auf die Frauen und Kinder in den bombardierten deutschen Städten beweist. In ähnlicher Weise äußerte er sich Ende September oder Anfang Oktober 1942 vor den Offizieren der 2. Unterseeboots-Lehrdivision. Auf eine Zwischenfrage über den rasanten amerikanischen Schiffbau erwiderte er, die Amerikaner hätten große Schwierigkeiten, die Schiffe zu bemannen, und es sei an der Zeit, den totalen Krieg jetzt auch auf See zu führen: Um zu verhindern, daß die Alliierten ihre Neubauten bemannen könnten, müßten nicht nur die Schiffe, sondern auch deren Besatzungen als U-Boot-Ziele begriffen werden. Wer dies zu hart finde, solle daran denken, »daß auch unsere Frauen und Kinder zu Hause bombardiert« würden. Wie Oberleutnant Peter-Josef Heisig, der diese Rede mit anhörte, später in Nürnberg aussagte, seien die Offiziere, mit denen er darüber gesprochen habe, einhellig der Ansicht gewesen, Dönitz hätte sie aufgefordert, auf Schiffbrüchige zu schießen. Als Heisig bei anderer Gelegenheit mit einem Vorgesetzten über dieses Thema sprach, wurde ihm geraten, »daß nach Möglichkeit nur Offiziere auf der Brücke sind, um dann dort eine Vernichtung von Schiffbrüchigen vorzunehmen, im Falle sich die Gelegenheit [er]geben sollte«.[107]

Korvettenkapitän Karl-Heinz Möhle, der als Chef der in Kiel stationierten 5. Flottille die Aufgabe hatte, die zur Feindfahrt auslaufenden Kommandanten einzuweisen, versuchte sich, wie er in Nürnberg aussagte, bei einem Stabsoffizier der U-Boot-Führung, Kapitänleutnant Herbert Kuppisch, Klarheit über den *Laconia*-Befehl zu verschaffen. Warum er sich, obwohl er Zugang zum Stabschef, Godt, und zu Dönitz selbst hatte, mit dem Wort eines im Rang unter ihm stehenden Offiziers begnügte, ist nie geklärt worden. Eine zynische Erklärung wäre, daß Kuppisch zu dem Zeitpunkt, als Moehle seine Aussage machte, auf See verschollen war, während Godt und Dönitz am Leben waren und letzterer gegen ein mögliches Todesurteil kämpfte.

Kuppisch, berichtete Möhle, habe auf seine Frage mit zwei Beispielen geantwortet: Im ersten sei es um ein auslaufendes U-Boot gegangen, das in der Biskaya auf ein Schlauchboot mit Überlebenden eines britischen Flugzeugs gestoßen war. Da es die Männer nicht an Bord nehmen konnte, hatte es einen weiten Bogen um sie gemacht und die Fahrt fortgesetzt. Nach der Rückkehr sei der Kommandant dafür gerügt worden, die Flieger nicht »bekämpft« zu haben; es sei schließlich damit zu rechnen gewesen, daß sie in spätestens vierundzwanzig Stunden gerettet würden und zur U-Boot-Abwehr zurückkehrten. Das Boot war U 386 unter Oberleutnant Hans-Albrecht Kandler. Wie es scheint, wurde ihm eher vorgeworfen, die Männer nicht als Kriegsgefangene an Bord genommen zu haben.

Das zweite Beispiel betraf die U-Boote, die in der ersten Hälfte des Jahres an der US-Küste operiert hatten. Aufgrund der Nähe zur Küste sei ein großer Teil der Besatzungen gerettet worden, was »sehr bedauerlich« gewesen sei, »da zur Handelsschiffahrt nicht nur Tonnage, sondern auch Besatzungen gehörten«, und diese Besatzungen ständen jetzt bereit, um die neuen Schiffe zu bemannen.

Den wenigen Kommandanten, die ihn um eine eindeutigere Interpretation des Befehls baten, erzählte Moehle diese beiden Beispiele, fügte aber stets hinzu: »Der BdU kann euch offiziell einen solchen Befehl nicht geben; das hat jeder mit seinem Gewissen zu vereinbaren.«[108] In diesem Nachsatz verbarg sich Dönitz' ganzes Geheimnis, wie die fiktiven U-Boot-Offiziere in Buchheims *Boot* sehr wohl wußten:

»Der BdU hat aber keinen Ton davon gesagt, daß Leute, die im Wasser treiben, angegriffen werden sollen – oder?«

»Nee, hat er natürlich nicht. Er hat bloß un-miß-ver-ständ-lich deutlich gemacht, daß gerade Verluste von Besatzungen den Gegner besonders schwer treffen würden.«

»Da kann sich nun jeder seinen eigenen Vers drauf machen ... Schlau gedacht!«[109]

Rodger Winn hatte die Südfahrt der Gruppe Eisbär korrekt vorausgesagt, obwohl er durch die vierte Schlüsselwalze vom deutschen Funkverkehr ausgeschlossen war. Der Schiffsverkehr am Kap der Guten Hoffnung wurde daraufhin weiter auf See gelenkt, und Schiffe, die Kapstadt anliefen, erhielten eine Eskorte. Für die *Orcades,* ein 23000 BRT großes Passagierschiff der Orient Line, erwies sich die Umleitung als tödlich. Sie fuhr mit britischen Militärangehörigen und Familien aus dem Nahen Osten und mit in Kapstadt verladenen Lebensmitteln südlich und westlich ihrer normalen Route in weiten Zickzackbögen nach Norden. Kurz nach elf Uhr schlugen auf ihrer Backbordseite drei Torpedos ein, zwei in den vorderen Frachträumen und der dritte knapp dahinter. Das Schiff begann zu sinken, blieb aber auf ebenem Kiel. Captain Fox, der kommandierende Offizier, schickte die Passagiere und den größten Teil der Besatzung von Bord. Er selbst blieb mit einer kleinen Gruppe Freiwilliger zurück, um die *Orcades,* wenn möglich, nach Kapstadt zurückzubringen.

Kapitänleutnant Carl Emmermann, der Kommandant von U 172, das die Torpedos abgefeuert hatte, war in der Nähe geblieben und hatte das Schiff durchs Sehrohr beobachtet. Als er sah, daß es wieder Fahrt aufnahm, lief er erneut zum Angriff an, diesmal von Steuerbord. Die *Orcades* erhielt drei weitere Treffer und legte sich sofort stark auf die Steuerbordseite. Captain Fox schickte die verbliebene Besatzung mit den für diesen Zweck zurückgehaltenen Rettungsbooten von Bord. Nachdem er selbst die Codebücher in einem beschwerten Sack ins Meer geworfen hatte, ging er unter Deck, um sich zu überzeugen, daß niemand mehr auf dem Schiff war. Dann sprang er in der Hoffnung, daß man ihn von einem der Rettungsboote aus bemerkte, vom Heck ins Wasser.

Die Eisbär-Boote umrundeten das Kap und legten sich auf der Route zwischen Durban und Kapstadt auf die Lauer. Sie versenkten bis zum Ende des Monats insgesamt 24 Schiffe mit über 160 000 BRT, also etwas mehr als die fünf Paukenschlag-Boote zu Beginn des Jahres. Anfang November stieß eine zweite Welle von Booten zu ihnen. Dabei handelte es sich um eine neue, größere Version von Typ-IX-Booten mit der Typenbezeichnung IX D2 und einer Überwasserverdrängung von 1600 Tonnen. Für die größere Verdrängung waren vor allem zusätzliche Ölbunker verantwortlich, deren Inhalt den Booten bei 12 Knoten eine Reichweite von fast 24 000 Seemeilen gab. Sie besaßen außerdem mit über 19 Knoten eine größere Höchstgeschwindigkeit. Das erfolgreichste war U 181 unter Korvettenkapitän Wolfgang Lüth, von dem bereits als Kommandant des Typ-II-Boots U 138 und des IXA-Boots U 43 die Rede war.

Lüth war in Riga geboren, wo sein Vater eine Fabrik besaß, und strich als Auslandsdeutscher sein Deutschtum besonders stark heraus. Er war ein glühender Nazi, der Hitler und den vorgeblichen Idealen der Partei absolut ergeben war. Seine obersten Werte, die er seiner Besatzung bei jeder Gelegenheit predigte, waren Ehe und Familie. Zügellosigkeit und Promiskuität haßte er, und er sorgte nach Kräften dafür, daß seine Männer ihnen nicht verfielen. Er verstand sich als ihr Vater, und seine Frau hielt den Kontakt mit ihren Frauen und Familien aufrecht. Viele Offiziere sahen ihn allerdings in einem etwas anderen Licht. Peter Hansen vergleicht das Verhältnis, das Lüth zu seiner Besatzung hatte, mit dem eines baltischen Großgrundbesitzers zu seinem Gesinde.[110] Seine Erscheinung entsprach seinem Charakter. Obwohl erst 29 Jahre alt, hatte er schon eine Glatze, die mit dem Haarkranz hinten und an den Seiten wie die Tonsur eines Mönchs aussah, und der unvermeidliche U-Boot-Fahrerbart ließ die frei bleibenden Wangen hohl erscheinen. Er war ein ausgesprochen ruhiger Mann, der aber, wenn er gereizt wurde, wie ein Vulkan explodieren konnte. Für die, die seine moralisierende, patriarchalische Art und die gelegentlich aufbrausenden disziplinarischen Stürme nicht störten, war er jedoch der verehrte Führer.[111]

Einen härteren Test für die Führungsqualitäten eines Kommandanten als die 7500 Seemeilen weite Fahrt von Kiel um Schottland herum nach Südafrika konnte es kaum geben. Lüth kämpfte mit außergewöhnlichem Einfallsreichtum gegen die Langeweile und die unvermeidlichen Streitigkeiten in der Enge des Boots an. Diskussionsgruppen, Skat- und Schachturniere, Wettbewerbe im Singen oder im Erzählen von Lügengeschichten wurden durchgeführt, Besatzungsmitglieder sprachen über ihre Fachgebiete oder Hobbys, er selbst hielt regelrechte Unterrichtsstunden über Meteorologie, Technik, Philosophie und andere Gegenstände ab. Es gab eine maschinegeschriebene Bordzeitung mit Auszügen aus den Radionachrichten, und über die Lautsprecher wurden

Wunschmusikkonzerte gegeben, bei denen Lüth regelmäßig auch klassische Werke vorstellte. Bei anderen Gelegenheiten verlas er Nachrichten oder sprach mit deutlich nationalsozialistischem Einschlag über deutsche Geschichte und Politik. Später an Land hielt er einen Vortrag über die »Menschenführung auf einem U-Boot«, der so gut ankam, daß er als Vorbild und Anregung für die U-Boot-Offiziere vervielfältigt wurde. Darin versicherte er, daß politische Gespräche nötig seien, um eine »gewisse passive Lebensauffassung bei manchen« zu beseitigen: »Sonntags tauche ich manchmal und mache unter Wasser eine Musterung und erzähle ihnen etwas vom Reich, vom jahrhundertelangen Kampf darum, zeige ihnen die hervorragendsten Gestalten unserer Geschichte; alles unter dem Gesichtspunkt des Ringens um die Verwirklichung des Reiches.«[112]

U 181 erreichte am 1. November nach siebenwöchiger Fahrt die Länge des Kaps der Guten Hoffnung. Zwei Tage später versenkte Lüth einen 8000 BRT großen amerikanischen Erzfrachter. In der folgenden Woche fielen ihm im Indischen Ozean weitere drei Schiffe zum Opfer, womit er sein persönliches Erfolgskonto auf über 200 000 BRT schraubte. Zwei Tage nach der letzten Versenkung, in den frühen Stunden des 15. November, traf ein Funkspruch ein, in dem ihm mitgeteilt wurde, daß der Führer ihm das Eichenlaub zum Ritterkreuz verliehen habe. Zu diesem Zeitpunkt war U 181 nur noch 100 Seemeilen von Durban entfernt. Bei Tagesanbruch wurde die Brückenwache in hoher See von einem auf U-Boot-Patrouille befindlichen Zerstörer überrascht und zum Alarmtauchen gezwungen. Die ASDIC-Impulse waren deutlich zu hören, aber es dauerte einige Zeit, bevor der Zerstörer das Ziel sicher erfaßt hatte und die ersten Wasserbomben abwarf. Lüth ging auf 160 Meter hinunter. Das Boot ächzte und stöhnte unter den fortwährenden Druckwellen. Wer nicht für die Reparatur der Schäden gebraucht wurde, lag in der Koje, um Sauerstoff zu sparen, und atmete durch eine Kalipatrone, die das Kohlendioxid aus der Luft herausfilterte. Am Nachmittag trafen zwei Korvetten aus Durban ein, und die drei Schiffe setzten die Jagd bis zum Abend fort. Inzwischen standen die Bilgen voll Wasser, und die Männer rangen mühsam nach Atem. Um sicher zu sein, daß die Jäger verschwunden waren, wartete Lüth noch bis Mitternacht, bevor er den Befehl zum Auftauchen gab. »Boot und Besatzung haben sich gut bewährt«, notierte er im Kriegstagebuch.[113]

Als am nächsten Tag ein Funkspruch von U 178 aufgefangen wurde, in dem der Kommandant, Kapitän zur See Hans Ibbeken, die Versenkung von zwei Schiffen vor Laurenço Marques im Süden von Portugiesisch-Ostafrika meldete, machte sich Lüth auf den Weg nach Norden. In den nächsten Tagen richteten er und die anderen Eisbär-Boote auf den Zufahrten nach Laurenço Marques und weiter die Küste hinauf ein derartiges Gemetzel an, daß dieser wichtige neutrale Nachschubhafen für einige Zeit geschlossen wurde. Den größten Anteil daran hatte Lüth mit sieben Schiffen; die letzten vier erledigte er zwischen dem 23. und 30. November mit massivem Artilleriefeuer aus der 10,5-Zentimeter-Kanone und einer der beiden 2-Zentimeter-Flak – der Lauf der zweiten war bei den ersten Schüssen geborsten. Sein letztes Opfer war der 4300 BRT große griechische Dampfer *Cleanthis*, der mit vier Maschinengewehren und einer Kanone auf dem Achterdeck bewaffnet war. Nachdem zwei Torpedos danebengegangen waren, hatte Lüth aus einer Entfernung von anderthalb Seemeilen das Artilleriefeuer eröffnet und eine halbe Stunde fortgesetzt. Die Besatzung war längst von Bord gegangen, und als Lüth nur noch eine einzige 10,5-Zentimeter-Granate geblieben war, fuhr er auf 400 Meter an die brennende *Cleanthis* heran, um ihr die letzte Granate mit aller Sorgfalt unterhalb der Wasserlinien ins Achterschiff zu jagen. Gleichzeitig befahl er der Flak-Bedienung, das Heck des Dampfers unter Beschuß zu nehmen. Ob andere Besatzungsmitglieder mit Maschinengewehren in das Feuer einfielen, ist nicht bekannt. Aber die Schiffbrüchigen der *Cleanthis* waren aufgrund der Heftigkeit des Angriffs der Meinung, sie hätten es mit einem japanischen U-Boot zu tun, das darauf aus war, sie alle zu töten.[114]

Lüth hatte Kiel am 12. September verlassen, bevor der *Laconia*- und der Rescue-ship-Befehl herausgekommen waren. Er war also von Moehle nicht entsprechend eingewiesen worden, muß aber die entsprechenden Funksprüche auf der Fahrt empfangen haben, und als eingefleischter Nazi brauchte er sicher keine interpretatorische Hilfe, um den Kern der beiden Befehle zu begreifen. Zudem besaß er genau die Art von puritanischem, verabsolutierendem Geist, um die verschleierte Anweisung auszuführen. Dennoch deutet nichts darauf hin, daß er bei den vorherigen Versenkungen in dieser Weise gehandelt hatte, obwohl er schon im Mai 1941, lange vor dem *Laconia*-Befehl, als Kommandant von *U 43* einen unbewaffneten Segelschoner von 500 BRT mit einer ähnlichen Kanonade versenkt und noch in das brennende Schiff gefeuert hatte, als es sich schon auf die Seite legte und unterging. Der Angriff hatte ihn augenscheinlich mit Genugtuung erfüllt.[115] Er war jemand, der sich von Stimmungen leiten ließ. Vielleicht ist dies – in der fünfzehnten Wochen auf See – Erklärung genug.

Auf der Fahrt zum Kap versenkte er am 2. Dezember noch ein 4300 BRT großes panamaisches Schiff. Damit erhöhte sich sein Versenkungsergebnis auf dieser Feindfahrt auf 12 Schiffe mit zusammen 57 500 BRT. Mit knapp gewordenem Treiböl machte er sich auf den Rückmarsch und traf fünf Wochen später in Bordeaux ein. Die anderen Boote hatten etwa zur gleichen Zeit die Rückfahrt angetreten, und da Dönitz die nächste Gruppe von Fernbooten in brasilianische Gewässer schickte, war dem Schiffsverkehr am Kap der Guten Hoffnung und im Indischen Ozean eine Ruhepause vergönnt.

Im November erlitten die Alliierten die größten Schiffsverluste des gesamten Krieges: 134 Schiffe mit 807 754 BRT gingen verloren. 730 000 BRT waren auf Kosten der U-Boote gegangen, 130 000 BRT davon auf die im Indischen Ozean. Dönitz war hoch erfreut. Nach den Meldungen der Kommandanten würde das Gesamtergebnis »voraussichtlich 980 000 BRT übersteigen«. Die Marke von einer Million BRT, die erreicht werden mußte, um die Bilanz im Tonnagekrieg auszugleichen, war zum Greifen nah. »Es kommt darauf an, dieses Ergebnis richtig zu sehen«, schrieb er in sein Kriegstagebuch.[116]

Für diesen Aufschwung nach den pessimistischen Eintragungen vom September gab es viele Gründe: Die alliierte Landung in Nordafrika und der anschließende Nachschubverkehr hatten nicht nur viele Eskortschiffe aus dem Nordatlantik gebunden. Sie hatte auch die Einrichtung eines ineinandergreifenden Konvoisystems zum Kap der Guten Hoffnung und in den Indischen Ozean verhindert. Zwischen Durban und Kapstadt wurde der Schiffsverkehr erst im Dezember in Konvois zusammengefaßt. Die fertiggestellten Geleitflugzeugträger waren ebenfalls zum Schutz der Nordafrika-Konvois eingesetzt worden, und die für die US Navy gebauten wurden von King in den Pazifik entsandt. Zudem verfügten nicht alle der im Nordatlantik verbliebenen Eskortgruppen über das Typ-271-Radar und Huff-Duff. Im Zentralatlantik klaffte weiterhin die Luftlücke, und da Bletchley Park den U-Boot-Schlüssel immer noch nicht geknackt hatte, mußte man sich bei der Festlegung der Ausweichrouten auf die Einpeilungen funkender U-Boote und Winns erstaunliche Fähigkeit verlassen, Dönitz' Gedankengänge nachzuvollziehen. Die Resultate dieser Bemühungen wurden jedoch allzu oft durch die Erfolge des B-Dienstes bei der Dechiffrierung des Konvoischlüssels zunichte gemacht. Außerdem verfügte Dönitz trotz des überwiegend vor Norwegen und im Mittelmeer entstandenen Verlusts von 50 Booten mittlerweile über 160 Einheiten, von denen im November durchschnittlich 95 auf See waren, 38 davon in ihren Einsatzgebieten.[117] Ende des Jahres standen 393 Boote im Dienst. Im Januar überstieg ihre Zahl die Marke von 400 Stück. Nach Abzug der für Test- und Ausbildungszwecke abgestellten Boote blieben 220 einsatzbereite Einheiten übrig, von denen 178 für den Atlantik zur Verfügung standen.[118]

Im Dezember ging die Versenkungsrate auf 330000 BRT zurück, zum einen, weil starke Stürme Angriffe behinderten oder ganz unmöglich machten, und zum anderen, weil die Fernboote aus den einträglichen Gewässern ohne Konvoidienst zurückkehrten. Dönitz lastete das schlechte Ergebnis dem Abzug von Booten zur Bekämpfung der alliierten Landung in Nordafrika an. In einer Lagebeurteilung vom 19. September zitierte er die Bemerkung eines U-Boot-Kommandanten, daß im westlichen Mittelmeer »kaum zu leben« sei, und in den Gewässern außerhalb der Straße von Gibraltar sah es nicht anders aus. Die Differenz zwischen der Tonnage, die seine Boote in diesem Gebiet versenkt hatten, und derjenigen, die sie auf den »Hauptkampfplätzen des Tonnagekrieges« im Nordatlantik hätten vernichten können, schätzte er auf mindestens 300000 BRT. Der Gegner habe daher »einen erheblichen Tonnagegewinn zu buchen, der wieder für die Stärkung der Afrika-Front eingesetzt werden kann«. Er schloß mit der grundsätzlichen Feststellung: »Der Tonnagekrieg ist die Hauptaufgabe der U-Boote, der vielleicht entscheidende Beitrag der U-Boote für den Ausgang des Krieges. Er muß dort geführt werden, wo bei den geringsten Verlusten die größten Erfolge zu erzielen sind. Es ist notwendig, in klarer Erkenntnis dieser Lage mit aller Entschiedenheit die Folgerung zu ziehen, nämlich die Konzentration aller irgendwie verfügbaren Kräfte auf die Hauptaufgabe unter bewußter Inkaufnahme von Lücken und Nachteilen an anderen Stellen.«[119]

Er konnte nicht wissen, daß er bald die Macht besitzen würde, dies in die Tat umzusetzen. Hitler war von der Überwasserflotte in zunehmendem Maße enttäuscht. Ohne einen sichtbaren Beitrag zur Kriegführung zu leisten, verbrauchte sie knappe Rohstoffe und band Menschen, die für die Ostfront benötigt wurden. Außerdem wurde Raeders Stellung im Führerhauptquartier von Speer, Göring und anderen untergraben. Als in der letzten Nacht des Jahres 1942 zwei britische Kreuzer und mehrere Zerstörer einen für die Sowjetunion bestimmten Konvoi in einer Reihe brillanter Aktionen mit Erfolg gegen das Panzerschiff *Lützow,* den Schweren Kreuzer *Hipper* und die dazugehörigen Zerstörer verteidigten, riß Hitler die Geduld. Er rief Raeder zu sich und belehrte ihn anderthalb Stunden lang über die Geschichte der deutschen Überwasserflotte im 20. Jahrhundert und die Nutzlosigkeit der Großkampfschiffe, die er allesamt verschrotten lassen werde. Die Seekriegsleitung solle herausfinden, wo die Geschütze an Land aufgestellt und in welchem Umfang die U-Boot-Waffe mit den frei werdenden Ressourcen ausgebaut werden könne. Raeder blieb nichts anderes übrig, als zurückzutreten.

Dies war das vielleicht vorhersehbare Resultat des tiefen Bruchs zwischen Raeder und Dönitz, den Hitler, wie kaum anders zu erwarten, als dessen Nachfolger auswählte. Historisch gesehen war es die absehbare Reaktion einer unter Druck geratenen Militärmacht, ihre Ressourcen den lebenswichtigen Feldzügen an Land zufließen zu lassen. In diesem Fall fiel Hitlers Wahl auf Dönitz, weil die U-Boote, deren Erfolge den einzigen Lichtschimmer in einer sich verdunkelnden Kriegslandschaft darstellten, die letzte Offensivwaffe gegen die westlichen Alliierten bildeten. Außerdem war Dönitz überzeugt, den Krieg im Westen entscheiden zu können.

DIE U-BOOTE IN DER KRISE

Dönitz trat den Posten des Oberbefehlshabers der Kriegsmarine (ObdM) am 30. Januar an, dem zehnten Jahrestag von Hitlers Machtergreifung. Gleich im ersten Erlaß an seinen Stab schrieb er die neue Ausrichtung unmißverständlich fest: »Es handelt sich allein darum, den Krieg zu gewinnen. ... Kampfaufgabe der Kriegsmarine [ist] der Kampf gegen die feindliche Tonnage, in erster Linie also der Ubootkrieg. ... Alles hat sich diesem Hauptziel unterzuordnen.«[1] Um dies sicherzustellen, behielt er weiterhin den Oberbefehl über die U-Boot-Waffe und holte die U-Boot-Führung nach Berlin, wo sie im Hotel am Steinplatz in Charlottenburg untergebracht wurde. Hans-Georg von Friedeburg, seit Kriegsbeginn Chef der wichtigen Organisationsabteilung beim BdU, erhielt mit Beförderung zum Vizeadmiral den Posten eines Kommandierenden Admirals der U-Boote. Er war damit für alles außer den U-Boot-Operationen selbst verantwortlich. Die tägliche Führung des U-Boot-Krieges übergab Dönitz seinem langjährigen Stabschef Eberhard Godt, der jetzt, zum Konteradmiral befördert, den Titel FdU – Führer der U-Boote – trug. So notwendig diese Veränderung war, bedeutete sie auch einen weiteren Schritt auf dem mit dem Umzug von Kernével nach Paris begonnenen Weg der Trennung zwischen den U-Boot-Fahrern und dem Führungsstab mit ihrem inspirierenden Chef, den sie den »Löwen« oder, in weicherer Stimmung, »Onkel Karl« nannten.

Dönitz hatte zuerst beabsichtigt, die Großkampfschiffe zu verschrotten, schloß sich aber bald der Ansicht der Seekriegsleitung an, daß dies ein großer, kampflos errungener Sieg der Royal Navy gewesen wäre, der es ihr erlaubt hätte, die immensen Mittel, die in die großen Schiffe flossen, für die U-Boot-Abwehr einzusetzen. Hitler ebenfalls davon zu überzeugen, war nicht leicht. Dönitz erhielt einen Aufschub von sechs Monaten, und danach kam dieses Thema nie wieder zur Sprache. Weniger Erfolg hatte er mit dem Versuch, mehr Stahl für den U-Boot-Bau zu erhalten. Es gab zu viele Konkurrenten aus anderen Waffengattungen, und er konnte erst Monate später, nachdem die Verantwortung für den U-Boot-Bau an Speer übergeben worden war, eine deutliche Steigerung der Produktion erreichen.

Im Rückblick ist es evident, daß Dönitz, statt nur an die Zahlen zu denken, in diesen ersten Wochen seiner neuen Machtfülle besser daran getan hätte, mit aller Kraft die Entwicklung eines neuen Bootstyps mit größerer Unterwassergeschwindigkeit voranzutreiben. Er hätte auf solche radikalen, nur langfristig zu verwirklichenden Lösungen wie das Walter-Boot verzichten und sich auf einen Bootstyp konzentrieren sollen, der mit der vorhandenen Technik gebaut werden konnte. Die Japaner hatten es 1938 mit dem über 20 Knoten schnellen Prototyp N 71 vorgemacht, der allerdings erst spät im Krieg in Serie ging.[2]

Ein solches Boot wurde gebraucht, um die Initiative wiederzuerlangen. Das hatte Dönitz bereits im vergangenen Herbst beim Lagevortrag bei Hitler betont. Aber er hatte sich offenbar von der Entwicklung des Walter-Boots und der hohen Versenkungsrate im November einlullen lassen, denn der Zuwachs konventioneller Boote genoß weiterhin Priorität.

Auf alliierter Seite hatte das U-Boot-Gemetzel vom November eine der periodisch wiederkehrenden Phasen aufgeregter Besorgnis eingeläutet. Die Vereinigten Staaten hatten sich bereits vor dem Kriegseintritt mit Großbritannien auf eine »Deutschland zuerst«-Strategie geeinigt, nach der dem Sieg über das Dritte Reich Vorrang vor dem über Japan eingeräumt wurde. Dafür war die Überquerung des Ärmelkanals erforderlich, und zu diesem Zweck mußten amerikanische Truppen in England konzentriert und anschließend mit Nachschub versorgt werden. Genau dies aber war durch den Tonnagekrieg bedroht. Als Churchill, Roosevelt und die Kombinierten Stabschefs im Januar 1942 in Casablanca zusammenkamen, um die zukünftige Strategie festzulegen, stand die U-Boot-Bekämpfung ganz oben auf der Tagesordnung – zumindest theoretisch, denn als es soweit war, wurde kaum darüber gesprochen. Admiral Pound, der Erste Seelord, war todkrank, und Admiral King hatte offensichtlich nur die Kämpfe im Pazifik im Kopf, dem Hoheitsgebiet der US Navy, während die anderen Kriegsschauplätze von der US Army abgedeckt wurden. Es blieb Air Marshal Sir Charles Portal überlassen, auf der ersten Sitzung der Stabschefs vorzuschlagen, daß man der U-Boot-Abwehr in den alliierten Luftstreitkräften oberste Priorität zubilligen sollte. King unterbrach sein Schweigen und erwiderte, daß die RAF nicht viel unternommen habe, um die Werften und U-Boot-Stützpunkte zu zerstören.[3]

Die britische Seite begriff, daß sie das Treffen zu sehr dominiert hatte. Tatsächlich waren die Briten wesentlich besser vorbereitet nach Casablanca gekommen als die Amerikaner, denen schon die gemeinsame Planung der Teilstreitkräfte Schwierigkeiten bereitete, von der Abstimmung mit einem Verbündeten ganz zu schweigen.[4] Deshalb wurde King in der nächsten Sitzung am Nachmittag aufgefordert, die Lage im Pazifik zu erläutern. Man glaubte, wie es Sir Ian Jacob beschrieb, »daß ›Uncle Ernie‹ einen weniger scheelen Blick auf den Rest der Welt werfen würde, wenn er Gelegenheit gehabt hatte, seinen Vers über den Pazifik aufzusagen«. Als King auf die Absicht zu sprechen kam, in die Offensive zu gehen und japanisch besetzte Inseln zu erobern, wandte die britische Seite besorgt ein, daß die verfügbaren Ressourcen nicht für beide Kriegsschauplätze ausreichten. King fühlte sich dadurch in dem Mißtrauen bestätigt, daß die Briten die Vereinigten Staaten benutzen wollten, um Hitler zu schlagen, sich dann aber dem Wiederaufbau ihres Empire zuwenden und sie im Kampf gegen Japan allein lassen würden. Die britischen Stabschefs versuchten ihn von ihrer absoluten Bündnistreue zu überzeugen, vermochten ihn aber nicht von der geplanten Offensive im Pazifik abzubringen. Der Pazifik war, wie Jacob notierte, »amerikanisches Terrain, und es ging niemanden etwas an, was dort getan wurde. ... Die US Navy hatte ihre Pläne für 1943 gemacht, und sie beabsichtigte nicht, sie zu ändern.«[5] Von gemeinsamer Planung konnte danach nicht mehr die Rede sein, und schon gar nicht von der britischen Vorstellung, das Engagement im Pazifik so gering wie möglich zu halten, um genügend Kräfte für den Sieg über Deutschland zur Verfügung zu haben. Für die Atlantikschlacht bedeutete dies, daß Geleitschiffe, Geleitflugzeugträger und VLR-Bomber in den Pazifik gehen würden, statt die U-Boot-Abwehr auf dem Hauptkriegsschauplatz entscheidend zu verstärken.

Als über den U-Boot-Krieg diskutiert wurde, beschränkte sich King weitgehend auf die Anregung, die RAF solle anstelle der deutschen Städte die Produktionsstätten der U-Boote und deren Stützpunkte in Frankreich bombardieren. Dies war ihm möglicherweise von Pound eingegeben worden, denn die Admiralität hatte schon seit dem vergangenen Oktober versucht, diese Idee zu lancieren. Auch das U-Boot-Abwehr-Komitee des Kabinetts, das Anfang November 1942 in Reaktion auf die steigenden Versenkungszahlen als Nachfolger des im Oktober 1941 eingeschlafenen Atlantik-Komitees gebildet worden war, hatte den Plan unterstützt.[6] Wäre er ein Jahr früher oder noch eher umgesetzt worden, als sich die U-Boot-Bunker noch im Bau befanden, hätte einiges erreicht werden können. Jetzt aber war es zu spät. Keine damals verfügbare Bombe konnte die U-Boot-Bunker in den Biskayastützpunkten brechen, und in den Werften in Kiel, Hamburg und Wilhelmshaven hatte man ebenfalls Bunker gebaut oder war dabei, sie zu bauen. Der Luftstab hatte unter Hinweis darauf erklärt, daß man, um die gewünschte Wirkung zu erzielen, die umliegenden Städte und Docks zerstören müßte. Dabei wären jedoch Todesopfer unter der französischen Bevölkerung nicht zu vermeiden gewesen, was nachteilige politische Folgen gehabt hätte. Das Vorhaben wurde fallengelassen. Im Januar wurde die Idee von der Admiralität jedoch erneut zur Sprache gebracht. Diesmal stimmte das Kabinett zu, und in der Nacht des 14. Januar, dem Tag der beiden ersten Sitzungen der Kombinierten Stabschefs in Casablanca, fand der erste Luftangriff auf den Hafen von Lorient statt. Die Bewohner der Stadt hatte man zuvor durch Flugblätter gewarnt.

Im Schlußbericht der Konferenz von Casablanca wurde die Niederringung der U-Boote als vordringlichste Aufgabe bezeichnet. Die U-Boot-Werften und Biskayastützpunkte wurden als wichtigste Ziele der alliierten Bomberoffensive genannt, und es wurde empfohlen, umgehend achtzig VLR-Flugzeuge bereitzustellen, um die Grönland-Luftlücke zu schließen.[7] »Bomber« Harris hielt die geplanten Angriffe für Kräfteverschwendung. Er hatte recht, aber dies eine Mal hörte man nicht auf ihn, und die Angriffe wurden, noch bevor die Resultate der Bombardierung von Lorient bekannt waren, auf St. Nazaire ausgedehnt. Die amerikanischen Bomber, die die Offensive mit präzisen Angriffen bei Tag unterstützten, wurden zusätzlich gegen Brest, La Pallice und den für den Nachschub wichtigen Eisenbahnknotenpunkt Rennes eingesetzt. Am 17. Februar stellte der Nachrichtendienst fest, daß Lorient und St. Nazaire zwar zum großen Teil in Trümmern lagen, die Operationen der U-Boote aber ebensowenig beeinträchtigt worden waren wie ihre Produktion. Die Admiralität ließ sich davon jedoch nicht beirren und setzte durch, daß die kostspieligen, kontraproduktiven Angriffe noch einen Monat fortgesetzt wurden, wenn auch in geringerem Umfang.[8]

Die Empfehlung, Liberator-Bomber bereitzustellen, um das Luftloch über dem Atlantik zu stopfen, nahm offenbar niemand ernst. King verfügte über fünfzig Liberators, die entweder bereits im Pazifik operierten oder dies bald tun würden. Mindestens fünfzig weitere Maschinen standen kurz vor der Auslieferung in den Pazifik. An der Ostküste der USA gab es dagegen keine einzige Liberator. Die US Army Air Force besaß zwei Staffeln mit zusammen 24 Flugzeugen, die von Westengland aus über der Biskaya patrouillierten, demnächst aber nach Marokko verlegt werden sollten, um den amerikanischen Nachschubverkehr nach Nordafrika zu sichern. Was den britischen Luftstab betraf, so weigerte er sich weiterhin, englische Langstreckenbomber vom Typ Lancaster zu Aufklärungsflügen für das Küstenkommando starten zu lassen oder diesem einige der aus Amerika kommenden und für das Bomberkommando bestimmten Liberators zur Verfügung zu stellen. Damit war es um die einzige sinnvolle Anregung der Casablanca-Konferenz für die Atlantikschlacht geschehen.

Die Schuld daran verteilt sich auf viele Schultern. Aber wie schon in bezug auf das Scherbengericht vor der amerikanischen Ostküste läßt sich kaum bezweifeln, daß King die Hauptverantwortung trug. Vor der ersten Sitzung der Kombinierten Stabschefs hatte er die anderen amerikanischen Stabschefs darauf hingewiesen, daß die Vereinigten Staaten die stärkere Macht geworden seien. Es sei daher an ihnen, die Strategie für den weiteren Verlauf des Krieges zu bestimmen.[9] Die USA waren die überlegene Wirtschaftsmacht, und King verfügte über alle nötigen Mittel, die Atlantikschlacht herumzureißen. Als COMINCH war er für die amerikanischen Eskortgruppen, die Flotten- und Luftstützpunkte und für die ihrem Schutz anvertrauten Handelsschiffe und Seeleute verantwortlich, die zum großen Teil Amerikaner waren. Schließlich schuldete er Roosevelt für den Beitrag der Navy zur amerikanischen und alliierten Kriegführung auf allen Ozeanen Rechenschaft. Aber er war derart in dem über Jahrzehnte hinweg am Naval War College entwickelten Kriegsplan für den Pazifik befangen, daß er nicht einmal bereit war, über eine Verringerung der Kräfte auf diesem Kriegsschauplatz auch nur zu reden. Da er für Argumente unzugänglich war und seinen Kollegen bei der Army genauso mißtraute wie dem verschlagenen, imperialistischen Verbündeten, fehlte ihm die Einsicht und wohl auch die Großzügigkeit des Denkens, um seine Perspektive zu erweitern.

Im Rückblick ist es offensichtlich, daß sich die geistige Flexibilität im Pazifik ausgezahlt hätte. King hätte seine beachtlichen Unterwasserkräfte für einen konzentrierten Angriff auf die fragilen japanischen Kommunikationslinien zusammenfassen können. Hätte man gleichzeitig die konventionelle Offensive im Pazifik heruntergefahren, wären genügend Ressourcen, insbesondere VLR-Liberators, freigeworden, um die U-Boot-Bedrohung im Atlantik auszuschalten. In kurzer Zeit und mit vergleichsweise geringen Verlusten wäre die Kapitulation Japans erzwungen worden, lange bevor die Atombombe nötig oder auch nur einsatzbereit geworden war.

Im nachhinein, unbelastet von den Emotionen und den drückenden Anforderungen des Tagesgeschäfts, sieht man natürlich klarer. Doch genau dies, Zeit und Ruhe zum Nachdenken, sollte die Casablanca-Konferenz ihren Teilnehmern bieten. Sie führte denn auch zu einem besseren gegenseitigen Verständnis und fand eine zufriedenstellende Antwort auf die Frage nach der künftigen Strategie. Vorbedingung dieser Strategie war jedoch der Sieg über die U-Boote, und King begriff, ähnlich wie ein Jahr zuvor beim »Paukenschlag«, weder die Dringlichkeit noch den Kern des Problems. Admiral Pound, die britische Admiralität insgesamt, die »Bomber« des Luftstabes und Churchill tragen alle einen Teil der Verantwortung, doch letztlich war es King, der die nötigen Mittel in der Hand hatte, und er bestand diesen Test ebensowenig wie den früheren.[10]

Den Preis hatten wiederum die Seeleute zu bezahlen, und er wäre noch höher ausgefallen, wenn den Kryptologen in Bletchley Park nicht ein neuer Durchbruch geglückt wäre. Ende Oktober 1942 war aus dem in den seichten Gewässern vor Port Said versenkten U 559 der Wetter-Kurzschlüssel geborgen worden. Die regelmäßigen Wetter-Kurzsignale wurden immer noch mit dem Dreiwalzenschlüssel chiffriert – ein schwerer Fehler des deutschen Nachrichtendienstes. Mit dem Schlüssel in der Hand vermochten die Kryptologen bald die täglichen Einstellungen der drei Walzen nachzuvollziehen. Danach war es offenbar nicht mehr schwer, die tägliche Anfangseinstellung der vierten Walze herauszubekommen. Vom 13. Dezember an las BP jedenfalls den Funkverkehr der U-Boote wieder mit. Ab Januar 1943 fand man die Tageseinstellungen so schnell heraus, daß die entschlüsselten Funksprüche an manchen Tagen noch von operativem Wert waren.[11] Der Schlüssel der Marinquadrate bereitete allerdings immer noch Schwierigkeiten, und nach jeder Veränderung dieses zusätzlichen »Adreßbuchs« mußten die Positionsangaben mittels Einpeilungen von Sichtmeldungen neu verortet werden, was nicht immer zu korrekten Resultaten führte.

Zum selben Zeitpunkt veränderte die Admiralität ihren eigenen Schlüssel, so daß nunmehr der B-Dienst vom gegnerischen Funkverkehr ausgeschlossen war. Für eine kurze Zeitspanne konnte die Admiralität die Konvois – häufig durch Ultra – auf Ausweichkurse umleiten, ohne daß Dönitz in der Lage war, darauf zu reagieren.[12] Dies und die atlantischen Winterstürme hatten zur Folge, daß die Versenkungsrate im Januar sogar niedriger war als im Dezember. Die britische U-Boot-Abwehr fand das allerdings kaum beruhigend: »Die Änderung der Konvoirouten ist erfolgreich gewesen. Es ist aber darauf hinzuweisen, daß diese Methode mit der Zunahme der deutschen U-Boot-Kräfte und dem größeren Bereich, den ihre Patrouillen abdecken – die manchmal allgegenwärtig zu sein scheinen –, an ihre Grenzen stößt und bald ausgereizt sein könnte. ... Die potentiell vernichtende Überlegenheit, die der Gegner bei günstiger strategischer Lage gegen einen Geleitzug zum Tragen bringen kann, der sich, weit entfernt von einer effektiven Luftsicherung, am Anfang der Heimreise befindet, läßt sich nicht durch den Verweis auf die Erfahrungen der Vergangenheit einschätzen, schon gar nicht durch den auf die glückliche Phase, die wir in jüngster Zeit erlebt haben.« Gemeint war natürlich die bedrohliche Luftlücke südlich von Grönland. Der Bericht schloß mit der Prophezeiung: »Die kritische Phase des U-Boot-Krieges im Atlantik steht unmittelbar bevor.«[13]

Im Februar war die Zahl der deutschen U-Boote auf 409 gestiegen. 178 der 222 Frontboote standen im Atlantik zur Verfügung. Nicht weniger als 70 befanden sich in ihren Angriffsräumen – einige an den amerikanischen Konvoirouten nach Nordafrika, andere am Kap der Guten Hoffnung, die Mehrzahl jedoch in zwei großen Gruppen an beiden Enden der nordatlantischen Luftlücke. Acht weitere Boote führten einen Angriff auf den Konvoi HX 224 durch, und sieben übernahmen von einigen südlich der Konvoirouten stehenden Milchkühe Treiböl. Hinzu kamen die Boote, die sich im Anmarsch befanden, darunter das VIIC-Boot U 230 unter Kapitänleutnant Paul Siegmann. Sein IWO war der inzwischen zum Leutnant beförderte Herbert Werner. U 230 kämpfte sich durch die stürmische See nach Westen. Die mit Ölzeug vermummten Gestalten auf der Brücke duckten sich automatisch vor den riesigen Wellenbergen weg, die über ihnen zusammenschlugen und durchs Turmluk in die Zentrale stürzten. Der Sintflut folgten Schnee, Hagel und gefrorener Sprühregen, herangetrieben von einem Wind, der am Ölzeug zerrte und die Augenmasken wegzureißen drohte. Nur die Stahlgurte, mit denen sie sich an der Reling eingeklinkt hatten, verhinderten, daß die Männer weggespült wurden. Die Besatzung unten im Boot wurde abwechselnd auf die Matratzen gepreßt und hochgeschleudert. Im Schwindel der chaotischen Bewegungen und in der wachsenden Erschöpfung löste sich nach und nach das Zeitgefühl auf. Die Übermüdung war vielleicht das, was sich denen, die in dieser Phase den Atlantik befuhren, am stärksten einprägte.

Godt hatte in der Mitte der Luftlücke eine »Pfeil« genannte U-Boot-Gruppe über dem Kurs des auf HX 224 folgenden Konvois in Stellung gebracht. Am frühen Morgen des 4. Februar sichtete ein Boot dieser Gruppe, U 187 unter Kapitänleutnant Ralph Münnich, den nach England fahrenden Konvoi SC 118. Das Geleit bestand aus einer britischen Eskortgruppe mit sieben Zerstörern und Korvetten unter dem Befehl von Commander F. B. Proudfoot sowie einem weiteren britischen Zerstörer, einer Korvette des Freien Frankreich und einem Kutter der US-Küstenwache. Diesen zehn Kriegsschiffen waren 46 Handelsschiffe anvertraut. Außer dem Küstenwachkutter verfügte auch das Rettungsschiff des Konvois, die *Toward,* über Huff-Duff. Sie fing um 10.46 Uhr an diesem Vormittag die Sichtmeldung von U 187 auf. Die Funknachricht für Proudfood – selbst in dieser Phase des Krieges war die Gruppe noch nicht mit Sprechfunk ausgerüstet – wurde von dem Zerstörer *Beverly* aufgefangen, dessen Kommandant Proudfoots Befehl vorwegnahm und auf die Peillinie einschwenkte. Kurz vor elf Uhr sichtete die *Beverly* U 187 an der Oberfläche und drängte es vom Kurs des Konvois ab, bevor sie zum Angriff überging. Der hohe Seegang machte den Artilleriebeschuß unmöglich, und als die *Beverly* nur noch zwei Seemeilen entfernt war, tauchte das U-Boot. Ihr ASDIC war ausgefallen, aber ein zweiter Zerstörer, die *Vimy,* kam heran und spürte das getauchte U-Boot kurz nach zwölf Uhr wieder auf. Anderthalb Stunden später war U 187 aufgrund der Wasserbombenschäden zum Auftauchen gezwungen. Kaum an der Oberfläche, legte es sich auf die Seite und begann zu sinken. Die Besatzung ging hastig von Bord.[14]

Godt hatte inzwischen die restliche Pfeil-Gruppe und acht andere Boote, darunter U 230, zu dem Konvoi dirigiert. Die ersten fünf Boote trafen am Nachmittag und Abend ein. Durch ihre Sichtmeldungen zogen sie allesamt die Aufmerksamkeit der Eskortschiffe auf sich, so daß sie sich nicht in Schußposition bringen konnten. In der nächsten Nacht sah es nicht anders aus; am Nachmittag hatte jedoch ein Nachzügler versenkt werden können. Am nächsten Morgen, dem 6. Februar, waren aus Island drei zusätzliche amerikanische Eskortschiffe eingetroffen, und als der Konvoi die Gewässer des britischen Küstenkommandos erreichte, tauchten Liberators über ihm auf, die jedes U-Boot, das zum Angriff anzulaufen versuchte, unter Wasser drückten.

Im Schutz von dreizehn Geleitschiffen und mehreren Flugzeugen hätte der Konvoi eigentlich sicher sein müssen. Dennoch gelang es nach Einbruch der Dunkelheit mehreren U-Booten, sich vor dem Konvoi in Position zu bringen. In den frühen Stunden des 7. Februar durchbrachen U 402 unter Kapitänleutnant Siegfried Freiherr von Forstner und ein oder zwei weitere Boote bei schwerer See und Regenschauern den Kordon der Eskortschiffe. Ungefähr zu dieser Zeit traf U 230 ein. Die Explosionen und Feuersäulen der Treffer von U 402 zeigten Siegmann die Richtung an. Herbert Werner holte die UZO auf die Brükke und befestigte sie auf dem Zielgerät. Kurzzeitig schälten sich die Schatten zweier Eskortschiffe aus der Dunkelheit, und Siegmann änderte den Kurs, um ihnen auszuweichen. Über eine Stunde später klärte sich der Himmel plötzlich auf. Als er an Backbord mehrere bedrohliche Schatten entdeckte, drehte Siegmann erneut ab. Der niedrige Kommandoturm war in der aufgewühlten See jedoch kaum auszumachen. Er schwenkte das Boot bald wieder in den Wind und nahm Kurs auf den Konvoi, der in diesem Augenblick von einem weiteren Feuerball beleuchtet wurde.

Nachdem der Eskortkordon überwunden war, stieß U 230 weiter vor, bis die formlosen Schatten zu Schiffssilhouetten herangewachsen waren. Werner hatte auf der wild schaukelnden Brücke Schwierigkeiten zu zielen, doch dann bat er um die Feuererlaubnis. Siegmann nickte und änderte den Kurs, um das Boot in Schußposition zu bringen. Wenig später stieg von einem der Ziele eine funkensprühende Feuersäule empor, und das Donnern einer gewaltigen Explosion überlagerte die Sturmgeräusche. Notsignale und Leuchtraketen stiegen auf, wurden aber vom Wind verweht »wie große Fetzen brennender Segel«. Irgendwo auf der anderen Seite des Konvois detonierte der Torpedo eines anderen Boots.

Siegmann löste sich von dem Geleitzug und ging auf Ostkurs, um mit dem Wind zu laufen und den Torpedomechanikern im schaukelnden Boot das Nachladen der Torpedorohre wenigstens etwas zu erleichtern. Er blieb aufgetaucht, um den Konvoi nicht aus den Augen zu verlieren. Der Kontakt riß trotzdem ab. Der Sturm frischte weiter auf, und als der Tag dämmerte, war U 230 allein in einer tosenden »Alpenlandschaft« aus gigantischen Wasserbergen. Siegmann brachte das Boot auf 140 Meter hinunter, um der Besatzung etwas Ruhe zu gönnen.[15]

U 230 mußte den Konvoi überholt haben, denn am Nachmittag meldete der Horcher Schraubengeräusche. Siegmann gab Befehl zum Auftauchen. Als der Turm durch die Wasseroberfläche gebrochen war, folgte ihm Werner auf die Brücke. Erstaunt stellten sie fest, daß sie nicht mehr als 500 Meter von einem havarierten Eskortschiff entfernt waren. Um sie herum wurden Frachtschiffe mit aus dem Wasser ragenden Schrauben über riesige Wellenkämme gerissen. Wahre Wasserwände brachen über sie herein und zertrümmerten alles, was sich ihnen entgegenstellte – Masten, Schornsteine, Rettungsboote, Davits. Werner stellte sich den Schrecken vor, den das plötzlich auftauchende U-Boot hervorgerufen haben mußte. Aber weder U 230 noch die Eskorte konnten angreifen. Torpedos hätten in dieser wilden See nie ihr Ziel erreicht, und gezieltes Artilleriefeuer war ebenso unmöglich. Siegmann brachte U 230 wieder in die ruhigeren Schichten unter Wasser.

Am nächsten Tag, dem 8. März, patrouillierten ständig drei Flugzeuge über dem Konvoi. Ein Angriff war ausgeschlossen, und Godt brach die Operation am folgenden Tag ab. Zehn Handelsschiffe waren in der Schlacht versenkt worden, sechs davon durch Forstner, der dafür das Ritterkreuz erhielt. Die anderen 19 Boote, die zu dem Konvoi dirigiert worden waren, hatten fast ausnahmslos Angriffe von Flugzeugen und Eskortschiffen über sich ergehen lassen müssen. Drei waren vernichtet worden, darunter U 187, das den Konvoi zuerst gesichtet hatte, und drei waren so schwer beschädigt, daß sie den Rückmarsch antreten mußten. Siegmann gehört zu den wenigen Kommandanten, die es mit Glück und Verstand geschafft hatten, nicht zum Ziel der Angriffe zu werden.[16]

Das Ergebnis der Schlacht war für beide Seiten enttäuschend: Die U-Boot-Führung war unzufrieden darüber, daß keines der Boote in der für gewöhnlich erfolgversprechendsten ersten Nacht angegriffen hatte, als sich der Geleitzug noch im Gebiet der Luftlücke befand. Die britische U-Boot-Abwehr bemängelte, daß so viele Schiffe versenkt worden waren. Hatte der Konvoi doch den gefährlichsten Abschnitt – die Luftlücke – hinter sich gebracht, ohne mehr als den einen Nachzügler zu verlieren. Die Analyse förderte die alte Erkenntnis zutage, daß Eskorten als Gruppe ausgebildet sein mußten, um wirkungsvoll zu sein. Den amerikanischen Kommandanten war die britische Vorgehensweise nicht geläufig, und aufgrund der fehlenden Funksprechgeräte waren die Funkfrequenzen ständig verstopft. Die U-Boot-Abwehr stellte abschließend fest, daß dieselben Fehler wie in diesem Fall immer wieder auftauchen würden, »wenn die Eskorte aus einer bunten Mischung von Schiffen besteht, die noch nie zusammen eingesetzt worden sind«.[17]

Der deutsche B-Dienst war mittlerweile in die neuen Schlüssel der Royal Navy eingebrochen und las nicht nur den Konvoifunkverkehr mit, sondern auch die täglichen Berichte zur U-Boot-Lage. Godt konnte nun wieder auf die wahrscheinlichen Ausweichrouten der Konvois schließen. Bletchley Park dagegen geriet zunehmend in Schwierigkeiten: Nachdem die Einstellungen vom 8. Februar nicht geknackt werden konnten, war man erst am 17. des Monats wieder in den Schlüssel eingedrungen. Doch auch danach sollten noch viele »blinde« Tage folgen, besonders vom 10. März an.[18] Der nachrichtendienstliche Vorteil lag jetzt eindeutig auf deutscher Seite, und das in einer Zeit, in der Dönitz und Godt so viele Boote einsetzen konnten wie noch nie. Bis Ende Februar wurden drei weitere Atlantikkonvois abgefangen, von denen der letzte noch weit stärker zur Ader gelassen wurde als SC 118: Er verlor 22 Prozent seiner Schiffe.

Auf alliierter Seite hatten die Unzufriedenheit mit dem geteilten Kommando im Atlantik und die Sorge über die trotz der Empfehlung von Casablanca immer noch vorhandenen Luftlücke zur Folge, daß King Vertreter aller beteiligten Marine- und Lufteskortkommandos zu einer Konvoikonferenz nach Washington einlud. Die erste Sitzung der langwierigen Konferenz fand am 1. März statt. Die britische Lösung war, die gesamte U-Boot-Abwehr unter einem einzigen Oberkommando zusammenzufassen. Das heißt, sie wäre es gewesen, wenn man nicht befürchtet hätte, ein Amerikaner könnte den Oberbefehl erhalten. Damit hätte man die Kontrolle über ein Schlachtfeld aus der Hand geben müssen, das für das Überleben des Landes von entscheidender Bedeutung war. Den Kanadiern, die den größten Teil der Eskortkräfte im westlichen Nordatlantik stellten, seit die US-Eskorten zum Schutz der Nordafrika-Transporte nach Süden verlegt worden waren, mißfiel, daß sie unter das Oberkommando des US-Admirals in Argentia (Neufundland) kommen würden. King schließlich hielt prinzipiell nichts von multinationalen Eskortgruppen. Diese Einstellung war beim damaligen Stand der gemeinsamen Ausbildung und den unterschiedlichen Doktrinen nicht ganz unberechtigt, wie die Verteidigung von SC 118 gezeigt hatte. Er wollte die US Navy vollständig aus dem Nordatlantik abziehen, um seine Kräfte an den zwischen New York oder Norfolk (Virginia) und Casablanca oder Gibraltar verlaufenden Konvoirouten ins Mittelmeer zu konzentrieren. Eine einheitliche Atlantik-Organisation lehnte er ab, weil es für die USA und ihn selbst einen Machtverlust bedeutet hätte. Er befürchtete wahrscheinlich, daß die Briten, die das größte Interesse am siegreichen Ausgang der Schlacht hatten, den Oberbefehl für sich beanspruchen würden.

Kings Konzept wurde schließlich umgesetzt: Den Schutz der Nordatlantikkonvois teilten sich Briten und Kanadier, die jeweils für ihre Seite einer neuen CHOP-Line bei 47° W verantwortlich waren. Die US Navy sicherte die Konvois ins Mittelmeer sowie die Tankerkonvois zwischen den Niederländischen Antillen und England. Außerdem stellte sie eine Geleitflugzeugträgergruppe zur Verfügung, die unter britischem Befehl im Nordatlantik operieren sollte.

Diese strikte Trennung der nationalen Verantwortungsbereiche ermöglichte es King, die Vielzahl der mit dem Konvoidienst befaßten amerikanischen Dienststellen – die Sea Frontiers und deren Luftwaffenkommandos, die atlantische Eskortflotte, seine eigene Konvoi- und Kursabteilung unter Captain Knowles – zu einem Kommando zusammenzufassen, der Zehnten Flotte. Er selbst übernahm nominell das Kommando, die tägliche Führung übertrug er einem Stabschef, Rear Admiral Francis Low. Der Lageraum der Zehnten Flotte, der sich in der Main Navy in Washington in unmittelbarer Nähe von Kings Büro befand, repräsentierte für den amerikanischen Sektor genau das, was die Briten für den gesamten Atlantik wollten: eine einheitliche Organisation, in der Abstimmungsprobleme zwischen den einzelnen Dienststellen, bürokratische Hindernisse und Kompetenzstreitigkeiten weitgehend wegfielen und die ihre Kräfte dort konzentrieren konnte, wo sie nach den Erkenntnissen des Nachrichtendienstes gebraucht wurden. Außerdem gab es Abteilungen, die sich mit Förderung und Koordination der Entwicklung von U-Boot-Abwehrwaffen und der Durchführung von Ausbildungsprogrammen befaßten. Als die Zehnte Flotte Ende Mai 1943 ins Geschehen eingriff, erwies sie sich rasch als ebenso schlagkräftig und wirkungsvoll, wie die frühere Kommandostruktur mangelhaft gewesen war.[19]

Das drängendste Problem jedoch, darin waren sich alle Konferenzteilnehmer einig, war die Bereitstellung von Lang- und Längststreckenflugzeugen, um die zentralatlantische Luftlücke zu schließen. Aber wieder einmal blockierten das Kompetenzgerangel zwischen den Teilstreitkräften und die Konkurrenz zwischen den Kriegsschauplätzen eine schnelle Lösung. King hatte zu dieser Zeit 71 VLR-Liberators im Pazifik. Weder gab es welche an der Ostküste, noch hatte er den Kanadiern Maschinen überlassen. Das britische Küstenkommando besaß weiterhin nicht mehr als 18 Liberators, die je zur Hälfte von Island und Nordirland aus operierten.[20] In den Augen der Briten war es unglaublich, daß King die Empfehlung von Casablanca – und darüber hinaus die Prioritätensetzung der alliierten Strategie – völlig außer acht lassen und sämtliche Liberators für weniger dringliche Aufgaben im Pazifik einsetzen konnte. Auch wurden die Patrouillen an der Caribbean und der Gulf Sea Frontier fortgesetzt, obwohl sie sich als fruchtlos erwiesen hatten. Sie galten allgemein als Übungsflüge für

Piloten, die dem Nebel und den Stürmen bei Neufundland und Grönland möglicherweise nicht gewachsen gewesen wären. Aber genau dort fielen die U-Boote über die Konvois her.[21]

King blieb bei seinem Standpunkt, die Luftlücke könne kurzfristig nur durch den Abzug schwerer Bomber von anderen Aufgaben geschlossen werden. Sein Stab konkretisierte: »Angesichts der Lage auf den verschiedenen Kriegsschauplätzen scheint die einzige Möglichkeit zu sein, diese Flugzeuge von den Bombenflügen nach Deutschland abzuziehen.«[22] Dem vermochten natürlich weder die Luftwaffe der US Army noch die »Bomber« im britischen Luftstab zuzustimmen. Angesichts der damals vorliegenden nachrichtendienstlichen Erkenntnisse – die durch die Forschung nach dem Krieg bestätigt worden sind – hatte King recht. Die Bombardierung deutscher Städte und der U-Boot-Stützpunkte in Frankreich war so kostspielig wie nutzlos. Andererseits war seine eigene Konzentration auf den Pazifik ebenso kostspielig, um einiges gefährlicher und insgesamt eine noch unverständlichere Verschwendung der Luftwaffe.

Während die Alliierten in Washington konferierten, erreichte die Schlacht auf See ihren Höhepunkt. Godt hatte im Februar mit 19 Einheiten – von denen elf in Geleitzugschlachten versenkt worden waren – einen Rekordverlust zu verzeichnen gehabt. Dennoch befanden sich im März im Durchschnitt stets 116 U-Boote auf See, knapp 50 davon in den Einsatzgebieten. Ermöglicht wurde dies durch zwei südlich der Konvoirouten im Zentralatlantik aufgestellte Milchkühe. Dadurch konnten die U-Boote zwei Feindfahrten hintereinander unternehmen, ohne zwischendurch zum Stützpunkt zurückzukehren. Für den Tracking Room des OIC sah es ganz so aus, als würde sich die von der U-Boot-Abwehr vorausgesagte »vernichtende Überlegenheit« verwirklichen.

Anfang des Monats wurden vier Gruppen mit zusammen mehr als 40 U-Booten über den nordatlantischen Konvoirouten aufgestellt, zwei nordöstlich von Neufundland am westlichen und zwei südwestlich von Island am östlichen Ende der Luftlücke. Eine weitere, kleinere Gruppe ging vor der Straße von Gibraltar in Stellung. Im Norden bildeten die beiden westlichen Gruppen Aufklärungsstreifen quer zum Kurs eines westwärts und eines ostwärts fahrenden Konvois, deren Instruktionen vom B-Dienst entschlüsselt worden waren. Beide Konvois konnten bei stürmischem Wetter zunächst unentdeckt zwischen den U-Booten hindurchschlüpfen. Doch am nächsten Tag, dem 6. März, sichtete ein am Ende des südlichen Aufklärungsstreifens postiertes Boot den ostwärts fahrenden Konvoi SC 121. Godt dirigierte auf die Sichtmeldung hin 17 Boote aus beiden Gruppen zu der angegebenen Position und faßte sie zu seinem neuen Rudel zusammen, dem er den Namen »Westmark« gab. Nebel, Schneestürme und hohe See hatten den Konvoi bereits auseinandergerissen, und die zurückgefallenen Schiffe wurden zu leichten Opfern der U-Boote. Am 8. März beorderte Godt weitere zehn Boote in die Jagdgründe der Gruppe Westmark.[23]

Eines von ihnen war Siegmanns U 230. Vom Funkfeuer eines der fühlunghaltenden Boote geleitet, traf es am Abend des 8. ein, machte dann jedoch das gleiche Versteckspiel mit den Eskortschiffen durch wie beim letzten Geleitzug. Siegmann konnte den Kordon erst am folgenden Morgen durchbrechen und von achtern in den Konvoi eindringen. Er traf aus geringer Entfernung einen Nachzügler, war aber nicht in der Lage, vor Anbruch des Tages zu den anderen Schiffen vorzustoßen. Am Abend lief er erneut an und torpedierte ein weiteres Schiff, bevor er vor Eskortschiffen fliehen mußte und den Geleitzug aus den Augen verlor.

Werner fand ihn am nächsten Morgen wieder, weil ihm der Geruch von verbranntem Dieselöl in die Nase stieg. Wenig später sah er durch eine plötzlich aufbrechende Wolkenwand sechs Schiffe dahinschaukeln. Er rief den Kommandanten auf die Brücke und gab der Besatzung gerade den Befehl, die Gefechtsstationen einzunehmen, als er die Detonation eines Torpedos von U 221 unter Kapitänleutnant Hans Trojer hörte. Das getroffene Schiff hatte offenbar Munition geladen, denn es begann in einer Reihe von Explosionen buchstäblich in die Luft zu fliegen. Werner duckte sich hinter die Brückenverkleidung, und als er den Kopf wieder herausstreckte, sah er zwei Eskortschiffe hinter einem Frachter hervorkommen, die mit Höchstfahrt auf U 230 zuhielten.

»Runter von der Brücke – beide Maschinen äußerste Kraft voraus ... Alarm.«

Damit war Siegmanns Angriff gegen SC 121 beendet. Die Eskortschiffe hielten ihn mit präzise gelegten Bombenteppichen den Rest des Tages in einer Tiefe von 200 Metern. Als die Jäger am Abend zum Konvoi zurückfuhren, drang durch die undicht gewordenen Wellenstopfbuchsen Wasser ins Boot, und es sackte auf unglaubliche 245 Meter ab, weit unter seine Testtiefe. Nachdem die Schraubengeräusche über ihm verstummt waren, wartete Siegmann in etwas weniger bedrohlicher Tiefe noch zwei Stunden ab, bevor er den Befehl zum Auftauchen gab. Die See war leer. Sie waren entkommen.[24]

Als der Konvoi am nächsten Morgen in das Gebiet einfuhr, das von den in Island stationierten Flugzeugen gesichert wurde, brach Godt die Schlacht ab. Das Kampfgebiet hatte sich über 800 Seemeilen erstreckt. Im Durchschnitt waren zu jedem Zeitpunkt 15 U-Boote an der Schlacht beteiligt gewesen; zehn hatten Treffer gemeldet; 13 Handelsschiffe waren versenkt worden. Wären der Sturm und die schlechte Sicht nicht gewesen, und hätte sich die Konvoiformation nicht schon in Auflösung befunden, als die U-Boote angriffen, hätte es, wie Godt glaubte, noch mehr Schiffe getroffen: »Der Erfolg wäre bei Zusammenbleiben des Geleits mit Bestimmtheit größer gewesen, da die Boote die Möglichkeit gehabt hätten, bei einem Angriff mehr als 1 Schiff zu torpedieren. ... Kein Boot trug ernsteren Schaden davon.«[25]

Unterdessen war am 7. März von der südlicheren der südwestlich von Island stationierten Gruppen ein weiterer Geleitzug gesichtet worden, HX 228. Ihrem Angriff in der Nacht des 10. März fielen vier Handelsschiffe zum Opfer. Am nächsten Morgen ortete Commander A. A. Tait (Royal Navy), der die britisch-polnisch-französische Eskortgruppe befehligte, U 444 (Oberleutnant Albert Langfeld). Mit Wasserbomben zwang er das U-Boot zum Auftauchen und rammte es mit seinem Zerstörer, der *Harvester.* Dabei wurde der Zerstörer so stark beschädigt, daß er eine leichte Beute für U 432 unter Kapitänleutnant Hermann Eckhardt wurde. Eine von drei französischen Korvetten, die *Aconit,* hatte U 444 inzwischen mit Wasserbomben den Rest gegeben und nahm die Jagd nach dem zweiten U-Boot auf. Eine Stunde später war der ASDIC-Kontakt hergestellt. Das U-Boot wurde an die Oberfläche gebombt und schließlich gerammt.

An anderen Schauplätzen wurden in den ersten elf Märztagen vier weitere Konvois angegriffen, zwei mit Ziel Gibraltar, einer vor Durban und einer im Nordmeer. Bei diesen Angriffen wurden insgesamt 20 Handelsschiffe versenkt.

Godt hatte aus 13 Booten bereits wieder eine neue Gruppe gebildet, die – vermutlich von Dönitz – den Namen »Raubgraf« erhielt. Sie ging nordöstlich von Neufundland am Rand der Luftlücke in Stellung, um die nächsten aus New York kommenden Konvois abzufangen: den langsamen SC 122 und den schnellen HX 229, deren Kursanweisungen vom B-Dienst entziffert worden waren. Genaugenommen waren es drei Konvois, da der schnellere in die Teilkonvois HX 229 und HX 229A aufgeteilt worden war, die getrennt voneinander jeweils mit einer eigenen Eskortgruppe fuhren. Wäre die wenig später umgesetzte Empfehlung der Operativen Forschungsabteilung, große Konvois zusammenzustellen, bereits zu diesem Zeitpunkt befolgt worden, wären die 75 Schiffe des schnellen Konvois von elf Eskortschiffen geschützt worden. So aber bestand die Eskorte von HX 229 aus fünf zusammengewürfelten Schiffen und die von HX 229A aus sechs. Eine unglückliche Zersplitterung der Kräfte, wie sich herausstellen sollte, denn am 12. März beschloß Dönitz, die Gruppe Raubgraf durch sämtliche Boote, die sich aus den Schlachten gegen die vorherigen ostwärts fahrenden Konvois zurückgezogen hatten, zu verstärken und gegen diese neuen Konvois in den Kampf zu schicken. Sie wurden in zwei Rudel aufgeteilt – »Stürmer« und »Dränger« – und in von Nord nach Süd verlaufende Vorpostenstreifen beordert.

Am Mittag des 13. März sichtete eines der Raubgraf-Boote nordöstlich von

Neufundland einen ostwärts laufenden Geleitzug und erstattete Meldung. Godt befahl dem Rest der Gruppe anzugreifen, aber aufgrund des schlechten Wetters konnten sie nur ein einziges Handelsschiff versenken, bevor der Geleitzug ihnen entkam. Die Washingtoner Konvoi- und Kursabteilung von Captain Knowles hatte seit dem 10. März keine entschlüsselten Enigma-Texte mehr erhalten. Die jetzt eintreffenden Sichtmeldungen der Konvoieskorte enthüllten jedoch, daß die U-Boot-Gruppe direkt über dem Kurs der drei aus New York kommenden Konvois auf der Lauer lag. Knowles dirigierte daraufhin die beiden an der Spitze fahrenden Konvois, SC 122 und HX 229, nach Osten, das heißt südlich an den U-Booten vorbei. HX 229A sollte, nachdem er um Neufundland herumgefahren war, nach Norden ausweichen, um sie im Westen zu passieren. Diese Anweisungen wurden vom B-Dienst aufgefangen, und vier Stunden später lagen die Funksprüche an SC 122 und HX 229 entschlüsselt auf Godts Schreibtisch. Der an HX 229A war noch nicht entziffert worden. Godt hoffte, daß die Raubgraf-Boote den entkommenen Geleitzug noch wiederfinden würden. Aber am nächsten Nachmittag befahl er, die Operation abzubrechen und im Südosten in einem Aufklärungsstreifen über dem Kurs der beiden Konvois in Stellung zu gehen, deren östliche Ausweichrouten er kannte. Es war zu spät, als daß sich die Boote noch vor die Konvois hätten setzen können. Doch das spielte keine Rolle, denn der nächste Sturm war heraufgezogen und hatte beide Seiten in einen Überlebenskampf gegen die Elemente gestürzt. An Angriff war unter diesen Umständen nicht zu denken, selbst wenn die Sicht besser gewesen wäre.

Um Mitternacht ließ der Sturm nach. Die beiden Konvois kämpften sich weiter nach Osten, SC 122 nördlich und rund 150 Seemeilen voraus von HX 229, mit den Raubgraf-Booten im Nacken und den Stürmer- und Dränger-Streifen vor sich. Wenn Bletchley Park nicht seit fünf Tagen vom deutschen Funkverkehr ausgeschlossen gewesen wäre, hätte man die Gefahr wahrscheinlich erkannt und die Konvois nach Norden umleiten können. Aber wie die Dinge lagen, änderten sie den Kurs nur, um auf die nächste Bahn des festgelegten Zickzackmusters einzuschwenken.

Gesichtet wurden sie zuerst von U653 unter Kapitänleutnant Gerhard Feiler, das sich von der Raubgraf-Gruppe getrennt hatte, um von einer der Milchkühe Treiböl zu übernehmen. Dabei war es unabsichtlich in HX 229 hineingefahren: Als Feiler am 16. März um drei Uhr früh auf die Brücke gerufen wurde, stellte er fest, daß er ringsum von Schiffen umgeben war. Er tauchte und ließ die Schrauben- und Motorgeräusche über sich hinwegziehen. Dann kam er hinter dem Konvoi wieder hoch, setzte die Sichtmeldung ab und beschattete den Schiffspulk, wobei er alle zwei Stunden ein Peilsignal für die anderen Boote aussendete.

In der U-Boot-Führung nahm man an, Feiler hätte den von der Raubgraf-Gruppe verfolgten Konvoi SC 122 gefunden, und Godt dirigierte sie zusammen mit zehn Booten der anderen beiden Rudel zu der gemeldeten Position. Die restlichen Boote zog er dahinter zusammen. Sie sollten HX 229 abfangen, der, wie Godt glaubte, diesem vorderen Konvoi folgen mußte. Einige Stunden später erhielt er vom B-Dienst den entschlüsselten Funkspruch, mit dem HX 229A nach Norden umgeleitet worden war. Da er nicht damit rechnete, daß der schnelle Konvoi aufgeteilt worden war, nahm er an, die Anweisung sei für HX 229 bestimmt gewesen, der ihm offenbar entwischt war. Also beorderte er die zurückgehaltenen Stürmer- und Dränger-Boote jetzt ebenfalls zu dem von Feiler beschatteten Konvoi. Jetzt befanden sich alle 38 Boote der drei nordatlantischen Rudel im Anmarsch auf HX 229 – den Godt für SC 122 hielt. Hinzu kamen 13 Boote, die entweder gerade aus dem Stützpunkt gekommen waren oder von den U-Tankern Treiböl übernommen hatten. Es war das größte Wolfsrudel, das jemals auf einen einzelnen Konvoi gehetzt wurde.[26]

Wären die Boote alle zur gleichen Zeit eingetroffen und in der Lage gewesen, ihre Angriffe zu koordinieren, hätten sie die Eskorte vermutlich überwältigt. Doch dazu kam es nicht, denn die Raubgraf-Boote waren nah genug, um den Geleitzug noch am selben Tag zu erreichen. Als der Abend hereinbrach, hatten sieben Boote Fühlung aufgenommen. U 615 unter Kapitänleutnant Ralph Kapitzky hatte U 653, das sich auf den Weg zur Treibölübernahme machte, als Beschatter abgelöst. Der Kommandeur der Eskortschiffe, Lieutenant Commander Gordon John Luther (Royal Navy), wußte durch Huff-Duff-Peilungen von der Anwesenheit der U-Boote und erwartete in der Nacht ihren Angriff. Da ein Zerstörer vermißt wurde, den er am Vormittag auf einer U-Boot-Peilung ausgeschickt hatte, waren ihm nur noch zwei Zerstörer und zwei Korvetten geblieben. Der Seegang war nach den Stürmen der vergangenen Tage immer noch hoch, aber der Himmel war klar.

Als erstes Boot lief kurz nach 20 Uhr U 603 unter Kapitänleutnant Hans Bertelsmann zum Angriff an. Er hatte nur noch vier Torpedos, von denen drei sogenannte Flächenabsuch- oder Federapparattorpedos (FAT) waren, die man speziell für den Einsatz gegen Geleitzüge entwickelt hatte: Sie liefen eine bestimmte Strecke auf dem eingestellten Kurs, drehten dann ab und liefen auf einem Zickzackkurs mit dem Geleitzug mit. Trotz der größeren Trefferwahrscheinlichkeit erzielte Bertelsmann nur eine einzige Versenkung, vermutlich weil der Konvoi zur selben Zeit, als er die Torpedos abschoß, seinen Kurs änderte. Danach tauchte er unter die Steuerbordkolonnen des Konvois, um sich nach achtern abzusetzen, während Luther »Raspberry« anordnete – ohne Leuchtkugeln; das Mondlicht war hell genug.

Im Verlauf der Nacht griffen fünf weitere Boote an. Eines von ihnen wurde von einer Korvette unter Wasser gedrückt und mit Wasserbomben belegt, kam jedoch mit kleineren Schäden davon. Die anderen vier Boote konnten allesamt Treffer verbuchen; sie versenkten zusammen sieben Schiffe. Es war alles andere als der vernichtende Schlag, den sich Dönitz und Godt vorgestellt hatten. Das Ergebnis wäre noch magerer ausgefallen, hätte der Konvoi mehr gut ausgerüstete Eskortschiffe gehabt und wären auf einigen nicht die ASDIC- und Radargeräte ausgefallen. Abgesehen davon gab es kein Rettungsschiff, so daß die Eskortschiffe viel Zeit mit der Rettung Schiffbrüchiger verbrachten und den Konvoi zeitweise gänzlich schutzlos fahren ließen.

Eines der letzten versenkten Schiffe war die 8700 BRT große *Nariva.* Es war drei Uhr früh am 17. März, als der Zweite Offizier, Gwilym Williams, der gerade von der Backbordbrückennock den Untergang eines Handelsschiffs verfolgte, die phosphoreszierende Bugwelle eines anlaufenden Torpedos bemerkte. Er kam nicht einmal dazu, eine Warnung auszustoßen. Der Torpedo schlug ein und explodierte mit ohrenbetäubendem Krachen. Das Schiff hob sich ruckartig aus den Wellen und sackte wieder zurück. Dann sah Williams, wie die zweite Frachtluke auf dem Vordeck zerbarst, und nahm den Geruch von Kordit wahr, der sich unter den hochschießenden Flammen verbreitete. Er hastete durch die von der Explosion aufgewirbelte und jetzt aufs Deck klatschende Wassersäule auf die andere Seite, um die rote Lampe einzuschalten, mit der angezeigt wurde, daß das Schiff torpediert worden war.

Die Besatzung wurde an die Boote geschickt. Williams war gerade mit dem neuerdings für diese stets drohende Eventualität bereitliegenden »Fluchtpäckchen« an seinem Boot angekommen, als ihn die Druckwelle einer weiteren Explosion auf einem anderen Schiff der Steuerbordkolonne traf. Diesmal hatte es die *Southern Princess* getroffen, ein 12000 BRT großes ehemaliges Walverarbeitungsschiff, das jetzt Treiböl transportierte und binnen weniger Augenblicke auf ganzer Länge in Flammen stand. Williams sah, wie Seeleute, um der sengenden Hitze zu entkommen, ins eisige Wasser sprangen, auf dem sich inzwischen ebenfalls ein Flammenteppich ausbreitete. Die Torpedos, die der *Nariva* und der *Southern Princess* zum Verhängnis geworden waren, stammten aus ein und demselben Fächer. Abgeschossen hatte ihn U600 unter Kapitänleutnant Bernhard Zurmühlen. Williams und die Männer in seinem Rettungsboot wurden später von einer Korvette aufgenommen.[27]

Das Stürmer-Boot U338 unter Kapitänleutnant Manfred Kinzel lief mit voller Kraft nach Westen, um sich dem Angriff anzuschließen, als es ungefähr 100 Seemeilen östlich der erwarteten Position völlig überraschend auf eine Wand aus Schiffen stieß. Kinzel meldete den Sichtkontakt, drang zwischen zwei Eskortschiffen hindurch in den Konvoi ein und versenkte vier Handelsschiffe. Bei der U-Boot-Führung machte die anfängliche Verwirrung bald der Erkenntnis Platz, daß Kinzel einen weiteren Geleitzug entdeckt haben mußte, offenbar den an der Spitze fahrenden SC 122. Da Godt nicht von allen Booten die genaue Position kannte, wies er die Kommandanten an, sich dem Konvoi zuzuwenden, den sie am schnellsten erreichen konnten. Die Erfolgsmeldungen dieser Nacht – 14 versenkte Schiffe mit zusammen 90 000 BRT und sechs Beschädigungen – sorgten für Hochstimmung in der U-Boot-Führung, und Godt schickte einen Funkspruch ganz im Stil seines Chefs, der sich zu dieser Zeit in Italien aufhielt: »Bravo! Dranbleiben! Weiter so!«

Daraus wurde nichts. Beide Konvois hatten inzwischen den Rand der Luftlücke erreicht, und am Morgen des 17. März wurden U 338 und zwei andere Boote von einer in Nordirland stationierten Liberator des britischen Küstenkommandos unter Wasser gedrückt. Das Flugzeug konnte bei dieser Entfernung vom Stützpunkt nicht lange bleiben. Als es fort war, jagte Kinzel an die Flanke des Konvois und lief zu einem Unterwasserangriff an, dem seiner Meldung nach ein weiteres Schiff zum Opfer fiel. Er wurde sofort geortet und zum Ziel hartnäckiger Gegenangriffe. Er entging ihnen, indem er sich in 200 Metern Tiefe versteckte, ein gutes Stück unterhalb der Tiefeneinstellung der Wasserbomben. HX 229 verlor unterdessen – ohne Luftsicherung – zwei weitere Schiffe.

Am Nachmittag trafen weitere Liberators aus Nordirland ein, diesmal über beiden Konvois, und drückten die U-Boote unter Wasser, so daß sie, als die Schiffe in der Abenddämmerung eine scharfe Kursänderung vollzogen, den Kontakt verloren. Sie konnten ihn am nächsten Tag zwar wieder herstellen und weitere Boote aus HX 229 herauspflücken, aber die Luftsicherung nahm mit der Landnähe zu, und die U-Boote mußten immer häufiger unter Wasser Zuflucht nehmen. Mehrere wurden beschädigt, eines versenkt. Godt brach die Operation am Morgen des 20. März ab. In seinem Resümee der viertägigen Schlacht bemerkte er: »Wie bei so vielen Geleitzugoperationen hatte auch dieser überraschende Angriff vieler Boote in der ersten Nacht den größten Erfolg.« Danach hätten die Boote aufgrund erheblicher landgestützter Luftsicherung »ein sehr schweres Kämpfen« gehabt. Dennoch sei es mit 32 versenkten Schiffen von zusammen 136 000 BRT und einem vernichteten Zerstörer »der bisher größte Erfolg in einer Geleitschlacht, um so erfreulicher, als fast 50 % der Boote an dem Erfolg beteiligt sind«.[28]

Tatsächlich waren aus den beiden Konvois nur 22 Schiffe versenkt worden. Das war bei weitem nicht die erfolgreichste aus der langen Liste von Konvoischlachten seit dem Herbst 1940. Auf die Zahl der beteiligten Boote umgerechnet, war es eine geradezu dürftige Versenkungsrate. Auf alliierter Seite führte der Schock der Versenkungen der ersten Nacht – vom 16. auf den 17. März – jedoch dazu, daß endlich etwas unternommen wurde. Roosevelt fragte bei Admiral King an, wo die amerikanischen Liberators gewesen seien, als all diese Schiffe versenkt wurden. Die Konvoikonferenz in Washington war noch im Gang, und man einigte sich rasch darauf, in den folgenden Wochen Liberators nach Island und Neufundland zu verlegen, um die Luftlücke zu schließen. Außerdem konnte Admiral Horton, der im November 1942 zum Oberbefehlshaber der Western Approaches ernannt worden war, Churchill überreden, Zerstörer und Fregatten für eine fünfte Unterstützungsgruppe verfügbar zu machen. Sie sollte bedrohten Konvois zu Hilfe eilen. Ermöglicht wurde dies, indem man den Fahrplan der Konvois in die Sowjetunion streckte.

Die Schlacht um die Geleitzüge SC 122 und HX 229 kann als Wendepunkt der Atlantikschlacht betrachtet werden. King und die alliierten Stabschefs rafften sich jetzt dazu auf, die Luftlücke zu schließen. Noch im März sollte Hortons Kommando einen amerikanischen und zwei britische Geleitzugträger erhalten. Die Flugzeuge des Küstenkommandos wurden endlich mit dem Zentimeter-Radar ASV III ausgerüstet, dessen Impulse von den deutschen Metox-Geräten nicht empfangen werden konnten. Die deutschen U-Boote in der Biskaya sahen sich nachts oder unter einer Wolkendecke erneut überraschenden Luftangriffen ausgesetzt. Beschädigungen, Verzögerungen und Verluste waren die Folge. Angesichts dieser Entwicklungen schrieb Horton am 23. März an einen Freund, die vorangegangene Woche sei zwar eine der schwärzesten gewesen, aber was das Problem der Eskortschiffe und ihrer Ausbildung sowie die Luftsicherung betreffe, habe er jetzt wirklich Hoffnung.[29]

Dönitz war ebenfalls hoffnungsvoll. Die monatliche Versenkungsrate war im März den Meldungen seiner Kommandanten nach auf 779533 BRT gestiegen (tatsächlich waren es 150000 BRT weniger) und hatte damit fast das Rekordergebnis vom letzten November erreicht. Dönitz sah die zunehmenden Schwierigkeiten durch die feindliche Luftsicherung und vermutete ein neues Ortungsgerät. Aber er glaubte immer noch, die Versenkungsrate auf eine Höhe schrauben zu können, die für die Alliierten untragbar sein würde. In den Richtlinien, die er seinem Stab am 31. März in Form von zwölf »Geboten« zukommen ließ, betonte er erneut den absoluten Vorrang des Tonnagekrieges.[30] Gegenüber Hitler fügte er am 11. April hinzu, daß der U-Boot-Bau hochgefahren werden müsse, da man jetzt mehrere Boote brauche, um das gleiche Ergebnis zu erzielen, das 1940 von einem einzigen Boot erreicht worden sei.[31] Man einigte sich schließlich auf ein neues Bauprogramm, dem zufolge zunächst 27 und ab Mitte 1944 30 Boote pro Monat gebaut werden sollten, überwiegend solche vom Typ VII. Dieses Programm spiegelte die überspannten Erwartungen des ObdM wider, aber auch die Mißachtung der auf seinem Weg liegenden Hindernisse, die ihn während seiner gesamten Laufbahn charakterisiert hatte. Denn sein Tonnagekrieg war im wesentlichen ein mathematisches Problem, und aus den der U-Boot-Führung und der U-Boot-Abteilung der Seekriegsleitung vorliegenden Zahlen ging eindeutig hervor, daß es mit den vorhandenen U-Boot-Typen unmöglich war, diesen Krieg zu gewinnen.

Die wichtigste Zahl war das bereits erwähnte »Potential« der U-Boote – die aus der Monatsrate errechnete versenkte Tonnage pro Boot und Seetag. 1940, als die Briten noch keine effektiven Gegenmaßnahmen ergriffen hatten, lag diese Zahl bei 1000 BRT. In der zweiten »goldenen Zeit« vor der amerikanischen Ostküste und in der Karibik im ersten Halbjahr 1942 stieg das Potential bis auf 438 BRT im Juni. Seit der Rückkehr der U-Boote in den Nordatlantik war es auf durchschnittlich 250 BRT gesunken. Selbst im Rekordmonat November hatte es nur bei 329 BRT gelegen. Im Januar und Februar 1943 war es auf 99 beziehungsweise 148 BRT gefallen, im März vorübergehend auf 230 BRT gestiegen und im April aufgrund des stärkeren Geleitschutzes wieder auf 127 BRT zurückgegangen. Der Durchschnitt für die ersten vier Monate des Jahres 1943 lag also bei einem Potential von 160 BRT pro U-Boot und Seetag.[32] Bei dieser Versenkungsrate hätte man 325 Boote gebraucht, um eine Million BRT im Monat zu vernichten, und noch einmal fast ein Drittel mehr, um die zur Verringerung des alliierten Schiffsraums benötigten 1,3 Millionen BRT zu versenken. Am 1. April standen aber nur 207 Boote (von insgesamt 423) für den Atlantik zur Verfügung.[33] Da jeden Monat durchschnittlich 15 Einheiten verlorengingen, würde man erst in zehn Monaten über die 325 Boote verfügen, mit denen der alliierte Schiffsneubau möglicherweise ausgeglichen werden konnte. Bis dahin würden weitere 150 Boote und, was noch bedeutsamer war, deren immer schlechter ausgebildete Besatzungen verlorengegangen sein, während die Alliierten ihren Schiffsraum ausgebaut hätten.

Der Tonnagekrieg war nicht zu gewinnen. Indem er diese mathematische Gewißheit nicht akzeptierte, verdammte Dönitz nicht nur die jungen Besatzungen in technisch überholten Booten zu einem Kampf mit tödlichem Ende. Er verlor auch wertvolle Zeit, in der er seine enorme Arbeitskraft für die Entwicklung fortgeschrittenerer Bootstypen hätte einsetzen können, die eine Chance gegen die alliierte U-Boot-Abwehr gehabt hätten.

Während das U-Boot-Potential im April erneut abstürzte, entnahm die von BP wieder mit entschlüsselten Texten versorgte britische U-Boot-Abwehr den Funksprüchen der U-Boote und den Befehlen und Ermunterungen, die diese von der U-Boot-Führung erhielten, daß der Angriffsgeist offenbar nachließ. Spätere Historiker, mutmaßte die U-Boot-Abwehr in ihrem Monatsbericht, würden die Monate April und Mai 1943 wahrscheinlich als die kritische Phase betrachten, »in der die Kraft der deutschen U-Boot-Offensive dahinzuschwinden begann, und zwar nicht wegen der niedrigen Versenkungsrate ..., sondern weil es den U-Booten zum ersten Mal nicht gelang, ihre Angriffe auf Geleitzüge vorzutragen, obwohl sie sich in günstigen Positionen befanden.«[34]

Dönitz und Godt schrieben die enttäuschenden Ergebnisse der Unerfahrenheit ihrer neuen Kommandanten zu. Das dürftige Ergebnis der 19 Boote, die vom 21. bis 25. April den Geleitzug HX 234 verfolgt und nur zwei Versenkungen erzielt hatten, erklärte Godt mit den kürzeren Nächten im Norden und der jetzt starken Luftsicherung von Island und Grönland aus. Damit bleibe den Booten meist nur eine Nacht zum Angriff, wenn sie in großer Zahl am Geleit stünden und die Abwehr noch nicht zu stark sei. Diese Nacht, in diesem Fall die vom 23. auf den 24., »konnte nicht ausgenutzt werden wegen der sehr ungünstigen Sichtverhältnisse in Verbindung mit der Unerfahrenheit der vielen neuen Kommandanten, die dieser schwierigen Situationen noch nicht gewachsen waren.«[35]

Anfang Mai gelang es Godt, gegen den westwärts laufenden Konvoi ONS 5 nordöstlich von Neufundland eine potentiell verheerende Streitmacht von 41 U-Booten zusammenzuziehen. Die Eskorte des Konvois bestand aus einer gut ausgebildeten und erfahrenen Gruppe unter Commander Peter Gretton (Royal Navy). Als die U-Boote am Abend des 4. Mai angriffen, war der Konvoi infolge der Stürme auseinandergebrochen. Gretton selbst war gezwungen, mit seinem Zerstörer nach St. John's auf Neufundland zurückzukehren, da er auf See kein Treiböl nachbunkern konnte. Der Rest seiner Gruppe wurde allerdings um eine weitere Eskortgruppe von fünf Zerstörern verstärkt. Als zwei dieser Zerstörer ebenfalls umkehren mußten, weil ihr Treibstoff knapp wurde, lief eine dritte Gruppe aus St. John's aus, um den Schutz des Konvois zu übernehmen. Unterdessen hatten kanadische Flugzeuge zwei U-Boote unter Wasser gedrückt und eines von ihnen versenkt. Acht anderen Booten gelang es jedoch, nach Einbruch der Dunkelheit in den Konvoi einzudringen und sechs Handelsschiffe zu versenken. Den Unterwasserangriffen am nächsten Tag fielen weitere vier Schiffe zum Opfer. Bei den ausdauernd durchgeführten Gegenangriffen wurde ein U-Boot durch Wasserbomben versenkt.

Am Abend legten sich fünfzehn U-Boote auf die Lauer, um im Schutz der Dunkelheit in den Konvoi einzudringen. Noch während sie darauf warteten, daß es dunkel wurde, stieg über der jetzt stillen See Nebel auf, der den mit Radar ausgerüsteten Eskortschiffen einen entscheidenden Vorteil verschaffte. Als die U-Boote über Wasser herankamen, wurden sie von Schiffen, die sie selbst nicht sehen konnten, mit Artilleriefeuer begrüßt. Ein Boot wurde gerammt und versenkt. Andere wurden mit Wasserbomben belegt. Drei wurden zerstört, fünf so schwer beschädigt, daß sie zum Stützpunkt zurückkehren mußten. Die restlichen Boote meldeten ebenfalls Schäden. Godt brach die Operation am nächsten Morgen ab.

In den zwei Tagen der Schlacht waren neun Schiffe aus dem Konvoi und zwei Nachzügler versenkt worden; ein weiteres Schiff hatte es schon vorher getroffen. Der Preis dafür waren sechs versenkte und fünf stark beschädigte U-Boote, die den Rückmarsch antreten mußten. Ein weiteres Boot war bereits früher vor dem Konvoi von einem Flugzeug des Küstenkommandos vernichtet worden. Zwei andere waren zusammengestoßen und anschließend gesunken. Für die Alliierten stand fest, daß niemand eine derartige Verlustrate verkraften könne. Dönitz und Godt gaben jedoch dem Nebel die Schuld an den ausbleibenden Erfolgen der zweiten Nacht und den schweren Verlusten. Dönitz sah zwar die Schwierigkeiten, mit denen die U-Boote zu kämpfen hatten, ließ sich davon aber nicht beirren. »Die feindliche Funkmeßortung«, heißt es in der Abschlußbetrachtung zu dieser Geleitzugschlacht, »ist neben der Feindluft z. Zt. der stärkste Gegner der U-Boote«. Sie liefen Gefahr, ihren wichtigsten Vorteil, die Unsichtbarkeit, zu verlieren. Deshalb werde unter Hochdruck daran gearbeitet, »dem U-Boot wieder Geräte zu geben, mit denen die feindliche Ortung festgestellt werden kann, ... ebenso an der als Haupt- und Fernziel anzusehenden Aufgabe, das U-Boot gegen die Ortung zu tarnen«. Zumindest die erste dieser beiden Aufgaben zu lösen, sei für die U-Boot-Kriegführung von »schlechthin entscheidender Bedeutung«. Die feindliche Luftsicherung erstrecke sich bereits über den gesamten Nordatlantik, und es sei damit zu rechnen, daß auch die letzten noch verbliebenen Lücken in absehbarer Zeit geschlossen würden. Diese Sicherung habe aber »stets dazu geführt, daß die Boote am Geleitzug hoffnungslos nach hinten sackten und keine Erfolge mehr erzielt werden konnten, besonders bei geschickter Zusammenarbeit von See- und Luftabwehr«. Nach dem Hinweis auf die erneut steigenden Verluste in der Biskaya heißt es am Ende: »Zusammenfassend bleibt festzustellen, daß der Kampf der U-Boote z. Zt. schwerer ist als je, daß aber von allen Stellen und mit aller Kraft daran gearbeitet wird, den Booten ihren Kampf wieder leichter zu machen und sie mit besseren Waffen auszurüsten.«[36]

Mit dieser Versicherung wurden Boote aus den Biskayastützpunkten und direkt von der Ausbildung in der Ostsee als Verstärkung zu den 550 Seemeilen langen Vorpostenstreifen südlich von Grönland geschickt, um die nächsten beiden ostwärts fahrenden Konvois abzufangen. Diese wurden zwar aufgrund der von BP gelieferten Informationen umgeleitet, aber der B-Dienst informierte umgehend die U-Boot-Führung, und am 9. Mai bekam U 359 Fühlung zu dem schnellen Konvoi HX 237. Keine halbe Stunde nach der Sichtmeldung wurde es von einem Eskortschiff, das auf der Huff-Duff-Peilung nach ihm suchte, unter Wasser gedrückt und verlor den Kontakt zu dem scharf nach Norden abschwenkenden Konvoi. Am Nachmittag spürte U186 mit dem Horchgerät die Geräusche der Schiffe auf, und Godt dirigierte eine Gruppe aus sieben Booten auf den neuen Kurs. Inzwischen war jedoch eine Unterstützungsgruppe mit dem Geleitflugzeugträger HMS *Biter* zu dem Konvoi unterwegs. Als diese am 11. Mai in den Streifen einlief, wurden die U-Boote sowohl von landgestützten als auch von Trägerflugzeugen unter Wasser gedrückt.

Godt stellte sie daraufhin weiter östlich in neuen Positionen auf. Herbert Werner auf Siegmanns U230 hatte Wache, als er am nächsten Morgen kurz nach Sonnenaufgang über dem westlichen Horizont eine verschwommene Rauchwolke entdeckte. Dann schoben sich Masten über den Horizont. Der Geleitzug fuhr direkt auf U230 zu. Siegmann ging auf Sehrohrtiefe, um den Angriff vorzubereiten. Doch der Konvoi zackte kurz darauf nach Nordosten, und Siegmann konnte nur fluchend verfolgen, wie er außerhalb seiner Reichweite wieder hinter dem Horizont verschwand. Er tauchte auf, um über Wasser zu dem Konvoi aufzuschließen. Der Funker hatte kaum die Sichtmeldung abgesetzt, als der Steuerbordausguck ein Flugzeug bemerkte. »Alarm!« rief Werner und stürzte sich nach den Ausgucks Hals über Kopf in den Turm. Die kleine, zweimotorige Maschine stieß hinab. Vier Bomben detonierten in unmittelbarer Nähe des tauchenden Boots, das sich förmlich aufbäumte und dann mit starker Vorlastigkeit in die Tiefe sackte. Werner fragte sich, wo in dieser Entfernung vom Land ein so kleines Flugzeug herkommen mochte. Darauf gab es nur eine Antwort: Der Geleitzug mußte seinen eigenen Flugzeugträger haben.[37]

Dies wurde ihm jedesmal bestätigt, wenn Siegmann auftauchte und dem Konvoi nachzusetzen versuchte, daran aber durch eines dieser Flugzeuge gehindert wurde. Ein anderes Boot, U89, wurde nicht nur unter Wasser gedrückt, sondern von den abgeworfenen Bomben zerstört. Das nächste fiel einem Eskortschiff zum Opfer, und am nächsten Morgen wurde ein drittes Boot in einem kombinierten Luft- und Seeangriff versenkt. Der Konvoi hatte nur drei Nachzügler verloren, und Godt brach den Angriff ab. Im Kriegstagebuch bemerkte er dazu: »An diesem Geleitzug wurden vom ersten Tage an Trägerflugzeuge gesichtet, später auch einmal der Träger selbst. Diese und die außerdem angesetzte Landluft behinderten die Operation sehr. ... Zusammenfassend ist zu sagen, daß ein größerer Erfolg an diesem Geleit nicht zu erwarten war, da es mit einer so geringen Zahl von Booten heute fast aussichtslos ist, einen Geleitzug, der dazu noch von einem Träger begleitet ist, zu bekämpfen.«[38]

Unterdessen war eine andere Gruppe mit 27 Booten auf den langsamen Konvoi SC 129 angesetzt worden. Zwölf Boote bekamen am 12. Mai Fühlung, wurden aber allesamt entdeckt und mit Wasserbomben belegt. Bei Einbruch der Dunkelheit hatten sie den Kontakt verloren. Nachdem der Angriff auf HX 237 abgewehrt war, wurde die *Biter*-Gruppe am nächsten Tag zu SC 129 beordert. Aufgrund der starken Luftsicherung sah sich Godt erneut gezwungen, eine Geleitzugoperation abzubrechen. Für zwei U-Boote kam diese Entscheidung allerdings zu spät. Der Konvoi hatte nur zwei Nachzügler verloren.

Die prompte Entdeckung der Boote brachte Godt zu der Ansicht, »daß mit einem neuartigen, gut funktionierenden Ortungsgerät von der Gegnerseite gearbeitet wurde«.[39] Daß die Schnelligkeit der Ortung etwas mit den zuvor gefunkten Sichtmeldungen der Boote zu tun haben könnte, wurde von der U-Boot-Führung bezeichnenderweise nie in Erwägung gezogen. Dies hätte allerdings auch das Eingeständnis bedeutet, daß die Rudeltaktik, die Dönitz von Anfang an propagiert hatte, inzwischen ebenso veraltet war wie die Boote, mit denen sie ausgeführt werden sollte.

Dönitz befand sich zu dieser Zeit als Hitlers Abgesandter in Italien, um dem Achsenpartner angesichts der Krise in Nordafrika den Rücken zu stärken. Er kehrte am 14. Mai zurück und schickte am nächsten Tag, da er aus den mangelnden Erfolgen offenbar auf eine Abnahme des Kampfgeistes schloß, einen Befehl an alle Boote, in dem er zugab, daß die Alliierten in der Radartechnik einen Vorsprung besaßen. Er versicherte aber, daß innerhalb und außerhalb der Marine mit aller Kraft daran gearbeitet werde, Ausrüstung und Bewaffnung der Boote zu verbessern und schloß mit dem Aufruf: »Ich erwarte von euch, daß ihr weiterhin entschlossen den Kampf mit dem Gegner aufnehmt, seinen Listen und technischen Neuerungen eure Findigkeit, euer Können und den harten Willen entgegensetzt, dennoch mit ihm fertig zu werden. Im Mittelmeer und im Atlantik haben Kommandanten bewiesen, daß der Gegner auch heute überall schwache Stellen hat und daß die feindlichen Hilfsmittel in vielen Fällen durchaus nicht so wirksam sind, wie es zuerst erscheint, wenn man entschlossen ist, trotzdem etwas zu erreichen. Ich glaube euch für diesen euren harten Kampf bald bessere Waffen geben zu können.«[40]

Zwei Tage später entschlüsselte der B-Dienst einen alliierten U-Boot-Lagebericht und die Kursanweisung für den nächsten nach Osten laufenden Konvoi, mit der dieser südlich um den im Lagebericht erwähnten U-Boot-Streifen herumgeführt wurde. Godt dirigierte daraufhin zwei Gruppen mit zusammen 21 Booten nach Süden in einen Streifen über dem Ausweichkurs. Am frühen Morgen des 18. Mai sichtete Oberleutnant Heinz Koch auf U 304 den langsamen Konvoi SC 130, der im Schutz der von ONS 5 bekannten Eskortgruppe unter

Commander Gretton stand. Koch setzte die Sichtmeldung ab und beschattete den Konvoi. Am nächsten Morgen standen neun weitere Boote an dem Geleitzug, der im Morgengrauen einen scharfen Schwenk ausführte und die U-Boote hinter sich ließ. Als sie versuchten, über Wasser zu ihm aufzuschließen, erschien eine Liberator des britischen Küstenkommandos am Himmel. Eins der Boote, U954 unter Kapitänleutnant Udo Löwe, auf dem Dönitz' jüngerer Sohn Peter als IIWO diente, wurde von ihrem Radar erfaßt. Aus niedrig hängenden Wolken heraus stieß sie zu ihm herab und setzte ihre Bomben so dicht an das Boot, daß dessen Tauchzellen aufgerissen wurden und es mit der gesamten Besatzung sank.

Die Liberator setzte die Jagd fort, zwang fünf weitere Boote zum Tauchen und rief Eskortschiffe herbei. Diese versenkten ein Boot mit Wasserbomben und brachten einem zweiten starke Schäden bei. Nachdem am Nachmittag zusätzliche Flugzeuge und eine neue Eskortgruppe eingetroffen waren, wurden drei weitere U-Boote vernichtet, drei so schwer beschädigt, daß sie den Rückmarsch antreten mußten, und die anderen unter Wasser gedrückt. Damit hatten sie SC 130 aus den Augen verloren. Am folgenden Morgen, dem 20. Mai, wurde der Kontakt mittels Horchpeilung wiederhergestellt, aber die Luftsicherung verhinderte jede Aktion. Statt dessen wurde wiederum ein U-Boot in die Tiefe gebombt. Godt brach die Operation ab. Im Kriegstagebuch notierte er, daß die Luftangriffe die Boote daran gehindert hätten, an den Geleitzug heranzukommen. Der Feind müsse ein neues Ortungsgerät besitzen. Außerdem hätten mehrere Boote eine geschickte Zusammenarbeit zwischen Flugzeugen und Schiffen gemeldet.[41] U92 hatte die Versenkung eines 6500-Tonnen-Frachters und die Beschädigung eines zweiten Schiffes gemeldet, aber in Wirklichkeit war kein einziges Schiff getroffen worden.

In den vergangenen zehn Tagen waren im Nordatlantik zehn U-Boote verlorengegangen. Hinzu kamen sieben Boote, die in anderen Gebieten versenkt worden waren. Auf der anderen Seite waren die Konvois entweder mit Erfolg um Godts Vorpostenstreifen herumgeführt worden, oder die Luftsicherung hatte es den Eskortschiffen ermöglicht, sie ohne Verluste ans Ziel zu bringen. Nur zwei Konvois hatten insgesamt fünf Schiffe verloren, alles Nachzügler.[42] Selbst wenn man die Schiffe mitzählte, die der U-Boot-Führung als versenkt gemeldet, tatsächlich aber nicht einmal getroffen worden waren, hätte jedem die Tatsache ins Auge stechen müssen, daß der Zustand, den Dönitz im vergangenen September vorausgesagt hatte, eingetreten war und unübersehbar »eine nicht tragbare Minderung der Erfolgsaussichten der U-Boote« bedeutete.[43]

Aber sie tat es nicht. Während Godt seine Gruppen am 21. Mai umorganisierte, um den nächsten ostwärts fahrenden Konvoi, HX 239, abzufangen, schickte Dönitz einen weiteren Funkspruch an alle Boote. Es mochte dem Druck zu schulden gewesen sein, der auf ihm lastete und der durch den Schmerz über den Verlust seines Sohnes noch verstärkt wurde, auf jeden Fall besaß dieses bemerkenswerte Dokument keinerlei Beziehung zur Realität der jüngsten Geleitzugschlachten, wie sie sich in den Meldungen der U-Boote und im Kriegstagebuch widerspiegelte. »Derjenige, der nun glaubt, daß die Geleitzugbekämpfung nicht mehr möglich ist«, erklärte Dönitz, »ist ein Schwächling und kein echter U-Bootskommandant. Die Schlacht im Atlantik wird härter, sie ist aber die entscheidende Kriegführung. Seid euch eurer hohen Verantwortung bewußt und euch darüber klar, daß ihr euer Handeln verantworten müßt. Tut euer Bestes an diesem Geleitzug. Wir müssen ihn zerschlagen. Wenn die Verhältnisse günstig dazu sind, vor Flugzeugen nicht tauchen, schießen und abwehren. Vor Zerstörern möglichst über Wasser ablaufen. Hart sein, nach vorne kommen und angreifen. Ich glaube an euch. Oberbefehlshaber.«[44]

Die Boote, die sich HX 239 und einem in der Nähe befindlichen, nach Westen fahrenden Konvoi zu nähern versuchten, wurden jedoch von den Flugzeugen der Geleitträger, von denen beide Konvois eskortiert wurden, und zusätzlich anfliegenden landgestützten Maschinen unter Wasser gedrückt. Wie viele von ihnen der Anweisung folgten, über Wasser zu bleiben und die Flugzeuge abzuwehren, ist nicht bekannt. Aber es wurden zwei weitere Boote versenkt, eines von einem Flugzeug der USS *Bogue* und das andere von einem Flugzeug der HMS *Archer*. Godt rief die Boote am 23. Mai zurück und notierte im Kriegstagebuch: »Die Geleitzugoperation zeigt wiederum klar, daß es z. Zt. nicht möglich ist, mit den vorhandenen Waffen einen stark luftgesicherten Geleitzug zu bekämpfen.«[45]

Bis zum 22. Mai hatten allein in diesem Monat 31 Boote entweder selbst gemeldet, daß sie sanken, oder die Aufforderung zur Meldung nicht beantwortet. In der laufenden Operation waren offenbar zwei weitere verlorengegangen, und die anderen waren nicht in der Lage, sich ihren Zielen zu nähern. Bis zum Ende des »Schwarzen Mai« sollte sich die Zahl der verlorengegangenen Boote auf 41 erhöhen. Nun mußte sich auch Dönitz den Gesetzen der Arithmetik beugen. Die Analyse der Verluste zeigte ihm, daß sie zu mindestens 60 Prozent von Flugzeugen verursacht worden waren. Er wies Godt an, die Boote nach Süden in ein Gebiet westlich der Azoren zurückzuziehen, wo die Gefahr, von landgestützten Flugzeugen angegriffen zu werden, geringer war. Konvois sollten nur noch unter »besonders günstigen Verhältnissen, d. h. in der Neumondperiode« angegriffen werden. Wieso er sich in Neumondnächten einen Vorteil versprach, ist angesichts der ihm bekannten Meldungen über die erstaunlichen Ortungsfähigkeiten des Feindes ein Rätsel. Im Grunde weigerte er sich, seine

Niederlage einzugestehen. Deshalb durfte der Rückzug nur vorübergehender Art sein, bis die Boote gegen das Radar immun und mit neuen Mehrfach-Flak ausgerüstet waren. Der Rückzug war keine Niederlage, sondern eine taktische Maßnahme, die unnötige Verluste verhindern sollte, wie Dönitz in einem Funkspruch an alle Boote erklärte. Das Hauptkampfgebiet der U-Boote, heißt es dort weiter, sei jedoch nach wie vor der Nordatlantik, und es bestehe »völlige Klarheit darüber, ... daß der Kampf dort mit aller Härte und Entschlossenheit wieder aufgenommen werden muß, sobald den U-Booten die dazu nötigen Waffen gegeben sind«. Es sei zu erwarten, »daß schon nach der Ausrüstung mit Vierlingen [2-Zentimeter-Flak], d.h. ab Herbst, der Kampf im Nordatlantik im vollen Umfang wieder aufgenommen werden kann«.[46]

In einem Tagesbefehl an alle U-Boot-Offiziere gestand Dönitz erneut die momentane technische Überlegenheit der Alliierten ein, fuhr aber fort: »Glaubt mir, daß ich alles getan habe und weiterhin tun werde, um diesen Vorsprung des Gegners mit Gegenmitteln einzuholen. Es wird dann in Kürze der Tag kommen, an dem ihr mit neuen und schärferen Waffen dem Gegner überlegen seid und über eure ärgsten Feinde, das Flugzeug und den Zerstörer, triumphieren könnt. ... Dann werden wir siegen, das sagt mir mein Glaube an unsere Waffe und an euch! Heil dem Führer! Euer Oberbefehlshaber. gez. Dönitz.«[47]

Sein Glaube trog ihn. Es waren die Alliierten, deren Stärke wuchs und die mit immer schärferen Waffen und ausgefeilteren Methoden die U-Boote zu dem machten, was Herbert Werner in ihnen sah: eiserne Särge. Die Zeit der massiven Rudelangriffe war vorüber.

SIEG IM PAZIFIK

Im Pazifikkrieg spielten die U-Boote nach wie vor eine Nebenrolle. Die Anzahl der japanischen Neubauten – hauptsächlich große I-Klasse-Boote – reichte gerade aus, um die Verluste auszugleichen. Bis Ende Mai 1943 waren insgesamt 28 Boote gesunken und zwei außer Dienst gestellt worden. Im selben Zeitraum waren 30 neue Boote vom Stapel gelaufen. Damit lag die operative Stärke der japanischen U-Boot-Flotte weiterhin bei knapp 60 Einheiten.[1] Viele wurden jedoch für Transporte zu Garnisonen auf den nördlichen Salomon-Inseln, Papua und Neuguinea sowie den Aleuten abgestellt, deren Nachschublinien von amerikanischen Flugzeugen beherrscht wurden. Die wenigen für offensive Operationen eingesetzten Boote führten sinnlose Ablenkungsbombardements aus oder legten sich für den Auszehrungskrieg vor der Entscheidungsschlacht, die immer noch das Ziel der japanischen Strategie war, in Vorpostenstreifen auf die Lauer. Da Japan die Initiative verloren hatte und die Kaiserliche Marine selten wußte, wo der Gegner zuschlagen würde, war diese Taktik jetzt sogar noch erfolgloser als bisher.

Auf der anderen Seite hatte sich die Zahl der amerikanischen U-Boote fast verdoppelt. Die Verluste waren gering gewesen – 13 Einheiten bis Ende Mai 1943 –, während gleichzeitig 66 Flottenboote fertiggestellt wurden, von denen über 50 im Pazifik stationiert worden waren.[2] Sie waren den japanischen U-Booten aber nicht nur numerisch, sondern auch technologisch überlegen: Sie besaßen ein besseres Feuerleitsystem, waren klimatisiert und verfügten seit den ersten Kriegsmonaten über ein ungerichtetes Luftüberwachungsradar. Die meisten waren inzwischen auch mit einem neuen Radargerät im Zentimeterbereich ausgerüstet, ähnlich dem, das eine Schlüsselrolle beim Sieg über die deutschen U-Boot-Rudel im Atlantik gespielt hatte. Das erste dieser Überwasserortungsgeräte war im August 1942 auf der *Haddock* unter operativen Bedingungen getestet worden. Nach dem begeisterten Bericht des Kommandanten der *Haddock* waren diese Geräte in alle Boote eingebaut worden, so schnell die Industrie sie zu liefern vermochte. Damit konnten sie jetzt nicht nur nachts Ziele aufspüren, während sie selbst unsichtbar blieben, sondern auch deren Kurs und Geschwindigkeit mit einer Genauigkeit bestimmen, die durch Beobachtung und Schätzung nicht zu erreichen war. Die Höhe des Leuchtflecks auf der Oszillatorröhre war darüber hinaus ein Hinweis auf ihre Größe. Da weder die U-Boote noch die Geleitschutzschiffe der japanischen Marine über Radar verfügten, besaßen die amerikanischen U-Boote in Kämpfen bei Nacht oder schlechter Sicht einen enormen Vorteil. Außerdem erleichterte das neue Radargerät die Navigation zwischen den Riffen und Inseln des Pazifiks.

In einer Hinsicht blieben die amerikanischen U-Boote den japanischen und allen anderen allerdings unterlegen: den Torpedos. Es gab auch anderthalb Jahre nach Kriegsbeginn noch allzu viele Frühzünder und Blindgänger. Schuld daran war zum Teil die arrogante Haltung der Torpedoabteilung des Waffenamts, mehr aber der Grabenkampf zwischen Gebietskommandeuren und Abteilungschefs, die ihren jeweiligen Machtbereich schützen und ausbauen wollten. Rear Admiral English hatte in Pearl Harbor mehr Kraft darauf verwendet, die Unabhängigkeit seines Kommandos zu wahren, als darauf, sich um die wirklichen Sorgen der U-Boot-Kommandanten zu kümmern oder sich mit den Flottillenchefs in Australien zu verständigen. Nachdem er im Januar 1943 bei einem Flugzeugabsturz ums Leben gekommen war, hatte Rear Admiral Lockwood seine Nachfolge als COMSUBPAC angetreten – der Mann, der die Torpedoabteilung zu dem Eingeständnis gezwungen hatte, daß ihre Waffe zu tief lief. Lockwoods Kommando in Perth/Fremantle erhielt Captain Christie, und dessen Posten in Brisbane übernahm Rear Admiral James Fife.

Christie verteidigte den magnetischen Torpedozünder, dessen Entwicklung er vor dem Krieg geleitet hatte, gegen alle Anwürfe. Desgleichen Lockwood, der das Problem der Versager durch die neue Tiefeneinstellung für gelöst hielt. Bestärkt wurde er darin durch die positive Beurteilung des Zünders durch seinen neuen Starkommandanten, Lieutenant Commander Dudley Morton.

Morton hatte sich diesen Ruf Anfang 1943 mit seiner ersten Feindfahrt als Kommandant der *Wahoo* erworben. Er hatte sie im Dezember 1942 nach einer Fahrt als angehender Kommandant von ihrem ersten Kapitän übernommen, einem Perfektionisten, der seine Besatzung zu höchster Präzision drillte, im Einsatz aber zu vorsichtig war, wie Morton und sein Erster Wachoffizier, Lieutenant Richard O'Kane, meinten. Nach Ansicht eines Historikers, der damals in Pearl Harbor stationiert war, hätte Morton ohne die harte Schule, durch die seine Besatzung unter seinem Vorgänger gegangen war, möglicherweise nicht solche Erfolge errungen.[3] Edward L. »Ned« Beach, der ebenfalls im Pazifik gekämpft hat, charakterisiert Morton dagegen als jemanden, der selbst von Natur aus pedantisch war und mangelhafte Leistungen nicht duldete. An seiner Aggressivität und seinem Kampfeswillen konnten keine Zweifel bestehen, und O'Kane stand ihm in dieser Beziehung in nichts nach. Es gab vermutlich nur wenige U-Boote, die von einem derart kämpferischen Gespann kommandiert wurden. Morton, »bullig wie ein Bär und verspielt wie ein kleiner Junge«, redete und flachste mit der Mannschaft genauso freimütig wie mit den Offizieren und steckte sie mit seinem unmäßigen Selbstvertrauen an. Die Besatzung verehrte ihn dafür.[4]

Die *Wahoo* war am 16. Januar 1943 von Brisbane ausgelaufen. Morton sollte östlich der Philippinen vor den Palau-Inseln patrouillieren und auf dem Weg dorthin aufklären, ob sich auf Wewak an der Nordküste von Neuguinea eine japanische Nachschubbasis befand. O'Kane, der, wie auf amerikanischen U-Booten üblich, sowohl Erster Wachoffizier als auch Navigator war, brachte die *Wahoo* sicher vor dem Ankerplatz in Stellung. Morton interpretierte »aufklären« als »eindringen« und lief in den frühen Stunden des 24. Januar auf die Küste zu, obwohl er nur über recht dürftiges Kartenmaterial verfügte. Rear Admiral Fife hatte ihm vorgeschlagen, die übliche Rollenverteilung an Bord umzukehren und mit seinem Ersten Offizier zu tauschen, das heißt diesen die Sehrohrbeobachtungen durchführen zu lassen und sich selbst darauf zu konzentrieren, die beobachteten und vom Feuerleitsystem ermittelten Daten abzuwägen. Auf diese Weise könne er, ohne abgelenkt zu werden, auf die sich verändernde Lage reagieren. Morton besaß genügend Selbstbewußtsein und Vertrauen zu seinem Ersten Wachoffizier, um diesem Vorschlag zu folgen. Also stand O'Kane am Sehrohr, während sie in den japanischen Liegeplatz einliefen. Es war eine lange, nervenaufreibende Anfahrt. Als die Sonne aufging, war das Meer spiegelglatt, so daß O'Kane, sobald das Horchgerät die Schraubengeräusche eines Vorpostenboots empfing, das Sehrohr nur für wenige Augenblicke ausfahren konnte. Um den Geräuschpegel zu verringern, wurden die Hilfsmaschinen, einschließlich der Klimaanlage, ausgeschaltet, und die Hitze und Feuchtigkeit nahmen rasch zu. Bei Morton schien jedoch die Aussicht auf ein Zusammentreffen mit dem Feind alles andere zu überwiegen. Durch sein entspanntes Verhalten und witzige Bemerkungen schuf er eine Stimmung, die an das Gemeinschaftsgefühl einer »schlagenden Verbindung« erinnerte.

Es dauerte bis nach 13 Uhr, ehe O'Kane vor dem dichten Grün der Küstenlinie die Masten eines Zerstörers sichtete, neben dem einige kleine U-Boote lagen. Laut Sichtmeldung lag der Zerstörer vor Anker, und Morton beschloß, einen relativ weiten Schuß aus fast 3000 Metern abzugeben, so daß er noch in tiefem Wasser war, wenn der Gegenangriff erfolgte. Als O'Kane die letzte Beobachtung vor dem Abschuß machen wollte, sah er den Zerstörer jedoch auf sich zufahren. Morton schwenkte nach Steuerbord, um die Heckrohre einzusetzen. Bei der nächsten Sehrohrbeobachtung stellte sich heraus, daß der Zerstörer den Kurs geändert hatte und vor dem Bug der *Wahoo* vorbeifahren würde. O'Kane legte die vertikale Visierlinie über den Vormast des Kriegsschiffs. »Peilung – markieren!« rief er aus, und der Steuermannsmaat, der den Peilring am Sehrohr ablas, meldete die Gradzahl. O'Kane drehte den Weitenknopf und brachte die Mastspitze mit der Wasserlinie in eine Flucht. »Entfernung – markieren!«

Die gemeldeten Werte wurden in den TDC an der Wand des Kommandoturms eingegeben, während man unten in der Zentrale die Anlaufskizze zu zeichnen begann. Morton fragte nach der Geschwindigkeit des Ziels. Der Zerstörer nahm weiterhin Fahrt auf, und während der Horcher die Schraubenumdrehungen zählte, wagte O'Kane eine Schätzung – 15 Knoten –, die am TDC eingestellt wurde. Morton hatte die Bugrohre bereits fluten und die Lauftiefe der Torpedos dem flachen Rumpf des Ziels entsprechend einstellen lassen. Jetzt verlangte er die letzte Beobachtung vor dem Angriff.

O'Kane richtete das Sehrohr aus. »Peilung – markieren!« Der Steuermannsmaat las den Wert ab. Der Offizier am TDC meldete: »Eingestellt!« Das besagte, daß seine Anzeige der Beobachtung entsprach und die Feuerlösung an die Torpedos übermittelt wurde.

»Rohr eins, Feuer!«

»Rohr eins, Feuer!« wiederholte der Steuermannsmaat und drückte auf den Feuerknopf unter der Wandtafel mit den Lämpchen, die anzeigten, daß die Torpedorohre klar waren.

Das Boot bebte leicht, als der Torpedo ausgestoßen wurde, und in den Ohren war der durch die ins Boot gesaugte Preßluft bewirkte Druckanstieg zu spüren. Der Horcher meldete, daß der Torpedo gerade lief. Ihm folgten im Abstand von jeweils zehn Sekunden zwei weitere mit leicht versetztem Kurs. O'Kane konnte die verräterischen Blasenspuren sehen: Die Torpedos würden alle hinter dem Heck des Zerstörers vorbeischießen. Er hatte die Geschwindigkeit unterschätzt. Morton ließ 20 Knoten in den TDC eingeben und feuerte einen vierten Torpedo ab.

Zu diesem Zeitpunkt hatten die Ausgucks des Zerstörers die Spuren der ersten drei Torpedos entdeckt, und das Schiff schwenkte herum. O'Kane wollte das Sehrohr einziehen, doch Morton wies ihn an, es oben zu lassen. Er wollte den Zerstörer anlocken und ihm beim Anlaufen einen Torpedo entgegenschikken; wenn er dann abdrehte, würde er mit der Breitseite über dem Torpedokurs liegen. Soweit die Theorie. Solche Schüsse »in die Gurgel« waren schon häufiger abgegeben worden, für gewöhnlich aber in einer Notlage. Dies war vermutlich das erste Mal, daß ein Kommandant den Feind zum Angriff provozierte – angesichts des Prozentsatzes von versagenden Torpedos ein verwegenes Unterfangen. Der Zerstörer brach das Ausweichmanöver ab und hielt auf das

U-Boot zu. O'Kane meldete die Nullage und gab regelmäßig die Entfernung an, während das Schiff im Sehrohr immer größer wurde. Morton wartete, bis es nur noch 1100 Meter entfernt war. Dann feuerte er den fünften Torpedo ab. O'Kane verfolgte seine Bahn. Er lief knapp am Bug des Zerstörers vorbei. Jetzt war nur noch ein Bugtorpedo übrig. Die Spannung an Bord war fast mit Händen zu greifen.[5]

Bei gut 700 Metern gab Morton erneut Feuerbefehl. Auf dem Zerstörer wurde das Ruder hart herumgelegt, als die Ausgucks die Blasenspur entdeckten. Das Schiff krängte und zeigte dem anlaufenden Torpedo die Backbordseite. Er schlug in der Mitte des Schiffs ein. Die *Wahoo* wurde von einer so gewaltigen Druckwelle erschüttert, daß die Männer außerhalb der Zentrale glaubten, die erste Wasserbombe des Gegenangriffs sei explodiert. O'Kane sah eine Wassersäule am Ziel aufsteigen und Trümmer in die Luft fliegen. Die Spannung im Kommandoturm entlud sich in lautstarkem Jubel.

Das Opfer wurde durchs Sehrohr fotografiert, um Mortons ersten Abschuß zu dokumentieren. Der Zerstörer konnte später aus der flachen Bucht geborgen werden. Einstweilen brachte Morton die *Wahoo* vor den auftauchenden Vorpostenbooten und Flugzeugen in 30 Meter Tiefe in Sicherheit und zog sich aus der Bucht zurück. Am Abend, als das Boot außerhalb des Liegeplatzes war, brach er den zu medizinischen Zwecken mitgeführten Weinbrand an und ließ zur Feier des Tages jedem an Bord ein Glas zukommen.

Am Morgen des 26. Januar, zwei Tage nach diesem Vorfall, sichteten die Ausgucks der *Wahoo* auf dem Weg zu den Palau-Inseln Rauchwolken am Horizont. Der Bug des Boots zeigte genau auf die Stelle, so daß zu erkennen war, in welche Richtung die Schiffe fuhren. Morton legte den Anlaufkurs fest, und als sich unter den Rauchwolken die Masten und Aufbauten von zwei ohne Geleitschutz fahrenden Frachtern über den Horiztont schoben, gab er Befehl zum Auftauchen. O'Kane übernahm wieder das Sehrohr. Der Angriff erwies sich als einfach, da die Schiffe nicht im Zickzack fuhren, und zwei Torpedos aus den Heckrohren führten zu drei vielsagenden Detonationen.

Morton drehte das Boot herum, um die Bugtorpedos abzuschießen. Als O'Kane anschließend das Sehrohr ausfahren ließ, hatte er zu seiner Überraschung drei Schiffe vor sich. Das dritte, ein Transporter voller Soldaten, mußte hinter den anderen beiden gefahren sein. Eines der getroffenen Schiffe war dabei zu sinken. Das zweite war zwar beschädigt, machte aber noch Fahrt und hielt auf die *Wahoo* zu. Morton ließ die Bugrohre klarmachen, und wenig später jagten drei Torpedos auf den Transporter zu, von denen zwei ihr Ziel fanden.

O'Kane wandte sich dem beschädigten Frachter zu, der immer noch mit kleiner Fahrt auf sein Sehrohr zusteuerte. Morton schickte ihm die Torpedos aus dem vierten und fünften Bugrohr entgegen. Der letzte Torpedo war zwar ein Treffer, aber das Schiff behielt seinen Kollisionskurs weiterhin bei, und Morton brachte die *Wahoo* hastig tiefer. Von oben waren das Krachen von Explosionen, das Knacken, Knirschen und Kreischen berstender Schotts und das Gurgeln des in den Rumpf schießenden Wassers zu hören. Als die Torpedorohre nachgeladen waren, ging Morton auf Sehrohrtiefe hinauf. O'Kane konnte jetzt nur noch zwei Schiffe entdecken: den Truppentransporter, der ohne Fahrt im Wasser lag, und den beschädigten Frachter; der andere war gesunken. Er nahm den Transporter aufs Korn. Morton feuerte einen Torpedo ab, der jedoch unter dem Schiff hindurchlief, ohne zu explodieren. Der nächste schlug genau dort ein, wo er sollte, und detonierte mit einer gewaltigen Explosion. Dem Schiff war das Rückgrat gebrochen, und während der Bug wegsackte, sprangen Männer in olivgrünen Uniformen von Bord, während Matrosen Rettungsboote und Flöße zu Wasser ließen.

Morton hielt auf den Frachter zu, erkannte aber bald, daß er trotz der beiden Torpedotreffer noch schnell genug war, um ihm zu entkommen. O'Kane hatte inzwischen die Masten eines weiteren Schiffs am Horizont gesichtet. Morton gab den Befehl zum Auftauchen, um die Batterien aufzuladen und die Jagd über Wasser fortzusetzen. Vorher aber befahl er die Geschützbedienungen an Deck, um die Schiffbrüchigen des Transporters auszuschalten, die sich in Rettungsbooten oder auf Flößen drängten oder mit Schwimmwesten im Wasser trieben. Wie Miers die deutschen Truppen im Mittelmeer, so betrachtete auch Morton diese Männer als Feinde, die in Neuguinea gegen seine Kameraden kämpfen würden, und er wußte zweifellos von den Greueln, die alliierte Schiffbrüchige durch Japaner zu erleiden hatten. Er hegte jedenfalls einen »überwältigenden, tiefsitzenden Haß auf den Feind«,[6] und wie Miers konnte auch er im Eifer des Gefechts in einen Rausch verfallen. Die Überlebenden des gesunkenen Transporters sollten es in der nächsten Stunde erfahren. Sie selbst und ihre Boote und Flöße wurden von 10,2- und 2-Zentimetergeschossen zerfetzt. Morton war offenbar entschlossen, keinen einzigen Überlebenden zurückzulassen, und auch er machte später keinerlei Anstalten, das Massaker zu verheimlichen.

Nach diesem Blutbad nahm er die Verfolgung des beschädigten Frachters wieder auf, der jetzt von einem Tanker begleitet wurde. Um den Horizont zu erweitern, fuhr Morton über Wasser mit ausgefahrenem Sehrohr am Rand der Sicht um die beiden Schiffe herum und legte sich bei Sonnenuntergang unter Wasser vor ihnen auf die Lauer. Er hatte noch vier Torpedos in den Heckrohren und drei in den Bugrohren. Die Bugtorpedos verschoß er auf den Tanker, wobei er einen Treffer erzielte. Danach war es so dunkel geworden, daß durchs Sehrohr nichts mehr zu erkennen war. Er tauchte auf und jagte dem Frachter hinterher, bei dem er zu seiner Überraschung auch den Tanker wieder antraf. Nach einigen umständlichen Manövern schoß er zwei Torpedos aus den Heckrohren auf ihn ab, von denen einer traf. Der spektakuläre Anblick des Treffers überzeugte ihn davon, daß dieses Ziel erledigt war, und er wandte sich dem Frachter zu, der abgedreht war und immer wieder unvorhersehbare Kursänderungen vornahm, während er mit einem Deckgeschütz wild in die Nacht feuerte. Als Morton zum Angriff anlaufen wollte, schlugen die Granaten so dicht am Boot ein, daß er gezwungen war zu tauchen. Bald darauf entdeckte er am Horizont den Lichtstrahl eines Suchscheinwerfers. In der Annahme, daß nach dem Notruf des Frachters ein Geleitschiff ausgeschickt worden war, setzte er sich zwischen die beiden Schiffe. Seine Vermutung, der Frachter würde dem Geleitschiff entgegenfahren, erwies sich als richtig, und er gab ihm mit seinen letzten beiden Torpedos den Rest.

Morton hatte Befehl, die *Wahoo* nach Beendigung der Feindfahrt nach Pearl Harbor zu überführen. Also nahm er jetzt Kurs auf Hawaii. Über Funk meldete er, in einem »zehnstündigen Artillerie- und Torpedogefecht einen ganzen Konvoi aus zwei Frachtern, einem Transporter und einem Tanker« vernichtet zu haben. Entsprechend fiel der Empfang aus, als er am 7. Februar mit einem ans Angriffssehrohr gebundenen Besen als Symbol dafür, daß ein ganzer Konvoi vom Meer gefegt worden war, und acht kleinen japanischen Flaggen an den Antennenleinen in seinen neuen Stützpunkt einlief. Die Flaggen standen für die acht Schiffe, die die *Wahoo* auf ihren drei Feindfahrten versenkt hatte. Für den in Wewak versenkten Zerstörer war eine japanische Marineflagge, auf der das Sonnensymbol mit Strahlen versehen war, aufgezogen worden. Darüber flatterte ein Wimpel mit dem Motto des Boots: »*Shoot the sunza bitches*«. Nach dem Krieg wurde Mortons Ergebnis auf drei Schiffe mit 11 300 BRT reduziert, da der Zerstörer geborgen wurde und der Tanker nicht gesunken war.[7]

Morton wurde zum Helden der amerikanischen U-Boot-Waffe, der eine solche Leitfigur bisher gefehlt hatte. Lockwood bezeichnete die *Wahoo* als »Ein-Boot-Wolfsrudel« und informierte die Presse über den Verlauf der Feindfahrt. Das war höchst ungewöhnlich, denn normalerweise unterlag jeder Aspekt der U-Boot-Kriegführung strengster Geheimhaltung, damit der Feind keine möglicherweise nützlichen Informationen erhielt. Ein Ereignis wurde allerdings nicht an die Öffentlichkeit gebracht: das Massaker an den Schiffbrüchigen des Truppentransporters. Auch in den Stabsbeurteilungen von Mortons Bericht wurde es nicht erwähnt. Morton erhielt das Navy-Kreuz.

Ziel seiner zweiten Feindfahrt war das Gelbe Meer, wo er Mitte März eintraf. Da er zunächst keine Ziele fand, stieß er weit nach Norden zu den Untiefen der Halbinsel Liaotung vor. Dort überraschte er in einem Strom von Dschunken und Sampans eine Reihe von Frachtern, von denen er acht mit nach eigener Schätzung 36000 BRT versenkte und einen weiteren beschädigte. Mehrere Torpedos waren zu früh explodiert, und mindestens einer hatte nicht unter dem Ziel gezündet. Deshalb hatte er zwei seiner Opfer mit Artilleriefeuer zerstört. Nach dem Krieg wurde der versenkte Schiffsraum nach den Angaben in japanischen Akten auf 20000 BRT korrigiert, wobei das Schiff, das er nur als beschädigt gemeldet hatte, hinzugezählt wurde, weil es infolge der Schäden gesunken war.

Als die *Wahoo* im April mit einer Rekordbeflaggung in den vorgeschobenen Stützpunkt der Pearl-Harbor-Boote auf Midway einlief, wurde ihr ein begeisterter Empfang zuteil. Die Begrüßungsfeiern auf dem Kai waren zur Stärkung der Moral eingeführt worden und wurden von den heimkehrenden U-Boot-Fahrern sehr positiv aufgenommen. Im Unterschied zur Begrüßung in den Biskayahäfen gab es allerdings weder Blumen noch Küsse des weiblichen Stützpunktpersonals. Dafür warteten neben dem Geschwaderstab und den Kameraden anderer Boote Körbe mit frischem Obst und Gemüse, Eiskrem und kühle Getränke sowie die angesammelte Post von zu Hause auf die Männer.[8] Während das Boot gewartet wurde, erholten sie sich an Land: die Offiziere im ehemaligen Pan American Airways Hotel und die Mannschaften in Kasernen. Sie konnten in der Lagune schwimmen, auf weißen Sandstränden sonnenbaden, all die Dinge essen, nach denen sie sich seit Wochen gesehnt hatten, und Bier oder Bourbon trinken – von ein paar Flaschen für besondere Gelegenheiten abgesehen, gab es auf U-Booten wie auf allen Schiffen der US Navy keine alkoholischen Getränke. Frauen allerdings gab es im Umkreis von tausend Meilen nicht. Dieses ebenso bequeme wie unvollständige Leben weckte in den Männern rasch den Wunsch, wieder auf See zurückzukehren: »... vielleicht endete die nächste Patrouillenfahrt ja in Australien, dem Eldorado der U-Boot-Fahrer.«[9]

Hauptziel der amerikanischen U-Boote blieben die Großkampfschiffe, obwohl bisher kein einziges versenkt worden war. Und als die *Wahoo* Ende April wieder seeklar war, schickte Lockwood sie zu den südlichen Kurilen, wo laut Ultra ein japanischer Flottenverband auslaufen sollte. Als er nicht erschien, dirigierte er sie auf den Kurs eines großen Seeflugzeugtenders, wiederum aufgrund einer Information der FRUPAC, die inzwischen erheblich gewachsen und in ein eigens für sie errichtetes Gebäude in der Nähe von Nimitz' Hauptquartier umgezogen war. Der Tender tauchte wie vorausgesagt auf, und Morton brachte die *Wahoo* bei einer Entfernung von 1200 Metern in eine ideale Angriffsposition. Von den drei Torpedos, die er abschoß, fand einer sein Ziel, aber der Tender konnte entkommen. Danach wurde Morton aufgrund einer weiteren Ultra-Information auf einen eskortierten Frachter angesetzt, den er am 7. Mai angriff. Die sechs Torpedos, die er auf beide Schiffe abschoß, versenkten den Frachter, aber nicht das ihnen ausweichende Geleitschiff. Am nächsten Tag fing Morton aufgrund einer weiteren Ultra-Information ein eskortiertes Marinehilfsschiff ab. Von den drei abgefeuerten Torpedos detonierte einer auf halbem Weg. Dadurch wurde der zweite vermutlich von seinem Kurs abgelenkt. Der dritte schlug zwar ein, explodierte aber nicht. Die Wut über diesen Fehlschlag wurde durch den nächsten, wiederum von Ultra initiierten Angriff etwas gemildert, bei dem er einen kleinen Tanker und einen noch kleineren Frachter versenkte. Am 12. Mai schließlich schoß Morton die restlichen Torpedos auf zwei eskortierte Frachter ab, von denen einer beschädigt wurde, aber nicht sank. Außerdem war der dumpfe Aufprall eines zweiten Treffers zu hören, dem jedoch keine Explosion folgte. Morton glaubte, daß mindestens noch ein weiterer Torpedo nicht detoniert oder fehlgelaufen war. Er tauchte auf, um den Frachter durch Artilleriebeschuß zu erledigen. Doch dieser erwiderte das Feuer derart genau, daß Morton tauchen mußte, und der Frachter entkam. Voller Wut nahm Morton Kurs auf Pearl Harbor. Als er am 21. Mai im Stützpunkt eintraf, stapfte er in Lockwoods Büro und beschwerte sich mit bittersten Worten über die Frühzünder, Blindgänger und Fehlläufer, die ihn mindestens drei Versenkungen gekostet hatten.[10]

Im April hatte die *Tunny* unter Lieutenant Commander John Scott einen taktisch brillanten Nachtangriff gegen eine Flugzeugträgergruppe ausgeführt, die mit 18 Knoten den großen japanischen Flottenstützpunkt von Truk anlief. Scott hatte sich mit Hilfe des Radars über Wasser in den Verband eingeschlichen, war dann aber von einem Geleitschiff unter Wasser gedrückt worden, bevor er seine vier Hecktorpedos aus einer Entfernung von gut 700 Metern auf das erste Schiff der Kolonne auf seiner Backbordseite abfeuerte. Vier Treffer waren zu hören. Wenige Augenblicke später schoß Scott die sechs Bugtorpedos aus 600 Metern auf einen Flugzeugträger in der Kolonne auf seiner Steuerbordseite. Hier zählte er drei Treffer. Es war ein herausragender Angriff gewesen, der mit einer perfekten Mischung aus Kühnheit, Vernunft und präzisen Nahschüssen nach rechts und links vorgetragen wurde. Scott war überzeugt, mindestens einen, möglicherweise zwei Flugzeugträger beschädigt und wahrscheinlich versenkt zu haben. Lockwood zeigte sich hocherfreut, als er Scotts Meldung erhielt. Am nächsten Tag entzifferte die FRUPAC jedoch einen Funkspruch des Hafendirektors von Truk, dem zufolge alle drei Träger nahezu unbeschädigt eingetroffen waren. Die sieben »Treffer« waren Frühzünder gewesen.[11]

Nach Mortons wütender Beschwerde erlebte Lieutenant Commander Roy Benson Anfang Juni eine ähnliche Enttäuschung beim Angriff auf den Flottenträger *Hiyo,* das Flaggschiff von Admiral Mineichi Koga, des neuen Oberbefehlshabers der Vereinigten Flotte. Yamamoto war im April ums Leben gekommen, als amerikanische Jäger sein Flugzeug abschossen. Den Amerikanern war aus einem Ultra-Funkspruch der Zeitplan für eine Inspektionsreise bekannt gewesen, die er auf die nördliche Salomon-Insel Bougainville unternehmen wollte. Bensons Boot, die *Trigger*, gehörte zu einer Gruppe von U-Booten, die Lockwood vor der Bucht von Tokio aufgestellt hatte, weil Koga Ultra zufolge mit einem großen Flottenverband von Truk nach Japan zurückkehren sollte. Koga kam mit seinem Verband dank der hohen Geschwindigkeit und ständiger Kurswechsel unbehelligt in den Hafen, doch Benson blieb vor der Bucht liegen. Am späten Nachmittag des 10. Juni, sieben Stunden, bevor er den Rückmarsch antreten sollte, sichtete der Wachoffizier durchs Sehrohr Rauchwolken über der Bucht und rief den Kommandanten in den Turm. Benson übernahm das Sehrohr und befahl dem Tauchoffizier, Lieutenant Edward L. Beach, das Boot einen halben Meter höher zu bringen, um die Sichtweite zu vergrößern. Dann sah er einen großen Flugzeugträger mit einem Zerstörer auf jeder Seite mit großer Fahrt aus der Bucht kommen.

Der Träger änderte häufig die Fahrtrichtung, während die Geleitzerstörer ihrem eigenen Zickzackkurs folgten. Doch der Grundkurs der Gruppe verlief dicht an der *Trigger* vorbei. Als der Träger bis auf drei Seemeilen herangekommen war, lief er auf einem Kurs, der nur 450 Meter an Steuerbord an der *Trigger* vorbeiführte. Aber es war zu erwarten, daß er vorher einen weiteren Schwenk ausführen würde. Als Benson das Sehrohr ausfahren ließ, stellte er fest, daß der Zerstörer auf der Steuerbordseite des Trägers jetzt direkt auf ihn zufuhr. »Er fährt über uns hinweg!« rief er aus. »Sehrohr runter!«

Der Horcher meldete eine gleichbleibende Peilung der Schraubengeräusche. Das schnelle Rattern war überall im Boot zu hören, bis es wie ein D-Zug darüber hinwegrauschte und abebbte. Die Japaner hatten die *Trigger* nicht bemerkt. Benson wies den Horcher an, sich auf das tiefere Geräusch der Schrauben des Flugzeugträgers zu konzentrieren. Dieser hatte inzwischen einen Schwenk nach Backbord ausgeführt, nicht nach Steuerbord, wie Benson erwartet hatte. Benson lief zu einem Angriff von Osten an und ließ die Bugtorpedorohre klarmachen. Als er sich dem Träger bis auf etwa 1100 Meter genähert hatte, schickte er, nach einer letzten Sehrohrbeobachtung, den ersten Torpedo auf den Weg. Die anderen fünf »Fische« folgten im Abstand von je 10 Sekunden mit einem Streuwinkel von jeweils zwei Grad. Beach hatte Mühe, das Boot in der Trimm zu halten.[12]

Auf der *Hiyo* wurden die unter der glatten See anlaufenden Torpedos gesichtet. Der Kommandant krängte hart nach Backbord, während den Zerstörern mittels Signalflaggen befohlen wurde, das U-Boot anzugreifen. In diesem Augenblick stieg an der Spitze der dritten Torpedobahn weit vor dem Schiff eine Wassersäule empor. Die anderen Torpedos schossen weiter auf den Träger zu. Die ersten beiden liefen an seinem Bug vorbei. Der nächste, der vierte, stieß auf die Bugwelle, und eine heftige Explosion ließ eine riesige Wassersäule über das Flugdeck aufsteigen. Der fünfte Torpedo prallte in der Mitte zwischen Bug und Brücke auf den Rumpf, detonierte aber nicht. Sein Sprengkopf brach ab und trieb im Kielwasser nach achtern. Wenige Sekunden später schlug der sechste Torpedo direkt unter der Brücke ein. Diesmal gab es eine richtige Explosion: Kesselraum Nummer 1 wurde zerstört und das Schott zum Kesselraum Nummer 2 aufgerissen. Wasser strömte hinein, drang bis in den dritten Kesselraum vor und löschte sämtliche Feuer, so daß der Träger an Fahrt verlor und schließlich reglos im Wasser lag.

Auf der *Trigger* hatte man, während es in den Keller ging, vier Explosionen gezählt und glaubte, als erstes amerikanisches U-Boot einen Flugzeugträger versenkt zu haben. Das Triumphgefühl wurde jedoch bald vom Krachen der genau gesetzten japanischen Wasserbomben erstickt. Die Männer wurden durch die Explosionen buchstäblich von den Füßen gerissen: »Der ganze Druckkörper schaukelt und schaudert, wirft sich herum und schüttelt sich, springt zur Seite und hüpft auf und ab.«[13] Da die Klimaanlage ausgeschaltet war, stieg die Temperatur rasch auf 50 °C. Das Licht der Notbeleuchtung glitzerte auf den schweißbedeckten Gesichtern der Männer. Auf Spanten und Deckplatten schimmerte Kondenswasser; durch Ventilsitze und Wellenstopfbuchsen drang Meerwasser ins Boot. Mit den Pumpen hätte man sich verraten, also mußte das Wasser mit Eimern in die Bilgen gebracht werden. Das zusätzliche Gewicht ließ das Boot weit über die Testtiefe hinaus sinken, aber auch die Motoren für die Tiefenruder durften nicht eingeschaltet werden, so daß sie von den um jeden Atemzug ringenden Rudergängern manuell bedient werden mußten. Die Anstrengung war so groß, daß sie alle fünf Minuten abgelöst wurden.

Benson konnte sich nach und nach von den Zerstörern absetzen und die Geschwindigkeit so weit erhöhen, daß das Boot nicht mehr tiefer sank. Im Schutz der Dunkelheit tauchte er schließlich auf und nahm Kurs auf Pearl Harbor. Die Schäden auf der *Trigger* waren so groß, daß sie zwei Monate ausfiel. Bevor sie am 22. Juni im Stützpunkt eintraf, hatte Lockwood von der FRUPAC bereits erfahren, daß der japanische Flugzeugträger nicht gesunken, sondern nach Yokosuka geschleppt worden war. Nur ein einziger Torpedo hatte ernstere Schäden verursacht.

Nach den Erfahrungen von Scott, Morton und Benson fand auch Lockwood, daß der Magnetzünder zu viele sichere Versenkungen kostete. Am 24. Juni gab Nimitz einen Befehl heraus, dem zufolge nur noch Kontaktzünder benutzt werden sollten. Christie in Fremantle vermochte dem nicht zu folgen. Immerhin hatte er die Entwicklung des Magnetzünders geleitet. In seinem Tagebuch merkte er ironisch an, daß Lockwood einerseits über die Torpedos schimpfe, andererseits aber mit der Tonnage prahle, die seine Boote versenkten.[14] Tatsächlich wurden keineswegs so viele Marus (japanische Handelsschiffe) versenkt, wie die Flottillenchefs annahmen. Nach dem Krieg stellte sich heraus, daß die versenkte Tonnage in Wirklichkeit nur halb so groß gewesen war, wie sie geglaubt hatten. Diese Überschätzung der Versenkungen könnte neben dem Fehlen einer eindeutigen Zielstellung, wie Dönitz sie immer hatte, und der aufgesplitterten Kommandostruktur ein Grund für die unglaubliche Ignoranz gewesen sein, mit der man vom Geschwaderstab aufwärts über die Klagen der Kommandanten hinwegsah. Trotz der gestiegenen Zahl der U-Boote und des gewaltigen Vorteils, den ihnen das neue Radargerät verschaffte, lag die durchschnittliche Versenkungsrate der im Pazifik stationierten Boote bei weniger als 100 000 BRT pro Monat. Sie war erst kurz zuvor über die Marke von 65 000 BRT gestiegen. Das entsprach der Tonnage, die von den japanischen Werften nachgebaut werden konnte. An dem Tag, an dem Nimitz die Verwendung des Kontaktzünders anordnete, gab Lockwood einen »Operationsplan« heraus, in dem Tankern eine höhere Priorität als Frachtern beigemessen wurde. Analysen hatten gezeigt, daß der Verlust von Erdöl größere Auswirkungen auf die japanische Rüstungsindustrie hatte als der Verlust jedes anderen Rohstoffs.[15] Christie im Südwestpazifik erhielt den Befehl, vorrangig gegen den Tankerverkehr von Borneo und Sumatra zu dem vorgeschobenen japanischen Stützpunkt auf Truk vorzugehen.

Die Versenkungsrate von Lockwoods U-Booten stieg nach der Umstellung auf Kontaktzünder keineswegs an, im Gegenteil. Das schlagendste Beispiel lieferte die bei Truk patrouillierende *Tinosa* unter Lieutenant Commander Lawrence »Dan« Daspit. Er wurde aufgrund einer Ultra-Information auf den Kurs eines 19 000 BRT großen Tankers dirigiert. Er fand ihn am 24. Juli und schoß vier Torpedos auf ihn ab, von denen zwei trafen, aber nicht detonierten. Sie ließen nur das Wasser an der Aufschlagstelle aufspritzen. Als der Tanker abdrehte, erzielte Daspit zwei weitere Treffer, und diesmal führte einer von ihnen zu einer heftigen Explosion. Das Heck des Schiffs sackte ab, und es verlor an Fahrt, bis es manövrierunfähig im Wasser liegen blieb. Daspit fuhr auf 800 Meter heran und schoß den ersten Hecktorpedo auf das statische Ziel ab. Die Blasenspur lief direkt auf den anvisierten Punkt in der Mitte des Schiffs zu, aber am Ende wurde wieder nur eine harmlose Fontäne hochgeschleudert. Daspit schoß einen zweiten Hecktorpedo ab – mit demselben Resultat. Er wagte nicht aufzutauchen, um seine Deckgeschütze einzusetzen; der Tanker war bewaffnet und hatte bereits auf die Torpedos und sein Sehrohr geschossen. Statt dessen führte er gewissermaßen eine Testreihe durch, indem er unter nahezu idealen Versuchsbedingungen einen Torpedo nach dem anderen auf den Weg schickte. Es waren ausnahmslos Treffer, von denen nicht einer explodierte. Den letzten Torpedo behielt Daspit an Bord, damit er im Stützpunkt untersucht werden konnte. Insgesamt hatte er elf sichere Blindgänger gezählt.

Lockwood fand Daspits Bericht unglaublich, mußte aber schließlich einsehen, daß der Kontaktzünder fehlerhaft war. Er ließ den Zündmechanismus des letzten Torpedos der *Tinosa* komplett auseinandernehmen und untersuchen. Als dies zu keinem Ergebnis führte, ließ er mit scharfen Torpedos Testschüsse auf die senkrechten Klippen einer nahegelegenen Insel abgeben. Der erste explodierte anstandslos, der zweite war ein Blindgänger. Er wurde geborgen und untersucht. Dabei stellte sich heraus, daß die Metallführung der Zündnadel durch den Aufprall derart verbogen worden war, daß sie ihren Zweck nicht erfüllen konnte. Lockwood ließ daraufhin Tests an Land durchführen, bei denen man Torpedos mit Sprengkopfattrappen, aber echten Kontaktzündern von einem 30 Meter hohen Kran auf eine Stahlplatte prallen ließ. Das Ergebnis war dasselbe: Die Führung der Zündnadel wurde verbogen, bevor sie die Zündkapsel erreichte. Wurde die Stahlplatte jedoch mit 45 Grad angewinkelt, traf die Nadel in über 50 Prozent der Fälle auf die Zündkapsel. Lockwood befahl seiner Torpedoabteilung, einen modifizierten Zünder zu entwerfen, der robust genug war, um den Aufprall zu überstehen. In der Zwischenzeit wies er die Kommandanten der auf See befindlichen Boote an, im Widerspruch zu allem, was sie gelernt hatten, vorläufig nur noch spitzwinklige Schüsse abzugeben.

Er gab die Untersuchungsergebnisse ans Waffenamt weiter, das in eigenen Versuchen zu ähnlichen Schlüssen gelangte. Für die Zeit, in der an einem funktionstüchtigen Zünder gearbeitet wurde, empfahl das Waffenamt, die Torpedos langsamer laufen zu lassen, um die Wucht des Aufpralls zu verringern. Es sollten die nur 30 Knoten schnellen elektrischen Torpedos vom Typ Mark XVIII benutzt werden, die inzwischen in kleinen Stückzahlen ausgeliefert wurden. Man hatte sich schon seit Jahren sporadisch mit der Entwicklung eines elektrisch angetriebenen blasenfreien Torpedos beschäftigt. Als Muster hatten die im Spätsommer 1941 auf U 570 gefundenen elektrischen Torpedos sowie einige Blindgänger gedient, die nach der Paukenschlag-Offensive von Anfang 1942 geborgen worden waren. Aber die neuen Torpedos waren mit Fehlern behaftet, und die Kommandanten vertrauten ihnen nicht.

Dies war der Stand der Dinge, als Lieutenant Commander Ignatius »Pete« Galantin am 16. September mit seinem neuen Boot, der *Halibut*, von einer Patrouillenfahrt vor den japanischen Hauptinseln Honshu und Hokkaido nach

Pearl Harbor zurückkehrte. Als das Boot angelegt hatte, ging Lockwood an Bord, um Galantin und seine an Deck angetretene Besatzung zu begrüßen. Nach einer kurzen Ansprache folgte er Galantin in die Offiziersmesse. Wie so viele Kommandanten vor ihm berichtete auch er von haarsträubenden Torpedoversagern: Drei Torpedos waren Blindgänger gewesen und vier unter dem Ziel hindurchgelaufen, ohne zu explodieren. Die Bahnen der anderen hatte er wegen des Seegangs nicht verfolgen können. Nur ein einziger Torpedo war normal explodiert. »Ich glaube, wir wissen endlich, woran es liegt, Pete«, erwiderte Lockwood. »Bis Sie wieder auslaufen, sollte das Problem gelöst sein.«

Während die *Halibut* gewartet wurde, erholten sich Galantin und seine Männer am Strand von Waikiki im luxuriösen Ambiente des Royal Hawaiian Hotel, das die Navy als Erholungsheim für U-Boot-Fahrer requiriert hatte. Die Offiziere belegten eine Etage, die Mannschaftsdienstgrade eine andere, und von allen Pflichten befreit, fiel die Anstrengung der Fahrt bald von ihnen ab. Kleider und Haare verloren »diesen U-Boot-Gestank, diese nicht sehr angenehme Duftnote aus Dieselöl, Batteriegas und Körpergerüchen«.[16]

Sechs Tage vor Galantins Ankunft war Morton mit der *Wahoo* zu seiner zweiten Fahrt ins Japanische Meer ausgelaufen. Lockwood hatte Ende Juni drei Boote ausgeschickt, um das bis dahin unberührte Gebiet zu erkunden. Sie waren in der Nacht des 4. Juli durch die La-Pérouse-Straße nördlich von Hokkaido ins Japanische Meer eingedrungen. Es war reger Schiffsverkehr, und die Schiffe fuhren auf geradem Kurs und voll aufgeblendet. Dennoch erzielten sie nur eine magere Ausbeute: vier Marus mit zusammen 21 000 BRT; wie sich nach dem Krieg herausstellte, waren es tatsächlich nur drei mit 5500 BRT.[17] Morton war im August mit der zweiten Gruppe dort gewesen. »Dick« O'Kane hatte ein neues Boot bekommen, das gerade ausgerüstet wurde, und seinem Nachfolger fehlte es an Erfahrung. Morton hatte sich trotzdem das ehrgeizige Ziel gesteckt, auf jedes Ziel nur einen Torpedo abzuschießen und auf diese Weise mindestens fünfzehn Schiffe zu versenken. Nachdem er innerhalb von drei Tagen mit acht einzeln abgefeuerten Torpedos und einem Doppelschuß keinen einzigen Treffer hatte erzielen können, hatte er von Lockwood die Erlaubnis eingeholt, nach Pearl Harbor zurückkehren zu können, um das Boot neu zu bewaffnen. Danach hatte sich die *Wahoo* zusammen mit der *Sawfish* wieder auf den Weg ins Japanische Meer gemacht. Beide Boote hatten je zur Hälfte konventionelle und elektrische Mark-XVIII-Torpedos an Bord – alle peinlich genau geprüft. Morton hatte sich vor der Abfahrt nach den großen Eisenbahnfähren über die Korea-Straße am Südende des Japanischen Meers erkundigt. Als die Japaner am 5. Oktober bekanntgaben, daß eine dieser Fähren mit vielen Passagieren an Bord versenkt worden sei, war Lockwood klar, daß Morton zugeschlagen hatte.[18] Danach hörte man nie wieder etwas von der *Wahoo* und ihrem Kommandanten.

Bei der Auswertung der japanischen Akten nach dem Krieg stellte man fest, daß Morton mindestens drei weitere Schiffe versenkt haben mußte – die Torpedos der *Sawfish* waren allesamt am Ziel vorbeigelaufen oder nicht explodiert. Außerdem belegten die Akten erhebliche Aktivitäten der U-Boot-Abwehr in der Tsushima-Straße, und am 11. Oktober, dem Tag, an dem Morton das Japanische Meer verlassen sollte, verzeichneten sie einen Wasserbombenangriff eines über der La-Pérouse-Straße patrouillierenden Flugzeugs. Er gilt als die wahrscheinlichste Ursache für das Ende der *Wahoo*. Mortons Verlust löste in der amerikanischen U-Boot-Waffe eine ähnliche Erschütterung aus wie der von Prien in der deutschen und der von Wanklyn in der britischen. Wie diese beiden war er ein Vorbild gewesen, an dem sich die anderen U-Boot-Fahrer orientierten. Man rechnete ihm für die relativ kurze Zeit, in der er die *Wahoo* kommandiert hatte, die Versenkung von 17 Schiffen mit zusammen 100 000 BRT zu. Postum wurde ihm das vierte Navy-Kreuz verliehen. Die Versenkungsrate wurde nach dem Krieg auf 19 Schiffe mit zusammen 55 000 BRT korrigiert. Damit rangiert er auf der Liste der erfolgreichsten amerikanischen U-Boot-Kommandanten, was die Zahl der Versenkungen betrifft, immer noch an dritter Stelle.[19]

Am 9. Oktober stellte ein neues U-Boot, die *Puffer* unter Lieutenant Commander Marvin Jensen, weit im Süden in der Makassar-Straße zwischen Borneo und Celebes einen Rekord für die Aufenthaltsdauer unter Wasser auf, der von keinem amerikanischen U-Boot im Zweiten Weltkrieg überboten wurde. Jensen hatte zwei Treffer auf einem Tanker erzielt, ihn aber nicht versenkt. Beim zweiten Angriff wurde er von einem Eskortschiff unter Wasser gedrückt. Statt wie die meisten japanischen Geleitschiffe bald wieder zu verschwinden, blieb dieses hartnäckig über ihm und hielt den Sonarkontakt aufrecht, bis am Abend ein weiterer U-Boot-Jäger dazukam. Sämtliche Hilfsmaschinen, einschließlich der Klimaanlage, waren abgeschaltet, und die Temperatur in der *Puffer* stieg rasch auf über 50 °C. Man verteilte Kohlendioxidabsorber und ließ aus Sauerstoffflaschen regelmäßig Sauerstoff ins Boot. Aber gegen Hitze und Feuchtigkeit gab es kein Mittel.

In der Nacht verloren Jensen und sein Erster Wachoffizier die Kontrolle über die Besatzung. Von der unerträglichen Hitze und der schlechten Luft ausgelaugt, verfielen einige dienstfreie Männer in eine Art apathischen Dämmerzustand und weigerten sich, ihre Wache anzutreten. Die wichtigsten Stationen an Bord mußten mit Freiwilligen besetzt werden. Am nächsten Nachmittag kreisten die U-Boot-Jäger immer noch über der *Puffer*. Jensen machte eine Umfrage, um zu erfahren, ob er unter Wasser bleiben oder auftauchen und die Sache mit dem Deckgeschütz ausfechten sollte. Einige der Männer waren so erschöpft, daß es ihnen egal war, aber die Mehrheit entschied sich dafür, unter Wasser zu bleiben. Am Abend sah die Alternative anders aus: entweder auftauchen oder langsam an der immer stärker vergifteten Luft im Boot verenden. Jensen gab den Befehl aufzutauchen. Es gelang ihm, die Jäger hinter sich zu lassen und in der Dunkelheit zu verschwinden.

Die *Puffer* war fast 38 Stunden unter Wasser gewesen. Dieser Rekord wurde, soweit bekannt, nur von U358, das im folgenden Jahr einige Minuten länger unter Wasser blieb, sowie von den japanischen U-Booten I 144 und I 174 überboten. Andere japanische Boote haben zweifellos noch länger in der Tiefe ausgeharrt, ohne darüber berichten zu können, weil sie auf See geblieben sind.[20]

Als die *Halibut* Anfang Oktober wieder seeklar war, erhielt Galantin als erstes den Auftrag, den in den Werkstätten der Navy-Werft modifizierten Kontaktzünder zu testen. Er fuhr dafür zu den senkrechten Klippen der kleinen Hawaii-Insel Kahoolawe, wo auch die vorigen Versuche stattgefunden hatten, und schoß aus 900 Metern in Nullage sechs Torpedos ab, die alle einwandfrei detonierten. Der nächste versagte zwar, aber die Erfolgsrate wurde als ausreichend angesehen.[21] Der neue Zünder erwies sich tatsächlich als zuverlässig, und seine Einführung leitete eine Periode zunehmender Erfolge ein.

In Europa hatte der schwächste Achsenpartner mittlerweile kapituliert. Mussolini war gestürzt worden. Die neue italienische Regierung hatte einen Waffenstillstand vereinbart, der am 8. September 1943 in Kraft trat, einen Tag, bevor die alliierte Hauptstreitmacht für die Eroberung des italienischen Festlandes in der Bucht von Salerno landete. Hitler hatte diesen »Verrat« vorausgesehen, und die Wehrmacht ging umgehend daran, ihren ehemaligen Verbündeten zu entwaffnen und das Land zu besetzen. Die italienische Flotte konnte sich jedoch zum großen Teil zu den Alliierten retten, einschließlich 34 der 48 noch vorhandenen U-Boote.

Die Erfolge der italienischen U-Boote waren enttäuschend gewesen. Die größeren Einheiten, die zur Unterstützung der deutschen Boote in den Atlantik geschickt worden waren, hatten die an sie gestellten Erwartungen nicht erfüllt. Anfang 1942 hatten sich jedoch einige Boote in der Karibik und vor Südamerika durch die Versenkung von allein fahrenden Schiffen hervorgetan. Besonders zwei Kommandanten hatten auf sich aufmerksam gemacht: Korvettenkapitän Carlo di Cossato von der *Tazzoli,* der 15 Handelsschiffe versenkte, und Korvettenkapitän Gianfranco Gazzana Priaroggia, der elf Schiffe mit über 90000 BRT vernichtete, zehn davon als Kommandant der *Da Vinci,* die mit 17 Versenkungen und einer Gesamttonnage von 120200 BRT das erfolgreichste italienische U-Boot aller Zeiten war. Beide Kommandanten hatten von Hitler das Ritterkreuz erhalten, und beide gingen mit ihren Booten unter.

Ein weiterer italienischer Ritterkreuzträger war der Kommandant der *Barbarigo,* Korvettenkapitän Enzo Grossi, der die Versenkung von zwei amerikanischen Schlachtschiffen für sich in Anspruch nahm. Wie sich nach dem Krieg herausstellte, handelte es sich bei dem ersten »Schlachtschiff«, das angeblich am 20. Mai 1942 untergegangen war, in Wirklichkeit um einen Leichten Kreuzer, auf dem man genausowenig etwas von einem U-Boot-Angriff bemerkt hatte wie auf den anderen Schiffen des Verbandes. Das zweite »Schlachtschiff« war die britische Korvette *Petunia,* auf die am 6. Oktober 1942 tatsächlich ein Torpedo abgeschossen worden war, der jedoch unter ihr hindurchlief und keinerlei Schaden anrichtete.

Die 32 im Atlantik operierenden italienischen U-Boote haben während des gesamten Krieges nur 109 Schiffe mit zusammen nicht einmal 600000 BRT versenkt. Das war weniger, als die etwa gleich große Flotte deutscher U-Boote allein in den beiden Monaten Mai und Juni 1941 versenkt hatte. 16 italienische Boote gingen verloren.[22] Fregattenkapitän Günther Hessler, Erster Admiralstabsoffizier der U-Boot-Führung, sagte den britischen Vernehmungsoffizieren nach dem Krieg, die italienischen U-Boote seien »sehr schlecht gewesen, und er selbst wäre nicht mit ihnen auf See gefahren«.[23] Im Frühjahr 1943 waren sieben der in Betacom liegenden italienischen Boote zu Transportern umgebaut worden. Sie sollten Fracht aus dem Fernen Osten durch die alliierte Blockade bringen, doch bis zum Waffenstillstand war noch keines von ihnen zurückgekehrt.

Die Bilanz der im Mittelmeer verbliebenen italienischen Boote sah noch wesentlich schlechter aus: Sie hatten nicht mehr als fünfzehn Handels- und zehn kleine Kriegsschiffe versenkt. Die Gründe für dieses Versagen lagen ähnlich wie bei der japanischen U-Boot-Waffe: Die U-Boote galten als Hilfskräfte der Überwasserflotte und waren hauptsächlich für Aufklärungszwecke und Hinterhalte für britische Verbände eingesetzt worden. Ohne nachrichtendienstliche Informationen und Radar fanden sie jedoch selten Gelegenheit zum Angriff. Später wurden viele von ihnen für den Nachschubtransport nach Nordafrika benutzt.

Außerdem hatte es vor »Torch« im Mittelmeer kaum Beute gegeben, und danach war der Versorgungsverkehr der Alliierten so gut geschützt, daß die U-Boote nicht an ihn herankamen. Ihre beste Zeit und zugleich die einzige Phase, in der sie kurzzeitig einen gewissen Einfluß auf das Geschehen im Mittelmeer ausübten, war der August 1942 gewesen, als sie im Verlauf der Operation gegen den »Pedestal«-Konvoi einen Kreuzer versenkten und zwei weitere sowie den Tanker *Ohio* und mehrere Handelsschiffe beschädigten. Abgesehen von diesem Erfolg und dem der menschlichen Torpedos stachen ihre Leistungen ungünstig von denen der 62 ins Mittelmeer verlegten deutschen U-Boote ab. Diese versenkten immerhin ein Schlachtschiff, zwei Flugzeugträger, drei Kreuzer, zwölf Zerstörer, einen U-Boot-Tender und Handelsschiffe mit annähernd einer halben Million BRT.[24] Darüber hinaus erlitt die italienische U-Boot-Waffe schwere Verluste: alles in allem 48 Boote.

Die britischen U-Boote im Mittelmeer hatten nach dem Ende des Feldzugs in Nordafrika ihre wichtigste Aufgabe verloren. Fast eine Million BRT waren von ihnen vernichtet worden, mehr als die Hälfte davon durch die 10. Flottille.[25] Obwohl die Operationen der U-Boote nicht entscheidend gewesen waren, hatten sie doch eine wichtige Rolle gespielt, nicht zuletzt dadurch, daß sie Hitler bewogen hatten, U-Boote aus dem Atlantik abzuziehen – mit erheblichen Folgen für Dönitz' Tonnagekrieg. Jene, die Dönitz' Behauptung zustimmen, mit 300 Booten hätte er die atlantischen Nachschublinien abschneiden und damit den Krieg im Westen entscheiden können, müssen auch dem Gedanken beipflichten, daß dem Wüstenkrieg sehr schnell die Luft ausgegangen wäre, wenn die britische Admiralität genügend U-Boote gebaut und an den Nachschublinien der Achse konzentriert hätte. Ein paar kleine, mit Ultra-Informationen versehene U-Klasse-Boote hatten mit Unterstützung der 3. und 8. Flottille vorgeführt, was eine Streitmacht von angemessener Größe durch konzentriertes Vorgehen hätte erreichen können.

Nach der Invasion des italienischen Festlandes verlagerten sich die U-Boot-Operationen nach Norden vor die südfranzösischen Hafenstädte. Anfang Dezember 1943 zog die 10. Flottille von Malta auf die Insel Maddalena an der Nordostspitze von Sardinien um. Es war ein freudloser Stützpunkt zwischen kahlen, mit Gestrüpp bewachsenen Felsen, die ihm den Spitznamen »Scapa Flow des Mittelmeers« einbrachten. Die Offiziere wurden zu viert oder fünft in den kleinen Räumen einer ehemaligen Gefängnisbaracke untergebracht. Die meisten anderen Gebäude am Hafen waren den alliierten Luftangriffen zum Opfer gefallen. Die Mannschaften mußten ihre Hängematten in Ställen aufhängen, die genauso feucht waren wie die Boote, aus denen sie kamen. Frische Lebensmittel waren rar, und Bier war auf eine Flasche pro Woche rationiert. Der Unterschied zu den Urlaubsparadiesen im Pazifik oder in Australien und zu den Erholungslagern an der Biskaya hätte größer nicht sein können. Das Leben an Land war derart langweilig und öde, daß die Männer geradezu darum flehten, wieder auf See geschickt zu werden.[26]

Es gab jetzt zwar weniger bedeutende Ziele, aber das Risiko der Fahrten hatte sich nicht verringert, im Gegenteil: Die mit Schallortungsgeräten ausgerüsteten deutschen Geleitschiffe, mit denen man es jetzt zu tun bekam, waren um einiges gefährlicher als die Italiener. Dennoch fanden die Boote auf den Versorgungsrouten an der Küste ihre Opfer. Der erfolgreichste Kommandant in dieser letzten Phase bis zur Auflösung der Flottille im September 1944 war Lieutenant George Hunt auf der *Ultor,* der eine beispiellose Trefferquote von 47 Prozent erreichte (32 Treffer bei 68 abgeschossenen Torpedos). Mit 20 Schiffen und acht kleineren Fahrzeugen konnte er mehr Versenkungen verbuchen als jeder andere britische U-Boot-Kommandant während des Krieges. Darunter waren mehrere Nachschubtanker, die einen großen Teil der Gesamttonnage von 43 000 BRT ausmachten – weit weniger, als Wanklyn vernichtet hatte. Hunts Vorgänger an der Spitze der Erfolgsliste, John S. Stevens von der *Unruffled,* war kurz vor dem Umzug nach Maddalena mit 21 Streifen und Sternen auf der Totenkopfflagge, die einen Schiffsraum von 35 000 BRT repräsentierten, nach England zurückgekehrt.

Während die Alliierten im September 1943 anfingen, sich den italienischen Stiefel hinaufzukämpfen, schickte Dönitz seine Boote mit den versprochenen neuen, jedoch kaum erprobten Waffen wieder auf den Nordatlantik hinaus, um den Kampf gegen die Geleitzüge aufzunehmen. Sorgen bereiteten der britischen Admiralität daneben auch die drei deutschen Großkampfschiffe *Tirpitz, Scharnhorst* und *Lützow,* die im Altafjord nahe am Nordkap lagen. Die Hauptkräfte der britischen Heimatflotte waren zur Unterstützung des Italienfeldzuges ins Mittelmeer geschickt worden. Die verbliebene Streitmacht, die nur um einen Leichten Kreuzer der US Navy verstärkt wurde, war weder in der Lage, die Konvoiroute in die Sowjetunion offenzuhalten, noch konnte sie einen Ausbruch der deutschen Kriegsschiffe und ein Gemetzel auf den nordatlantischen Konvoirouten verhindern. Die *Tirpitz* allein war in Geschwindigkeit und Bewaffnung jedem einzelnen britischen Schlachtschiff überlegen. Die »Chariots«, das britische Gegenstück der italienischen menschlichen Torpedos, hatten ihr im vergangenen Oktober in Trondheim nichts anhaben können, und um einen wirkungsvollen Luftangriff fliegen zu können, war der Altafjord zu weit entfernt. Deshalb wollte man es jetzt mit Klein-U-Booten versuchen.

Die ersten Pläne für kleine U-Boote, mit denen Netzsperren überwunden und Großkampfschiffe im Hafen angegriffen werden konnten, waren der Royal Navy schon vor dem Ersten Weltkrieg unterbreitet worden. Max Horton war ein eifriger Verfechter dieser Idee gewesen. Als Führer der U-Boote erfuhr er 1940, daß ein ehemaliger U-Boot-Fahrer, Commander Cromwell Varley, privat einen Prototyp entwickelt hatte. Er suchte ihn umgehend auf und sorgte dafür, daß er jede Unterstützung erhielt. Der Prototyp lief dennoch erst im März 1942 vom Stapel. Es war ein komplettes Miniatur-U-Boot, nur ohne Kommandoturm und Torpedorohre. Die Bewaffnung bestand statt dessen aus zwei Sprengladungen mit Zeitzündern, die auf beiden Seiten des Boots als halbmondförmige »Seitenfracht« mitgeführt wurden und unter dem Ziel abgeworfen werden sollten. Der erfolgreiche italienische Angriff auf die *Queen Elizabeth* und die *Valiant* sowie die bedrohliche Anwesenheit der deutschen Großkampfschiffe in norwegischen Häfen unterstrichen die Dringlichkeit des Projekts. Nach einigen Tests und Änderungen am Entwurf wurde unter strengster Geheimhaltung eine Serie von sechs Booten auf Kiel gelegt. Sie wurden »X-Crafts« (X-Fahrzeuge) genannt; Varleys Prototyp erhielt die Nummer X3, da die Bezeichnungen X1 und X2 bereits für andere Bootstypen vergeben worden waren. X4 stand für einen weiteren Prototyp, so daß die Boote der jetzt gebauten Serie die Nummern 5 bis 10 trugen.

Die X-Crafts waren mit einer Länge von 15,7 Metern kleiner als die 23,9 Meter langen japanischen Typ-A-Boote, besaßen aber im Gegensatz zu diesen außer einem Elektromotor auch einen Dieselmotor für die Überwasserfahrt und zum Nachladen der Batterien. Dadurch waren sie wesentlich langsamer als die japanischen Boote: Über Wasser erreichten sie 6,5 und getaucht etwa 5 Knoten. Sie waren allerdings auch nicht für Flottenaktionen auf hoher See konstruiert worden, sondern dafür, in feindliche Häfen einzudringen.

Das Innere der Boote war äußerst beengt. Die Druckhülle hatte einen Durchmesser von gerade einmal 1,70 Meter, und die Bodenplatten lagen 15 Zentimeter über der Hülle. Es war also unmöglich, aufrecht zu stehen. Treiböl und Batterien waren im Bugraum, E-Maschine und Diesel im Heckraum untergebracht. Die Zentrale dazwischen teilte sich die vierköpfige Besatzung: der Kommandant am Sehrohr in der Mitte, der Erste Offizier an der Steuerung von Tiefenrudern, Pumpe und Motor, ein Ingenieur an der Steuerung und ein Taucher, der das Boot durch eine kleine Schleusenkammer verlassen konnte, um Netzsperren zu zerschneiden oder andere Hindernisse zu beseitigen.

Die X-Crafts wurden nie als Selbstmordwaffe betrachtet. Man war sich allerdings darüber im klaren, daß die Besatzungen ein enormes Risiko eingehen würden. Entsprechend sorgfältig war die Auswahl unter den U-Boot-Fahrern und jungen Offizieren, die sich freiwillig für eine »Spezialtruppe« gemeldet hatten. Die Ausbildung auf X3 und X4 begann in der entlegenen, fjordähnlichen Mündung des Loch Striven in den Firth of Clyde. Im Frühjahr 1943, als X5 bis X10 ausgeliefert waren, kam Loch Cairnbawn an der Nordwestspitze von Schottland als zweiter Ausbildungsplatz hinzu. Zu diesem Zeitpunkt waren die Nächte in den Breiten des Altafjords schon zu kurz, um die Operation mit dem Decknamen »Source« durchführen zu können. Deshalb setzte man die Ausbildung den Sommer über fort. Als im September sechs S- und T-Klasse-Boote ins Loch Cairnbawn kamen, um die sechs einsatzbereiten X-Crafts nach Norwegen zu schleppen, beherrschten die Männer ihre Waffe im Schlaf.

Die U-Boote liefen, jedes mit einem X-Craft im Schlepptau, am 11. und 12. September aus. Während der achttägigen Fahrt über fast 1500 Seemeilen bediente eine dreiköpfige Ersatzcrew die X-Crafts. Die Kampfbesatzungen fuhren in den vergleichsweise bequemen Schleppbooten. Die X-Crafts folgten den Schleppbooten mit tiefer getrimmtem Bug etwa 12 Meter unter deren Tauchtiefe. Neben ihren allgemeinen Aufgaben hatten die Besatzungen ständig auf die Ruder und Pumpen zu achten; und während die Schleppboote nachts an der Oberfläche fuhren, blieben die X-Crafts unter Wasser und tauchten nur alle sechs Stunden auf, um das Boot zu lüften. Zwei X-Crafts lösten sich während der Überfahrt von der Schlepptrosse: X8 tauchte auf und wurde später geborgen, war aber nicht mehr zu manövrieren und wurde versenkt. X9 verschwand einfach in der Tiefe.

Inzwischen waren mehrere mit Fotoapparaten ausgerüstete Spitfires zu einem Flugplatz bei Murmansk im Norden der Sowjetunion geflogen. Die am 14. September über dem Zielgebiet geschossenen Fotos bestätigten, daß die *Tirpitz* und die *Scharnhorst* im Kaafjord am Ende des Altafjords und die *Lützow* im zum selben Fjordsystem gehörenden Langefjord an ihren üblichen, von U-Boot- und Torpedonetzen umgebenen Ankerplätzen lagen. Die Ergebnisse der Luftaufklärung wurden zusammen mit dem endgültigen Einsatzbefehl an die U-Boote gefunkt: X5, X6 und X7 sollten die *Tirpitz* angreifen, X9 und X10 die *Scharnhorst* und X8 die *Lützow*. Daß X8 und X9 verlorengegangen waren, erfuhr die Admiralität erst später.

Jenseits des Polarkreises verschlechterte sich das Wetter. Als die Boote die Startposition der X-Crafts erreichten, hatte es sich jedoch so weit beruhigt, daß die Kampfbesatzungen die völlig erschöpften Ersatzcrews ablösen konnten. Am Abend des 20. September steuerten die vier übriggebliebenden Klein-U-Boote auf die Minenfelder in der Zufahrt zum Altafjord zu: X5 unter Lieutenant H. Henty-Creer, X6 unter Lieutenant D. Cameron, X7 unter Lieutenant B. C. G. Place und X10 unter Lieutenant K. R. Hudspeth, einem australischen Reserveoffizier. Sie kamen sicher hindurch, doch während die anderen drei Boote in den zum Altafjord führenden Sund vorstießen, wurde X10 von so großen technischen Problemen geplagt, daß sich Hudspeth für die Reparaturen in eine kleine Bucht der vor der Mündung des Altafjords gelegenen Insel Stjernøy zurückzog. Als die anderen Boote am nächsten Tag unentdeckt in den Altafjord eindrangen, war X10 immer noch mit Reparaturen beschäftigt. Sie alle hatten Schwierigkeiten, in den frischeren Wasserschichten den Trimm zu halten. Ins Sehrohr von X6 war Wasser gesickert, so daß die Sicht durch die beschlagene

Linse beeinträchtigt wurde. Am Abend versteckten sich die drei X-Crafts zwischen den Brattholm-Inseln vor der Mündung des Kaafjords. X10 war ihnen inzwischen in den Altafjord gefolgt, aber die technischen Probleme nahmen kein Ende: Lecks über der Hauptschalttafel verursachten neue Kurzschlüsse, und als das Boot in den frühen Stunden des 22. September die Brattholm-Inseln erreichte, brannte der Sehrohrmotor durch.

Zu diesem Zeitpunkt befanden sich die anderen X-Crafts bereits auf dem letzten Wegstück in den Kaafjord – von X5 kann man es allerdings nur vermuten, da keines seiner Besatzungsmitglieder überlebte. Place war mit X7 kurz nach Mitternacht aufgebrochen. Drei Stunden später hatte er den Baum und die Netzsperre in der Einfahrt überwunden. Als er anschließend tauchte, um einem Vorpostenboot auszuweichen, verfing er sich im Torpedonetz, hinter dem die *Lützow* vertäut gewesen war. Es dauerte eine Weile, bis er sich durch mehrmaliges Anblasen und Fluten der Tauchtanks und geschicktes Manövrieren aus der Falle befreit hatte.

Cameron hatte sich, immer noch mit beschlagener Sehrohrlinse, ungefähr eine Stunde nach Place auf den Weg gemacht und war vor der Netzsperre aufgetaucht, um einem Küstenfahrer durch das geöffnete Tor in den Liegeplatz zu folgen. Es war 4.45 Uhr und heller Morgen, aber seine Kühnheit zahlte sich aus: Sein Boot wurde in der Hecksee des kleinen Schiffs nicht entdeckt. Dann sah er durch den Nebel im Sehrohr die große Silhouette der *Tirpitz* vor sich. Er nahm Kurs darauf, ging auf 25 Meter hinunter und zog das Sehrohr ein, um zu sehen, ob das Leck repariert werden konnte. Statt dessen brannte nun die Motorbremse durch, so daß er auf der letzten halben Meile der Anfahrt nicht nur durch eine beschlagene Optik behindert wurde, sondern bei jeder Höhenverstellung des Sehrohrs auch noch die Bremse manuell bedienen mußte.

Nachdem er sich aus der Netzsperre der *Lützow* befreit hatte, befand sich Place nur fünf Minuten oder etwa 400 Meter hinter ihm, und irgendwo dahinter glitt Henty-Creer mit X5 durch den Fjord. Cameron überwand die Netzsperre der *Tirpitz*, indem er einem Patrouillenboot folgte, lief jedoch wenige Augenblicke später auf Grund. Als er das Boot freizubekommen versuchte, brach es kurzzeitig durch die Oberfläche. Ein Ausguck auf dem Schlachtschiff meldete einen dunklen Schatten, der einem U-Boot ähnelte. Aber niemand reagierte. Vielleicht war es ja nur ein Tümmler gewesen.

X7 hatte inzwischen 100 Meter vor dem Backbordbug der *Tirpitz* die Netzsperre erreicht, unmittelbar neben dem jetzt wieder geschlossenen Tor. Place ging auf 23 Meter hinunter, um unter dem Netz hindurchzuschlüpfen, mußte aber zu seiner Überraschung feststellen, daß er mit dem Bug im Netz hängen blieb. Er konnte sich zwar befreien, brach dabei aber an den Haltebojen des

Netzes breitseits durch die Oberfläche. Sofort tauchte er wieder, diesmal in eine Tiefe von knapp 30 Metern, verfing sich aber erneut im Netz.

Daß Cameron unbemerkt geblieben war, lag wahrscheinlich daran, daß an Bord der *Tirpitz* alle Blicke auf X6 gerichtet waren, das an Backbord in 100 Metern Entfernung nach dem Zusammenstoß mit einem Felsen erneut aufgetaucht war. Diesmal gab es keinen Zweifel über die Art des Schattens, und auf der *Tirpitz* wurde Alarm ausgelöst. Cameron brachte das Boot schnellstens wieder unter Wasser und steuerte blind auf das Schlachtschiff zu. Seit er auf Grund gelaufen war, funktionierte der Kreiselkompaß nicht mehr. Einige Minuten später stieß er auf ein Hindernis. Er nahm an, daß es die Netzsperre auf der anderen Seite des Liegeplatzes war. Doch als er auftauchte, befand er sich dicht am Backbordbug des Schlachtschiffs, und Gewehr- und MG-Feuer prasselte auf seine Außenhülle. Er setzte zurück, bis das Tiefenruder gegen den Rumpf des Schiffs stieß, dann ließ er die Sprengladungen abwerfen, öffnete die Bodenventile und verließ als letzter das Boot.

Place hatte sich inzwischen zum zweitenmal aus der Netzsperre der *Tirpitz* befreit, diesmal auf der richtigen Seite, und in 12 Metern Tiefe Kurs auf das Schlachtschiff genommen, bis er gegen die Backbordbilge unter dem Geschützturm B gestoßen war. Er muß sich dicht neben Cameron befunden haben, als dieser die Sprengladungen plazierte. Place tauchte unter den Kiel des Schlachtschiffs und warf die Steuerbordladung ab. Dann schwenkte er zur Seite und fuhr 60 Meter in Richtung Heck, wo er die Backbordladung fallen ließ, seiner Schätzung nach unter dem Geschützturm C. Es war etwa 7.30 Uhr. Die Zeitzünder der Sprengladungen waren so eingestellt, daß sie eine Stunde nach dem Abwurf detonieren würden. Place trat den Rückzug an und erreichte um 7.40 Uhr das Torpedonetz, das er diesmal trotz des Maschinengewehrfeuers der *Tirpitz* an der Oberfläche überwand. Dann tauchte er 40 Meter tief zum Meeresboden hinab. Ob es Henty-Creer ebenfalls gelungen war, in den Netzkasten einzudringen und seine Sprengladungen abzuwerfen, ist nicht bekannt.

Cameron und seine Besatzung waren inzwischen von einem Patrouillenboot aufgefischt und auf die *Tirpitz* gebracht worden. Man bot ihnen Kaffee und Schnaps an, während Taucher ausgeschickt, die wasserdichten Schotts geschlossen und die Vorbereitungen zum Auslaufen getroffen wurden. Nachdem X7 über das Netz geflohen war, überlegt man es sich jedoch anders und verlegte das Schiff nur ein Stück im Liegeplatz, so daß es sich nicht mehr über der Stelle befand, an der X6 untergegangen war. Die vier Gefangenen sollten gerade verhört werden, als das Schiff um 8.12 Uhr, weniger als eine Stunde nach Abwurf der Sprengladungen, von zwei gewaltigen Explosionen erschüttert wurde. Die erste ging achtern unmittelbar neben der Backbordseite hoch, die zweite fast im selben Augenblick knapp 20 Meter vom Backbordbug entfernt. Jeder an Bord wurde von den Füßen gerissen, das Schiff bekam Schlagseite nach Backbord, und die Geschützbedienungen begannen wild auf imaginäre U-Boote zu feuern.

X7 hatte sich zu diesem Zeitpunkt in einem neuen Hindernis verfangen. Die Druckwellen der Explosionen befreiten es zwar aus der Umschlingung, zerstörten aber auch Kompaß und Tiefenmesser. Das Boot ließ sich kaum noch kontrollieren. Nachdem es mehrmals durch die Oberfläche gebrochen war und jedesmal das Feuer der *Tirpitz* auf sich gezogen hatte, war Place klar, daß er es aufgeben mußte. Er tauchte neben dem verankerten Floß eines Artillerieziels auf und stieg auf die Außenhülle hinaus, um mit einem weißen Sweater seine Kapitulation anzuzeigen. Plötzlich sackte das Boot unter ihm weg. Er sprang auf das Floß, während der Erste Offizier hastig das Luk zuzog und X7 in die Tiefe glitt. Auf dem Meeresboden öffnete die Besatzung die Flutventile, um mit dem Davis-Tauchretter zu entkommen. Aber das Boot füllte sich derart langsam mit Wasser, daß es nur der Taucher bis an die Oberfläche schaffte.

Lange vorher war ungefähr 600 Meter von der *Tirpitz* entfernt das Sehrohr von X5 gesichtet und mit so heftigem Feuer belegt worden, daß das Boot sank. Davon waren sowohl die Deutschen als auch die Gefangenen von X6 überzeugt, die es vom Achterdeck der *Tirpitz* aus miterlebten. Zusätzlich warf ein Zerstörer einen Bombenteppich über der Stelle ab, an der das X-Craft verschwunden war. Dies war das Ende von X5 und seiner Besatzung.

Die Schäden, die von der Zwei-Tonnen-Ladung verursacht worden waren, die Place, wie er glaubte, unter dem C-Turm der *Tirpitz* abgeworfen hatte, waren verheerend: Die Sprengladung war vermutlich kurz vor den Geschütztürmen unter dem Maschinenraum explodiert. Jedenfalls waren neben Generatoren, elektrischen Anlagen, dem Backbordruder, Entfernungsmessern und den Türmen A und C alle drei Hauptturbinen ausgefallen. Die *Tirpitz* war für ein halbes Jahr außer Gefecht gesetzt, mit der Folge, daß die Nachschubkonvois in die Sowjetunion wieder aufgenommen wurden und die britische Flottenstrategie insgesamt an Spielraum gewann. Es war der größte Erfolg, der jemals von Klein-U-Booten erzielt wurde, denn die potentiell noch bedeutenderen strategischen Folgen des Angriffs der italienischen SLC auf Alexandria sind nie eingetreten. An Verlusten hatte der Angriff auf die *Tirpitz* drei 35-Tonnen-Boote und das Leben von sechs jungen Männern gekostet, genau die Hälfte ihrer Besatzungen. Die Überlebenden erhielten allesamt Tapferkeitsauszeichnungen. Cameron und Place wurde das Victoria-Kreuz verliehen. Henty-Creer und seine Besatzung hätten solche Ehren ebenfalls verdient gehabt, aber keiner von ihnen hat überlebt, um ihre Geschichte zu erzählen.[27] Horton, dessen Einsatz für die X-Crafts auf so schlagende Weise bestätigt worden war, attestierte den Besatzungen eine »in der Geschichte der U-Boot-Waffe unübertroffene Tapferkeit«.[28]

Von den drei X-Crafts, die gegen die beiden anderen Großkampfschiffe vorgehen sollten, waren zwei, wie erwähnt, auf dem Anmarsch verlorengegangen. Das dritte, X10, hatte unter so vielen technischen Defekten zu leiden, daß sich ein Angriff von selbst verbot. Hudspeth mußte befürchten, bei einem Angriffsversuch entdeckt zu werden. Dies hätte die Chancen der anderen Boote beeinträchtigt, also hatte er sein Boot auf Grund gelegt und mit gemischten Gefühlen den aus dem Kaafjord herüberklingenden Explosionen gelauscht. Am Abend hatte er sich aus dem Altafjord zurückgezogen. Er konnte nicht wissen, daß sein Ziel, die *Scharnhorst,* kurz vor dem Angriff zu einer Übungsfahrt ausgelaufen war. Außerdem hatten die drei anderen Boote den Kaafjord in helle Aufregung versetzt. Hudspeth hätte wohl kaum mehr erreicht, als die Zahl der Todesopfer zu erhöhen. Es gelang ihm schließlich, sich mit einem der Schleppboote zu treffen und sein X-Craft an eine Ersatzcrew zu übergeben. Wegen eines aufziehenden Sturms erhielten sie jedoch bald darauf den Befehl, X10 zu versenken. So verschwand das letzte X-Craft in den Fluten.[29]

Die Operation gegen die *Tirpitz* fiel mit einer neuen Offensive deutscher U-Boote im Nordatlantik zusammen. Dönitz hatte unter Einhaltung absoluter Funkstille 21 Boote im Mittelatlantik südlich der Konvoirouten konzentriert. Am 16. September dirigierte er die Gruppe aufgrund einer B-Dienst-Information in einen langgezogenen Vorpostenstreifen über dem Kurs des langsamen westwärts fahrenden Konvois ONS 18. Im Submarine Tracking Room hatte Rodger Winn bereits geargwöhnt, daß die irgendwo im Atlantik stehenden schweigsamen U-Boote Dönitz' Rückkehr auf die nördlichen Konvoirouten ankündigten, und der entzifferte Funkspruch, den er am 18. September von BP erhielt, bestätigte seine Vermutung. Obwohl die genauen Positionen der U-Boote nicht entschlüsselt werden konnten, ließ Dönitz' Wortwahl keinen Zweifel an seinem Vorhaben: Die Operationen im »Hauptkampfgebiet« sollten wieder aufgenommen werden. Außerdem ging Dönitz auf die neuen Waffen der U-Boote ein und ermahnte seine Kommandanten, bis zum letzten Moment unentdeckt zu bleiben und dann den Geleitschutz zu »dezimieren«.[30] Die Warnung wurde verstanden: Die 9. Eskortgruppe wurde aus der Biskaya abgezogen, um die Sicherung von ONS 18 zu verstärken. Vom Küstenkommando wurden zusätzliche Langstreckenflugzeuge angefordert, und ONS 18 sowie der schnelle Konvoi ON 202, der ihm fast auf demselben Kurs folgte, wurden angewiesen, ihren Kurs zu ändern.

Die neuen Waffen, von denen Dönitz gesprochen hatte, waren sowohl offensiver als auch defensiver Art. Zur ersten Kategorie gehörte ein T V oder »Zaunkönig« genannter akustischer Torpedo. An der Entwicklung eines Torpedos, der sich auf Schraubengeräusche einpeilte, wurde schon seit 1935 gearbeitet, als es die deutsche U-Boot-Waffe offiziell noch gar nicht gab. Ein Prototyp mit mehreren Schallempfängern an der Spitze, der jeweils in die Richtung gelenkt wurde, aus der er die lautesten Geräusche empfing, wurde 1940 erprobt, und ein einsatzfähiges Modell (T IV) erzielte im März 1942 einige Erfolge. Der »Zaunkönig« war eine Weiterentwicklung dieses Modells mit höherer Geschwindigkeit und einem kombinierten Aufschlag- und Magnetzünder. Er war hauptsächlich als Waffe gegen Geleitschutzschiffe gedacht und konnte deren Schraubengeräusche aus 300 Metern empfangen. Bei den Versuchen, die man seit April in der Ostsee durchgeführt hatte, waren Schüsse aus Entfernungen von bis zu 3000 Metern und aus allen möglichen Winkeln zum Zielkurs abgegeben worden. Im August wurden die ersten 80 T-V-Torpedos an einige der Boote verteilt, die den Kampf im Atlantik wieder aufnehmen sollten. Dönitz war überzeugt, mit dieser neuen Waffe die Geleitsicherungen »dezimieren« zu können. Die Boote hatten außerdem einige der im Zickzack mit dem Geleitzug mitlaufenden FAT an Bord.[31]

Die defensiven Waffen waren für die Flugabwehr bestimmt. In den drei Monaten nach dem Rückzug aus dem Nordatlantik Ende Mai waren 60 der insgesamt 79 verlorengegangenen U-Boote durch Flugzeuge vernichtet worden, die über den Zufahrten zu den Biskayastützpunkten patrouillierten. Den Berichten der Boote zufolge, die Luftangriffe überlebt hatten, gaben die Metox-Radarempfänger immer seltener einen Warnton von sich. Als U 230 im Mai in die Biskaya zurückkehrte, wurde es auch nachts unzählige Male von Flugzeugen unter Wasser gedrückt. Das erste Anzeichen für die Gefahr aus der Luft war immer öfter ein greller, für gewöhnlich von achtern näherkommender Lichtstrahl, der rasch größer wurde und die Brücke bald in gleißend helles Licht tauchte. Dann donnerte das Flugzeug über das Boot hinweg, das Licht erlosch, und vier Bomben detonierten in der plötzlichen Dunkelheit erschreckend nah am Boot, das erst jetzt, viel zu spät, in den Keller ging.[32] Was die Boote erlebten, war der kombinierte Einsatz von ASV III, dessen kurze 9,7-Zentimeter-Impulse das Metox-Gerät nicht empfangen konnte, und Leigh Light. Dönitz hatte darauf reagiert, indem er die Flak-Bewaffnung der U-Boote verstärken und sie in Gruppen über Wasser durch die Biskaya fahren ließ, damit sie sich gegenseitig verteidigen konnten. Eine schlechtere Flak-Lafette als ein U-Boot im Atlantik konnte es allerdings kaum geben, und das Experiment führte nur dazu, daß noch mehr Boote beschädigt wurden. Mitte Juni wurde die Anweisung zurückgenommen: Die Boote sollten die Biskaya jetzt wieder generell unter Wasser durchqueren und nur auftauchen, um die Batterien aufzuladen.[33]

Zu dieser Zeit hatte man in der U-Boot-Führung den Verdacht, daß die alliierten Flugzeuge die U-Boote nicht mit Radar anpeilten, sondern anhand der von den Metox-Geräten abgestrahlten Oszillatorfrequenz anflogen – eine Idee, die ihr von einem gefangengenommenen Piloten eingegeben worden war. Sie entsprach zwar nicht der Realität, doch Dönitz verbot am 14. August die Benutzung der Metox-Geräte.[34] Die unter Hochdruck betriebene Entwicklung eines strahlungsfreien Geräts führte zum sogenannten Wellenanzeiger oder W.Anz g1, besser bekannt unter dem Namen seines Herstellers: Hagenuk. Einige der auf den Atlantik zurückkehrenden Boote wurden mit dem Hagenuk-Gerät ausgestattet, stellten jedoch fest, daß es genauso nutzlos war wie das Metox-Gerät. Es suchte zwar automatisch die Frequenzen ab, aber nur im Bereich zwischen 1,3 und 1,9 Metern. Die Impulse des Zentimeter-Radars, mit dem inzwischen die meisten alliierten Geleitschiffe und Flugzeuge ausgerüstet waren, konnte es nicht empfangen.

Die zusätzliche Flak-Bewaffnung bestand aus 2-Zentimeter-Zwillingen auf einem runden Deck hinter der Brücke und einem 2-Zentimeter-Vierling auf einem zweiten, tiefer liegenden Podest, dem »Wintergarten«. Diese Flak waren mit einer Reichweite von rund 1000 Metern allerdings nicht in der Lage, die schwer gepanzerten Langstreckenflugzeuge des britischen Küstenkommandos daran zu hindern, ihre Bomben abzuwerfen. Dönitz drängte daher auf die Bewaffnung mit einer schwereren 3,7-Zentimeter-Flak.[35] Probleme gab es auch mit dem vorschnell hinzugefügten zweiten Flak-Podest: Es vergrößerte das Gewicht der Boote, verlangsamte das Alarmtauchen und erschwerte unter Wasser die Steuerung. Um das Gewicht des Boots zu verringern, montierte man deshalb von allen Typ-VII-Booten die 8,8-Zentimeter-Kanone ab. Danach war praktisch jede Überwasseraktion ausgeschlossen.

Die Boote, die jetzt, im September, südwestlich von Island als Gruppe »Leuthen« ihre Positionen in dem Vorpostenstreifen über dem Kurs von ONS 18 einnahmen, verfügten also weder über die Mittel, ihren gefährlichsten Feinden, den Flugzeugen, zu entkommen, noch über die Waffen, sie zu bekämpfen. Gemäß ihrem Einsatzbefehl sollten sie sich bei Sichtung von Schiffen oder Flugzeugen unter Wasser in Sicherheit bringen. Doch sobald sie den Angriffsbefehl erhalten hatten, wurde erwartet, daß sie über Wasser blieben und den Kampf mit den Flugzeugen aufnahmen, während sie die Geleitschutzschiffe mit »Zaunkönig«-Torpedos angriffen.

Der erste Verlust war am frühen Morgen des 19. September zu verzeichnen. Eine nach Island zurückkehrende Liberator der Royal Canadian Air Force stieß 160 Seemeilen nördlich des Konvois ONS 18 auf U 341 und bombardierte es. In den frühen Morgenstunden des nächsten Tages, als der nachfolgende Konvoi

ON 202 bis auf 30 Meilen zu ONS 18 aufgeschlossen hatte, wurde dieser von U 270 unter Kapitänleutnant Paul-Friedrich Otto gesichtet. Eine Stunde später erhielt die Gruppe »Leuthen« den Angriffsbefehl. Der Vorpostenstreifen war allerdings derart in die Länge gezogen, daß nur wenige Boote ihm folgen konnten. Otto gelang es jedoch, die Fregatte *Lagan* mit einem »Zaunkönig«, der in ihrer Hecksee detonierte und ihre Schrauben wegsprengte, manövrierunfähig zu schießen und zwei Handelsschiffe zu versenken. Zu diesem Zeitpunkt hatte die 9. Eskortgruppe ONS 18 erreicht, und am Morgen erschienen Liberators aus Island über dem Geleitzug, die jedes anlaufende U-Boot unter Wasser drückten und U 338 mit einem »Fido« genannten akustischen Flugzeugtorpedo versenkten, der nach demselben Prinzip funktionierte wie der »Zaunkönig«.

Zur Mittagszeit liefen die beiden Konvois Seite an Seite, und Horton wies sie an, sich zusammenzuschließen. Ein Pulk von 56 Handelsschiffen entstand, der von drei Eskortgruppen mit zusammen 17 Schiffen und den Swordfish-Flugzeugen eines mit ONS 18 fahrenden MAC sowie den Liberators aus Island geschützt wurde. Die U-Boote konnten unter diesen Bedingungen nicht anlaufen. Zwei von ihnen wurden beschädigt. Dennoch vernichtete das Rudel am Abend zwei Eskortschiffe, einen kanadischen Zerstörer und eine Korvette, beide mit »Zaunkönigen«. Am 21. September zog jedoch Nebel auf, der sich den ganzen nächsten Tag über nicht auflöste und weitere Angriffe verhinderte. Die U-Boote behielten Fühlung zu dem Doppelkonvoi, und der Zerstörer *Keppel* überraschte U 229 unter Oberleutnant Robert Schetelig auf der Huff-Duff-Peilung eines Funkspruchs an der Oberfläche und versenkte es. In der folgenden Nacht wurde die Fregatte *Itchen,* die die Schiffbrüchigen der beiden versenkten Geleitschiffe an Bord genommen hatte, von U 666 unter Kapitänleutnant Herbert Engel mit einem »Zaunkönig« beschossen und vernichtet. In den frühen Stunden des 23. wurden vier weitere Handelsschiffe versenkt. Bei Tagesanbruch war der Konvoi weniger als 600 Meilen von Neufundland entfernt und wurde von den dort stationierten kanadischen Flugzeugen in Empfang genommen. Godt brach die Operation ab.

Dönitz war höchst zufrieden mit dem Ergebnis. Nach den Meldungen der Kommandanten waren bei den ersten Angriffen am frühen Morgen des 20. September sieben Zerstörer – wie sie die Geleitschutzschiffe generell bezeichneten – mit Sicherheit und drei weitere wahrscheinlich versenkt worden, und das mit nur fünfzehn »Zaunkönigen«.[36] Nach den Angriffen der letzten Nacht waren weitere fünf Versenkungen gemeldet worden. Hinzu kamen neun vernichtete Handelsschiffe. Dönitz bejubelte einen »vollen Erfolg«. Die neuen Waffen hätten sich »in jeder Hinsicht bewährt«. Jetzt bleibe »abzuwarten, wie sich nach Einführung der 3,7 cm [Flak] und nach Mitarbeit der eigenen

Luft[waffe] der Geleitzugkampf im Nordatlantik entwickelt«.[37] Tatsächlich war keiner der gemeldeten Treffer auf Geleitschiffen von den U-Boot-Kommandanten beobachtet worden. Der »Zaunkönig« hatte mit 400 Metern eine derart kurze Ansprechentfernung, daß die U-Boote ihren Instruktionen zufolge nach dem Abschuß eines Bugrohrs in 60 Meter Tiefe gehen und beim Abschuß eines Heckrohrs sämtliche Maschinengeräusche abstellen sollten, um nicht selbst zum Ziel zu werden. In der Praxis gingen die meisten Kommandanten nach jedem Schuß in die Tiefe, wo sie das Ergebnis des Angriffs nicht beobachten konnten. Was sie von oben hörten, interpretierten sie in der Regel in ihrem Sinne. In Wirklichkeit waren drei Geleitschiffe zerstört, eines beschädigt und sechs Handelsschiffe mit zusammen 36400 BRT versenkt worden. Auf deutscher Seite waren drei U-Boote versenkt und drei so schwer beschädigt worden, daß sie zum Stützpunkt zurückkehren mußten.

Godt bildete Ende September aus den verbliebenen Booten zusammen mit einigen neu eingetroffenen eine Gruppe von 21 Booten, der er den Namen »Roßbach« gab, und dirigierte sie auf den Kurs der nächsten beiden nach Westen fahrenden Konvois. Beide wurden jedoch erfolgreich umgeleitet, und am 4. und 5. Oktober versenkten Flugzeuge aus Island drei der Boote. Die übrigen 18 wurden auf einen ostwärts fahrenden Konvoi mit starker Überwasser- und Luftsicherung angesetzt. Sie versenkten mit einem »Zaunkönig« einen polnischen Zerstörer, konnten aber nicht in den Konvoi einbrechen und verloren erneut drei Boote an die Flugzeuge. Aus den restlichen Booten und weiteren Neuankömmlingen bildete Godt wiederum eine neue Gruppe, die er »Schlieffen« nannte und auf dem Kurs von Geleitzügen aufstellte, die der B-Dienst am 15. Oktober gemeldet hatte. Sie wurden angewiesen, auch am Tag über Wasser zu bleiben und den Kampf mit den Flugzeugen aufzunehmen, um die Fühlung zum Geleitzug nicht zu verlieren.[38] Das Ergebnis war der Verlust von sechs Booten, während auf der anderen Seite nur ein Handelsschiff versenkt wurde, ein Nachzügler.

Im Süden hatten die Flugzeuge einer Geleitträgergruppe der US Navy unterdessen das Netz der *Milchkühe* aufgerollt. Nur ein einziger U-Tanker überlebte die Operation und wurde weit in den Südwesten verlegt. Ende Oktober war die Euphorie über die ersten Erfolge des »Zaunkönigs« restlos verflogen. Der Umfang der alliierten Luftsicherung und die Todesgefahr, in die sich die Boote begaben, wenn sie an der Oberfläche blieben, um gepanzerte Flugzeuge abzuwehren, schloß Angriffe auf Geleitzüge zumindest am Tage aus. Im Verlauf des Monats waren 26 Boote verlorengegangen, 20 von ihnen an Flugzeuge und fast alle im Nordatlantik. Die Alliierten verloren in diesem Gebiet dagegen nur 12 Handelsschiffe mit zusammen 56000 BRT, allesamt Nachzügler oder allein fahrende Schiffe. Dies war nur ein Bruchteil der über 1000 Schiffe, die sicher über den Atlantik geleitet worden waren. Ihr Schiffsraum machte weniger als ein Zehntel desjenigen aus, der in Gestalt von Liberty-Schiffen jeden Monat in den amerikanischen Werften vom Stapel lief. Darüber hinaus lag die »Tauschrate« bei wenig mehr als einem halben Handelsschiff je verlorenem U-Boot; bezog man die anderen Kriegsschauplätze mit ein, lag sie immer noch bei weniger als einem Schiff je Boot. Damit war das U-Boot-Potential auf einen Wert gesunken, der die Erwähnung nicht mehr lohnte.

Der einzige Lichtschimmer, der von der deutschen Propaganda entsprechend groß herausgestellt wurde, war am 10. Oktober die Rückkehr von Wolfgang Lüths U181 von einer Feindfahrt in den Indischen Ozean, zu der er am 23. März von Bordeaux aus aufgebrochen war. Mit dem ersten Schiff, das er am 11. April vor Westafrika versenkte, erhöhte sich seine Versenkungsrate auf über 200000 BRT. Daraufhin erhielt er am 16. einen Funkspruch, in dem ihm mitgeteilt wurde, daß ihm der Führer die Schwerter zum Ritterkreuz mit Eichenlaub verliehen habe. Er war nach Otto Kretschmer, Erich Topp und Reinhard Suhren der vierte U-Boot-Fahrer, dem diese Ehre zuteil wurde. Nach der Umrundung des Kaps der Guten Hoffnung versenkte er zwei weitere allein fahrende Handelsschiffe, bevor er von dem Tanker *Charlotte Schliemann* Treiböl und Proviant, überwiegend japanischer Herkunft, übernahm. Dann fuhr er weiter nach Norden und versenkte bei Madagaskar fünf allein fahrende Handelsschiffe, als letztes am 11. August den 10500 BRT großen britischen Frachter *Clan Macarthur.* Nachdem das Schiff gesunken war, tauchte Lüth auf und leistete verwundeten Schiffbrüchigen aus einem der Rettungsboote an Bord Erste Hilfe. Als sie sein Boot verließen, versprach er ihnen, einen Funkspruch an Mauritius mit der Position der Rettungsboote abzusetzen, sobald er in sicherer Entfernung sei, und er hielt Wort.[39]

Mit der Versenkung der *Clan Macarthur* vergrößerte er sein Erfolgskonto auf über 250000 BRT – tatsächlich waren es 225713 BRT – und schob sich damit hinter Otto Kretschmer (266 629 BRT) an die zweite Stelle der erfolgreichsten U-Boot-Asse des Krieges. Er erhielt einen zweiten Funkspruch aus dem Führerhauptquartier, in dem ihm die Verleihung der Brillanten zum Ritterkreuz mit Eichenlaub und Schwertern mitgeteilt wurde. Diese höchste militärische Auszeichnung des Dritten Reichs war erst sechsmal vergeben worden. Lüth war der erste Marineangehörige, dem sie zuerkannt wurde. Nach einem Treffen mit einem anderen, gerade erst in dem Gebiet eingetroffenen IX-D2-Boot, bei dem er die Schlüsselunterlagen für die nächste Zeit erhielt, machte er sich auf den Rückmarsch. Es war seine letzte Feindfahrt gewesen. Am Sehrohr flatterten 48 Siegeswimpel für die Schiffe, die er seit Beginn des Krieges mit verschiedenen Booten versenkt hatte.

Noch bemerkenswerter ist vielleicht, daß es ihm gelungen war, unter den beengten Verhältnissen an Bord während einer derart langen Feindfahrt Moral, Gesundheit und Kampfgeist der Besatzung aufrechtzuerhalten. Der bereits erwähnte Vortrag, den er zu diesem Thema gehalten hat, wurde zu einem Standardtext für die Ausbildung von U-Boot-Offizieren, und zwar nicht nur für die Bekämpfung der Langeweile an Bord, sondern auch in politischer Hinsicht, als Ausdruck des Durchhaltewillens in der immer verzweifelteren Lage. In Dönitz' Augen war dies vermutlich der besondere Vorzug. Aber es gab auch andere Meinungen zu Lüth und seinem gebetsmühlenhaften Nazi-Ton. Der Kommandant in Buchheims *Boot* hegte eine Abneigung gegen die Nazi-Propaganda. Politische Diskussionen waren in seiner Offiziersmesse unerwünscht, und selbst in privaten Gesprächen machte »der Alte jedem ernsthaften Dialog, sobald er ins Politische einmündet, mit spöttischem Lippenkräuseln den Garaus«.[40]

Lüths Propagandawert wurde weidlich ausgeschlachtet, als er Ende Oktober ins Führerhauptquartier reiste, um die Schwerter und Brillanten zum Ritterkreuz in Empfang zu nehmen. Das Ereignis überstrahlte für einen Augenblick die Sackgasse, in der die U-Boote steckten. Lüth hatte Glück gehabt. Seine frühen Erfolge fielen in die Zeit vor der Einführung des Zentimeter-Radars und der alliierten Luftherrschaft über den nordatlantischen Konvoirouten und der Biskaya. Die späteren hatte er gegen allein fahrende Schiffe vor Südafrika und Madagaskar erzielt, wo die U-Boot-Abwehr wesentlich schwächer war als im Nordatlantik. Sein Glück hielt bis eine Woche nach Kriegsende. Als er am 13. Mai 1945 um Mitternacht als Kommandeur der Marineschule Flensburg-Mürwik nicht auf den Anruf eines Wachpostens reagierte, wurde er von dem Posten erschossen. Lüth erhielt das letzte offizielle Staatsbegräbnis des Dritten Reichs.

Nachdem Lüth den Indischen Ozean verlassen hatte, kreuzten vor der ostafrikanischen Küste und Ceylon sowie vor den Zufahrten ins Rote Meer und in den Persischen Golf noch fünf Fern-U-Boote. Gewartet und mit Nachschub versorgt wurden sie in den japanischen Flottenstützpunkten in Penang und Singapur. Eines war einem Luftangriff zum Opfer gefallen. Aber zusammen mit acht japanischen U-Booten, überwiegend solchen der I-Klasse, hatten sie eine Versenkungsrate erzielt, die etwas größer war als die aller Atlantikboote zusammen.[41] Angesichts der Ressourcen und der Schiffsbaukapazität der Alliierten spielte allerdings auch dieses Ergebnis keine Rolle.

Dönitz war trotz des offensichtlichen Fehlschlags sowohl des Tonnage- als auch des Zufuhrkrieges entschlossen, den U-Boot-Kampf fortzusetzen. Am 31. Mai 1943 erklärte er bei einem Lagevortrag bei Hitler auf dem Berghof bei Berchtesgaden, er sei trotz der stärkeren Abwehr und der geringeren Wirkung der U-Boote der Ansicht, »daß der U-Bootkrieg geführt werden muß, auch wenn er sein Ziel, größere Erfolge zu erringen, nicht mehr erreicht, denn die Kräfte des Gegners, die er bindet, sind außerordentlich groß«. Hitler pflichtete ihm bei: »Es kommt gar nicht in Frage, daß im U-Bootkrieg etwa nachzulassen sei. Der Atlantik ist mein westliches Vorfeld, und wenn ich dort auch in der Defensive kämpfen muß, so ist das besser, als wenn ich mich erst an den Küsten Europas verteidige.« Die U-Boote bänden erhebliche Kräfte des Gegners, deren Freisetzung er sich nicht leisten könne.[42] Dies war die rationale Begründung dafür, den Kampf mit einem U-Boot-Typ und einer Taktik fortzuführen, die durch die alliierten Fortschritte in Radartechnik und Waffenentwicklung zur Wirkungslosigkeit verurteilt waren. Aber Dönitz wollte nicht nur weitermachen, er beabsichtigte, die Produktion dieser veralteten Waffe von monatlich 30 auf 40 Boote zu steigern.

Warum er die Produktion konventioneller Boote überhaupt erhöhen wollte, ist nicht klar. Denn es war offensichtlich, daß er nur mit einem neuen Bootstyp die Initiative zurückgewinnen konnte, der eine ausreichende Unterwassergeschwindigkeit besaß, um sich auch unter Wasser in Angriffsposition zu bringen und die relativ langsamen Fregatten, Schaluppen und Korvetten auszumanövrieren. Der Entwurf für ein solches Boot lag bereits vor. Die von Professor Walter konstruierten Boote mit Kreislaufturbinen, die mit Sauerstoff in Form von Wasserstoffperoxid betrieben wurden, konnten aufgrund diverser Probleme nicht sofort in Produktion gehen. Aber die Beschäftigung mit dem hochseetüchtigen Walter-Boot hatte einen Mitarbeiter der U-Boot-Abteilung des Marinebauamts, Marinebaudirektor Oelfken, angeregt, ein ebenso stromlinienförmiges, aber konventionell angetriebenes U-Boot zu entwerfen, das mit der vorhandenen Technologie sofort produziert werden konnte. Um die geforderte hohe Unterwassergeschwindigkeit zu erreichen, sollte die bisherige Batteriekapazität verdreifacht werden. Zur Unterbringung der zusätzlichen Batterien war unterhalb der Druckhülle ein zweiter Zylinder vorgesehen, durch den das Boot mittschiffs einen 8-förmigen Querschnitt erhielt. Dönitz, dem der Entwurf am 19. Juni vorgelegt wurde, war begeistert und beschloß, das Boot als Typ XXI anstelle von Typ-IX-Booten in das laufende Bauprogramm aufzunehmen, ebenso wie den Typ XXIII, ein 230-Tonnen-Küstenboot, das in ähnlicher Weise aus dem Entwurf eines kleinen Walter-Boots abgeleitet worden war.[43] Am 13. August beschloß Dönitz, den U-Boot-Bau in Zukunft ganz auf diese beiden Typen von »Elektrobooten« umzustellen, allerdings mit der Einschränkung, daß die laufende Produktion der konventionellen Boote weder verlangsamt noch unterbrochen werden dürfe. Sein Hauptaugenmerk lag dabei auf dem 1600 Tonnen großen Hochseeboot vom Typ XXI mit einer geplanten Unterwassergeschwindigkeit von 18 Knoten für anderthalb Stunden und von 12 bis 14 Knoten für zehn Stunden. Es verfügte außerdem über einen separaten Schleichfahrtmotor, mit dem bei einer Geschwindigkeit von zwei bis drei Knoten 500 Seemeilen zurückgelegt werden konnten.

Dönitz hatte im Juli die Verantwortung für die Marinerüstung an Albert Speer übergeben. In dessen Ministerium wurde nun beschlossen, die Elektroboote nach amerikanischem Vorbild aus vorgefertigten Sektionen zu bauen, die in mehreren Produktionsstätten im Inland hergestellt und in den Bunkern der Werften nur noch zusammengesetzt und ausgestattet werden sollten. Dadurch sollte die Produktion nicht nur beschleunigt, sondern durch ihre Aufteilung auch vor Luftangriffen geschützt werden. Wie wichtig Dönitz diese Elektroboote waren, belegt die Tatsache, daß er sich damit einverstanden erklärte, die Produktion ohne vorherige Versuche mit Prototypen anlaufen zu lassen. Speer übergab die Leitung der Produktion Dr. Otto Merker, der aus der Autobranche kam. Auf diese Weise entdeckten die Spitzen der deutschen Kriegsmarine, die sich mehr als die meisten anderen Marine- und Militärhierarchien jedem Zivilisten überlegen gefühlt hatten, schließlich den Nutzen von zivilem Fachwissen für sich. Hätten sie es wie die britische und amerikanische Marine schon früher getan, hätte der Seekrieg möglicherweise länger gedauert und einen für die Alliierten bedrohlicheren Verlauf genommen.

Das weitere Vorgehen war also mit Speer geklärt, und Dönitz pries beim Lagevortrag bei Hitler die Vorteile der Elektroboote. Sie würden alle bisherigen U-Boot-Abwehrmaßnahmen des Gegners unwirksam machen, da dessen Geleitschutzfahrzeuge, wie er versicherte, für die Bekämpfung von U-Booten mit geringer Unterwassergeschwindigkeit gebaut worden seien. Das Ziel müsse sein, »die Neubauziffern mit den Versenkungen zu erreichen, und dies werde gelingen, wenn das neue U-Boot da ist«.[44]

Parallel dazu wurde nach Mitteln gesucht, um den mit Radar ausgerüsteten Flugzeugen den Stachel zu ziehen. Nachdem aus einem abgestürzten Bomber eines der neuen Radargeräte geborgen worden war, hatten die deutschen Wissenschaftler staunend festgestellt, mit welcher Wellenlänge es arbeitete. Daraufhin hatte das Nachrichtenmittelversuchskommando der Marine in Zusammenarbeit mit Telefunken einen Empfänger namens »Naxos« (oder »Timor«) konstruiert, der Impulse zwischen acht und zwölf Zentimetern empfangen konnte. Im September und Oktober 1943 wurden die ersten Boote mit diesem Gerät ausgerüstet. Es besaß jedoch nur eine Reichweite von etwa fünf Kilometern und war störanfällig, so daß die Boote weiterhin nachts von Flugzeugen überrascht wurden. Erst als im Frühjahr 1944 ein verbesserter Empfänger namens »Fliege« einsatzbereit war, konnten sich die Kommandanten bei der Überwasserfahrt wieder sicher fühlen. Der »Fliege«, die eine Reichweite von 20 Kilometern hatte und die Peilung des Senders anzeigte, folgte wenig später die »Mücke«, die sogar die von den neuesten amerikanischen Geräten verwendeten noch kürzeren Wellenlängen von zwei bis vier Zentimetern empfangen konnte.[45]

Dönitz versprach sich außerdem viel von einem Stoff, der von der I. G. Farben entwickelt wurde. Dieser würde, wie man ihm versichert hatte, 100 Prozent der auftreffenden Radarimpulse absorbieren, so daß die mit ihm eingehüllten Boote nicht mehr geortet werden könnten. Die Hoffnungen, die Dönitz in diese Entwicklung setzte, sollten sich jedoch nie erfüllen.

Im November 1943 wurde auf den ersten Booten der 2-Zentimeter-Vierling durch die erwähnte 3,7-Zentimeter-Flak ersetzt. Es dauerte jedoch nicht lange, bis die alliierten Flugzeuge mit einem noch schwereren Geschütz bewaffnet wurden, um die Reichweite der neuen Flak zu übertreffen. Die wichtigste Neuentwicklung war wahrscheinlich der Schnorchel, durch den die Diesel Luft ansaugen und Abgase ausstoßen konnten, während das Boot unter Wasser fuhr. Damit konnten die Batterien nachgeladen werden, ohne es den Gefahren an der Oberfläche auszusetzen. Darüber hinaus war mit den Dieseln bei ruhiger See eine Unterwassergeschwindigkeit von acht Knoten zu erreichen. Die ersten Schnorchel wurden Anfang 1944 eingebaut.

All diese Maßnahmen waren defensiver Art. Ein leistungsstarkes Radargerät wäre dagegen nicht nur für die Defensive, sondern auch in der Offensive von Nutzen gewesen. Aber auf diesem Gebiet hinkten die deutschen Wissenschaftler den Alliierten weit hinterher. Im Herbst 1941 hatte man einige Typ-IX-Boote mit einem modifizierten Feuerleitgerät von Überwasserschiffen ausgestattet. Dessen Antenne wurde fest an der Vorderseite des Kommandoturms befestigt, weshalb das ganze Boot in die jeweils gewünschte Suchrichtung gedreht werden mußte. Da die Reichweite nur rund fünf Kilometer betrug, weniger als die Sichtweite in einer klaren Nacht, war das Gerät nutzlos und nahm in der Zentrale nur Platz weg. Eine verbesserte Version mit einer Antenne an einem manuell drehbaren Mast erwies sich als ebenso nutzlos.

Im August 1943 wurde auf Dönitz' Drängen eine Abwandlung des neuen 56-Zentimeter-Geräts der Luftwaffe auf U 743 in der Ostsee erprobt. Dabei wurde eine Reichweite von bis zu 10 Kilometern gemessen. Dieses Funkmeßortungsgerät (FuMO) 61 »Hohentwiel U«, wie es offiziell genannt wurde, war der alliierten Technik zwar immer noch unterlegen – wie übrigens auch den eigenen Horchgeräten, mit denen einzelne Schiffe in 20 und Geleitzüge in 100 Kilometern Entfernung aufgespürt werden konnten –, aber es versprach endlich einen gewissen Nutzen als Ortungs- und Verteidigungsmittel. Am 25. Oktober wurde sein Einbau als Standardausrüstung auf allen Booten angeordnet.[46] Die Produktion des Geräts verzögerte sich jedoch wegen Bombenschäden bei der Herstellerfirma in Berlin. Als im Herbst endlich eine größere Zahl von Booten mit dem Hohentwiel-Gerät ausgerüstet werden konnte, war es infolge der alliierten Luftherrschaft praktisch überflüssig geworden.

Keine dieser verspäteten technischen Maßnahmen vermochte den U-Booten die verlorene Überwassermobilität und taktische Durchschlagskraft zurückzugeben. Dies konnten nur die neuen Elektroboote erreichen, und Speer räumte ihrer Produktion dementsprechend die höchste Priorität ein. Dönitz suchte unterdessen trotz der Rückschläge im Oktober weiter nach Mitteln und Wegen für den Kampf gegen die nordatlantischen Geleitzüge. Er wies die Boote an, auch tagsüber unter Wasser zu marschieren, um zu verhindern, daß die Alliierten sie entdeckten und die Geleitzüge auf Ausweichkurse dirigierten. Außerdem verkleinerte er die Gruppen. Als trotzdem keine Sichtungen erfolgten, reduzierte er die Gruppen auf drei Boote, von denen eines in Richtung des anlaufenden Geleitzugs vor den anderen beiden Aufstellung nahm, um diesen eventuelle Flugzeugaktivitäten zu melden. Zudem sollten die Boote, die »mit einer Flakausrüstung von 2-Zentimeter-Geschützen dem schwer gepanzerten Großbomber oder Flugboot beim Angriff unterlegen« waren, Geleitzüge nicht mehr bei Tage verfolgen, wenn die Luftsicherung am stärksten war. Auch diese Methode blieb erfolglos. Die Boote wurden erneut aus dem Nordatlantik abgezogen und auf die Konvoirouten von und nach Gibraltar angesetzt, wo sie die Unterstützung der Luftwaffe besaßen. Aber auch dort kamen keine Feindberührungen zustande. Am 7. Januar 1944 gestand Dönitz schließlich das Scheitern seiner Rudeltaktik ein und befahl die »einzelbootsweise Aufstellung der Boote«. Dies bedeute, wie es im Kriegstagebuch heißt, »das Ende des bisher angewandten Verfahrens, Geleitzüge bei fehlender eigener Aufklärung durch Aufstellung von Vp.- bzw. Aufklärungsstreifen zu erfassen«. Der Gegner habe, wie die Geleitoperationen bewiesen hätten, die Ausdehnung der Streifen erkannt »und unsere großen Aufstellungen mit zahlreichen Booten so geschickt ausmanövriert, daß längere Zeit hier der Verdacht eines gegnerischen Einbruchs in die eigenen Schlüsselmittel bestand. Die Vermutung, daß die Anwendung der Ortung dem Gegner genaue Kenntnis von der eigenen Aufstellung gab, wurde erst nach Kenntnis der Reichweiten der feindlichen Ortungsgeräte und durch die klaren Geleiterfahrungen zur Gewißheit.«[47]

Es war natürlich weniger dem Radar als vielmehr Bletchley Park und Rodger Winn zu verdanken, daß die Konvois so erfolgreich umgeleitet wurden. In der Zwischenzeit hatten die Alliierten auch ein akustisches Störgerät zur Verteidigung gegen den »Zaunkönig« entwickelt, den »Foxer«. Er wurde auf beiden Seiten hinter dem Konvoi hergeschleppt und machte Geräusche von derselben Frequenz wie die Schiffsschrauben der Eskortschiffe, nur bedeutend lauter. Der »Foxer« hatte allerdings einige Nachteile: Er beschränkte die Geschwindigkeit der Schleppschiffe auf 15 Knoten, störte die ASDIC- beziehungsweise Sonargeräte und war natürlich aus einer größeren Entfernung zu hören als Schiffsschrauben. Die Eskortkommandanten mochten ihn nicht. Captain F. J. Walker, inzwischen einer der erfolgreichsten U-Boot-Jäger der Royal Navy, zog es vor, die U-Boote aufzuspüren, bevor sie angreifen konnten. Seine Taktik bestand darin, auf weniger als acht Knoten abzubremsen oder auf volle Kraft zu beschleunigen, um außerhalb der Ansprechreichweite der »Zaunkönige« die Tonfrequenz der Schrauben zu verändern. Da die Torpedos von achtern anliefen, war es auch möglich, sie mit einer auf geringe Tiefe eingestellten Wasserbombe zu sprengen. Dazu mußte man sie natürlich früh genug sichten und rasch handeln.

Walker verdankte seine jüngsten Erfolge zum Teil der Tatsache, daß er eine Unterstützungsgruppe (Support Group) und keine Eskortgruppe (Escort Group) befehligte. So war er nicht gezwungen, die U-Boot-Jagd nach einiger Zeit abzubrechen, um seinen Geleitschutzaufgaben nachzukommen. Wie vergleichbare Gruppen der amerikanischen Zehnten Flotte, die in südlicheren Breiten des Nordatlantiks operierten, war seine 2. Unterstützungsgruppe eine »hunter-killer«-Gruppe, die sich ganz auf eine Beute konzentrieren konnte. Und die Zeit war auf ihrer Seite, denn das U-Boot mußte irgendwann auftauchen. Die Aufstellung der Unterstützungsgruppen war möglich geworden, weil die älteren Schiffbauprogramme auf beiden Seiten des Atlantiks mittlerweile verwirklicht worden waren. Darüber hinaus wurden sie von gepanzerten Liberators und anderen Flugzeugen mit weitreichendem, hochauflösendem Zentimeter-Radar sowie von Geleitträger- und MAC-Flugzeugen unterstützt. Waren die U-Boote erst einmal entdeckt, hatten sie kaum eine Chance zu entkommen. Aus den gefürchteten grauen Wölfen der Meere waren Gejagte geworden.

Walker hatte zwei tödliche Methoden für ihre Zerstörung entwickelt: Bei der »Operation Plaster« (Pflaster) warfen zwei oder drei Schaluppen im Abstand von fünf Sekunden Wasserbomben ab, die auf die enorme Tiefe von 150 bis 250 Meter eingestellt waren, in die sich die U-Boote neuerdings flüchteten.[48] Bei anderen Gelegenheiten, wenn der ASDIC-Kontakt besonders gut war oder die »Operation Plaster« keine Öl- und Trümmerspur an die Oberfläche gesprengt hatte, ging Walker zum »Kriechangriff« über. Dabei folgte er dem U-Boot mit seiner Schaluppe, der *Starling*, und hielt aus rund 1000 Metern den ASDIC-Kontakt aufrecht, während eine andere Schaluppe, ohne ASDIC zu benutzen, mit wenig Fahrt vor ihm auf die Peilung einschwenkte und das U-Boot gewissermaßen überholte. Sobald ihr Vorsprung der Zeit entsprach, die die Wasserbomben benötigen würden, um in die Tiefe zu sinken, gab Walker den Angriffsbefehl. Die Schaluppe warf daraufhin alle neun Sekunden zwei Bomben ab. Durch diese Methode wurde die blinde Phase der letzten 200 Meter der ASDIC-Anfahrt ausgeschaltet und dem U-Boot die Gelegenheit genommen, auszuweichen. Es hörte ja nur die Impulse eines achteraus fahrenden Schiffes. Die Überraschung war perfekt, und es gab keine Überlebenden, die in der Heimat von dieser neuen Taktik, die von der Admiralität als standardmäßige Angriffsform übernommen wurde, hätten berichten können.

Seine erfolgreichste Feindfahrt unternahm Walker von Ende Januar bis Anfang Februar 1944 in die Western Approaches und bis hinunter nach Finisterre. Innerhalb von 27 Tagen vernichtete seine Unterstützungsgruppe sechs U-Boote. In derselben Zeitspanne versenkten Eskortgruppen in diesem Gebiet fünf weitere Boote, während die alliierten Konvois nur einen einzigen Nachzügler verloren. Der letzte Erfolg ging jedoch an ein U-Boot, U 256 unter Kapitänleutnant Wilhelm Brauel. Mit einem »Zaunkönig« sprengte er das Heck der zu Walkers Gruppe gehörenden Schaluppe *Woodpecker* weg. Sie sank später bei dem Versuch, sie einzuschleppen. Es war aus deutscher Sicht eine untragbare »Tauschrate«. Der 2. Unterstützungsgruppe dagegen wurde bei der Rückkehr nach Liverpool von Tausenden von Menschen ein überwältigender Empfang bereitet.[49]

In den Biskayastützpunkten füllten sich die Wände der Offiziersmessen mit Fotografien all jener, die nicht zurückgekehrt waren. Ihre Plätze an den Tischen wurden von immer jüngeren Offizieren und Kommandanten eingenommen, die in aller Eile ausgebildet worden waren und denen es an der Erfahrung fehlte, die ihre Vorgänger auf vielen Feindfahrten in Offiziersstellungen gewonnen hatten. Es gab keine Asse mehr, an die man sich hätte anschließen können. Sie waren entweder auf See geblieben oder an Land versetzt worden, um auf die neuen Elektroboote zu warten. Wenn Dönitz jetzt die Flottillen besuchte, dann sprach er nicht mehr vom Sieg, sondern nur noch von der Beschäftigung des Gegners. Die U-Boote, erklärte er, bänden allein durch ihr Vorhandensein »rund zwei Millionen Alliierte ... auf Kriegsschiffen und Werften«. Sie müßten hinausfahren, auch wenn sie kein einziges Schiff versenkten. Bei ihrer Abfahrt spielten keine Musikkapellen mehr. Nur ihre Kameraden von anderen Booten winkten ihnen zum Abschied nach und fragten sich, ob sie sie jemals wiedersehen würden. War ihre eigene Zeit gekommen, dann gab es auch bei ihnen keine Abschiedsfeier: »Still trank man ein Glas Sekt und drückte sich die Hand. Nach Möglichkeit sah man sich auch nicht in die Augen. Wir waren zwar hart geworden, aber es erschütterte uns trotzdem: Todesfahrten!« So Heinz Schaeffer, damals Kommandant von U 977.[50] Ein anderer Überlebender, Peter Cremer, schrieb über die Zeit, in der er U 333 kommandierte, er habe damals erst begriffen, was Mut sei: Weiterzumachen, obwohl man erfahren habe, was Wunden und Schmerzen bedeuteten, und wisse, wie nah der Tod sei, dazu brauche es wirklichen Mut.[51] Das Kriegstagebuch der U-Boot-Führung vermittelt eine ähnliche Stimmung. Dort heißt es im Eintrag vom 1. März 1944: »Trotz der Härte des Kampfes ist die Haltung von Kommandanten und Besatzungen nach wie vor über jedes Lob erhaben. Trotz Kenntnis von der Schwere der Verluste, trotz vieler Verfolgungen und Strapazen läßt sich der Ubootsfahrer nicht unterkriegen. Hart gegen sich und das Schicksal, den Gegner hassend, an seine Waffe und den Sieg glaubend geht er immer wieder hinaus in den ungleichen Kampf.«[52]

Die Lebenserwartung der U-Boote war inzwischen so kurz, daß die Kommandanten kaum hoffen konnten zurückzukehren, vom Ruhm der früheren Asse ganz zu schweigen. Einer von denen, die den Kampf dennoch fortsetzten, war Kapitänleutnant Rolf Manke. Der Kommandant des VIIC-Boots U 358 war ein ruhiger, nachdenklicher Mann von 29 Jahren mit gesundem Menschenverstand und Sinn für Humor. Er war von der Marineluftwaffe zu den U-Booten versetzt worden, und seinem fähigen LI, Oberleutnant (Ing.) Fritjof Wiebe, war es mehr als einmal zu verdanken, daß das Boot aus gefährlichen Situationen befreit werden konnte. Manke lief am 14. Februar 1944 von St. Nazaire zu seiner fünften Feindfahrt aus. Ziel waren die Western Approaches, wo Captain Walkers 2. Unterstützungsgruppe im vergangenen Monat ihre großen Erfolge gefeiert hatte. Dort wurde Manke am Morgen des 29. Februar von der zur 1. Eskortgruppe gehörenden Fregatte *Garlies* mit ASDIC geortet und augenblicklich mit einer Hedgehog-Salve belegt, der mehrere Kriechangriffe von zwei anderen Fregatten folgten. Manke harrte zwölf Stunden in großer Tiefe aus, bis der Angriff in der Abenddämmerung nach einer weiteren Hedgehog-Salve abgebrochen wurde. Die Fregatten behielten allerdings den ASDIC-Kontakt aufrecht, weil sie annahmen, das U-Boot würde nach Monduntergang in den frühen Stunden des 1. März auftauchen. Den Gefallen tat ihnen Manke nicht, und die Angriffe wurden kurz nach 8.00 Uhr wieder aufgenommen. Er wich ihnen den Vormittag über erneut geschickt aus. Am Nachmittag verschlechterten sich das Wetter und mit ihm die ASDIC-Bedingungen. Zwei der vier Fregatten drehten ab, um Treiböl nachzubunkern und Wasserbomben an Bord zu nehmen – bis jetzt waren 530 Stück geworfen worden –, während die anderen beiden Fregatten trotz des schlechten Wetters den ASDIC-Kontakt beibehielten.

Als es auf 19.30 Uhr zuging und die Kohlendioxidkonzentration im Boot nach 38 Stunden unter Wasser gefährliche Werte erreichte, wies Manke seinen LI an, aufzutauchen und einen »Zaunkönig« zum Abschuß klarzumachen. Kurz darauf gab er den Befehl, den Torpedo nach Horchpeilung auf das am nächsten liegende Schiff abzufeuern. Er detonierte um 19.29 Uhr am Heck der Fregatte *Gould,* die wenig später zu sinken begann. Vier Minuten später stieß U358 ungefähr 1400 Meter vor der anderen Fregatte, der *Affleck,* durch die Oberfläche. Manke schlug das Luk auf und stieg auf die Brücke. In diesem Augenblick eröffnete die *Affleck* das Feuer. Manke wurde getötet und das Boot mit niedrig eingestellten Wasserbomben belegt. Nur ein Besatzungsmitglied von U358 überlebte die Versenkung.[53]

Im März kam es zum einzigen nachweisbaren Kriegsverbrechen, das von der deutschen U-Boot-Waffe begangen wurde. Kapitänleutnant Heinz Eck war am 18. Januar 1944 mit dem neuen IX-D2-Boot U852 von Kiel zu seiner ersten Fahrt als Kommandant ausgelaufen. Ziel war der Indische Ozean. Ein britischer Offizier, der ihn nach dem Krieg genauer kennenlernte, beschrieb ihn als jungen Mann »von bemerkenswertem Charme, groß und gutaussehend«, der von seiner Besatzung vergöttert worden sei.[54] Es fehlte ihm allerdings an Erfahrung. Er war Kommandant eines Minensuchboots gewesen und erst im Mai 1942 zur U-Boot-Waffe versetzt worden. Vor der Abfahrt war er in der neuen U-Boot-Führungsstelle im Lager »Koralle« bei Bernau von Godts 1. Admiralstabsoffizier, Günther Hessler, und dem operativen Admiralstabsoffizier (A I op.) Kapitänleutnant Adalbert Schnee, eingewiesen worden. Sie hatten ihn vor den gefährlichen Bedingungen im Nordatlantik gewarnt und ihm geraten, tagsüber unter Wasser zu marschieren und nur nachts aufzutauchen. Außerdem hatten sie ihn darauf hingewiesen, daß er im Südatlantik zwischen der Insel Ascension und Freetown mit besonders starker Luftsicherung rechnen müsse. In diesem Gebiet seien in den vergangenen Monaten vier IX-D2-Boote mit erfahrenen Kommandanten verlorengegangen. Er solle daher alles vermeiden, was die Aufmerksamkeit des Feindes auf ihn lenken könne.[55]

Zurück in Kiel, erhielt er von seinem Flottillenchef, Karl-Heinz Möhle, eine letzte kurze »Belehrung«. Ob Moehle dabei den *Laconia*-Befehl erläuterte und Eck die beiden Beispiele erzählte, die er von Herbert Kuppisch gehört haben wollte – der inzwischen mit U847, einem der im Südatlantik versenkten IX-D2-Boote, auf See geblieben war –, ist nicht bekannt. Klar ist nur, daß sowohl der *Laconia*- als auch der Rescue-ship-Befehl mit dem Hinweis auf die »erwünschte Vernichtung der Dampferbesatzungen« – den Dönitz am 7. Oktober 1943 über Godts Unterschrift wiederholt hatte – in der Sammlung stehender Befehle enthalten war, die sich an Bord von U852 befand. In seinem Prozeß sagte Eck aus, er hätte kurz vor seiner Abfahrt davon gehört, daß Hartenstein nach der

Versenkung der *Laconia* trotz gesetzter Rotkreuzfahne bombardiert worden war, während er Schiffbrüchige rettete. Das habe gezeigt, daß für den Feind »militärische Erwägungen Vorrang vor menschlichen Erwägungen« gehabt hätten.[56]

U 852 kam nur langsam voran, da es die meiste Zeit unter Wasser fuhr, und erreichte erst am 13. März den Äquator, zwei Monate nach seiner Abfahrt. Eck befand sich jetzt auf halbem Weg zwischen Ascension und Freetown, also genau in dem Gebiet, in dem seinen »Belehrungen« zufolge die größten Gefahren lauerten. Am Nachmittag sichtete er einen Frachter, das 4700 BRT große griechische Trampschiff *Peleus,* das im Dienst des britischen Ministeriums für Kriegstransporte fuhr. Er beschattete es bis zum Einbruch der Dunkelheit und griff dann mit zwei Torpedos an, deren Explosionen das Schiff auseinanderbrechen ließen. Zwei Minuten später war der Frachter in einer Wolke aus Dampf und Rauch gesunken.

Kurz darauf hörte Eck Pfiffe und bemerkte Lichter. Er hielt darauf zu und holte von einem der Rettungsflöße der *Peleus* den Dritten Offizier und einen Matrosen an Bord, um sie zu befragen. Dann ließ er sie wieder auf ihr Floß klettern und fuhr davon. In diesem Augenblick scheint er die Entscheidung gefällt zu haben, sich der Überlebenden zu entledigen, denn er ließ Maschinengewehre, Pistolen und Handgranaten auf die Brücke bringen und ging dann auf Gegenkurs.

Die Schiffbrüchigen der *Peleus* hatten inzwischen zwei Rettungsflöße zusammengebunden, und der Erste Offizier des Schiffs war dabei, weitere Überlebende aus dem Wasser zu holen. Eck oder der LI, Kapitänleutnant (Ing.) Hans Richard Lenz, der ebenfalls Englisch sprach, forderte den Ersten Offizier auf, die Flöße näher an das U-Boot heranzubringen. Dann gab Eck den Feuerbefehl. Der IIWO, Leutnant August Hoffmann, der Bootsarzt, Marineoberstabsarzt Dr. Walter Weisspfennig, und Wolfgang Schwender, ein neunzehnjähriger Matrosenobergefreiter, der sich gerade auf der Brücke befand, schossen mit Maschinengewehren auf die Flöße, die jemand mit der Signallampe anleuchtete. Lenz erhob zunächst Einwände gegen den Befehl, als aber Schwenders Maschinengewehr eine Ladehemmung hatte und Eck ihn aufforderte, sie zu beseitigen, nahm er Schwender das MG ab und begann selbst zu feuern.[57] Fünf Stunden fuhr Eck zwischen den Trümmern von Floß zu Floß, während die Offiziere schossen oder Handgranaten warfen. Erst kurz vor ein Uhr am nächsten Morgen, dem 14. März, nahm er wieder Kurs auf das Kap der Guten Hoffnung.

In seinem Prozeß sagte er aus, er hätte die Wrackteile und Flöße zerstören wollen. Diese bestanden aus Holz und konnten mit kleinkalibrigen Waffen nicht vernichtet werden. Das Gericht wies diese Erklärung daher zurück. Was

Eck zu seiner Handlungsweise bewegte, wird sich nie restlos klären lassen. Aber der Mangel an Erfahrung dürfte eine Rolle gespielt haben, und die »Belehrungen«, die er vor seiner Abfahrt sowohl im Lager »Koralle« als auch in Kiel erhielt, sind mit Sicherheit nicht ohne Wirkung geblieben. Eck hat zwar abgestritten, auf »höheren Befehl« gehandelt zu haben, aber seine Mitangeklagten haben allesamt ausgesagt, sie hätten den Eindruck gehabt, daß er Geheimbefehle ausführte.

Eck erklärte vor Gericht, er habe unter dem Eindruck gestanden, daß sein Boot verloren wäre, wenn er die Flöße nicht zerstörte. Das einzige, was er damit erreichte, war jedoch die Verzögerung seiner Fahrt und ein Blutbad unter den Schiffbrüchigen der *Peleus.* Zu diesem Zeitpunkt war die Stimmung an Bord »sehr gedrückt«, wie Eck in seiner Aussage berichtete. Er habe der Besatzung über Lautsprecher erklärt, daß er den Entschluß, die »Überreste« des gesunkenen Schiffs zu zerstören, nur schweren Herzens getroffen habe. Aber »wenn uns das Mitgefühl übermannt, dann müssen wir auch an unsere Frauen und Kinder denken, die zu Hause den Luftangriffen zum Opfer fallen«.[58] Dies war fast wörtlich die Rechtfertigung, die Dönitz im *Laconia*-Befehl vorgegeben hatte.

Am 1. April versenkte Eck bei Kapstadt sein zweites Schiff, den 5270 BRT großen britischen Dampfer *Dahomian.* Dann drang er in den Indischen Ozean vor. Am 2. Mai wurde er vor Somalia von mehreren Bombern der RAF an der Oberfläche überrascht. Sie beschädigten das Boot so stark, daß er gezwungen war, es auf Grund zu setzen und die Selbstzerstörungsladungen scharfzumachen. Er wurde mit den anderen überlebenden Besatzungsmitgliedern gefangengenommen. Inzwischen waren drei der vier Männer, die das *Peleus*-Gemetzel überlebt hatten, von einem zufällig vorbeifahrenden Schiff gerettet worden. Ihre Aussagen wurden nach London gebracht, und Eck, Hoffmann, Lenz, Weisspfennig und Schwender wurden nach dem Krieg als Kriegsverbrecher vor Gericht gestellt. Keiner von ihnen leugnete die Fakten. Eck führte zu seiner Verteidigung an, daß er alle Spuren des Wracks habe beseitigen wollen, um sein Boot zu retten. Die anderen beriefen sich darauf, daß sie nur die Befehle des Kommandanten befolgt hätten. Ein deutsches Gericht hatte allerdings bereits nach dem Ersten Weltkrieg in einem ähnlichen Fall entschieden, daß eine offensichtlich kriminelle Tat nicht durch den Befehlsnotstand entschuldigt werden könne. Eck, Hoffmann und Weisspfennig wurden zum Tode verurteilt und am 30. November 1945 von einem britischen Exekutionskommando hingerichtet. Lenz und Schwender wurden zu langen Haftstrafen verurteilt, von denen beide jedoch nur sechs Jahre absaßen.

Eck hatte bei seinem Richter, Major A. Melford Stevenson, einen ebenso guten Eindruck hinterlassen wie bei dem oben zitierten britischen Offizier. »Sein Mut und seine Würde waren beeindruckend«, erklärte Stevenson später. »Von allen, die in diesem Gerichtssaal gewesen sind, hat sich mir seine Person am deutlichsten eingeprägt. Es war klar, daß er den Kopf verloren hatte.«[59]

Aber es gibt noch eine andere Erklärung: Wie bereits erwähnt, hat Oberleutnant Peter-Josef Heisig kurz nach dem Eck-Prozeß in Nürnberg bezeugt, daß Dönitz in einer Rede den totalen Krieg auf See gefordert hatte. Außerdem sei ihm später von einem Vorgesetzten geraten worden, darauf zu achten, »daß nach Möglichkeit nur Offiziere auf der Brücke sind, um dann dort eine Vernichtung von Schiffbrüchigen vorzunehmen, im Falle sich die Gelegenheit [er]geben sollte«.[60] Heisig war als IWO von U 877 in Gefangenschaft geraten, als sein Boot im Dezember 1944 im Nordatlantik versenkt wurde. Dort hörte er von dem Prozeß gegen die Offiziere von U 852 und meldete sich, um Ecks IIWO, Hoffmann, zu unterstützen, der 1942 mit ihm zusammen bei der 2. U-Boot-Lehrdivision in Gotenhafen gewesen war, als Dönitz die Rede über den totalen Seekrieg hielt. Nach dem Prozeß, am 20. November, wurde Heisig von London nach Nürnberg geflogen, ohne von den Urteilen zu wissen, und gab am 27. eine eidesstattliche Erklärung ab, die später als Beweismittel im Verfahren gegen Dönitz verwendet wurde.[61] Drei Tage später wurden Eck, Hoffmann und Weisspfennig hingerichtet. Es scheint, als hätte man Heisigs Aussage absichtlich aus dem *Peleus*-Prozeß herausgehalten. Wenn dies zutrifft, dann war der Grund sicherlich der, daß die britischen Ankläger es auf den größeren Fisch abgesehen hatten, Dönitz selbst. An dem Tag, an dem Heisig nach Nürnberg geflogen wurde, wurde Eck in seiner Zelle im Gefängnis von Altona von einem britischen Offizier verhört, der vorgab, im Auftrag von Dönitz' Verteidigung zu kommen. Er fragte ihn, ob er jemals von Dönitz selbst den Befehl erhalten habe, auf Schiffbrüchige zu schießen. »Nein«, antwortete Eck.

»Haben Sie jemals gehört, daß von Dönitz selbst oder in seinem Namen der Befehl erteilt wurde, daß Überlebende von Wracks oder Dinge, die diesen Überlebenden für ihre Rettung dienen könnten, beschossen werden sollen?«

»Erst in London habe ich durch die britischen Behörden erfahren, daß es solche Befehle tatsächlich gab.«[62]

Eck und seine Offiziere sind Opfer der absichtlichen Verschwommenheit der von Dönitz ausgegebenen Befehle und seiner Äußerungen über die Besatzungen von Handelsschiffen geworden.

Während sich Dönitz zum zweiten und letzten Mal von den nordatlantischen Konvoirouten zurückzog, begannen die amerikanischen U-Boote im Pazifik, die endlich mit einem zuverlässigen Torpedo bewaffnet waren, den Vorteil ihres überlegenen Überwasserradars zu nutzen und fühlbare Lücken in den japanischen Schiffsraum zu schlagen. Im September 1943 war die Rekordzahl von 31 Handelsschiffen mit zusammen 135000 BRT versenkt worden. Im November wurde sie mit der Zerstörung von 47 Marus mit 228000 BRT noch überboten.[63] Alle Teilstreitkräfte zusammen hatten in diesem Monat 320000 BRT versenkt, eine Rate, die sich die Japaner nicht lange würden leisten können.[64] Ende des Jahres war ihre Handelsflotte auf unter fünf Millionen BRT geschrumpft. Das waren eine Million Tonnen weniger als das Minimum, das man für die Versorgung des ausgedehnten Imperiums und den Bedarf der Rüstungsindustrie benötigte.[65]

Während der »goldenen Zeit« der deutschen U-Boote im ersten Halbjahr 1941 hatte sich Großbritannien in einer vergleichbaren Lage befunden. Die britischen Planer hatten damals festgestellt, daß die zu erwartenden Versorgungsengpässe nur durch eine Verringerung der Verluste zu verhindern seien. Ihre japanischen Kollegen zogen jetzt denselben Schluß. Auf einer Konferenz Ende September hatte man sich darauf verständigt, daß die Schiffsraumverluste unter eine Million BRT pro Jahr gedrückt werden müßten, das hieß auf rund die Hälfte der gegenwärtigen Rate. Dafür brauchte man vor allem Geleitschutzschiffe. Das war die Crux, denn Marinestab und Oberbefehlshaber Admiral Koga waren weiterhin auf die Entscheidungsschlacht fixiert und verlangten den Bau von Flugzeugträgern, Flugzeugen, Zerstörern und U-Booten; letztere sowohl für Nachschubaufgaben als auch für die Dezimierung der feindlichen Flotte vor der großen Schlacht. Die Kapazitäten reichten aber nicht aus, um zusätzlich auch noch die erforderlichen 360 Geleitschiffe zu bauen. Der Kompromiß, auf den man sich schließlich einigte, sah den Bau von 40 Geleitschiffen vom Typ A vor, dem sogenannten Kaibo-kan, der mit 19,5 Knoten ungefähr so schnell war wie die britischen Fregatten.[66] Angesichts der wachsenden amerikanischen U-Boot-Flotte war dies jedoch zu wenig, und es kam zu spät.

Das japanische Problem war nicht zu lösen. Schon die ersten Resultate des 1940 von Roosevelt aufgelegten Programms für eine Zwei-Ozean-Marine hatten das Gleichgewicht im Pazifik gekippt. Nimitz verfügte über eine mächtigere Flotte als die japanische Marine in ihrer besten Zeit. Ein Dutzend Flugzeugträger standen vor der Fertigstellung, und weitere würden folgen. Für die U-Boot-Abwehr standen Nimitz acht Geleitträger sowie mit Radar und Hedgehog-Werfern ausgerüstete Zerstörer und Geleitzerstörer zur Verfügung. Sie alle waren mit Besatzungen bemannt, denen man die in der Atlantikschlacht erprobten Methoden der U-Boot-Abwehr beigebracht hatte. Vor allem aber in der Luft waren die US-Streitkräfte den Japanern in jeder Beziehung überlegen. Der Sieg in einer Entscheidungsschlacht wäre daher ebenso ein Wunder gewesen wie die

Trendumkehr im Tonnagekrieg. Die amerikanische U-Boot-Flotte verfügte über 150 Einheiten, und jeden Monat kamen sechs neue hinzu. In den oberen Etagen der japanischen Militär- und Staatsführung war man sich dessen durchaus bewußt. Kaiser Hirohito hatte im August bei den Operations- und Nachrichtendienstabteilungen der Generalstäbe von Marine und Heer unabhängige Untersuchungen über die Kriegsaussichten angefordert. Beide Studien, die dem Kaiser am 24. November vorgelegt wurden, kamen zu pessimistischen Schlußfolgerungen. Der Marinestab war der Ansicht, daß Japan den Krieg unrettbar verloren hatte und alle seit 1880 erworbenen Gebiete würde abtreten müssen. Das Heer befürchtete sogar eine Verkleinerung des Kernlandes.[67]

Großbritannien war 1941 durch die Verlagerung des Schwergewichts der deutschen Kriegsanstrengungen nach Osten und durch die Hilfe der Vereinigten Staaten gerettet worden. Japan besaß keine solchen geopolitischen Aussichten, und der einzige Verbündete, den es hatte, befand sich selbst in einer derart angespannten Lage, daß von ihm keine Hilfe zu erwarten war. Die Kapitulation kam dennoch nicht in Frage. Das Land war zu sehr von den kriegerischen Werten der Samurai durchdrungen. Zuviel patriotisches Kapital war in die Ethik von »Sieg oder Tod« investiert worden. Das Reich war zu groß, und zu viele waren bereits für den Kaiser gestorben. Wenn er jetzt kapitulierte, wären die Opfer umsonst gewesen; das Volk würde sich von ihm im Stich gelassen fühlen. Um seine göttliche Macht und die seines Hofstaates zu erhalten, mußte der Krieg fortgesetzt werden. Millionen Menschen würden noch sterben müssen, bevor man dem kriegsmüden Volk würde einreden können, es hätte den Kaiser enttäuscht, nicht umgekehrt. Dann könnte er kapitulieren, um ihm weitere Leiden zu ersparen. Während Heer und Marine die Verteidigung bis zum letzten Mann planten, bildete man in Vorbereitung darauf mit einem ehemaligen Ministerpräsidenten aus der kaiserlichen Familie an der Spitze eine sogenannte »Friedensfraktion«, um den amerikanischen Eroberern Sand in die Augen zu streuen und die Macht des Throns über die Kapitulation hinwegzuretten.[68]

Taktisch gesehen, hatte Großbritannien die Befreiung von der U-Boot-Gefahr vor allem dem Radar zu verdanken. Japan konnte nicht mit einer solchen Entlastung rechnen. Im Gegenteil: Das primitive Radargerät, an dessen Entwicklung seit 1941 gearbeitet wurde, war immer noch nicht einsatzbereit und würde es auf keinen Fall mit dem Zentimeter-Radar aufnehmen können, das in die neuen amerikanischen U-Boote eingebaut wurde. Mit diesem Gerät konnten große Schiffe auf Entfernungen von 30 Kilometern oder mehr erfaßt werden, also weit hinter dem Horizont, und zwar nicht mehr als A-Anzeige, sondern auf einem sogenannten PPI-Sichtgerät, auf dem alle Schiffe, die sich innerhalb der Reichweite des Radars befanden, wie auf einer Seekarte in ihrer relativen Position zueinander angezeigt wurden. Ihre Entfernung und Peilung konnten schnell abgelesen werden, um Kurs, Geschwindigkeit und Zickzackmuster zu ermitteln, ohne auf geschätzte Beobachtungen zurückgreifen zu müssen. So konnten die U-Boote selbst bei Tageslicht an der Oberfläche bleiben und sich hinter dem Horizont in Position bringen, bevor sie wie üblich zum Angriff anliefen.

In dunklen Nächten war der Vorteil gegenüber einem Feind, der selbst nicht über Radar verfügte, sogar noch größer. War ein Einzelziel oder Konvoi entdeckt, konnte man in aller Ruhe den Grundkurs und die Zeitabstände zwischen den Richtungswechseln des Zickzackkurses bestimmen. Man konnte erkennen, welche der Leuchtspuren auf dem Schirm Eskortschiffe waren. Dann brach man mit schmalster Silhouette hinter dem nächsten Eskortschiff in den Konvoi ein: »Es war eine ziemlich raffinierte Angelegenheit, mit ständig hereinkommenden Radarinformationen, während vom Plot regelmäßig die Entwicklung der Lage gemeldet wurde und die Feuerleitgruppe immer auf dem Sprung war, um sofort auf jede unerwartete Veränderung zu reagieren ...«[69]

Angesichts dieser hochentwickelten, der gegnerischen Verteidigung technologisch überlegenen Waffensysteme und des Wissens um die Routen und Zeitpläne der japanischen Konvois, das man aus der Entzifferung des sogenannten »Maru-Codes« gewann,[70] liegt es auf der Hand, daß eine konzentrierte Operation gegen die japanische Handelsschiffahrt das Land von seinen Nachschubquellen im Süden abschneiden würde. Seine Kriegsmaschine wäre in relativ kurzer Zeit mit vergleichsweise wenigen Todesopfern zum Stillstand gebracht worden. Aber Nimitz' und MacArthurs Stäbe hatten den direkten Angriff im Auge, und Lockwood und Christie beugten sich ihrem Willen. Außerdem waren Tanker auf der Liste der bevorzugten Ziele zwar nach oben gerutscht, aber an der Spitze standen immer noch die Großkampfschiffe. Das war um so unsinniger, als in zwei Kriegsjahren noch kein japanisches Großkampfschiff von einem U-Boot versenkt worden war. Tatsächlich war nur ein einziges größeres Kriegsschiff einem U-Boot zum Opfer gefallen, der im August 1942 von S 44 versenkte Kreuzer *Kako.*

In den täglichen Lagebesprechungen bei Nimitz wurden die Operationen der von Lockwood vertretenen U-Boot-Waffe taktisch in die Pläne des Oberbefehlshabers eingepaßt. Man setzte die Boote weiterhin als Aufklärer der Flotte vor japanischen Flottenstützpunkten und Inselzielen ein. Hinzu kamen als neue Aufgaben Wetterbeobachtung, Fotoaufklärung potentieller Landungsplätze von Invasionstruppen und Rettung abgeschossener Flugzeugbesatzungen. Letzteres stellte sich als besonders wichtig heraus, denn den Streitkräften blieben dadurch ausgebildete Piloten erhalten, außerdem wurde die Moral der Truppe gestärkt. Im Südwestpazifik setzte MacArthur die U-Boote ebenfalls wie bisher für besondere Aufgaben ein. Der Handelskrieg wurde auf beiden Kriegsschauplätzen fast nebenbei geführt. Darüber hinaus wurden die U-Boote weiterhin gegen schwer zu fassende schnelle Verbände ausgeschickt. Es gab niemanden, der sich wie Dönitz für einen Tonnagekrieg gegen die leichtesten Ziele in den ergiebigsten Gewässern eingesetzt hätte. Dies überrascht um so mehr, als man nach den von den U-Booten gemeldeten Versenkungen annehmen mußte, daß die japanische Handelsflotte bereits auf rund die Hälfte ihrer Vorkriegsgröße geschrumpft war.

Die tatsächliche Versenkungsrate war um vieles kleiner, stieg aber an und genügte, um die Japaner zu beunruhigen. Im November 1943 wurden die zersplitterten örtlichen Eskortkommandos zur Vereinigten oder Großen Eskortflotte unter Admiral Koshiro Oikawa mit Hauptquartier in Tokio zusammengefaßt. Daß es fast zwei Kriegsjahre gebraucht hatte, bis die Japaner den Schutz der Handelsschiffahrt ernst nahmen, zeugt von der Ineffektivität in den Führungsstellen der amerikanischen U-Boot-Waffe, insbesondere was deren schleppende Reaktion auf die Torpedoversager als Wurzel des Problems betrifft. Es verweist aber auch auf die zusammenhanglose japanische Kommandostruktur und deren Fixierung auf die Entscheidungsschlacht. Selbst jetzt noch blieben die besten Zerstörer und die ehrgeizigsten Zerstörerkommandanten bei der großen Flotte. Oikawa konnte nur 15 ältere Zerstörer, einige wenige Kaibokans aus früheren Bauprogrammen und eine ungenügende Zahl von U-Boot-Jägern, Streifen- und Vorpostenbooten sowie umgebauten Minensuchern und Trawlern unter seinen Befehl bringen. Sie verfügten weder über Radar noch gab es eine Eskortdoktrin oder eine gründliche Ausbildung, um die einzelnen Schiffe, wie es die Alliierten taten, zu Gruppen zusammenzuschweißen. Von den wenigen Eskortschiffen hätten allerdings kaum welche für Ausbildungszwecke abgestellt werden können.

Zudem gab es nicht genügend Offiziere, die als Eskortkommandeure eingesetzt werden konnten. Daher reaktivierte man mit unterschiedlichen Resultaten ältere Kapitäne. Ein besonderer Schwachpunkt waren die Kommunikationsverbindungen sowohl zwischen den Schiffen als auch zwischen dem Eskortkommandeur und der Führungsstelle an Land. Im Dezember bekam die eigens für den Konvoidienst aufgestellte 901. Marineluftflottille zusätzliche Flugzeuge zugeteilt, aber die Kommunikationsprobleme zwischen Schiffen und Flugzeugen wurden nicht behoben. Wenn sie sich etwas mitteilen wollten, dann war dies nur über den Stützpunkt der Flugzeuge möglich.[71] Dies stand in scharfem Kontrast zu der einfachen Sprechfunkverbindung zwischen den Schiffen der alliierten Eskortgruppen und der zwischen amerikanischen Flugzeugen und U-Booten. Es war ein weiteres Symptom für die Kluft, die sich seit dem Angriff auf Pearl Harbor in der elektronischen und funktechnischen Entwicklung zwischen den USA und Japan geöffnet hatte. Die Japaner hatten sich kaum von der Stelle bewegt, während die amerikanische Industrie unter Mithilfe der britischen Wissenschaft geradezu vorwärtsgestürmt war.

Ein weiteres Zeichen für diese technologische Diskrepanz trat im Frühling 1944 zutage, als die ersten japanischen Eskortschiffe mit Radarempfängern ausgestattet wurden. Es waren simple Warngeräte, mit denen wie bei den ersten deutschen Modellen weder Entfernung noch Peilung der Sendestation bestimmt werden konnte.[72] Aktive Radargeräte wurden erst Ende 1944 verfügbar, erreichten dann aber kaum den Stand der ersten amerikanischen Geräte. Die Technische Mission der US Navy kam nach dem Krieg zu dem Schluß, daß die Japaner auf dem Gebiet von Funk, Radar und Sonar ein Opfer ihrer eigenen Machtfülle und Überheblichkeit geworden seien. Insbesondere die Erfolge der vor dem Pazifikkrieg durchgeführten Operationen in China hätten sie von der Überlegenheit ihrer Ausrüstung überzeugt. Erst nachdem sie tief in den Süden vorgestoßen seien, hätten sie die Notwendigkeit speziell konstruierter Bauelemente, der Anpassung an die Tropen und einer allgemein größeren Leistungsfähigkeit erkannt: »So begannen sich die japanischen Ingenieure im Sommer und Herbst 1943 mit der Konstruktion von Bauelementen zu beschäftigen, die den Bedingungen im Feld genügten. Am Ende des Krieges wurden immer noch keine Geräte produziert, die den neuen Anforderungen entsprochen hätten. ... Die Bauelemente ähnelten denen, die in den Vereinigten Staaten Anfang und Mitte der dreißiger Jahre für Amateurfunker verfügbar waren.«[73]

All diese Mängel, Knappheit an Eskortschiffen, fehlende Doktrin und Ausbildung, rückständige Technik, führten oft genug zu unauflöslicher Verwirrung.[74] Inzwischen ließ man einen Seeflugzeugträger und fünf Passagierschiffe in Geleitträger umbauen. Die ersten waren bereits in Dienst gestellt, wurden aber eingesetzt, um Flugzeuge nach Truk, Rabaul und zu anderen vorgeschobenen Stützpunkten zu bringen. Als sie Anfang 1944 bedeutendere Konvois zu begleiten begannen, wurden sie zu bevorzugten Zielen der amerikanischen U-Boote, und nur wenige von ihnen hielten sich lange auf See.

Für die japanischen U-Boote bedeuteten die fehlenden Radar- und Radarempfangsgeräte ein tödliches Handicap. Sie waren gegenüber Angriffen von Flugzeugen und »hunter-killer«-Gruppen jetzt ebenso schutzlos wie die deutschen U-Boote im Atlantik. Da die japanische Funkaufklärung nicht in der Lage war, die amerikanischen Aktionen vorauszusagen, konnten sie auch nicht defensiv in Hinterhalten aufgestellt werden. Als Nimitz am 19. November mit der Operation »Galvanic« die Landung auf den zu den Gilbert-Inseln gehörenden Atollen Makin und Tarawa startete, beorderte Vizeadmiral Takeo Takagi, der kurz zuvor Komatsu an der Spitze der 6. (U-Boot-)Flotte abgelöst hatte, ein RO-Klasse-Boot und acht I-Klasse-Boote in das Gebiet. Aber er dirigierte sie entweder als Antwort auf amerikanische Bewegungen oder um die Anwesenheit einer größeren Zahl von U-Booten vorzutäuschen so oft um, daß er sie bei der Überwasserfahrt unnötig gegnerischen Angriffen aussetzte und nur ein heilloses Durcheinander erzeugte – diesen Eindruck hatte zumindest Korvettenkapitän Nobukiyo Nambu, dessen Boot, I 174, eines von nur drei Booten war, die diesen Einsatz überlebten.[75]

Daß I 174 überlebt hatte, war allerdings ein Wunder. Zuerst war es vor dem grellen Suchscheinwerfer eines anfliegenden Flugzeugs unter Wasser geflohen. Als Nambu wieder auftauchte, sah er die Bugwelle eines mit großer Fahrt auf ihn zuhaltenden Zerstörers. Er ging wieder in den Keller, während die Brükkenwache wie in allen japanischen U-Booten an einer Metallstange in die Zentrale hinunterrutschte. Der nachfolgende Wasserbombenangriff legte die Stromversorgung lahm, und um den Trimm aufrechtzuerhalten und die Überflutung zu verhindern, wurde Wasser mit Eimern in andere Bootsabschnitte gebracht. Als am nächsten Tag die Grenze der Tauchdauer erreicht war, mußte Nambu auftauchen, um die Sache über Wasser auszutragen. Kaum hatte er das Luk geöffnet, als ein Flugzeug über dem Boot erschien und ihn wieder unter Wasser drückte. Als er nach einer Weile erneut auftauchte, war das Flugzeug zwar immer noch da, aber er konnte im Schutz eines Regenschauers entkommen. Nach der Rückkehr in den Stützpunkt erklärte er Vizeadmiral Takagi, ohne Radar und eine längere Tauchzeit sei es Selbstmord, in der Nähe von amerikanischen U-Boot-Abwehrkräften zu operieren. Takagi erwiderte im selben Geist wie Dönitz, daß die U-Boote auch dann ihre Rolle erfüllten, wenn sie nicht zurückkehrten.[76]

Das einzige U-Boot, das bei den Gilbert-Inseln einen Erfolg verbuchen konnte, war I 175 unter Korvettenkapitän Sunao Tabata. Es befand sich auf der Fahrt nach Makin, als am frühen Morgen des 24. November der Geleitträger *Liscome Bay* gesichtet wurde. Tabata konnte unentdeckt zum Angriff anlaufen und feuerte eine Salve ab. Ein Torpedo traf und sprengte das Bombenlager. Der Flugzeugträger wurde von heftigen Explosionen zerrissen und sank binnen 20 Minuten unter großen Verlusten an Menschenleben. Außer der *Liscome Bay* versenkten japanische U-Boote 1943 an wichtigen Kriegsschiffen nur noch drei Zerstörer und das U-Boot *Corvina,* das I 176 am 16. November vor dem Flottenstützpunkt von Truk vernichtet hatte. Es war das einzige amerikanische U-Boot, das während des Krieges von einem japanischen U-Boot versenkt wurde. Die Boote, die im Handelskrieg eingesetzt waren, zerstörten im Verlauf des Jahres 42 alliierte Schiffe mit zusammen 254 900 BRT, fast die Hälfte davon im Indischen Ozean. Im Gegenzug waren 27 U-Boote verlorengegangen, und obwohl gleichzeitig 37 neue Boote fertiggestellt wurden, war diese Quote alles andere als zufriedenstellend.[77]

Die Verluste der Amerikaner waren weitaus geringer gewesen. Bis zum Beginn der Operation »Galvanic« hatten die drei Flottillen jeweils nur vier Boote verloren. Was den größten Stützpunkt, Pearl Harbor, betraf, waren drei Boote höchstwahrscheinlich den Minenfeldern im Nordosten von Honshu zum Opfer gefallen,[78] während die *Wahoo*, wie erwähnt, vermutlich bei der Ausfahrt aus dem Japanischen Meer von einem Flugzeug versenkt wurde. Die Flottille war inzwischen durch neue Boote derart vergrößert worden, daß Lockwood in der Lage war, mit der Rudeltaktik zu experimentieren. Er reagierte damit auf eine Anweisung von Admiral King. Aber falls dieser an die von Dönitz entwickelte Taktik gedacht haben sollte – die zu dieser Zeit zum letzten Mal angewandt wurde –, dann ließ sich Lockwood davon nicht beeindrucken. Statt große Gruppen in langgestreckte Vorpostenstreifen zu dirigieren, um einen Geleitzug abzufangen und diesen von einem Fühlunghalter beschatten zu lassen, auf dessen Funkfeuer sich die anderen Boote einpeilen konnten, war das amerikanische Rudel eine auf engem Raum operierende Gruppe aus drei Booten unter dem Kommando eines auf einem der Boote mitfahrenden Gruppenführers. Da die Gruppen häufig durch Ultra zu den Zielen geführt wurden, bestand der Zweck der Gruppenbildung offenbar ebenso darin, Ziele aufzuspüren, wie darin, die Eskortschiffe durch einen koordinierten Angriff zu zersplittern und vom Konvoi abzuziehen.

Obwohl die Gruppentaktik bereits vor dem Krieg im Gespräch gewesen war, wurde sie später nicht angewandt, weil die Kommunikationsmittel nicht ausreichten und sowohl Kollisionen als auch Verluste durch befreundetes Feuer befürchtet wurden. Das Kommunikationsproblem war durch den TBS-Sprechfunk (»Talk Between Ships« – Gespräch zwischen Schiffen) und ein Funksystem mit Radarimpulsen gelöst, aber die Furcht vor Verwirrung und befreundetem Feuer blieb. Lockwoods Stabschef, Captain John »Babe« Brown, der im Juli 1943 die erste Dreiergruppe ins Japanische Meer geführt hatte, entwickelte deshalb eine Taktik, die anstelle eines Massenangriffs nach deutschem Vorbild eine festgelegte Abfolge von Angriffen vorsah. Zwei Boote sollten an den Flanken des Konvois zurückbleiben, während das erste Boot in den Konvoi eindrang, seine Torpedos abschoß und sich dann nach achtern zurückfallen ließ, um nachzuladen und beschädigte Schiffe und Nachzügler zu jagen. Gleichzeitig ging eines der Flankenboote zum Angriff über. Man hoffte, daß die diesem

Boot ausweichenden Schiffe dem anderen Flankenboot vor die Rohre liefen, das auf seiner Station geblieben war. Soweit die Theorie. Brown hatte zu ihrer Umsetzung in Pearl Harbor eine Ausbildungsstätte geschaffen, die bald allgemein »Convoy College« genannt wurde. Hier fanden wie in der Taktikschule von Gilbert Roberts in Liverpool Manöverspiele statt. Anschließend konnten die Gruppen bei Scheinangriffen auf Hawaii anlaufende amerikanische Konvois in der Praxis zeigen, was sie gelernt hatten.[79]

Die Schwierigkeiten bei der Kommunikation und der navigatorischen Koordination erwiesen sich jedoch trotz der ausgezeichneten Radargeräte als zu groß. Sie wußten selten, wo sich die anderen Boote befanden, und die Kommandanten der ersten Rudel sahen sich außerstande, die Manöver auszuführen. Sie hatten das Gefühl, als Einzelfahrer genauso viel oder mehr erreichen zu können. Außerdem hielten sie die Anwesenheit des Gruppenführers auf einem der Boote für überflüssig und fanden Dönitz' Methode, die Rudel von Land aus zu führen, effektiver. In der Planungsphase war diese Möglichkeit ausgeschlossen worden, weil man den Funkverkehr so weit wie möglich einschränken wollte, und Lockwood billigte diese Entscheidung. Bei den australischen Flottillen waren zwar keine festen Rudel gebildet worden, aber wenn es ihnen angebracht zu sein schien, schickten sowohl Christie als auch Fife Boote in aneinandergrenzende Operationsgebiete.

Nachdem Anfang 1943 der Maru-Code geknackt worden war, hatte man die halb private Verbindung zwischen Kryptologen und U-Boot-Führung institutionalisiert. Lockwoods Operationsoffizier, Commander Richard Voge, ging jetzt jeden Morgen um neun Uhr mit einer Karte, auf der die gekoppelten Positionen aller im Einsatz befindlichen U-Boote verzeichnet waren, bei der FRUPAC vorbei. Dort las er die entschlüsselten japanischen Funksprüche der vergangenen 24 Stunden durch und trug die Positionen und Routen aller bekannten japanischen Konvois auf seiner Karte ein. Darüber hinaus war eine Telefonstandleitung zwischen der FRUPAC und dem Hauptquartier des COMSUBPAC eingerichtet worden, um wichtige aktuelle Informationen sofort übermitteln zu können.

»Es gab Nächte«, schreibt Commander W. J. Holmes, von Anfang an der wichtigste Verbindungsmann zwischen Funkaufklärung und U-Boot-Stab, »in denen nahezu jedes amerikanische U-Boot im Zentralpazifik auf der Grundlage von Informationen operierte, die aus der Kryptoanalyse gewonnen worden waren.«[80] Dasselbe läßt sich für die langen Perioden, in denen der B-Dienst in Hochform war, auch von den deutschen U-Booten sagen. Der Unterschied war nur, daß die japanischen Dechiffrierer nicht in den amerikanischen Marineschlüssel eingebrochen waren und daher nicht wußten, wohin die U-Boote dirigiert wurden. Darüber hinaus wurden die Einpeilungen von U-Booten als so geheim eingestuft, daß sie nicht weitergegeben werden durften, so daß Konvois selten aufgrund aktueller Informationen umgeleitet wurden. Die japanische Funkaufklärung erstellte zwar jeden Monat eine genaue Karte mit den Positionen, an denen die amerikanischen U-Boote *gewesen* waren, aber über deren gegenwärtige Positionen konnten die Eskortkommandeure allenfalls Vermutungen anstellen.[81] Offenbar wurden die Funksprüche von torpedierten japanischen Schiffen ebenfalls als geheim behandelt; vielleicht war das Stabssystem auch nur weltfremd. Jedenfalls wurden die Warnungen vor Feindaktivitäten nicht an die betreffenden Eskortkommandeure weitergegeben. Also dampften Schiffe und Konvois häufig geradewegs in Gewässer, in denen erst kürzlich Schiffe versenkt worden waren.

In Vorbereitung auf die Operation »Galvanic« schickte Lockwood mehrere Boote vor den japanischen Flottenstützpunkt von Truk. Sie waren nicht als Rudel organisiert, aber er hatte Commander John Cromwell – der während der Fahrt zum Captain befördert werden sollte – mitgeschickt, um ein Rudel zu bilden und dessen Angriffe zu koordinieren, falls nach Beginn der Landungsoperation auf den Gilbert-Inseln ein japanischer Flottenverband in See stechen sollte. Cromwell war einer von Lockwoods Abteilungschefs und hatte in seinen Schichten als diensthabender Offizier im Lageraum die Gespräche über die Standleitung zur FRUPAC entgegengenommen. Er wußte also, was es von Ultra hinsichtlich der U-Boot-Aufstellung zu wissen gab, und er kannte die Pläne für die Operation »Galvanic«. Er schiffte sich auf der von Commander Fred Connaway kommandierten *Sculpin* ein, die am 5. November Pearl Harbor verließ und zwei Tage später, nachdem sie im Johnston-Atoll Treiböl nachgebunkert hatte, Kurs auf die östlich von Truk gelegenen Inseln Oroluk und Ponape nahm.

Am 16. November entschlüsselte die FRUPAC einen Maru-Funkspruch über einen Konvoi, der von Truk ostwärts zu den Marshall-Inseln fahren sollte. Holmes gab die Informationen über die Standleitung an Voge im SUBPAC-Lageraum weiter, der wiederum Connaway am Abend über Funk anwies, den Konvoi abzufangen. Zwei Nächte später hatte Connaway den Konvoi auf dem Radarschirm und schloß mit Höchstfahrt zu ihm auf, bevor er im Morgengrauen des 19. November tauchte und den Angriff einleitete. Sein Sehrohr wurde jedoch gesichtet; der Konvoi zackte auf ihn zu und zwang ihn, tiefer in den Keller zu gehen. Als Connaway annahm, daß die Schiffe über ihn hinweggefahren und hinter dem Horizont verschwunden waren, tauchte er wieder auf, um zu einem neuen Angriff anzulaufen. Nur drei Seemeilen achteraus wartete jedoch ein Zerstörer auf ihn, und er setzte sich wieder unter Wasser ab, während über ihm bereits die ersten Wasserbomben detonierten. Diesmal blieb er mehrere Stunden in der Tiefe und ging erst mittags auf Sehrohrtiefe. Während des Aufstiegs verklemmte sich die Anzeige des Tiefenmessers, und der Tauchoffizier ließ das Boot unabsichtlich durch die Oberfläche brechen. Der immer noch auf das U-Boot wartende Zerstörer griff an, bevor Connaway genügend Wasser über den Turm bekam. Das Boot wurde in einem Sturm aus Explosionen hin und her geworfen, die so dicht lagen, daß der Druckkörper verformt wurde, Tiefenruder und Steuerung ausfielen und Wasser ins Boot sickerte. Connaway hatte keine andere Wahl, als aufzutauchen und sich mit dem Deckgeschütz zu wehren.

Schon die ersten Salven des Zerstörers trafen die Brücke und den Geschützstand der *Sculpin*, töteten Connaway, den Artillerieoffizier und den Ersten Wachoffizier und zerfetzten die Hauptansaugöffnung der Dieselmotoren. Ohne die Möglichkeit zu fliehen, blieb dem höchsten überlebenden Offizier der *Sculpin*, Lieutenant G. E. Brown, nichts weiter übrig, als den Befehl zum Fluten und zur Aufgabe des Boots zu geben. Cromwell, der von den japanischen Verhörmethoden gehört hatte, sagte, daß er zuviel wisse und auf dem Boot bleiben werde. Die Bodenventile wurden geöffnet, und der größte Teil der Besatzung ging von Bord. Außer Cromwell nahm die *Sculpin* einen jungen Offizier, der wahrscheinlich den Tod der Grausamkeit des Feindes vorgezogen hatte, und zehn bereits vorher gefallene Besatzungsmitglieder mit sich in die Tiefe.[82]

An diesem Nachmittag meldete der Zerstörer *Yamagumo*, der 42 Überlebende an Bord genommen, einen Schwerverwundeten aber ins Meer zurückgeworfen hatte, die Versenkung eines U-Boots. Die Nachricht wurde von der FRUPAC entschlüsselt und ans SUBPAC-Hauptquartier weitergegeben. Dort wurde ihr jedoch wenig Beachtung geschenkt. Die angegebene Position lag zwar in dem Gebiet, in dem die *Sculpin* den japanischen Konvoi hatte abfangen sollen. Aber japanische Eskortschiffe nahmen nach fast jedem Angriff eine Versenkung für sich in Anspruch. Unruhig wurde man erst, als die *Sculpin* sich nicht meldete. Die Besorgnis nahm zu, als Lockwood die Anweisung an Cromwell funkte, am 29. mit zwei anderen Booten ein Rudel zu bilden, die entsprechenden Befehle aber nicht bei den Booten ankamen. Als vermißt und vermutlich gesunken wurde die *Sculpin* offiziell jedoch erst am 30. Dezember eingestuft. Nach dem Krieg berichteten Überlebende von Cromwells Entscheidung, auf dem Boot zu bleiben, und ihm wurde postum die Ehrenmedaille des amerikanischen Kongresses verliehen.

Als erster U-Boot-Fahrer war Anfang 1943 der Kommandant der *Growler*, Commander Howard Gilmore, mit dieser hohen Auszeichnung geehrt worden, ebenfalls postum. Gilmore war am 7. Februar über Wasser gegen ein Vorpostenboot angelaufen, hatte aber dessen Kurs nicht richtig gelesen und war bei großem Tempo mit ihm zusammengestoßen. Die *Growler* wäre fast gekentert, und als sie zurücksetzte, wurde die Brücke unter MG-Feuer genommen. Gilmore wurde verletzt, und zwei Mann starben. »Brücke freimachen!« rief er den überlebenden Wachen zu, und als der Erste Wachoffizier darauf wartete, daß er mit ihnen kam, donnerte er ihn an: »Bring sie runter!« Der Wachoffizier zögerte, gehorchte dann aber. Gilmore blieb auf der Brücke, während das Boot unter ihm wegtauchte. Die *Growler* überlebte und absolvierte noch sechs Feindfahrten. Nachdem sie einen Zerstörer, eine Fregatte, zwei Tanker und fünf weitere Schiffe versenkt hatte, ging sie im November 1944 ihrerseits verloren.

Die 41 Überlebenden der *Sculpin* wurden nach Truk gebracht und zehn Tage lang verhört. Dann schiffte man sie auf zwei Geleitträgern ein, der *Chuyo* und der *Unyo*, die Flugzeuge nach Truk gebracht hatten und jetzt zusammen mit dem leichten Träger *Zuiho* und einigen Geleitschiffen die Rückfahrt nach Japan antraten. Ein Funkspruch mit Angaben über den Kurs dieses Konvois wurde Ende November von der FRUPAC entschlüsselt. Voge setzte drei U-Boote auf den Konvoi an, die *Skate* vor Truk, die *Gunnel* vor Iwo Jima und die *Sailfish* vor Honshu. Die ersten beiden verfehlten den schnell fahrenden Konvoi, und als er sich in der Nacht des 3. Dezember Honshu näherte, wühlte ein Taifun das Meer auf.

Die *Sailfish* unter Lieutenant Commander R. E. M. Ward wurde nur wenige Meilen vor den Flugzeugträgern und ihrem Geleit aus Schweren Kreuzern und Zerstörern durch die See geschleudert. Die auf der Brücke an die Reling gegurteten Ausgucks spähten erschöpft und durchnäßt in das Tohuwabohu, konnten aber, auch wenn das Boot kurzzeitig auf einen Wellenkamm gehoben wurde, nicht mehr sehen als einen Regenschleier und die Gischt des nächsten auf sie zurollenden Brechers. In der roten Beleuchtung des Kommandoturms unter ihnen klammerte sich der Mann am Radargerät, so gut es ging, fest und versuchte, unter den Seegangsechos einen festen Kontakt auszumachen. Schließlich glaubte er, einen gefunden zu haben. Das Echozeichen bestätigte sich und wurde heller, wenn der Richtstrahl darüber hinwegstrich. Dahinter waren zwei, drei andere zu erkennen. »Kapitän in den Kommandoturm!« rief er. »Radarkontakt!«

Ward stieg die Leiter hinauf und überzeugte sich selbst, während die Feuerleitgruppe mit Peilung und Entfernung des nächsten Ziels – es waren noch 8200 Meter – den Plot erstellte. Ward gab dem Steuermann den Anlaufkurs, die vier Diesel beschleunigten auf große Fahrt, und die *Sailfish* begann sich durch die hohe See zu kämpfen. Unter diesen Bedingungen konnten die Ausgucks nichts sehen, und ein lehrbuchmäßiger Überwasser-Nachtangriff war ausgeschlossen. Also befahl Ward alle Mann auf Tauchstationen und brachte das Boot in 12

Meter Tiefe. Ein Nachtsehrohr mit eingebautem Radar gab es noch nicht. Seine Entwicklung war gerade erst in diesem Monat beschlossen worden, und für den operativen Einsatz sollte es erst im November 1944 zur Verfügung stehen.[83] Bei 12 Metern Tiefe ragte die Radarantenne jedoch ein gutes Stück über das hinaus, was unter normalen Bedingungen die Wasserlinie gewesen wäre, und Ward lief nach den Radarmessungen zum Angriff an. Um 0.12 Uhr, als das nächste große Ziel noch 1900 Meter entfernt war, feuerte er eine Salve aus seinen vier Bugrohren ab.

Der japanische Verband war vor U-Boot-Aktivitäten in diesem Gebiet gewarnt worden und hatte zunächst auch mit 18 Knoten ein Zickzackmuster ausgeführt. Als der Sturm zunahm, hatte man sich außer Gefahr geglaubt und den Zickzackkurs kurz nach Mitternacht aufgegeben. Nur Minuten später wurde die *Chuyo* von einem Torpedo getroffen. Ein zweiter könnte von der aufgewühlten See zur Explosion gebracht worden sein, denn Ward glaubte zwei Treffer gehört zu haben, während er vor einem Eskortschiff in die Tiefe ging, das nur knapp 400 Meter entfernt gewesen war, als er die Torpedos abschoß. Daß überhaupt ein Torpedo bei diesem Seegang Kurs und Tiefe gehalten hatte, sprach für die inzwischen erreichte Zuverlässigkeit des Standardtyps Mark XIV.

Ward ließ die Rohre in der Ruhe der Tiefe nachladen. Als er kurz vor zwei Uhr wieder auftauchte, war der Taifun immer noch nicht abgeklungen. Der Radarkontakt zu dem japanischen Verband war trotzdem bald wieder hergestellt; eines der größeren Radarechos war von den anderen abgefallen. Ward schloß so schnell er konnte – mit kaum 12 Knoten – an der Oberfläche zu dem Ziel auf, doch als gegen sechs Uhr die Nacht mit den ersten Anzeichen der Dämmerung zu Ende ging, war er immer noch zwei Seemeilen von dem Schiff entfernt. Er fuhr weiter heran, bis der Himmel im Osten hell zu werden begann, und feuerte aus 3000 Metern eine zweite Bugsalve ab, wiederum auf der Grundlage eines Radarplots. Dann zählte er die Sekunden der Laufzeit, bis aus der Richtung des unsichtbaren Ziels eine riesige Stichflamme über dem Horizont aufstieg und zwei Detonationen herüberdonnerten. Ward ging wieder in den Keller, um nachzuladen.

Die *Chuyo* war nach dem zweiten Angriff nicht mehr manövrierfähig, und die *Unyo* wurde ihr zu Hilfe geschickt, während die Zerstörer den Befehl erhielten, das U-Boot auszuschalten. Aber es war schon schwer genug, den angeschlagenen Flugzeugträger zu finden, und so konnte Ward, nachdem er nachgeladen hatte und wieder auf Sehrohrtiefe gegangen war, erneut angreifen. Um neun Uhr feuerte er aus 1600 Metern die dritte Salve auf den ohne Fahrt in den Wellen schaukelnden Träger ab, den er jetzt endlich auch zu Gesicht bekommen hatte. Wie die Torpedos die Zerstörung der *Chuyo* vollendeten, konnte er wegen des Seegangs jedoch nicht verfolgen. Über das Horchgerät waren gewaltige Bruchgeräusche zu vernehmen. Ward konnte nicht ahnen, daß mit der japanischen Besatzung des Trägers auch 21 Überlebende der *Sculpin* zu Tode kamen.

Die übrigen 20 Besatzungsmitglieder der *Sculpin* wurden von der *Unyo* in Japan abgeliefert und zu weiteren Verhören in ein Marinekriegsgefangenenlager in Ofuna gebracht, 160 Kilometer südlich von Yokohama. Ihre letzte Station waren die Kupferbergwerke von Ashio, wo sie nach dem Krieg halb verhungert gerettet wurden.

Die *Sailfish* wurde später bei einem plötzlichen Luftangriff schwer beschädigt, konnte aber provisorisch repariert werden und versenkte noch zwei Marus, bevor sie nach Pearl Harbor zurückkehrte. Lockwoods Begrüßung fiel ausgesprochen herzlich aus. Die *Chuyo* war zwar »nur« ein Geleitträger auf dem Rumpf eines 20 000 BRT großen Linienschiffs gewesen. Aber es war trotzdem der erste Flugzeugträger, der von einem amerikanischen U-Boot versenkt worden war. Und es war das erste große Kriegsschiff, das einem Flottenboot zum Opfer gefallen war; die *Kako* war von S 44, einem kleinen S-Klasse-Boot, versenkt worden. Lockwood gratulierte Ward zu »einer der hervorragendsten Patrouillenfahrten des Krieges«.[84] Ward wurde mit dem Navy-Kreuz und die *Sailfish* mit der Unit Citation des Präsidenten ausgezeichnet. Auch in Japan mußte man Wards Leistung anerkennen: Eine Analyse des Angriffs auf die *Chuyo* wurde an die U-Boot-Offiziere verteilt, um ihnen zu zeigen, was mit Mut, Ausdauer und Können erreicht werden konnte.[85] Doch dafür fehlte den japanischen Kommandanten das Radar; Ward hatte sein Ziel erst rund eine Stunde vor dem Abschuß der letzten Salve mit eigenen Augen gesehen.

Das dritte Wolfsrudel bestand aus der *Tullibee*, der *Haddock* und der *Halibut* und lief am 14. Dezember 1943 von Pearl Harbor aus. Die *Tullibee* und die *Haddock* hatten einen neuen grauen Profilanstrich. Er war das Ergebnis von Tarnexperimenten, die ein Kunstmaler der Navy-Reserve in diesem Sommer im Pazifik durchgeführt hatte. Galantins *Halibut* fuhr noch mit dem schwarzen Anstrich, mit dem die U-Boote den Krieg begonnen hatten, doch er sollte bald zum überzeugten Befürworter des neuen Farbmusters werden, bei dem die Seiten grau gestrichen waren, während die von oben zu sehenden horizontalen Flächen schwarz blieben. Ihm fiel nämlich auf, daß er von anderen Booten regelmäßig zuerst gesehen wurde.[86] Die *Halibut* ragte außerdem etwas höher aus dem Wasser als die anderen beiden Boote, weil diese in einem Teil der Hauptballastzellen 50 Tonnen zusätzliches Treiböl mit sich führten, um länger auf See bleiben zu können. War das Öl verbraucht, wurden die Leitungen umgesteckt und die Ballastzellen wieder ihrem ursprünglichen Zweck zugeführt.

Im Verlauf des Krieges wurden die meisten Flottenboote mit diesem System ausgestattet.

Nach den Erfahrungen der ersten beiden Rudel wurde kein separater Gruppenführer mehr auf See geschickt. Das taktische Kommando übernahm der dienstälteste Kommandant, in diesem Fall Lieutenant Commander Charles Brindupke von der *Tullibee.* Die übergroße Formalisierung der Angriffstaktik war jedoch nicht aufgegeben worden. Alle drei Kommandanten hatten das Convoy College durchlaufen und eine zweitägige Übung auf See gegen einen US-Konvoi hinter sich. Sie waren erpicht darauf, ihre Fähigkeiten zu erproben und ihre Vorgänger zu übertrumpfen. Es sollte ihnen nicht ganz gelingen, hauptsächlich weil Kriegsschiffe die wichtigsten Ziele blieben: Das Operationsgebiet befand sich bei den Marianen in der Nähe eines vorgeschobenen japanischen Stützpunkts auf Saipan und auf der Kriegsschiffroute zwischen Japan und Truk. Außerdem wurden die Boote aufgrund von Ultra-Informationen zu Kriegsschiffen dirigiert.

Nachdem sie in Midway Treiböl nachgebunkert hatten, geriet die Gruppe auf ihrer Fahrt nach Westen in heftige Stürme und hohe See, was ihre Geschwindigkeit auf fünf Knoten reduzierte und das Leben an Bord recht ungemütlich werden ließ. Die erste Ultra-Information erhielten sie am 2. Januar 1944, als sich das Wetter wieder beruhigt hatte. Brindupke stellte die Boote im Abstand von jeweils sechs Seemeilen über dem Kurs eines japanischen I-Klasse-Boots auf. Als es wie angekündigt erschien, lief es mit 15 Knoten auf geradem Kurs, aber die Mark-XIV-Torpedos, die Brindupke aus 2700 Metern abfeuerte, wurden von der Brückenwache des japanischen U-Boots rechtzeitig gesichtet, so daß es ausweichen und tauchen konnte. Als eine Woche später noch kein weiteres Ziel entdeckt worden war, berief Brindupke eine Besprechung auf seinem Boot ein. Die drei U-Boote kamen am festgelegten Treffpunkt zusammen; Galantin und Lieutenant Commander John Roach von der *Haddock* setzten in einem Schlauchboot zur *Tullibee* über und erörterten mit Brindupke das weitere Vorgehen der Gruppe. Es war die erste Besprechung dieser Art mitten auf dem Ozean und überhaupt das erste Mal, daß ein Kommandant sein Boot auf See verließ, ohne dazu gezwungen zu sein.

Im neuen Suchgebiet sichtete Galantin am Horizont das riesige Schlachtschiff *Yamato* und rief die anderen beiden Boote heran, aber bevor sie zum Angriff übergehen konnten, schwenkte das Schlachtschiff in der Abenddämmerung auf einen völlig neuen Kurs und verschwand. Später entdeckte Roach einen Verband mit zwei Flugzeugträgern, der jedoch so schnell herankam, daß er tauchen mußte, bevor er Kontakt mit den anderen Booten aufnehmen konnte. Er griff daher allein an und feuerte auf den größeren Flugzeugträger, verfehlte ihn jedoch und traf statt dessen die kleinere *Unyo* mit zwei Torpedos, die sich aber trotz schwerer Schäden nach Saipan retten konnte. Auf der *Halibut* wurde das Treiböl knapp, und Brindupke entließ Galantin, während er und Roach vor Saipan auf die *Unyo* warteten. Brindupke versenkte einen kleinen Netztender, aber die U-Boot-Abwehr war derart intensiv, daß die *Unyo* aus dem Stützpunkt entkam und unbehelligt in ihre Heimatgewässer geschleppt werden konnte. Da auch Galantin keinen Erfolg hatte verbuchen können, kehrte die Gruppe, die mit solchen Hoffnungen ausgelaufen war, mit dem schlechtesten Ergebnis aller bisherigen Rudel zurück: der Versenkung eines Tenders mit 500 BRT. Obwohl die Beschädigung des Geleitträgers natürlich auch einiges zählte.

Der Januar 1944 war trotz dieser Enttäuschung ein Rekordmonat: Die U-Boote versenkten 53 Marus mit zusammen über 280 000 BRT sowie drei kleine Kriegsschiffe; insgesamt verloren die Japaner Schiffe mit mehr als 350 000 BRT.[87] Das kam einer Katastrophe gleich. Admiral Oikawa hatte bereits vor einiger Zeit vorgeschlagen, die Hauptverbindung nach Süden zu schützen, indem man entlang der Kette der Ryukyu-Inseln einen gewaltigen Minengürtel bis nach Formosa legte und den gesamten Schiffsverkehr mit Singapur und dem ehemaligen Niederländisch-Indien hinter diese Barriere umleitete. Jetzt wurde dieser Plan gebilligt, und im Februar wurde damit begonnen, die Minen auszubringen.

Lockwood hatte unterdessen in Vorbereitung auf Nimitz' nächsten Vorstoß, die Eroberung der Marshall-Inseln, sechs U-Boote vor Truk stationiert. Sie dienten hauptsächlich als Aufklärer und sollten beobachten, ob ein Flottenverband aus dem Stützpunkt auslief. In diesem Fall hatten sie Anweisung, ihn erst anzugreifen, nachdem sie die Sichtung gemeldet hatten – obwohl das einen Angriff unmöglich machte. Admiral Koga wollte seine Flotte für die Entscheidungsschlacht aufsparen, die weiter westlich stattfinden würde, wo ihn größere an Land stationierte Luftstreitkräfte unterstützen könnten, und lehnte es daher ab, gegen das amerikanische Landungsunternehmen vorzugehen. Als die Marshall-Inseln Anfang Februar gesichert waren, ließ Lockwood auf Kwajalein einen vorgeschobenen Stützpunkt und ein Erholungslager für U-Boot-Fahrer einrichten. Die U-Boote nahmen unterdessen in Vorbereitung eines Flugzeugträgerangriffs auf Truk zusammen mit drei Booten aus Brisbane in einem Bogen westlich der Inselgruppe Aufstellung. Sie sollten Schiffe abfangen, die von dem Ankerplatz zu fliehen versuchten. Zwei Boote wurden, wie jetzt üblich, für Rettungsaufgaben näher an der Küste stationiert.

Unmittelbar westlich von Truk stand ein neues Boot in dem Abfangbogen, die *Tang*. Sie war das erste Kommando von Mortons früherem Ersten Wachoffizier, »Dick« O'Kane, von dem Morton gesagt hatte, er sei der tapferste Mann, den er je getroffen habe. Sofern überhaupt möglich, war seine Aggressivität seit dem Tod seines ehemaligen Kapitäns und seiner Kameraden von der *Wahoo* noch gesteigert worden.[88] Aber er war nicht nur aggressiv, sondern auch äußerst kompetent. Galantin, der früher mit ihm zusammen gedient hatte, beschrieb ihn später als »innovativen Nonkonformisten«, »den man in der Werft ruhig sich selbst überlassen konnte, wenn irgend etwas in aller Eile erledigt werden mußte«.[89] Diese Eigenschaften und die unschätzbaren Erfahrungen, die er unter Mortons Kommando hatte sammeln können, bildeten zusammen mit der verbesserten Technik die Grundlage, auf der O'Kane, was die Zahl der Versenkungen betrifft, zum erfolgreichsten amerikanischen U-Boot-Kommandanten des Krieges werden sollte.

Nach dem Flugzeugträgerschlag gegen Truk, dem die Flugstaffeln sowie die im Hafen liegenden Marinehilfsfahrzeuge und Handelsschiffe zum Opfer gefallen, die getauchten U-Boote aber entgangen waren, entdeckte O'Kane am 17. Februar mit dem Radar einen Konvoi und versenkte am Abend seinen ersten Maru als Kommandant. Die Sehrohrbeobachtungen hatte er – in dieser Hinsicht konventioneller als Morton und einige andere Kommandanten – selbst vorgenommen. Als nächstes spürte er nach einem Flugzeugträgerangriff auf Saipan am 22. Februar westlich der Insel erneut einen Konvoi auf, lief in der Nacht zum Angriff an und versenkte zwei weitere Frachter.

Die amerikanischen U-Boote waren inzwischen mit einem Torpedo-Bearing Transmitter (TBT – Torpedo-Peiltransmitter) für Überwasser-Nachtangriffe ausgerüstet, einem Nachtzielgerät ähnlich der deutschen UZO. Dafür wurde ein gewöhnliches Doppelglas in die Halterung geschoben, und wenn der Beobachter das Ziel im Visier hatte, drückte er auf einen Knopf, worauf unten im Kommandoturm die Peilung abgelesen wurde. Das Gerät war nicht so raffiniert wie die UZO, aber das war auch nicht nötig, denn bei einem Radaranlauf mußte es kaum mehr liefern als eine Bestätigung der Radarpeilung. Es konnte allerdings Bedeutung erlangen, wenn ein Eskortschiff ins Geschehen eingriff, das nicht auf dem Radarschirm verfolgt worden war.

O'Kane fand am 24. Februar den nächsten Konvoi und versenkte in der Nacht wiederum zwei Frachter, den zweiten bei einem Unterwasserangriff aus knapp 500 Metern. Bei der Rückkehr flatterten fünf kleine japanische Flaggen an seinem Sehrohr, die seiner Schätzung gemäß 42000 BRT repräsentierten. Nach dem Krieg stellte sich heraus, daß es nur die Hälfte war. Insgesamt versenkten die amerikanischen U-Boote im Februar Handelsschiffe mit über 250000 BRT, etwas mehr als im Januar. Zählte man die Versenkungen durch Trägerflugzeuge und andere Streitkräfte hinzu, kam man auf eine Zahl von über 500000 BRT.[90] Admiral Oikawa war über die Verluste höchst beunruhigt und hielt Schiffe in den Häfen zurück, um sie zu größeren Konvois zusammenzufassen. Bislang hatten die einzelnen Konvoikommandeure über deren Größe und Geleitschutz entschieden.[91]

U-Boote stellten die Hauptbedrohung des Schiffsverkehrs in den japanischen Heimatgewässern dar. Oikawa plante deshalb, die Konvoirouten auf einer Breite von 20 Meilen durch Flugzeuge freizuhalten, die mit einem neuen U-Boot-Detektor ausgerüstet waren. Dieses *Jikitanchiki* genannte Gerät konnte U-Boote anhand der Störung, den ihr Metallrumpf im Magnetfeld der Erde verursachte, bis in eine Tiefe von mehr als 120 Metern aufspüren. In bezug auf diese Technik hinkten die Japaner den Amerikanern kaum nach, deren magnetischer Anomaliedetektor (MAD – Magnetic Anomaly Detector) gerade erst zur Einsatzreife gelangt war. Sobald das *Jikitanchiki* eine magnetische Anomalie erfaßt hatte, leuchtete ein rotes Lämpchen auf, um den Piloten aufmerksam zu machen. Gleichzeitig wurde automatisch ein Streifen aus gefärbtem Aluminium abgeworfen. Der Pilot flog weiter in derselben Richtung, bis der Apparat beim Verlassen des Anomaliegebiets einen weiteren Aluminiumstreifen abwarf. Dann machte er kehrt, um in der Mitte zwischen den beiden Aluminiummarkierungen senkrecht zu seinem ursprünglichen Kurs über das Anomaliegebiet zu fliegen, wobei das *Jikitanchiki* an dessen Rändern zwei weitere verschiedenfarbige Aluminiumstreifen abwarf. Das U-Boot mußte sich in der Mitte des Dreiecks zwischen den ersten beiden Markierungen und dem zuletzt abgeworfenen Aluminiumstreifen befinden. Dabei war allerdings entsprechend der Flughöhe und der Geschwindigkeit die Drift der Aluminiumstreifen zu berücksichtigen. Dies geschah mit Hilfe einer Tabelle. Ein einziges Flugzeug konnte diese Prozedur in einer Viertelstunde abspulen. Zwei Maschinen waren in der Lage, ein U-Boot nahtlos zu verfolgen, was wegen der Knappheit an Flugzeugen und der erforderlichen Ausbildungszeit jedoch nur selten vorkam.

Das *Jikitanchiki* wurde in der Folgezeit schrittweise so weit verbessert, daß ein geübter Pilot, der sich zutraute, 12 Meter über der Wasseroberfläche zu fliegen, ein U-Boot bis in eine Tiefe von 240 Metern aufspüren konnte.[92] Die meisten amerikanischen Flottenboote wären in dieser Tiefe bereits von den Wassermassen zerquetscht worden. Für die neuesten Boote der *Balao*-Klasse bedeuteten 240 Meter die äußerste Grenze ihrer Belastbarkeit. Ihre Einsatztiefe war auf 120 Meter erhöht worden – eines der bestgehüteten Geheimnisse des Pazifikkrieges –, und die theoretische Höchsttiefe lag beim Doppelten der Einsatztiefe. Diese betrug bei den vorhandenen Booten 90 Meter.[93] Sobald ein U-Boot entdeckt war, warf der Pilot eine Wasserbombe ab und markierte die Stelle mit einem Signalfeuer. Dann versuchte er mit visuellen Mitteln ein Überwasserschiff herbeizuholen. Die Schwierigkeiten der Funkverbindung zwi-

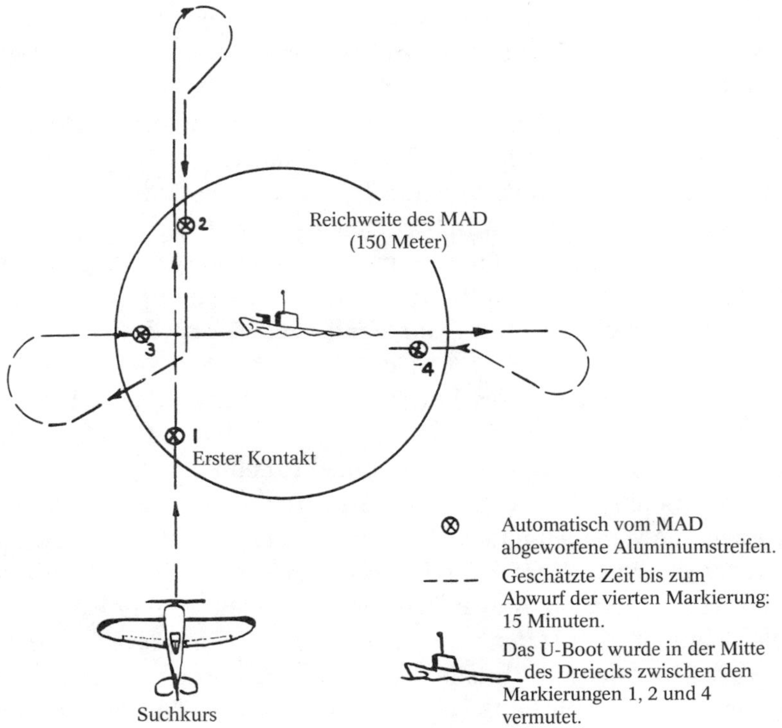

Flugbahn zur Ortung eines U-Boots mittels MAD

schen Flugzeugen und Schiffen beziehungsweise zwischen den Schiffen untereinander wurden bereits erwähnt. Außerdem gab es weder genügend mit dem *Jikitanchiki* ausgerüstete Flugzeuge noch ausreichend Treibstoff, um Oikawas Plan auszuführen, der im übrigen eine Verschwendung von Ressourcen bedeutete. Es hätte genügt, diese Flugzeuge entweder vor wichtigen Konvois fliegen zu lassen oder auszuschicken, wenn U-Boot-Aktivitäten gemeldet worden waren.

Eine weitere von den Japanern in dieser Zeit getestete Neuentwicklung für Flugzeuge war ein Torpedo, der 200 Meter vor einem getauchten U-Boot abgeworfen wurde, um dann in einer enger werdenden Spirale in die Tiefe zu sinken. Er erwies sich als Fehlschlag – was kaum überraschend ist, wenn man bedenkt, daß er einen Kontaktzünder besaß – und wurde bald aufgegeben. Die Flugzeuge benutzten für die U-Boot-Jagd weiterhin umgebaute 250-Kilogramm-Flugzeugbomben mit einem Zeitzünder. Er konnte so eingestellt werden, daß sie in

Tiefen von 80, 45 oder 12 Metern detonierten; letzteres gegen U-Boote, die in Sehrohrtiefe an einem Konvoi angetroffen wurden oder gerade erst getaucht waren, nachdem man sie an der Oberfläche gesichtet hatte. Man schätzte, daß die Bomben in einem Umkreis von 12 Metern explodieren mußten, um eine Versenkung zu erreichen. Kleinere Flugzeuge hatten 60-Kilogramm-Bomben an Bord, mit denen man einen direkten Treffer erzielen mußte.

Das größte Manko der japanischen Geleitschutzkräfte war das Radar. Die Überwasserschiffe sollten bald mit Empfangsgeräten ausgestattet werden, aber die Flugzeuge der 901. Marineluftflottille erhielten sie erst Ende des Jahres, und mehr als eine allgemeine Warnung war von ihnen, wie erwähnt, nicht zu erwarten. Aktive Radargeräte standen erst im Herbst 1944 zur Verfügung, und es dauerte bis zum Ende des Jahres, bevor sie in größerer Zahl eingebaut wurden. Diese Geräte konnten es tagsüber jedoch nicht einmal mit dem bloßen Auge aufnehmen, so daß die Flugzeuge sie nur nachts benutzten.[94]

Der von U-Booten verursachte Tonnageverlust der Handelsschiffahrt ging im März trotz dieser Mängel um über die Hälfte auf 121 000 BRT zurück. Im April verringerte er sich noch einmal auf 98 000 BRT. Dies lag zum Teil darin begründet, daß jetzt auf Oikawas Anweisung weniger, dafür größere Konvois fuhren und viele Schiffe in den Häfen zurückgehalten wurden. Vor allem aber lag es daran, daß Lockwood und Christie die Flottenoperationen unterstützen mußten, mit denen Nimitz im Rahmen der großangelegten Zangenoffensive nach Japan, deren zweiten Schenkel MacArthur bildete, nach den Palau-Inseln und den Marianen griff. Außerdem übten die Großkampfschiffe immer noch eine größere Anziehungskraft aus, nicht nur für die Stäbe von Lockwood und Christie, sondern auch für die Kommandanten selbst. So ließ John Scott von der *Tunny,* dessen brillanter Angriff auf drei Flugzeugträger im vergangenen Jahr durch Torpedoversager vereitelt worden war, am 29. März bei den Palau-Inseln – entgegen seinen Befehlen – eine ganze Reihe von Frachtern passieren. Für den nächsten Tag war ein Flugzeugträgerangriff geplant, und Scott hoffte, daß die seit dem Schlag gegen Truk in Palau stationierten Großkampfschiffe auslaufen würden. Tatsächlich sichtete er am Abend des 29. Kogas Flaggschiff, das Schlachtschiff *Musashi.* Aus 1800 Metern feuerte er eine Salve aus sechs Torpedos unter dem Schutzschirm der Zerstörer hindurch auf den Schiffsgiganten ab. Aber die Bahnen wurden auf einem der Zerstörer gesichtet. Durch Flaggen- und Lichtsignale gewarnt, konnte die *Musashi* rechtzeitig ausweichen und erhielt lediglich einen Treffer rechts vorn am Kettenkasten, der sie nur für drei Wochen außer Gefecht setzte.

Nach den Palau-Inseln nahmen sich die Flugzeugträgerverbände die 600 Meilen östlich gelegene Insel Woleai vor. Im Verlauf des Angriffs wurde die vor der Insel patrouillierende *Harder* unter Commander Samuel Dealey herbeigerufen, um einen abgeschossenen Piloten zu retten. Er wurde an einem Strand gefunden. Dealey wartete gefährlich nah an einem Riff, während einige Freiwillige mit einem Schlauchboot, das durch eine an Bord befestigte Leine gesichert war, die Brandung überwanden. Vom Himmel stießen immer wieder Marineflugzeuge zu dem Strand hinab, um die Japaner an der Küste in Schach zu halten und ihr Feuer zu unterdrücken. Zwei Wochen nach diesem ebenso kühnen wie erfolgreichen Rettungsunternehmen wurde die *Harder* von einem Zerstörer gejagt. Dealey wich ihm nicht aus, sondern erwartete ihn in Sehrohrtiefe, wie es Morton vorgemacht hatte. Als er nur noch 800 Meter entfernt war, schoß ihm Dealey eine Salve »in die Gurgel«. Sie schlug ein, als der Zerstörer mit hart herumgelegtem Ruder abzudrehen versuchte. Er wurde von den Explosionen förmlich zerrissen und war binnen weniger Minuten vom Meer verschwunden, während die bereits scharf gemachten Wasserbomben noch unter den in den Wellen treibenden Schiffbrüchigen detonierten. Dealeys Bericht wurde legendär: »Entfernung 800 Meter. Feuer eröffnet. Vier Torpedos und einen Jap-Zerstörer verbraucht.«[95]

O'Kanes *Tang* gehörte ebenfalls zu den über 20 U-Booten, die zur Unterstützung der Flottenoperationen abgestellt worden waren. Nachdem er vor den Palau-Inseln patrouilliert hatte, wurde er Ende April im Rahmen eines zweiten Luftschlages gegen Truk als Rettungsboot zu der Inselgruppe geschickt, wo er allein 22 der insgesamt 28 amerikanischen Flieger aus dem Meer fischte. Dabei befand er sich häufig innerhalb der Reichweite der japanischen Küstenbatterien, konnte sich aber darauf verlassen, daß die Marineflugzeuge nicht nur ihre abgestürzten Kameraden entdeckten, sondern auch das japanische Feuer erstickten. Deutlicher ließ sich die Effektivität der VHF-Sprechfunkverbindung zwischen U-Booten und Flugzeugen kaum demonstrieren.

Bei der Eroberung der Marshall-Inseln Anfang Februar waren den Amerikanern auf Kwajalein Dokumente in die Hand gefallen, die die FRUPAC auf Oikawas Minengürtel aufmerksam gemacht hatten. Lockwood schloß daraufhin das ergiebige Jagdgebiet des Ostchinesischen Meers als Einsatzraum für seine Boote aus, bis sichere Zufahrtswege gefunden waren. Die Folge war, daß trotz der zur Unterstützung von Flottenoperationen abgestellten Einheiten mehr einsatzbereite Boote als zu bewachende Konvoirouten vorhanden waren. Lockwood und Voge reagierten darauf zunächst, indem sie neue Wolfsrudel bildeten. Mitte April wurde dann ein Rotationssystem für die Patrouillenfahrten eingeführt: Die Boote wurden gruppenweise in Einsatzgebiete geschickt, die in Streifen mit zunehmendem Abstand von der Küste – und entsprechend abnehmender Aktivität – unterteilt waren, in denen sich die Boote etwa alle fünf Tage ablösten. Gegenseitige Angriffe bei diesen Wechseln wurden dadurch verhindert, daß die Boote bestimmten sicheren Routen folgten. Durch dieses System sollte jedes Boot den gleichen Anteil an Gefahren, Angriffsgelegenheiten und Ruhezeiten erhalten. Zusammen deckten sie das gesamte Seegebiet zwischen Japan und der Luzon-Straße ab. Weiter im Süden patrouillierten die jetzt 30 Boote aus Fremantle auf den Routen der von Borneo kommenden Tanker und im Südchinesischen Meer bis hinauf nach Saigon und Hongkong. Christie hatte seine Kommandanten im Januar 1944 widerstrebend angewiesen, die Magnetzünder zu deaktivieren, seine Niederlage jedoch erst im März nach eigenen Versuchen eingestanden und ihre Verwendung endgültig verboten.

Lockwood schickte mit seinen neuen Rudeln wieder einen separaten Gruppenführer auf See, zweifellos aus dem Gedanken heraus, daß die Kommandanten der einzelnen Boote nicht gleichzeitig angreifen und die Manöver der anderen beiden Boote leiten konnten, die sie nach dem formelhaften Muster des Convoy College ausführen mußten. Vor allem wegen der Kommunikationsschwierigkeiten, wenn die Boote unter Wasser gedrückt wurden, hatte Dönitz schon bald nach Kriegsbeginn davon Abstand genommen, einen taktischen Führer mit auf See zu schicken. Und da er nie an ein derart formalisiertes Angriffsmuster gedacht hatte, kam er auch nie auf den Gedanken, diese Entscheidung zu revidieren.

Die ersten beiden Rudel, die in die Luzon-Straße geschickt wurden, erzielten enttäuschend uneinheitliche Ergebnisse. Während das erste aus zwei Konvois sieben Schiffe mit zusammen gut 35 000 BRT vernichtete, konnte das zweite bei Angriffen auf vier Konvois nur ein Geleitschiff versenken und einen Frachter sowie einen Tanker beschädigen. Es zeigte sich wieder einmal, daß U-Boot-Erfolge im wesentlichen von der Qualität des Kommandanten abhingen, und ein Kommandant aus dem zweiten Rudel wurde wegen schwacher Leistungen seines Postens enthoben. Es bleibt jedoch der Verdacht, daß die Taktik selbst zu der schlechten Trefferquote beitrug, denn die japanischen Geleitschiffe konnten sich zwar kaum untereinander verständigen, waren aber durchaus in der Lage, den Funkverkehr zwischen den U-Booten mitzuhören. Die Konvoikommandeure konnten daher Kursänderungen vornehmen, die den ganzen Angriffsplan hinfällig machten, wenn sich die Flankenboote plötzlich am falschen Ende wiederfanden und das Angriffsboot hinter den Konvoi zurückgefallen war.[96] Dies und das starre System der nacheinander erfolgenden Einzelangriffe machten den Vorteil des Überraschungsmoments völlig zunichte.

Besonders nachts waren die amerikanischen U-Boote mit ihren Radargeräten den japanischen Geleitschiffen noch deutlicher überlegen als die deutschen Boote 1940/41, vor Einführung des Radars, den britischen Eskorten. Einzelne amerikanische Kommandanten hatten es bewiesen, vor allem Lieutenant Commander Walter Griffith, der Kommandant der in Fremantle stationierten *Bowfish*. Im Dezember 1943 hatte er unter zwei japanischen Konvois ein Gemetzel angerichtet, das stark an Kretschmers nächtliche Feuerwerksveranstaltungen erinnerte. Andere Kommandanten sollten es ihm nachtun. Bei den ersten Rudelangriffen konnte die technische Überlegenheit wegen des übervorsichtigen Vorgehens jedoch kaum zum Tragen kommen. Lockwood hätte sowohl in der Theorie als auch in bezug auf die Resultate einiges aus Dönitz' Angriffsphilosophie lernen können, die von seinen Assen so getreulich umgesetzt wurde: »In erster Linie angreifen, immer wieder angreifen; sich nicht abschütteln lassen; wird das Boot vorübergehend abgedrängt ...: wieder in der Generalrichtung des Geleitzuges hinterher, wieder Fühlung suchen, wieder ran! Angreifen!«[97]

Voge würzte seine Arbeit im Lageraum des SUBPAC-Hauptquartiers, indem er bei der Wahl von Decknamen seinen Humor spielen ließ: Einsatzgebiete hießen »Hit Parade«, »Convoy College« oder »Maru's Morgue« (Maru-Leichenhalle); Wolfsrudel wurden mit dem Namen des Gruppenführers und einer an diesen anklingenden kämpferischen Bezeichnung benannt. Im Mai wurden »Blair's Blasters« (etwa: Blairs Sprengmeister), zu denen die *Shark II*, die *Pintado* und die *Pilotfish* gehörten, unter dem taktischen Kommando von Captain Leon Blair, der auf der *Pintado* fuhr, in die Gewässer nordwestlich der Bonin-Inseln geschickt. Sie sollten von Japan kommende Truppentransporte und Versorgungskonvois für Saipan und die benachbarten Garnisonen abfangen, die auf der Hand liegenden nächsten Ziele des »Inselspringens«, die man bereits durch Flugzeugträgerangriffe zermürbt hatte. Einige allein fahrende U-Boote hatten in diesem Gebiet schon von Ultra angekündigte Transporterkonvois abgefangen. Als »Blair's Blasters« Ende Mai dort eintrafen, wurden sie von einem der Boote, der *Silversides*, an einen kleinen nordwärts fahrenden Konvoi herangeführt. Blair übernahm die Beschattung und stellte die beiden anderen Boote an den Flanken des Konvois auf. Die *Silversides* setzte sich in den Konvoi und verschoß ihre letzten beiden Torpedos. Sie verfehlten beide ihr Ziel, und der Konvoi zackte so scharf weg, daß die anderen Boote abgeschüttelt wurden. Sie schlossen jedoch in der Nacht zu ihm auf. Am frühen Morgen des 1. Juni lief Blairs Führungsboot, die *Pintado* unter Lieutenant Commander Bernard Clarey, zum Angriff an und versenkte einen mittelgroßen Frachter. Danach dirigierte Blair das Rudel zu einem nach Saipan fahrenden und deshalb bedeutenderen Konvoi, den die *Silversides* auf dem Rückmarsch zum Stützpunkt entdeckt hatte. Flugzeuge der japanischen 901. Marineluftflottille verhinderten den Angriff, aber die »Blasters« stießen auf einen zweiten nach Japan fahrenden Konvoi, und die *Shark II* unter Lieutenant Commander Edward Blakely versenkte einen kleinen Frachter. Bei der Verfolgung des Konvois nach Norden entdeckte die Gruppe einen weiteren Konvoi, den vierten in ebenso vielen Tagen. Wiederum setzte Blair seine Boote auf diesen wertvolleren, da nach Süden fahrenden Konvoi an.

Der für Saipan bestimmte Konvoi, der Tokio am 30. Mai verlassen hatte, bestand aus sieben Marus, drei zwischen 5600 und 7000 BRT großen Transportern mit insgesamt 7200 Soldaten und 22 Panzern an Bord und vier kleineren Schiffen von je 3000 BRT. Daß der Geleitschutz nur aus drei U-Boot-Jägern und einem Torpedoboot bestand, war ein Zeichen für die extreme Knappheit an Eskortschiffen. Immerhin transportierte er neben Truppenverstärkungen auch Flugbenzin. Es sagt darüber hinaus einiges über die mangelnde Kooperation von Nachrichtendienst und Konvoileitung oder vielleicht auch nur über die unzureichenden Kommunikationsmittel aus, daß trotz der Aktivitäten der *Silversides* und der anderen drei U-Boote so viele Konvois in das gefährdete Gebiet einliefen. Der Konvoi aus Tokio fuhr auf einem kreisförmigen Kurs zuerst nach Südwesten, dann nach Süden und schließlich nach Südosten in Richtung Iwo Jima, wo Maschinen der 901. Marineluftflottille stationiert waren. Am frühen Nachmittag des 4. Juni, einen Tag nach der ersten Sichtung, gelang es Blair, die *Pilotfish* vor dem Konvoi und die *Pintado* und die *Shark II* an den Flanken aufzustellen, und er gab den Angriffsbefehl. Der Eskortkommandeur, Fregattenkapitän Tadao Kuwahara, hatte die zwischen den U-Booten ausgetauschten Befehle und Bestätigungen mitgehört, und als seine Ausgucks ein Sehrohr vor dem Konvoi meldeten, befahl er eine Kursänderung. Die *Pilotfish* und die *Pintado* blieben hinter dem Konvoi zurück, die *Shark II* aber lag direkt auf seinem Kurs.[98] Blakely ergriff die Gelegenheit beim Schopf und versenkte einen der Transporter, der elf Panzer mit sich nahm und 2800 Schiffbrüchige im Wasser zurückließ.

Warum Blair in der Nacht keinen Überwasserangriff unternahm, ist unklar. Die japanischen U-Boot-Jäger besaßen kein Radar und waren vier Knoten langsamer als die U-Boote. Statt dessen stellte er die Boote am nächsten Morgen erneut zum Gruppenangriff auf. Kuwahara zackte wiederum auf die *Shark II* zu, und Blakely versenkte einen kleinen Frachter und einen weiteren Transporter mit elf Panzern und 3300 Mann an Bord. Beim dritten Lehrbuchangriff am 6. Juni erhielt Blairs Führungsboot die Gelegenheit zum Angriff, und Clarey erzielte einen Treffer auf einem kleinen zum Tanker umgebauten Frachter, der unter spektakulären Explosionen sank. Im anschließenden Durcheinander konnte er eine Stunde später erneut zum Angriff anlaufen und den letzten Truppentransporter des Konvois versenken. Blair behielt die Fühlung zu den beiden übriggebliebenen kleinen Frachtern mit ihren Eskortschiffen, bis Lockwood ihn am nächsten Tag zurückrief, weil Spruance befohlen hatte, das Gebiet zu räumen und die U-Boote für den Angriff auf Saipan und Guam aufzustellen.[99]

Die viertägige Operation hatte bewiesen, daß die im Convoy College in Pearl Harbor gelehrte Taktik funktionieren konnte: Der Konvoi war, als er dem Angriffsboot auswich, jeweils einem der Flankenboote vor die Rohre gelaufen. Angesichts des gewaltigen Vorteils, den die amerikanischen U-Boote nachts besaßen, stellt sich allerdings die Frage, ob nicht dasselbe Ergebnis erzielt worden wäre, wenn die Boote einzeln und bei jeder Gelegenheit angegriffen hätten. Nach dem starren Muster hatte jeweils nur ein Boot angegriffen, und die *Pilotfish* hatte nicht einen einzigen Torpedo abgeschossen. Aber wie dem auch sei: Die Geleitschiffe des japanischen Konvois konnten zwar 80 Prozent der Soldaten retten, die schließlich doch nach Saipan gebracht wurden, aber Waffen und Ausrüstung, einschließlich der Panzer, waren verloren.

In dieser Phase hatte die amerikanische U-Boot-Abwehrtechnik die japanischen U-Boote praktisch ausgeschaltet. Sie sahen sich wie die deutschen U-Boote im Atlantik einer gnadenlosen Verfolgung ausgesetzt. Es ging für sie nur noch ums bloße Überleben, denn von Angriffs- oder auch nur Aufkläreraktionen konnte nicht mehr die Rede sein. Während des Vorrückens der amerikanischen Flugzeugträgerverbände von den Gilbert- über die Marshall- und die Karolinen- zu den Palau-Inseln und jetzt zu den Marianen hatten sie keinerlei Nachrichtenmaterial geliefert und nur ein bedeutendes Kriegsschiff versenkt, den Geleitträger *Liscome Bay.* Das war kaum überraschend, denn die Amerikaner waren nicht nur technisch und zahlenmäßig überlegen, besonders in der Luft; sie besaßen auch die strategische Initiative. Die Japaner hatten einfach nicht genügend U-Boote, um jede eventuelle Vormarschroute abzudecken, zumal ein Drittel der vorhandenen Boote zur Versorgung abgeschnittener Inselstützpunkte eingesetzt war. Da die U-Boote bestenfalls zehn Prozent des Bedarfs der Garnisonen decken konnten, war dies eine nutzlose Kräfteverschwendung. Ihre eigene Lebenserwartung fiel jetzt, nachdem die deutsche U-Boot-Waffe im Atlantik geschlagen war und zusätzliche amerikanische »hunter-killer«-Gruppen in den Pazifik verlegt worden waren, rasch auf die der deutschen Boote. In den ersten vier Monaten des Jahres 1944 waren bereits 19 japanische U-Boote verlorengegangen, vier davon bei Versorgungsfahrten. Das war ein Viertel der zu Anfang des Jahres vorhandenen japanischen U-Boot-Flotte, und im Mai und Juni sollte sich die Verlustrate verdoppeln.[100]

Der Oberbefehlshaber der Vereinigten Flotte, Admiral Koga, war Ende März bei einem Flugzeugabsturz ums Leben gekommen, und Admiral Soemu Toyoda, der Anfang Mai seine Nachfolge angetreten hatte, hielt angesichts des Vormarschs der Amerikaner die Zeit der Entscheidungsschlacht für gekommen. Er gab den Operationsplan A – »A-Go« – heraus. Die amerikanischen Trägerverbände sollten in das Gebiet zwischen Neuguinea und den Philippinen gelockt werden, wo landgestützte Flugzeuge die numerische Unterlegenheit seiner neu aufgestellten Trägerverbände ausgleichen konnten. Diese wurden zusammen mit dem Hauptteil der Überwasserflotte bei Tawi Tawi zusammengezogen, einer zwischen Borneo und den südlichen Philippinen gelegenen Insel. Die U-Boote sollten wie üblich aufklären und Hinterhalte legen. Der Befehlshaber der 6. Flotte, Takagi, der sein Hauptquartier von Kure an die Bucht von Hiroshima verlegt hatte, nachdem die Verteidigungsanlagen von Truk bei den Flugzeugträgerangriffen in Trümmer gelegt worden waren, schickte seine großen I-Klasse-Boote in Einsatzgebiete bei den Marshall-Inseln und den östlichen Karolinen. Die mittelgroßen RO-Klasse-Boote des 7. U-Boot-Geschwaders, die weiterhin in Truk stationiert waren, sollten im sogenannten NA-Streifen Aufstellung nehmen, einem Aufklärungsstreifen, der 130 bis 300 Seemeilen von den Admiralitätsinseln entfernt begann und sich in nordöstlicher Richtung durch die Gewässer südlich der Karolinen erstreckte. Hier vermutete man den Aufmarsch der amerikanischen Verbände für den erwarteten Stoß gegen die Palau-Inseln oder die südlichen Philippinen. Außerdem waren die Boote beider Gruppen weiterhin für Versorgungsfahrten vorgesehen.[101] Sie liefen vom 9. Mai an von ihren Stützpunkten aus, und als sie ihre Einsatzgebiete erreichten, wurden sie von Toyoda in Nelsonscher Manier angefeuert: Das Schicksal des Kaiserreichs hänge von der bevorstehenden Schlacht ab; jeder müsse jetzt seine Pflicht erfüllen und mit allen Kräften für den Sieg kämpfen.[102]

Am 16. Mai wurde I 176 während einer Transportfahrt von Truk nach Buka, der nördlichsten Salomon-Insel, von einer durch ein Patrouillenflugzeug herbeigerufenen amerikanischen Zerstörer-Abteilung versenkt. Die japanischen Funker in diesem Gebiet hörten den Funkverkehr der Zerstörer mit, und ihre Meldungen landeten schließlich im Hauptquartier der 6. Flotte. Am nächsten Tag fing die japanische Funkaufklärung eine weitere Sichtmeldung eines Patrouillenflugzeugs auf. Diesmal war ein U-Boot an seiner Position im NA-Streifen entdeckt worden. Takagi reagierte sofort, indem er den gesamten Streifen 60 Seemeilen nach Südosten verschob. Der Funkspruch an die Boote wurde wiederum von den Amerikanern aufgefangen. Nach zwei Tagen hektischer Arbeit hatte die FRUPAC die neuen Positionen entschlüsselt, und der für unabhängige U-Boot-Abwehroperationen zuständige Offizier im CINCPAC-Hauptquartier schickte eine auf den Salomon-Inseln stationierte »hunter-killer«-Gruppe aus drei neuen Geleitzerstörern auf die Jagd.[103]

Die Gruppe unter Commander Hamilton Hains, dem Kommandanten der *George,* verfolgte gerade I 16. Es sollte Nachschub von Truk zur abgeschnittenen Garnison von Buin auf Bougainville bringen. Am Nachmittag des 19. Mai wurde das Boot vom Sonar der *England* unter Lieutenant Commander W. B. Pendleton erfaßt, der sich sofort in Position brachte und das U-Boot mit Hedgehog-Salven angriff. Kurz nach der fünften Salve wurde die *England* von einer heftigen Unterwasserexplosion angehoben, und Öl und Trümmer schossen aus dem Wasser empor. Es war nicht der erste erfolgreiche Hedgehog-Angriff im Pazifik. Drei Monate vorher war I 175, das Boot, das die *Liscome Bay* versenkt hatte, einem zum Opfer gefallen.

Anschließend wandte sich die Zerstörer-Gruppe dem Nordende des verschobenen NA-Streifens zu und ortete am frühen Morgen des 22. Mai ein aufgetauchtes U-Boot. Es ging in den Keller, als die Zerstörer näherkamen, und die *George* lief als erste zum Angriff an. Als er ohne sichtbares Ergebnis blieb, folgte die *England,* auf der man das U-Boot, RO 106, ebenfalls mit dem Sonar erfaßt hatte. Mit der ersten Hedgehog-Salve erzielte sie einen Treffer, der das Boot explodieren ließ. Die Zerstörer drehten nach Südwesten ab und erwischten am nächsten Tag, dem 23., das zweite Boot im NA-Streifen an der Oberfläche, RO 104. Nachdem es weggetaucht war, wurde es von der *George* und dem dritten Zerstörer, der *Raby,* erfolglos mit Wasserbomben belegt. Hains rief daraufhin erneut Pendleton auf den Plan, der das Boot mit der zweiten Hedgehog-Salve vernichtete. Die Gruppe arbeitete sich weiter nach Süden vor und hatte am frühen Morgen des 24. zum drittenmal ein aufgetauchtes U-Boot auf dem Radarschirm, RO 116, das vierte Boot im NA-Streifen. Es tauchte, als die U-Boot-Jäger anliefen, aber die *England* hielt den Sonarkontakt aufrecht, und schon die erste Hedgehog-Salve führte zum Erfolg. Am nächsten Tag wurde die Gruppe zum Nachbunkern von Treiböl beordert, während eine Geleitträgergruppe an ihrer Stelle die Jagd fortsetzte. Auf der Fahrt nach Süden stießen die Zerstörer am 26. um 23 Uhr auf ein weiteres aufgetauchtes U-Boot, das am Südende des NA-Streifens postierte RO 108. Es tauchte, und Hains schickte die *Raby* zum Angriff vor. Aber sie verlor den Kontakt, und so war es wiederum Pendleton überlassen, das U-Boot zu zerstören.

Nachdem sie Treiböl und Wasserbomben übernommen hatte, kehrte die Gruppe in den NA-Streifen zurück und schloß sich am 29. Mai der Trägergruppe an. Am nächsten Tag bekam ein Zerstörer Sonarkontakt mit einem getauchten U-Boot, RO 105, dem, von Norden gezählt, dritten Boot in der Reihe. Es war an seiner Position geblieben, obwohl seine Nachbarboote verschwunden waren. Die *George* und die *Raby* griffen an, aber der japanische Kommandant wich ihnen bis zum Morgen des 31., als sich ein Zerstörer der Trägergruppe den

Jägern anschloß, geschickt aus. Schließlich wurde Pendleton, der sich bisher hatte heraushalten müssen, ins Rennen geschickt. Die *England* lief an, nahm das U-Boot mittels Sonar ins Visier, warf eine Hedgehog-Salve, und Sekunden später wurde das Meer vor dem Zerstörer von einer gewaltigen Unterwasserexplosion aufgeschäumt. RO 105 war innerhalb von nicht einmal zwei Wochen das sechste Opfer der *England.* Damit erreichte sie als einzelnes Schiff, was Walkers 2. Unterstützungsgruppe früher im Jahr im Atlantik als Team gelungen war. Admiral King funkte aus Washington: »Es wird immer einen England in der United States Navy geben!«[104] Der Zerstörer war nach einem Ensign benannt worden, der beim Angriff auf Pearl Harbor ums Leben gekommen war.

Die weitgehende Ausschaltung von Takagis NA-Streifen hatte die technische Überlegenheit der amerikanischen über die japanische U-Boot-Abwehr demonstriert. Sie wurde wenige Tage später erneut unterstrichen. Japanische Zerstörer griffen Dealeys *Harder* an. Dealey war im Rahmen des Angriffsplans gegen die Marianen vor dem Ankerplatz der Vereinigten Flotte in Tawi Tawi aufgestellt worden. Zusätzlich sollte er von der nahen Nordostküste Borneos eine Gruppe australischer Nachrichtendienstoffiziere abholen. Auf der Fahrt dorthin erschien in der Nacht des 6. Juni zwischen Tawi Tawi und der Insel Sibutu ein kleiner Konvoi auf seinem Radarschirm. Er lief über Wasser um den Konvoi herum, wurde aber von einem der beiden Geleitzerstörer entdeckt und machte kehrt, um ihm zu entkommen. Aber der Zerstörer war schneller und holte auf. Dealey ging auf Sehrohrtiefe, schwenkte hart nach Backbord und ließ die Hecktorpedorohre klarmachen. Als der Japaner knapp vier Minuten später bis auf 1000 Meter heran war, gab er Feuerbefehl. Der letzte Torpedo hatte gerade das Rohr verlassen, als das Boot von zwei nahegelegenen Explosionen erschüttert wurde. Durchs Sehrohr erkannte Dealey, daß der Zerstörer am Bug und mittschiffs getroffen worden war und zu sinken begann. Das Heck richtete sich steil auf, so daß die Wasserbomben zur brennenden Brücke rollten und explodierten. Zwei Minuten später war nichts mehr von dem Schiff zu sehen.

Dealey tauchte auf und jagte dem Konvoi hinterher, wurde aber in der mondhellen Nacht von dem anderen Zerstörer gesichtet und mußte wieder in den Keller. Der Zerstörer fuhr im Zickzack auf ihn zu, und keiner der sechs Bugtorpedos der *Harder* traf. Dealey mußte hastig in die Tiefe flüchten. Der nachfolgende Angriff hielt ihn mehrere Stunden unter Wasser, so daß er den Kontakt zu dem Konvoi verlor. Als am nächsten Morgen ein weiterer Zerstörer erschien, nahm Dealey Kurs auf ihn, bis dieser offenbar sein Sehrohr entdeckt hatte, denn er fuhr wie der vorige Zerstörer im Zickzack auf ihn zu. Dealey ließ ihn auf 600 Meter herankommen, machte die letzten Beobachtungen und gab schließlich in dem Augenblick, in dem das Schiff in die nächste Bahn zackte, den Feuerbefehl. Die Druckwelle und das Donnern der ersten Detonation konnte man überall an Bord spüren und hören. Es folgten zwei weitere und dann eine dritte, die derart heftig war, daß Dealey annahm, die Munitionskammer müsse explodiert sein. Eine Minute später war der Zerstörer verschwunden.[105]

Zum Jubeln war jedoch keine Zeit, denn hohe Schraubengeräusche kündigten einen weiteren Zerstörer an, und Dealey brachte das Boot in die Tiefe. Er zählte 17 Wasserbomben, von denen jedoch keine dicht am Boot explodierte. Später erschienen noch mehr Zerstörer, die offenbar aus dem Flottenstützpunkt herbeigerufen worden waren. Acht Jäger durchkämmten schließlich in einer Linie das Gebiet. Dealey blieb in der Tiefe, tauchte nach Einbruch der Dunkelheit auf und nahm wieder Kurs auf den Treffpunkt an der Küste von Borneo. Dort nahm er die Australier an Bord und kehrte dann in sein Patrouillengebiet vor dem Flottenankerplatz zurück. Hier sichtete er am 9. Juni zwei Zerstörer. Da die Sonne gerade erst untergegangen war, kam ein Überwasserangriff nicht in Frage. Dealey lief daher unter Wasser an. Als der erste Zerstörer nur noch 1000 Meter entfernt war und sein Heck sich mit dem Bug des zweiten Zerstörers deckte, so daß beide Schiffe ein einziges Ziel bildeten, schoß er vier Torpedos ab. Er verfolgte ihre Bahnen durchs Sehrohr: Der erste Torpedo lief vor dem Bug des Zerstörers vorbei, aber die beiden nächsten trafen, und der vierte jagte am Heck des ersten Zerstörers vorbei auf den zweiten zu. Wenige Augenblicke später sah er durch den vom ersten Schiff aufsteigenden Rauch eine gewaltige Explosion, die sein Boot zum Schaukeln brachte. Kurz darauf schoß unter der Brücke des zweiten Ziels eine ebenso gigantische Feuersäule empor. Bald darauf war nichts mehr von den Zerstörern zu sehen, und sowohl Dealey als auch sein Erster Wachoffizier waren überzeugt, beide versenkt zu haben; nach dem Krieg stellte sich jedoch heraus, daß nur einer der Zerstörer gesunken war.[106]

Am nächsten Nachmittag kündigten verstärkte Aktivitäten und Rauchwolken am Liegeplatz und die größere Zahl von Flugzeugen am Himmel eine bedeutende Flottenbewegung an. Tatsächlich tauchten bald darauf zwei Schlachtschiffe, mehrere Kreuzer und Geleitzerstörer auf. Dealey identifizierte das am nächsten fahrende Schlachtschiff aus acht Seemeilen Entfernung zutreffend als eines der gigantischen *Yamato*-Klasse. Gleichzeitig wurde sein Sehrohr oder der dunkle Umriß des Bootes von einem Flugzeug gesichtet, denn ein Zerstörer drehte aus dem Geleit ab und hielt auf die Stelle zu, an der das Flugzeug eine Rauchpatrone abgeworfen hatte. Dealey wendete in Richtung des anlaufenden Zerstörers und ließ die Torpedos für einen Schuß »in die Gurgel« klarmachen.

Diese Taktik ist wegen der Gefahr, nach einem Fehlschuß in seichten Gewässern gestellt zu werden, gelegentlich als russisches Roulett bezeichnet worden. Sie erforderte gewiß gute Nerven und einen klaren Kopf, aber nach den vorliegenden Akten scheint ein Fehlschuß selten tödlich gewesen zu sein. Dealey verfehlte jedenfalls sein Ziel, obwohl er, während das Boot abtauchte, Detonationen und die Geräusche eines berstenden Schiffs hörte und wie jeder andere an Bord glaubte, er hätte eine weitere »Konservendose« versenkt. Den japanischen Akten zufolge ging jedoch zu diesem Zeitpunkt kein Zerstörer verloren. Die *Harder* mußte in der Tiefe schreckliche Schläge über sich ergehen lassen – vermutlich von den Wasserbomben eines anderen Zerstörers, dessen Schraubengeräusche der Horcher kurz vor dem Abschuß der Torpedos gemeldet hatte. Das Boot überstand die Prüfung, auch wenn Dealey es fast wie ein Wunder erschien.[107]

Eskortschiffen »in die Gurgel« zu schießen, war zu einer verbreiteten Angriffsmethode geworden. Lieutenant Commander William Post von der *Gudgeon* hatte sie früher im Jahr gegen Zerstörer aus dem Geleit des beschädigten Flugzeugträgers *Unyo* zweimal an einem Tag angewandt, beide Male erfolglos. Die Vorteile waren dennoch nicht nur auf seiten der Zerstörer gewesen. Ein Zerstörer, der mit 25 Knoten anlief, war zwar in 45 Sekunden über der Feuerposition eines U-Boots, das wie Post bei seinem zweiten Schuß aus einer Entfernung von nur 700 Metern gefeuert hatte. Aber bei dieser Geschwindigkeit war sein Sonar unbrauchbar, und da die amerikanischen Torpedos schwallos ausgestoßen wurden, konnte der Kommandant des Zerstörers nur anhand der letzten Sichtung des Sehrohrs oder der Blasenbahnen der Torpedos – sofern sie zu sehen waren – darauf schließen, wo er seine Wasserbomben abwerfen sollte. Darüber hinaus drehte er in der Regel ab, um den Torpedos auszuweichen, so daß er aus einer anderen Richtung auf den vormaligen Standort des U-Bootes zulief. Schüsse »in die Gurgel« waren daher wohl weniger eine Version des russischen Rouletts als vielmehr eine praktische Anwendung des Lehrsatzes, dem zufolge Angriff die beste Verteidigung ist. Denn ein getauchtes U-Boot hatte die Initiative verloren und konnte geortet und angegriffen oder, wie die *Puffer*, so lange unter Wasser gedrückt werden, bis die Luft verbraucht war. Die Folgen eines Schusses »neben die Gurgel« scheinen kaum gefährlicher gewesen zu sein. Post schrieb jedenfalls: »Bin froh, berichten zu können, daß es nicht viel schlimmer ist als die übliche Abreibung.«[108]

Dealey tauchte nach überstandenem Wasserbombenangriff am Abend auf, um die Einheiten zu zählen, die am Ankerplatz zurückgeblieben waren. Nachdem er ihre Zahl und das Auslaufen des Flottenverbandes gemeldet hatte, »rotierte« er in einen weniger aufregenden Abschnitt des Einsatzgebietes, während die *Redfin* seine Position vor Tawi Tawi einnahm. Es war höchste Zeit, denn Dealey war offenbar am Ende seiner Kräfte. Sein Erster Wachoffizier, Lieutenant F. Lynch, hatte ihn einmal in einer Art leichtem Schockzustand angetroffen, unfähig, Entscheidungen zu treffen. Zudem schien er die Maßnahmen der japanischen U-Boot-Abwehr nach Lynchs Beobachtung auf die leichte Schulter zu nehmen.[109] Es war seine fünfte Feindfahrt mit der *Harder*.

Die fünf Zerstörer, die man ihm anrechnete – und es steht durchaus nicht fest, daß es nicht doch fünf gewesen sind, denn die japanischen Akten sind bekanntermaßen unvollständig –, und ein sechster, den er auf der vorigen Fahrt versenkt hatte, trugen Dealey den Spitznamen »der Zerstörer-Killer« ein. Sein Flottillenchef, Christie, schloß seinen Kommentar zu Dealeys Operationsbericht mit dem Wort »epochemachend«.[110] Dealey hatte in der Tat eine Leistung vollbracht, die der von Pendleton in nichts nachstand, doch sie hatte ihn erheblich mehr Nerven gekostet. Aber wie David Wanklyn, Engelbert Endraß und viele andere Asse aus allen Marinen, die die Grenzen ihrer Kraft erreicht hatten, ohne es wahrzunehmen, bestand auch Dealey darauf, wieder hinauszufahren.

Seine nächste Feindfahrt führte ihn im August als Führer eines Wolfsrudels in die Nähe der Philippinen. In den frühen Stunden des 22. versenkten die *Harder* und die *Haddo* unter Lieutenant Commander Chester Nimitz, dem Sohn des Admirals, in der Bucht von Manila drei Kaibo-kans. Dann wandte sich die Gruppe nach Norden, und am nächsten Tag schoß Nimitz einem Zerstörer erfolglos »in die Gurgel«, traf aber einen zweiten. Dealey glaubte, der beschädigte Zerstörer sei in die Dasol-Bucht unterhalb der Zufahrt zum Golf von Lingayen geschleppt worden, und legte sich zusammen mit einem anderen Boot der Gruppe vor der Bucht auf die Lauer. Aber er wurde am nächsten Tag, dem 24. August, entdeckt. Ein Zerstörer und ein für die U-Boot-Abwehr mit Sonar und Wasserbomben ausgerüsteter Minensucher liefen aus, um ihn zu jagen. Der Zerstörer machte bald wieder kehrt, aber der Minensucher forschte weiter mit zirpendem Sonar nach dem U-Boot. Er ortete die *Harder* in den seichten Gewässern und belegte sie um 7.28 Uhr mit 15 Wasserbomben, deren Explosionen Öllachen und Trümmer aus dem Innern des Bootes an die Oberfläche beförderten. Der Verlust von Sam Dealey war für die amerikanische U-Boot-Waffe ein ähnlicher Schlag wie der Verlust von Morton im vergangenen Jahr. Ihm wurde postum die Ehrenmedaille des Kongresses verliehen.

In der Zwischenzeit hatte Spruance am 8. und 9. Juni die 5. Flotte mit sieben Flotten- und acht leichten Flugzeugträgern von den Marshall-Inseln aus nach Westen in Marsch gesetzt, um die japanischen Stützpunkte auf den Marianen, vor allem auf Saipan und Guam, anzugreifen. Weder die Flotte noch die zahlreichen Truppentransporter waren von den wenigen U-Booten der 6. Flotte gesichtet worden, die Takagi als Aufklärer ausgeschickt hatte. Am 11. Juni eröffneten die Flugzeugträger den Angriff auf die Marianen, und am 13. hatten sie sich die Luftherrschaft über der Inselgruppe erkämpft. Jetzt endlich begriffen Toyoda und der japanische Marinestab, daß es sich um einen echten Angriff handelte und nicht nur um ein Ablenkungsmanöver. Sie gaben grünes Licht für die »Operation A«, die zur Entscheidungsschlacht führen sollte. Vizeadmiral Jisaburo Ozawa, der Befehlshaber der 1. Mobilen Flotte, zu der neben Schlachtschiffen, Kreuzern und Geleitzerstörern fünf Flotten- und vier leichte Flugzeugträger gehörten, lief noch am selben Vormittag von Tawi Tawi aus. Die *Redfin,* die die *Harder* im Patrouillengebiet vor dem Ankerplatz abgelöst hatte, sah die Flotte herauskommen, konnte aber nicht zu ihr aufschließen. Außerdem hatte sie Anweisung, zuerst Meldung zu erstatten. Wegen der massiven Luft- und Überwasseraktivitäten konnte sie jedoch erst am Abend auftauchen, um die Meldung abzusetzen.

Ozawa dampfte nordwärts durch die Sulu-See, schlängelte sich durch den philippinischen Archipel und lief am 15. Juni durch die San-Bernardino-Straße südlich von Luzon in die Philippinen-See ein. Dort wurde der Verband von der *Flying Fish* gesichtet, die ihm auf seinem Ostkurs folgte und am Abend Sichtmeldung erstattete. Am selben Abend entdeckte die *Seahorse* 180 Seemeilen weiter südlich und 200 Seemeilen östlich einen nordwärts fahrenden Flottenverband, meldete die Sichtung und nahm die Beschattung auf. Es war der von den Superschlachtschiffen *Yamato* und *Musashi* angeführte Verband, dessen Auslaufen Dealey am 10. Juni beobachtet hatte und der jetzt auf dem Weg war, um sich mit Ozawas Flotte zur Entscheidungsschlacht zu vereinen.

Die Invasion von Saipan hatte an diesem Morgen begonnen, und bis zum Abend waren 20000 Mann an Land gestürmt. Admiral Takagi, der das Hauptquartier der 6. Flotte einige Zeit zuvor von Kure nach Saipan verlegt hatte, versuchte seit Beginn der Luftangriffe, seine Boote östlich der Insel in Vorpostenstreifen über dem Vormarschweg der Amerikaner aufzustellen. Jetzt schickte er ihnen einen weiteren Funkspruch, um sie an ihre Pflicht zu erinnern: »Dies ist der kritische Augenblick, in dem die Entscheidungsschlacht unmittelbar bevorsteht, deren Ausgang über Sieg oder Niederlage des Kaiserreichs bestimmen wird. Wir müssen für die Erhaltung des Kaiserreichs kämpfen, indem wir die ganze Stärke unserer U-Boote beweisen, die unweigerlich vernichten, wenn sie angreifen, und auf denen sich jeder einzelne unerschrocken aufopfert.«[111]

Die Kommunikationsverbindungen waren durch den Angriff derart gestört, daß der Kommandeur des 7. U-Boot-Geschwaders in Truk, Konteradmiral Noboru Owada, vorübergehend der Befehl über die gesamte U-Boot-Flotte zufiel.

Er schickte den Kommandanten augenblicklich einen Funkspruch, in dem er dem Angriff auf den Feind die höchste Priorität einräumte, auch wenn dafür die festgelegten Positionen verlassen werden mußten. Am 17. Juni befahl er den Booten, die südlich von Saipan gelegene Insel Rota einzukreisen. Nachdem sie ihre Torpedos verschossen hatten, sollten sie in bestimmte Sektoren im Umkreis der Insel fahren, um die Feindbewegungen zu beobachten. Die U-Boot-Abwehr im Rahmen der amerikanischen Landungsoperation war jedoch so massiv, daß von den 20 japanischen U-Booten, die in dieses Gebiet geschickt worden waren, nur wenige in der Lage waren, sich für einen Angriff in Position zu bringen, und noch weniger überlebten.

Am 16. Juni meldete das neue 600-Tonnen-Boot RO 114 südlich von Rota vor Guam die Torpedierung eines Schlachtschiffes der *Iowa*-Klasse, das nach heftigen Explosionen untergegangen sei. Auf den amerikanischen Schiffen hatte man allerdings keinen Angriff bemerkt, geschweige denn einen Treffer. Das U-Boot dagegen wurde in der folgenden Nacht 700 Seemeilen südlich von Saipan von zwei Zerstörern geortet und zerstört. Am selben Tag war das noch neuere 600-Tonnen-Boot RO 117350 Seemeilen südöstlich von Saipan von einer Liberator an der Oberfläche überrascht und versenkt worden, nachdem es die Sichtung eines Flugzeugträgerverbandes gemeldet hatte. Bereits am Tag zuvor war RO 44, eines der wenigen nicht nach Saipan beorderten Boote, in der Nähe der Marshall-Inseln dem Hedgehog-Angriff eines Zerstörers zum Opfer gefallen.

Das Beispiel von RO 115 liefert eine Vorstellung von den Gefahren und den unerträglichen Bedingungen, denen die japanischen U-Boote ausgesetzt waren. Es hatte eine Transportfahrt nach Wewak, eine Patrouillenfahrt zu den Palau-Inseln und eine Aufklärungsmission vor Neuguinea hinter sich, als es am 19. Juni westlich von Guam eintraf. Obwohl das Boot noch neu war, funktionierte das Kühlsystem nicht, und die Besatzung stand infolge der Hitze am Rande des Zusammenbruchs. Aber der Funkspruch mit dem Hinweis, daß von der bevorstehenden Entscheidungsschlacht das Schicksal des Kaiserreichs abhänge, hatte die Lebenskraft der Männer auf wundersame Weise wiederhergestellt. Nachdem es am Vormittag des 19. mehrere Angriffe von Patrouillenflugzeugen über sich hatte ergehen lassen müssen, sichtete es am frühen Nachmittag einen Flottenverband und zahlreiche Trägergruppen im Sehrohr, die jedoch vorübergefahren waren, bevor RO 115 angreifen konnte. Kurz vor Sonnenuntergang kehrte eine Gruppe zurück, die bereits früher gesichtet worden war. RO 115 hielt auf sie zu, und als es sich zwanzig Minuten nach Sonnenuntergang auf 1000 Meter an einen Flugzeugträger der *Wasp*-Klasse herangepirscht hatte, feuerte es vier Torpedos ab und ging sofort in 75 Meter Tiefe, so daß der Kommandant das Resultat, das er in seinem Kriegstagebuch als »ungewiß« bezeichnete, nicht beobachten konnte.[112]

In den nächsten drei Stunden wurde RO 115 zum Angriffsziel von drei Zerstörern. Es tauchte erst um 23.23 Uhr auf, zwei Stunden nachdem die Schraubengeräusche verebbt waren. Die japanische U-Boot-Führung verknüpfte die von RO 115 hereinkommende Meldung mit einem um 19 Uhr aufgefangenen amerikanischen Funkspruch und schloß daraus, daß der Flugzeugträger »ohne jeden Zweifel versenkt« worden war. In Wirklichkeit war weder ein Flugzeugträger noch irgendein anderes Kriegsschiff von einem Torpedo getroffen worden. Dafür war am selben Tag I 184, das den Befehl erhalten hatte, eine Versorgungsfahrt abzubrechen und statt dessen nach Saipan zu fahren, 20 Seemeilen südöstlich von Guam von einer trägergestützten Avenger versenkt worden. Drei Tage später wurde I 185 von den Eskortschiffen eines Transporterkonvois entdeckt und mit Wasserbomben vernichtet. Zwischen dem 24. und 26. Juni antworteten I 184, I 185, RO 36, RO 42, RO 44, RO 111, RO 114 und RO 117 nicht auf die Aufforderung der U-Boot-Führung, sich zu melden. Am nächsten Tag warnte Ozawa vier frische U-Boote, die er zu den Marianen beordert hatte, in diesem Gebiet auch in dunklen Nächten bei schlechter Sicht auf Angriffe gefaßt zu sein.[113]

Im Mai waren neun japanische U-Boote verlorengegangen, fünf davon allein im NA-Streifen; im Juni waren es zehn, hauptsächlich bei den Marianen; im Juli sollten sieben Boote vernichtet werden, darunter drei I-Klasse-Boote aus der ersten zu den Marianen beorderten Gruppe und zwei Boote, die zu ihrer Verstärkung geschickt worden waren. Erfolge wie die Versenkung des Flugzeugträgers der *Wasp*-Klasse und des Schlachtschiffs der *Iowa*-Klasse schienen ein Gegengewicht zu diesem Aderlaß zu sein. Aber sie gehörten ins Reich der Mythen. Der Einsatz der U-Boote zur Verteidigung der Marianen war selbstmörderisch und völlig vergebens gewesen.

Admiral Takagi starb auf ähnliche Weise. Zwei I-Klasse-Boote, die ihn und seinen Stab evakuieren sollten, hatten den Schutzschirm um Saipan nicht durchdringen können, und am 2. Juli gab Takagi den Befehl, jeden weiteren Versuch zu unterlassen. Als der organisierte Widerstand vier Tage später zusammenbrach, kündigte er in einem Funkspruch an, daß er und sein Stab einen *banzai*-Angriff gegen den Feind unternehmen würden. Am selben Tag kniete der Kommandant des Flottenstützpunkts, Admiral Nagumo, der die *Kido Butai* in ihrer großen Zeit geführt hatte, im Eingang einer der vielen Höhlen in den Klippen der Insel und beging Harakiri. Takagi und sein Stab schlossen sich wahrscheinlich einem Selbstmordangriff an, den die Reste der Inselbesatzung am Abend gegen die amerikanischen Linien unternahmen. Seither fehlt jede Spur von ihnen.

Im Kontrast zum Mißerfolg der japanischen U-Boote in der »Operation A« leisteten die mit 28 Einheiten fast in gleicher Stärke angetretenen amerikanischen Boote einen wesentlichen Beitrag im Kampf um die Marianen. Wie erwähnt, meldeten die *Redfin,* die *Flying Fish* und die *Seahorse* das Auslaufen japanischer Flottenverbände außerhalb der Reichweite der Aufklärungsflugzeuge. Da sie die Fühlung zu ihnen nicht aufrechterhalten konnten, hatten sie über ihre Vereinigung am 16. Juni nicht berichten können. Aber Spruance war bereits durch die ersten Meldungen auf die bevorstehende Schlacht aufmerksam geworden. Er hatte die Invasion von Guam verschoben und seine Flotte westlich der Inselgruppe konzentriert, zwischen Ozawas Flotte und seinen eigenen Transportern und Versorgungsschiffen. Am 17. kam die *Cavalla* unter Lieutenant Commander Herman Kossler in Radarkontakt mit einem schnellen Schiffsverband, setzte die Sichtmeldung ab und versuchte, ihm zu folgen. Er verlor zwar die Fühlung, aber Lockwood verlegte aufgrund seiner Meldung vier der zwölf Boote, die im Norden der Palau-Inseln auf dem Anmarschweg der Japaner standen, weiter nach Süden in die Gewässer im Norden und Nordwesten der Karolinen-Insel Ulithi.

Am nächsten Nachmittag, dem 18. Juni, sichteten Ozawas Aufklärungsflugzeuge, die eine größere Reichweite hatten als die amerikanischen Maschinen, Spruances Flotte. Nachdem der Kontakt am frühen Morgen des 19. bestätigt worden war, gab Ozawa um 7.30 Uhr – als für RO 115 der ereignisreiche Tag vor Guam begann – seinen Flugzeugträgern den Befehl, die erste Angriffswelle zu starten. Eines der U-Boote, die Lockwood nach der Meldung der *Cavalla* nach Süden geschickt hatte, lag direkt auf dem Kurs von Ozawas Flaggschiff, der *Taiho,* dem neuesten und größten japanischen Flugzeugträger. Die *Albacore* unter Lieutenant Commander James Blanchard war mehrmals von Flugzeugen unter Wasser gedrückt worden, und als sie jetzt, kurz vor acht Uhr, in Sehrohrtiefe aufstieg, war der erste Flugzeugträger fast schon vorübergefahren. Wenige Minuten später tauchte jedoch ein zweiter auf, und Blanchard lief zum Angriff an. Die Befehle waren inzwischen geändert worden und räumten dem Angriff Vorrang vor der Sichtmeldung ein. Als Blanchard um 8.08 Uhr das Sehrohr ausfahren ließ, um die letzte Beobachtung durchzuführen, stellte sich heraus, daß die Kontrollampe des TDC, mit der die korrekte Einstellung der Feuerlösung angezeigt wurde, nicht brannte. Der Flugzeugträger war keine drei Seemeilen mehr entfernt und fuhr mit 27 Knoten; es war keine Zeit mehr, auf den »Is Was«-Rechner umzusteigen. Blanchard ließ seine Beobachtungen in den TDC eingeben und schoß einen breit über den Zielkurs verteilten Torpedofächer ab. Dann ging er in die Tiefe, denn Flugzeuge und Zerstörer waren auf ihn aufmerksam geworden. Bevor deren Bomben im Wasser waren, hörte Blanchard zwei Detonationen. Eine war von einem Piloten ausgelöst worden. Er hatte die Torpedobahnen entdeckt und sich mit seiner Maschine vor ihnen ins Wasser gestürzt, um das Schiff zu retten. Die zweite Explosion hatte die Flugbenzinbunker der *Taiho* aufgerissen und den vorderen Flugzeugaufzug außer Betrieb gesetzt. Für das Schiff selbst bestand offenbar keine Gefahr, denn Ozawa setzte die Fahrt fort. Bei dem Versuch, die Benzindämpfe aus den leckgeschlagenen Bunkern abzuleiten, wurden sie jedoch im Schiff verteilt. Dabei bildete sich in einigen Abschnitten ein explosives Gemisch, das am Nachmittag mit solcher Wucht hochging, daß das Flugdeck angehoben und die Seitenpanzerung abgesprengt wurde. Um 16 Uhr war das 31 000 BRT große Flaggschiff von Admiral Ozawa im Meer verschwunden.

Den ersten Flugzeugträger hatte Ozawa bereits zwei Stunden vorher verloren. Kossler hatte die Verfolgung des schnellen Verbandes, den er am 17. Juni geortet hatte, aufgegeben und war seither mehrmals von Patrouillenflugzeugen für längere Zeit unter Wasser gedrückt worden. Als er am 19. kurz vor elf Uhr in Sehrohrtiefe aufstieg, entdeckte er eine schnell näherkommende Gruppe aus zwei Kreuzern, einem Flugzeugträger, der gerade seine Flugzeuge startete, und Geleitzerstörern. Er drehte die *Cavalla* herum und schoß um 11.18 Uhr aus 1100 Metern eine Bugsalve aus sechs Torpedos auf den Träger ab. Die ersten drei fanden ins Ziel und lösten Feuer aus, die auf den Decks lagerndes entzündliches Material und Munition in Brand setzten und das Schiff in ein pyrotechnisches Inferno verwandelten. Keine drei Stunden später war es gesunken. Die *Shokaku* war damit der erste Flottenträger, der von einem amerikanischen U-Boot versenkt worden war; die *Taiho* wurde zwei Stunden später der zweite.

Unterdessen hatten Spruances Jagdflugzeuge die japanischen Bomber dezimiert. Mit Hilfe des Radars hoch über ihnen kreisend, stießen sie auf die ahnungslos anfliegenden japanischen Staffeln herab und veranstalteten das, was die Piloten später als »Truthahnschießen der Marianen« bezeichneten. Am Ende des Tages waren Ozawa kaum hundert Flugzeuge geblieben, während die US-Flotte nur geringe Verluste erlitten hatte. Am nächsten Nachmittag wurde Ozawas Verband zum ersten Mal von einem Aufklärungsflugzeug gesichtet, und Spruance ging nun seinerseits zum Angriff über. Seine von 85 Hellcat-Jägern gedeckten Sturzbomber und Torpedoflugzeuge führten einen vernichtenden Schlag aus, bei dem der Flottenträger *Hiyo* und zwei Flottentanker versenkt wurden. Die übriggebliebenen Flottenträger – die *Zuikaku*, Ozawas neues Flaggschiff, und die *Junyo* – sowie zwei Leichte Kreuzer, ein Schlachtschiff und ein Schwerer Kreuzer erlitten erhebliche Schäden. Obwohl er nur noch über 66 Flugzeuge verfügte, ließ Ozawa einen Nachtangriff auf die US-

Flotte vorbereiten. Admiral Toyoda durchkreuzte dieses Vorhaben jedoch, indem er den Rückzug anordnete.[114]

Damit war die Schlacht in der Philippinen-See beendet. Die japanische Trägerflotte war zum zweitenmal praktisch ausgelöscht worden und mit ihr die zweite Pilotengeneration. Die japanische U-Boot-Flotte war auf die Hälfte geschrumpft. Die amerikanischen U-Boote hatten dagegen ohne Verluste eine wichtige Rolle in den Kämpfen gespielt. Zum ersten Mal hatte eine U-Boot-Waffe mit Erfolg an einer Flottenoperation teilgenommen. Gleichzeitig war von den Booten, die nicht beteiligt gewesen waren, der Aderlaß der japanischen Handelsflotte fortgesetzt worden. Im Mai versenkten sie 54 Marus mit zusammen 236000 BRT, im Juni 44 mit 190000 BRT. Außerdem fielen den U-Booten in diesen zwei Monaten, zusätzlich zu den beiden Flugzeugträgern in der Philippinen-See, 15 Kriegsschiffe zum Opfer.

In der Hoffnung, daß seine Anregung dem Kaiser vorgetragen würde – was auch geschah –, schrieb der Kommandant des leichten Flugzeugträgers *Chiyoda,* ein ehemaliger Adjutant Hirohitos, unmittelbar nach der Schlacht, am 21. Juni, an einen ihm bekannten Admiral: »Wir können nicht mehr hoffen, die numerisch überlegenen Flugzeugträger des Feindes mit konventionellen Angriffsmethoden versenken zu können. Ich empfehle dringend die sofortige Aufstellung von Sonderangriffseinheiten zur Ausführung der Todesflugtaktik.«[115] Im Marinestab war man zu ähnlichen Schlußfolgerungen gelangt. Die Zeit der konventionellen Operationen war vorbei. Zwei von den Klein-U-Booten kommende junge Offiziere hatten zusammen mit der Torpedoentwurfsabteilung einen *Kaiten* genannten menschlichen Torpedo entwickelt, der im wesentlichen aus einem Standardtorpedo vom Typ 93 mit einem Durchmesser von einem Meter bestand. Das *Kaiten* besaß jedoch in der Mitte eine rundum geschlossene, mit einem Kreiselkompaß und einem kurzen Sehrohr versehene Kanzel für einen Piloten. Diese Selbstmordwaffe, die von I-Klasse-Booten an ihren Einsatzort gebracht werden sollte, ging jetzt unter Hochdruck in die Produktion.[116]

DAS ENDE

Es gab eine gewisse Symmetrie zwischen dem Kriegsverlauf im Pazifik und im Atlantik, die zum großen Teil durch das immense Wachstum der militärischen Macht der Vereinigten Staaten geprägt wurde. Am 6. Juni 1944, als Spruance seine Flotte für den Angriff gegen die Marianen zusammenzog, setzte eine ähnliche Armada alliierte Truppen von der südenglischen Küste nach Frankreich über. Wie die japanische Marineführung die Schlacht in der Philippinen-See, so betrachtete Dönitz die Landungsoperation in Nordfrankreich als entscheidend: Wenn die Alliierten in den Kanal zurückgedrängt werden konnten, könnten die Truppen, die zur Abwehr der Invasion bereitgehalten wurden, an die Ostfront verlegt werden und den Vormarsch der Roten Armee stoppen. Dies wiederum würde die Aussichten auf einen Bruch zwischen der Sowjetunion und den westlichen Alliierten verbessern, auf den Hitler jetzt seine ganze Hoffnung setzte. Was Dönitz' eigene Ziele betraf, so würde die Ostsee als sicheres Ausbildungsgebiet der U-Boot-Waffe erhalten bleiben, und es wäre Zeit gewonnen, in der genügend Elektroboote hergestellt werden könnten, um die nordatlantischen Konvoirouten abzuschneiden und auf diese Weise einen »kriegsentscheidenden« Druck auf die westlichen Alliierten auszuüben.[1]

Im April waren die ersten beiden Küstenboote des neuen Typs XXIII bei der Deutschen Werft in Hamburg vom Stapel gelaufen. Die ersten hochseetüchtigen 1600-Tonnen-Boote des Typs XXI folgten im Mai bei Blohm & Voss, ebenfalls in Hamburg. Im Juni und Juli sollten je zwei weitere Typ-XXI-Boote fertiggestellt werden, und bis zum Ende des Jahres stieg die Produktion auf sechs Boote pro Monat an. Die Fixierung auf dieses Ziel und der Gedanke an die Ressourcen, die auf alliierter Seite durch den Konvoidienst gebunden wurden, hatten es Dönitz ermöglicht, während des zurückliegenden unheilvollen Jahres bei seinem Weg zu bleiben.[2] Seit Hitler ihm im Mai 1943 darin beigepflichtet hatte, daß der U-Boot-Krieg fortgesetzt werden müsse, waren 239 Boote verlorengegangen. Für das gesamte Jahr 1943 und die ersten fünf Monate von 1944 lag die Verlustrate bei 341 Booten. Im Durchschnitt waren also jeden Monat 20 Boote nicht zurückgekehrt. Noch wichtiger war jedoch eine andere Zahl: Mit den Booten waren 20 000 U-Boot-Fahrer auf See geblieben.

Die Produktionsrate lag geringfügig über der Verlustrate, so daß die Zahl der in Dienst befindlichen Boote von Anfang 1943 bis Juni 1944 von 400 auf 448 – darunter fünf ehemalige italienische Boote – gestiegen war.[3] Die 20000 Mann, die entweder mit ihren Booten untergegangen oder in Kriegsgefangenschaft geraten waren, hatte man durch Angehörige der Überwasserflotte ersetzt. Sowohl Alter als auch Erfahrung der Besatzungen hatten auf beunruhigende Weise abgenommen. Von den Teilnehmern des Kommandantenlehrgangs, den Herbert Werner Anfang 1944 in Gotenhafen absolvierte, war außer ihm selbst nur noch einer von der U-Boot-Waffe gekommen. Keiner der anderen hatte je an einer Feindfahrt teilgenommen. Nach Werners Ansicht hatten diese Neulinge ohne das Gespür für das Boot und die Situation, das man in der Praxis erwerben mußte, »nur eine geringe Chance, ihre erste Feindfahrt zu überleben«.[4]

Wenngleich Peter Hansen spätestens seit 1942 eine gewisse fatalistische Grundstimmung festgestellt hatte, blieb die Moral der U-Boot-Fahrer erstaunlich gut. Dies war vermutlich sowohl traditionellen soldatischen Tugenden als auch einer Propaganda zu verdanken, die geschickt mit den Schlagworten »totaler Krieg« und »Wunderwaffen« operierte – zu denen natürlich auch die neuen U-Boot-Typen XXI und XXIII zählten. Dönitz und die U-Boot-Führung waren sich der Opfer, die sie verlangten, durchaus bewußt. Dies läßt sich nicht zuletzt an der Vielzahl rechtfertigender Einträge ins Kriegstagebuch ablesen: Einmal mußte der U-Boot-Krieg fortgesetzt werden, weil er nicht wieder aufgenommen werden könne, wenn man ihn einmal eingestellt habe; ein andermal war der Kampf gegen den Feind eine taktische, technische und vor allem psychologische Notwendigkeit; ihn aufzugeben hätte bedeutet, eine große Anzahl alliierter Flugzeuge für die Bombardierung deutscher Städte freizusetzen; ähnliches gelte für die Ressourcen der Flugzeug- und Schiffbauindustrie der Alliierten. Bezüglich der U-Boot-Fahrer wurde anerkannt, daß für sie »die Aufgabe, einen Kampf im wesentlichen zur Bindung des Gegners zu führen, besonders schwer« sei. Die Erfolgsaussichten, heißt es weiter, seien »jetzt nur im geringen Maße vorhanden, die Aussichten, nicht von Feindfahrt zurückzukommen, demgegenüber sehr groß, sind doch in den letzten Monaten durchschnittlich nur 70% der monatlich auslaufenden Boote von ihrer Unternehmung zurückgekehrt.« Trotzdem sei die Moral der Besatzungen ungebrochen, was gleichermaßen für die »Qualität des Menschenmaterials«, die gute Ausbildung und die Entschlossenheit der U-Boot-Waffe spreche.[5]

Dönitz hatte für die erwartete Invasion zwei U-Boot-Gruppen zurückgehalten: Die Gruppe »Landwirt« mit 49 VIIC-Booten, von denen 35 einsatzbereit waren, wartete in den Biskayahäfen, hauptsächlich in Brest und St. Nazaire. Und für den Fall, daß der Angriff über Skandinavien erfolgen sollte, stand in den mittel- und südnorwegischen Häfen die Gruppe »Mitte« mit 21 Booten bereit. Diese Zahlen sind allerdings irreführend. Boote, die noch nicht mit einem Schnorchel ausgerüstet worden waren, hatten in den von der alliierten U-Boot-Abwehr beherrschten Gebieten keine Überlebenschance. Die Produktion der Schnorchel war aber durch Luftangriffe empfindlich gestört worden, so daß nur fünf Mitte- und acht Landwirt-Boote einen besaßen.

In welcher Lage sich die U-Boot-Waffe insgesamt befand, stellte Dönitz in einer Reihe von im Frühjahr 1944 herausgegebenen Erlassen mit deutlichen Worten klar. Angesichts der kriegsentscheidenden Bedeutung, die er dem Ausgang der bevorstehenden Invasion beimaß, verlangte er von den Angehörigen der Kriegsmarine den »vollen Einsatz« ohne Rücksicht auf die Erhaltung ihrer Schiffe und warnte sie, falls sie diesen vermissen ließen: »Den Soldaten jedoch, der sich nicht bis zum Letzten einsetzt und seine Pflicht nicht bis zum Äußersten erfüllt, den werde ich mit Schimpf und Schande vernichten.«[6] Am 27. März ließ er den U-Boot-Kommandanten einen Erlaß zukommen, der einem Selbstmordbefehl gleichkam: »Jeder Kommandant muß sich darüber klar sein, daß dann [im Fall der Invasion] von ihm mehr als zu irgendeiner anderen Zeit die Zukunft unseres deutschen Volkes abhängt, und ich verlange von jedem Kommandanten, daß er ohne Rücksicht auf sonst geltende Vorsichtsmaßnahmen nur ein Ziel vor Augen und im Herzen hat: Angriff – ran – versenken!«[7] Als bei der U-Boot-Führung Fragen und Einwände erhoben wurden, erläuterte Dönitz in einem weiteren Erlaß vom 11. April, was er unter »rücksichtslosestem Einsatz« verstanden wissen wollte: »Jedes feindliche Fahrzeug, das der Landung dient, auch wenn es nur etwa ein halbes hundert Soldaten oder einen Panzer an Land bringt, ist ein Ziel, das den vollen Einsatz des U-Bootes verlangt. Es ist anzugreifen, auch unter Gefahr des Verlustes des eigenen Bootes. Wenn es gilt, an die feindliche Landungsflotte heranzukommen, gibt es keine Rücksicht auf Gefährdung durch flaches Wasser oder mögliche Minensperren oder irgendwelche Bedenken. Jeder Mann und jede Waffe des Feindes, die vor der Landung vernichtet werden, verringern die Aussicht des Feindes auf Erfolg. Das U-Boot aber, das dem Feinde bei der Landung Verluste beibringt, hat seine höchste Aufgabe erfüllt und sein Dasein gerechtfertigt, auch wenn es dabei bleibt.«[8]

Am 10. Mai stattete Dönitz dem Hauptquartier der Marinegruppe West in Paris einen Besuch ab, um die Vorbereitungen für die Verteidigung gegen die alliierte Landung zu inspizieren. Auch der FdU West, Kapitän zur See Hans Rösing, war aus Angers angereist, und als Dönitz die Meinung äußerte, daß die Landungstruppen geschlagen werden könnten, bevor sie sich an der Küste festsetzten, folgte er ihm nur zu bereitwillig. Er war als Stimme seines Herrn bekannt und suchte anschließend die Biskayastützpunkte auf, um die Kommandanten in dessen Geist auf ihre Pflicht in der bevorstehenden Schlacht einzuschwören. Von denen, die ihn hörten, überlebten nur wenige die nächsten Monate, aber von zweien der 15 Kommandanten der 1. und 9. Flottille, die bei Rösings Einweisung in Brest anwesend waren, liegen veröffentlichte Erinnerungen vor. Oberleutnant Karl-Heinz Marbach, der Kommandant des Schnorchelboots U953, faßt das befohlene Vorgehen kurz als »Totaleinsatz« zusammen: »Wenn es nicht weitergeht, dann soll die Invasionsflotte von uns wenigstens gerammt werden, und sei es auch nur der kleinste Kahn.«[9] Herbert Werner, inzwischen Oberleutnant zur See und Kommandant von U415, eines Boots ohne Schnorchel, bestätigt Rösings Anweisung, die Boote, wenn sie angegriffen wurden oder leergeschossen waren, »in den Angreifer oder das nächste Ziel in der Landungsflotte [zu] rammen«. Die Worte wurden mit Grabesstille aufgenommen. »War Selbstmord der Endzweck unserer langen Ausbildung?« fragte sich Werner.[10] Diese Berichte über den sogenannten Ramm-Befehl sind von Dönitz-Unterstützern heftig bestritten worden: Dönitz habe niemals Selbstmordangriffe befohlen. Die Rösing zugeschriebenen Worte sind jedoch kaum extremer als der Text der von Dönitz herausgegebenen Erlasse, die in den Archiven nachgelesen werden können.

Die Landwirt-Boote lagen den Frühsommer über mit sechsstündiger Bereitschaft in den Häfen. Für die Besatzungen war damit jeder Landgang ausgeschlossen, obwohl die Kommandanten in Brest, wie Werner berichtet, viel Zeit in La Treshier verbrachten, dem Erholungsort der Flottille.[11] Um die wenigen für den Angriff verfügbaren Boote nicht unnötig zu gefährden, hatte man keine Aufklärungsstreifen im Ärmelkanal gebildet. Selbst wenn die Boote lange genug überlebt hätten, wären sie auf alle Fälle unter Wasser gedrückt worden, bevor sie die Landungsflotte sichten und melden konnten. Und da die Alliierten die Luftherrschaft besaßen und einen großen Teil des Küstenradars ausgeschaltet hatten, gab es auch keine andere Vorwarnung. Folglich hatten die Alliierten wie beim Angriff gegen die Marianen das strategische und taktische Überraschungsmoment auf ihrer Seite. Dönitz befand sich zur Erholung im Schwarzwald, als die alliierten Truppen die Küste der Normandie betraten.

Die ersten Meldungen über die Landung von Fallschirmspringern kamen um 1.30 Uhr früh am 6. Juni herein. Zwischen zwei und drei Uhr folgten Meldungen über große Verbände von Landungsfahrzeugen. Um 3.10 Uhr wurde die Gruppe »Landwirt« in Alarmbereitschaft versetzt, die Gruppe »Mitte« um 3.43 Uhr, und um 3.52 Uhr erhielten fünf Schnorchelboote, die sich auf dem Marsch in den Atlantik befanden, den Befehl, mit voller Kraft in Richtung Westfrankreich umzukehren. Dönitz wurde mit der Nachricht geweckt, daß der Feind in der Seine-Bucht gelandet sei. Um acht Uhr war die U-Boot-Führung endgültig davon überzeugt, daß die Hauptinvasion begonnen hatte, und die sieben in Brest stationierten Schnorchelboote wurden in Marsch gesetzt. Nach Dönitz' Ankunft um 11.15 Uhr beorderte man auch die übrigen Landwirt-Boote in den Kanal. Im Kriegstagebuch heißt es dazu lapidar: »Das bedeutet für Boote ohne Schnorchel letzten Einsatz.«[12]

Die alliierten Schutzmaßnahmen gegen U-Boote waren umfangreicher als von der U-Boot-Führung erwartet. Über die Zufahrten nach Brest sowie westlich von Ouessant und vor der nordbretonischen Küste waren Minenfelder gelegt worden, und 350 auf die U-Boot-Jagd spezialisierte Flugzeuge waren zusammengezogen worden, um das gesamte Gebiet des westlichen Ärmelkanals von der Halbinsel Cotentin bis zu den südwestlichen Zufahrten zu sichern. Ihr Flugplan war so gestaltet, daß kein Seegebiet länger als eine halbe Stunde unbeobachtet blieb. Die Operation wurde passenderweise »Cork« (Korken) genannt. Die Flugzeuge hatten aufgespürte U-Boote augenblicklich anzugreifen, die Stelle anschließend zu markieren und Meldung zu erstatten. Dann sollten sogenannte »Springer«-Flugzeuge sie ablösen und Unterstützungsgruppen der Navy sowie weitere Flugzeuge herbeirufen. Im westlichen Ärmelkanal und in den Western Approaches waren neun Unterstützungsgruppen und drei Geleitflugzeugträger aufgestellt worden – rund 15 Schiffe auf jeweils 100 Seemeilen. Hinzu kamen Überwasserschiffe und Flugzeuge, die für den Fall, daß ein U-Boot »Cork« überwinden sollte, an den Flanken der Invasionskräfte selbst stationiert waren. Für die Auswertung des hereinkommenden Nachrichtenmaterials war in Plymouth eigens ein Submarine Tracking Room eingerichtet worden.[13]

Die Befehle der deutschen U-Boot-Führung änderten sich in den Stunden nach Dönitz' Eintreffen mehrmals, was die Unsicherheit und Verwirrung verrät, die dort wie anderswo herrschten. Schließlich wurden nur die acht Schnorchelboote ins Transportgebiet der Landungskräfte südlich der Isle of Wight geschickt. Die in Brest liegenden sieben Boote ohne Schnorchel sollten um Mitternacht auslaufen und über Wasser mit Höchstfahrt auf die englische Küste zwischen Land's End – der Westspitze von Cornwall – und Start Point bei Plymouth zuhalten. Die in den anderen Biskayahäfen bereitgehaltenen 19 Boote ohne Schnorchel sollten für den Fall, daß dort ebenfalls eine Landung geplant war, an der 200-Meter-Linie vor der Biskayaküste einen Vorpostenstreifen bilden.

Die Schnorchelboote wurden, sobald sie auf See waren, von Flugzeugen unter Wasser gedrückt. Damit verringerte sich ihre Geschwindigkeit auf bestenfalls sechs bis sieben Knoten; in der Praxis schafften sie nicht mehr als 30 bis

40 Seemeilen am Tag. Für die Besatzungen bedeutete dies höchste Anspannung und körperliche Belastung. Das Boot mußte perfekt ausgetrimmt werden, damit das Schnorchelventil nicht unter die Wasseroberfläche tauchte. Dementsprechend war die Bewegungsfreiheit im Boot stark eingeschränkt. Spülte eine Welle über den Schnorchel oder sackte das Boot zu tief, schloß sich automatisch das Ventil, und die Diesel saugten Luft aus dem Bootsinneren an, was den Druck verringerte und starke Ohrenschmerzen verursachte. Manchmal erstickten die Dieselmechaniker fast an den ins Bootsinnere zurückgedrückten Abgasen; eine gewisse Menge entwich ständig ins Boot und beschleunigte die Vergiftung der Luft an Bord.

In der Nacht verließen die acht Brester Boote ohne Schnorchel den Schutz des Betonbunkers und versuchten den ersten Luftangriff in den frühen Stunden des 7. Juni durch konzentriertes Flakfeuer abzuwehren. Ein Flugzeug wurde getroffen und stürzte brennend ins Meer. U 413 wurde von mehreren Bomben eingekreist und blieb manövrierunfähig im Wasser liegen.[14] Ali Cremer, der mit U 333 von La Pallice zu seiner Position im Vorpostenstreifen unterwegs war, wurde so lange unter Wasser gedrückt, daß er schließlich gezwungen war, am Tag aufzutauchen. Die Batterien mußten nachgeladen und der beim ständigen Alarmtauchen verbrauchte Preßluftvorrat mußte aufgefüllt werden. Augenblicklich wurde er wieder angegriffen, kam aber mit ein paar harmlosen Einschußlöchern im Kommandoturm davon. Von den Wasserbomben des Flugzeugs hatten sich drei an Bord der Maschine verklemmt. Die restlichen drei waren zu weit vom Boot entfernt detoniert, um es zu beschädigen.[15] Andere hatten nicht so viel Glück. In den ersten beiden Nächten wurden drei Landwirt-Boote und ein aus dem Atlantik zurückkehrendes Boot versenkt und sechs weitere so schwer beschädigt, daß sie ihre Fahrt abbrechen mußten.[16] Werners U 415 gehörte zu den letzteren. Nachdem er das Boot mit Mühe nach Brest zurückgebracht hatte, traf er auf zwei seiner Kameraden, die mit ihm zusammen in Richtung englische Küste ausgelaufen waren.[17] Zu diesem Zeitpunkt waren zwei weitere Brester Boote verlorengegangen.

Sechs überlebende Schnorchelboote schlichen trotz aller Anstrengungen und Gefahren an der bretonischen Nordküste weiter nach Osten. Fünf Boote aus dem Atlantik befanden sich auf dem nicht weniger beschwerlichen Anmarsch zum Ärmelkanal, und die fünf Schnorchelboote der Gruppe »Mitte« hatten von Südnorwegen aus die Nordpassage um Schottland herum angetreten, um sich den Atlantikbooten anzuschließen. Von der ersten Welle der Brester Boote erreichten zwei am 13. beziehungsweise 14. Juni, eine Woche nach Beginn der alliierten Landung, mit völlig erschöpften Batterien St. Peter Port auf der von den Deutschen besetzten Kanalinsel Guernsey. Nachdem sie mit teilweise aufgeladenen Batterien wieder in See gestochen waren, wurde eines der Boote beim Angriff einer alliierten Unterstützungsgruppe so stark beschädigt, daß es den Rückweg in die Biskaya antreten mußte. Das zweite wurde eine Woche später, nachdem es ihm offenbar nicht gelungen war, zu den alliierten Nachschubrouten vorzudringen, bei Portland von einem Zerstörer versenkt. Ein drittes, das sich bereits früher für die Umkehr entschieden hatte, fiel vor Ouessant einem »Cork«-Patrouillenflugzeug zum Opfer. Am selben Tag, dem 15. Juni, erzielten die deutschen U-Boote ihre einzigen Erfolge: Zum einen versenkte U 764 unter Oberleutnant Hans Kurt von Bremen vor Portland mit einem »Zaunkönig« eine Fregatte der Royal Navy. Bei den Gegenangriffen wurde er jedoch selbst beschädigt und mußte die Fahrt abbrechen. Zum anderen zerstörte U 621 unter Oberleutnant Hermann Stuckmann, das einzige Landwirt-Boot, das bis zum Hauptlandeplatz vorstoßen konnte, ein 1500 BRT großes amerikanisches Landungsfahrzeug für Panzer. Die Gegenangriffe zwangen Stuckmann für drei Tage in die Tiefe, bevor er zwei US-Schlachtschiffe sichtete und beschoß, ohne einen Treffer verbuchen zu können. Damit hatte er seine Torpedos verschossen und machte sich auf den mühsamen Rückmarsch nach Brest. Er erhielt für seine herausragende Leistung das Ritterkreuz, konnte es jedoch nicht lange tragen: Als er am 2. August La Pallice anlief, wurde er von einer alliierten Unterstützungsgruppe an der Oberfläche überrascht und versenkt.[18]

Von den danach in den Kanal vorstoßenden Schnorchelbooten versenkte U 767 unter Oberleutnant Walter Dankleff vor Land's End eine britische Fregatte. In der Folgezeit wurde er von einer Unterstützungsgruppe gestellt und vernichtet. Zwei weitere Boote konnten die alliierten Nachschublinien ebenfalls nicht erreichen. Von den Booten, die bis zu ihnen vordrangen, versenkte U 988 unter Oberleutnant Erich Dobberstein eine Korvette. Zwei Tage später wurde er von einer Liberator beim Schnorcheln entdeckt und von der herbeigerufenen Eskortgruppe vernichtet. Ein anderes Boot wurde derart von Angriffen überzogen und beschädigt, daß es sich nach Boulogne flüchten mußte. Der einzige größere Erfolg gelang U 984 unter Oberleutnant Heinrich »Heinz« Sieder. Er hatte in St. Peter Port die Batterien aufgeladen und war anschließend zahlreichen Angriffen entkommen, bis er einen seiner Verfolger torpedierte, der jedoch eingeschleppt werden konnte. Vier Tage später beschoß er östlich der Isle of Wight vor Selsey Bill vier Liberty-Schiffe eines Transporterkonvois. Drei von ihnen mußten auf Grund gesetzt werden und gingen verloren. Als Sieder fünf Tage später in Brest eintraf, wurde ihm das Ritterkreuz verliehen, aber wie Stuckmann kehrte auch er von der nächsten Feindfahrt nicht zurück. Bis Ende Juni kämpften sich zwei weitere Boote zu den alliierten Nachschublinien durch, und sechs andere schlichen auf sie zu.

Die deutschen U-Boote waren in den entscheidenden ersten beiden Wochen, als die Alliierten genügend Truppen und Material über den Kanal schaffen mußten, um ihre Brückenköpfe verteidigen zu können, durch die schiere Masse der Kräfte, die ihr Vordringen zu den Transportwegen verhindern sollten, ebenso ausgeschaltet worden wie die leichten Überwasserkräfte. Die U-Boot-Waffe hatte dabei weitere schwere Verluste und Beschädigungen erlitten, ohne die Landungsoperation im geringsten beeinträchtigt zu haben. Dönitz hatte sich bereits am 10. Juni eingestanden, daß die Invasion ein Erfolg war.[19] Hätten die U-Boot-Kommandanten seine Erlasse buchstabengetreu befolgt, wären die Verluste noch größer gewesen. Aber niemand hatte es getan. Und niemandem wurde ein Vorwurf daraus gemacht. Die U-Boot-Führung wußte sehr gut, daß die Männer das Beste aus den widrigen Umständen machten. Die von Dönitz herausgegebenen »Selbstmordbefehle« waren ein Ausdruck der hysterischen Atmosphäre im Führerhauptquartier, wo er sich häufig aufhielt, und seiner eigenen extremen Persönlichkeit. Nach der nüchternen Einschätzung, die von den meisten Kommandanten geteilt wurde, war es eine Absurdität sondergleichen, die kostbarste aller Ressourcen zu opfern, die man für die neuen Elektroboote dringend benötigen würde: ausgebildete Offiziere und erfahrene Besatzungen.

Ende 1943 hatte Dönitz einen Kleinkampfmittelverband (K-Verband) gebildet, der unter der Leitung von Vizeadmiral Helmuth Heye, einem ebenso erfindungsreichen wie energischen Stabsoffizier, menschliche Torpedos, Klein-U-Boote und lenkbare Unterwassersprengmittel entwickeln und herstellen sollte. Im Juni war noch nichts davon verfügbar gewesen, doch im Juli wurde die erste dieser Waffen, der sogenannte »Neger«, von Trouville aus gegen die linke Flanke der alliierten Landungsoperation eingesetzt. Der »Neger« war ein umgebauter Torpedo mit einem Cockpit, in dem unter einer wasserdichten Plexiglaskuppel ein Pilot mit Sauerstoffgerät Platz fand. Darunter war ein echter Torpedo befestigt, der mit Hilfe eines Visierkorns auf dem unmittelbar unter der Oberfläche fahrenden Fahrzeug und einer Gradeinteilung an der aus dem Wasser ragenden Cockpitkuppel auf das Ziel ausgerichtet wurde. Diese simplen, vier Knoten schnellen Fahrzeuge versenkten drei Minensucher und beschädigten einen Zerstörer so schwer, daß er nicht mehr repariert werden konnte. Allerdings um einen hohen Preis: Von den 21 Negern, die am 9. Juli ausgeschickt wurden, kehrte kein einziger zurück. Es war im Grunde eine Selbstmordwaffe.

Eine »Marder« genannte Weiterentwicklung konnte zwar 30 Meter tief tauchen, um einem Angriff zu entkommen, erwies sich aber im August beim Einsatz gegen den Schiffsverkehr vor der Normandie als ebenso verwundbar wie ihr Vorgänger. Die »Marder« wurden von ferngesteuerten explosiven Motorbooten, den sogenannten »Linsen«, und deren Führungsbooten sowie von

Schnellbooten begleitet, die mit neuen kreislaufenden Langstreckentorpedos bewaffnet waren. Sie versenkten einen Zerstörer, einen Geleitzerstörer und ein Landungsfahrzeug, aber von den 58 »Mardern«, die den Angriff unternommen hatten, kehrten nur 12 zurück.

Die anderen Ein- oder Zwei-Mann-U-Boote befanden sich noch in der Entwicklung. Keines von ihnen konnte sich mit den Klein-U-Booten messen, die zur selben Zeit in Japan auf Kiel gelegt wurden. Das leistungsfähigste war nach Heyes eigener Ansicht der Typ XXVIIB oder »Seehund«, ein Zweimann-U-Boot mit einer Überwasserverdrängung von 12 Tonnen.[20] Es war unter Wasser nur sechs Knoten schnell, also deutlich langsamer als die wesentlich größeren japanischen Klein-U-Boote, die immerhin 19 Knoten erreichten. Um sich einem Ziel unentdeckt zu nähern, war der »Seehund« – wie die britischen X-Crafts, die bei der Entwicklung des »Seehunds« in vielem als Vorbild gedient hatten – vermutlich besser geeignet. Sein Rumpf konnte nur schwer mit ASDIC geortet werden, und die Motoren- und Schraubengeräusche waren bei kleiner Fahrt nicht wahrzunehmen. Ein britischer U-Boot-Experte hat die Vermutung geäußert, daß die alliierten Abwehrkräfte von einem massiven »Seehund«-Angriff möglicherweise überfordert gewesen wären und die Landungsfahrzeuge katastrophale Verluste erlitten hätten.[21] Dies gehört jedoch ebenso ins Reich der Spekulation wie Dönitz' Behauptung, mit 300 Booten hätte er die Atlantikschlacht gewonnen. Die Wahrheit ist, daß Dönitz den K-Verband zu spät gebildet hatte, so wie er schon bei den Elektrobooten zu spät gekommen war, und diesmal lag die Verantwortung allein bei ihm. Er war auf die Offensive im Atlantik fixiert und von der plötzlichen Wende des Krieges überrascht worden, ohne wirksame Mittel für die Verteidigung gegen die Invasion in der Hand zu haben.

Anfang Juli schickte die U-Boot-Führung nicht einmal mehr Schnorchelboote in den Ärmelkanal, da sich die dort operierenden Boote bisher nicht gemeldet hatten. Als zwei von ihnen nach Brest zurückkehrten und damit bewiesen, daß es möglich war zu überleben, wurde die Operation wieder aufgenommen. Es war zwecklos, wenn nicht schlimmer: Die Erfolge waren nicht der Rede wert, während im Juli sechs und im August drei weitere Schnorchelboote im Kanal verlorengingen. Zu diesem Zeitpunkt waren die Biskayastützpunkte durch den alliierten Vormarsch auch von Land aus bedroht. Dönitz hatte bereits begonnen, die Boote von Brest und Lorient in den Süden nach La Pallice und Bordeaux zu verlegen. Ende August wurden auch diese Stützpunkte aufgegeben, und die übriggebliebenen Boote nahmen Kurs auf Norwegen. Die Kanal-Operation wurde zur gleichen Zeit abgebrochen. Es waren drei kostspielige Monate gewesen: Seit Anfang Juni waren 84 Boote verlorengegangen, 19 davon im Ärmelkanal und 16 in der Biskaya.[22]

Im Pazifik zeigten die amerikanischen U-Boote unterdessen, was sie im Handelskrieg zu leisten vermochten. Man hatte inzwischen sichere Passagen durch Oikawas Minengürtel gefunden, und am 20. Juni, während sich Ozawas geschlagene Flotte aus der Philippinen-See zurückzog, waren die *Tang*, die *Tinosa* und die *Sealion II* ins Ostchinesische Meer eingedrungen. Obwohl sie offiziell kein Rudel bildeten, trafen sie sich vier Nächte später südwestlich von Kyushu, der südlichsten Insel des japanischen Mutterlandes, um ihr Vorgehen miteinander abzusprechen. In der nächsten Nacht sichtete O'Kane auf der *Tang* einen Konvoi und teilte es den anderen beiden Booten mit. Sie waren jedoch zu weit entfernt, um zu ihm stoßen zu können, und so lief er allein zum Angriff an. Nachdem er sich mittels Radarpeilung in Position gebracht hatte, feuerte er sechs Torpedos ab. Er beobachtete zwei Treffer auf einem Frachter und zwei weitere auf einem Tanker. Dann wurde er von Eskortschiffen unter Wasser gedrückt. In den nächsten Wochen versenkte er weitere sechs Marus; die *Tinosa* und die *Sealion II* vernichteten zusammen ebenfalls sechs Frachter. Nach dem Krieg wurde festgestellt, daß O'Kane bei seinem ersten Angriff tatsächlich vier Handelsschiffe versenkt hatte. Das machte seine Salve in bezug auf die Zahl der Opfer zur zerstörerischsten, die von einem amerikanischen U-Boot während des Krieges abgeschossen wurde. Hinsichtlich der Zahl der Versenkungen rückte seine Feindfahrt an die erste Stelle, noch vor Mortons zweiter Fahrt mit der *Wahoo.*[23]

Im Süden bestätigte Lieutenant Commander Slade Cutter auf der *Seahorse* unterdessen seinen Ruf als beständigster Jäger aus Lockwoods Flottille, indem er in der Straße von Luzon, wo er mit der *Bang* und der *Growler* als Wolfsrudel operierte, seine Erfolgsbilanz durch die Versenkung von vier Schiffen auf insgesamt 19 Marus mit zusammen 72 000 BRT erhöhte. Damit schob er sich noch vor Morton, der bei ebenfalls 19 Versenkungen 55 000 BRT vernichtet hatte. Es war, wie Lockwood in seiner Beurteilung schrieb, Cutters »vierte hervorragend ausgeführte Patrouillenfahrt in Folge«[24] – und es war seine letzte, denn völlig erschöpft bat er um Heimaturlaub. Danach erhielt er ein neues, im Bau befindliches Boot als Kommando, das bei Kriegsende noch nicht einsatzbereit war. Seine Versenkungsrate sollte nur noch von O'Kane übertroffen werden.

Neben Cutters Rudel operierten im Juli 1944 noch drei andere in der Straße von Luzon. Das erfolgreichste waren die »Mickey Finns« mit der *Piranha,* der *Thresher* und der *Guardfish* unter Commander W. »Mickey« O'Reagan. Von Ultra auf einen südwärts fahrenden Konvoi aufmerksam gemacht, versenkten die drei Boote bei einem Überwasser-Nachtangriff am 26. Juli sechs Marus und kehrten mit einem Gesamtergebnis von acht Versenkungen mit 40 000 BRT zum Stützpunkt zurück. Es war der bis dahin beste Rudelangriff. »Wilkin's

Wildcats« unter dem Befehl von Commander Warren Wilkin auf der *Tilefish* erzielten bei Handelsschiffen zwar nur Beschädigungen, versenkten aber nach einem Ultra-Hinweis das U-Boot I 29. Das dritte Rudel waren »Park's Pirates« unter Commander Lew Park, der auf Commander Lawson »Red« Ramages *Parche* fuhr. Sie hatten wochenlang unter schlechtem Wetter und ausbleibendem Erfolg zu leiden. Als eines der Boote am frühen 30. Juli schließlich erfolglos einen Konvoi angriff, waren seine Funksprüche so konfus, daß die anderen beiden »Pirates« die Schiffe nicht fanden. Eines von ihnen, die *Steelhead* unter Lieutenant Commander David Whelchel, sichtete später am selben Morgen die Rauchwolken eines Konvois und folgte ihm trotz Luftsicherung. Nachdem am Abend die *Parche* am Konvoi eingetroffen war, griff Whelchel an und beobachtete Treffer auf einem Frachter und einem Tanker.

Während er sich zum Nachladen zurückzog, jagte Ramage zwischen zwei Eskortschiffen über Wasser in den Konvoi hinein, kam den Handelsschiffen dabei aber näher, als er erwartet hatte, und mußte abdrehen, um Abstand zu gewinnen. Dann schoß er zwei Bugtorpedos auf den ersten Frachter und bedachte einen anderen mit zwei Hecktorpedos. Die zweite Salve traf und setzte die Schiffe in Brand. Die Eskorten und die Frachter selbst nahmen das im Feuerschein und im grellen Licht von Leuchtpatronen deutlich zu erkennende U-Boot unter Beschuß. Ramage setzte das Gefecht dennoch über Wasser fort, schickte aber die Wache ins Boot hinunter und behielt nur einen Freiwilligen am TBT auf der Brücke, während er erneut auf den Konvoi zufuhr. In den nächsten vierzig Minuten manövrierte er mit der *Parche,* als wäre sie ein Torpedoboot, riß sie in voller Fahrt herum, wenn Eskort- oder Handelsschiffe ihn rammen wollten, und trug gleichzeitig immer neue Angriffe gegen die in Unordnung geratenen Schiffskolonnen vor. Es war vermutlich der wildeste Nahkampf im pazifischen U-Boot-Krieg. Ramage feuerte weitere 15 Torpedos ab, bevor er sich schließlich zurückzog.

Dann trat wieder Whelchel an seine Stelle, schoß zwei weitere Salven ab und beobachtete zwei Treffer, bevor er unter Wasser gedrückt und mit Wasserbomben belegt wurde. Es war ein perfektes Beispiel für einen locker koordinierten Angriff, der wie die ersten Überwasser-Nachtangriffe der deutschen U-Boote weniger von starrer Taktik als vielmehr von individueller Initiative getragen war und wie diese den Geleitschutz völlig überforderte. Das Ergebnis war allerdings weniger gut, als es in der Hitze der Schlacht zu sein schien. Whelchel und Ramage hatten jeder zwei Frachter versenkt und einen fünften gemeinsam zur Strecke gebracht. Zusammen hatten sie 39000 BRT zerstört. Ramage wurde nach dieser Fahrt als drittem U-Boot-Fahrer die Ehrenmedaille des Kongresses verliehen. Er war der erste, der sie zu Lebzeiten erhielt.

In dieser Zeit hatte auch Christie in Fremantle das erste formelle Wolfsrudel gebildet. Es griff unter der taktischen Führung des dienstältesten Kommandanten der Gruppe im Südchinesischen Meer mehrere Konvois an, zu denen es aufgrund von Ultra-Informationen dirigiert worden war. Fünf Marus und ein Leichter Kreuzer mit zusammen gut 36000 BRT konnten versenkt werden.

Westlich von Christies Operationsgebiet befand sich das der britischen U-Boote, die in Trincomalee auf Ceylon an den Depotschiffen *Adamant* und *Maidstone* stationiert waren und in der Straße von Malakka fast bis hinunter nach Singapur sowie an der Westküste von Siam und in der Bucht von Bengalen patrouillierten. Die Flottille war seit dem italienischen Waffenstillstand aus neuen oder den tropischen Bedingungen angepaßten T- und S-Klasse-Booten gebildet worden, die jetzt eine Klimaanlage, Radar und zusätzliche Ölbunker in Gestalt umgebauter Ballasttanks besaßen. Sie unterschieden sich aber immer noch himmelweit von den amerikanischen U-Booten. William King, der als Kommandant der *Telemachus* in den Fernen Osten zurückgekehrt war, hat beschrieben, wie eines dieser »stromlinienförmigen, hai-nasigen« Boote ihn bei einer Marschgeschwindigkeit von 17 Knoten mit Leichtigkeit überholte: »*Telemachus* war verdattert.« Er hatte das Gefühl, mit einem Ford Modell T gegen einen Rolls Royce angetreten zu sein.[25] Lieutenant Commander Edward Young, der Kommandant der *Storm,* hatte ein ähnliches Gefühl, als man ihm in Fremantle die Mannschaftsunterkünfte in einem amerikanischen U-Boot zeigte. Er war »zutiefst beschämt« über die Bedingungen, unter denen seine eigenen Männer auf See existieren mußten, und als geradezu ärgerlich empfand er den Vergleich zwischen dem neuesten Zentimeter-Radar des US-Boots und seinem eigenen »ziemlich überholten Flugzeugwarngerät«.[26]

Die britischen U-Boote hatten den gefährlichen Vorteil, mit ihrer geringeren Sehrohrtiefe in flacheren Gewässern operieren zu können. Ihre Hauptziele waren die kleinen Fahrzeuge, mit denen die Japaner jetzt ihre Truppen in Burma mit Nachschub versorgten. Aber sie stießen auch auf Tanker, die von den Raffinerien in Medan und Belewan im Nordosten von Sumatra kamen, und gelegentlich liefen ihnen Kriegsschiffe sowie deutsche und japanische U-Boote, die von Penang aus die Handelsschiffahrt im Indischen Ozean angriffen, vor die Rohre. Eines dieser Boote wurde am 17. Juli von der *Telemachus* gesichtet, kurz nachdem sie im ersten Licht der Morgendämmerung getaucht war. Es war ein japanisches U-Boot, das mit südöstlichem Kurs durch den engen One-Fathom-Bank-Kanal fuhr, in dem King schon seit Tagen auf der Lauer lag. Das Meer war spiegelblank, und er wagte nicht, das Sehrohr auszufahren. Daher war er nicht in der Lage, die Bugwelle des anderen Boots zu beobachten, um dessen Geschwindigkeit abzuschätzen. Er schlug im Kriegsschiffregister *Jane's*

Fighting Ships nach, das die Höchstgeschwindigkeit der Boote der *Kaigun*-Klasse mit 19 Knoten angab. King gab dem Boot maximal 18 Knoten, da es am Ende einer Patrouillenfahrt sicherlich einen bewachsenen Rumpf hatte. Tatsächlich hatte das Boot – I 66 – eine theoretische Höchstgeschwindigkeit von über 20 Knoten.

Die *Telemachus* hielt sich bewegungslos zehn Meter unter der Oberfläche, während das Ziel auf einem gleichbleibenden Kurs näherkam, der es bis auf eine Seemeile heranbringen würde. King ließ das Sehrohr ausfahren, um die letzten Beobachtungen zu machen. Dann gab er im Abstand von vier Sekunden einzeln gezielte Schüsse ab, die zwischen einem Punkt ungefähr eine viertel Bootslänge vor dem Ziel und einem Punkt eine halbe Bootslänge achteraus aufgefächert waren. Anderthalb Minuten, nachdem der erste Torpedo das Rohr verlassen hatte, wurde das Boot von einer gewaltigen Explosion erschüttert. Zu diesem Zeitpunkt hatte der Erste Wachoffizier die Kontrolle über den Trimm verloren, so daß King den Treffer nicht verfolgen konnte. Der Bug der *Telemachus* brach kurzzeitig durch die Oberfläche und neigte sich dann nach unten. Wie sich herausstellte, war das Boot ohne die nötigen Gewichtsangaben mit Torpedos bewaffnet worden, die einen neuen, schwereren »Torpex«-Sprengkopf besaßen. King war sich sicher, daß er das Ziel versenkt hatte, wagte jedoch nicht aufzutauchen, um es zu überprüfen. Ultra bestätigte später, daß I 66 tatsächlich zerstört worden war.

Als King einige Tage später zum Ort der Versenkung zurückkehrte, wurde er von zwei U-Boot-Jägern erwartet. Er hatte Glück, daß sein Boot ihren Angriff überstand, und entkam nur, indem er sich mit kleinster Fahrt an der Seite der seichten Wasserstraße unmittelbar unter der Oberfläche davonschlich, während seine Jäger horchend in der Mitte lagen.[27] In dieser angespannten Phase händigte der Erste Wachoffizier King eine Nachricht aus, die er gerade entschlüsselt hatte. Darin wurden die Versenkung des holländischen Handelsschiffs *Tjisilak* durch I 8 unter Fregattenkapitän Tatsunoke Ariizumi und das anschließende Gemetzel an 98 Schiffbrüchigen beschrieben, die mit Schwertern und Schraubenschlüsseln niedergemacht worden waren. Die Geschichte war bekannt geworden, weil in einem Rettungsboot zwei Mann überlebt hatten. King betete, daß es dieses Boot war, das er erledigt hatte.

I 66 war das dritte in Penang stationierte Boot, das in der Straße von Malakka durch britische U-Boote versenkt worden war: Im Dezember 1943 hatte die *Taurus* unter Lieutenant Commander Mervyn Wingfield I 34 in die Tiefe geschickt, und im Februar hatte die *Tally Ho* unter Lieutenant Commander L. W. A. Bennington ein 1100 Tonnen großes ehemaliges italienisches Boot – die *Reginaldo Guiliani* – vernichtet, das die deutsche Kriegsmarine unter der Bezeichnung UIT 23 in Dienst gestellt hatte. Auf der Fahrt zuvor hatte Bennington einen japanischen Leichten Kreuzer versenkt. Aber von diesen Erfolgen und der Beschädigung eines weiteren Leichten Kreuzers abgesehen, erreichten die britischen Boote nur wenig: Sie versenkten im ersten Halbjahr 1944 nur acht Marus mit zusammen 16 000 BRT.[28]

Im Gegensatz dazu waren Lockwoods und Christies Booten Handelsschiffe mit über einer Million und Kriegsschiffe mit 125 000 BRT zum Opfer gefallen, letztere überwiegend während der Operation in der Philippinen-See.[29] Die Auszehrung der japanischen Handelsflotte setzte sich im Juli fort, als sie weitere 220 000 BRT an amerikanische U-Boote verlor. Dies überzeugte die Navy-Führung in Washington endlich davon, daß Japan durch die Blockierung seiner Seewege stranguliert werden konnte. Admiral King schlug vor, Formosa zu erobern und dort und auf dem chinesischen Festland Stützpunkte einzurichten, um das japanische Mutterland vom Nachschub aus dem Süden abzuschneiden. Es war eine vergleichsweise chirurgische Alternative zur Strategie des »Inselspringens«. Aber MacArthur wollte auf die Philippinen zurückkehren und damit das öffentliche Versprechen erfüllen, das er gegeben hatte, als er das Land verlassen mußte. Eine weniger verlustreiche, aber auch weniger glanzvolle Alternative wollte er nicht einmal in Erwägung ziehen. Zudem prognostizierten Nimitz und Spruance bei einer von den Marianen gestarteten Operation gegen Formosa logistische Probleme. Daher konnte sich MacArthur bei den Vereinigten Stabschefs durchsetzen.[30]

Das Unvermögen der Strategen Roosevelts, die Anfälligkeit der wirtschaftlichen Lebensadern Japans wahrzunehmen, hat den Krieg mit großer Wahrscheinlichkeit verlängert und die Vereinigten Staaten, nach Ansicht des U-Boot-Historikers Clay Blair, Zehntausende unnötiger Todesopfer gekostet.[31] Daß die Auszehrung der japanischen Handelsflotte im Spätsommer und Herbst mit zunehmendem Tempo weiterging, lag an der wachsenden Zahl amerikanischer U-Boote und der Einrichtung vorgeschobener Nachschubbasen auf Saipan, was den Anmarschweg in die Operationsgebiete erheblich verkürzte. Zwei der ergiebigsten waren die Knotenpunkte der Straßen von Formosa und Luzon. Die Grenzlinie zwischen den Zuständigkeitsbereichen von Pearl Harbor und Fremantle verlief immer noch durchs »Convoy College«, wie die Straße von Luzon genannt wurde. Jetzt verlegte man sie 90 Seemeilen nach Süden, so daß Lockwoods zahlenmäßig größere Flottille ungehindert in diesem Hauptschauplatz des Handelskrieges operieren konnte. Wäre Admiral Kings Plan angenommen worden, hätten die in Takao im Süden Formosas stationierten Überwasserschiffe und Flugzeuge der japanischen U-Boot-Abwehr ihre Stützpunkte verloren, und die überwältigende amerikanische Luftmacht, die an ihre Stelle getreten wäre, hätte die japanischen Nachschublinien binnen kurzer Zeit restlos durchtrennt.

Am 3. August reagierten die Japaner auf den steten Verlust von Schiffsraum, indem sie die Große Eskortflotte der Vereinigten Flotte unterstellten. Die Kräfte der Flotte sollten damit für die Stärkung des Konvoidienstes verfügbar gemacht werden. Angesichts der Konzentration auf die Entscheidungsschlacht und der Abneigung gegen eine derart unheroische Aufgabe wie den Schutz von Handelsschiffen war jedoch abzusehen, daß genau das Gegenteil eintreten würde. Nach dem Fall von Saipan und der Niederlage in der Schlacht in der Philippinen-See waren sich Admiral Toyoda und seine Planer im klaren darüber, daß der Krieg verloren war. Sie beabsichtigten jedoch ganz im Sinne der Samurai-Ethik, sich mit einer ruhmreichen Selbstmordfahrt von der Bühne zu verabschieden, um im Untergang »zu blühen wie Blumen des Todes«. Dieses Vorhaben wurde vor den Schiffsbesatzungen hinter dem irreführenden Decknamen *Sho Ichi Go* (Operation Sieg Eins) verborgen.[32] In Vorbereitung darauf wurden die besten Zerstörer der Flotte zugeschlagen und die besten Piloten und Flugzeuge vom Konvoidienst abgezogen, um die riesigen Lücken in den Staffeln der Marineluftwaffe zu schließen. Kapitän zur See Atsushi Oi, der dem Stab der Großen Eskortflotte seit ihrer Aufstellung angehört hatte, bestätigte nach dem Krieg, daß deren Situation durch die Integration in die Vereinigte Flotte nicht verbessert worden war: »Während der [amerikanischen] Flugzeugträgerangriffe auf Formosa im Oktober 1944 wurden die für Aufklärungs- und U-Boot-Abwehraufgaben geeigneten Flugzeuge praktisch ausgelöscht. Vor der organisatorischen Veränderung im August waren diese Flugzeuge für U-Boot-Abwehrpatrouillen ausschließlich dem Einsatz durch die Große Eskortflotte vorbehalten gewesen und konnten nicht in Offensivoperationen der Vereinigten Flotte eingesetzt werden.«[33]

Im Grunde gab es jedoch nichts, womit die Japaner die Überlegenheit des amerikanischen Radars und damit den entscheidenden Vorteil hätten kompensieren können, den die U-Boote bei nächtlichen Angriffen gegenüber den japanischen Geleitschiffen besaßen. Admiral Naokuni Nomura, der Oikawa als Oberbefehlshaber der Großen Eskortflotte abgelöst hatte, als sie unter Toyodas Oberbefehl kam, wies die Konvois im September an, in Gefahrengebieten nur noch am Tag zu fahren und sich nachts an geeigneten Liegeplätzen zu verstekken.[34]

Die japanischen U-Boote wurden im August allesamt in die Stützpunkte zurückgerufen, um sie mit Radar auszurüsten. Die großen I-Klasse-Boote sollten außerdem dafür vorbereitet werden, menschliche Torpedos – Kaiten – an Deck zu transportieren. Einige von ihnen wurden im September ausgeschickt, als Flugzeugträgerangriffe gegen die Palau-Inseln, die westlichen Karolinen und die Philippinen die Einlösung von MacArthurs Versprechen ankündigten. Zwei gingen verloren, ohne daß sie etwas erreicht hatten. Mit ihnen sank ein Boot einer neuen 1700-Tonnen-Klasse, das speziell für den Transport von Nachschub und Truppen zu abgeschnittenen Garnisonen entworfen worden war. Am 17. Oktober, als die erwartete Invasion der Philippinen unmittelbar bevorzustehen schien, setzte Toyoda *Sho Ichi Go* in Gang. Daraufhin wurde die Ausbildung der Kaiten-Piloten unterbrochen, und Vizeadmiral Shigeyoshi Miwa, der Takagi an der Spitze der 6. (U-Boot-)Flotte abgelöst hatte, ließ die 14 verfügbaren Boote auslaufen, um östlich der Philippinen zwei Aufklärungsstreifen zu bilden. Sie trafen jedoch zu spät ein, um die Invasionsflotte zu sichten. Am Morgen des 19. Oktober waren an der Küste von Leyte die ersten Truppen an Land gesetzt worden.

In der folgenden Nacht lief Toyodas »Hauptkraft« unter dem Kommando von Vizeadmiral Ozawa mit einem Flottenträger, drei leichten Trägern und zwei Schlachtschiffen, die auf dem Achterschiff mit einem Flugdeck versehen worden waren, aus dem Japanischen Meer aus. Admiral Takeo Kuritas 1. Stoßgruppe mit den beiden Superschlachtschiffen *Yamato* und *Musashi* sowie mehreren Schweren Kreuzern war zwei Tage zuvor von den Lingga-Inseln südlich von Singapur aufgebrochen. Am 21. Oktober machte sich ein kleinerer Kreuzer-Verband, die sogenannte 2. Stoßgruppe unter Vizeadmiral Kiyohide Shima, von den Pescadores westlich von Formosa auf den Marsch. Der Plan von *Sho Ichi Go* war als Gesamtkonzept einfach, im einzelnen jedoch, wie in der japanischen Marine üblich, höchst komplex. Ozawas Flugzeugträger besaßen nur noch wenige Flugzeuge. Die meisten waren zusammen mit ihren ausgebildeten Piloten – und vielen Maschinen der Großen Eskortflotte – im vergangenen Monat in der Luftschlacht über Formosa verlorengegangen. Die »Hauptkraft« oder 1. Mobile Flotte war daher nicht viel mehr als ein Lockvogel, der die US-Flotte unter Admiral William F. »Bull« Halsey nach Norden abziehen sollte, während die 1. und 2. Stoßgruppe über die Transporter und Landungsfahrzeuge im Leyte-Golf herfielen. Für diesen Angriff war die 1. Stoßgruppe in zwei Verbände aufgeteilt worden: eine Hauptgruppe unter Kurita, die durch die San-Bernardino-Straße von Norden in den Golf einlaufen sollte, und eine kleinere unter Vizeadmiral Shoji Nishimura, die wie Shimas 2. Stoßgruppe durch die Surigao-Straße von Süden kommen sollte. Die U-Boote wurden am 23. Oktober, als die vier Flottenverbände aus verschiedenen Richtungen den Leyte-Golf ansteuerten, zu der im Norden des Golfs gelegenen Insel Samar beordert. Dort sollten sie 60 Seemeilen vor der Küste Aufstellung nehmen, um feindliche Kampfverbände oder Transporter anzugreifen, und zwar um jeden Preis.[35]

Lockwood und Christie hatten inzwischen einige Boote ausgeschickt, die über japanische Flottenbewegungen berichten sollten, allerdings nicht in die Gewässer östlich der Philippinen, wo die amerikanischen U-Boot-Abwehrkräfte jede Unterwasseraktivität als feindlich ansahen. Lockwoods vor Südjapan liegende Boote hatten Ozawa verpaßt, aber Shimas von den Pescadores kommende Kreuzer wurden bei der Fahrt durchs Convoy College südlich von Formosa von drei Booten gesichtet. Ein Angriff der *Sea Dragon* blieb ohne Erfolg.

Kuritas Verband wurde durch eines von Christies Rudeln unter Commander David McClintock entdeckt, zu dem außer dessen Boot, der *Darter,* nur noch die *Dace* unter Lieutenant Commander Bladen Claggett gehörte. Die beiden Boote hatten schon seit einer Woche in der Palawan-Passage nördlich von Borneo operiert und zwei Tanker versenkt sowie weitere 20000 BRT beschädigt. Dennoch dampfte Kurita mit 15 Knoten auf gleichbleibendem Kurs direkt auf sie zu. Die Schiffe tauchten in der Nacht vom 22. auf den 23. Oktober kurz nach Mitternacht auf dem Radarschirm der *Darter* auf. Kurz vor Morgengrauen griffen beide Boote an, McClintock die Backbord- und Claggett die Steuerbordkolonne. McClintock eröffnete den Angriff, indem er sechs Torpedos auf den an der Spitze fahrenden Kreuzer abfeuerte, Kuritas Flaggschiff *Atago.* Dann drehte er das Boot herum, um die Hecktorpedos auf das zweite Schiff abzuschießen, den Kreuzer *Takao.* Vier Torpedos der ersten Salve schlugen auf der *Atago* ein und detonierten mit heftigen Explosionen, während McClintock die letzten Beobachtungen für die zweite Salve machte. Nachdem er sie auf den Weg geschickt hatte, drehte er das Sehrohr zum ersten Ziel zurück. Es war in dichte Rauchwolken gehüllt und sank bereits über den Bug. Claggett hatte inzwischen das erste Schiff der Steuerbordkolonne als Kreuzer identifiziert und feuerte eine volle Bugsalve auf das folgende Schiff ab, ein Schlachtschiff, wie er glaubte. Tatsächlich war es der Kreuzer *Maya,* der ebenfalls binnen kurzem unterging.

Kurita, der von einem Zerstörer aufgenommen worden war und später auf die *Yamato* umstieg, hielt unbeirrt weiter auf die Mindoro-Straße zu, wo er von den Radargeräten der zu Christies Flottille gehörenden *Angler* und *Guitarro* erfaßt wurde. Die von zwei Treffern schwer beschädigte *Takao* war im Schutz von zwei Zerstörern zurückgeblieben. Sie entdeckten McClintock und verhinderten seinen Angriff. In der Nacht trafen sich McClintock und Claggett und einigten sich darauf, daß die *Darter* über Wasser zum Angriff anlaufen sollte, um die Zerstörer auf sich zu lenken und damit den Weg für die von der anderen Seite kommende *Dace* freizumachen. Bei dem Manöver fuhr die *Darter* allerdings mit solchem Tempo auf ein Riff, daß sie wie im Trockendock aus dem Wasser ragte. Als alle Versuche, sie wieder flottzumachen, fehlschlugen, wurden die geheimen Dokumente und Instrumente vernichtet und Sprengladungen ausgelegt. Dann setzte die Besatzung zur *Dace* über. In den folgenden Tagen, während die *Takao* zu ihrem Ausgangshafen zurückkroch, erhielten mehrere amerikanische U-Boote Befehl, die *Darter* zu zerstören. Aber sie erwies sich als stärker und blieb bis lange nach Kriegsende weithin sichtbar auf dem Riff liegen.

Halsey wurde durch die Meldungen der U-Boote über die Bewegungen der Flottenverbände von Shima und Kurita – von deren Auslaufen er bereits durch die Funkaufklärung wußte – auf dem laufenden gehalten. Da ihnen die Gewässer östlich der Philippinen versperrt waren, spielten die U-Boote in den Gefechten, die am 24. Oktober vor Leyte und Samar stattfanden, keine Rolle. Es könnte allerdings sein, wie der britische Marinehistoriker Stephen Roskill gemutmaßt hat, daß der gemeinsame Angriff der *Darter* und der *Dace,* bei dem Kurita das Flaggschiff unter den Füßen weggeschossen worden war, dazu beitrug, daß er in einer entscheidenden Phase der Schlacht um Leyte die Nerven verlor: Nachdem sich Halsey am Morgen des 25. Oktober nach Norden hatte weglokken lassen, war der Weg in den Leyte-Golf für Kurita frei gewesen. Doch statt vorzurücken und die dort versammelten Transporter zu vernichten, zog er sich zurück und versäumte »die größte Gelegenheit, die sich der japanischen Marine seit Pearl Harbor geboten hatte«.[36]

In der Endphase der Schlacht am Abend des 25. Oktober griffen auch die amerikanischen U-Boote wieder ins Geschehen ein. Lockwood hatte zwei Wolfsrudel in die Straße von Luzon auf den Kurs beordert, auf dem sich Ozawa mit den Resten seines Trägerverbandes nach Norden zurückzog. Eines der Rudel, das aus der *Tuna,* der *Haddock* und Galantins *Halibut* bestand, durchkämmte das Gebiet im Abstand von 30 Seemeilen in südlicher Richtung. Plötzlich fingen die Funker unverständliche Funksprüche der amerikanischen Sturzbomber auf, die Ozawas Verband angriffen. Kurze Zeit später wurden Rauchwolken gesichtet und darüber die Detonationen von schwerem Flakfeuer. Dann, um 17.42 Uhr, schob sich in einer Radarentfernung von 28 000 Metern vor der *Halibut,* dem am weitesten östlich fahrenden Boot, der pagodenähnliche Fockmast eines Schlachtschiffs über den Horizont. Galantin tauchte, weil das Schiff möglicherweise über ein ähnlich leistungsstarkes Radar verfügte oder seine eigenen Radarimpulse orten konnte, und bereitete den Angriff vor.

Eine Stunde später war das Schlachtschiff, das offenbar beschädigt war, da es nur 15 Knoten machte, nur noch 2,5 Seemeilen entfernt. Doch dann schwenkte es nach Steuerbord, und Galantin war gezwungen, aus der verhältnismäßig großen Entfernung von 3100 Metern zu feuern. Er schoß, über die Länge des Ziels verteilt, eine volle Bugsalve ab und ging dann in die Tiefe. Drei

Minuten und 14 Sekunden später hörte er die erste Detonation, dann in kurzem Abstand vier weitere, denen in der nächsten halben Stunde andere Explosionen und schließlich die Bruchgeräusche eines sinkenden Schiffs folgten. Als Galantin gegen 20 Uhr auftauchte, sah er im Mondschein etwas aus dem Wasser ragen, »das starke Ähnlichkeit mit dem Rumpf eines großen, gekenterten Schiffs hatte«. Doch es verschwand von der Oberfläche und vom Radarschirm, noch während Galantin darauf zufuhr, um sich zu überzeugen. Er war sicher, sich den großen Traum jedes U-Boot-Fahrers erfüllt zu haben: die Versenkung eines Schlachtschiffs. In derselben Nacht zerstörte die zu einem anderen Wolfsrudel gehörende *Jallao* einen von Ozawas Leichten Kreuzern. Am nächsten Tag fing ein drittes Rudel den Verband ab, konnte sich aber nicht in Angriffsposition bringen. Galantin erfuhr nach seiner Rückkehr, daß die beiden einzigen Schlachtschiffe in Ozawas Verband, die beiden Schlachtschiff-Träger-»Hermaphroditen«, sicher im Hafen angekommen waren. Lockwood rechnete ihm einen Schweren Kreuzer an. Nach dem Krieg stellte sich heraus, daß sein Opfer ein Zerstörer gewesen war.[37]

Damit endete die als Schlacht um Leyte bekannte zweite Schlacht in der Philippinen-See. Die Amerikaner hatten den vollständigsten Sieg der Seekriegsgeschichte errungen: Ozawa hatte vier Flugzeugträger verloren, Kurita das Superschlachtschiff *Musashi* und drei Schwere Kreuzer, Nishimura seine einzigen beiden Schlachtschiffe und einen Schweren Kreuzer, und Shima hatte sich mit seinen leichteren Kräften einfach zurückgezogen. Halsey hatte dagegen nur einen leichten Flottenträger, zwei Geleitträger und einige kleinere Schiffe verloren. Eine ganze Reihe von Flotten- und Geleitträgern hatten jedoch durch die erste systematische Kamikaze-Offensive schwere Schäden und Verluste erlitten. Der Geleitträger *St. Lô* war infolge eines Kamikaze-Treffers untergegangen. Ein weiterer, die *Santee,* stand nach dem Einschlag eines Kamikaze-Flugzeugs in Flammen und wurde zudem von einem Torpedo von I 56 unter Korvettenkapitän Masahiko Morinaga getroffen, dem einzigen japanischen U-Boot, das den Schutzschirm überwunden und einen Treffer erzielt hatte. Morinaga meldete die Versenkung eines Flugzeugträgers, doch die Brände auf der *Santee* konnten gelöscht und das Schiff wieder flottgemacht werden. Am 24. Oktober wurde ein I-Klasse-Boot versenkt. Acht weitere blieben in der Nähe des Invasionsgebiets auf ihren Posten, während die RO-Klasse-Boote in die Stützpunkte zurückkehrten. In den folgenden Wochen meldeten die I-Klasse-Boote die Versenkung von drei Flugzeugträgern, zwei Zerstörern und sechs Transportern sowie die Beschädigung eines Schlachtschiffs. Tatsächlich hatten sie nur einen Flugabwehrkreuzer beschädigt und einen Zerstörer versenkt. Der Preis, den sie dafür zahlen mußten, war hoch: Nur zwei der acht Boote kehrten von der Feindfahrt zurück. Die anderen waren überwiegend Opfer von speziellen U-Boot-Abwehreskorten geworden, einige bei Angriffen mit dem Hedgehog-Werfer, von dessen Existenz die Japaner nichts wußten.

Die japanischen U-Boote verfügten zwar über Radar, aber im Vergleich mit den amerikanischen war es veraltet und störanfällig und wurde darüber hinaus von schlecht ausgebildetem Personal bedient. Die meisten Kommandanten benutzten es nur bei schlechter Sicht, und dann auch nur für kurze Zeit. Während die Luftwarngeräte gut funktionierten und die Boote vor anfliegenden Flugzeugen gewarnt waren, konnten die wichtigsten Überwasserfeinde, die kleinen Eskortschiffe, erst in einer Entfernung von rund vier Seemeilen geortet werden. Einige Kommandanten berichteten, sie hätten kleine Schiffe überhaupt nicht entdecken können.[38] Im Kontrast dazu steht, daß alle amerikanischen Sichtmeldungen und Angriffe auf japanische Kräfte in der Schlacht um Leyte durch Radarkontakte ausgelöst worden waren, für gewöhnlich, als sich diese noch hinter dem Horizont befanden. Dasselbe galt inzwischen auch für den Handelskrieg, der im Oktober einen neuen Höhepunkt erreichte: 70 Marus mit mehr als 300 000 BRT wurden von U-Booten versenkt und weitere 47, überwiegend Schiffe mit Nachschub und Truppen für die Philippinen, fielen Flugzeugen zum Opfer.[39]

Der Oktober war allerdings auch in bezug auf die U-Boot-Verluste ein Rekordmonat: Insgesamt gingen fünf Boote verloren, fast so viele wie im ganzen Jahr 1942. Nur zwei von ihnen – oder drei, wenn man die *Salmon* mitzählt, von der unten berichtet wird – waren jedoch infolge direkter Feindeinwirkung gesunken, eines durch eine Mine und das andere durch Wasserbomben. Ein weiteres Boot fiel mit großer Wahrscheinlichkeit befreundetem Feuer zum Opfer: einem amerikanischen Flugzeug und einem Geleitzerstörer, die ein japanisches U-Boot jagten – RO 41 –, das bei Morotai südlich der Philippinen ein Eskortschiff versenkt hatte. Die U-Boot-Jäger glaubten es geortet zu haben und gingen zum Angriff über, obwohl sie sich in einem Gebiet befanden, in dem eigene U-Boot-Aktivitäten angekündigt waren. Das Opfer, die *Seawolf*, versuchte offenbar Sonarerkennungszeichen zu senden, denn der Zerstörer empfing verstümmelte Morsezeichen. Doch dann trat der Hedgehog-Werfer in Aktion, und eine große Luftblase im Wasser, der kleinere Trümmer folgten, kündete vom Ende der *Seawolf*.[40] Die *Darter* war auf einem Riff gestrandet, und die *Tang* war in derselben Nacht von einem ihrer eigenen Torpedos getroffen worden.

Es war O'Kanes fünfte Feindfahrt als Kommandant gewesen. Er hatte bereits fünf kleine Frachter versenkt und weitere beschädigt, als er in jener Nacht erneut einen Konvoi auf dem Radarschirm entdeckte. Es gelang ihm, von achtern in den Konvoi einzudringen. Als er zwischen den Kolonnen nur noch knapp 300 Meter von dem an der Spitze fahrenden Handelsschiff entfernt war, feuerte er auf eines der Schiffe zwei Bugtorpedos ab, schwenkte herum und jagte einem anderen drei Hecktorpedos entgegen. Sie fanden ihre Ziele und setzten sie in Brand. Andere Handelsschiffe begannen auf den Eindringling zu schießen, und die Eskortschiffe hielten auf die sich vor dem Feuerschein abzeichnende U-Boot-Silhouette zu. O'Kane torpedierte eines der Geleitschiffe, als es hinter einem der brennenden Schiffe hervorkam, und beobachtete, wie es von Explosionen zerrissen wurde, während er sich mit voller Kraft absetzte. Diese Versenkung konnte nach dem Krieg nicht bestätigt werden. Nachdem seine letzten beiden Torpedos in die Rohre geschoben worden waren, kurvte er zurück und nahm ein ohne Fahrt im Wasser liegendes beschädigtes Schiff aufs Korn. Der erste Torpedo lief gerade, wie an der phosphoreszierenden Spur im Wasser zu erkennen war. Als der zweite und letzte Torpedo das Rohr verließ, brach im Boot Jubel aus: Jetzt würde es nach Hause gehen. Der Torpedo stieß jedoch durch die Oberfläche und vollführte eine enge Kurve. O'Kane versuchte, das Boot noch herumzureißen, aber es war zu spät: Der Torpedo detonierte am Achterschiff und riß die Ballasttanks und den Heckraum auf. Während das Heck durch das hereinschießende Wasser nach unten gedrückt wurde, brüllte O'Kane dem durchs Turmluk verwirrt zu ihm hochstarrenden Funker zu, er solle das Luk schließen. Aber das Wasser kam ihm zuvor. O'Kane und acht andere, die auf der Brücke waren, sowie ein Mann aus dem Kommandoturm schwammen im Wasser, während das Boot unter ihnen wegsank.

Am Morgen waren nur noch O'Kane und drei andere am Leben. Fünf Männern war es gelungen, das Boot in 55 Metern Tiefe zu verlassen und mit Hilfe eines Atemgeräts, das als Momsen-Lunge bekannt war, den Aufstieg an die Oberfläche zu überstehen. Sie wurden von einem japanischen Geleitschiff aufgefischt und verbrachten den Rest des Krieges im Kriegsgefangenenlager. O'Kane hatte auf den fünf Feindfahrten als Kommandant der *Tang* 24 Schiffe mit zusammen 93 800 BRT versenkt und war damit, was die Zahl der Schiffe betraf, der erfolgreichste amerikanische U-Boot-Kommandant. Auch er erhielt die Ehrenmedaille des Kongresses.

Die Verluste der amerikanischen U-Boot-Waffe waren wesentlich geringer als die jeder anderen am Krieg beteiligten U-Boot-Flotte. Insgesamt gingen während des Krieges 52 Boote verloren, darunter 45 Flottenboote. Feindlichen Aktionen waren nur 43 dieser Boote zum Opfer gefallen, weniger als eines pro Monat. In dieser Hinsicht profitierten die USA von den auf japanischer Seite begangenen Fehlern: dem vernachlässigten Schutz der Handelsschiffahrt, der Vergeudung von Geleitflugzeugen in Flottenoperationen und dem chronischen Mangel an Eskortschiffen. Dadurch war es wie bei den britischen Konvois in den ersten Jahren der Atlantikschlacht im allgemeinen ausgeschlossen, daß Geleitschiffe lange genug über einem unter Wasser gedrückten U-Boot blieben, um die Jagd zu vollenden. Auf amerikanischer Seite war ein Grund sicherlich die robuste Bauweise der Flottenboote, die zwar nicht so tief tauchen konnten wie die deutschen U-Boote, aber enorme Belastungen auszuhalten vermochten. Zu verdanken war dies den vor dem Krieg durchgeführten Drucktests und ständigen Verbesserungen einzelner Maschinenteile und Komponenten sowie einer Reihe von Versuchen, bei denen im Winter 1940/41 drei Boote der *Tambor*-Klasse auf See mit einer minimalen Entfernung von 30 Metern echten Wasserbombenexplosionen ausgesetzt worden waren. Und auch während des Krieges hatte man ständig beschädigte Boote untersucht und Verbesserungen vorgenommen, so daß die Boote in der Lage waren, selbst schwerste Schläge zu überstehen.[41]

Am 30. Oktober löste Ned Beachs *Trigger* einen der schwersten Angriffe aus, den ein amerikanisches U-Boot jemals erlebt und überlebt hat. Die *Trigger* operierte südlich von Kyushu als Teil eines Wolfsrudels, zu dem außer ihr die *Sterlet* und die *Salmon* gehörten. Sie torpedierte einen 10000 BRT großen Tanker, beschädigte ihn aber nur, woraufhin die *Salmon* unter Lieutenant Commander Harley Nauman anlief und eine Salve auf das von vier Eskortschiffen geschützte Schiff abfeuerte. Drei der Torpedos brachen durch die Oberfläche. Dadurch war die Position des U-Boots unschwer zu ermitteln, zumal sie auch durch das Quietschen der Schraubenwellen verraten wurde, als Nauman das Ruder hart umlegen ließ und in die Tiefe ging. Alle vier Eskortschiffe jagten auf das U-Boot zu und warfen vier exakt gelegte Bombenteppiche mit jeweils sechs bis acht Bomben. Die ersten beiden detonierten mit ohrenbetäubendem Donnern über Maschinenraum und Achterschiff, während der Tiefenmesser die 95-Meter-Marke überschritt.

Von ihren Halterungen gerissene kleine Objekte und Installationsteile schossen wie Raketen durch das Boot. Das Luk des Hecktorpedoraums war aufgerissen worden, und nur die zusätzlichen Abdeckplatten über der Luköffnung verhinderten die sofortige Überflutung des Raums. Diese Neuerung hatte man eingeführt, als sich die Berichte häuften, denen zufolge Lukdeckel bei Wasserbombenangriffen zeitweise angehoben worden waren. Die Ansaugrohre der Diesel waren zerbrochen und geflutet, und die Abgasrohre begannen ebenso zu lecken wie das Turmluk und die Stopfbuchsen beider Sehrohre. Ein Ballasttank war aufgerissen, und Meerwasser verdrängte das leichtere Treiböl. Noch schlimmer war, daß die Ventile der Steigleitungen der Tanks im Innern des Boots weggerissen worden waren, so daß Meerwasser in beide Maschinenräume gedrückt wurde. Die achteren Tiefenruder hatten sich in Tauchstellung verklemmt, und das zusätzliche Gewicht des hereinströmenden Wassers sowie die von oben kommenden Druckwellen der dritten und vierten Wasserbombensalve ließen das Boot rasch auf 120 Meter durchsacken. Glücklicherweise funktionierten die E-Maschinen noch, und das Boot konnte mit voller Kraft bei gleichzeitigem Anblasen der Tauchzellen auf 90 Meter angehoben werden. Aber kaum wurde die Geschwindigkeit gedrosselt, sackte es erneut weg und konnte erst bei etwa 150 Metern, dem Doppelten der Einsatztiefe, abgefangen werden. Nauman brachte es mit den E-Maschinen auf 45 Meter hinauf, aber als die Geschwindigkeit verringert wurde, begann es sofort wieder zu sinken. Diesmal ließ es sich durch nichts aufhalten. Es sackte über die Anzeige des Tiefenmessers hinaus auf mindestens 180 Meter. In dieser Tiefe wurde die Druckhülle zwischen den Spanten bis zu fünf Zentimeter ins Bootsinnere gepreßt.

Die Batterien waren durch die dauernde Höchstfahrt fast erschöpft. Das Wasser stand im Maschinenraum bis zum Hauptmotorgehäuse und stieg weiter an. Nauman blieb keine andere Wahl, als nach oben zu gehen. Um 20.30 Uhr, 17 Minuten nachdem die ersten Wasserbomben das Boot durchgeschüttelt hatten, gab er Befehl zum Auftauchen. Es kam nicht ganz heraus, sondern blieb mit überspülten Decks und 15 Grad Schlagseite nach Steuerbord tief im Wasser liegen. Noch einmal tauchen konnte es nicht, denn der größte Teil der fürs Auftauchen nötigen Druckluft war entwichen. In einer Entfernung von 3,5 Seemeilen waren im Mondlicht die Eskortschiffe zu sehen. Sie wurden von der großen Ölspur des aufgerissenen Ölbunkers abgelenkt und warfen immer noch hin und wieder Wasserbomben. Dadurch gewannen Nauman und seine Besatzung wertvolle Minuten, um Lecks zu stopfen, die Diesel zu starten, die Schlagseite zu beheben und Tanks auszublasen, damit das Boot weiter aus dem Wasser kam. Um 21 Uhr, als erst zwei Diesel wieder in Gang gesetzt waren, wurde die *Salmon* von einem der Eskortschiffe entdeckt und mit einem Suchscheinwerfer angestrahlt. Das Schiff eröffnete das Feuer, machte jedoch keine Anstalten, zu ihm aufzuschließen. Auf der *Salmon* war die Visiereinrichtung der Deckkanone zerschmettert, so daß einer der Ladeschützen den Richtkanonier bei der Zielerfassung unterstützen mußte, während sie das Feuer erwiderten. Um 21.15 Uhr hatten die Techniker den dritten Diesel wieder angeschlossen, aber beim vierten mußten sie sich geschlagen geben. Nauman kam damit nur auf eine Höchstgeschwindigkeit von 16 Knoten. Damit konnte er seinen zum Glück nicht sehr genau feuernden Verfolgern nur ausweichen, sie aber nicht abschütteln. Der ungleiche Kampf dauerte drei Stunden. Dann setzte Nauman alles auf eine Karte und durchbrach die Linie der Eskortschiffe, um sich in einem Regenschauer zu verstecken, den er hinter ihnen entdeckt hatte. Seine Kühnheit zahlte sich aus: Er konnte entkommen.

In der nächsten Nacht stießen auf seinen Notruf hin die beiden anderen Boote seines Rudels sowie ein drittes, das in dem Gebiet operiert hatte, zu ihm und geleiteten ihn sicher nach Saipan. Dort wurde die *Salmon* für die Rückfahrt in die Vereinigten Staaten provisorisch zusammengeflickt. Die Schäden erwiesen sich später als so gravierend, daß sie verschrottet wurde.[42]

Galantin geriet im nächsten Monat, als die *Halibut* mit einem Wolfsrudel im Convoy College eingesetzt war, in eine ähnlich prekäre Lage. Nachdem er am 14. November kurz nach 12 Uhr mittags in Sehrohrtiefe vier Torpedos auf einen großen Frachter aus einem nordwärts fahrenden Konvoi abgeschossen hatte, hörte er zwei Explosionen und dann »ein lautes, fast summendes Geräusch«, das er nicht einzuordnen vermochte. Dann detonierte dicht an Backbord eine Bombe. Galantin überlegte, ob er es mit einer neuen U-Boot-Abwehrwaffe zu tun hatte, und brachte das Boot in die Tiefe. In 100 Metern waren weitere vier Explosionen zu hören, die jedoch anders als die der üblichen Wasserbomben klangen. Er schlich sich davon, aber 17 Minuten später wurde das Boot erneut von einer nahen Explosion erschüttert. Dann war das schnelle Zirpen von Sonarimpulsen zu hören, denen ein Bombenteppich folgte. Er explodierte so dicht über dem Boot, daß es herumgeschleudert wurde »wie ein riesiger Fisch, der einen Angelhaken abzuschütteln versucht«, während es von den Druckwellen auf 130 Meter hinuntergepreßt wurde. Galantin glaubte ein grünliches Glühen wahrzunehmen, ein Phänomen, von dem auch andere Kommandanten berichtet hatten. Er war für einen Augenblick wie gelähmt und fragte sich, ob dies das Ende war.[43]

Das Bootsinnere war ein Scherbenhaufen. Nachdem sich der erste Schock gelegt hatte, ging Galantin auf 100 Meter hinauf. Die Schadensmeldungen trafen in der Zentrale ein, während die Männer, immer noch wie betäubt, still ihren Aufgaben nachgingen. Das Sonargerät war ausgefallen, aber da von oben nichts mehr zu hören war, konnte angenommen werden, daß die Eskortschiffe zum Konvoi zurückgekehrt waren. Galantin tauchte nach Einbruch der Dunkelheit auf, um die Batterien nachzuladen und das Boot zu lüften. Später konnte er ein Boot aus einem anderen Rudel herbeirufen, das ihn mit einer Marschgeschwindigkeit von 12 Knoten nach Saipan geleitete. Bei der Inspektion der *Halibut* stellte man fest, daß die Druckhülle zwischen den Spanten wie bei der *Salmon* bis zu fünf Zentimeter nach innen gepreßt worden war, am stärksten im Bereich der Deckkanone auf dem Vordeck. Das Geschütz selbst zeigte die Spuren einer nahen Explosion: Am Lauf war die Farbe abgebrannt, die bronzene Verschlußkappe war geborsten, und die Drehzapfen waren weggesprengt. Galantin vermutete, daß die Kanone das Boot gerettet hatte.

In Saipan erfuhr er auch, was es mit dem merkwürdigen Geräusch auf sich hatte, das er vor der ersten Explosion gehört hatte. Ein anderer Kommandant aus seinem Rudel hatte ein riesiges Flugboot beobachtet, das während Galantins Torpedoangriff über dem Konvoi gekreist war. Es war durchaus möglich, ein niedrig fliegendes Flugzeug auf einem in Sehrohrtiefe befindlichen U-Boot zu hören. Galantin nahm an, daß er dieses Flugboot gehört hatte und offenbar zum Opfer des magnetischen Anomaliedetektors der Japaner geworden war.[44] Nach der Rückkehr nach Pearl Harbor ergab eine Untersuchung, daß sich die Reparatur der *Halibut* nicht lohnte. Sie wurde wie die *Salmon* verschrottet und als indirekter Verlust verbucht.

Schäden solchen Ausmaßes waren die Ausnahme, obwohl noch drei weitere U-Boote im November verlorengingen, zwei wahrscheinlich durch Wasserbombenangriffe und eines durch eine Mine. Die jetzt wieder vom dienstältesten Kommandanten befehligten amerikanischen Wolfsrudel beherrschten die Gewässer zwischen Japan und dem früheren Niederländisch-Indien. Sie versetzten die japanischen Seeleute in Angst und Schrecken, so daß sie in den Häfen reihenweise von Bord gingen, und zwangen die Konvois, Umwege dicht unter der Küste zu nehmen und sich nachts an geschützten Plätzen zu verstecken. Insbesondere die Straße von Luzon war zur »Teufelssee« geworden.[45] Im Spätsommer und Herbst lagen die Verluste der japanischen Handelsflotte bei über 200 000 BRT pro Monat. Und obwohl eine Reihe von ihnen für die Operationen bei Leyte und für Nachschubtransporte für philippinische Guerillagruppen abgestellt worden waren, versenkten die amerikanischen U-Boote im Oktober 70 Marus mit über 300 000 BRT; weitere 47 wurden von Flugzeugen vernichtet. Daß die Zahlen im November und Dezember sanken, war ein Anzeichen für die Auszehrung der japanischen Handelsflotte, deren Tonnage auf die Hälfte geschrumpft war. Die verbliebenen rund 2,5 Millionen BRT reichten nicht mehr aus, um die Wirtschaft des Landes aufrechtzuerhalten. Ende des Jahres übten die amerikanischen U-Boote zusammen mit einer zunehmenden Zahl von Flugzeugen eine effektive Blockade aus. Damit befand sich Japan, nachdem es bereits in der Luft, auf See und am äußeren Verteidigungsgürtel geschlagen war, nun auch im ökonomischen Würgegriff.[46]

Darüber hinaus hatten die amerikanischen U-Boote die Vernichtung der japanischen MAC vollendet: Im August hatte die *Rasher* unter Commander Henry Munson die *Taiyo* versenkt, die einen wichtigen südwärts fahrenden Tankerkonvoi durchs Convoy College begleitete. Anschließend hatte er bei zwei Vorstößen in die sich auflösenden Schiffskolonnen vier Tanker in die Tiefe geschickt und damit die Versenkungsrate seiner Feindfahrt auf 52 600 BRT geschraubt. Dieses Ergebnis sollte nur noch von Lieutenant Commander J. F. Enright übertroffen werden, der im November den 60 000-Tonnen-Träger *Shi-*

nano versenkte. Im September schoß Lieutenant Commander Eugene Flukey, der Kommandant der *Barb,* ebenfalls im Convoy College eine Rekordsalve auf die *Unyo* ab, als sie zusammen mit einem Tanker ein überlappendes Ziel bildete, und versenkte beide Schiffe mit zusammen 31 000 BRT. Flukey sollte sich, was die versenkte Tonnage betraf, bis zum Ende des Krieges mit 95 360 BRT vor O'Kanes 93 824 BRT an die Spitze der amerikanischen U-Boot-Asse schieben.[47] Ihm wurde für seine Leistung die Ehrenmedaille des Kongresses verliehen.

Im November versenkte die *Spadefish* unter Lieutenant Commander Gordon Underwood die *Shinyo,* als sie auf ihrer ersten Geleitschutzmission Infanterietruppen aus der Mandschurei zu den Philippinen begleitete. Im selben Monat erzielten die amerikanischen U-Boote zwei ihrer größten Erfolge: Zunächst vernichtete die *Sealion* unter Lieutenant Commander Eli Reich am 21. November im Ostchinesischen Meer die 31 000 BRT große *Kongo,* das einzige Schlachtschiff, das im Pazifikkrieg einem U-Boot zum Opfer fiel. Eine Woche später versenkte Enrights *Archerfish* die *Shinano,* das Schwesterschiff der Superschlachtschiffe *Yamato* und *Musashi,* das noch im Dock in einen Flugzeugträger umgewandelt worden war. Im Dezember schließlich setzte die *Redfish* unter Lieutenant Commander Louis McGregor den Geleitträger *Junyo* für den Rest des Krieges außer Gefecht, und zehn Tage später, am 19., versenkte sie den leichten Träger *Unryu.* Der anschließende Gegenangriff der Geleitzerstörer war so genau gezielt, daß die *Redfish* ähnlich verheerende Schäden erlitt wie die *Salmon* und die *Halibut* und nur mit viel Glück entkam. Im Dezember ging kein einziges amerikanisches U-Boot verloren.

Die amerikanische U-Boot-Waffe zeigte im dritten Jahr des Pazifikkrieges endlich, welche Möglichkeiten in ihr steckten. Außer dem auf der Hand liegenden Faktor der zunehmenden Kriegserfahrung lag dies vor allem an der Überlegenheit bei Nachtangriffen, den Ultra-Informationen und der wachsenden Zahl der Boote. 150 waren es am Ende des Jahres. Die Versenkungsrate war mit durchschnittlich anderthalb Marus pro im Einsatzgebiet befindlichem Boot allerdings nicht höher als 1943.[48] Wie in allen Marinen gab es neben den erfolgreichen Kommandanten auch solche, die selten oder nie einen Treffer erzielten. Im September und Oktober, als sich der Handelskrieg auf dem Höhepunkt befand und fast 750 000 BRT versenkt wurden, verliefen 42 der 113 Patrouillenfahrten ohne Abschuß.[49]

Japan griff in der letzten Phase des Krieges auf das Verzweiflungsmittel der Selbstmordwaffen zurück. Man hatte keine andere Wahl. Luftwaffe und Marine waren ausgelöscht, und angesichts der abgeschnittenen Nachschublinien bestand keine Chance, sie wieder aufzubauen. Also konnte man nur noch das

Arsenal der Schwachen einsetzen – oder sich ergeben. Die Kapitulation war jedoch psychologisch ausgeschlossen. Das Volk war in dem Glauben gehalten worden, es sei von Gott ausgewählt, die Welt zu beherrschen. Es wußte weder vom Ausmaß der jüngsten Niederlagen noch von der katastrophalen materiellen Unterlegenheit des Landes. Der Kaiser und die herrschenden Kreise waren ohne Zweifel ebenso Opfer ihrer Überzeugung und ihres Ehrenkodex. Sie verlangten die Hingabe für eine Sache, von der sie wußten, daß sie verloren war, und klammerten sich an Hoffnungen, die noch unrealistischer waren als jene, mit denen sie den Krieg begonnen hatten.

Die Entwicklung der Kaiten wurde bereits erwähnt. Der Name ist aus den japanischen Worten für »Himmel« und »Veränderung« zusammengesetzt und bezeichnet eine mystische Glückswende im Krieg. Der Erfolg der Kamikaze-Piloten im Leyte-Golf und die Verehrung, die ihnen zuteil wurde, waren ein besonderer Ansporn für die jungen Marineoffiziere, die bereits im geheimen Inselstützpunkt Otsujima vor Honshu in der Inlandsee auf Kaiten ausgebildet wurden. Der geplante Angriff im Leyte-Golf war infolge von Produktionsschwierigkeiten ausgeblieben, so daß die Kaiten erst Anfang November zum Einsatz kamen. Zwölf von ihnen wurden von drei Träger-U-Booten zu den vorgeschobenen amerikanischen Liegeplätzen bei Ulithi und in der Kossel-Straße in den Palau-Inseln gebracht, wo die Luftaufklärung Schiffskonzentrationen festgestellt hatte.

Vizeadmiral Miwa besuchte am 7. November den Kaiten-Stützpunkt und erinnerte die zwölf jungen Offiziere in einer Rede an die ruhmreichen Taten der Kamikaze-Piloten. Anschließend überreichte er jedem von ihnen ein Harakiri-Schwert. Sie wurden tatsächlich auf eine Selbstmordmission geschickt, denn obwohl Miwa auf dem Einbau eines Ausstiegsapparats bestanden hatte, mit dem die Piloten entkommen konnten, hatte man nie ernsthaft damit gerechnet, daß sie ihn benutzen würden. Er hätte die Piloten auch kaum gerettet.

Der ranghöchste Offizier dieser ersten Kaiten-Gruppe war Kapitänleutnant Sekio Nishina, einer der Miterfinder dieser Waffe. In seiner Brieftasche trug er ein Foto des anderen Miterfinders, Kapitänleutnant Hiroshi Kuroki, der bei den harten und nicht selten tödlich verlaufenden Ausbildungs- und Versuchsfahrten ertrunken war. Am nächsten Tag schifften sich die Piloten auf den Trägerbooten ein: den Fernbooten I 36 und I 37 vom Aufklärertyp B1, deren Flugzeughangars und Deckgeschütze entfernt worden waren, um für die Kaiten Platz zu schaffen, und dem ebenso umgebauten I 47, einem Boot des neuen Typs C2, einer geringfügig verbesserten Version des Angriffstyps C1. Als die Boote ausliefen, wurden sie von einer jubelnden Menschenmenge verabschiedet. Die Realität, der sie entgegenfuhren, stand in traurigem Gegensatz dazu.

I 37 wurde entdeckt, bevor es die Startposition an den Palau-Inseln erreichte, und von zwei Zerstörern mit Hedgehog-Angriffen zerstört. Die anderen beiden Boote trafen am 19. November vor Ulithi ein und unternahmen eine Aufklärungsfahrt zum Ankerplatz der Amerikaner, um den Kaiten-Piloten die Navigation und die Auswahl der Ziele zu erleichtern. Die Kaiten starteten in den frühen Stunden des 20. November, vier von I 47, aber nur eines von I 36. Bei den anderen waren technische Defekte aufgetreten. Die U-Boot-Kommandanten hörten ungefähr eine Stunde, nachdem das letzte Kaiten gestartet war, mehrere schwere Explosionen und sahen eine hohe Rauch- und Feuersäule über dem Ankerplatz aufsteigen. Sie kam von einem mit Flugbenzin beladenen Tanker, der von einem der Kaiten getroffen worden war. Die anderen Kaiten wurden allesamt zerstört, bevor sie ein Ziel ansteuern konnten. Eines wurde in der Zufahrt in die Lagune gerammt, die anderen fielen Wasserbomben oder Artilleriefeuer zum Opfer.

Nachdem die Trägerboote Ende des Monats zum Stützpunkt der 6. Flotte in Kure zurückgekehrt waren, berief Miwa eine Sitzung auf seinem Flaggschiff ein, um die Operation auszuwerten. Indem man die Resultate der vor und nach dem Angriff durchgeführten Luftaufklärung verglich und die Beobachtungen der Kommandanten analysierte, kam man zu dem Ergebnis, daß der hochverehrte Nishina einen Flugzeugträger und die anderen Kaiten drei Schlachtschiffe versenkt hatten.[50] Dies war ein nur leicht überzogenes Beispiel für die optimistische Art, in der die Japaner schon seit Kriegsbeginn die feindlichen Verluste einschätzten. Die Gründe dafür sind in der auf Furcht aufgebauten Hierarchie zu suchen, in der von unten nach oben nur berichtet wurde, was die jeweiligen Vorgesetzten hören wollten. Daneben mag übermäßiges Selbstvertrauen aufgrund der Erfolge früherer Feldzüge eine Rolle gespielt haben. Vielleicht war nach den ständigen Katastrophenmeldungen auch einfach der Wunsch der Vater des Gedankens. Oder war es reine Propaganda? Den in der Ausbildung befindlichen Kaiten-Piloten diente der von Nishina und den anderen angeblich erzielte große Erfolg jedenfalls als Vorbild und Ansporn.[51]

Die nächste Kaiten-Operation richtete sich gegen sechs verschiedene Ankerplätze der US Navy. Eines der Trägerboote war I 58 unter Fregattenkapitän Mochitsura Hashimoto. Außer ihm selbst lebten zu dieser Zeit nur noch fünf seiner Kameraden, die mit ihm zusammen den U-Boot-Lehrgang an der Marineakademie absolviert hatten. Sie befehligten die anderen fünf I-Klasse-Boote der sogenannten Gruppe »Kongo«. I 58 und zwei weitere Boote fuhren am 29. Dezember von Kure zum Stützpunkt der Kaiten, um sie an Bord zu nehmen. Dann wurden die Boote nach der feierlichen Verabschiedung durch Admiral Miwa von einer Flottille kleiner Schiffe auf See begleitet, an deren Masten Flaggen und Wimpel mit den Namen der Kaiten-Piloten und Lobpreisungen auf ihren Mut und Patriotismus flatterten. Die Menge auf den überfüllten Decks sang die Namen der Piloten, die auf ihren Trägerbooten standen und die Ehrung entgegennahmen, indem sie mit ihren zeremoniellen Schwertern salutierten.

Hashimotos Ziel war der Hafen von Apra auf Guam. Er traf am 6. Januar im Zielgebiet ein und wartete in einiger Entfernung, bis der Tag für den Simultanangriff aller Boote herangerückt war. Am 10. bestätigte Miwa den Einsatzbefehl, und am nächsten Abend fuhr Hashimoto auf den Hafen zu. Als er kurz vor 22 Uhr ungefähr 11 Seemeilen vor der Hafeneinfahrt auftauchte, empfing er einen Funkspruch, in dem ihm das enttäuschende Ergebnis der zwei Tage zuvor durchgeführten Luftaufklärung mitgeteilt wurde: In Apra befanden sich nur 20 große und 40 kleine Transporter sowie vier Schwimmdocks. Er riet den Kaiten-Piloten, die größten Transporter als Ziele auszusuchen, und versuchte ihre Enttäuschung zu mildern, indem er darauf hinwies, daß die Flugzeugträger inzwischen zurückgekehrt sein könnten.

Zwei Kaiten waren durch flexible Einstiegsschläuche mit dem Bootsinneren verbunden. Die anderen beiden konnten nur über Wasser von Deck aus bemannt werden. Hashimoto hatte nicht vor, den Startpunkt vor dem Hafen an der Oberfläche anzulaufen, daher mußten die Piloten ihre Plätze einnehmen, bevor er für die letzte Strecke tauchte. Am 12. Januar um zwei Uhr früh wies er die anderen beiden Piloten an, in ihre Fahrzeuge zu steigen. Vorher zeigte er ihnen im Sehrohr die Lichter von Apra. Gegen drei Uhr wurden die Halterungen von innen geöffnet, und die Kaiten lösten sich vom Boot. Hashimoto fuhr wieder auf See hinaus und tauchte um 4.30 Uhr auf, um das Resultat des Angriffs zu beobachten. Er wurde jedoch von einem Flugzeug unter Wasser gedrückt.

Als am Abend die Habseligkeiten der jungen Kaiten-Piloten zusammengepackt wurden, um sie später an ihre Familien zu schicken, wurden Hashimoto zwei Briefe gezeigt, die die jungen Männer kurz vor dem Start geschrieben hatten. Sie sprachen von der Liebe zu »Großjapan, dem Land der Götter«, denen sie im sicheren Glauben an den Endsieg ihr Leben als Opfer darbrachten: »Nur zweiundzwanzig Jahre Leben, und jetzt ist es wie ein Traum. Heute wird sich die Bedeutung des Lebens zeigen.«[52]

Es mag erheblicher moralischer und psychologischer Druck ausgeübt worden sein, um junge Männer zu bewegen, sich »freiwillig« als Kamikaze-Pilot zu melden.[53] Und bei der Rekrutierung für die wachsende Zahl von Selbstmordeinheiten der Marine dürfte es ähnlich zugegangen sein. Aber diese Abschiedsbriefe lassen darauf schließen, daß zumindest die ersten Kaiten-Piloten tatsächlich von Idealismus erfüllte Freiwillige waren. Dies war kaum verwunderlich, wenn man sich vor Augen hält, daß die Streitkräfte den alten Samurai-Kodex übernommen hatten, dem zufolge die Todesbereitschaft der höchste Ausdruck der Treue zum Kaiser und der Liebe zum Vaterland darstellte.

Zur selben Zeit, als Hashimoto seine vier Kaiten-Piloten auf den Weg brachte, starteten bei Hollandia (Neuguinea), in der Kossol-Straße und vor Ulithi von den anderen drei Kongo-Booten zwölf weitere Kaiten. Eines der Trägerboote, das zu den Admiralitätsinseln hatte fahren sollen, war angegriffen und so stark beschädigt worden, daß es zum Stützpunkt zurückkehren mußte. Ein weiteres, das sich aufgrund technischer Schwierigkeiten verspätete, wurde bei der Karolineninsel Yap von Eskortschiffen versenkt, bevor es die Startposition der Kaiten erreicht hatte.

Nach der Rückkehr der vier Boote, die ins Zielgebiet gelangt waren, schloß man aus den Berichten der Kommandanten auf nicht weniger als 18 Versenkungen.[54] Das war reine Propaganda. Kein einziges Schiff war versenkt worden, und auch die nachfolgenden Kaiten-Operationen gegen die amerikanischen Landungskräfte vor Iwo Jima im Februar und März sowie vor Okinawa im April verliefen erfolglos. Die amerikanische U-Boot-Abwehr war derart engmaschig, daß die Trägerboote in den meisten Fällen nicht einmal die Startpositionen der Kaiten erreichen konnten. Sechs weitere dieser großen, umgebauten Boote gingen verloren. Miwa sah schließlich ein, daß diese Waffe gegen stark geschützte Ankerplätze nichts auszurichten vermochte, und setzte sie gegen amerikanische Versorgungsschiffe auf hoher See ein, wo sie seiner eigenen Einschätzung zufolge ein Schlachtschiff der *Idaho*-Klasse versenkten und einen Flugzeugträger, einen Zerstörer, ein Vorpostenboot, einen Tanker, drei Transporter und zehn Schiffe aus Konvois beschädigten.[55] Tatsächlich ist ihnen nur die Versenkung des Geleitzerstörers *Underhill* anzurechnen, der am 24. Juli von einem von I 53 gestarteten Kaiten getroffen wurde. Möglicherweise wurden zusätzlich zwei Transporter beschädigt.

Theoretisch hätten die menschlichen Torpedos mit ihrer Spitzengeschwindigkeit von 30 Knoten auf 23 Kilometer und ihrer großen Beweglichkeit jedes Ziel, ganz gleich, ob es vor Anker lag oder unterwegs war, präzise treffen können. In der Praxis mußte der Pilot jedoch erheblich langsamer fahren, um auf Sehrohrtiefe zu gehen und seine Beobachtungen zu machen. Und was für die deutschen menschlichen Torpedos »Neger« und »Marder« zutraf, galt auch für die Kaiten: Je ruhiger die See und je günstiger die Beobachtungsbedingungen, desto eher sichtete der Feind ihre Spur oder die Schaumkrone an ihrem Sehrohr. Umgekehrt war es bei rauher See schwierig, Sehrohrbeobachtungen durchzuführen und halbwegs genaue Schätzungen der Schußunterlagen vorzunehmen. In jedem Fall waren menschliche Torpedos gegen einen gewarnten

Feind bei weitem nicht so wirkungsvoll wie konventionelle.[56] Dem japanischen Marinestab blieb diese Tatsache vermutlich deshalb verborgen, weil die überzogene Einschätzung der eigenen Erfolge sie verdeckte. Die Kaiten wurden für die bevorstehende Verteidigung des japanischen Mutterlandes jedenfalls bis zum Ende des Krieges in großer Zahl gebaut, und Hunderte von jungen Männern, darunter viele Studenten, wurden als Piloten ausgebildet. Zumindest für diese letzte Phase des Ausbaus der Selbstmordeinheiten sind Zweifel an den Methoden der Rekrutierung von »Freiwilligen« angebracht. Dennoch war auch dies nur ein Aspekt des extremen Fanatismus, der dem Land vom militärischen Kodex und einer pharisäerhaften Führungsschicht eingepflanzt worden war.

In Deutschland herrschte derselbe Geist des Widerstandes bis zum letzten Mann. Die Entscheidungsschlacht war in der Normandie verlorengegangen, doch Dönitz schickte weiterhin sowohl konventionelle U-Boote als auch Heyes' Kleinkampfmittel hinaus. Weder die U-Boot-Besatzungen noch die Piloten der »Marder«, »Molche«, »Biber«, »Seehunde« und sonstigen kleinen Tauchfahrzeuge wurden als Freiwillige angeworben oder gefeiert. Ihre Überlebenschancen waren kaum größer als die der japanischen Selbstmordeinheiten. Die deutschen Klein-U-Boote waren allzu hastig entworfen und produziert worden, und sie waren für den küstennahen Einsatz gedacht. Auf hoher See verloren die Besatzungen mit ihren primitiven Navigationsinstrumenten die Orientierung oder gingen unter, falls sie nicht von feindlichen Geleitschiffen entdeckt und zerstört wurden. Die meisten kehrten nicht zurück. Einige von denen, die gerettet wurden, waren vor Erschöpfung eingeschlafen, als man ihre winzigen Fahrzeuge fand. Wie Godt später gegenüber den britischen Verhöreroffizieren zugab, hatte man sie als »entbehrlich« betrachtet. Was die U-Boote betraf, waren von Juni 1944 bis zum Ende des Jahres 112 versenkt worden, darunter 35 Boote, die bei den Operationen gegen die alliierte Invasion im Ärmelkanal und in der Biskaya verlorengegangen waren. Weitere 27 hatten sich in französischen Stützpunkten selbst versenkt oder waren bei der Bombardierung der Häfen zerstört worden. Die Verluste setzten sich 1945 in gleicher Höhe fort. Die Lebenserwartung von U-Booten auf Feindfahrt betrug jetzt nur noch zwei bis zweieinhalb Monate.[57] Dönitz berichtete Hitler am 7. April, daß der Feind seine U-Boot-Abwehr in den küstennahen Gewässern um die Britischen Inseln konzentriert habe. Sobald sich ein Boot durch einen Angriff zu erkennen gegeben habe, setze »eine derartige Massenwirkung der Abwehr ein, daß die Boote ihr vielfach zum Opfer fallen«.[58]

Die Ausnahmen von dieser Regel lieferten einige wenige Einheiten vom neuen Küstenbootstyp XXIII. Speer hatte der Produktion der Elektroboote im neuen Jahr absoluten Vorrang eingeräumt. Inzwischen waren in Hamburger, Bremer und Danziger Werften über 90 Boote des hochseetüchtigen Typs XXI sowie in Hamburg und Kiel über 40 Typ-XXIII-Boote vom Stapel gelaufen. Viele von ihnen waren bereits ausgerüstet und in Dienst gestellt. Im Februar war das erste Typ-XXIII-Boot zu einer Feindfahrt ausgelaufen, und im März und April hatte man sechs weitere Boote in den norwegischen Stützpunkten Stavanger und Kristiansund stationiert. Von dort griffen sie den Schiffsverkehr an der schottischen und englischen Ostküste an. Bei einer Breite von nur drei Metern und ihren in Schleichfahrt extrem leisen E-Maschinen mit Gummitreibriemen waren sie äußerst schwer aufzuspüren und versenkten ohne eigene Verluste fünf Handelsschiffe. Aufgrund ihrer geringen Reichweite und der schwachen Bewaffnung mit nur zwei Torpedos ohne Nachlademöglichkeit konnten sie allerdings keine nachhaltige Wirkung erzielen. Diese wurde von den Hochseebooten des Typs XXIII erwartet.

Die Alliierten wußten aus dechiffrierten Funksprüchen, die der japanische Marineattaché in Berlin nach Tokio geschickt hatte, seit dem Frühsommer 1944 von diesem Bootstyp. Durch Luftüberwachung der drei Montagewerften hatten sie sich über ihre Produktion auf dem laufenden gehalten. Anfang Oktober fügte die Nachrichtendienstabteilung der britischen Admiralität dem entschlüsselten Text eines Funkspruchs, in dem der japanische Marineattaché über einen Besuch bei der Schichau-Werft in Danzig berichtete, folgenden Kommentar hinzu: »Die gegenwärtige Situation [in bezug auf den Typ XXI] sieht für alle drei Werften, soweit es aus der Luftaufklärung und durch den Nachrichtendienst bekannt ist, wie folgt aus: *Auf Kiel liegend* – 37 U-Boote; *In der Ausrüstung* – 13 U-Boote; *In Dienst* – 11 U-Boote.«[59] Die in den japanischen Berichten mitgeteilten Leistungsdaten entsprachen in etwa den oben erwähnten. Hinzu kam die durch den Schnorchel gewonnene Fähigkeit, die Batterien unter Wasser aufzuladen. Versuche, bei denen die Auswirkungen von Abwehrmaßnahmen getestet wurden, hatten ergeben, daß die Boote »aufgrund ihrer hohen Unterwassergeschwindigkeit und der Erhöhung ihrer erlaubten Tauchtiefe auf 135 Meter Wasserbombenangriffen leicht entkommen« konnten. Der japanische Marineattaché hielt den Typ XXI für ein »epochemachendes U-Boot«, und die alliierten Marinenachrichtendienste konnten dieser Einschätzung nur zustimmen.[60]

Die Produktion wurde allerdings durch massive Luftangriffe auf deutsche Industrieanlagen und Verbindungswege verzögert. Insbesondere die Kanäle, auf denen die vorgefertigten Bootssektionen zu den Werften in Bremen und Hamburg transportiert wurden, waren schweren Bombardierungen ausgesetzt. Dennoch war die Zahl der im Januar 1945 fertiggestellten und in der Erprobung und Ausbildung befindlichen Boote für die britische Admiralität besorgniserregend genug, um die Stabschefs vor einer möglichen neuen Offensive gegen die atlantischen Konvoirouten im Februar oder März zu warnen, die verlustreicher werden könnte als die Angriffe im Frühjahr 1943.[61] Daraufhin behielt man 300 Geleitschiffe, die in den Pazifik transferiert werden sollten, bis auf weiteres zurück, intensivierte die Verlegung von Luftminen in den Ausbildungsgebieten der U-Boote in der Ostsee und in der Passage vor Südnorwegen und bombardierte die Montagewerften in Hamburg und Bremen sowie die Stützpunkte in Norwegen.

Dönitz hatte tatsächlich für den März eine Offensive mit Typ-XXI-Booten geplant. Aber die alliierten Luftangriffe und Minenunternehmungen sowie Verzögerungen bei der Herstellung der Hydraulik, die in den Typ-XXI-Booten die Muskelkraft beim Nachladen der Torpedorohre ersetzte, hatten ihn zurückgeworfen, und im März waren seine Pläne hinfällig: Die Rote Armee hatte Danzig eingenommen, während die westlichen Alliierten den Rhein überquert hatten und weit genug auf die norddeutschen Häfen vorgerückt waren, um verheerende Bombenangriffe zu starten, durch die fertiggestellte Boote zerstört und Ausrüstung und Ausbildung weiter erschwert wurden. Doch Dönitz gab nicht auf. Ob bei Lagevorträgen vor Hitler, bei Ansprachen, die er auf Inspektionsreisen vor Offizieren und Mannschaften der Kriegsmarine hielt, oder bei der Verabschiedung von zu Feindfahrten auslaufenden U-Booten: Er bezeugte eine unerschütterliche Zuversicht und variierte ein ums andere Mal das Thema von den fabelhaften Dingen, die die neuen Elektroboote zu leisten imstande seien.[62] In Reden vor Offizieren bezog er sich regelmäßig auf ungenannte politische Berater, hinter denen sich niemand anders als Hitler selbst verbarg. Sie hätten ihm versichert, daß das Bündnis zwischen der Sowjetunion und den Westmächten bald auseinanderbrechen werde, wonach man damit rechnen könne, mit letzteren zu einer Verständigung zu kommen.

Unterdessen setzte er den konventionellen U-Boot-Krieg in den flachen Gewässern um die Britischen Inseln mit Typ-VII-Booten, den wenigen einsatzbereiten Einheiten vom Typ XXIII und »Seehunden« fort, während »Kreuzer« vom Typ IX weiterhin in fernen Gewässern operierten. Im März liefen 37 Boote aus den norwegischen Stützpunkten zu Feindfahrten aus und wurden durch 28 neue oder instandgesetzte Boote aus den norddeutschen Häfen ersetzt, darunter das erste einsatzbereite Typ-XXI-Boot, U 2511 unter dem Kommando von Godts früherem operativen Admiralstabsoffizier, Korvettenkapitän Adalbert Schnee. Die ausgelaufenen Boote versenkten im Verlauf des Monats in britischen Gewässern zehn Handelsschiffe mit zusammen 45 000 BRT, hatten aber selbst den Verlust von 15 Booten zu verzeichnen. Ein weiteres wurde vor der nordamerikanischen Küste versenkt, zwei liefen in der Ostsee auf Minen, und 14 wurden bei Luftangriffen auf Hamburg zerstört.[63]

Ende März befanden sich von einer Rekordflotte von 460 Booten 61 auf See. Im April folgten ihnen weitere Boote aus den norwegischen Stützpunkten, einschließlich Schnees U 2511, und 35 aus Deutschland kommende neue Boote nahmen ihren Platz ein. Dönitz' Ziel bestand weiterhin darin, den Kampf nicht abreißen zu lassen und feindliche Marine- und Luftstreitkräfte zu binden, um ihre offensive Verwendung gegen Gebiete zu verhindern, die immer noch von der Kriegsmarine beherrscht wurden, bis er mit dem Typ XXI wieder die Initiative ergreifen konnte. Es war eine vergebliche Hoffnung. Die einzige rationale Chance, die Deutschland blieb, war ein plötzlicher Bruch zwischen Stalin und den Westmächten, wie ihn Hitler vorausgesagt hatte. Und der trat nicht ein. Am 25. April trafen sich sowjetische und amerikanische Truppen in Torgau an der Elbe und teilten Deutschland in zwei Hälften. Dönitz, der sein Hauptquartier bereits aus dem Umland von Berlin nach Plön bei Kiel verlegt hatte, wurde von Hitler mit der Verteidigung der nördlichen Hälfte Deutschlands betraut. Hier in Plön erhielt er auch Ende des Monats nach Hitlers Selbstmord die erstaunliche Mitteilung, daß der Führer ihn zu seinem Nachfolger bestimmt hatte.[64]

Am 2. Mai entsandte er Generaladmiral Hans Georg von Friedeburg, den neuen OBdM und vormaligen Kommandierenden Admiral der U-Boote, zu Waffenstillstandsverhandlungen mit den Westalliierten. Als Friedeburg am nächsten Abend zurückkehrte, hatte Dönitz seinen Befehlsstand noch weiter nach Norden in die Marineschule in Flensburg-Mürwik verlegt, um Abstand von der britischen Speerspitze zu gewinnen, die die Elbe überquert hatte und zur Ostsee vorstieß. Die Alliierten verlangten die bedingungslose Kapitulation und die Übergabe des gesamten Kriegsmaterials in unbeschädigtem Zustand. Dönitz stimmte ihnen in der Hoffnung zu, auf diese Weise doch noch den Bruch zwischen Stalin und dem Westen provozieren zu können. Während Friedeburg am 4. Mai die Teilkapitulation im Nordwestraum unterschrieb, befahl Dönitz allen auf See befindlichen Schiffen und U-Booten, die Feindseligkeiten einzustellen und unverzüglich die Stützpunkte anzulaufen, um die Waffen zu strekken. Seiner geliebten U-Boot-Waffe sandte er eine eigene Botschaft:

> »Meine U-Boots-Männer!
> Sechs Jahre U-Boot-Krieg liegen hinter uns. Ihr habt gekämpft wie die Löwen. Eine erdrückende materielle Übermacht hat uns auf engstem Raum zusammengedrängt. Von der verbleibenden Basis aus ist eine Fortsetzung unseres Kampfes nicht mehr möglich.
> U-Boots-Männer! Ungebrochen und makellos legt ihr nach einem Heldenkampf ohnegleichen die Waffen nieder. Wir gedenken in Ehrfurcht unserer

gefallenen Kameraden, die ihre Treue zu Führer und Vaterland mit dem Tode besiegelt haben.
Kameraden! Bewahrt Euch Euren U-Boots-Geist, mit dem ihr die langen Jahre hindurch tapfer, zäh und unbeirrt gekämpft habt, auch in Zukunft zum Besten unseres Vaterlandes.
Es lebe Deutschland!
Euer Großadmiral.»[65]

Nach den Durchhalteerlassen, die Dönitz noch kurz zuvor herausgegeben hatte, schlug diese Botschaft ein wie eine Bombe. Viele Kommandanten konnten nicht glauben, daß sie echt war. Sie dachten, der Feind hätte den Marineschlüssel geknackt und sie gefälscht. Nur acht gehorchten sofort, darunter Adalbert Schnee. Bisher war er auf dem Anmarsch in sein Einsatzgebiet den alliierten »hunter-killer«-Gruppen stets mit Erfolg ausgewichen, doch als er jetzt nördlich der Faröer Inseln einen Kreuzer mit Geleitzerstörern sichtete, durchbrach er tief unter Wasser den Schutzschirm und unternahm aus gut 400 Metern einen Scheinangriff auf den Kreuzer, ohne entdeckt zu werden. Er befand sich zwar weit unter Sehrohrtiefe, hätte seine sechs Bugtorpedos aber trotzdem abschießen können, da der Typ XXI ein echtes Unterseeboot war, das fast ununterbrochen unter Wasser operierte und seine Torpedos noch in einer Tiefe von 50 Metern abfeuern konnte, wobei die Peilung mit dem Horchgerät und die Entfernung mittels Schallortung (ASDIC) bestimmt wurde. Es ist allerdings fraglich, ob diese Methode besser funktioniert hätte als die amerikanischen Sonarangriffe in der Anfangsphase des Pazifikkrieges. Bei schnellen Zielen wäre die Ungenauigkeit der Horchpeilung sicherlich ein Problem gewesen. Als Ziele waren allerdings Konvois vorgesehen, und darüber hinaus sollten die Typ-XXI-Boote mit einer verbesserten Version des FAT bewaffnet werden, dem sogenannten lagenunabhängigen Torpedo (LUT).

Diese neuen hochseetüchtigen Boote sollten durch eine Radarimpulse absorbierende Hülle vor Entdeckung geschützt sein. Sie wären mit einem Schnorchel unter Wasser marschiert und hätten die Schußunterlagen für ihre mäandernden Torpedos durch Horchpeilung erhalten, ohne das Sehrohr an der Oberfläche zu zeigen. Dank einer Hydraulik, mit der die Torpedorohre in nur fünf Minuten nachgeladen werden konnten, hätten sie zwischen den Schüssen unter dem angegriffenen Konvoi bleiben können. Nach dem Angriff hätten sie sich unter Wasser mit einer Geschwindigkeit abgesetzt, die von den Geleitschiffen nur Zerstörer erreichten, oder sie hätten sich mit besonders leise laufendem Motor, der von keinem Hydrophon wahrgenommen werden konnte, davongeschlichen.[66] Ob diese leistungsstarken Boote die damaligen Methoden der U-Boot-

Abwehr unwirksam gemacht hätten, wie Dönitz prophezeite und alliierte Fachleute befürchteten, bleibt jedoch eine offene Frage. Die Techniken waren neu. Zumindest hätte es Zeit gebraucht, sie zu vervollkommnen, und Dönitz' Zeit war abgelaufen. Außerdem besaßen die Alliierten neben dem magnetischen Anomaliedetektor, der ein getauchtes U-Boot aufspüren konnte, und den »Sonarbojen«, die seinen Kurs verfolgten, eine verheerende neue Waffe: einen »Squid« (Tintenfisch) genannten Bombenwerfer, der seine Munition wie der Hedgehog in Fahrtrichtung warf, nur daß es keine Bomben mit Aufschlagzünder, sondern normale Wasserbomben mit Tiefeneinstellung waren. Der Streit über diese Frage ist ebenso müßig wie der über Dönitz' Behauptung, mit 300 Booten hätte er die Atlantikschlacht gewonnen.

Schnee feuerte keinen Torpedo ab, sondern zog sich unentdeckt zurück und nahm Kurs auf Bergen. Am selben Abend, dem 4. Mai, hatte eine Delegation von U-Boot-Offizieren aus Flensburg bei Dönitz vorgesprochen, um sich den Befehl zur Übergabe der Boote von ihm persönlich bestätigen zu lassen. Es war ihnen unbegreiflich. Seit der Kapitulation der deutschen Flotte nach dem Ersten Weltkrieg und ihrer demütigenden Fahrt zur Internierung nach Scapa hatten sie sich geschworen, dies nicht noch einmal zuzulassen. Den deutschen Marineoffizieren war in ihrer Laufbahn unablässig eingehämmert worden, daß sie ihr Schiff niemals ausliefern dürften. Es gab einen ständigen Befehl, dem zufolge sich Schiffe und U-Boote beim Codewort »Regenbogen« zu versenken oder auf andere Weise zu zerstören hatten.

Die Delegation war von Dönitz' Adjutant, Korvettenkapitän Walter Lüdde-Neurath, empfangen worden. Er erklärte, Dönitz trage jetzt die Verantwortung für das ganze Volk, nicht nur für die Marine, und er brauche diese Atempause im Westen, um so viele Flüchtlinge wie möglich vor den Fängen der Sowjets im Osten zu retten. Die U-Boot-Offiziere wiesen darauf hin, daß ihre Boote für den Transport von Flüchtlingen ungeeignet seien, und fragten, wie man von ihnen erwarten könne, sie zu übergeben. Dies widerspräche allen ständigen Befehlen. Lüdde-Neurath erwiderte, der Großadmiral sei sich dessen bewußt, aber es sei zum Wohle der Flüchtlinge unerläßlich. Dann fügte er hinzu, er wüßte, was er als Kommandant tun würde.[67]

Das genügte, und bald machte das Wort »Regenbogen« in Flensburg und Kiel die Runde. Bis zum nächsten Morgen wurden über 100 U-Boote, darunter viele vom Typ XXI, versenkt oder auf andere Weise zerstört. In Hamburg und den Ostseehäfen, die vom vorrückenden Feind bedroht waren, waren viele Boote schon am Tag zuvor versenkt worden. Damit waren jedoch bei weitem nicht alle Boote vernichtet. Als die von Friedburg unterzeichnete Teilkapitulation am 5. Mai in Kraft trat, wurden zahlreiche Boote vereinbarungsgemäß übergeben.

Insgesamt wurden 156 Boote ausgeliefert und 221 zerstört. Weitere 89 waren seit Anfang April vernichtet worden – 38 während Feindfahrten, 29 durch Luftangriffe in Werften und Stützpunkten und 22 bei einem in letzter Minute unternommenen Ausbruch aus den norddeutschen Häfen in Richtung Norwegen.

Im Verlauf des Krieges wurden – ohne die bei Kriegsende übergebenen beziehungsweise zerstörten Einheiten – 790 von 1162 gebauten U-Booten versenkt oder auf andere Weise ausgeschaltet.[68] Erschreckender ist jedoch eine andere Zahl: Von 40 600 Offizieren und Mannschaftsdienstgraden, die zwischen 1934 und Kriegsende die U-Boot-Ausbildung durchliefen, wobei rund 500 als ungeeignet ausgemustert wurden, sind 30 246 ums Leben gekommen – ein in den Annalen der Kriegführung vermutlich einzigartiger Prozentsatz. 5338 U-Boot-Fahrer gerieten in Kriegsgefangenschaft.[69]

Die besonders unter ehemaligen U-Boot-Fahrern zahlreich vertretenen Anhänger Dönitz' sind überzeugt, daß der Heldenmut und das an antike Epen gemahnende Ausmaß der Aufopferung seiner mitreißenden Führung zu verdanken waren. Seine Kritiker vertreten dagegen die Ansicht, daß sich Dönitz, was für die erste Zeit zweifellos zutraf, nach dem Umzug der U-Boot-Führung von Kernével nach Paris zunehmend von der Realität des Krieges entfernte und die U-Boot-Fahrer schließlich in veralteten Maschinen ohne jeden militärischen Sinn in den Tod schickte. In der letzten Phase des Krieges sicherte man sich ihre Loyalität durch die Androhung der Versetzung in Strafkompanien an der Ostfront sowie durch den Terror der Feldgendarmerie und das drakonische Vorgehen der Kriegsgerichte, die von Dönitz angewiesen waren, »Defaitisten« und »kurzsichtige Schwächlinge« auszumerzen.

Das Exempel, das Dönitz am Kommandanten von U 572 statuiert hatte, wurde bereits erwähnt. Es war nicht das einzige: Der schlimmste Fall war vielleicht der von Oberleutnant Oskar Kusch. Dem gläubigen Katholiken war vor dem Krieg eine akademische Laufbahn versperrt gewesen, weil er als Mitglied zweier Jugendorganisationen deren Anschluß an die Hitlerjugend nicht mitgemacht und sich kritisch über die Nazis geäußert hatte. Dennoch war er im April 1937 von der Marine als Offiziersanwärter angenommen worden. Während des Krieges zur U-Boot-Waffe versetzt, hatte er zunächst als Wachoffizier gedient. Anfang 1943 wurde er Kommandant des Typ-IX-Boots U 154 und unternahm vom 20. März bis 6. Juli eine Feindfahrt in die Karibik, auf der er einen 8100-Tonnen-Tanker sowie zwei Trawler versenkte und zwei andere Schiffe aus dem Konvoi des Tankers mit zusammen 15 500 BRT beschädigte.

Als er am 2. Oktober erneut auslief, war ein neuer IWO an Bord, Oberleutnant der Reserve Dr. Ulrich Abel, ein fanatischer und überheblicher Nazi. Während der Fahrt bemängelte Abel den angeblich fehlenden Angriffsgeist seines Kommandanten. Nachdem U 154 am 20. Dezember 1943 ohne einen Siegeswimpel nach Lorient zurückkehrte, überredete er den LI, den IIWO und zwei Fähnriche, beim FdU West, Rösing, gegen Kusch auszusagen. Die Fähnriche zogen später ihre Aussagen zurück. Der IIWO erklärte, Abel hätte ihn ungebührlich unter Druck gesetzt, und der LI schwächte seine Aussage so weit ab, daß sie nicht mehr verwendet werden konnte. Aber Rösing brachte den Fall dennoch vors Kriegsgericht. Abels Anschuldigung der Feigheit vor dem Feind konnte nicht erhärtet werden, und das Verfahren spitzte sich auf die Frage zu, ob Kusch an den Führer und den Endsieg glaubte oder nicht. Zweifel an dem einen oder anderen galten als Wehrkraftzersetzung und wurden mit dem Tode bestraft. Der entscheidende Anklagepunkt war, daß Kusch das obligatorische Hitlerbild abgenommen und dazu bemerkt hatte: »Hier gibt es keine Götzenanbetung!« Er wurde im Sinne der Anklage für schuldig befunden, degradiert und zum Tode verurteilt.

Wegen der Unruhe, die dies unter den Offizieren in den französischen Stützpunkten auslöste, verlegte Rösing Kusch nach Kiel. Die dort stationierten Offiziere waren jedoch ebenso empört über das Urteil, und eine Delegation unter Führung von Kapitänleutnant Gustav-Adolf Janssen, dem früheren Kommandanten von U 151, U 37 und U 103, wandte sich mit einem Gnadengesuch an von Friedeburg, der ihr Anliegen nach Berlin weiterleitete. Aber Dönitz weigerte sich trotz der dringlichen Gesuche, das Urteil abzumildern, und bestätigte telefonisch und mit einem kurzen Telefax das Todesurteil, ohne auch nur einen Blick in Kuschs Akte geworfen zu haben. Am 12. Mai 1944 um 6.30 Uhr wurde Kusch im Schießstand der 2. U-Boot-Flottille in Kiel-Holtenau vor ein Exekutionskommando geführt. Ein Marineoberstabsrichter, dessen Name im Hinrichtungsprotokoll ausgeschwärzt ist, verlas das Urteil und fragte Kusch, ob er noch etwas zu erklären habe. »Nein«, antwortete Kusch. Um 6.32 Uhr wurde der Feuerbefehl gegeben, und um 6.34 Uhr stellte der anwesende Sanitätsoffizier, dessen Name im Protokoll ebenfalls ausgeschwärzt wurde, Kuschs Tod fest. Die Uhrzeiten und Kuschs »Nein« wurden handschriftlich in ein vorgefertigtes Formular eingetragen, was darauf hindeutet, daß Kusch nicht der einzige war, der in Holtenau hingerichtet wurde.[70]

Sein Denunziant war ihm einige Tage zuvor vorausgegangen. Abel war zum Kommandanten von U 193 befördert worden und befand sich auf der Fahrt durch die Biskaya in Richtung Atlantik, als sein Boot am 28. April von einer Patrouille des britischen Küstenkommandos gestellt und mit der gesamten Besatzung versenkt wurde.

Kurz vor dem Zusammenbruch des »Dritten Reichs« gab Dönitz immer rabiatere Erlasse gegen »Schwächlinge« heraus, und die »Kettenhunde« führten sie durch standrechtliche Hinrichtungen, für gewöhnlich durch Erhängen, aus.[71] Herbert Werner hat eine besonders scheußliche Episode geschildert, die sich einen Tag vor dem formellen Ende des Krieges in Kristiansand abgespielt hat. Dort mußten die U-Boot-Besatzungen auf Befehl des erst kurz vorher zum Chef der 15. U-Boot-Flottille ernannten Korvettenkapitäns Ernst Mengersen vor einem improvisierten Galgen Aufstellung nehmen, um Zeuge einer exemplarischen Bestrafung zu werden. Die drei Opfer, die das Verbrechen begangen hatten, mit einigen Norwegern auf das Ende des Krieges anzustoßen, wehrten sich so heftig, daß sie schließlich aus nächster Nähe erschossen wurden.[72]

Besatzungen, die das Glück hatten, auf Elektrobooten zu fahren, konnten darauf hoffen, den Spieß im Kampf mit dem Feind umdrehen zu können. Jene aber, die wie Werner auf konventionellen Booten dienten, und die Mehrzahl der Mannschaftsdienstgrade empfanden das Ende der Feindseligkeiten als einen Segen. Werner schrieb im Rückblick: »Eine unbekannte Ruhe überkam mich, als ich erkannte, daß ich mit dem Leben davongekommen war. Das Urteil, längst gefällt, das mich zum Tod in einem eisernen Sarg verdammte, war endlich aufgehoben. Die Wahrheit war wunderbar, sie war wie ein Traum.«[73] Britische Abgesandte, die im Mai nach Flensburg kamen, fanden allerdings keine Anzeichen dafür, daß die deutschen Streitkräfte demoralisiert waren. Die Moral der U-Boot-Besatzungen wurde sogar als »extrem hoch« eingeschätzt.[74]

Captain Gilbert Roberts, der die U-Boote inspizieren und ihre Führung vernehmen sollte, war besonders von der schlanken, stromlinienförmigen Form der Typ-XXI-Boote beeindruckt. Eine Rudeltaktik sei für sie noch nicht entwickelt worden, erklärte ihm Godt. Dies wäre erst nach einer Reihe von Feindfahrten möglich gewesen, wenn man ihre Fahreigenschaften genauer gekannt hätte. Roberts erfuhr außerdem, daß der Typ XXI für Godt und Dönitz offenbar nur ein Lückenbüßer gewesen war, bis das Walter-Boot vom Typ XXVI in Produktion gegangen wäre. Dieses 1500-Tonnen-Boot verfügte sowohl über konventionelle Dieselmotoren und E-Maschinen als auch über Walter-Kreislaufturbinen, mit denen für kurze Zeit eine Unterwassergeschwindigkeit von 23 Knoten erreicht werden konnte. Roberts wandte ein, daß bei dieser Geschwindigkeit erhebliche Fahrgeräusche entstehen müßten. Godt pflichtete ihm bei, fügte aber hinzu, daß an diesem Problem intensiv gearbeitet worden sei und die Boote bei acht bis neun Knoten nicht lauter seien als konventionelle U-Boote bei drei bis vier Knoten.[75] Es war eine akademische Frage, denn die Boote hätten frühestens Anfang 1946 zur Verfügung gestanden.

In Japan beschäftigte man sich gegen Ende ebenfalls mit der Konstruktion von Booten mit großer Unterwassergeschwindigkeit, und zwar aus demselben Grund wie in Deutschland: »Das Radar hatte Überwasseroperationen in zunehmendem Maße undurchführbar gemacht, weshalb man das Schwergewicht auf die Unterwasserleistungen legen mußte.«[76] Für die Verteidigung der Heimatinseln war der Bau einer großen Anzahl von 400-Tonnen-Küstenbooten der Klasse Ha 201 (Typ Sen-Taka-Sho, »Schnelles U-Boot Sieg«) geplant, und für Offensivoperationen sollten sogar noch mehr Einheiten des 1300 Tonnen großen Hochseeboots der Klasse I 201 (Typ Sen-Taka) gebaut werden. Beide Bootstypen waren aus dem schnellen Versuchsboot N 71 aus der Vorkriegszeit abgeleitet worden. Wie die deutschen Elektroboote waren sie mit einer wesentlich vergrößerten Batteriekapazität ausgestattet, besaßen einen stromlinienförmigen Rumpf und versenkt angebrachte äußere Anlagen. Auch sie wurden in Sektionsbauweise hergestellt.

Die Ha-201-Boote waren wie der deutsche Typ XXIII mit zwei Torpedos bewaffnet und hatten mit 13 Knoten eine vergleichbare Unterwassergeschwindigkeit. Die I-201-Boote erreichten bei Testfahrten mit 16,3 bis 17 Knoten die gleiche Unterwassergeschwindigkeit wie der deutsche Typ XXI, verfügten aber nur über vier Bugtorpedorohre und halb so viele Reservetorpedos. Wie die deutschen Elektroboote wurden auch die japanischen Neuentwicklungen vom Kriegsende eingeholt. Man hatte sie zu spät entwickelt, und die japanische Industrie besaß nicht die Kapazitäten, um die riesigen Bauprogramme verwirklichen zu können. Die Ausrüstung des ersten von drei fertiggestellten Hochseebooten war erst im Februar 1945 vollendet, die des erste Küstenboots im Mai. Eine Feindfahrt unternahm keines von ihnen.

Inzwischen waren I 400 und I 401 fertiggestellt worden, zwei riesige U-Flugzeugträger, die bereits 1942 projektiert worden waren, um überraschende Luftangriffe auf amerikanische Städte zu starten. 1945 waren die Schleusen des Panamakanals das Ziel, um die Verlegung amerikanischer Schiffe aus dem Atlantik in den Pazifik zu stören. Ein weiteres Boot dieser Klasse, I 402, war noch in der Werft in einen U-Tanker umgebaut worden, um als Blockadebrecher zu dienen. Diese Boote waren mit einer Länge von 122 Metern und einer Überwasserverdrängung von 5200 Tonnen die größten U-Boote, die bis zu diesem Zeitpunkt auf der Welt gebaut worden waren. Die U-Träger transportierten drei Seeflugzeuge, die in einem 30 Meter langen zylindrischen Hangar an Deck untergebracht waren, von dem eine Katapultstartbahn zum Bug führte.[77] Dieser Entwurf war in seiner Phantastik ein passendes Symbol für die weltfremden Vorstellungen der japanischen Marine. Als die Boote in Dienst gestellt wurden, war wiederum ein neues Angriffsziel festgelegt worden: der Ankerplatz von

Ulithi, wo man durch die Versenkung von US-Flugzeugträgern eine größere, unmittelbarere Wirkung zu erzielen hoffte. Sie liefen zusammen mit I 13 und I 14, zwei neuen kleineren U-Flugzeugträgern mit einer Überwasserverdrängung von 3600 Tonnen, tatsächlich zu dieser Mission aus. Aber der Krieg wurde kurz vor dem für den 17. August vorgesehenen Angriff beendet, und sie kehrten unter der schwarzen Fahne der Übergabe nach Japan zurück. Der Kommandeur des Verbandes, Kapitän zur See Tatsunoke Ariizumi, erschoß sich an Bord seines Führungsboots I 401 bei der Einfahrt in die Bucht von Tokio, zweifellos weil er die Schande der Kapitulation nicht ertrug. Gleichzeitig aber hatte er sich selbst gerichtet, denn er war ein Kriegsverbrecher: Er hatte nicht nur die Schuld an dem Massaker an den Schiffbrüchigen der *Tjisilak* auf sich geladen, sondern auch den Befehl zur Ermordung von 60 Besatzungsmitgliedern des amerikanischen Handelsschiffs *Jean Nicolet* gegeben, das er als Kommandant von I 18 ebenfalls im Indischen Ozean torpediert hatte.

Es ist ebenso ironisch wie bezeichnend, daß der einzige Erfolg, den japanische U-Boote in den letzten Kriegswochen verbuchen konnten, von einem konventionellen Boot, Hashimotos I 58, mit einem konventionellen Torpedoangriff erzielt wurde. Hashimoto hatte seit dem gescheiterten Kaiten-Angriff auf Apra eine gleichfalls erfolglose Kaiten-Feindfahrt gegen die amerikanischen Nachschublinien auf hoher See unternommen und befand sich auf seiner dritten Feindfahrt mit Kaiten an Bord, als ihm am 29. Juli in der Philippinen-See auf der Route zwischen Guam und Leyte der amerikanische Schwere Kreuzer *Indianapolis* praktisch in die Arme lief. Er hatte ihn um 23.05 Uhr gesichtet, kaum daß er aufgetaucht war, und nachdem er wieder in Sehrohrtiefe getaucht war, befahl er »Feuermethode sechs«, den Abschuß von sechs Torpedos. Außerdem wies er zwei der Kaiten-Piloten an, sich bereitzuhalten, die dann jedoch nicht zum Einsatz kamen. Sein Boot war erneut umgebaut worden und transportierte jetzt sechs Kaiten, die alle vom Bootsinnern aus bestiegen werden konnten.

Die *Indianapolis* fuhr ohne Eskorte und hatte ihren Zickzackkurs trotz des Mondscheins und der Meldungen über U-Boot-Aktivitäten in diesem Gebiet kurz nach Sonnenuntergang aufgegeben. Jetzt steuerte sie mit knapp 16 Knoten direkt auf Hashimoto zu. Als sie um 23.26 Uhr nur noch 1500 Meter entfernt war, gab dieser den Feuerbefehl für einen Fächer mit einem Streuungswinkel von drei Grad. Er beobachtete einen Treffer vorn, der unter dem vorderen Geschützturm Feuer auslöste, und dann einen zweiten, dem nach einigen Minuten ein mittschiffs hochschießender greller Blitz und mehrere Explosionen im Schiffsinneren folgten. Der Kreuzer wurde langsamer und blieb schließlich, rasch sinkend, ohne Fahrt im Wasser liegen. Den Untergang selbst konnte Hashimoto nicht mehr beobachten, da er sich mit voller Kraft über Wasser absetzte, um einem möglichen Gegenangriff durch in der Nähe patrouillierende Flugzeuge zu entgehen.[78]

Das Notsignal der *Indianapolis* wurde nicht aufgefangen, dafür aber die Meldung, die Hashimoto eine Viertelstunde nach Mitternacht absetzte: »Eindeutig ein Schlachtschiff *Idaho*-Klasse versenkt.« Der dechiffrierte Text wurde am 30. Juli um 17 Uhr ans CINCPAC-Hauptquartier auf Guam geschickt, wo er als eine der üblichen japanischen Übertreibungen in der Ablage verschwand; schließlich befanden sich in diesem Gebiet keine Schlachtschiffe der *Idaho*-Klasse. Die Rettung der Überlebenden der *Indianapolis* begann erst am 2. August, nachdem ein Patrouillenflugzeug die im Wasser treibenden Männer entdeckt hatte. Zu diesem Zeitpunkt waren bereits fast 600 von ihnen an Erschöpfung gestorben. Von den 1199 Mann der Besatzung überlebten nur 316.

Diesem Erfolg und der Versenkung der *Underhill* durch ein Kaiten von I 58 stand der Verlust von 27 U-Booten seit Jahresbeginn gegenüber. Allein die *Batfish* unter Commander J. K. Fyfe hatte in vier Tagen drei japanische U-Boote versenkt, allesamt RO-Klasse-Boote, die Flugzeugbesatzungen von den Nordphilippinen nach Takao auf Formosa evakuierten. Als erstes traf es in der Nacht des 9. Februar in der Babuyan-Straße nördlich von Luzon RO 115, das im vergangenen Sommer während der Kämpfe um Saipan so ausdauernd vorgetragene Angriffe überlebt hatte. Das nächste Boot, das Fyfe sichtete, jagte und versenkte, war RO 112. Zwei Nächte später, am 12. Februar, vernichtete er RO 113, wie auch die anderen beiden Boote durch einen Radarangriff. Nichts illustriert die Überlegenheit des amerikanischen Radars und die gefährlich schlechten Leistungen des japanischen Geräts besser als der Verlust dieser drei Boote.

In den letzten Kriegsmonaten hatte die 6. (U-Boot-)Flotte, die seit Mai 1945 unter dem Befehl von Vizeadmiral Tadashige Daigo stand, praktisch zu existieren aufgehört, zumindest soweit es konventionelle U-Boote betraf. Nur drei von ihnen überstanden den Krieg: Hashimotos I 58, das C3-Angriffsboot I 53 – beide für den Transport von Kaiten umgebaut – und das mittelgroße Boot RO 50. Daneben gab es bei Kriegsende noch drei frisch in Dienst gestellte Einheiten der neuen I-201-Klasse, sieben Ha-201-Küstenboote, zwei der riesigen U-Flugzeugträger der I-400-Klasse, deren zum Tanker umgewandeltes Schwesterschiff – das keine Fahrt unternommen hatte – und einen der 3600-Tonnen-Flugzeugträger. Ansonsten existierten nur noch fünf alte, für den Transport von Kaiten umgebaute Ausbildungsboote und verschiedene Klein-U-Boote sowie sechs ehemals deutsche und italienische Boote, die nach dem Ende der Kämpfe in Europa übernommen worden waren. Die Streitmacht aus leistungsfähigen spezialisierten U-Booten, mit denen Japan den Krieg begonnen und die es in den folgenden drei Jahren weiterhin gebaut hatte, war als einheitliche Kraft ebenso ausgeschaltet wie die hochgestimmte Elite der U-Boot-Fahrer, in die man solche Hoffnungen gesetzt hatte.

Die japanische Handelsmarine war in ähnlichem Ausmaß dezimiert worden, und die jetzt 170 amerikanischen und die im Pazifik operierenden britischen U-Boote fanden nur noch wenige Ziele. Im September des vorangegangenen Jahres waren die sieben S-Klasse-, drei T-Klasse- und drei niederländischen Boote der britischen 8. Flottille von Trincomalee nach Fremantle verlegt worden. Im März 1945 waren ihnen die elf T-Klasse-Boote der 4. Flottille gefolgt, so daß nur noch eine überwiegend aus S-Klasse-Booten bestehende Flottille von Ceylon aus operierte. Im April verlegte Christies Nachfolger Rear Admiral James Fife die 4. Flottille in einen vorgeschobenen Stützpunkt in der Subic-Bucht unweit der Manila-Bucht.

Sowohl die amerikanischen als auch die britischen U-Boote verwandelten sich zunehmend in tauchfähige Kanonenboote, wenn sie gegen die Küstenfahrzeuge, Schoner, Sampans und anderen kleine Schiffe vorgingen, mit denen die Japaner jetzt die Blockade zu durchbrechen und die abgeschnittenen Garnisonen sowie die Truppen in Burma zu versorgen versuchten. Die Kommandanten beluden ihr Boot mit so vielen Maschinengewehren, Granaten und anderen Waffen, wie sie in den Häfen auftreiben konnten, so daß die Brücke, wenn sie zum Artillerieangriff gegen die Küstenschiffahrt auftauchten, vor Waffen nur so starrte.[79] Dabei wurden die Schiffbrüchigen in der Regel von den U-Booten aufgefischt und zur nächstgelegenen Küste gebracht. Ein Kommandant der 8. Flottille, der einen gewissen Ruf als Artillerist genoß, Edward Young, versenkte in dieser Zeit elf kleine Schiffe, ohne daß es ein einziges Todesopfer gab.[80]

Eines der wenigen amerikanischen U-Boote, das ein wertvolles Ziel fand, war die *Tirante,* ein brandneues Boot unter dem Kommando von Lieutenant Commander George Street und dem von der *Trigger* zu ihm versetzten Ned Beach als Erstem Wachoffizier. Die *Tirante* lief Anfang März von Pearl Harbor aus, um im Ostchinesischen und im Gelben Meer zu patrouillieren. Ende des Monats wurde die unter einem neuen Kommandanten fahrende *Trigger* für gemeinsame Operationen zu ihr beordert. Als man die *Trigger* anfunkte, antwortete sie nicht, und nach einiger Zeit war klar, daß sie verlorengegangen war. Unterdessen versenkte Street zwei große Marus und ein Eskortschiff, fügte einem weiteren schwere Schäden zu und überstand einen Wasserbombenangriff. Ihm waren nur noch sechs Torpedos geblieben, als er in den frühen Stunden des 14. April an einem Ankerplatz an der Nordküste der Insel Quelpart (Cheju), südlich von Korea, mehrere Schiffe entdeckte. Das Wasser war zu flach, um zu tauchen, und so schlich er sich an der Oberfläche an das größte Ziel heran. Mit Ned Beach am TBT-Nachtzielgerät und der vom Radar gelieferten Entfernung schoß er zwei Torpedos ab, die beide ihr Ziel fanden. Als nächstes wurde eines der Eskortschiffe von zwei Torpedos außer Gefecht gesetzt, und wenig später schlugen die letzten beiden »Fische« der *Tirante* auf einem zweiten Eskortschiff auf. Dann drehte Street ab und fuhr aufs offene Meer hinaus, um zwei weiteren Eskortschiffen zu entkommen, die sich inzwischen auf die Jagd gemacht hatten. Eines von ihnen näherte sich der *Tirante* bis auf eine halbe Seemeile, ohne die niedrige Silhouette des U-Boots zu sichten, und Street konnte entkommen.[81] Seine Versenkungsrate für die erste Fahrt der *Tirante* belief sich damit auf sechs Schiffe mit zusammen 12621 BRT.[82] Für die Hartnäckigkeit, mit der er die feindlichen Schiffe verfolgt hatte, wurde ihm die Ehrenmedaille des Kongresses veliehen.

Lockwood hatte sein Hauptquartier unterdessen nach Apra verlegt. Er bereitete die Rückkehr der U-Boote ins Japanische Meer vor, um die letzten intakten Nachschublinien vom asiatischen Festland nach Japan zu durchtrennen. Davon hatten ihn bisher die starken Patrouillen und die Minenfelder in der La-Pérouse-Straße abgeschreckt, der An- und Abmarschroute aller früheren Unternehmungen in diesem Gebiet. Jetzt versprach ein verbessertes frequenzmoduliertes Sonar (FM-Sonar), das in der Lage war, einzelne Minen bereits aus einer Entfernung von etwa 700 Metern zu orten, eine Lösung des Problems. Nachdem er sich in einer Reihe von Versuchen im Frühjahr 1945 selbst von der Funktionstüchtigkeit des Geräts überzeugt hatte, schickte er Ende Mai eine Gruppe aus neuen Booten zum Südeingang des Japanischen Meeres. Die »Hell Cats«, wie die Gruppe genannt wurde, bestand aus drei Wolfsrudeln: »Hydeman's Hep Cats«, »Pierce's Pole Cats« und »Risser's Bob Cats«. Die Oberaufsicht über die Operation hatte Lockwood einem relativen Neuling in bezug auf Feindfahrten übergeben, Commander Earl Hydeman von der *Sea Dog*. Die Rudel sollten unter den Minenfeldern in der Tsushima-Straße hindurchtauchen, dann in weit auseinanderliegende Zielräume im Norden und in der Mitte von Honshu sowie bei Korea fahren und alle am selben Tag zuschlagen.

Als erster brachte Hydeman sein Rudel am 4. Juni in einer Tiefe von über 50 Metern auf die andere Seite, ohne eine einzige Mine zu orten. Die Besatzung eines der Boote von Commander George Pierces »Pole Cats«, die am nächsten Tag folgten, hatte dagegen einige nervenaufreibende Augenblicke zu durchleben, als das Haltekabel einer Mine an der Hülle des Boots entlangschrammte. Einem Boot von Commander Robert Rissers »Bob Cats«, die am 6. Juni ins Japanische Meer vordrangen, erging es ebenso. Aber alle gelangten unbeschadet in die Einsatzgebiete. Als sie am Abend des 9. Juni angriffen, stießen sie auf völlig überraschte Einzelfahrer ohne Eskorten. In den nächsten vierzehn Tagen wurden 27 größere Handelsschiffe mit zusammen über 50000 BRT und ein U-Boot (I 122) versenkt. Es war einer der erfolgreichsten Gruppenangriffe des Krieges. Seine Bilanz wurde nur durch den Verlust der *Bonefish* unter Commander Lawrence Edge beeinträchtigt, der vor der Mitte von Honshu einem Wasserbombenangriff zum Opfer fiel.

Die übrigen Boote trafen sich am 24. Juni in der La-Pérouse-Straße und bildeten kurz nach Mitternacht zwei Kolonnen, um mit 18 Knoten an der Oberfläche durch die Meerenge zu jagen, während ein anderes von Lockwoods Booten zur Ablenkung weit im Süden bei Tsushima die Insel Hirado beschoß. Wie es der Zufall wollte, legte sich dichter Nebel über die La-Pérouse-Straße, und die »Hell Cats« entkamen zu ihrer eigenen Überraschung unbehelligt in den Pazifik. Damit war das Japanische Meer als Jagdgebiet wieder eröffnet, und Lockwood schickte weitere Boote einzeln dorthin, um den Würgegriff um die japanischen Nachschublinien zu verstärken.

Die britischen U-Boote, von denen immer noch nicht alle eine Klimaanlage besaßen, waren in diesen letzten Wochen des Krieges gewissermaßen die armen Cousins der Amerikaner. Dennoch erzielten sie zwei herausragende Erfolge: den ersten, als ein Boot der 4. Flottille, die *Trenchant* unter Commander Arthur »Baldy« Hezlet, einem Veteranen der glorreichen Tage der 10. Flottille in Malta, Anfang Juni in der Java-See eine Meldung des amerikanischen U-Boots *Blueback* auffing, der zufolge der japanische Schwere Kreuzer *Ashigara* in Batavia (Djakarta) eingelaufen war. Hezlet vermutete, daß der Kreuzer durch die enge Wasserstraße zwischen Sumatra und der vorgelagerten Insel Banka zu ihrem Stützpunkt in Singapur zurückkehren wollte, und erhielt von Fife die Erlaubnis, sich dort auf die Lauer zu legen.

Hezlet bildete ein Ad-hoc-Rudel, indem er die *Stygian* unter Lieutenant G. S. Clarabut in sein Vorhaben einbezog. Die *Stygian* patrouillierte außerhalb der von einem niederländischen U-Boot über die nördliche Zufahrt der Banka-Straße gelegten Minensperre, während Hezlet in die Straße eindrang. In den frühen Stunden des nächsten Tages, des 8. Juni, fing er erneut einen Funkspruch der *Blueback* auf, in dem gemeldet wurde, daß die *Ashigara* Batavia in nördlicher Richtung verlassen habe. Bald darauf sichtete er einen anlaufenden Zerstörer, der seinerseits das U-Boot entdeckte und das Feuer eröffnete. Hezlet wich ihm in der Dunkelheit aus, und im Morgengrauen ging er genauso wie Clarabut auf Tauchstation. Später am Vormittag erschien der Zerstörer erneut und suchte offenbar nach dem U-Boot. Als er, um das Minenfeld herumfahrend, in *Stygians* Sektor kam, griff Clarabut an, verfehlte ihn aber. Der Gegenangriff war noch im Gange, als Hezlet kurz nach 12 Uhr die *Ashigara* sichtete. Sie fuhr mit 15 Knoten auf einem von den Untiefen vorgegebenen geraden Kurs. Als sie bis auf 4300 Meter herangekommen war, feuerte Hezlet eine Salve aus acht Torpedos ab. Ihre Bahnen wurden zwar entdeckt, aber der Kreuzer konnte weder abdrehen, ohne auf Grund zu laufen, noch die Geschwindigkeit erhöhen. Er schwenkte auf das U-Boot zu und mußte fünf verheerende Treffer einstecken, während er auf dessen Sehrohr schoß. Hezlet drehte das Boot herum und feuerte seine Bugtorpedos ab. Sie verfehlten ihr Ziel, doch das große Schiff, der letzte seeklare Schwere Kreuzer der japanischen Flotte, drehte sich binnen einer halben Stunde auf die Seite und sank. Hezlet, der im vorangegangenen Jahr bei Penang das IXD-Boot U 859 versenkt hatte, wurde von Fife persönlich mit dem United States Legion of Merit im Rang eines Commanders ausgezeichnet.[83]

Der zweite britische Erfolg wurde von Klein-U-Booten erzielt wie jenen, die die *Tirpitz* außer Gefecht gesetzt hatten. Sie wurden inzwischen in einer leicht verbesserten Version als XE-Crafts bezeichnet. Die wichtigste Neuerung war die Klimaanlage, die man für den Einsatz im Fernen Osten eingebaut hatte. Als die Boote im Juli 1945 im Pazifik eintrafen, wollte Nimitz sie nicht einsetzen. Nach amerikanischer Ansicht waren sie »Selbstmordwaffen«, und damit wollte Nimitz nichts zu tun haben. Im letzten Augenblick erkannte man jedoch, daß es zwei Missionen gab, für die sie geradezu ideal waren: die Kappung der Unterwassertelefonkabel zwischen Singapur, Saigon, Hongkong und Tokio und die Ausschaltung der weit oben in der Johore-Straße an der Nordküste der Singapur-Insel liegenden Schweren Kreuzer *Takao* und *Myoko*. Sie waren zwar beide beschädigt, doch ihre Kanonen konnten gegen die geplante alliierte Invasion von Malaya eingesetzt werden.

Die Operationen waren für den 31. Juli geplant. Am 26. liefen Clarabuts *Stygian* mit XE 3 und die zur selben Flottille gehörende *Spark* mit XE 1 im Schlepptau in Richtung Singapur aus. Am 30. übernahmen die Einsatzcrews 40 Seemeilen von den Zielen entfernt die Klein-U-Boote. Lieutenant I. E. Fraser war mit XE 3 schneller unterwegs. Er erreichte am nächsten Tag um 10.30 Uhr die Netzsperre vor dem Ankerplatz und schlüpfte durch das offenstehende Tor hinein. Gegen 12 Uhr hatte er die pagodenähnlichen Aufbauten der *Takao* im Sehrohr, auf der immer noch die Schäden repariert wurden, die ihr vor der Schlacht um Leyte von der *Darter* beigebracht worden waren. Das Wasser wurde beim weiteren Anlauf so flach, daß XE 3 mit dem Bauch über den Meeresboden schrammte, und als Fraser den Kreuzer erreicht hatte, mußte er feststellen, daß er fast auf Grund lag. Er fand schließlich mittschiffs einen Abschnitt, in dem er sich unter den Rumpf quetschen konnte. Aber auch hier war so wenig Platz, daß der Taucher, Leading Seaman J. J. »Mick« Magennis, das

Luk nicht ganz öffnen und nur unter Schwierigkeiten aussteigen konnte, um die Haftminen anzubringen, die in einem Kasten anstelle der Backbordseitenfracht verstaut waren. Der Rumpf des Kreuzers war derart bewachsen, daß Magennis die Muscheln abkratzen mußte, ehe die Minen haften blieben. Es dauerte eine halbe Stunde, bis er auf einer Strecke von 14 Metern sechs Minen am Kiel der *Takao* angebracht hatte.

XE 1 war von einem Vorpostenboot aufgehalten worden. Danach war es zu spät, um die *Myoko* zu erreichen und vor der Detonation der Sprengladungen von XE 3 zu entkommen. Deshalb hielt auch er auf die zwei Seemeilen näher liegende *Takao* zu, ließ dicht an ihrem Rumpf die Seitenfracht fallen und zog sich zurück. Um 21.30 Uhr wurde der Kreuzer von mehreren Explosionen angehoben, die ein fast 20 Meter breites Loch in seinen Rumpf sprengten und seine aktive Zeit endgültig beendeten. Auch die Mission von XE 4 und XE 5 war erfolgreich verlaufen: Vor der Küste von Indochina und vor Hongkong waren die Telefonkabel nach Tokio vom Meeresboden gehoben und zertrennt worden. Alle vier Besatzungen erhielten später Tapferkeitsauszeichnungen, Fraser und Magennis wurde das Victoria-Kreuz verliehen.[84]

Der in strategischer Hinsicht spektakulärste Erfolg der letzten Kriegsphase war jedoch der Würgegriff, in den die amerikanische U-Boot-Flotte und Luftwaffe die japanische Handelsschiffahrt genommen hatte, insbesondere durch die Ende März gestartete »Operation Starvation« (Aushungern), die massive Verlegung von Luftminen vor den japanischen Häfen. Japan war jetzt nicht nur von den eroberten Gebieten im Süden, sondern auch vom asiatischen Festland abgeschnitten. Wie lange das Land der Belagerung und der Bombardierung seiner Städte standgehalten und wie viele Tote der Kreis um den Kaiser noch für nötig gehalten hätte, bevor Hirohito eingestehen konnte, daß sein Volk ihn enttäuscht habe und von seinen Leiden erlöst werden solle, wird man nie erfahren. Die Vorbereitungen für die Abwehr der bevorstehenden Invasion des geheiligten Vaterlandes waren in vollem Gange. Kaiten und Klein-U-Boote wurden an strategischen Punkten zusammengezogen, veraltete Flugzeuge an in den Wäldern versteckten Rollbahnen stationiert und Tausende junger Männer für Selbstmordkommandos unter Wasser oder in der Luft ausgebildet. An der Küste wurden Gräben ausgehoben, spitze Stangen in den Boden gerammt, um die Barbaren zu pfählen, und Bambusspeere an Dorfbewohner verteilt. Die Propaganda beschwor die Jahre 1274 und 1281 herauf, als die Horden von Kublai Khan unter Mithilfe des göttlichen Windes der »Kamikaze«-Taifune von Samuraiheeren zurückgeschlagen wurden. Sie versicherte dem Volk, man werde die Amerikaner zur Landung auf Kyushu verleiten, wo sie »mit einem Schlag« vernichtet werden würden.[85]

Unterdessen übte eine Spezialabteilung von B29-Piloten der Luftwaffe der US Army den Abwurf von Atombomben über japanischen Städten. Washington hatte entschieden, diesen letzten Triumph der Technik einzusetzen, um die Kapitulation zu erzwingen und geschätzte anderthalb Millionen Todesopfer zu vermeiden, die eine Invasion der japanischen Mutterinseln gekostet hätte. Nebenbei grub man damit auch dem selbstmörderischen Fanatismus, von dem Japan erfaßt worden war, das Wasser ab. Am Morgen des 6. August fiel »Thin Boy«, die erste Uran–235-Bombe, auf Hiroshima. Drei Tage später wurde »Fat Boy« über Nagasaki abgeworfen. Die Resultate waren grauenhaft. Diese beiden Demonstrationen und die Aussicht, daß der kaiserliche Hof ebenso von einer Sekunde auf die andere ausgelöscht werden konnte, fegten die Mythen, Hoffnungen, Ängste und Illusionen beiseite, die bisher den Weg zum Frieden versperrt hatten. Jetzt endlich war Hirohito um des nationalen Überlebens willen bereit, sich zu ergeben.

Hashimoto befand sich am 15. August mit I 58 auf der Rückfahrt zum Stützpunkt, als ihm der Funker einen kaiserlichen Erlaß übergab, der das Ende der Kämpfe und die Kapitulation verkündete. Obwohl er von der verheerenden Zerstörung Hiroshimas und Nagasakis wußte, war Hashimoto wie betäubt. Er reagierte damit nicht anders als die Menschenmengen in den Straßen der japanischen Städte, die die Rundfunkansprache des Kaisers gehört hatten und vor Demütigung und Verzweiflung weinten. Die Nachricht mußte eine Zeitungsente sein. Als er zwei Tage später in Kure eintraf, mußte er jedoch einsehen, daß es keine Falschmeldung gewesen war. Er verlas die kaiserliche Botschaft vor versammelter Mannschaft. Dann ging er an Land, um seinem Abteilungskommandeur von der Tapferkeit seiner Kaiten-Krieger zu berichten, die »nicht überlebt hatten, um die Demütigung der Niederlage zu erleiden«.[86]

Ned Beach war im Japanischen Meer, als er die Nachricht von der Beendigung der Kämpfe erhielt. Er hatte über drei Jahre auf U-Booten gedient, bevor er endlich sein eigenes Kommando, die *Piper*, erhalten hatte, mit der er am 5. August von Guam ausgelaufen und am 13. als letztes alliiertes U-Boot durch die Tsushima-Straße ins Japanische Meer eingedrungen war. Als zwei Tage später der Funkspruch von Nimitz eintraf, brach im Boot Jubel aus. Beachs Gefühle waren zwiespältig; er versuchte die Freude und Erleichterung der Besatzung zu teilen, mußte aber auch an die *Trigger* und die anderen Kameraden denken, die auf See geblieben waren: »Wir hatten den Krieg gewonnen. Es war vorbei – zu Ende –, und ich hatte das unglaubliche Glück gehabt, verschont worden zu sein. Aber wie wenig trennte uns, die wir diesen Tag erleben durften, von jenen, denen dies nicht vergönnt war.«[87]

Die amerikanischen U-Boote hatten langsam begonnen und sich 1942 nur rund 750 000 BRT auf die Fahnen schreiben können. Bis zum Kriegsende versenkten sie dann jedoch – kleine Küstenfahrzeuge nicht mitgezählt – 1300 Marus mit über 5,25 Millionen BRT, nur 750 000 BRT weniger als die Tonnage, mit der die japanische Handelsmarine den Krieg begonnen hatte. Amerikanische träger- und landgestützte Flugzeuge versenkten weitere 750 Marus mit über 2,5 Millionen BRT – überwiegend gegen Ende des Krieges, nachdem die U-Boote der japanischen Schiffahrt das Rückgrat gebrochen hatten.[88]

Dönitz' U-Boote hatten im Verlauf des Krieges allein im Nord- und Südatlantik doppelt so viele Handelsschiffe versenkt, fast 2500 mit einer Gesamttonnage von 13 Millionen BRT.[89] Sie waren allerdings zahlreicher gewesen als die amerikanischen U-Boote und hatten über einen längeren Zeitraum wesentlich mehr Ziele vorgefunden. Großbritannien hat diesen Aderlaß überlebt, weil es auf den Schiffsraum und die Seeleute neutraler Länder zurückgreifen konnte, insbesondere auf Schiffe und Schiffbaukapazitäten der Vereinigten Staaten.

Damit hatte sich Alfred Thayer Mahans Doktrin bestätigt, daß der *guerre de course* gegen die Seeherrschaft einer Schlachtflotte letztlich nichts auszurichten vermag. Denn Dönitz' U-Boot-Krieg war ein reiner Handelskrieg gewesen, der ohne die Unterstützung einer Überwasserflotte und die meiste Zeit auch ohne Luftunterstützung geführt wurde. Dennoch war es wie im Ersten Weltkrieg eine enge Angelegenheit gewesen, die vermutlich entschieden war, als sich Hitler entschloß, im Osten loszuschlagen, bevor die Lage im Westen geklärt war. Allerdings kann niemand mit Sicherheit sagen, ob es unter anderen Voraussetzungen, das heißt wenn Hitler im Juni 1941 nicht die Sowjetunion angegriffen hätte, nicht doch noch gelungen wäre, die Aufmerksamkeit der britischen Air Marshals auf die Bedrohung auf See zu lenken und die Ressourcen von Handels- und Kriegsmarine effektiver zu nutzen, um sie abzuwehren. Und wer weiß, ob Stalin Hitler nicht früher oder später gezwungen hätte, ihn anzugreifen.

Auch der amerikanische Sieg war eine Bestätigung von Mahans Doktrin: Eine Schlachtflotte – in der modernen Gestalt von Flugzeugträgerverbänden – hatte eine solche »Herrschaft auf See« erlangt, daß sie den Feind durch eine wirksame Blockade abschnüren konnte. Die Blockademittel – U-Boote und Flugzeuge – waren zwar neu gewesen, aber die Lage, in der sich Japan gegen Ende befand, glich im wesentlichen der Deutschlands am Ende des Ersten Weltkrieges nach der durch die Royal Navy verhängten »Hungerblockade« und der Frankreichs am Ende fast aller militärischen Auseinandersetzungen mit England, die es im späten 18. Jahrhundert und in den Revolutionskriegen geführt hat: Es gelangten kaum noch Importe ins Land, Industrie und Streitkräfte lagen am Boden, und die Bevölkerung stand am Rande des Hungertodes.

Darüber hinaus hatten die Alliierten sowohl im Atlantik als auch im Pazifik entscheidende technologische Vorteile auf ihrer Seite, vor allem das Zentimeter-Radar. Das Radar von Geleitschiffen und Flugzeugen besiegte die deutschen U-Boote im Atlantik und die japanischen im Pazifik. Das Radar der amerikanischen U-Boote besiegte die japanischen Eskortschiffe im Pazifik. Ohne Ultra, Huff-Duff und VHF-Sprechfunk wäre der Sieg sicher kostspieliger gewesen und länger hinausgezögert worden, aber die entscheidende Technologie war das Radar.

Hinsichtlich der älteren Technologien waren die deutschen U-Boote die besten. Ihre Sehrohre und Nachtzielgeräte waren allem, was Amerikaner und Briten besaßen, deutlich überlegen. Ihr Feuerleitsystem war sogar noch leistungsfähiger als der amerikanische TDC, und sie konnten weit tiefer tauchen als die Boote der anderen Marinen. Mit dem neuen Bootstyp XXI und dem Prototyp XXVI schließlich war aus dem tauchfähigen Torpedoboot, das den U-Boot-Krieg ausgefochten hatte, fast schon ein vollgültiges Unterseeboot geworden.

Unter den Befehlshabern ragen zwei heraus: Dönitz wegen seiner Konzentration auf den Tonnagekrieg, seines eisernen Willens und seiner mitreißenden Führung – zumindest bis er seine geliebten U-Boot-Männer in der letzten Phase des Krieges mit veralteten Fahrzeugen in den sicheren Tod schickte –, und Simpson, der Chef der 10. Flottille in Malta, wegen seiner Energie, seines warmherzigen Führungsstils und seiner Weigerung, klein beizugeben. Das wohl katastrophalste Versäumnis ließ sich Christie in Fremantle zuschulden kommen, als er trotz der Erfahrungen der Kommandanten und Torpedooffiziere auf seinem Magnetzünder beharrte. Damit unterminierte er ihr Selbstvertrauen und trug wahrscheinlich dazu bei, den Pazifikkrieg zu verlängern. Aber er war nicht der einzige amerikanische Offizier, dem eine Fehleinschätzung unterlief. Admiral King erkannte zwar schließlich, wie anfällig Japan für eine U-Boot-Blockade war, setzte aber nicht genügend Überzeugungskraft ein, um auch nur seine eigenen Admirale dafür zu gewinnen.

Dem britischen Marinestab unter Pound mangelte es an Klarheit und Nachdruck in der Auseinandersetzung mit Churchill. Der englische Premierminister folgte seinen Instinkten, und diese stimmten mit den Glaubenssätzen von Sir Arthur Harris überein, dem Hohepriester dessen, was euphemistisch »Flächenbombardement« genannt wurde. Die Folge war, daß Großbritannien zum zweiten Mal innerhalb von 25 Jahren von deutschen U-Booten an den Rand der Niederlage gebracht wurde, was ebenso überflüssig wie unvernünftig war und zumindest im Rückblick als Fleck auf Englands und Churchills ansonsten reiner Weste zu erkennen ist.

Die jungen Männer, die auf den U-Booten kämpften, erfüllten ihre harte und gefährliche Aufgabe im allgemeinen auf ehrenhafte Weise und bewiesen ihren Opfern gegenüber – mit wenigen Ausnahmen, von denen einige geschildert worden sind – große Menschlichkeit. Einige, aber bei weitem nicht alle der gefeierten Kommandanten der beteiligten Marinen wurden erwähnt. Es wäre vermessen, sie miteinander vergleichen zu wollen, zu unterschiedlich waren ihre Waffen und die Bedingungen, unter denen sie kämpften. Selbst innerhalb derselben U-Boot-Waffe fällt der Vergleich schwer, wenn die Kommandanten in verschiedenen Phasen des Krieges aktiv waren: zum Beispiel der zwischen Otto Kretschmer, dem erfolgreichsten Kommandanten des Krieges überhaupt, und Rolf Manke, der das Pech hatte, zum Kommandanten aufzusteigen, als die deutschen U-Boote keine Chance mehr hatten, und der auf fünf Feindfahrten nur drei Schiffe mit zusammen 12500 BRT versenkte und eines beschädigte. Aber er zwang seine Gegner zur längsten U-Boot-Jagd der Atlantikschlacht und nahm eine Fregatte mit sich, als er den Jägern schließlich erlag.

Die U-Boot-Flotten der Achsenmächte erlitten prozentual höhere Verluste als alle anderen Teilstreitkräfte des jeweiligen Landes. Am anderen Ende der Skala steht die US Navy, die 50 U-Boote durch Feindeinwirkung, befreundetes Feuer und Torpedokreisläufer verlor und 3505 Todesopfer zu beklagen hatte, weniger als jede andere Marine.[90] Dies war nur ein Zehntel der Verluste der deutschen U-Boot-Waffe, machte aber, bezogen auf die amerikanische, 16 Prozent der Offiziere und 13 Prozent der Mannschaftsdienstgrade aus.[91] Auf den 74 U-Booten der Royal Navy, die nicht zurückkehrten, starben 3144 Männer, und 360 gerieten in Kriegsgefangenschaft, was zusammen der Personalstärke der britischen U-Boot-Waffe bei Kriegsausbruch entspricht.[92]

Im September 1945, einen Monat nach dem Ende des Pazifikkrieges, sagte Admiral Nimitz auf einer Pressekonferenz: »Schlachtschiffe sind die Schiffe von gestern, Flugzeugträger die Schiffe von heute, aber die Schiffe von morgen werden U-Boote sein.« Damals war dies eine bemerkenswert weitsichtige Äußerung. Es ist jedoch fraglich, ob Nimitz die totale Herrschaft voraussah, die zehn Jahre später durch das atomgetriebene U-Boot ausgeübt werden sollte. Es war im Gegensatz zu den tauchfähigen Kriegsschiffen beider Weltkriege das erste wirkliche Unterseeboot. Mit seinen Nuklearwaffen beherrscht es nicht nur die Ozeane der Welt, sondern die Welt selbst, und macht internationale Konflikte wie den in diesem Buch dargestellten undenkbar, wenn nicht sogar unmöglich. Das letzte Wort soll Captain Edward L. Beach von der US Navy haben, dessen Laufbahn die Zeitspanne dieser historischen Veränderung umfaßte. Als junger Mann unternahm er zwölf Feindfahrten in den Pazifik, war an der Versenkung von 27 Schiffen und der Beschädigung eines Dutzends weiterer

Schiffe beteiligt. Er überlebte schwere Wasserbombenangriffe und wurde für seine Tapferkeit unter anderem mit dem Navy-Kreuz ausgezeichnet. Jahre später, 1960, kommandierte er das US-Unterseeboot *Triton* auf dessen epochaler Unterwasser-Weltumrundung: »Die Geschichte des Menschen steht jetzt völlig im Bann der außergewöhnlichen Wissenschaft, die er entwickelt hat. Der Zweite Weltkrieg war das letzte Beispiel der alten Land- und Seekriegführung, bei der das Schicksal von Nationen von der Fähigkeit weniger furchtloser Männer abhing, die zerrüttende geistige Anspannung und den Schrecken des qualvollen Todes durch Ertrinken, Ersticken, Verbrennen oder Verbrühen zu meistern und trotz allem ihre Pflicht zu tun. Dies ist Vergangenheit, doch eines Tages werden ihre Geschichten zur Legende geworden sein wie die der Ritter der Tafelrunde, der spanischen Armada und der Schlacht von Trafalgar. Solange Schiffe die Meere befahren, solange wird man sich an sie erinnern.«[93]

KARTEN UND SCHAUBILDER

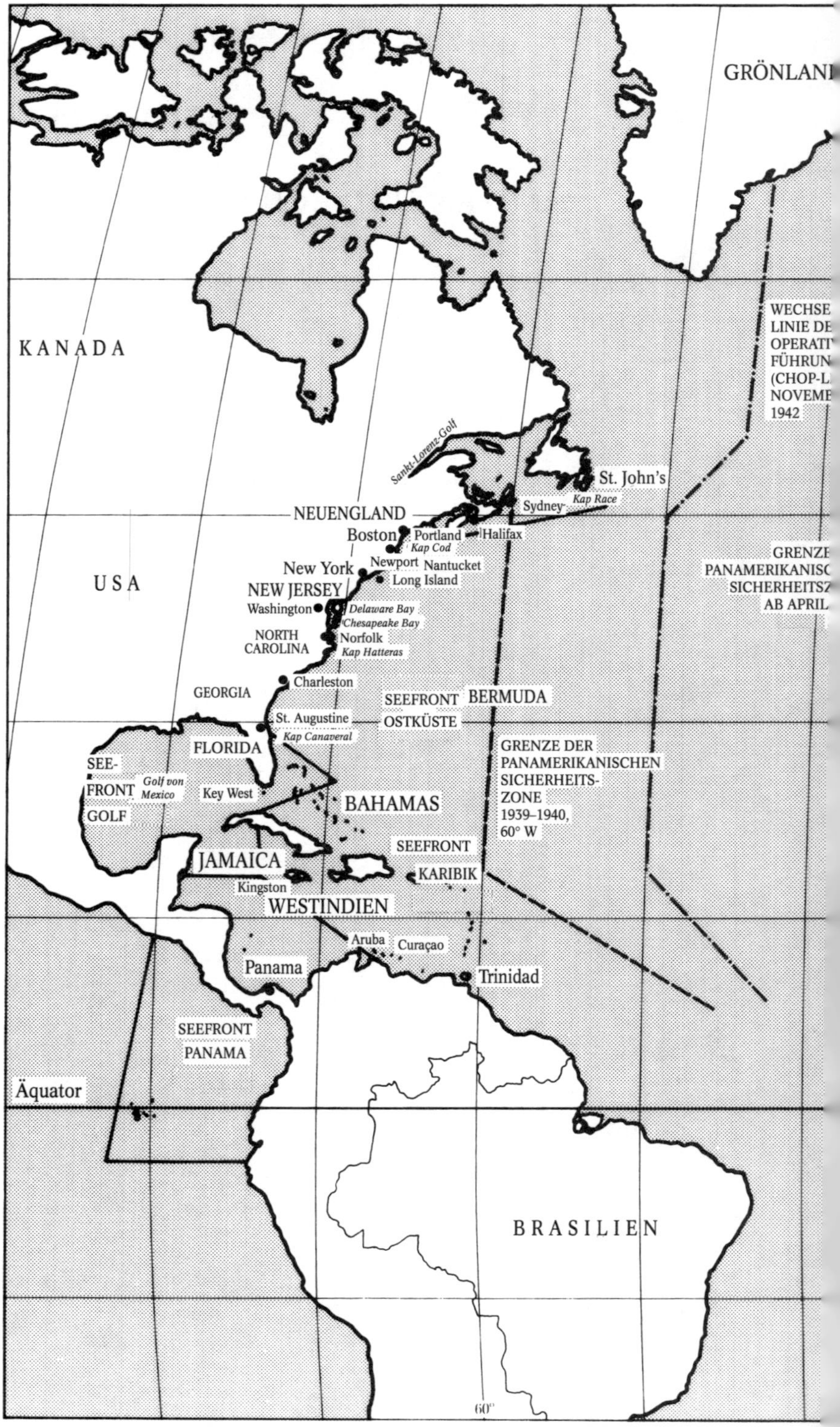
GRÖNLAND
KANADA
WECHSE
LINIE DE
OPERATI
FÜHRUN
(CHOP-L
NOVEME
1942
Sankt-Lorenz-Golf
St. John's
Sydney
Kap Race
NEUENGLAND
Boston
Portland
Kap Cod
Halifax
New York
Newport
Nantucket
Long Island
USA
NEW JERSEY
Washington
Delaware Bay
Chesapeake Bay
NORTH
CAROLINA
Norfolk
Kap Hatteras
GRENZE
PANAMERIKANISC
SICHERHEITSZ
AB APRIL
GEORGIA
Charleston
SEEFRONT
BERMUDA
St. Augustine
OSTKÜSTE
Kap Canaveral
FLORIDA
GRENZE DER
PANAMERIKANISCHEN
SICHERHEITS-
ZONE
1939–1940,
60° W
SEE-
FRONT
GOLF
Golf von
Mexico
Key West
BAHAMAS
SEEFRONT
KARIBIK
JAMAICA
Kingston
WESTINDIEN
Aruba
Curaçao
Panama
Trinidad
SEEFRONT
PANAMA
Äquator
BRASILIEN
60°

Die Atlantikschlacht
Nordkap
Murmansk
Altafjord
Kaafjord
Vaagsfjord
Narvik
NORWEGEN
Archangelsk
ISLAND
Trondheim
Langfjord
Kristiansund
SHETLAND-INSELN
Bergen
Stavanger
ORKNEY-INSELN
Scapa Flow
HEBRIDEN
Kristiansand
Skagerrak
DÄNEMARK
Jütland
Kattegat
Kaiser-Wilhelm-Kanal
Flensburg
Deutsche Bucht
Kiel
Hamburg
Berlin
ENGLAND
SOWJETUNION
Seine
DEUTSCHLAND
NORMANDIE
BRETAGNE
FRANKREICH
GIBRALTAR
Casablanca
Äquator
PORTUGIESISCH-OSTAFRIKA
Loch Ewe
SCHOTTLAND
Loch Striven
Rosyth
Firth of Forth
Nordkanal
Glasgow
Bloody Foreland
Firth of Clyde
Blyth
Belfast
IRLAND
Liverpool
ENGLAND
Portsmouth
Selsey Bill
London
Harwich
Plymouth
Dover
Land's End
Portland
Isle of Wight
Start Point
Ärmelkanal
St. Peter Port GUERNSEY
Cherbourg
JERSEY
Le Havre
Trouville
Paris
NORMANDIE
Brest
BRETAGNE
Lorient
FRANKREICH
St. Nazaire
La Pallice La Rochelle
Bordeaux

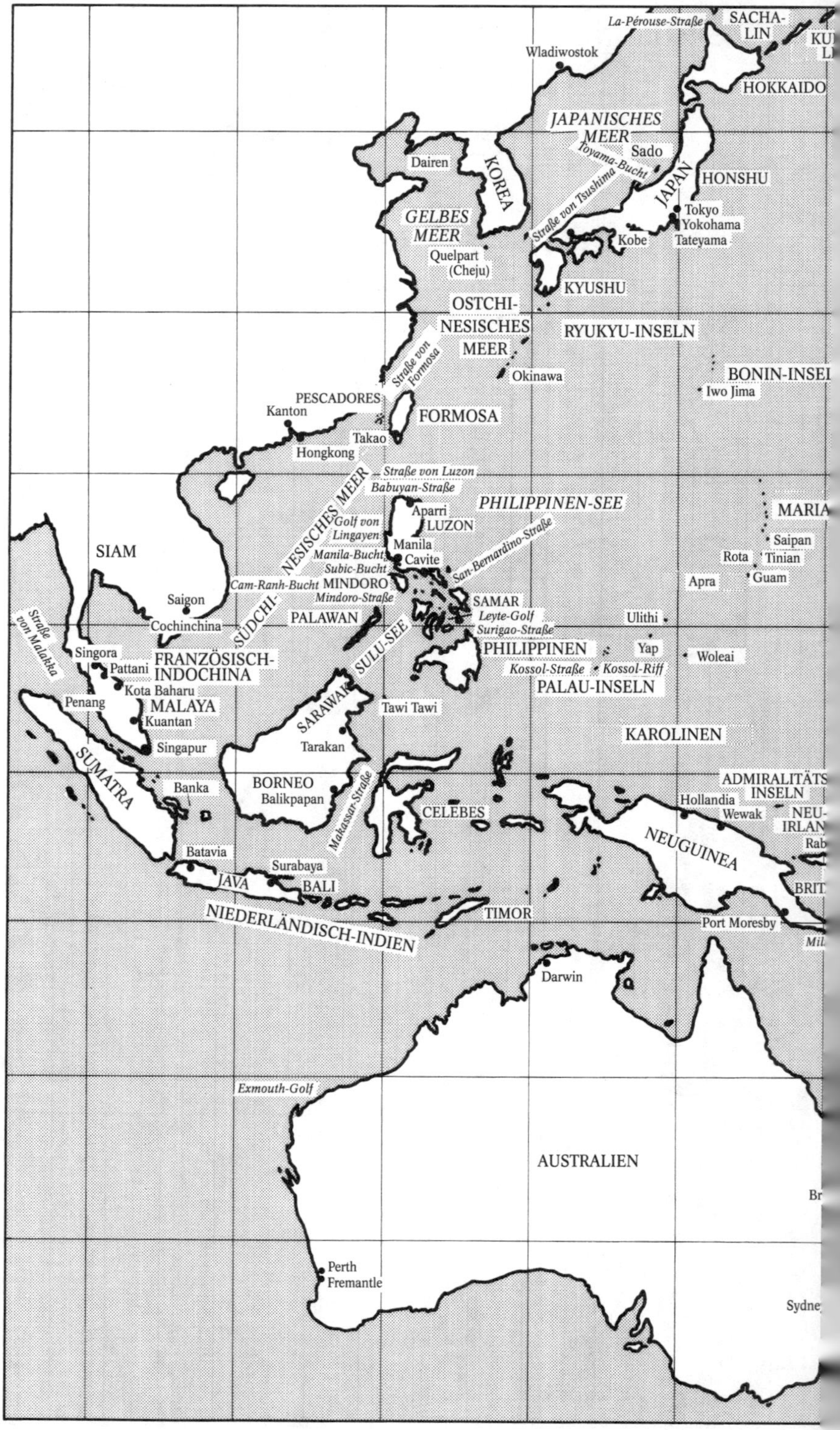
La-Pérouse-Straße
SACHA-LIN
Wladiwostok
HOKKAIDO
JAPANISCHES MEER
Toyama-Bucht
Sado
Dairen
KOREA
JAPAN
HONSHU
Straße von Tsushima
Tokyo
Yokohama
GELBES MEER
Kobe
Tateyama
Quelpart (Cheju)
KYUSHU
OSTCHINESISCHES MEER
RYUKYU-INSELN
Straße von Formosa
Okinawa
Iwo Jima
PESCADORES
Kanton
FORMOSA
Takao
Hongkong
Straße von Luzon
Babuyan-Straße
SÜDCHINESISCHES MEER
Aparri
PHILIPPINEN-SEE
Golf von Lingayen
LUZON
Saipan
SIAM
Manila
Manila-Bucht
Cavite
San-Bernardino-Straße
Subic-Bucht
Rota
Tinian
Cam-Ranh-Bucht
MINDORO
Apra
Guam
Mindoro-Straße
Saigon
SAMAR
Leyte-Golf
PALAWAN
Ulithi
Cochinchina
Surigao-Straße
Straße von Malakka
SULU-SEE
Singora
PHILIPPINEN
Yap
Woleai
Pattani
FRANZÖSISCH-INDOCHINA
Kossol-Straße
Kossol-Riff
Kota Baharu
PALAU-INSELN
Penang
MALAYA
SARAWAK
Tawi Tawi
Kuantan
KAROLINEN
Singapur
Tarakan
SUMATRA
ADMIRALITÄTS INSELN
BORNEO
Banka
Balikpapan
Makassar-Straße
Hollandia
CELEBES
Wewak
NEUGUINEA
Batavia
Surabaya
JAVA
BALI
TIMOR
NIEDERLÄNDISCH-INDIEN
Port Moresby
Darwin
Exmouth-Golf
AUSTRALIEN
Perth
Fremantle

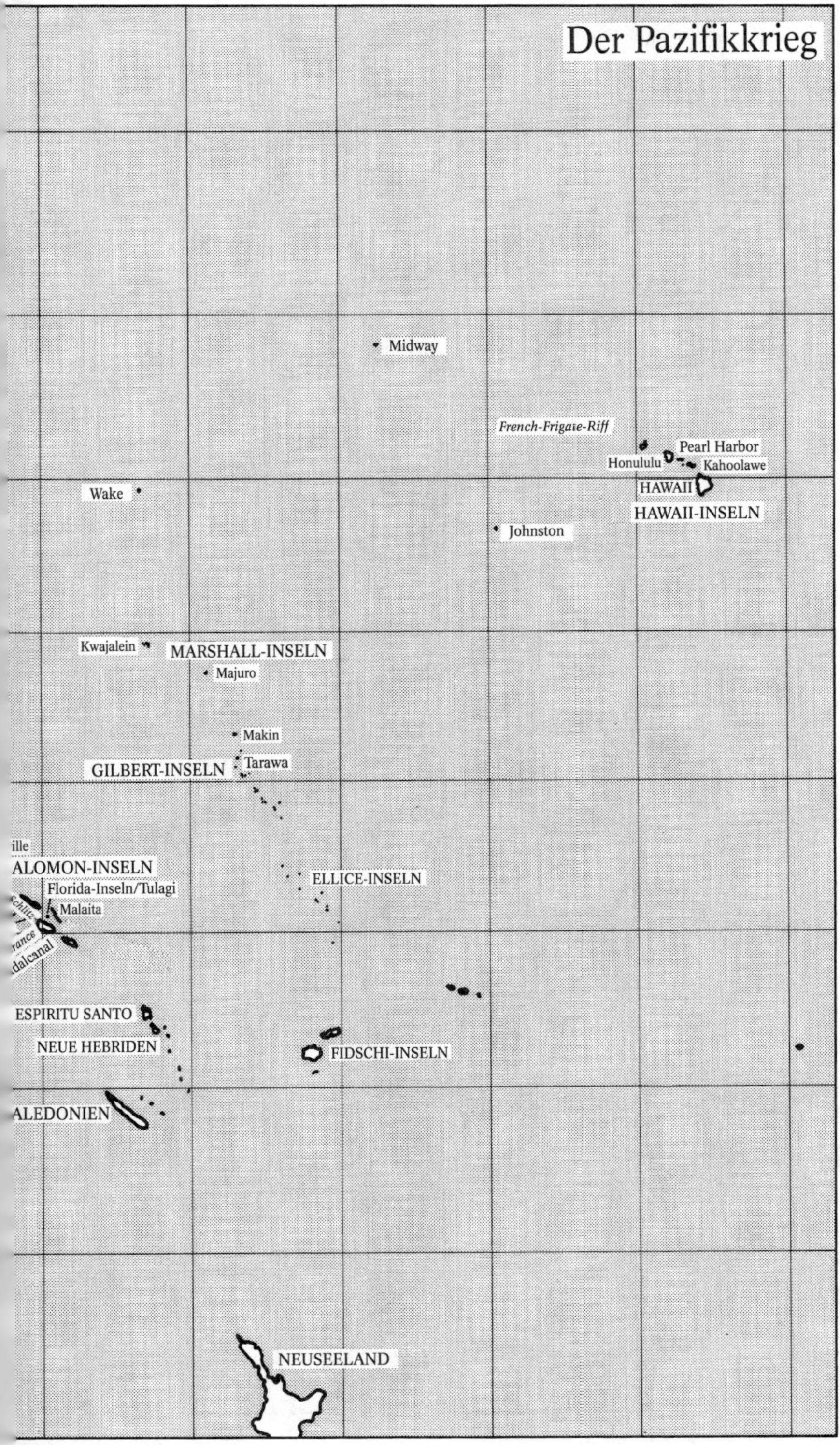

Der Pazifikkrieg
Midway
French-Frigate-Riff
Pearl Harbor
Honululu
Kahoolawe
HAWAII
HAWAII-INSELN
Wake
Johnston
Kwajalein
MARSHALL-INSELN
Majuro
Makin
Tarawa
GILBERT-INSELN
ille
ALOMON-INSELN
Florida-Inseln/Tulagi
Malaita
ELLICE-INSELN
dalcanal
ESPIRITU SANTO
NEUE HEBRIDEN
FIDSCHI-INSELN
ALEDONIEN
NEUSEELAND

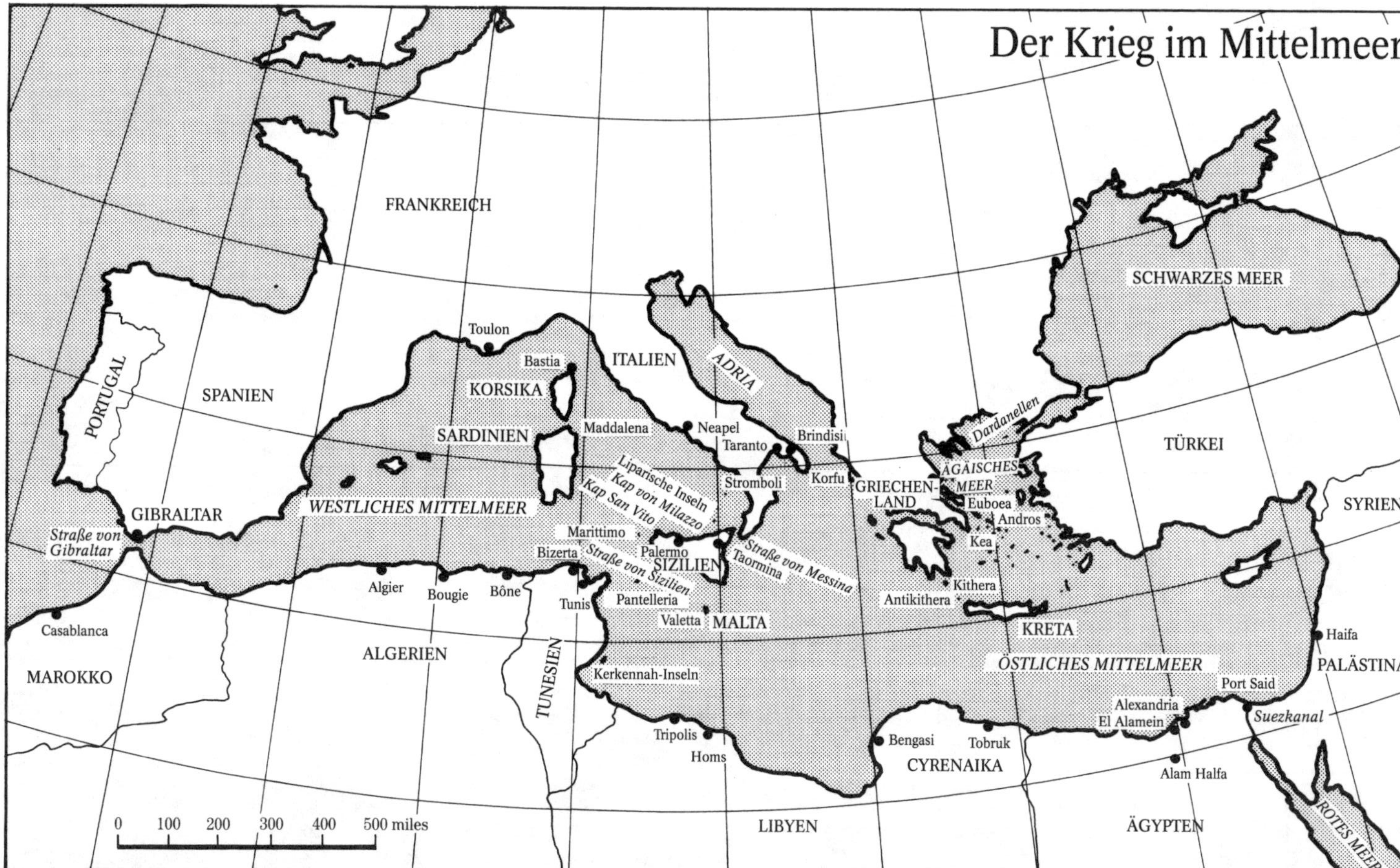

Der Krieg im Mittelmeer
FRANKREICH
SCHWARZES MEER
Toulon
Bastia
ITALIEN
ADRIA
KORSIKA
PORTUGAL
SPANIEN
Dardanellen
Neapel
SARDINIEN
Maddalena
Brindisi
Taranto
TÜRKEI
Liparische Inseln
Kap von Milazzo
Kap San Vito
Stromboli
Korfu
GRIECHEN-
LAND
ÄGAISCHES
MEER
Euboea
Andros
Kea
SYRIEN
GIBRALTAR
WESTLICHES MITTELMEER
Straße von
Gibraltar
Marittimo
Bizerta
Palermo
SIZILIEN
Straße von Sizilien
Taormina
Straße von Messina
Algier
Bougie
Bône
Tunis
Pantelleria
Valetta
MALTA
Kithera
Antikithera
KRETA
Casablanca
MAROKKO
ALGERIEN
TUNESIEN
Kerkennah-Inseln
ÖSTLICHES MITTELMEER
Haifa
PALÄSTINA
Port Said
Alexandria
El Alamein
Suezkanal
Tripolis
Homs
Bengasi
Tobruk
CYRENAIKA
Alam Halfa
0
100
200
300
400
500 miles
LIBYEN
ÄGYPTEN
ROTES MEER

BRITISCHE U-BOOTE

	S-Klasse	*T-Klasse*	*U-Klasse*
Standardüberwasserverdrängung (Tonnen)	769	1090	540
Länge (Meter)	66,10	83,60	58,10
Breite (Meter)	7,20	8,10	4,80
Geschwindigkeit über Wasser/getaucht (Knoten)	15/10	15,5/8,5	11,5/9
Fahrbereich bei 10 Knoten (Seemeilen)	6000	8000	3800
Torpedorohre (Bug/Heck)	6/1	10/0 (später 8/3)	4/0
Reservetorpedos	6	6	4
Geschütze	1 x 7,6 cm, 1 x 2-cm-Flak	1 x 10,2 cm, 1 x 7,69-mm-MG	1 x 7,6 cm
Tauchtiefe (Meter)	90–100	90	60
Besatzung	48	56–61	31

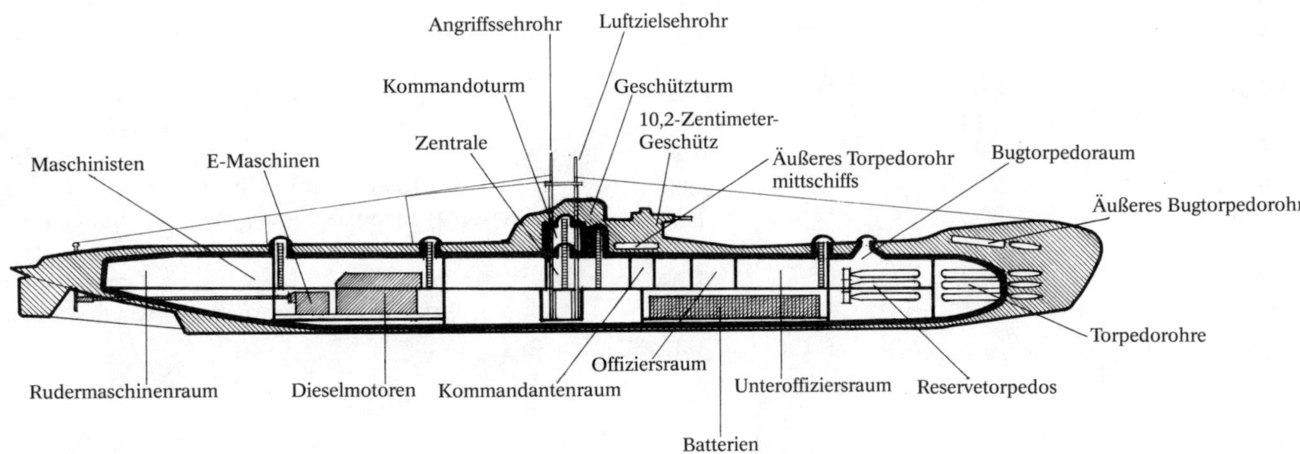

AMERIKANISCHE U-BOOTE

		Flottenboote	
	S-Klasse	*Tambor-Klasse*	*Balo-Klasse*
Standardüberwasserverdrängung (Tonnen)	854	1475	1525
Länge (Meter)	66,50	93,50	95
Breite (Meter)	6,10	8,50	8,50
Geschwindigkeit über Wasser/getaucht (Knoten)	13/11	20/8,75	20,25/8,75
Fahrbereich bei 10 Knoten (Seemeilen)	8000	11 000	11 000
Torpedorohre (Bug/Heck)	4/0	6/4	6/4
Reservetorpedos	8	14	14
Geschütze	1 x 10,2 cm	1 x 7,6 cm	1 x 10,2 cm (oder 12,7 cm)
Tauchtiefe (Meter)	60	75	120
Besatzung	42	60–79	80

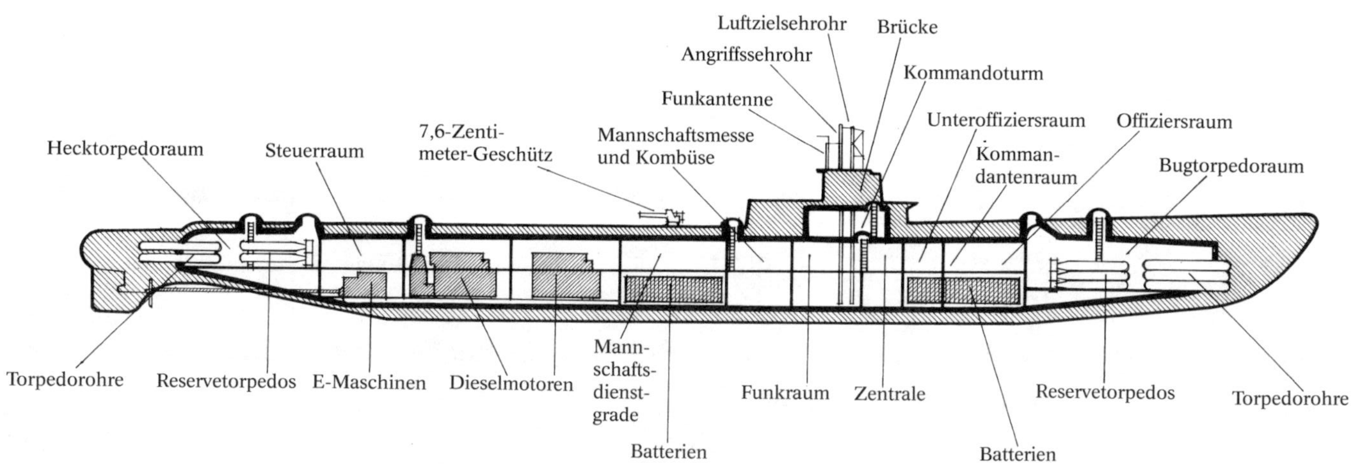

JAPANISCHE U-BOOTE	*Typ KS* *RO–100-Klasse*	*Typ K6* *RO–35-Klasse*	*Typ B1* *I–15-Klasse*
Standardüberwasserverdrängung (Tonnen)	525	960	2200
Länge (Meter)	60,90	80,50	108,70
Breite (Meter)	6	7	9,30
Geschwindigkeit über Wasser/getaucht (Knoten)	14/8	19,75/8	23,5/8
Fahrbereich (Seemeilen)	5260 bei 12 Knoten	13 000 bei 12 Knoten	14 000 bei 16 Knoten (über 30 000 bei 10 Knoten)
Torpedorohre (Bug/Heck)	4/0	4/0	6/0
Reservetorpedos	4	6	11
Geschütze	1 x 7,6 cm	1 x 7,6 cm, 2 x 2,5 cm	1 x 14 cm, 2 x 2,5 cm
Tauchtiefe (Meter)	75	80	100
Flugzeug	–	–	1
Besatzung	38	61	94

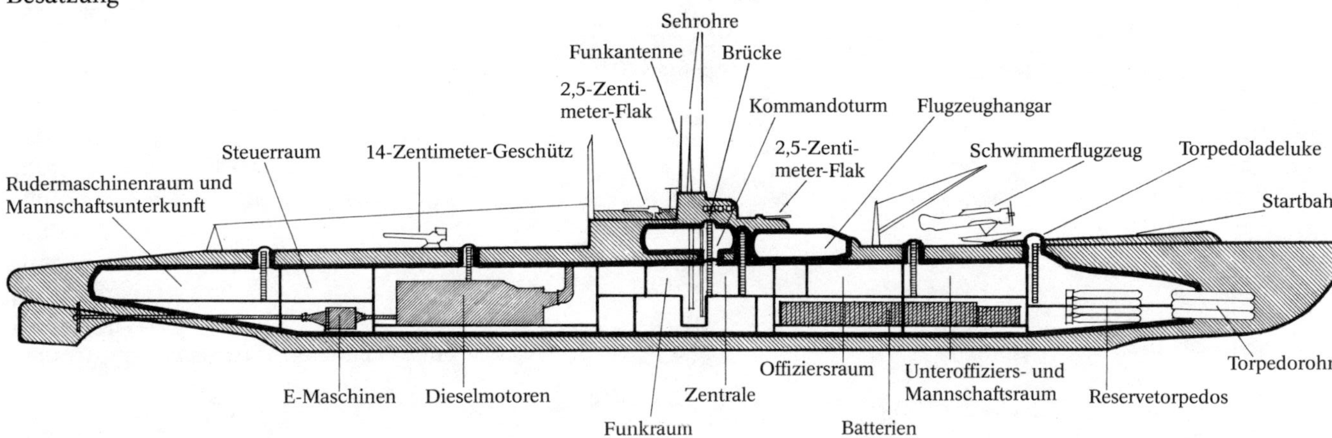

DEUTSCHE U-BOOTE

	Typ VIIC (1940)	*Typ IXA*	*Typ IX D2 (1942)*
Standardüberwasserverdrängung (Tonnen)	760	1032	1616
Länge (Meter)	67,10	76,50	87,60
Breite (Meter)	6,20	6,50	7,50
Geschwindigkeit über Wasser/getaucht (Knoten)	17/7,5	18/7,5	19/7
Fahrbereich bei 10 Knoten (Seemeilen)	8500	10 500	31 500
Torpedorohre (Bug/Heck)	4/1	4/2	4/2
Reservetorpedos	9	16	16
Geschütze	1 x 8,8 cm, 2 x 2 cm	1 x 10,5 cm, 1 x 3,7 cm, 1 x 2 cm	
Tauchtiefe (Meter)	120	120	120
Besatzung	44	48	57

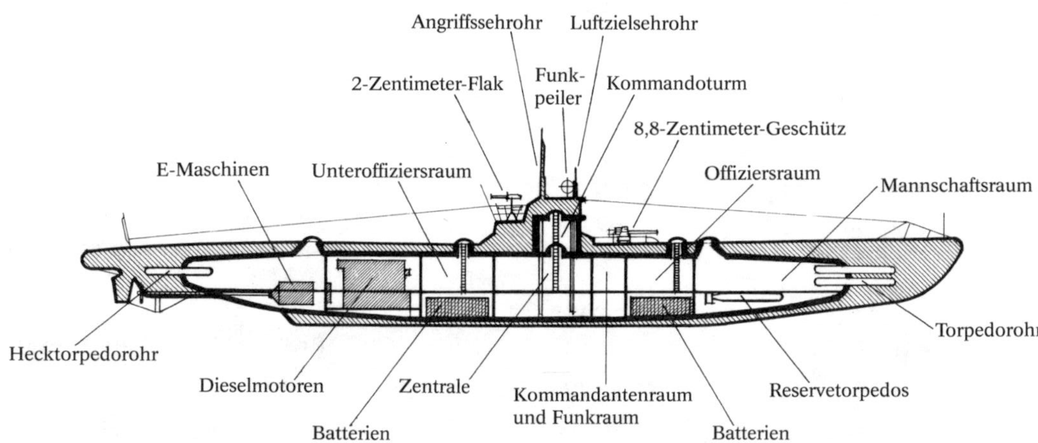

DIE SCHNELLEN U-BOOTE DER ACHSE, 1944/45

	Deutscher Typ XXIII	*Japanischer Typ STS Klasse Ha 201*	*Deutscher Typ XXI*	*Japanischer Typ ST Klasse I 201*
Standardüberwasserverdrängung (Tonnen)	234	376	1621	1070
Geschwindigkeit über Wasser/getaucht (Knoten)	9,7/12,5	10,5/13	15,5/17	15,75/17
Länge (Meter)	34,70	53	76,70	79
Breite (Meter)	3	4	6,60	5,80
Fahrbereich (Seemeilen)	1350 bei 9,75 Knoten	3000 bei 10 Knoten	11 150 bei 12 Knoten	8000 bei 11 Knoten
Torpedorohre (Bug)	2	2	6	4
Reservetorpedos	–	2	17	6
Geschütze	–	1 x 7,7 mm	2 x 2-cm-Zwillinge	2 x 2,5-cm-Flak
Besatzung	14	26	58	31

ANMERKUNGEN

Abkürzungen

A/S Reports	British Admiralty Monthly Anti-Submarine Reports (U-Boot-Abwehr-Berichte der britischen Admiralität), PRO
BA/MA	Bundesarchiv/Militärarchiv
1/Skl. KTB	Kriegstagebuch der Seekriegsleitung
KTB BdU	Kriegstagebuch des Befehlshabers der U-Boote
KTB FdU	Kriegstagebuch des Führers der U-Boote (vor Dönitz' Beförderung zum BdU)
IMG	*Der Prozeß gegen die Hauptkriegsverbrecher vor dem Internationalen Militärgerichtshof, Nürnberg*
IWM	Imperial War Museum, Lambeth Road, London
MGM	*Militärgeschichtliche Mitteilungen*
Nav. Lib.	Marineabteilung der Bibliothek des britischen Verteidigungsministeriums, London
NR	*The Naval Review*
PG-Nummer	Archivnummern der von Großbritannien Ende des Zweiten Weltkriegs eroberten Akten der deutschen Kriegsmarine
PRO	Public Record Office, Kew, London
USNIP	*United States Naval Institute Proceedings*
USNTM	United States Naval Technical Mission to Japan
USSBS	United States Strategic Bombing Survey (Pacific)

Prolog

1 Schußmeldungen U30, 3. September 1939.

2 Britische Berichte in PRO ADM 1 9760, ADM 199140; Slader, *The Red Duster at War*, S. 20f. Deutscher Bericht von einem Überlebenden von U30, der ungenannt bleiben möchte; Schußmeldungen von U30.

U-Boote und U-Boot-Fahrer

1 Sims, *Victory at Sea*, S. 9.
2 Erster Seelord an Ersten Lord, 27. April 1917, zit. in Newbolt, *Naval Operations*, S. 23 f.
3 Mahan, *Einfluß der Seemacht*, S. 531.
4 Vgl. Marder, *From the Dreadnought to Scapa Flow*, Bd. 4, S. 101.
5 Dönitz, *Mein wechselvolles Leben*, S. 127; vgl. Padfield, Dönitz, S. 106.
6 Vgl. Shelford, *Subsunk*, S. 106 f.
7 Zit. in Coote, *Submariner*, S. 175 f.
8 Galantin, *Take Her Deep!*, S. 8.
9 I. McGeoch an den Autor, 21. Oktober 1992.

Zwischen den Kriegen

1 H. G. T. Padfield gegenüber dem Autor, 15. Februar 1993.
2 I. McGeoch an den Autor, 21.10.1992.
3 King, *The Stick and the Stars*, S. 25.
4 Zit. in Waters, »ASW«, S. 132.
5 *Hansard's Parliament Debates*, 5. November 1937.
6 Waters, »ASW«, S. 130.
7 Roskill, *Naval Policy*, Bd. 1, S. 536.
8 Gretton, »Why don't we Learn from History?«, S. 20.
9 McGeoch, »The Offensive Value of Modern Submarine«.
10 Barnett, *Engage the Enemy*, S. 45 f.
11 Vgl. Naval Staff History, *The Second World War: The Defeat of the Enemy Attack on Shipping, 1939–1945*, Bd. 1, Kap. 1; zit. in Willmott, »The Admiralty and the Western Approaches«, S. 180.
12 Willmott, »The Admiralty and the Western Approaches«, S. 181.
13 Kennedy, *The Rise and Fall of British Naval Mastery*, S. 279. Kennedys Kapitel »The Years of Decay (1919–1939)« ist die beste Darstellung der verzweifelten Situation, in der sich die britische Admiralität in diesen Jahren befand.
14 Gretton, »Rezension von Hill Norton«, S. 134.
15 Alden, *The Fleet Submarine*, S. 18 f., 36 f.
16 Galantin, *Take Her Deep!*, S. 17; vgl. Blair, *Silent Victory*, S. 199.
17 Vgl. Bergamini, *Japan's Imperial Conspiracy*, S. 402, 772 f., 777; Howarth, »Isoroku Yamamoto«, S. 109, 113.
18 Admiral S. Fukutome, »Conclusion«, in: Hashimoto, *Sunk*, S. 178.
19 Vernehmung Admiral S. Fukutome, USSBS, Bd. 2, S. 530.
20 USNTM S–17, S. 11.
21 Hashimoto, *Sunk*, S. 33 f.
22 USNTM S–17, S. 24.

23 Vgl. Ienaga, *Pacific War*, S. 139 f.; Bergamini, *Japan's Imperial Conspiracy*, S. 764 ff.
24 Zit. in Howarth, S., »Isoroku Yamamoto«, S. 114; vgl. Willmott, *The Barrier and the Javelin*, S. 33.
25 Vgl. Ienaga, *Pacific War*, S. 46 ff.
26 Willmott, *The Barrier and the Javelin*, S. 15 ff.
27 Vernehmung Kapitän zur See A. Oi, USSBS, Bd. 2, S. 440.
28 Vernehmung Fregattenkapitän K. Sogawa, USSBS, Bd. 2, S. 441.
29 Ienaga, *Pacific War*, S. 19 ff.
30 Ebd., S. 52 f.
31 Saville, *The Development of the German U-Boat Arm*, S. 17 ff., 39; vgl. Polmar/Carpenter, *Submarines of the Imperial Japanese Navy*, S. 89, 91.
32 Saville, *The Development of the German U-Boat Arm*, S. 302; Rössler, *Geschichte des deutschen Ubootbaus*, Bd. 1, S. 130 ff.
33 Saville, *The Development of the German U-Boat Arm*, S. 230 ff., 285, 432 ff.; Rössler, *Geschichte des deutschen Ubootbaus*, Bd. 1, S. 146 f.
34 Rössler, *Geschichte des deutschen Ubootbaus*, Bd. 1, S. 146.
35 Saville, *The Development of the German U-Boat Arm*, S. 576 f.; Stern, Type VII U-Boats, S. 13; Rössler, *Geschichte des deutschen Ubootbaus*, Bd. 1, S. 154 ff.
36 Vgl. Padfield, *Dönitz*, S. 120 f., 141 f.
37 Dönitz, »Organisation der U-Bootswaffe«, 21. September 1935, B. Nr. gKdos 65, PG 3443, zit. in Padfield, *Dönitz*, S. 179.
38 Rössler, *Geschichte des deutschen Ubootbaus*, Bd. 1, S. 159 ff.
39 Vgl. z. B. Schaeffer, U 977, S. 79 ff.; Werner, *Die eisernen Särge*, S. 52 f., 63; Stern, *Type VII U-Boats*, S. 92 f.
40 Admiral Foerster, »Beurteilung«, 1. November 1936.
41 Kapitän zur See V. Oehrn an den Autor, 31. Mai 1982.
42 Z. B. Kapitänleutnant Waßner, zit. in Rössler, *Geschichte des deutschen Ubootbaus*, Bd. 1, S. 190.
43 Padfield, *Dönitz*, S. 193 f.
44 Dönitz, *Zehn Jahre und zwanzig Tage*, S. 18.
45 Fregattenkapitän H. Heye, »Seekriegführung gegen England und die sich daraus ergebenden Forderungen für die strategische Zielsetzung und den Aufbau der Kriegsmarine«, Ia 1/Skl., 25. Oktober 1938, BA/MA M Box 39, PG 34 181, abgedruckt in Salewski, *Die deutsche Seekriegsleitung*, Bd. 3, S. 27 ff.
46 Vgl. Rössler, *Geschichte des deutschen Ubootbaus*, Bd. 1, S. 178 ff.
47 Dönitz, »Bericht über FdU-Kriegsspiel 1939«, Anlage zu FdU gKdos 180 vom 13. April 1939, PG 33 390, zit. in Padfield, *Dönitz*, S. 204.
48 Dönitz, *U-Bootswaffe*, S. 44.
49 Vgl. Mallman-Showell, *U-Boat Command*, S. 134 f.
50 Fürbringer, W., »Welche Entwicklungsaufgaben und welche operativen Vorbereitungen müssen heute zur Führung eines U-Boots-Handelskrieges gegen England in allererster Linie gestellt werden«, 17. Mai 1939, PG 33 390; vgl. Padfield, *Dönitz*, S. 210 f.; Rössler, *Geschichte des deutschen Ubootbaus*, Bd. 1, S. 187 ff.

51 FdU an Konteradmiral Schniewind, 23. Mai 1939, PG 33 390, zit. in Padfield, *Dönitz*, S. 211 f.
52 Vgl. Rusbridger, *Who Sank Surcouf?*, S. 21 f., 62, 184 ff.
53 Vgl. Santoni, »The Italian Submarine Campaign«, S. 323.
54 Vgl. Cocchia, *The Hunters and the Hunted*, S. 156 ff.
55 Vgl. Compton-Hall, *The Underwater War*, S. 56, 127 ff.; Kalapini, »Concoys to Murmansk«, S. 424 ff.

Der Krieg

1 Am 1. September 1939 standen 17 U-Boote vom Typ II in der Nordsee; 16 vom Typ VII befanden sich im Atlantik und 5 vom Typ IX vor Spanien. Die anderen Boote waren für die Ausbildung abgestellt. Vgl. die U-Boot-Stabskarte der Patrouillengebiete für den 7.9.1939.
2 KTB FdU, 21. August 1939.
3 Ebd.
4 Ebd., 31. August 1939.
5 Ebd., 3. September 1939.
6 »Gedanken über den Einsatz der deutschen U-Bootswaffe«, PG 33 970; vgl. Padfield, *Dönitz*, S. 223 f.; Roskill, *War at Sea*, Bd. 1, S. 103 f.
7 KTB FdU, 4. September 1939.
8 Vgl. die deutschen Funksprüche in PRO ADM 199 140 und z. B. Lehmann, *Wie sie lügen*, S. 29 f.
9 Vgl. A/S Reports, September 1939 – Juni 1940, S. 8; Lane, *The Merchant Seaman's War*, S. 17.
10 Van der Vat, »Günther Prien«, S. 396 f.; Prien, *Mein Weg nach Scapa Flow*, S. 133 ff.
11 Vgl. KTB FdU, 7. September 1939.
12 Ebd., 16. und 27. September 1939; Slader, *The Red Duster at War*, S. 23; Roskill, *War at Sea*, Bd. 1, S. 68.
13 KTB FdU, 7. September 1939.
14 Ebd., 15. September 1939.
15 Ebd., 18. September 1939.
16 Slader, *The Red Duster at War*, S. 24.
17 KTB FdU, 18. September 1939.
18 Ebd., 24. September 1939.
19 Ebd., 18. September 1939.
20 Information eines Besatzungsmitglieds von U 30.
21 KTB FdU, 27. September 1939.
22 Roskill, *War at Sea*, Bd. 1, S. 615.
23 J. Hansen-Noother an den Autor, Juli 1982.
24 KTB FdU, 28. September 1939.

25 Puttkamer, *Die unheimliche See*, S. 24.
26 Frank, *Die Wölfe und der Admiral*, S. 114.
27 KTB U 47, zit. in Terraine, *Business in Great Waters*, S. 222; vgl. Prien, *Mein Weg nach Scapa Flow*, S. 181 ff.
28 Prien, *Mein Weg nach Scapa Flow*, S. 183.
29 Shirer, *Berliner Tagebuch*, S. 226 (18. Oktober 1939).
30 A/S Reports, November 1939, S. 52.
31 Ständiger Kriegsbefehl Nr. 154: »Taktische Richtlinien«, IMG, Dokument 642-D, Bd. 35, S. 270.
32 J. H. Casson, November 1939, PRO ADM 199 2130, zit. in Lane, *The Merchant Seaman's War*, S. 240.
33 Vgl. Lane, *The Merchant Seaman's War*, S. 240.
34 KTB FdU, 1. Oktober 1939.
35 KTB BdU, 31. Oktober 1939.
36 Ebd., 21. Januar 1940.
37 A/S Reports, Januar – Februar 1940, S. 8.
38 KTB BdU, 9. Februar 1940.
39 A/S Reports, Januar – Februar 1940, S. 12. Roskill spricht dagegen von zwölf versenkten und fünf beschädigten Konvoischiffen (*War at Sea*, Bd. 1, S. 106).
40 A/S Reports, Januar – Februar 1940, S. 13.
41 Roskill, *Naval Policy*, Bd. 2, S. 135.
42 Vgl. King, *The Stick and the Stars*, S. 34 f.
43 Vgl. Compton-Hall, *The Underwater War*, S. 88.
44 Ständiger Befehl Nr. 151, wahrscheinlich vom November 1939: »Verhalten an Geleitzügen«, IMG, Dokument 642-D, Bd. 35, S. 266.
45 Compton-Hall, *The Underwater War*, S. 88.
46 King, *The Stick and the Stars*, S. 33 ff.
47 Peyton-Ward, D. V., *The Royal Air Force in the Maritime War*, AHB/II/117, S. 1, 48 (Fußnote), zit. in Terraine, *Business in Great Waters*, S. 248; vgl. Roskill, *War at Sea*, Bd. 1, S. 37 f., 104 f., 107. Roskill spricht (ebd., S. 599) von zwei Versenkungen.
48 Roskill, *War at Sea*, Bd. 1, S. 135 f.
49 Lipscomb, *The British Submarine*, S. 122 f.; King, *The Stick and the Stars*, S. 44 f.
50 Admiral P. Ruck-Keene, zit. in Chalmers, *Max Horton*, S. 93.
51 Vgl. Hinsley, *British Intelligence*, Bd. 1, S. 124.
52 Mars, *British Submarines at War*, S. 67 f.
53 Ebd., S. 70 f.; King, *The Stick and the Stars*, S. 56.
54 King, *The Stick and the Stars*, S. 57.
55 Kahn, *Seizing the Enigma*, S. 212.
56 Lipscomb, *The British Submarine*, S. 131 f.
57 Kahn, *Seizing the Enigma*, S. 59 ff.
58 Ebd., S. 66 ff.
59 KTB BdU, 10.–19. April 1940; KTB von U 47.

60 KTB BdU, 19. April 1940.
61 Ebd., 17. April 1940.
62 Ebd., 19. April 1940.
63 Ebd., 30. April 1940.
64 Hezlet, *The Submarine and the Seapower*, S. 127.
65 Roskill, *War at Sea*, Bd. 1, S. 164.
66 KTB BdU, 15. Mai 1940.
67 Vgl. Stern, *Type VII U-Boats*, S. 79 ff.; Mallmann-Showell, *U-Boat Command*, S. 25 ff.
68 KTB BdU, 15. Mai 1940.

Wolfsrudel

1 Vgl. Kahn, *Seizing the Enigma*, S. 212; Rohwer, J., »The Operational Use of Ultra«, zit. in Terraine, *Business in Great Waters*, S. 258.
2 King, *The Stick and the Stars*, S. 76.
3 Mars, *British Submarines at War*, S. 81 ff.; Chapman, *Submarine Torbay*, S. 118; Hezlet, *The Submarine and the Seapower*, S. 139; Roskill, *War at Sea*, Bd. 1, S. 306.
4 Mars, *British Submarines at War*, S. 82.
5 Mallmann-Showell, *U-Boat Command*, S. 30 f.
6 KTB BdU, 12. Juni 1940.
7 A/S Reports, Juli – August 1940, S. 7.
8 KTB BdU, 17. August 1940.
9 Zit. bei Herzog, »Admiral Otto Kretschmer«, S. 383.
10 Ebd., S. 385 f.
11 KTB BdU, 26. Juli 1940.
12 Ebd., 2. September 1940.
13 Ebd., 9. September 1940.
14 Vgl. Vause, *U-Boat Ace*, S. 55 ff.
15 KTB BdU, 22. September 1940.
16 KTB U 99, 18./19. Oktober 1940; vgl. Terraine, *Business in Great Waters*, S. 268; Compton-Hall, *The Underwater War*, S. 100.
17 KTB BdU, 19. Oktober 1940.
18 KTB BdU, 20. Oktober 1940.
19 A/S Reports, November 1940, S. 25.
20 KTB BdU, 20. Oktober 1940.
21 Ebd., 30. September 1940.
22 Vgl. Santoni, »*The Italian Submarine Campaign*«, S. 336.
23 KTB BdU, 1. November 1940.
24 Buchheim, *Das Boot*, S. 232 ff.
25 W. Kaeding, zit. in Gannon, *Operation Paukenschlag*, S. 70.

26 A/S Reports, November 1940, S. 39.
27 Ebd., Oktober 1940, S. 7 f.
28 Ebd., S. 11 f.
29 Ebd., November 1940, S. 7 f., 15.
30 Barnett, *The Audit of War*, S. 168 ff., zit. in Terraine, *Business in Great Waters*, S. 119 f.
31 Beesly, »Das ›Operational Intelligence Centre‹«, S. 371; Kahn, *Seizing the Enigma*, S. 98, 119 f.
32 Beesly, »Das ›Operational Intelligence Centre«‹, S. 375.
33 KTB BdU, 4. Dezember 1940.
34 Buchheim, *U-Boot-Krieg*, Kapitel »Sturm«.
35 Monsarrat, *Three Corvettes*, S. 44 f.
36 A/S Reports, November 1940, S. 11; Dezember 1940, S. 6.
37 Vgl. Gannon, *Operation Paukenschlag*, S. 50 f.; P. Hansen an den Autor, 1. Februar 1990, 26. Mai 1992.
38 P. Hansen an den Autor, 1. Februar 1990.
39 A/S Reports, November 1940, S. 47; Dezember 1940, S. 6.
40 Bericht von R. A. Smith in PRO ADM 199 2136, zit. in Lane, *The Merchant Seaman's War*, S. 237.
41 A/S Reports, März 1941, S. 23.
42 Terraine, *Business in Great Waters*, S. 314.
43 KTB U 110, 16. März 1941; vgl. Kahn, *Seizing the Enigma*, S. 10.
44 A/S Reports, April 1941, S. 42; Herzog, »Admiral Otto Kretschmer«, S. 390.
45 A/S Reports, April 1941, S. 37.
46 Admiral O. Kretschmer gegenüber J. P. Mallmann-Showell, zit. in Mallmann-Showell, *U-Boat Command*, S. 62.
47 KTB U 37.
48 A/S Reports, April 1941, S. 42.
49 Ebd., S. 45 f.
50 Gardner, »An Allied Perspective«, S. 523.
51 Churchill, *Der zweite Weltkrieg*, Bd. 3.1, S. 153.
52 Lieutenant-General I. Jacob an den Autor, 21. März 1993.
53 Vgl. Beesly, »Das ›Operational Intelligence Centre«‹, S. 368 ff.
54 KTB BdU, 18. April 1941.
55 A/S Reports, Januar 1941, S. 36.
56 Vgl. Kahn, *Seizing the Enigma*, S. 155 ff.; Hinsley, *British Intelligence*, Bd. 1, S. 336 f.
57 »The Last Cruise of U 99«, in: A/S Reports, April 1941, S. 42.
58 Commander Baker Cresswell an Captain Greenock, 13. Mai 1941, PRO ADM 1/11133, f. 32.
59 »Second and Last Cruise of U 110«, in: A/S Reports, Juni 1941, S. 32; PRO ADM 199 2058; P. Hansen an den Autor, 12. August 1994.
60 »U 110's War Correspondent«, in: A/S Reports, Juni 1941, S. 36; PRO ADM 199 2058.

61 »Sinking of U 110«, in: A/S Reports, Juni 1941, S. 33.
62 Ebd.
63 Kahn, *Seizing the Enigma*, S. 162 f.
64 Commander Baker Cresswell an Captain Greenock, 10. Mai 1941, in: »Capture of U 110«, PRO ADM 1/11133, f. 10.
65 Das sind J. Rohwer, J. P. Mallmann-Showell und angelsächsische Autoren, die mit ehemaligen deutschen U-Boot-Fahrern gesprochen haben, wie J. Vause und M. Gannon; ebenso P. Hansen an den Autor, 1. Februar 1990.
66 Sub-Lieutenant D. E. Balme an Kommandeur der *Bulldog,* 11. Mai 1941, S. 1, PRO ADM 1/11133, f. 13.
67 Commander Baker Cresswell an Captain Greenock, 13. Mai 1941, »Interrogation of prisoners from U 110«, PRO ADM 1/11133, f. 26.
68 Vgl. Hinsley, *British Intelligence*, Bd. 1, S. 337 f., Bd. 2, S. 163; Kahn, *Seizing the Enigma*, S. 169 ff., Lewin, *Entschied ULTRA den Krieg?*, S. 246 ff.
69 Sub-Lieutenant D. E. Balme an Kommandeur der *Bulldog,* 11. Mai 1941, S. 3, PRO ADM 1/11133, f. 13.
70 Commander Baker Cresswell an Captain Greenock, 13. Mai 1941, PRO ADM 1/11133, f. 26; »Crew of U 110«, in: A/S Reports, Juni 1941, S. 34 f.; PRO ADM 199 2058.
71 Sub-Lieutenant D. E. Balme an Kommandeur der *Bulldog,* 11. Mai 1941, S. 3, PRO ADM 1/11133, f. 13.

Im Mittelmeer

1 Vgl. Hezlet, *The Submarine and the Seapower,* S. 140; Hinsley, *British Intelligence*, Bd. 1, S. 388.
2 Hinsley, *British Intelligence*, Bd. 2, S. 22, 283.
3 Mars, *British Submarines at War*, S. 132.
4 Vgl. Allaway, *Hero of the* Upholder, S. 80 f., 87 f.
5 Captain Crawford, Wanklyns Erster Offizier, gegenüber Allaway, 19. Januar 1987, zit. in Allaway, *Hero of the* Upholder, S. 89.
6 M. D. Wanklyn an P. Wanklyn, 10. Mai 1941, zit. in Allaway, *Hero of the* Upholder, S. 97.
7 Captain C. P. Norman gegenüber Allaway, 1987, zit. in Allaway, *Hero of the* Upholder, S. 38.
8 J. Wanklyn (Witwe) gegenüber Allaway, 31. Januar 1987, zit. in Allaway, *Hero of the* Upholder, S. 27 f.
9 Lieutenant Commander R. Raikes gegenüber Allaway, 31. Januar 1987, zit. in Allaway, *Hero of the* Upholder, S. 25.
10 Allaway, *Hero of the* Upholder, S. 39.
11 Captain Crawford gegenüber Allaway, 19. Januar 1987, zit. in Allaway, *Hero of the* Upholder, S. 105.

12 G. Curnall gegenüber Allaway, zit. in Allaway, *Hero of the* Upholder, S. 106.
13 King, *The Stick and the Stars*, S. 95.
14 McGeoch, *An Affair of Chances*, S. 43.
15 Mars, *British Submarines at War*, S. 130.
16 Zit. in Compton-Hall, *Underwater War*, S. 32.
17 Zit. in Wingate, *The Fighting Tenth*, S. 75.
18 Kimmins' b'cast, BBC, 20. Februar 1942, zit. in Allaway, *Hero of the* Upholder, S. 112.
19 Mars, *British Submarines at War*, S. 90.
20 Ein Nicht-U-Boot-Offizier, der den Leutnantslehrgang zusammen mit Miers absolvierte.
21 Zit. in Chapman, *Submarine Torbay*, S. 10.
22 Galantin, *Take Her Deep!*, S. 49.
23 L. Kennedy, »War Crimes«.
24 Galantin, *Take Her Deep!*, S. 49.
25 Vgl. Chapman, *Submarine Torbay*, S. 25 ff., 32, 36 f., 40.
26 Captain S. M. Raw an Oberbefehlshaber Mittelmeerflotte, zit. in Chapman, *Submarine Torbay*, S. 57.
27 Chapman, *Submarine Torbay*, S. 62; vgl. Logbuch der *Torbay,* zit. in L. Kennedy, »War Crimes«.
28 Ehlebracht-Bericht, zit. in O'Dwyer-Russell/Miller, »The *Torbay's Bloody Night*«; vgl. Logbuch der Torbay, zit. in L. Kennedy, »War Crimes«; Chapman, *Submarine Torbay,* S. 65, 164 ff.
29 Chapman, *Submarine Torbay*, S. 67.
30 1/Skl. KTB C VIII, »Abschrift aus Schreiben der 1/Skl. Ia«, 22792/42 gKdos, 14. September 1942.
31 King, *The Stick and the Stars*, S. 102.
32 Zit. in L. Kennedy, »War Crimes«.
33 Santoni, »The Italian Submarine Campaign«, S. 336 ff.
34 KTB BdU, 6. Mai 1941.
35 Hinsley, *British Intelligence*, Bd. 2, S. 147 f.
36 Roskill, *War at Sea*, Bd. 1, S. 616.
37 Gwyer/Butler, *Grand Strategy,* S. 9 ff.
38 Vgl. Barnett, *Engage the Enemy*, S. 256 f., 479 f.
39 Hinsley, *British Intelligence*, Bd. 2, S. 169.
40 Zit. von Cordell Hull gegenüber Joseph Kennedy, 30. August 1939, zit. in Lash, *Roosevelt and Churchill*, S. 23.
41 Zit. in Lash, *Roosevelt and Churchill*, S. 299.
42 Willmott, *The Barrier and the Javelin*, S. 8.
43 Vgl. Bergamini, *Japan's Imperial Conspiracy*, S. 797 f.
44 KTB U 93, 4. Juni 1941.
45 KTB BdU, 20. Juni 1941.
46 Ebd., 21. Juni 1941.

47 Werner, *Die eisernen Särge*, S. 72.
48 Vgl. Terraine, *Business in Great Waters*, S. 349 f.
49 Werner, *Die eisernen Särge*, S. 60, Bericht über den Konvoiangriff S. 84 ff.
50 Hinsley, *British Intelligence*, Bd. 2, S. 33; vgl. den in der Internationalen Gedenkstätte an die Atlantikschlacht, Pointe de Penhir, Camaret sur Mer, ausgestellten Brief von Rear Admiral Howard Johnston über die Versenkung von U 651.
51 Vgl. Bailey/Ryan, *Hitler versus Roosevelt*, S. 168 ff.
52 Zit. in Lash, *Roosevelt and Churchill*, S. 4, 7, 18.
53 KTB BdU, 1. November 1941.
54 Ebd., 19. November 1941.
55 Vgl. Kahn, *Seizing the Enigma*, S. 206 f.
56 Kapitän zur See H. Meckel, ehemaliger A4 (Fernmeldeoffizier) in Dönitz' Stab, an den Autor, 24. Juni 1991; vgl. Rohwer, »The Wireless War«, S. 410 ff.
57 KTB BdU, 19. November 1941.
58 Vgl. Rohwer, »The Operational Use of Ultra«, S. 19, zit. in Terraine, *Business in Great Waters*, S. 400 f.; Rohwer, »The Wireless War«, S. 411, 416 f.
59 Hinsley, *British Intelligence*, Bd. 2, S. 283.
60 Simpson, *Periscope War*, S. 151.
61 C. F. Tuckwood gegenüber Allaway, 23.3.1987, zit. in Allaway, *Hero of the* Upholder, S. 126.
62 Captain Crawford gegenüber Allaway, zit. in Allaway, *Hero of the Upholder*, S. 127.
63 Captain S. M. Raw an Oberbefehlshaber Mittelmeerflotte, PRO ADM 236 48.
64 Roskill, *War at Sea*, Bd. 1, S. 528, 537; Crefeld, *Supplying War*, S. 189 f.
65 Crefeld, *Supplying War*, S. 190.
66 Chef des OKW an Reichsaußenminister, 15. Juni 1941, in: Akten zur deutschen auswärtigen Politik, S. 861.
67 Crefeld, *Supplying War*, S. 187 ff.
68 Wingate, *The Fighting Tenth*, S. 84 f.
69 P. O. Kirk, zit. in Shelford, *Subsunk*, S. 144; vgl. Wingate, *The Fighting Tenth*, S. 94 ff.
70 Shelford, *Subsunk*, S. 144 f.
71 Mars, *British Submarines at War*, S. 124.
72 Werner, *Die eisernen Särge*, S. 103.
73 Simpson, *Periscope War*, S. 166.
74 Vgl. Hezlet, *The Submarine and the Seapower*, S. 145; Rohwer, »The Operational Use of Ultra«, S. 19, zit. in Terraine, *Business in Great Waters*, S. 400 f.
75 Wingate, *The Fighting Tenth*, S. 132.

Amerika im Krieg

1 Fukutome, »Hawaii Operation«, S. 1326.
2 Vernehmung Vizeadmiral S. Fukutome, USSBS, Bd. 2, S. 530; vgl. Fukutome, »Conclusion«, S. 183.

3 Vgl. Bergamini, *Japan's Imperial Conspiracy*, S. 894, Fußnote; Captain L. E. Beach an den Autor, 12. September 1994.
4 Vgl. Roskill, *War at Sea*, Bd. 1, S. 564 ff.; Stephen, *Sea Battles*, S. 106 ff.; Polmar/Carpenter, *Submarines of the Imperial Japanese Navy*, S. 18; HQ Army Forces Far East, *General Summary of Naval Operations.*
5 Commander S. Murtray, zit. in Blair, *Silent Victory*, S. 131.
6 Holmes, *Double-Edged Secrets*, S. 103.
7 Vgl. Holmes, *Undersea Victory*, S. 65 ff.; Blair, *Silent Victory*, S. 140 f.
8 Holmes, *Undersea Victory*, S. 22 f.
9 Vgl. Blair, *Silent Victory*, S. 149.
10 Lieutenant Commander A. Hurst, Kommandant der *Permit,* zit. in Blair, *Silent Victory*, S. 151.
11 Vgl. Blair, *Silent Victory*, S. 55 und passim.
12 Ebd., S. 901 ff.
13 Zu holländischen U-Booten vgl. Mars, *British Submarines at War*, S. 212 ff.; Holmes, *Undersea Victory*, S. 69 f.; zur wahrscheinlichen Versenkung von KX VII durch I 166 vgl. Rohwer, *U-Boot-Erfolge der Achsenmächte.*
14 Vgl. Naval History Division, US Submarine Losses, S. 3.
15 Vernehmung Fregattenkapitän K. Sogawa, USSBS, Bd. 2, S. 441.
16 Vernehmung Kapitän zur See A. Oi, USSBS, Bd. 2, S. 440.
17 Vgl. Waters, »Japan – Defeat through Blockade«.
18 Zit. in Buell, *Master of Seapower*, S. 52.
19 Morison, *History of the US Naval Operations*, Bd. 1, S. 115.
20 Vgl. z. B. Buell, *Master of Seapower*, S. 105 f.
21 Tagebuch 19.–23. Januar 1943, zit. in Richardson, *From Churchill's Secret Circle to the BBC*, S. 166.
22 Morison, *History of the US Naval Operations*, Bd. 1, S. 115.
23 KTB BdU, 9. Dezember 1941.
24 KTB FdU, 1. Oktober 1939.
25 1/Skl. KTB, 10. Dezember 1941.
26 Vgl. Gannon, *Operation Paukenschlag*, S. 99 ff.
27 Vgl. ebd., S. 208 ff.; Slader, *The Red Duster at War,* S. 178.
28 Bericht zur U-Boot-Lage, 12. Januar 1942, PRO ADM 225 15, 100820, No. OIC/S.1./57; zit. in Gannon, *Operation Paukenschlag*, S. 213 f.; Beesly, *Very Special Intelligence*, S. 135 f.
29 Naval Message 121716, 12. Januar 1942, zit. in Gannon, *Operation Paukenschlag*, S. 214.
30 Vgl. Gannon, *Operation Paukenschlag*, S. 180.
31 KTB U 123, 15. Januar 1942, zit. in Gannon, *Operation Paukenschlag*, S. 235.
32 Slader, *The Red Duster at War*, S. 179; Gannon, *Operation Paukenschlag*, S. 235 ff.
33 Hardegen, »*Auf Gefechtsstationen!*«, S. 192.
34 Slader, *The Red Duster at War*, S. 181 f.

35 Vgl. Rohwer, *U-Boot-Erfolge der Achsenmächte*. Gannon, *Operation Paukenschlag*, S. 305, spricht von 25 Versenkungen mit 156 939 BRT.

36 Ein Navy-Sprecher, laut New York Times vom 24. Januar 1942, zit. in Gannon, *Operation Paukenschlag*, S. 275.

37 KTB BdU, 7. Februar 1942.

38 Vgl. z. B. Roskill, *War at Sea*, Bd. 2, S. 97 f.

39 Terraine, *Business in Great Waters*, S. 420; Roskill, *War at Sea*, Bd. 2, S. 100.

40 Vgl. Santoni, »The Italian Submarine Campaign«, S. 328.

41 Vgl. Kahn, *Seizing the Enigma*, S. 210.

42 Vgl. Gannon, *Operation Paukenschlag*, S. 335.

43 Admiral Horne an Marineminister, 18. März 1946, zit. in Gannon, *Operation Paukenschlag*, S. 470, Fußnote 35.

44 Gannon, *Operation Paukenschlag*, S. 389.

45 Brustat-Naval, *Ali Cremer*, S. 103.

46 Ebd., S. 105 ff.

47 Ebd., S. 109.

48 Terraine, *Business in Great Waters*, S. 420.

49 KTB BdU, 15. April 1942.

50 Wagner, *Lagevorträge*, S. 393 ff.

51 KTB BdU, 1. Mai 1942, 1. Juni 1942.

52 Marshall an King, 19. Juni 1942, King an Marshall, 21. Juni 1942, zit. in Terraine, *Business in Great Waters*, S. 422 f.

53 Vgl. Beesly, *Very Special Intelligence*, S. 142.

54 Buell, *Master of Seapower*, S. 298.

55 Gannon, *Operation Paukenschlag*, S. 403.

56 Diese Ansicht vertritt Gannon (*Operation Paukenschlag*, S. 398 ff. und 429 ff.); ähnlich, wenn auch diplomatischer äußert sich Roskill (*War at Sea*, Bd. 2, S. 94 ff.). Entschieden anderer Meinung ist R. W. Love jr. (»Fleet Admiral Ernest J. King«, S. 89 ff., und *History of the U. S. Navy*, Bd. 2, S. 64 ff.). D. C. Allard (»A United States Overview«, S. 568 ff.) neigt ebenfalls zu Loves Ansicht, nach der King das Schwergewicht auf den Schutz der Truppentransporte nach England und auf den Krieg im Pazifik legte. Das trifft sicherlich zu, wirft aber die Frage auf, ob der Verlegung amerikanischer Truppen nach Europa Anfang 1942 tatsächlich solche Bedeutung zukam.

57 Zit. in Allaway, *Hero of the* Upholder, S. 162.

58 Logbuch der *Pegaso*, 14. April 1942, zit. in Wingate, *The Fighting Tenth*, S. 176; Captain Baron F. Acton gegenüber Allaway, zit. in Allaway, *Hero of the* Upholder, S. 163.

59 Vgl. Roskill, *War at Sea*, Bd. 2, S. 59; HM Submarines, S. 36; Lipscomb, *The British Submarine*, S. 194.

60 Hezlet gegenüber Allaway, 25. März 1987, zit. in Allaway, *Hero of the* Upholder, S. 165.

61 Simpson an E. Wanklyn, 11. Mai 1942, zit. in Allaway, *Hero of the* Upholder, S. 166.

62 HM Submarines, S. 36.
63 Allaway, *Hero of the* Upholder, S. 166; Wingate, *The Fighting Tenth*, S. 176; Lipscomb, *The British Submarine*, S. 194 (alle mit unterschiedlichen Zahlenangaben).
64 Simpson, *Periscope War*, S. 186.
65 McGeoch, *An Affair of Chances*, S. 80.
66 *HM Submarines*, S. 37 f.; Chapman, *Submarine Torbay*, S. 134 ff.
67 Holmes, *Double-Edged Secrets*, S. 75.
68 Vgl. Howarth, »Isoroku Yamamoto«, S. 119 ff.
69 Holmes, *Undersea Victory*, S. 135; ders., *Double-Edged Secrets*, S. 89 ff.; Willmott, *The Barrier and the Javelin*, S. 306 ff.
70 Stephen, *Sea Battles*, S. 167.
71 Vgl. Willmott, *The Barrier and the Javelin*, S. 347.
72 Tanaba/Harrington, »I sank the *Yorktown*«, S. 62, zit. in Polmar/Carpenter, *Submarines of the Imperial Japanese Navy*, S. 25.
73 Vgl. Compton-Hall, *Submarine Warfare*, S. 140.
74 Vgl. z. B. den Fall der von I 56 (Kapitänleutnant K. Ohashi) am 5. Januar 1942 versenkten SS Kwantung (Slader, *The Red Duster at War*, S. 5).
75 Vgl. Lane, *The Merchant Seaman's War*, S. 242.
76 Ienaga, *The Pacific War*, S. 53; zur Ausbildung vgl. Millot, *Kamikaze*, S. 30 f.
77 Holmes, *Undersea Victory*, S. 150.
78 Galantin, *Take Her Deep!*, S. 29.
79 Undatiert zit. in Blair, *Silent Victory*, S. 274.

Die Wende

1 Vgl. Bergamini, *Japan's Imperial Conspiracy*, S. 985 f., 989.
2 Zit. in Blair, *Silent Victory*, S. 298.
3 Holmes, *Undersea Victory*, S. 158.
4 Vgl. USNTM S–17, »The Report«, S. 15.
5 Polmar/Carpenter, *Submarines of the Imperial Japanese Navy*, S. 28.
6 D. Kurzman, *Left to Die. The Tragedy of USS* Juneau, ein Werk, auf das E. L. Beach den Autor aufmerksam gemacht hat.
7 Bergamini, *Japan's Imperial Conspiracy*, S. 1004.
8 Hashimoto, *Sunk*, S. 61.
9 Ebd., S. 60 ff.
10 Bergamini, *Japan's Imperial Conspiracy*, S. 1011.
11 Zit. in Howarth, *»Isoroku Yamamoto«*, S. 114, 127.
12 Polmar/Carpenter, *Submarines of the Imperial Japanese Navy*, S. 29.
13 Vgl. Hashimoto, *Sunk*, S. 63 ff.
14 Holmes, *Double-Edged Secrets*, S. 108, 120, 124 f.
15 Vgl. USNTM S–17, S. 13 f.
16 Douglas-Hamilton, *The Air Battle for Malta*, S. 58 ff.

17 Vgl. Barnett, *Engage the Enemy*, S. 491 ff.
18 *The Times*, London, 13. Juli 1942.
19 Douglas-Hamilton, *The Air Battle for Malta*, S. 94.
20 Mars, *British Submarines at War*, S. 149.
21 Vgl. ebd., S. 149 ff.
22 Young, *One of Our Submarines*, S. 101.
23 King, *The Stick and the Stars*, S. 134.
24 Mars, *British Submarines at War*, S. 160.
25 Ebd., S. 162.
26 Gabriele, »La Guerre des Convois«, S. 287; Roskill, *War at Sea*, Bd. 2, S. 344.
27 Vgl. Crefeld, *Supplying War*, S. 199 f.
28 Vgl. Young, *One of Our Submarines*, S. 104 f.; Wingate, *The Fighting Tenth*, S. 237.
29 Roskill, *War at Sea*, Bd. 2, S. 336.
30 Private Information. In den letzten Kriegstagen wurden viele Akten der Kriegsmarine vernichtet, insbesondere solche von Kriegsgerichtsverfahren.
31 Douglas-Hamilton, *The Air Battle for Malta*, S. 103.
32 King, *The Stick and the Stars*, S. 136.
33 Ebd., S. 133.
34 I. McGeoch an den Autor, 18. September 1994.
35 McGeoch, *An Affair of Chances*, S. 81 f.
36 Ebd., S. 82 f.
37 Ebd., S. 83; Young, *One of Our Submarines*, S. 105 f.
38 McGeoch, *An Affair of Chances*, S. 90.
39 Ebd., S. 101.
40 Lord Moran, *The Anatomy of Courage*, S. 63 f.
41 King, *The Stick and the Stars*, S. 136.
42 Vgl. Warren/Benson, *Above the Waves*, S. 100 ff.; Roskill, *War at Sea*, Bd. 2, S. 342.
43 Vgl. Hezlet, *The Submarine and the Seapower*, S. 153; Roskill, *War at Sea*, Bd. 2, S. 432.
44 I. McGeoch an den Autor, 16. August 1994.
45 Vgl. Stephen, *The Fighting Admirals*, S. 76 ff., 82, 157.
46 *HM Submarines*, S. 59.
47 KTB BdU, 1. August 1942.
48 Ebd., 1. September 1942.
49 Blackett, *Studies of War*, S. 228.
50 Ebd., S. 232.
51 Vgl. Barnett, *Engage the Enemy*, S. 574 f.
52 Monsarrat, *Three Corvettes*, S. 105.
53 Mars, *British Submarines at War*, S. 168.
54 King, *The Stick and the Stars*, S. 92, 145.
55 Galantin, *Take Her Deep!*, S. 201.
56 Vgl. Mallmann-Showell, *U-Boat Command*, S. 32.
57 Brustat-Naval, *Ali Cremer*, S. 134 f.

58 Vgl. Salewski, *Die deutsche Seekriegsleitung*, Bd. 2, S. 623.
59 Vgl. ebd., Bd. 1, S. 439 f.; KTB BdU, 21. Juni 1942; Dönitz, *Zehn Jahre und zwanzig Tage*, S. 223 f.
60 Konteradmiral Lange (Skl. U Ia), »Auswirkungen der Arbeiterlage und des Rohstoffmangels auf die Führung des U-Bootskrieges«, 22. Januar 1942, S. 14, 19, 33, 1/Skl. KTB C IV, PG 32 174.
61 Ebd., S. 27.
62 Vgl. Roskill, *War at Sea*, Bd. 2, S. 82.
63 Blackett, *Studies of War*, S. 223 ff.
64 Hinsley, *British Intelligence*, Bd. 2, S. 260 f.
65 Vgl. Blackett, *Studies of War*, S. 223 ff.
66 Vgl. Roskill, *War at Sea*, Bd. 2, S. 79 f., 89.
67 A/S Reports, April 1942, S. 9.
68 Vgl. Blackett, *Studies of War*, S. 214 f., 235.
69 Ebd., S. 216 f.
70 KTB BdU, 11. Juni 1942.
71 Ebd., 2. Juli 1942.
72 Ebd., 21. August 1942.
73 A/S Reports, Februar 1942, S. 42.
74 P. Hansen an den Autor, 1. Februar 1990.
75 Vgl. Buchheim, *Das Boot*, 15 f.; A/S Reports, Februar 1942, S. 29, über die Überlebenden von U 95: »... der Erste Wachoffizier war ein extremer Nazi, unfreundlich, blutrünstig und voller Vertrauen darauf, daß die Invasion von Großbritannien gewaltsam und erfolgreich vonstatten gehen würde.«
76 Vgl. Buchheim, *Das Boot*, S. 15.
77 Ein ehemaliger U-Boot-Fahrer, der anonym bleiben möchte, an den Autor, 2. Mai 1991.
78 P. Hansen an den Autor, 1. Februar 1990.
79 F. Lynder an den Autor, November 1982.
80 Vgl. Werner, *Die eisernen Särge*, S. 126; Naval-Brustat, *Ali Cremer*, S. 122; Niestlé, »German Technical and Electronic Development«, S. 442.
81 Vgl. Naval-Brustat, *Ali Cremer*, S. 159; Mallmann-Showell, *Uboote gegen England*, S. 97.
82 Vgl. Roskill, *War at Sea*, Bd. 2, S. 205; Niestlé, »German Technical and Electronic Development«, S. 442.
83 Vgl. Barnett, *Engage the Enemy*, S. 587 f.
84 Vgl. Robertson, *Walker, R. N.*, S. 37 ff.
85 Ebd., S. 51 ff.
86 Buchheim, *Das Boot*, S. 19; und private Informationen.
87 KTB BdU, 22./23. Dezember 1941.
88 Zit. in Williams, *Captain Gilbert Roberts*, S. 85 f.
89 Ebd., S. 93 ff.
90 KTB BdU, 3. September 1942.

91 BdU an OKM, »Beeinträchtigung der U-Bootkriegsführung durch feindliche Luftwaffe«, 9. September 1942, 1/Skl. KTB C IV.

92 »Aufstellung U-Bootsverluste«, 24. August 1942, in: BdU an OKM, »Waffenentwicklung für U-Boote«, 9. September 1942, KTB 1/Skl., Teil C IV, PG 32174.

93 BdU an OKM, »Waffenentwicklung für U-Boote«, 9. September 1942, KTB 1/Skl., Teil C IV, PG 32174.

94 Baumbach, »Einfluß der Schiffsversenkungen«, 9. September 1942, Skl. 3 Abt. B Nr. 85/42 gKdos Chefs, 1/Skl. KTB, Teil C IV, PG 32174.

95 P. Hansen an den Autor, 1. Februar 1990.

96 Ebd.

97 Dönitz, *Zehn Jahre und zwanzig Tage*, S. 253.

98 KTB BdU, 16. September 1942.

99 IMG, Dok. 630-D, Bd. 35, S. 217.

100 IMG, Dok. 663-D: »Operationsbefehl ›Atlantik‹ Nr. 56 für U-Boote im Atlantik«, 7. Oktober 1943 (wiederholt einen Befehl aus dem Herbst 1942), Bd. 35, S. 344.

101 IMG, Dok. 423-D, Bd. 4, S. 99.

102 Wagner, *Lagevorträge*, S. 396.

103 Jochmann, *Hitler, Monologe*, S. 393.

104 1/Skl. KTB C VIII, »Abschrift aus Schreiben der 1/Skl. Ia«, 22792/42 gKdos, 14. September 1942.

105 Wagner, *Lagevorträge*, S. 420 ff.

106 Vgl. IMG, Bd. 13, S. 408 f., 415 f. Dönitz erklärte in Nürnberg, daß »eine Bekämpfung von Schiffbrüchigen gegen die soldatische Kampfsittlichkeit verstößt und daß ich nie einen Millimeter in der Beziehung durch einen Befehl meine Hand dazu gegeben habe; selbst als Vergeltung nicht, wo mir entsprechende Vorschläge gemacht worden sind« (ebd., S. 408).

107 IMG, Bd. 5, S. 255 ff.; vgl. Heisigs Affidavit, IMG, 27. November 1945, Dok. D–566, Bd. 35, S. 160 ff.

108 IMG, Bd. 5, S. 267 ff.; vgl. Moehles Affidavit, IMG, Dok. 382-PS, Bd. 25, S. 396 ff.

109 Buchheim, *Das Boot*, S. 28.

110 P. Hansen an den Autor, 28. August 1992.

111 Vgl. Vause, *U-Boat Ace*, S. 54, 73, 77, 148.

112 Lüth, »Menschenführung auf einem U-Boot«, S. 411.

113 KTB U 181, 15. November 1942.

114 Ebd., 30. November 1942.

115 Lüth/Korth, *Boot greift wieder an!*; KTB U 43 und von Vause geführte Interviews mit früheren Besatzungsmitgliedern von U 43; alles in: Vause, *U-Boat Ace*, S. 2 ff., 90 f.

116 KTB BdU, »U-Bootserfolge im November 1942«, 30. November 1942.

117 Ebd., 1. November 1942, 1. Dezember 1942.

118 Ebd., 1. Januar 1943.

119 KTB BdU, »Lagebeurteilung vom 19. 12. 1942«, 31. Dezember 1942.

1 5. Februar 1943, zit. in Salewski, »Von Raeder zu Dönitz«, S. 146.
2 Vgl. Polmar/Carpenter, *Submarines of the Imperial Japanese Navy*, S. 100, 116.
3 Buell, *Master of Sea Power*, S. 272.
4 Vgl. ebd., S. 267 ff.; Richardson, *From Churchill's Secret Circle to the BBC*, S. 158 ff.
5 Richardson, *From Churchill's Secret Circle to the BBC*, S. 157.
6 Vgl. Gardner, »An Allied Perspective«, S. 522 ff. Das U-Boot-Abwehr-Komitee erwies sich als wesentlich effektiver als das Atlantikkomitee.
7 Roskill, *War at Sea*, Bd. 2, S. 362.
8 Vgl. Hinsley, *British Intelligence*, Bd. 2, S. 753 ff.; Roskill, *War at Sea*, Bd. 2, S. 352 f.
9 Buell, *Master of Sea Power*, S. 270.
10 Schofield beschreibt, wie Pound bei einem Strandspaziergang versuchte, King zu überreden, mehr Zerstörer in den Atlantik zu verlegen. Doch jedesmal, wenn er das Thema anschnitt, bückte sich King und »suchte sorgfältig einen flachen Stein aus, den er über das Wasser hüpfen ließ«. Das war seine ganze Antwort. (*British Sea Power*, S. 206).
11 Hinsley, *British Intelligence*, Bd. 2, S. 552, 750 f.
12 Ebd., S. 553.
13 A/S Reports, Januar 1943, S. 3.
14 Vgl. Syrett, »German U-Boat Attacks«, S. 48 ff.
15 Werner, *Die eisernen Särge*, S. 129 ff.
16 Syrett, »German U-Boat Attacks«, S. 58; Roskill, *War at Sea*, Bd. 2, S. 356; Terraine, *Business in Great Waters*, S. 530 f.
17 »Analysis of U-Boat Operations in the Vicinity of Convoy SC118, 4th–9th February 1943«, PRO ADM 199 2017, zit. in Syrett, »German U-Boat Attacks«, S. 60.
18 Vgl. Hinsley, *British Intelligence*, Bd. 2, S. 553 f.
19 Vgl. Buell, *Master of Seapower*, S. 293 f.; Love, *History of the U. S. Navy*, S. 110 ff.
20 Vgl. Roskill, *War at Sea*, Bd. 2, S. 363, und Karte; ders., *The Navy at War*, S. 273. Middlebrook bemerkt in *Konvoi*, S. 253, daß die US Navy über 112 Liberator-Bomber verfügte, von denen jedoch keiner zum Schutz der atlantischen Konvoirouten eingesetzt wurde.
21 Vgl. Roskill, *War at Sea*, Bd. 2, S. 468 ff. Von den zehn U-Booten, die zwischen Juli 1942 und Mai 1943 im Bereich der Caribbean und der Gulf Sea Frontier sowie vor Brasilien versenkt wurden, kamen nur drei auf das Konto von Luftpatrouillen; die anderen sind von Geleitschiffen oder -flugzeugen versenkt worden.
22 Zit. in Costello/Hughes, *Atlantikschlacht*, S. 382.
23 KTB BdU, 10. März 1943.
24 Werner, *Die eisernen Särge*, S. 137 ff.
25 KTB BdU, 10. März 1943.
26 Vgl. Middlebrook, *Konvoi*, S. 117 ff.

27 McGeoch, »The Sinking of RMS Nariva«.
28 KTB BdU, 20. März 1943.
29 Horton an Rear Admiral R. B. Darke, 23. März 1943, zit. in Chalmers, *Max Horton*, S. 188.
30 Erlaß vom 31. März 1943, zit. in Salewski, *Die deutsche Seekriegsleitung*, Bd. 2, S. 278.
31 Wagner, *Lagevorträge*, S. 476.
32 1/Skl. KTB C IV, 1942–43, PG 32174, Nav. Lib., Film 41, Aufnahmen 247 f., 296, 323, 347 f., 373 ff.
33 KTB BdU, 1. April 1943.
34 A/S Reports, April 143, S. 184.
35 KTB BdU, 25. April 1943.
36 Ebd., 6. Mai 1943.
37 Werner, *Die eisernen Särge*, S. 169 ff.
38 KTB BdU, 13. Mai 1943, »Abschlußbetrachtung Geleitzug 38« (HX 237).
39 KTB BdU, 14. Mai 1943, »Abschlußbetrachtung Geleitzug 39« (SC 129).
40 KTB BdU, 15. Mai 1943, BdU gKdos 2555 A4.
41 KTB BdU, 20. Mai 1943, »Abschlußbetrachtung Geleitzug 41« (SC 130).
42 Vgl. Roskill, War at Sea, Bd. 2, S. 471; Terraine, *Business in Great Waters*, S. 600.
43 KTB BdU, 3. September 1942.
44 Ebd., 21. Mai 1943.
45 Ebd., 23. Mai 1943, »Schlußbetrachtung Geleitzug 42« (HX 239).
46 Ebd., 24. Mai 1943.
47 Ebd., Anlage 2: »Tagesbefehl«.

Sieg im Pazifik

1 Vgl. Polmar/Carpenter, *Submarines of the Imperial Japanese Navy*, S. 35, 101 ff.
2 Vgl. Alden, *The Fleet Submarine*, S. 224 ff., 248 ff.
3 Holmes, *Double-Edged Secrets*, S. 202; ders., *Undersea Victory*, S. 201 f.
4 Beach, *Submarine!*, S. 31.
5 Blair, *Silent Victory*, S. 381 ff.
6 Zit. ebd., S. 384.
7 Vgl. ebd., S. 386.
8 Beach, *Submarine!*, S. 105 f.
9 Galantin, *Take Her Deep!*, S. 50.
10 Vgl. Holmes, *Double-Edged Secrets*, S. 137.
11 Vgl. ebd., S. 134; ders., *Undersea Victory*, S. 219 f.
12 Beach, *Submarine!*, S. 59 ff.
13 Ebd., S. 62.
14 Zit. in Blair, *Silent Victory*, S. 431.
15 Vgl. Holmes, *Undersea Victory*, S. 236 f.

16 Galantin, *Take Her Deep!*, S. 88 f.
17 Blair, *Silent Victory*, S. 931.
18 Holmes, *Undersea Victory*, S. 154.
19 Vgl. Blair, *Silent Victory*, S. 511, 984.
20 Vgl. Holmes, *Undersea Victory*, S. 274. I 44 unter Korvettenkapitän Genbei Kawaguchi soll im März 1945 aufgrund ständiger Angriffe sechsundvierzig Stunden unter Wasser geblieben sein. Kawaguchi wurde nach der Rückkehr seines Postens enthoben, weil er seine Kaiten nicht eingesetzt hatte; siehe Polmar/Carpenter, *Submarines of the Imperial Japanese Navy*, S. 57.
21 Galantin, *Take Her Deep!*, S. 92.
22 Santoni, »The Italian Submarine Campaign«, S. 328 ff.
23 Captain G. H. Roberts, »Report on a Visit to Germany«, Mai 1945, PRO ADM 1 17561.
24 Vgl. Rohwer, *Die U-Boot-Erfolge der Achsenmächte*; Hezlet, *The Submarine and the Seapower*, S. 157 f.
25 Vgl. Hezlet, *The Submarine and the Seapower*, S. 160; Wingate, *The Fighting Tenth*, S. 367.
26 Coote, *Submariner*, S. 88.
27 Vgl. Walker/Mellor, *The Mystery of X5*.
28 Chalmers, *Max Horton*, S. 134.
29 Vgl. Warren/Benson, *Above the Waves*, S. 56 ff., 147 ff., 323 ff.; Roskill, War at Sea, Bd. 3.1, S. 64 ff.; Compton-Hall, *Submarine Warfare*, S. 119 ff.
30 Beesly, *Very Special Intelligence*, S. 240 f.; Terraine, *Business in Great Waters*, S. 637.
31 Vgl. Stern, *Type VII U-Boats*, S. 84 ff.
32 Vgl. Werner, *Die eisernen Särge*, S. 183 ff.
33 KTB BdU, 14. Juni 1943.
34 Ebd., 14. August 1943.
35 Vgl. Stern, Type VII U-Boats, S. 100 ff.; KTB BdU, 20. Februar 1944, Anlage: »Entwicklung des Geleitzugkampfes seit Mai 1943«.
36 KTB BdU, 20. September 1943.
37 1/Skl. KTB C IV, 24. September 1943, »Geleitoperation Nr. 5 Zaunkönig; Schluß«.
38 Vgl. KTB BdU, 20. Februar 1944, Anlage: »Entwicklung des Geleitzugkampfes seit Mai 1943«.
39 Vgl. Vause, *U-Boat Ace*, S. 176 ff.
40 Buchheim, *Das Boot*, S. 127.
41 Vgl. Roskill, *War at Sea*, Bd. 3.1, S. 389.
42 Wagner, *Lagevorträge*, S. 510; zum neuen U-Boot-Bauprogramm siehe Rössler, »U-Boat Development and Building«, S. 130 ff.; ders., *Geschichte des deutschen Ubootbaus*, Bd. 2, S. 345 ff.
43 Vgl. Rössler, »U-Boat Development and Building«, S. 133 ff.; ders., *Geschichte des deutschen Ubootbaus*, Bd. 2, S. 338 ff.; Niestlé, »German Technical and Electronic Development«, S. 434 ff.

44 Wagner, *Lagevorträge*, S. 517 ff. (8. Juli 1943).
45 Vgl. Niestlé, »German Technical and Electronic Development«, S. 442 ff.
46 Ebd., S. 447.
47 KTB BdU, 20. Februar 1944, Anlage: »Entwicklung des Geleitzugkampfes seit Mai 1943«.
48 Vgl. Chalmers, *Max Horton*, S. 165.
49 Ebd., S. 184.
50 Schaeffer, *U 977*, 155 f.
51 Brustat-Naval, *Ali Cremer*, S. 193.
52 KTB BdU, 1. März 1944, Anlage »e«. Fregattenkapitän G. Hessler sagte in seiner Vernehmung am 24. Mai 1945: »Die Moral war 1943 beim BdU wegen der hohen Verluste und anderer Dinge wirklich ziemlich niedrig.« (PRO ADM 1 17 561).
53 Unveröffentlichter Vortrag von P. Hansen: »The Longest Depth Charge Pursuit of the Second World War. The Story of U 358«. Matrosengefreiter Alfons Eckert war der einzige Überlebende.
54 Zit. in L. Kennedy, »War Crimes«, S. 55.
55 Aussagen von Eck und Schnee in Cameron, *Trial of Heinz Eck*, S. 48 f., 65; Ecks Einweisung durch Hessler erwähnte P. Hansen an den Autor, 1. Februar 1990.
56 *Law Reports I: Peleus Case*, S. 54 f.
57 Ebd., S. 84.
58 Ebd., S. 54 ff.
59 Zit. in L. Kennedy, »War Crimes«, S. 55.
60 IMG, Bd. 5, S. 255 ff.
61 P. Hansen, der den Eck-Prozeß verfolgt hat, an den Autor, 1. Februar 1990.
62 Cameron, *Trial of Heinz Eck*, S. 139.
63 Morison, *History of the US Naval Operations*, Bd. 3, S. 26.
64 Holmes, *Undersea Victory*, S. 272.
65 Ebd., S. 247; Blair, *Silent Victory*, S. 552.
66 Holmes, *Undersea Victory*, S. 247 f.; Fukui, *The Japanese Navy*, Tafeln 69 ff.
67 Vgl. Bergamini, *Japan's Imperial Conspiracy*, S. 65, 1047, 1053 f.
68 Ebd., S. 66 ff., 1055 f.
69 Beach, »Radar and Submarine«, S. 54.
70 Vgl. Holmes, *Double-Edged Secrets*, S. 126.
71 Vernehmung Kapitän zur See T. Abe, USSBS, Bd. 2, S. 488.
72 Vernehmung Kapitän zur See A. Oi, USSBS, Bd. 1, S. 59.
73 USNTM E–17, S. 1.
74 Vgl. Vernehmungen Kapitän zur See A. Oi, Fregattenkapitän K. Sogawa, Kapitän zur See T. Abe, USSBS, Bd. 2, S. 440 f., 484 ff.
75 Vgl. Orita/Harrington, *I-Boat Captain*, S. 185 f.; vgl. USNTM S–17, S. 7, 116.
76 Vgl. Hashimoto, *Sunk*, S. 105 f.
77 Vgl. Naval History Division, *US Submarine Losses*, S. 176 f.; Polmar/Carpenter, *Submarines of the Imperial Japanese Navy*, S. 42; Roskill, *War at Sea*, Bd. 3.1., S. 373 f.

78 Vgl. Holmes, *Double-Edged Secrets*, S. 155.

79 Vgl. Galantin, *Take Her Deep!*, S. 124 ff.; Blair, *Silent Victory*, S. 541 f.

80 Holmes, *Double-Edged Secrets*, S. 129.

81 Holmes, *Undersea Victory*, S. 329; Vernehmung Korvettenkapitän N. Yatsui, USSBS, Bd. 1, S. 161.

82 Naval History Division, *US Submarine Losses*, S. 70 f.; Holmes, *Double-Edged Secrets*, S. 148 f.; ders., *Undersea Victory*, S. 264 f.; Blair, *Silent Victory*, S. 524 f.

83 Alden, *The Fleet Submarine*, S. 95.

84 Zit. in Blair, *Silent Victory*, S. 529.

85 Vgl. Holmes, *Undersea Victory*, S. 279.

86 Galantin, *Take Her Deep!*, S. 169; vgl. Alden, *The Fleet Submarine*, S. 88.

87 Morison, *History of the US Naval Operations*, Bd. 8, S. 26; Holmes, *Undersea Victory*, S. 286.

88 Beach, *Submarine!*, S. 134.

89 Galantin, *Take Her Deep!*, S. 17.

90 Vgl. Morison, *History of the US Naval Operations*, Bd. 8, S. 26; Hezlet, *The Submarine and the Seapower*, S. 217.

91 Vernehmung Korvettenkapitän S. Yasumoto, USSBS, Bd. 1, S. 184 f.

92 Vernehmung Kapitän zur See S. Kamide, USSBS, Bd. 2, S. 309 ff.

93 Vgl. Alden, *The Fleet Submarine*, S. 56, 105. Eins der am besten gehüteten Geheimnisse des Krieges war der mit der Balao-Klasse vollzogene Übergang von Weich- zu Hartstahl.

94 Vgl. Vernehmungen Kapitän zur See A. Oi, Korvettenkapitän T. Okamotu, Kapitän zur See S. Kamide, USSBS, Bd. 1, S. 57 ff., 197 ff.; Bd. 2, S. 309 ff.

95 Morison, *History of the US Naval Operations*, Bd. 8, S. 19.

96 Vgl. Vernehmung Kapitän zur See T. Abe, USSBS, Bd. 2, S. 486.

97 IMG, Dok. 642-D: »Ständiger Kriegsbefehl Nr. 151. Verhalten an Geleitzügen«, November 1939, Bd. 35, S. 266.

98 Vgl. Vernehmung Fregattenkapitän T. Kuwahara, USSBS, Bd. 1, S. 212 f.

99 Morison, *History of the US Naval Operations*, Bd. 8, S. 22 f.; Holmes, *Undersea Victory*, S. 326 ff.; Blair, *Silent Victory*, S. 643 f.; Vernehmung Fregattenkapitän T. Kuwahara, USSBS, Bd. 1, S. 212 f.

100 Polmar/Carpenter, *Submarines of the Imperial Japanese Navy*, S. 43 ff.; Roskill, *War at Sea*, Bd. 3.1, S. 374; »Table of Losses of I.J.N. Submarines«, USNTM S–17, S. 125 ff.

101 Vgl. »Battle Lessons of the Greater E. Asia War Operation ›A‹ Submarine campaign«, USNTM S–17, S. 27 ff., 34 ff., 49 f.; vgl. Morison, *History of the US Naval Operations*, Bd. 8, S. 215 ff.

102 20. Mai 1944, USNTM S–17, S. 52.

103 Vgl. Holmes, *Double-Edged Secrets*, S. 171 f.

104 Zit. in Morison, *History of the US Naval Operations*, Bd. 8, S. 224 ff.

105 Blair, *Silent Victory*, S. 638; vgl. Beach, *Submarine!*, S. 90 ff.

106 Beach, *Submarine!*, S. 93 f.; Holmes, *Undersea Victory*, S. 335.

107 Beach, *Submarine!*, S. 98.
108 Zit. in Blair, *Silent Victory*, S. 548.
109 Zit. ebd., S. 717.
110 Vgl. Beach, *Submarine!*, S. 98 f.; Blair, *Silent Victory*, S. 639.
111 Anweisung 150715, USNTM S–17, S. 65.
112 Logbuch RO 115, 19. Juni 1944.
113 USNTM S–17, S. 78 ff., 89, 92 f., 122.
114 Vgl. Ikeda, »Jisaburo Ozawa«, S. 285 ff.
115 Kapitän zur See E. Jo an Vizeadmiral T. Onishi, 21. Juni 1944, zit. in Bergamini, Japan's Imperial Conspiracy, S. 1067.
116 Vgl. Polmar/Carpenter, *Submarines of the Imperial Japanese Navy*, S. 137; USNTM S–01–1, S. 29.

Das Ende

1 Vgl. Salewski, *Die deutsche Seekriegsleitung*, Bd. 2, S. 408 ff.; Dönitz' Schlußansprache auf der Tagung von Befehlshabern der Kriegsmarine in Weimar am 17. Dezember 1943, zit. ebd., S. 414.
2 Vgl. z. B. KTB BdU, 1. Juni 1944, »Zusammenfassung«.
3 KTB BdU, 1. Januar 1943, 1. Juni 1944.
4 Werner, *Die eisernen Särge*, S. 240.
5 KTB BdU, 1. Juni 1944.
6 1/Skl. KTB B V, 13321/44 g v. 10. April 1944, zit. in Salewski, *Die deutsche Seekriegsleitung*, Bd. 2, S. 415.
7 OKM 2/Skl. KTB C IIb, BdU op 1961 gKdos, 27. März 1944, zit. in Salewski, *Die deutsche Seekriegsleitung*, Bd. 2, S. 415.
8 OKM 2/Skl., BdU op, gKdos 1961, 11. April 1944, BA/MA IIIM 1012/8.
9 Marbach in Busch, *So war der U-Boot-Krieg*, S. 362 f.
10 Werner, *Die eisernen Särge*, S. 256 f.
11 Ebd., S. 258.
12 KTB BdU, 6. Juni 1944.
13 Skinner, »The Naval Threat on the Western Flank of Operation Neptune«, S. 183; vgl. Roskill, *War at Sea*, Bd. 3.2, S. 17 ff.
14 Werner, *Die eisernen Särge*, S. 263 ff.
15 Brustat-Naval, *Ali Cremer*, S. 233 ff.
16 PRO AIR 41 74, zit. in Skinner, »The Naval Threat on the Western Flank of Operation Neptune«, S. 183; vgl. Roskill, *War at Sea*, Bd. 3.2, S. 463.
17 Werner, *Die eisernen Särge*, S. 266 ff.
18 Skinner, »The Naval Threat on the Western Flank of Operation Neptune«, S. 187 f.; Mallmann-Showell, *U-Boat Command*, S. 202; vgl. Roskill, *War at Sea*, Bd. 3.2, S. 17 ff.
19 1/Skl. KTB A, 10. Juni 1944.

20 US Office of Naval Intelligence, März 1949, zit. in Compton-Hall, *Submarine Warfare*, S. 152.
21 Compton-Hall, *Submarine Warfare*, S. 144.
22 Roskill, *War at Sea*, Bd. 3.2, S. 463 ff.; Skinner, »The Naval Threat on the Western Flank of Operation Neptune«, S. 186 ff.
23 Vgl. Blair, *Silent Victory*, S. 683, 988.
24 Zit. ebd., S. 676.
25 King, *The Stick and the Stars*, S. 161.
26 Young, *One of Our Submarines*, S. 305.
27 King, *The Stick and the Stars*, S. 150 ff.
28 Roskill, *War at Sea*, Bd. 3.1, S. 351.
29 Morison, *History of the US Naval Operations*, Bd. 8, S. 26.
30 Vgl. Buell, *Master of Seapower*, S. 463 ff.; Roskill, *War at Sea*, Bd. 3.2, S. 200.
31 Blair, *Silent Victory*, S. 695; vgl. Bergamini, *Japan's Imperial Conspiracy*, S. 1074 f., 1090 f.
32 Konteradmiral Y. Nakawasa, Chef der Operationsabteilung der Marine, an Hirohito, 18. Oktober 1944, zit. in Bergamini, *Japan's Imperial Conspiracy*, S. 1079; vgl. Cutler, *Entscheidung im Pazifik*, S. 101 ff.
33 Vernehmung Kapitän zur See A. Oi, USSBS, Bd. 1, S. 58; vgl. Vernehmung Konteradmiral S. Horuichi, USSBS, Bd. 2, S. 195 f.; Holmes, *Double-Edged Secrets*, S. 190.
34 Vgl. Vernehmungen Korvettenkapitän S. Yasumoto, Fregattenkapitän M. Chihaya, USSBS, Bd. 1, S. 190, 202.
35 »Summary of Japanese Submarine Operations and Activities«, USNTM S-17, S. 119; vgl. Holmes, *Undersea Victory*, S. 390.
36 Roskill, *War at Sea*, Bd. 3.2, S. 223.
37 Galantin, *Take Her Deep!*, S. 212 ff.
38 Vgl. USNTM S-17, Anhang IX, S. 95 ff.; »Performance Data of Mark 2 Model 2 Radar, May 1944«, USNTM S-19, S. 18; vgl. Hashimoto, *Sunk*, S. 129 f., 137, 148, 161 f.
39 Holmes, *Undersea Victory*, S. 379; Hezlet, *The Submarine and the Seapower*, S. 219.
40 Naval History Division, *US Submarine Losses*, S. 109.
41 Vgl. Alden, *The Fleet Submarine*, S. 48 f., 82 f., 88 ff.
42 Ebd., S. 88, 236 ff.
43 Galantin, *Take Her Deep!*, S. 230 f.
44 Ebd., S. 247.
45 Vgl. Vernehmung Fregattenkapitän T. Kuwahara, USSBS, Bd. 1, S. 216.
46 Vgl. Blair, *Silent Victory*, S. 816 f.; Hezlet, *The Submarine and the Seapower*, S. 219 ff.; Holmes, *Undersea Victory*, S. 494.
47 Blair, *Silent Victory*, S. 988, 984.
48 Hezlet, *The Submarine and the Seapower*, S. 220.
49 Blair, *Silent Victory*, S. 953 ff.

50 USNTM S–17, S. 120; Polmar/Carpenter, *Submarines of the Imperial Japanese Navy*, S. 51 f.; Holmes, *Undersea Victory*, S. 412 f.
51 Vgl. Yokota/Harrington, *The Kaiten Weapon*, S. 53.
52 Hashimoto, *Sunk*, S. 130 ff.; vgl. Inoguchi/Nakajima, *Der göttliche Wind*, S. 237 ff.
53 Vgl. Inoguchi/Nakajima, *Der göttliche Wind*, S. 193.
54 Vgl. Holmes, *Undersea Victory*, S. 432.
55 USNTM S–17, S. 120 ff.
56 Vgl. McCandles, »Kaiten«, S. 120.
57 Vernehmung Admiral E. Godt, 12. Mai 1945, PRO ADM 1 17617.
58 Wagner, *Lagevorträge*, S. 694 f.; vgl. Roskill, *War at Sea*, Bd. 3.2, S. 286, 291 f.
59 NID 12/SI/tech/005, 8. Oktober 1944, zit. in Hinsley, *British Intelligence*, Bd. 3, S. 523.
60 NID 12/SI/Tech/003, 30. Mai 1944, zit. in Hinsley, *British Intelligence*, Bd. 3, S. 520.
61 Zit. in Roskill, *War at Sea*, Bd. 3.2, S. 289.
62 Vgl. z. B. Schaeffer, *U977*, S. 184.
63 Roskill, *War at Sea*, Bd. 3.2, S. 294 f., 301, 467.
64 Vgl. Padfield, *Dönitz*, S. 474 ff.
65 Zit. in Lüdde-Neurath, *Regierung Dönitz*, S. 137.
66 Niestlé, »German Technical and Electronic Development«, S. 435.
67 Lüdde-Neurath, *Regierung Dönitz*, S. 67; Brustat-Naval, *Ali Cremer*, S. 263, und private Informationen.
68 Roskill, *War at Sea*, Bd. 3.2, S. 304, spricht von 784 verlorenen U-Booten, die Naval History Division, *US Submarine Losses*, S. 158 ff., von 796.
69 Zahlen des U-Boot-Archivs, Cuxhaven-Altenbruch.
70 Das Hinrichtungsprotokoll ist abgedruckt in Buchheim, *Zu Tode gesiegt*, S. 173. Die Informationen über Kusch und die Kriegsgerichtsverhandlung stammen von einem ehemaligen Offizier der Kriegsmarine, der aufgrund seiner Position über hervorragende Kenntnisse verfügt, hier aber ungenannt bleiben möchte. Vgl. auch Topp, »Manning and Training the U-Boat Fleet«, S. 216 f., mit einigen irrigen Angaben.
71 Vgl. Padfield, *Dönitz*, S. 456 ff.
72 Werner, *Die eisernen Särge*, S. 369 ff. Werner versteckt Korvettenkapitän Mengersen, den Verantwortlichen für diese barbarische Exekution, die des späten Führers, in dessen Namen sie ausgeführt wurde, würdig war, hinter dem Pseudonym Jürgensen.
73 Ebd., S. 367.
74 PRO ADM 1 18222, S. 1 f.
75 Captain G. H. Roberts, »Report on a Visit to Germany«, Mai 1945, S. 3, 7, PRO ADM 1 17561; vgl. Vernehmung Admiral E. Godt, 12. Mai 1945, PRO ADM 1 17617.
76 USNTM S–01–1, S. 10.
77 Ebd., S. 14, 24; Submarine Supplement II, S–01–7, S. 20, 25 ff.

78 USNTM S–17, Anlage B: »Sinking of USS *Indianapolis* by Japanese Submarine I 58«, S. 109 f.; vgl. Holmes, *Undersea Victory,* S. 474 f.
79 Mars, *British Submarines at War,* S. 221; vgl. Blair, *Silent Victory*, S. 857.
80 Vgl. Mars, *British Submarines at War*, S. 220; Young, *One of Our Submarines*, S. 289 ff.
81 Beach, *Submarine!*, S. 256 ff; Captain E. L. Beach an den Autor, 12. September 1994.
82 Vgl. Blair, *Silent Victory*, S. 988.
83 Mars, *British Submarines at War*, S. 227 ff.; Holmes, *Undersea Victory*, S. 445 f.
84 Vgl. Warren/Benson, *Above the Waves*, S. 297 ff.; Roskill, *War at Sea*, Bd. 3.2, S. 376 f.
85 Vgl. Holmes, *Undersea Victory*, S. 476; Bergamini, *Japan's Imperial Conspiracy*, S. 73, 1102.
86 Hashimoto, *Sunk*, S. 173 f.; vgl. Bergamini, *Japan's Imperial Conspiracy*, S. 119 f.
87 Beach, *Submarine!*, S. 273.
88 Vgl. Blair, *Silent Victory*, S. 878; Roskill, *War at Sea*, Bd. 3.2, S. 369; Hezlet, *The Submarine and the Seapower*, S. 224.
89 Vgl. Thowsen, »The Norwegian Merchant Navy«, S. 60. Roskill, *War at Sea*, Bd. 3.2, S. 305, spricht von 2828 versenkten Schiffen mit zusammen 14 687 231 BRT.
90 Roscoe, *Submarine Operations*.
91 Naval History Division, *US Submarine Losses*, S. 1.
92 Zahlenangaben des Royal Navy Submarine Museum, Gosport, Hampshire.
93 Captain E. L. Beach an den Autor, 12. September 1992.

BIBLIOGRAPHIE

Die im folgenden benutzten Abkürzungen werden bei den Anmerkungen erklärt.

Unveröffentlichte Quellen

Admiralty Anti-Submarine Warfare Division Monthly Reports, Naval Library, MOD, London (jetzt in PRO)

Kriegstagebücher:

KTB-BdU (Befehlshaber der U-Boote)

KTB-1/Skl. (Seekriegsleitung)

Teil C Heft IV (U-Boot-Abteilung)

Teil C Heft VIII (Internationales Recht, Propaganda, Politische Abteilung)

McGeoch, I. L. M., »The Offensive Value of the Modern Submarine«, 1938

Stevens, J. L., Submarine Course notebook, 1943–44

Saville, A. W., *The Development of the German U-Boat Arm*, Dissertation, Universität von Washington, 1963

Offizielle Geschichtswerke und Monographien

Admiralty, *His Majesty's Submarines*, HMSO, 1947

Akten zur deutschen auswärtigen Politik 1918–1945, Serie D: *1937–1941*, Bd. XII.2: *Die Kriegsjahre*, Bd. 5.2: *6. April bis 22. Juni 1941*, Göttingen 1969

HQ [US] Army Forces Far East, Mil. Hist. section, Japanese Research Division, *General Summary of Naval Operations, Southern Force*, Japanese Monograph 105

Law Reports of Trials of War Criminals, Bd. I: Peleus Case, HMSO, 1947

Naval History Division: Office of the Chief of Naval Operations, *United States Submarine Losses World War II*, Washington, D. C., 1963

Der Prozeß gegen die Hauptkriegsverbrecher vor dem internationalen Militärgerichtshof, Nürnberg 14. November 1945–1. Oktober 1946 (IMG), Nürnberg 1948/49

US Naval Technical Mission to Japan (USNTM):

Ship and Related Targets – Japanese Submarine Operations, S–17, 1946

Japanese Submarine Equipment, S–19, 1946

Electronics Targets, Japanese Submarine and Ship-borne Radar, E–01, 1945

Electronics Targets, Japanese Radio, Radar and Sonar Equipment, E–17, 1946
Characteristics of Japanese Naval Vessels:
Article I, Submarines, S–01–1, 1946
Article 6, Submarines, Supplement I, S–01–6, 1946
Article 7, Submarines, Supplement II, S–01–7, 1946
United States Strategic Bombing Survey (Pacific)

Artikel

Allard, D. C., »A United States Overview«, in: Howarth, *Men of War*
G. M. B., »Radar Development in the U. S. Navy 1922–1941«, *NR*, Oktober 1975, S. 324–327
ders., »Radio *versus* the U-Boats«, *NR*, November 1946, S. 362–366
Beach, E. L., »Radar and Submarines in World War II«, *Defense Electronics*, Oktober 1979, S. 48–56
Beesly, P., »Das ›Operational Intelligence Centre‹ der britischen Admiralität im Zweiten Weltkrieg«, *Marine-Rundschau*, März 1976, S. 147–164, Juni 1976, S. 368–383, November 1976, S. 698–707
Fukutome, S., »Conclusion«, in: Hashimoto, *Sunk*
ders., »Hawaii Operation«, *USNIP*, Dezember 1955
Gabriele, M., »La Guerre des Convois entre l'Italie et l'Afrique du Nord«, in: Comité d'histoire de la Deuxième Guerre Mondiale (Hg.), *La Guerre en Mediterranée 1939–1945*, Paris 1971
Gardner, W. J. R., »An Allied Perspective«, in: Howarth/Law, *The Battle of the Atlantic*
ders., »Prelude to Victory. The Battle of the Atlantic 1942–1943«, *MM*, August 1993, S. 305–316
Gretton, W. J. R., »Why don't we Learn from History?«, *NR*, Januar 1958, S. 13–25
ders., »Rezension von Hill Norton, *Sea Power*«, NR, April 1982
Herzog, »Admiral Otto Kretschmer«, in: Howarth, *Men of War*
Howarth, S., »Isoroku Yamamoto«, in: ders., *Men of War*
Ikeda, K, »Jisaburo Ozawa«, in: Howarth, *Men of War*
Kalapini, »Convoys to Murmansk«, *NR*, Oktober 1957
Kennedy, L., »War Crimes on the Ocean«, *Telegraph Magazine*, o. J., S. 16–20, 55–57
J. C. L./P. W. G., »Shipbuilding in the U. S. A.«, *NR*, August 1955, S. 311–314
Love jr., R. W., »Fleet Admiral Ernest J. King«, in: Howarth/Law, *The Battle of the Atlantic*
Lüth, W., »Menschenführung auf einem U-Boot«, in H. Busch, *So war der U-Boot-Krieg*, S. 399–415
McCandles, B., »Kaiten – Japan's Human Torpedoes«, *USNIP*, Juli 1962
McGeoch, I. L. M. (Hg.), »The Sinking of RMS Nariva – 17 March 1943. The Recollections of Captain Gwilym Williams«, *NR*, Juli 1993, S. 257–260, und Oktober 1993, S. 386–390

G. W. N., »The Development of the Royal Canadian Navy«, *NR*, November 1951, S. 368–378
Niestlé, A., »German Technical and Electronic Development«, in: Howarth/Law, *The Battle of the Atlantic 1939–1945*
Parkes, O., »Japan's War Time Navy«, *NR*, Februar 1952, S. 47–63
Peattie, M. R., »Akiyama Saneyuki and the Emergence of Modern Japanese Naval Doctrine«, *USNIP*, Februar 1977, S. 60–69
Plumtree, R. W., »Easy Questions, Difficult Answers – the Subjugation of Japan«, *NR*, Oktober 1990, S. 356–366
Rohwer, J., »The Operational Use of Ultra in the Battle of the Atlantic«, Medlicott Symposium, Edinburgh, 1. November 1985
ders., »The Wireless War«, in Howarth/Law, *The Battle of the Atlantic*
Rössler, E., »U-Boat Development and Building«, in: Howarth/Law, *The Battle of the Atlantic*
Salewski, M., »Von Raeder zu Dönitz«, *MGM* 2/1973
Santoni, A., »The Italian Submarine Campaign«, in: Howarth/ Law, *The Battle of the Atlantic*
Scott, M., »Submarine Boarding Party«, *NR*, Oktober 1989, S. 387 f.
Skinner, I., »The Naval Threat on the Western Flank of Operation Neptune, June 1944«, *MM*, Mai 1994, S. 178–190
Syrett, D., »German U-Boat Attacks on Convoy SC 118, 4 February to 14 February 1943«, *American Neptune*, Frühjahr 1984, S. 48–60
Tailour, P., »The Submarine through the pages of The Naval Review«, *NR*, 75jähriges Jubiläum, 1988
Tannabe, Y./Harrington, J. D., »I sank the *Yorktown* at Midway«, *USNIP*, Mai 1963
Thowsen, A., »The Norwegian Merchant Navy in Allied War Transport«, in: Howarth/Law, *The Battle of the Atlantic*
Vat, D. van der, »Günther Prien«, in: Howarth, *Men of War*
Waters, D. W., »ASW. The first 40 Years«, *NR*, April 1986, S. 128–134
ders., »The Science of Admiralty«, *NR*, Oktober 1963, S. 345–410, Januar 1964, S. 15–26, Juli 1964, S. 291–309, und Oktober 1964, S. 423–437
ders., »Japan – Defeat through Blockade«, *NR*, Juli 1988, S. 246 f.
Willmott, H. P., »The Admiralty and the Western Approaches«, in Howarth/Law, *The Battle of the Atlantic 1939–1945*

Bücher

Akerman, P., *Encyclopaedia of British Submarines 1901–1955*, Chippenham, Wiltshire, 1989
Alden, J. D., *The Fleet Submarine in the U. S. Navy*, London 1979
Allaway, J., *Hero of the* Upholder. *The Story of Lieutenant Commander M. D. Wanklyn VC DSO**, the Royal Navy's top Submarine Ace*, Shrewsbury, Salop, 1991

Bailey, T. A./Ryan, P. B., *Hitler vs. Roosevelt. The Undeclared Naval War,* New York 1979

Barnett, C., *The Audit of War. The Illusion and Reality of Britain as a Great Nation*, London 1987

ders., *Engage the Enemy More Closely. The Royal Navy in the Second World War*, London 1991

Beach, E. L., *Submarine!*, New York 1952

Beaver, P., *U-Boats in the Atlantic*, Cambridge 1979

Beesly, P., *Very Special Intelligence. Geheimdienstkrieg der britischen Admiralität 1939–1945*, Frankfurt am Main/Berlin 1978

Bergamini, D., *Japan's Imperial Conspiracy*, New York 1971

Blackett, P. M. S., *Studies of War, Nuclear and Conventional*, London 1962

Blair jr., C., *Silent Victory. The U. S. Submarine War against Japan*, New York 1975

Blake, R./Louis, R. (Hg.): *Churchill*, Oxford 1993

Brustat-Naval, F., *Ali Cremer: U333*, Berlin/Frankfurt am Main/Wien 1982

Buchheim, L.-G., *Das Boot*, München 1973 (zit. Taschenbuchausgabe München [13]1990)

ders., *U-Boot-Krieg*, München/Zürich [3]1985

ders., *Zu Tode gesiegt, Der Untergang der U-Boote*, München 1988

Buell, T. B., *Master of Sea Power. A Biography of Fleet Admiral Ernest J. King*, Boston, Massachusetts, 1980

Busch, H., *So war der U-Boot-Krieg*, Preußisch Oldendorf [4]1983

Cameron, J. (Hg.): *Trial of Heinz Eck, August Hoffmann ... The Peleus Trial*, London 1948

Casing, J., *Submarines*, London 1951

Chalmers, W. S., *Max Horton and the Western Approaches*, London 1954

Chapman, P., *Submarine Torbay*, London 1989

Churchill, *Der zweite Weltkrieg*, 6 Bde., (Taschenbuchausgabe), Frankfurt am Main/Berlin 1985

Cocchia, A., *The Hunters and the Hunted*, Annapolis, Maryland, 1958

Compton-Hall, R., *The Underwater War 1939–45*, Poole, Dorset, 1982

ders., *Submarine Warfare. Monsters and Midgets*, Poole, Dorset, 1985

Coote, J., *Submariner*, London 1991

Corbett, J./Newbolt, H., *Naval Operations*, London 1920–1931

Costello, J./Hughes, T., *Atlantikschlacht. Der Krieg zur See 1939–1945*, Bergisch Gladbach [2]1987

Crefeld, M. van, *Supplying War. Logistics from Wallenstein to Patton*, Cambridge 1977

Cutler, T. J., *Entscheidung im Pazifik. Die größte Seeschlacht der Geschichte*, Berlin/Frankfurt am Main 1996

Dönitz, K., *Die U-Bootswaffe*, Berlin [2]1939

ders., *Zehn Jahre und zwanzig Tage. Erinnerungen 1935–1945*, Bonn [10]1991

ders., *Deutsche Strategie zur See im zweiten Weltkrieg*, München 1969

ders., *Mein wechselvolles Leben*, Göttingen 1975

Douglas-Hamilton, J., *The Air Battle for Malta*, Shrewsbury, Salop, 1981

Dülffer, J., *Weimar, Hitler und die Marine*, Düsseldorf 1973

Frank, W., *Die Wölfe und der Admiral. U-Boote im Kampfeinsatz – Triumph und Tragik*, Bergisch Gladbach 1980

Fukui, S., *The Japanese Navy at the End of World War 2*, Old Greenwich, Connecticut, 1970

Galantin, I. J., *Take Her Deep! A Submarine against Japan in World War II*, London 1970

Gannon, M., *Operation Paukenschlag. Der deutsche U-Boot-Krieg gegen die USA*, Frankfurt am Main/Berlin 1991

Gwyer, J. M. A./Butler, J. R. M., *Grand Strategy*, Bd. 3.1, London 1964

Haraszti, E. H., *Treaty-Breakers or Realpolitiker? The Anglo-German Naval Agreement of June 1935*, Boppard 1974

Hardegen, R., *»Auf Gefechtsstationen!«. U-Boote im Einsatz gegen England und Amerika. Mit einem Geleitwort von Großadmiral Dönitz*, Leipzig 1943

Hashimoto, M., *Sunk. The Story of the Japanese Submarine Fleet*, London 1954

Herzog, B., *60 Jahre deutsche U-Boote, 1906–1966*, München 1968

ders./Schomaekers, G., *Ritter der Tiefe – Graue Wölfe. Die erfolgreichsten U-Boot-Kommandanten der Welt*, München 1976

Hezlet, A., *The Submarine and the Seapower*, London 1967

Hinsley, F. H./Stripp, A., *Codebreakers. The Inside Story of Bletchley Park*, Oxford 1993

Hinsley, F. H./Thomas, E. E., u. a.: *British Intelligence in the Second World War. Its Influence on Strategy and Operations*, 3 Bde., New York 1979–1988

Holmes, W. J., *Undersea Victory. The Influence of Submarine Operations on the War in the Pacific*, New York 1966

ders., *Double-Edged Secrets. U. S. Naval Intelligence Operations in the Pacific during World War II*, Annapolis, Maryland, 1979

Howarth, S. (Hg.), *Men of War. Great Naval Leaders of World War II*, London 1992

ders./Law, D. (Hg.): *The Battle of the Atlantic 1939–1945. The 50th Anniversary International Naval Conference*, London 1992

Ienaga, S., *The Pacific War. World War II and the Japanese, 1931–1945*, New York 1978

Inoguchi, R./Nakajima, T., *Der göttliche Wind. Der Dokumentarbericht über Japans Todesflieger*, Oldenburg/Hamburg 1959

Jochmann, W. (Hg.), *Adolf Hitler, Monologe im Führerhauptquartier 1941–1944. Die Aufzeichnungen Heinrich Heims*, Hamburg 1980

Kahn, D., *Seizing the Enigma. The Race to Break the German U-Boat Codes, 1939–1943*, London 1991

Kemp, P. J., *The T-Class Submarines. The Classic British Design*, London 1990

Kennedy, P. M., *The Rise and the Fall of British Naval Mastery*, London 1976

Kerr, J. L., *Touching the Adventures of Merchantmen in the Second World War*, London 1953

King, W., *The Stick and the Stars*, London 1958
Lane, T., *The Merchant Seaman's War*, Manchester 1990
Lash, J. P., *Roosevelt and Churchill 1939–1941. The Partnership that Saved the World*, New York 1976
Lehmann, E. H., *Wie sie lügen*, Berlin 1939
Lenton, H. T., *German Warships of the Second World War*, London 1975
Lewin, R., *Entschied ULTRA den Krieg? Alliierte Funkaufklärung im 2. Weltkrieg*, hg. und mit einem Vorwort versehen von Prof. Dr. J. Rohwer, Koblenz/Bonn 1981
Lipscomb, F. W., *The British Submarine*, London 1954
Love jr., R. W., *History of the U. S. Navy 1942–1991*, Harrisburg, Pennsylvania, 1992
Lüdde-Neurath, W., *Regierung Dönitz. Die Letzten Tage des Dritten Reichs*, Göttingen/Berlin/Frankfurt/Zürich [3]1964
Lüth, W./Korth, C., *Boot greift wieder an! Ritterkreuzträger erzählen*, Berlin 1943
Mahan, A. T., *Der Einfluß der Seemacht auf die Geschichte 1660–1812*, Bd. 2: *1783–1812. Die Zeit der französischen Revolution und des Kaiserreichs*, Kassel 1974 (Reprint der Ausgabe Berlin 1899)
Mallmann-Showell, J. P., *Uboote gegen England. Kampf und Untergang der deutschen Uboot-Waffe 1939–1945*, Stuttgart [6]1991
ders., *U-Boat Command and the Battle of the Atlantic*, Conway, Gwynedd, 1989
Marder, A. J., *From the Dreadnought to Scapa Flow. The Royal Navy in the Fisher Era*, 4 Bde., London 1961–1969
Mars, A., *British Submarines at War 1939–1945*, London 1971
McGeoch, I. L. M., *An Affair of Chances*, London 1991
Middlebrook, M., *Konvoi. U-Boot-Jagd auf die Geleitzüge SC 122 und HX 229*, Frankfurt am Main/Berlin 1995
Millot, B., *Kamikaze. Geist, Organisation und Einsatz der japanischen Todespiloten*, Wien/Berlin o. J.
Monsarrrat, N., *Three Corvettes*, London 1945
Moran, Lord, *The Anatomy of Courage*, London 1945
Morison, S. E., *History of the United States Naval Operations in World War II*, 15 Bde., Boston, Massachusetts, 1947–1962
Newbolt, H., *Naval Operations*, Bd. 5, London 1931
Orita, Z./Harrington, J., *I-Boat Captain*, Kalifornien 1976
Padfield, P., *Dönitz. Des Teufels Admiral*, Berlin/Frankfurt am Main/Wien 1984
Peillard, L., *Geschichte des U-Bootkrieges 1939–1945*, Klagenfurt o. J.
Polmar, N./Carpenter, D. B., *Submarines of the Imperial Japanese Navy 1904–1945*, Conway, Gwynedd, 1989
Prien, G., *Mein Weg nach Scapa Flow*, Berlin 1940
Puttkamer, K. J. von, *Die unheimliche See. Hitler und die Kriegsmarine*, Wien/München 1952
Richardson, C., *From Churchill's Secret Circle to the BBC. The Biography of Lieutenant General Sir Ian Jacob*, London 1991
Robertson, T., *Walker, R. N.*, London 1956

Rohwer, J., *Die U-Boot-Erfolge der Achsenmächte 1939–1945*, München 1968
Roscoe, T., *U. S. Submarine Operations in World War Two*, Annapolis, Maryland, 1950
Roskill, S. W., *Naval Policy Between the Wars*, 2 Bde., London 1968
ders., *Britische Seekriegsgeschichte 1939–1945*, Oldenburg/Hamburg 1961
ders., *The War at Sea 1939–1945*, 3 Bde., London 1954–61
Rössler, E., *Geschichte des deutschen Ubootbaus*, 2 Bde., Koblenz ^{2}1986/87
Rusbridger, J., *Who Sank Surcouf? The Truth about the Disappearance of the Pride of the French Navy*, London 1991
Salewski, M., *Die deutsche Seekriegsleitung 1939–1945*, 3 Bde., München 1970–75
Schaeffer, H., *U977. Geheimfahrt nach Südamerika*, Wiesbaden ^{2}1974
Schofield, B. B., *British Sea Power*, London 1967
Shelford, W. O., *Subsunk. The Story of Submarine Escape*, London 1960
Shirer, W. L., *Berliner Tagebuch. Aufzeichnungen 1934–1941*, Leipzig/Weimar 1991
Simpson, G. W. G., *Periscope View*, London 1972
Sims, W. S., *The Victory at Sea*, London 1920
Slader, J., *The Red Duster at War*, London 1988
Stephen, M., *Sea Battles in Close-up*, London 1988
ders., *The Fighting Admirals. British Admirals of the Second World War*, London 1991
Stern, R. C., *Type VII U-Boats*, London 1991
Terraine, J., *Business in Great Waters. The U-Boat Wars 1916–1945*, London 1989
Vause, J., *U-Boat Ace. The Story of Wolfgang Lüth*, Shrewsbury, Salop, 1992
Walker, F./Mellor, P., *The Mystery of X5*, London 1988
Warren, C. E. T./Benson, J., *Above the Waves. The Story of Midget Submarines and Human Torpedos*, London 1953
Werner, A. W., *Die eisernen Särge*, Augsburg 1990
Williams, M., *Captain Gilbert Roberts R. N. and the Anti U-Boat School*, London 1979
Williamson, G., *Aces of the Reich*, London 1989
Willmott, H. P., *The Barrier and the Javelin. Japanese and Allied Pacific Strategies February-June 1942*, Annapolis, Maryland, 1983
Wingate, J., *The Fighting Tenth. The Tenth Submarine Flotilla and the Siege of Malte*, London 1971
Yokota, Y./Harrington, J., *The Kaiten Weapon*, New York 1962
Young, E., *One of Our Submarines*, London 1952

ABKÜRZUNGEN

ASDIC	Alllied Submarine Detection Investigation Committee (Alliiertes Forschungskomitee für die Ortung von U-Booten). Die Abkürzung wurde auf das von dem Komitee entwickelte Gerät zur Ortung getauchter U-Boote mittels hochfrequenter Unterwasser-Schallimpulse übertragen.
ASV	Air(craft) to Surface Vessel. Britisches Flugzeugradar. *ASV II* mit Meter-Wellenlänge. *ASV III* mit Zentimeter-Wellenlänge.
B-Dienst	(Funk-)Beobachtungsdienst der deutschen Kriegsmarine.
BdU	Befehlshaber der U-Boote.
BP	Bletchley Park. Ein Herrenhaus in Buckinghamshire bei London, wo sich die *Government Code and Cipher School* (Regierungsschule für Codes und Chiffren) befand, in der die aufgefangenen deutschen Funksprüche entschlüsselt wurden.
Cast	US Navy Codes and Signals Section, Corregidor (Abteilung für Codes und Funksprüche der US Navy in Corregidor).
CHOP-Line	Change of Operational Control Line (Übergabelinie der operativen Kontrolle über den Konvoigeleitschutz), siehe auch MOMP.
COMINCH	Commander in Chief, United States Fleet (Oberbefehlshaber der US Navy).
COMSUBAF	Commander Submarines Asiatic Fleet (Oberbefehlshaber der U-Boote der Asiatischen Flotte).
DT-Gerät	Dezimeter-Telefonie- oder Drehturm-Gerät. Früher Tarnname für das deutsche Unterwasserortungsgerät.
DF	Direction Finder (Richtungsfinder). Einpeilungsgerät zum Aufspüren eines Senders.
DSO	Distinguished Service Order (britischer Kriegsverdienstorden).
IWO	(Gesprochen: Eins We O) Erster Wachoffizier.
Enigma	Englische Bezeichnung für die deutsche Schlüsselmaschine M.
FAT	Flächenabsuch- oder Federapparattorpedo. Ein gegen Geleitzüge eingesetzter Torpedo, der mit diesen mitwandert, indem er nach einer bestimmten Laufstrecke die Richtung ändert und einem Zickzack-Kurs folgt.
FdU	Führer der U-Boote. Bis 1939 Titel des Oberbefehlshabers der U-Boot-Waffe; danach regional angewandt (FdU West).
Flak	Flieger- oder Flugzeugabwehrkanone.

FRUPAC	Fleet Radio Unit Pacific. Flottenfunkeinheit Pazifik.
FuMB	Funkmeßbeobachtungsgerät zum Erfassen von Funkmeß- bzw. Radarstrahlen.
Huff-Duff (HF/DF)	High Frequency Direction Finder (Hochfrequenzrichtungsfinder). Kurzwellenpeiler zum Einpeilen von Sendestellen von Kurzwellenfunksignalen.
Hypo	US Navy Code and Signals Section, Pearl Harbor (Abteilung für Codes und Funksprüche der US Navy in Pearl Harbor).
KTB	Kriegstagebuch.
LI	Leitender Ingenieur. Der für die Bedienung der Antriebs- und Stromversorgungsanlagen und der Hilfsmaschinen eines Kriegsschiffs zuständige Offizier.
LUT	Lagenunabhängiger Torpedo. Verbesserter FAT.
MAC	Merchant Aircraft Carrier (Handelsflugzeugträger). Zu Flugzeugträgern umgebaute Handelsschiffe.
MAD	Magnetic Anomaly Detector (magnetischer Anomaliedetektor).
MOMP	Mid-Ocean Meeting Point (Treffpunkt in der Mitte des Ozeans) südlich von Island, an dem sich die amerikanischen und britischen Geleitschiffe der Atlantikkonvois ablösten.
Negat	US Navy Code and Signals Section, Washington (Abteilung für Codes und Funksprüche der US Navy in Washington).
OBdM	Oberbefehlshaber der Kriegsmarine.
OIC	Operational Intelligence Centre (Operatives Geheimdienstzentrum) der britischen Admiralität.
Sonar	Amerikanische und heute allgemein übliche Bezeichnung der Schallortung (ASDIC).
SSS	Schiffsnotruf bei U-Boot-Angriffen (submarine).
TBS	Talk Between Ships (Gespräch zwischen Schiffen). Funktelefon für die Kommunikation zwischen den Schiffen der US Navy.
TBT	Torpedo Bearing Transmitter (Torpedopeiltransmitter). Amerikanisches Nachtzielgerät für den Überwasserangriff von U-Booten.
TDC	Torpedo Data Computer (Torpedodatenrechner). Elektromechanischer Feuerleitrechner in amerikanischen U-Booten.
Ultra	Deckname der britischen Geheimdienstoperation zur Entschlüsselung der deutschen Funksprüche. Auch Bezeichnung der entschlüsselten Funksprüche.
UZO	U-Boot-Zieloptik. Deutsches Nachtsichtgerät, das auf der Brücke angebracht wurde und den Vorhaltrechner automatisch mit Richtungs- und Entfernungsangaben fütterte.
Wabo	Wasserbombe.
IIWO	(Gesprochen: Zwei We O) Zweiter Wachoffizier.

DIENSTGRADVERGLEICH

British (US) Navy	*Deutsche Kriegsmarine*
Admiral of the Fleet	Großadmiral
(nicht eingeführt)	Generaladmiral
Admiral	Admiral
Vice Admiral	Vizeadmiral
Rear Admiral	Konteradmiral
Commodore	Kommodore (Kapitän zur See in Konteradmiralstelle)
Captain	Kapitän zur See
Commander	Fregattenkapitän
Lieutenant Commander	Korvettenkapitän
Lieutenant(-Senior)	Kapitänleutnant
Lieutenant-Junior	Oberleutnant zur See
Sub-Lieutenant	Leutnant zur See
Midshipman/Ensign	Fähnrich zur See

DANKSAGUNG

Zuallererst gilt mein Dank David Roberts, der die Idee für dieses Buch hatte, und Grant McIntyre, der mir eine große Hilfe beim Schreiben war.

Aus Gründen der Lesbarkeit, ganz zu schweigen von der Zeit und der nötigen Übersetzungsarbeit, war ich gezwungen, mich auf die bedeutendsten Unternehmungen der wichtigsten U-Boot-Flotten – der deutschen, amerikanischen, britischen und japanischen – zu konzentrieren und die Rolle der italienischen, sowjetischen, niederländischen, griechischen, polnischen und norwegischen U-Boote nur andeutungsweise zu erwähnen. Dieses Buch ist daher alles andere als enzyklopädisch. Ich habe vielmehr versucht, das Wesentliche und Typische, aber auch das Heroische zu beleuchten und neben den strategischen, taktischen und technischen Entwicklungen die Stimmungen und Gefühle der Beteiligten zu erfassen.

Einen gewissen Einfluß auf die Darstellung hatte die Materiallage: Während die deutschen Akten in Archiven zugänglich sind, wurden die japanischen zum großen Teil vernichtet. Für die japanischen Operationen habe ich mich deshalb weitgehend auf die Erkenntnisse der US Naval Technical Missions to Japan und die Arbeiten von W. J. Holmes gestützt, der im Krieg als Nachrichtenoffizier in Pearl Harbor stationiert war und später als Historiker des pazifischen U-Boot-Krieges hervortrat. Die wirkungsvollste und potentiell entscheidende U-Boot-Flotte des Zweiten Weltkrieges war die deutsche, und ich werde mich nicht dafür entschuldigen, daß ihre Operationen soviel Raum in diesem Buch einnehmen. Die amerikanischen U-Boote besaßen eine ähnliche Wirksamkeit, waren aber nur eine von drei unaufhaltbaren Waffengattungen. In bezug auf die amerikanischen Operationen möchte ich zwei Autoren hervorheben, denen ich viel verdanke: W. J. Holmes mit seinen Büchern *Double-Edged Secrets* und *Undersea Victory* und Clay Blair jr. mit seinem *Silent Victory*.

In tiefer Schuld stehe ich bei Peter Hansen, einem ehemaligen U-Boot-Offizier mit durchdringendem Geist und weitem Horizont, der viel Geduld aufgebracht hat, um mir die materiellen und psychologischen Aspekte des Dienstes in der U-Boot-Waffe unter Dönitz sowie allgemeine U-Boot-Fragen zu erklären. Ich danke ihm für die freundliche Erlaubnis, aus seinen Briefen zitieren zu dürfen. In ähnlicher Weise gilt mein Dank zwei britischen U-Boot-Veteranen, Vice-Admiral Sir Ian McGeoch für die ausführlichen Antworten auf meine bohrenden Fragen und die Erlaubnis, sowohl aus ihnen als auch aus anderen Papieren und Briefen sowie aus seinen vom Imperial War Museum veröffentlichten Memoiren *An Affair of Chances* zu zitieren; mein Dank gilt auch Captain Edward L. Beach für seine unermüdliche Hilfe und Inspiration und die Erlaubnis, sein

U-Boot-Buch *Submarine!* und seinen Artikel »Radar and Submarines in World War II« zu verwenden.

Über die Entscheidungsebene der Kriegführung habe ich viele Gespräche mit dem schmerzlich vermißten Lieutenant General Sir Ian Jacob geführt, dem Militärsekretär von Churchills Kriegskabinett, und ich werde ihm für seine Ermutigung, für die Hilfe und die klugen Ratschläge, die er mir zuteil werden ließ, immer dankbar sein. Die im vorangegangenen ausgedrückten Ansichten decken sich allerdings nicht notwendigerweise mit den seinen.

Gus Britton vom Royal Navy Submarine Museum in Gosport sei herzlich gedankt für seine großzügige Hilfe und die Erlaubnis, einen Brief zu zitieren, den er aus dem Mittelmeer von der Uproar nach Hause schrieb und der bereits vorher in Richard Compton-Halls *The Underwater War 1939–1945* veröffentlicht worden ist. Ein besonderer Dank gilt Commander William King für die Genehmigung, Auszüge aus seinem 1958 erschienenen Bericht über seine Erfahrungen im U-Boot-Krieg, *The Stick and the Stars*, zu verwenden.

Fred Lake und Bridget Spiers von der Marineabteilung der Bibliothek des britischen Verteidigungsministeriums waren mir eine große Hilfe beim Auffinden von Quellen, und Alan Francis und Robert Coppock von der Naval Historical Branch standen mir wie immer mit ihrem immensen Wissen mit Rat und Tat zur Seite. Paul Kemp und Ian Carter haben sich als kenntnisreiche und hilfsbereite Führer durch das riesige Fotoarchiv des Imperial War Museum einen besonderen Dank verdient. Hervorheben möchte ich die von Paul Kemp zutage geförderten, bisher unbekannten Aufnahmen von der Aufbringung von U 110. Eine große Hilfe war mein Lektor, Gail Perkis, dem ich für die Sorgfalt danken möchte, mit der er meinen Text redigiert hat. Nicht unerwähnt bleiben soll auch, wie sehr ich in der Schuld des ausgezeichneten Fernleihdienstes der Suffolk County Library stehe.

Schließlich möchte ich den Folgenden für die Erlaubnis danken, sie zu zitieren: Lothar-Günther Buchheim *(Das Boot* und *U-Boot-Krieg)*, Herbert A. Werner *(Die eisernen Särge)*, Nicholas Monsarrat *(Three Corvettes)*, W. J. Holmes *(Undersea Victory* und *Double-Edged Secrets)*, Edward Young *(One of Our Submarines)*, Fritz Brustat-Naval *(Ali Cremer: U 333)*, I. J. Galantin *(Take Her Deep!)* und Heinz Schaeffer *(U 977)*. Ein Dank gebührt auch Rear Admiral J. R. Hill, dem Herausgeber der *Naval Review*, für die Erlaubnis, aus dem Artikel »The Operational Intelligence Centre N.I.D. 1939–1945« von Patrick Beesly zu zitieren. (Die deutsche Fassung: »Das ›Operational Intelligence Centre‹ der britischen Admiralität im Zweiten Weltkrieg«, ist in der *Marine-Rundschau* erschienen.)

Falls ich jemanden übersehen haben sollte, bitte ich um Entschuldigung.

PERSONENREGISTER

BILDNACHWEIS

Bundesarchiv, Koblenz 2, 3, 5, 6, 13, 14, 17, 18, 19, 20, 21; Imperial War Museum, London 4, 7, 8, 12, 15, 16, 28, 30, 31, 32, 33, 34, 35; National Maritime Museum, Greenwich 1; Royal Navy Submarine Museum, Gosport 9, 10, 11; United States National Archives, Washington 22, 23, 24, 25, 26, 27, 29, 36, 37.

THOMAS J. CUTLER

ENTSCHEIDUNG IM PAZIFIK

Die größte Seeschlacht der Geschichte
23.–26. Oktober 1944

432 Seiten, 16 Seiten Abbildungen, 7 Karten,
gebunden

Im Oktober 1944 tobte vor der Ostküste der Philippinen die Entscheidungsschlacht des Zweiten Weltkriegs im Pazifik zwischen den Flotten Japans und der USA. Minutiös schildert der amerikanische Marinehistoriker Thomas J. Cutler in seiner fesselnden Chronik Vorgeschichte, Verlauf und Ausgang dieser größten Seeschlacht der Geschichte.

ULLSTEIN

MICHAEL GANNON

OPERATION PAUKENSCHLAG

Der deutsche U-Boot-Krieg gegen die USA

510 Seiten, 16 Seiten Abbildungen
Ullstein Buch 33171

13. Januar 1942. Deutsche U-Boote vor der amerikanischen Ostküste, die Skyline von New York im Visier. »Operation Paukenschlag«, Hitlers Seekrieg gegen die USA, beginnt. In wenigen Monaten werden 400 US-Schiffe versenkt, bereitet die deutsche U-Bootwaffe den Amerikanern die schlimmste Seeniederlage ihrer Geschichte – ein »atlantisches Pearl Harbor«.

»Es gibt wohl nur sehr wenige deutsche Historiker, die es wie Gannon verstehen, Akribie in der Quellenerschließung und -auswertung mit einer fesselnd geschriebenen Darstellung zu verbinden.«

Die Welt

Ullstein Taschenbuch